여러분의 합격을 응원하는

해커스소방의 특별 혜택!

FREE 소방학개론 **특강**

해커스소방(fire.Hackers.com) 접속 후 로그인 ▶ 상단의 [무료강좌 → 소방 무료강의] 클릭하여 이용

해커스소방 온라인 단과강의 **20% 할인쿠폰**

C9A45E66847AQZEM

해커스소방(fire.Hackers.com) 접속 후 로그인 ▶ 상단의 [내강의실] 클릭 ▶
좌측의 [인강 → 결제관리 → 쿠폰 확인] 클릭 ▶ 위 쿠폰번호 입력 후 이용

* 등록 후 7일간 사용 가능(ID당 1회에 한해 등록 가능)

해커스소방 무제한 수강상품[패스] **5만원 할인쿠폰**

F44EE49EF3686527

해커스소방(fire.Hackers.com) 접속 후 로그인 ▶ 상단의 [내강의실] 클릭 ▶
좌측의 [인강 → 결제관리 → 쿠폰 확인] 클릭 ▶ 위 쿠폰번호 입력 후 이용

* 등록 후 7일간 사용 가능(ID당 1회에 한해 등록 가능)
* 특별 할인상품 적용 불가

쿠폰 이용 관련 문의 **1588-4055**

단기 합격을 위한 해커스소방 커리큘럼

입문

탄탄한 기본기와 핵심 개념 완성!

누구나 이해하기 쉬운 개념 설명과 풍부한 예시로 부담없이 쌩기초 다지기

TIP 베이스가 있다면 **기본 단계**부터!

기본+심화

필수 개념 학습으로 이론 완성!

반드시 알아야 할 기본 개념과 문제풀이 전략을 학습하고
심화 개념 학습으로 고득점을 위한 응용력 다지기

기출+예상 문제풀이

문제풀이로 집중 학습하고 실력 업그레이드!

기출문제의 유형과 출제 의도를 이해하고 최신 출제 경향을 반영한
예상문제를 풀어보며 본인의 취약영역을 파악 및 보완하기

동형문제풀이

동형모의고사로 실전력 강화!

실제 시험과 같은 형태의 실전모의고사를 풀어보며 실전감각 극대화

최종 마무리

시험 직전 실전 시뮬레이션!

각 과목별 시험에 출제되는 내용들을 최종 점검하며 실전 완성

PASS

* 커리큘럼 및 세부 일정은 상이할 수 있으며,
자세한 사항은 해커스소방 사이트에서 확인하세요.

해커스소방

김정희 소방학개론

단원별 실전문제집

해커스소방

김정희

약력

고려대학교 공학석사
고려대학교 공학박사 과정
미국 워싱턴 주립대학 MIS과정 수료

현 | 해커스소방 소방학개론, 소방관계법규 강의
현 | 충청소방학교 강의
현 | 한국화재소방학회 건축도시방재분과 위원
현 | 한국화재소방학회 정회원
현 | 대한건축학회 정회원
전 | 국제대학교, 호서대학교, 목원대학교 강의
전 | 에듀윌, 에듀피디, 아모르이그잼, 윌비스 강의
전 | 국가공무원학원, 종로소방학원, 대전제일고시학원 강의

저서

해커스소방 김정희 소방학개론 기본서
해커스소방 김정희 소방관계법규 기본서
해커스소방 김정희 소방관계법규 3단 비교 빈칸노트
해커스소방 김정희 소방학개론 핵심정리+OX문제
해커스소방 김정희 소방관계법규 핵심정리+OX문제
해커스소방 김정희 소방학개론 단원별 기출문제집
해커스소방 김정희 소방관계법규 단원별 기출문제집
해커스소방 김정희 소방학개론 단원별 실전문제집
해커스소방 김정희 소방관계법규 단원별 실전문제집
해커스소방 김정희 소방학개론 실전동형모의고사
해커스소방 김정희 소방관계법규 실전동형모의고사

소방공무원 시험 합격을 위한 필수 단원별 실전문제집

소방공무원 공부, 어떻게 시작해야 할까?

방대한 양의 소방학개론 과목의 내용을 효율적으로 학습하기 위해 가장 좋은 수단은 기출문제와 동일한 유형의 문제를 많이 풀어보는 것입니다. 소방학개론 시험은 유사한 지문이 재출제되거나 변형되어 다시 출제되는 비중이 높기 때문에 최신 출제경향이 반영된 다양한 유형의 실전문제를 접해보는 것이 중요합니다. 최신 출제경향이 반영된 문제를 학습하면서 이론과 유형 등을 파악하고, 스스로 학습의 범위와 방향을 명확하게 설정할 수 있으며 더 나아가 문제 해결 능력까지 향상시킬 수 있습니다.

『해커스소방 김정희 소방학개론 단원별 실전문제집』은 최신 출제경향을 완벽하게 분석하여 수험생 여러분들이 실전 대비를 위한 문제를 효과적으로 학습할 수 있도록 다음과 같은 특징들을 가지고 있습니다.

첫째, 최신 출제경향 및 개정 법령을 반영한 실전문제를 단원별로 엄선하여 구성하였습니다.
소방공무원 공채 · 경채 기출문제가 공개된 이후부터 소방공무원 시험은 급격한 난이도의 상승과 함께 새로운 유형의 문제가 꾸준히 출제되고 있습니다. 변화하는 시험에 대비하기 위하여 최근 공개된 기출문제의 경향을 분석하여 이를 바탕으로 한 실전문제를 수록하였습니다. 또한 기존에 출제되지 않았던 새로운 유형의 문제를 수록하여 앞으로의 출제경향에 선제적으로 대응할 수 있도록 하였습니다.

둘째, 문제 풀이 과정에서 이론까지 복습할 수 있도록 상세한 해설을 수록하였습니다.
정답 지문에 대한 해설뿐만 아니라 정답 외 지문에 대한 해설 및 관련 개념까지 상세하게 제시하였습니다. 정답의 근거와 오답 포인트까지 알려주는 상세한 해설을 통해 모든 선지를 완벽하게 이해할 수 있으며 이를 통해 본인의 취약점을 파악하여 빠르게 이론을 복습하는 효과를 얻을 수 있습니다.

더불어, 소방공무원 시험 전문 사이트인 해커스소방(fire.Hackers.com)에서 교재 학습 중 궁금한 점을 나누고 다양한 무료 학습 자료를 함께 이용하여 학습 효과를 극대화할 수 있습니다.

부디 『해커스소방 김정희 소방학개론 단원별 실전문제집』과 함께 소방공무원 소방학개론 시험의 고득점을 달성하고 합격을 향해 한걸음 더 나아가시기를 바랍니다.

김정희

목차

PART 5 소방시설

PART 6 위험물

PART 7 소방역사 및 소방조직

PART 8 구조 · 구급론

PART 9 재난관리론

해설집[책 속의 책]

이 책의 구성

문제해결 능력 향상을 위한 단계별 구성

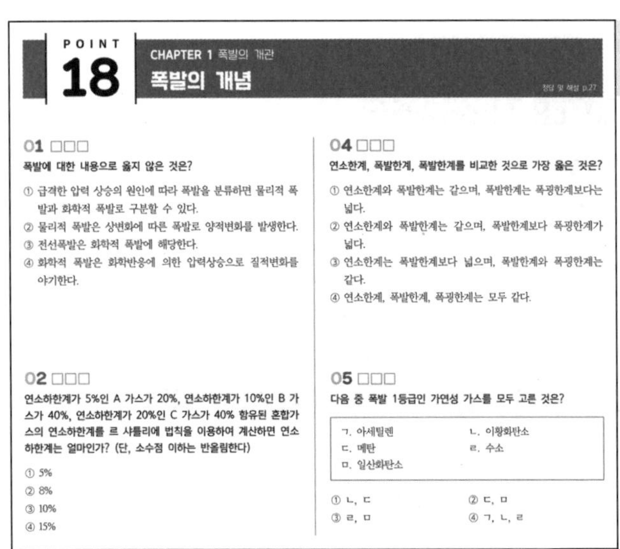

POINT 18 CHAPTER 1 폭발의 개관

폭발의 개념

정답 및 해설 p.27

01 □□□

폭발에 대한 내용으로 옳지 않은 것은?

① 급격한 압력 상승의 원인에 따라 폭발을 분류하면 물리적 폭발과 화학적 폭발로 구분할 수 있다.
② 물리적 폭발은 상변화에 따른 폭발로 양적변화를 발생한다.
③ 전선폭발은 화학적 폭발에 해당한다.
④ 화학적 폭발은 화학반응에 의한 압력상승으로 질적변화를 야기한다.

02 □□□

연소하한계가 5%인 A 가스가 20%, 연소하한계가 10%인 B 가스가 40%, 연소하한계가 20%인 C 가스가 40% 함유된 혼합가스의 연소하한계를 르 샤틀리에 법칙을 이용하여 계산하면 연소하한계는 얼마인가? (단, 소수점 이하는 반올림한다)

① 5%
② 8%
③ 10%
④ 15%

04 □□□

연소한계, 폭발한계, 폭발한계를 비교한 것으로 가장 옳은 것은?

① 연소한계와 폭발한계는 같으며, 폭발한계는 폭굉한계보다는 넓다.
② 연소한계와 폭발한계는 같으며, 폭발한계보다 폭굉한계가 넓다.
③ 연소한계는 폭발한계보다 넓으며, 폭발한계와 폭굉한계는 같다.
④ 연소한계, 폭발한계, 폭굉한계는 모두 같다.

05 □□□

다음 중 폭발 1등급인 가연성 가스를 모두 고른 것은?

ㄱ. 아세틸렌　ㄴ. 이황화탄소
ㄷ. 메탄　ㄹ. 수소
ㅁ. 일산화탄소

① ㄴ, ㄷ　② ㄷ, ㅁ
③ ㄹ, ㅁ　④ ㄱ, ㄴ, ㄹ

STEP 01 실전문제로 문제 해결 능력 키우기

소방공무원 소방학개론 시험의 출제경향을 분석하여 출제가능성이 높은 실전문제를 CHAPTER별로 배치하고 이를 POINT별로 정리하여 수험생의 학습 부담을 줄일 수 있도록 구성하였습니다. 또한 출제경향 분석을 통해 반복 출제되는 키워드는 새로운 유형의 문제로 재구성하여 주요 개념들을 반복·응용 학습할 수 있도록 하였습니다. 기출문제에서 다루어지지 않았던 유형이지만 새로운 유형의 문제를 선제적으로 학습하면서 소방공무원 소방학개론 시험에 적극적인 대비가 가능합니다.

▼

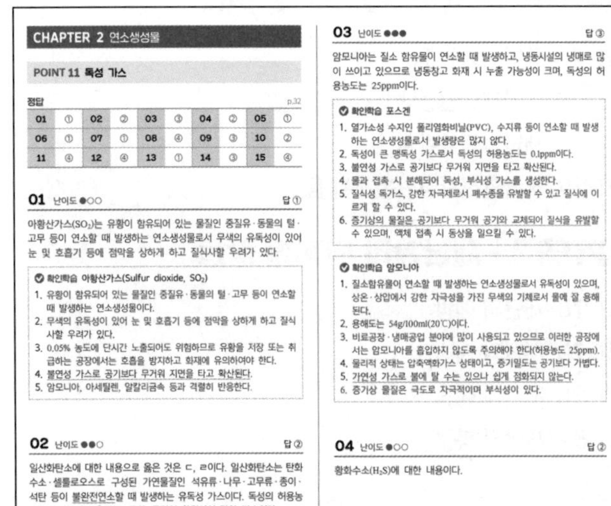

CHAPTER 2 연소생성물

POINT 11 독성 가스

정답 p.32

01	①	02	②	03	③	04	②	05	①
06	①	07	①	08	④	09	③	10	②
11	④	12	④	13	①	14	③	15	④

01 난이도 ●○○ 답 ①

아황산가스(SO_2)는 유황이 함유되어 있는 물질인 중질유·동물의 털·고무 등이 연소할 때 발생하는 연소생성물로서 무색의 유독성이 있어 눈 및 호흡기 등에 점막을 상하게 하고 질식사할 우려가 있다.

확인학습 아황산가스(Sulfur dioxide, SO_2)
1. 유황이 함유되어 있는 물질인 중질유·동물의 털·고무 등이 연소할 때 발생하는 연소생성물이다.
2. 무색의 유독성이 있어 눈 및 호흡기 등에 점막을 상하게 하고 질식사할 우려가 있다.
3. 0.05% 농도에 단시간 노출되어도 위험하므로 유황을 저장 또는 취급하는 공장에서는 호흡을 방지하고 화재에 유의하여야 한다.
4. 불연성 가스로 공기보다 무거워 지면을 타고 확산된다.
5. 암모니아, 아세틸렌, 알칼리금속 등과 격렬히 반응한다.

02 난이도 ●●○ 답 ②

일산화탄소에 대한 내용으로 옳은 것은 ㄷ, ㄹ이다. 일산화탄소는 탄화수소·셀룰로오스로 구성된 가연물질인 석유류·나무·고무류·종이·석탄 등이 불완전연소할 때 발생하는 유독성 가스이다. 독성의 허용농도는 50ppm(g/m³)이고, 무취·무미의 환원성이 강한 가스이다.

03 난이도 ●●● 답 ③

암모니아는 질소 함유물이 연소할 때 발생하고, 냉동시설의 냉매로 많이 쓰이고 있으므로 냉동창고 화재 시 누출 가능성이 크며, 독성의 허용농도는 25ppm이다.

확인학습 포스겐
1. 열가소성 수지인 폴리염화비닐(PVC), 수지류 등이 연소할 때 발생하는 연소생성물로서 발생량은 많지 않다.
2. 독성이 큰 맹독성 가스로서 독성의 허용농도는 0.1ppm이다.
3. 불연성 가스로 공기보다 무거워 지면을 타고 확산된다.
4. 물과 접촉 시 분해되어 독성, 부식성 가스를 생성한다.
5. 질식성 독가스, 강한 자극제로서 폐수종을 유발할 수 있고 질식에 이르게 할 수 있다.
6. 증기상의 물질은 공기보다 무거워 공기와 교체되어 질식을 유발할 수 있으며, 액체 접촉 시 동상을 일으킬 수 있다.

확인학습 암모니아
1. 질소함유물이 연소할 때 발생하는 연소생성물로서 유독성이 있으며, 상온·상압에서 강한 자극성을 가진 무색의 기체로서 물에 잘 용해된다.
2. 용해도는 54g/100ml(20℃)이다.
3. 비료공장·냉매공업 분야에 많이 사용되고 있으므로 이러한 공장에서는 암모니아를 흡입하지 않도록 주의해야 한다(허용농도 25ppm).
4. 물리적 상태는 압축액화가스 상태이고, 증기밀도는 공기보다 가볍다.
5. 가연성 가스로 불에 탈 수는 있으나 쉽게 점화되지 않는다.
6. 증기상 물질은 극도로 자극적이며 부식성이 있다.

04 난이도 ●○○ 답 ②

황화수소(H_2S)에 대한 내용이다.

STEP 02 상세한 해설을 통해 다시 한 번 이론 학습하기

실전문제 학습이 단순히 문제 풀이에서 끝나지 않고 이론 복습 및 개념 완성으로 이어질 수 있도록 모든 문제에 상세한 해설을 수록하였습니다. 또한 더 알아두면 학습에 도움이 되는 관련 이론과 주요 법령 등을 비롯한 상세한 해설을 수록하였습니다. 해설을 통해 방대한 분량의 소방학개론 내용 중 시험에서 주로 묻는 핵심 개념들이 무엇인지 확인하고, 학습하였던 이론의 내용을 다시 한 번 복습할 수 있습니다.

정답의 근거와 오답의 원인, 관련이론까지 짚어주는 정답 및 해설

PART 5 | 소방시설

CHAPTER 1 소방시설 개론

POINT 45 소방시설의 분류 1

정답 p.118

01	④	02	①	03	①	04	③	05	②
06	④	07	③	08	②	09	③	10	④

01 난이도 ●●○ 답 ④

소방시설이란 소화설비, 경보설비, 피난구조설비, 소화용수설비, 그 밖에 (소화활동설비)로서 대통령령으로 정하는 것을 말한다.
스프링클러설비는 소화설비에 해당한다.

확인학습 소화활동설비

1. 연결송수관설비
2. 연결살수설비
3. 연소방지설비
4. 무선통신보조설비
5. 비상콘센트설비
6. 제연설비

확인학습 용어의 정의

1. 소방시설은 소화설비, 경보설비, 피난구조설비, 소화용수설비, 그 밖에 소화활동설비로서 대통령령으로 정하는 것을 말한다.
2. 소방대상물은 건축물, 차량, 선박(항구에 매어둔 선박만 해당한다), 선박 건조 구조물, 산림, 그 밖의 인공 구조물 또는 물건을 말한다.

04 난이도 ●●○ 답 ③

- (소화설비)는 물, 그 밖의 소화약제를 사용하여 소화하는 기계·기구 또는 설비를 말한다.
- (소화활동설비)는 화재를 진압하거나 인명구조활동을 위하여 사용하는 설비를 말한다.
- 소화설비는 소공간용 소화용구를 포함한다. 소공간용 소화용구는 소화설비 중 소화기구에 해당한다.

| 선지분석 |

① [×] ㄱ은 소화설비이다. 소화설비는 연결살수설비를 포함하지 않는다. 연결살수설비는 소화활동설비이다.
② [×] 소화활동설비는 포 소화설비를 포함하지 않는다. 포 소화설비는 소화설비이다.
④ [×] ㄴ은 소화활동설비이다. 피난구조설비는 화재가 발생할 경우 피난하기 위하여 사용하는 기구 또는 설비를 말한다.

1. 빠른 정답 확인

- 각 POINT에 수록된 모든 문제의 정답을 표로 정리
- 쉽고 빠르게 정답 확인

2. 상세한 해설

- 이론을 다시 한 번 복습할 수 있는 자세한 해설
- 오답 지문의 원인과 함정 요인을 확인할 수 있는 선지분석

3. 확인학습

- 문제와 관련된 핵심 개념이나 알아두면 좋은 배경이론 등을 제시
- 주요 개념을 다양한 시각에서 폭넓게 학습

4. 문항별 난이도 제시

각 문항별 난이도를 통해 스스로 현재 실력 파악 가능

학습 플랜

▌효율적인 학습을 위하여 DAY별 권장 학습 분량을 제시하였으며, 이를 바탕으로 본인의 학습 진도나 수준에 따라 분량을 조절해 가며 학습하기 바랍니다.

▌학습한 날은 표 우측의 각 회독 부분에 형광펜이나 색연필 등으로 표시하며 채워나가기 바랍니다.

▌1회독 때에는 40일 학습 플랜을, 2, 3회독 때에는 14일 학습 플랜을 활용하시면 좋습니다.

40일 플랜	14일 플랜	학습 플랜	1회독	2회독	3회독
DAY 1	DAY 1	POINT 01-03	DAY 1	DAY 1	DAY 1
DAY 2		POINT 04-05	DAY 2		
DAY 3		POINT 06-07	DAY 3		
DAY 4	DAY 2	POINT 08-10	DAY 4	DAY 2	DAY 2
DAY 5		POINT 11-12	DAY 5		
DAY 6		POINT 13-14	DAY 6		
DAY 7	DAY 3	POINT 15-16	DAY 7	DAY 3	DAY 3
DAY 8		POINT 17-19	DAY 8		
DAY 9		POINT 20-21	DAY 9		
DAY 10	DAY 4	POINT 22-24	DAY 10	DAY 4	DAY 4
DAY 11		POINT 25-26	DAY 11		
DAY 12		POINT 27-29	DAY 12		
DAY 13	DAY 5	POINT 30-31	DAY 13	DAY 5	DAY 5
DAY 14		POINT 32-33	DAY 14		
DAY 15		POINT 34-35	DAY 15		
DAY 16	DAY 6	POINT 36-38	DAY 16	DAY 6	DAY 6
DAY 17		POINT 39-40	DAY 17		
DAY 18		POINT 41-42	DAY 18		
DAY 19	DAY 7	POINT 43-44	DAY 19	DAY 7	DAY 7
DAY 20		POINT 45-47	DAY 20		

▮ 1회독 때에는 '내가 학습한 이론이 주로 이러한 형식의 문제로 출제되는구나!'를 익힌다는 생각으로 접근하는 것이 좋습니다.

▮ 2회독 때에는 실전과 동일한 마음으로 기출문제를 풀어보는 단계입니다. 단순히 문제를 풀어보는 것에 그치지 않고, 각각의 지문이 왜 옳은지, 옳지 않다면 어느 부분이 잘못되었는지를 꼼꼼히 따져가며 학습하기 바랍니다.

▮ 3회독 때에는 기출문제를 출제자의 시선으로 바라보고, 이를 변형하여 학습하는 연습이 필요합니다. 즉, 기출지문을 중심으로 이론 학습의 범위를 넓혀나가며 학습을 완성하기 바랍니다.

40일 플랜	14일 플랜	학습 플랜	1회독	2회독	3회독
DAY 21	DAY 8	POINT 48-49	DAY 21	DAY 8	DAY 8
DAY 22		POINT 50-51	DAY 22		
DAY 23		POINT 52-53	DAY 23		
DAY 24	DAY 9	POINT 54-56	DAY 24	DAY 9	DAY 9
DAY 25		POINT 57-58	DAY 25		
DAY 26		POINT 59-60	DAY 26		
DAY 27	DAY 10	POINT 61-63	DAY 27	DAY 10	DAY 10
DAY 28		POINT 64-66	DAY 28		
DAY 29		POINT 67-68	DAY 29		
DAY 30	DAY 11	POINT 69-70	DAY 30	DAY 11	DAY 11
DAY 31		POINT 71-72	DAY 31		
DAY 32		POINT 73-75	DAY 32		
DAY 33	DAY 12	POINT 76-77	DAY 33	DAY 12	DAY 12
DAY 34		POINT 78-79	DAY 34		
DAY 35		POINT 80-81	DAY 35		
DAY 36	DAY 13	PART 1 복습	DAY 36	DAY 13	DAY 13
DAY 37		PART 2-3 복습	DAY 37		
DAY 38		PART 4-5 복습	DAY 38		
DAY 39	DAY 14	PART 6-7 복습	DAY 39	DAY 14	DAY 14
DAY 40		PART 8-9 복습	DAY 40		

PART 1 연소론

POINT 01

CHAPTER 1 연소이론

연소의 개념

정답 및 해설 p.2

01 □□□

연소의 정의로 가장 적절하지 않은 것은?

① 물질이 격렬한 산화반응을 함으로써 열과 빛을 동반하는 발열반응을 말한다.

② 산소와 결합하여 불꽃을 발하는 불꽃연소만을 연소의 범주로 한정한다.

③ 표면연소란 가연물, 산소공급원 및 점화원에 의해 계속되는 연소현상이다.

④ 분자 내 반응에 의해 열에너지를 발생하는 발열 분해반응도 연소의 범주에 속한다.

02 □□□

연소에 대한 설명으로 옳지 않은 것은?

① 연소란 일종의 산화반응으로 열과 빛을 동반하는 발열반응이다.

② 불꽃연소는 물리적 소화로만 소화가 가능하다.

③ 가연물, 산소공급원, 점화원을 연소의 3요소라고 한다.

④ 가연물, 산소공급원, 점화원, 순조로운 연쇄반응에 의한 연소를 표면연소라 한다.

03 □□□

산화반응과 환원반응에 대한 설명으로 가장 옳지 않은 것은?

① 산화-환원반응은 산소 원자, 수소 원자 또는 전자의 이동과 관련된 모든 반응을 말한다.

② 하나의 반응에서 산화되는 물질이 있으면 반드시 환원되는 물질도 있다.

③ 산화반응이 일어나면 항상 환원반응도 동시에 일어나게 된다.

④ 산소 또는 수소와 결합할 때의 반응을 환원반응이라 한다.

04 □□□

연소이론에 대한 설명으로 가장 적절하지 않은 것은?

① 산화수는 하나의 물질(홑원소 물질, 분자, 이온화합물)에서 전자의 교환이 완전히 일어났다고 가정하였을 때 물질을 이루는 특정 원자가 가지는 전하수를 말하며 산화 상태(Oxidation state)라고도 한다.

② 산화는 산화수가 증가하는 반응이고 환원이란 산화수가 감소하는 반응이다. 반응 전과 후에 원자 1개라도 산화수의 변화가 있으면 산화·환원 반응이다.

③ 산화제란 산화환원반응에서 자신은 산화되고 다른 물질을 환원시키는 물질을 말한다.

④ 나트륨과 염소에는 전하를 띤 원자가 없고, 염화 나트륨은 Na^+와 Cl^-이온들을 함유하고 있기 때문에 나트륨 원자로부터 염소원자로 전자 이동이 포함되어야 한다. 전자를 잃는 것을 산화라고 정의하고, 전자를 얻는 것을 환원이라고 정의한다.

05 □□□

연소에 대한 내용으로 옳은 것은?

① 연소란 가연물이 공기 중의 산소와 결합하여 빛과 열을 발하는 급격한 환원반응 현상이라 할 수 있다.
② 산화제란 자신은 환원되고 다른 물질을 환원시키는 물질을 말한다.
③ 가연물의 구비조건으로 화학적 활성도가 높아야 한다.
④ 가연물은 주위환경의 온도와 압력이 낮을수록 연소가 잘 일어난다.

06 □□□

연소에 대한 내용으로 옳지 않은 것은?

① 파라핀계 탄화수소화합물의 경우 탄소수가 높을수록 발화점이 낮아진다.
② 가연물의 인화점이 높을수록 연소 위험성이 커진다.
③ 백열전구와 같이 저항열에 의한 빛과 열을 내는 것은 연소라 하지 않는다.
④ 연소에는 가연성 물질과 산소의 존재가 반드시 필요하다.

07 □□□

연소와 관련된 용어와 가연물의 특성에 대한 설명으로 옳지 않은 것은?

① 열전도율이란 열을 전도의 방식으로 전달하는 능력을 말한다. 가연물의 열전도율이 낮으면 열 전달이 잘 발생하지 않으므로 열을 축적하기가 쉽다.
② 활성화에너지는 연소·화학반응이 일어나기 위한 최소한의 에너지를 말한다.
③ 연소범위는 연소를 계속 유지할 수 있는 한계산소농도를 말한다.
④ 비표면적은 단위질량당 표면적을 말하는 것으로 가연물질의 질량이 일정할 때 표면적이 커지면 당연히 비표면적도 커진다.

08 □□□

불꽃연소에 대한 내용으로 옳지 않은 것은?

① 불에 탈 수 있는 가연성 물질이 존재하여야 한다.
② 반드시 순조로운 연쇄반응을 하여야 불꽃연소를 한다.
③ 연소의 3요소만으로도 불꽃연소를 한다.
④ 인화성 액체의 증발연소는 불꽃연소를 한다.

09 □□□

가연성 물질이 불꽃연소를 하기 위한 연소의 4요소에 대한 내용으로 옳지 않은 것은?

① 활성화에너지를 공급해주는 에너지원을 점화원(착화원, 발화원)이라 한다.
② 산소공급원으로는 공기 중의 산소, 산화성 물질, 조연성 가스 등이 해당한다.
③ 헬륨(He), 네온(Ne), 아르곤(Ar), 크립톤(Kr) 등은 비활성 기체로 가연성 물질에 해당한다.
④ 가연물질의 연소과정에서 생성된 에너지가 연소반응을 계속 유발시키는 것을 연쇄반응이라고 한다.

POINT 02 CHAPTER 1 연소이론

가연물

정답 및 해설 p.3

01 □□□

가연성 물질과 불연성 물질에 대한 설명으로 옳지 않은 것은?

① 가연성 물질이란 적당한 조건에서 산화할 수 있는 성분을 가진 물질로서 주로 탄소, 수소, 황 등으로 구성되어 있는 물질을 말한다.

② 불연성 물질은 재료가 연소하지 않는 성질을 가진 물질을 말한다.

③ 가연성 물질은 열의 축적이 용이하도록 열전도율이 작은 물질이다. 일반적으로 열전도율은 기체 → 액체 → 고체 순서로 작아진다(기체가 가장 크다).

④ 가연물이란 불에 탈 수 있거나 인화점이 낮고 연소하기 쉬운 물질을 말한다.

02 □□□

연소를 위한 가연물의 조건으로 옳지 않은 것은?

① 연소 시 흡열반응을 할 것

② 산소와 친화력이 크고, 발열량이 클 것

③ 활성화에너지가 작을 것

④ 연속적으로 연쇄반응을 할 것

03 □□□

가연물 관련 용어 설명으로 가장 옳지 않은 것은?

① 열전도율은 전도의 방식으로 열을 전달하는 능력을 말한다. 가연물의 열전도율이 크면 열의 전달이 잘 발생하지 않으므로 열을 축적하기 쉽게 된다.

② 비표면적은 단위질량당 표면적을 말하는 것으로 가연물질의 질량이 일정할 때 당연히 표면적이 커지면 비표면적도 커진다.

③ 한계산소농도(Limited Oxygen Index)는 연소를 지속하기 위한 최소한의 산소 체적분율(%)을 말한다. 일반적으로 LOI는 난연성 측정을 위해 많이 사용한다.

④ 활성화에너지는 혼합가스에 착화원으로 점화 시 발화에 필요한 최소에너지를 말한다.

04 □□□

인화성 물질이 아닌 것은?

① 이황화탄소

② 디에틸에테르

③ 질소

④ 하이드라진

05 □□□

가연물에 대한 설명으로 가장 적절하지 않은 것은?

① 이미 산소와 결합하여 더 이상 화학반응을 일으킬 수 없는 물질로는 이산화탄소(CO_2), 삼산화크로뮴(CrO_3), 산화알루미늄(Al_2O_3), SO_3(삼산화황) 등이 있다.

② 오산화인(P_2O_5)은 인이 연소할 때 생기는 백색의 가루로 가연물이 될 수 없는 완전산화물질에 해당한다.

③ 헬륨(He), 네온(Ne), 아르곤(Ar)은 산소와의 친화력이 우수하여 강산화제로 분류한다.

④ 산소와 화합하여 산화물을 생성하나 발열반응을 하지 않고 흡열반응하는 물질은 가연물이 될 수 없는 조건에 해당한다.

06 □□□

다음 중 가연물의 구비조건으로 옳은 것을 모두 고른 것은?

ㄱ. 일반적으로 산화되기 쉬운 물질로서 수소와 결합할 때 발열량이 커야 한다.
ㄴ. 산소와 접촉할 수 있는 비표면적이 큰 물질이어야 한다.
ㄷ. 열의 축적이 용이하도록 열전도율이 높아야 한다.
ㄹ. 연소반응을 일으키는 점화원의 활성화에너지의 값이 적어야 한다.
ㅁ. 화학적 활성도가 낮아야 한다.

① ㄴ, ㄹ
② ㄷ, ㅁ
③ ㄱ, ㄴ, ㄹ
④ ㄴ, ㄹ, ㅁ

07 □□□

가연물의 구비조건에 대한 내용으로 옳지 않은 것은?

① 가연물의 열전도율이 작아야 한다.
② 화학적 활성도가 높아야 한다.
③ 질소와의 친화력이 커야 한다.
④ 산소와 접촉할 수 있는 비표면적이 큰 물질이어야 한다.

08 □□□

산소와 화학반응을 일으킬 수 없는 완전산화물질에 해당하지 않는 것은?

① 오산화인
② 일산화탄소
③ 규조토
④ 산화알루미늄

09 □□□

가연물에 대한 내용으로 옳지 않은 것은?

① 일산화탄소(CO)는 산소와 반응하기 때문에 가연물이 될 수 있다.

② 이산화탄소는 이미 산소와 결합하여 더 이상 화학반응을 일으킬 수 없는 물질로 완전산화물질에 해당한다.

③ 질소는 산소와 결합하는 산화반응을 하지만 발열반응하는 물질로 가연물이 아니다.

④ 이산화탄소는 화석연료와 같은 탄소를 포함한 물질을 완전연소시킬 경우 생성된다.

10 □□□

가연성 물질에 대한 설명으로 옳지 않은 것은?

① 물과 혼합되기 쉬운 가연성 액체는 물과 혼합되면 증기압이 낮아져서 인화점이 올라간다.

② 파라핀 등 가연성 고체는 화재 시 가연성 액체가 되어 화재를 확대한다.

③ 가연성 액체는 온도가 상승하면 점성이 작아지고 화재를 확대시킨다.

④ 끓는점(비점)이 낮으면 인화의 위험성이 낮아진다.

POINT 03

CHAPTER 1 연소이론

산소공급원

정답 및 해설 p.4

01 □□□

다음 중 연소의 필수요소인 산소공급원에 해당하는 것을 모두 고른 것은?

ㄱ. 제1류 위험물(산화제)
ㄴ. 자기반응성 물질
ㄷ. 제2류 위험물(환원제)
ㄹ. 조연성 가스(불소 및 염소)
ㅁ. 질소 및 아르곤

① ㄴ, ㅁ
② ㄱ, ㄴ, ㄹ
③ ㄱ, ㄴ, ㅁ
④ ㄱ, ㄷ, ㅁ

02 □□□

연소의 필수요소인 산소공급원에 대한 내용으로 옳지 않은 것은?

① 지구를 둘러싼 대기의 하층부를 구성하는 공기의 조성은 장소와 고도 및 기타의 조건에 따라 다르다.
② 제1류 위험물은 산화·환원반응이 강렬하게 촉진되어 폭발적 현상을 생성하는 물질로서 환원성 물질이라 한다.
③ 자기반응성 물질은 분자 내에 가연물과 산소를 충분히 함유하고 있는 물질로서 연소 속도가 빠르고 폭발을 일으킬 수 있는 물질이다.
④ 공기 중에는 약 21%의 산소가 포함되어 있어서 공기는 산소공급원 역할을 할 수 있다.

03 □□□

연소의 필수요소에 해당하지 않는 것은?

① 흡열반응
② 최소점화에너지
③ 가연성 물질
④ 산소공급원

04 □□□

연소의 필수요소에는 산소공급원이 있다. 가연성 물질에 산소공급원이 될 수 없는 것은?

① 「위험물안전관리법」상 가연성 고체
② 「위험물안전관리법」상 산화성 고체
③ 공기 중의 산소
④ 「위험물안전관리법」상 산화성 액체

05 □□□

산소공급원에 대한 설명으로 옳지 않은 것은?

① 산소공급원은 환원제이다.
② 나이트로글리세린(NG), 셀룰로이드, 트리나이트로톨루엔은 연소반응 시 산소공급원의 역할을 할 수 있다.
③ 산소공급원은 일반적으로 공기 중의 산소를 말한다. 가연물이 연소하려면 산소와 혼합되어 불이 붙을 수 있는 농도조건이 형성되어야 하는데, 이를 연소범위라고 한다.
④ 공기 중에는 약 21vol%의 산소가 포함되어 있어서 공기는 산소공급원 역할을 한다.

06 □□□

조연성 가스에 해당하는 것은?

① 일산화탄소
② 이산화탄소
③ 산소
④ 수소

07 □□□

다음 중 조연성 가스로만 나열되어 있는 것은?

① 산소, 불소, 오존
② 산소, 일산화탄소, 오존
③ 질소, 산소, 일산화탄소
④ 이산화탄소, 수증기, 염소

08 □□□

다음 중 조연성 가스에 해당하는 옳은 것은 모두 몇 개인가?

ㄱ. 불소(플루오르), 염소
ㄴ. 시안화수소
ㄷ. 일산화탄소, 이산화탄소
ㄹ. 메탄, 에탄, 부탄
ㅁ. 산소(O_2), 오존(O_3)

① 2개 ② 3개
③ 4개 ④ 5개

09 □□□

물질 자체가 불에 타는 성질을 가연성, 물질 자체가 불에 타지 않는 성질을 불연성이라 한다. 자신은 불에 타지 않으면서 다른 물질이 타는 것을 돕는 성질을 갖는 조연성 물질에 해당하지 않는 것은?

① 산소(O_2)
② 염소(Cl_2)
③ 수소(H_2)
④ 불소(F_2)

점화원

정답 및 해설 p.5

01 □□□

연소반응 시 점화원에 대한 설명으로 옳지 않은 것은?

① 점화원은 연소를 시작할 때 가해지는 활성화에너지이다.
② 점화원은 열적 · 기계적 · 전기적 · 화학적 · 원자력 에너지 등으로 분류한다.
③ 가연물의 활성화에너지는 고유한 값을 갖는다.
④ 기화(잠)열, 융해열, 단열팽창, 절연저항의 증가 등은 점화원에 해당하지 않는다.

02 □□□

전기적 점화원에 대한 설명으로 옳지 않은 것은?

① 도체 주위에 변화하는 자기장이 있을 때 전위차가 발생하고 이로 인해 전류흐름이 일어난다. 이 전류를 유도전류라고 하며, 이 유도전류에 의하여 발생되는 열이 유도열이다.
② 마찰스파크는 두 개 이상의 물체가 서로 충격·마찰을 일으키면서 작은 불꽃을 일으키는데, 이러한 마찰불꽃에 의하여 가연성 가스에 착화가 일어날 수 있다
③ 유전열은 전선 피복과 같은 절연체가 절연능력을 갖추지 못해 발생하는 열이다.
④ 저항열은 백열전구의 발열로서 전기에너지가 열에너지로 변할 때 생성된다.

03 □□□

1기압 상태에서 100℃ 물 1kg이 모두 기체로 변할 때 필요한 열량은 몇kcal인가?

① 339kcal
② 439kcal
③ 539kcal
④ 639kcal

04 □□□

공기압축기의 흡입구로 빨려 들어간 가연성 증기가 압축되어 그 결과로 큰 폭발이 발생하였다. 이 경우 가연성 증기에 작용한 기계적 점화원으로 볼 수 있는 것은?

① 충격 또는 마찰스파크
② 단열압축
③ 정전기
④ 복사열

05 □□□

최소발화에너지(MIE; Minimum Ignition Energy)에 대한 내용으로 옳지 않은 것은?

① 온도가 높아지면 분자 간 운동이 활발해지므로 최소발화에너지가 감소한다.
② 압력이 높아지면 분자 간 거리가 가까워지므로 최소발화에너지가 감소한다.
③ 가연성 가스의 조성이 화학양론적 농도 부근일 경우 최소발화에너지가 최저가 된다.
④ 열전도율이 높으면 최소발화에너지가 감소한다.

06 □□□

점화원에 의해 가연성 혼합기가 발화하기 위해서는 점화원이 일정 크기 이상의 에너지를 가할 수 있어야 한다. 이러한 착화에 필요한 최소 에너지를 무엇이라 하는가?

① 한계산소에너지
② 화석연료에너지
③ 최소발화에너지
④ 인화점

07 □□□

최소발화에너지(MIE; Minimum Ignition Energy)의 영향 인자에 대한 설명으로 옳지 않은 것은?

① 가연성 혼합기의 농도가 양론농도 부근일 때 MIE가 작아진다. 일반적으로 이것보다 상한계나 하한계로 향함에 따라 MIE는 증가한다.
② 전극 간 거리가 짧을수록 MIE가 감소되지만 어떤 거리 이하로 짧아지면 방열량이 커져서 아무리 큰 에너지를 가해도 인화되지 않는다. 이 거리를 소염거리라 한다.
③ 최소발화에너지는 물질의 종류, 혼합기의 온도, 압력, 농도(혼합비) 등에 따라 변화한다. 또한 공기 중의 산소가 많은 경우 또는 가압 하에서는 일반적으로 큰 값이 된다.
④ 매우 압력이 낮아서 어느 정도 착화원에 의해 점화하여도 점화할 수 없는 한계가 있는데 이를 최소착화압력이라 한다.

08 □□□

다음 중 전기적 점화원에 해당하는 것을 모두 고른 것은?

ㄱ. 연소열, 분해열
ㄴ. 전기스파크, 마찰스파크
ㄷ. 고온표면, 적외선
ㄹ. 정전기, 자연발화
ㅁ. 유도열, 용해열

① ㄱ, ㄴ, ㄷ
② ㄴ, ㄹ, ㅁ
③ ㄷ, ㄹ, ㅁ
④ 없음

09 □□□

점화원에 대한 내용이다. 다음 중 ㄱ, ㄴ이 각각 설명하는 것으로 옳은 것은?

ㄱ. 도체 주위에 변화하는 자기장이 있을 때 전위차가 발생하고 이로 인해 전류흐름이 일어나는데, 이 전류흐름에 의해 발생되는 열
ㄴ. 어떤 물질이 완전히 연소되는 과정에서 발생하는 열

	ㄱ	ㄴ
①	유전열	기화열
②	유전열	용해열
③	유도열	용해열
④	유도열	연소열

10 □□□

연소의 필수요소 중에서 점화원에 대한 내용으로 옳지 않은 것은?

① 점화원은 열적 점화원, 기계적 점화원, 화학적 점화원, 전기적 점화원 및 원자력 점화원 등으로 구분할 수 있다.
② 기화(잠)열, 융해열은 화학적 점화원에 해당하고, 단열팽창, 절연저항의 증가는 전기적 점화원에 해당한다.
③ 가연물과 산소공급원이 연소범위를 만들었을 때 연소반응이 일어나기 위해서는 활성화 상태까지 이르게 하는 에너지가 필요한데 이를 활성화에너지라고 한다. 이 활성화에너지를 공급해주는 에너지원을 점화원(착화원, 발화원)이라 한다.
④ 단열압축과 마찰스파크는 기계적 점화원에 해당한다.

CHAPTER 1 연소이론

자연발화

정답 및 해설 p.7

01 □□□

자연발화를 일으키는 물질에 대한 내용으로 옳지 않은 것은?

① 유지류(동식물유류)는 아이오딘가가 클수록 자연발화가 되기 쉽다.
② 불포화도가 작고 아이오딘가가 작을수록 산화되기 쉽고 자연발화의 위험성이 크다.
③ 금속의 분말형태로 존재할 때 산소와의 접촉면적이 커져서 단위면적당 반응속도가 커지기 때문에 자연발화가 용이해진다.
④ 수분(습기)에 의한 자연발화를 하는 물질의 경우에는 수분(습도)이 높은 곳을 피하여 저장한다.

02 □□□

자연발화하는 가연성 물질의 방지 방법으로 옳지 않은 것은?

① 환기(통풍)·저장방법 등 공기유통을 원활하게 하여 열의 축적을 방지한다.
② 퇴적 시 열 축적이 용이하도록 한다.
③ 저장실 및 주위온도를 낮게 유지한다.
④ 수분(습기)에 의한 자연발화를 하는 물질의 경우에는 수분(습도)이 높은 곳을 피하여 저장한다.

03 □□□

햇볕에 방치한 기름걸레가 자연발화를 일으켰다면 자연발화를 일으키는 열원으로 가장 밀접한 관계가 있는 것은?

① 흡착열 축적
② 산화열 축적
③ 발효열 축적
④ 분해열 축적

04 □□□

자연발화를 일으키는 열원에 해당하지 않는 것은?

① 산화열
② 분해열
③ 용해열
④ 발효열

05 □□□

자연발화에 영향을 주는 요인에 대한 내용으로 옳은 것을 모두 고른 것은?

ㄱ. 열의 축적이 용이하게 퇴적될수록 자연발화는 어렵다.
ㄴ. 열 발생량이 클수록 축적되는 열의 양이 많아져 자연발화가 쉽다.
ㄷ. 적당한 수분은 촉매 역할을 하기 때문에 반응속도를 느리게 하여 자연발화가 어렵다.
ㄹ. 열전도도가 작을수록 열 축적이 용이하여 자연발화가 쉽다.
ㅁ. 공기의 유통이 잘될수록 열의 축적이 어려워 자연발화가 어렵다.

① ㄴ, ㄷ　② ㄴ, ㅁ
③ ㄱ, ㄴ, ㄷ　④ ㄴ, ㄹ, ㅁ

06 □□□

자연발화를 일으키는 열원과 가연물질이 옳게 짝지어진 것을 모두 고른 것은?

ㄱ. 산화열 - 제5류 위험물(질산에스터류)
ㄴ. 분해열 - 아세틸렌
ㄷ. 흡착열 - 목탄, 활성탄
ㄹ. 중합열 - 시안화수소, 산화에틸렌
ㅁ. 발효열 - 기름걸레, 황린

① ㄱ, ㄷ, ㅁ　② ㄴ, ㄷ, ㄹ
③ ㄴ, ㄹ, ㅁ　④ ㄱ, ㄴ, ㄷ, ㄹ

07 □□□

불포화 섬유지나 석탄에 자연발화를 일으키는 열원은?

① 흡착열
② 분해열
③ 산화열
④ 융해열

08 □□□

자연발화 방지법으로 옳은 것은 모두 몇 개인가?

ㄱ. 정촉매물질과의 접촉을 피한다.
ㄴ. 저장실의 환기를 원활히 시킨다.
ㄷ. 저장실의 온도를 낮게 유지한다.
ㄹ. 열의 축적을 최대한 방지한다.
ㅁ. 저장실의 습도를 높게 유지한다.

① 2개　② 3개
③ 4개　④ 5개

09 □□□

유지류(동식물유류)에서 아이오딘값(Iodine Value)에 대한 설명으로 옳지 않은 것은?

① 유지를 구성하고 있는 지방산에 함유된 이중결합의 수를 나타내는 수치이다. 유지 100g에 흡수되는 아이오딘의 g수를 말한다.
② 아이오딘값이 크면 불포화도가 낮다. 불포화도는 불포화 탄화수소가 추가로 결합 가능한 수소의 양을 말한다.
③ 아이오딘값이 클수록 자연발화가 되기 쉽다.
④ 불포화도가 클수록 산화되기 쉽다.

정전기

정답 및 해설 p.8

01 □□□

정전기에 의한 발화과정으로 옳은 것은?

① 전하의 발생 → 전하의 축적 → 방전 → 발화
② 전하의 축적 → 전하의 발생 → 방전 → 발화
③ 방전 → 전하의 발생 → 전하의 축적 → 발화
④ 방전 → 전하의 축적 → 전하의 발생 → 발화

02 □□□

정전기 대전 방지대책에 대한 내용으로 옳지 않은 것은?

① 공기를 이온화한다.
② 피뢰설비를 한다.
③ 접지시설을 한다.
④ 상대습도를 70% 이상으로 한다.

03 □□□

정전기에 대한 설명으로 옳지 않은 것은?

① 두 물체의 마찰이나 마찰에 의해 접촉위치 이동으로 전하의 분리 및 재배열이 일어나 발생하는 마찰대전에 의해 정전기는 발생한다.
② 정전기는 파이프로 액체류가 이송될 때 액체와 파이프의 마찰로 전기이중층이 형성되면서 발생하는 유동대전에 의해 발생하기도 한다.
③ 정전기는 접촉하는 전기의 전위차를 크게 하여 정전기의 발생을 억제시킨다.
④ 전기전도성이 큰 물체를 사용한다.

04 □□□

정전기에 대한 내용으로 옳지 않은 것은?

① 마찰전기의 발화과정은 전하의 발생, 전하의 축적, 방전, 발화의 순이다.
② 어떤 물질이 다른 물질과 마찰 또는 접촉하면서 각 물질 표면에 양(+)전하와 음(-)전하가 축적되는데 이 축적된 전기를 정전기(마찰전기)라고 한다.
③ 정전기의 발생량은 두 마찰물질의 대전서열이 가까울수록, 마찰의 정도가 작을수록 증가한다.
④ 축적된 정전기가 방전될 경우 점화원(전기적 점화원)의 역할을 할 수 있다.

05 □□□

연소론에서 정전기는 점화원이 될 수 있다. 정전기는 무슨 점화원에 해당하는가?

① 기계적 점화원
② 화학적 점화원
③ 열적 점화원
④ 전기적 점화원

06 □□□

정전기의 발생원인과 방지대책에 대한 내용으로 옳지 않은 것은?

① 비전도성이 큰 물체를 사용하여 전하의 발생을 방지한다.
② 비전도성 부유 물질이 많을 때 발생한다.
③ 좁은 공간·필터 등을 통과할 때 쉽게 발생할 수 있다.
④ 전기의 전위차를 작게 하여 정전기 발생을 억제한다.

POINT 07

CHAPTER 1 연소이론

연소범위 · 위험도

정답 및 해설 p.9

01 □□□

연소이론에서 가연물의 연소의 조건에 대한 내용으로 옳지 않은 것은?

① 가연성 가스가 공기와 혼합하여 연소반응을 일으킬 수 있는 적정한 농도범위를 연소범위라고 한다.
② 연소범위는 가연물의 특성으로 가연성 가스의 종류마다 가연성 물질의 고유한 값으로 항상 일정하다.
③ 연소범위에서 농도가 낮은 쪽은 연소범위의 하한계라고 하고, 농도가 높은 쪽을 연소범위의 상한계라고 한다.
④ 가연성 가스는 연소범위 내에서만 연소반응이 일어나고 연소범위를 벗어나면 연소반응이 일어나지 않는다.

02 □□□

가연성 가스의 연소범위 영향인자로 직접적인 요인에 해당하지 않는 것은?

① 압력
② 온도
③ 습도
④ 산소농도

03 □□□

연소범위와 위험도에 대한 내용으로 옳은 것은?

① 산소의 농도가 증가하면 하한계의 변화는 거의 없고, 상한계가 높아져 연소범위가 넓어진다.
② 아세틸렌은 이황화탄소보다 연소범위가 크며, 위험도도 크다.
③ 일반적으로 온도와 압력이 올라가면 연소범위는 좁아진다.
④ 연소범위란 조연성 가스가 질소와 혼합하여 연소반응을 일으킬 수 있는 적정한 농도범위를 말한다.

04 □□□

연소범위에 대한 내용으로 옳지 않은 것은?

① 일반적으로 압력이 높아지면 분자 간의 평균거리가 축소되어 유효충돌이 증가되며 화염의 전달이 용이하여 연소한계는 넓어진다.
② 수소는 압력이 낮거나 높을 때 일시적으로 연소범위가 좁아진다.
③ 비활성 가스를 투입하면 공기 중 산소농도가 저하되므로 연소범위가 넓어진다.
④ 연소범위의 하한계가 낮을수록 연소범위의 상한계가 높을수록 가연성 가스의 위험성은 증가한다.

05 □□□

가연성 증기가 공기와 혼합하여 기체를 형성하였을 때 연소범위가 가장 넓은 물질은?

① 수소
② 이황화탄소
③ 부탄
④ 아세틸렌

06 □□□

가연성 가스의 연소범위의 개념에 대한 내용으로 옳지 않은 것은?

① 연소하한계란 연소하한계의 농도 이하에서는 점화원과 접촉될 때 화염의 전파가 발생하지 않는 공기 중의 증기 또는 가스의 최소농도를 말한다.
② 연소상한계는 연소범위의 농후한 측의 한계를 말한다. 온도 증가에 따라 비교적 크게 증가한다.
③ 연소상한계란 연소상한계의 농도 이상에서는 점화원과 접촉될 때 화염의 전파가 최대로 발생하는 공기 중의 증기 또는 가스의 최고농도를 말한다.
④ 연소하한계는 연소범위의 희박한 측의 한계를 말한다. 일반적으로 온도 증가에 따라 약간 감소하는 특성이 있다.

07 □□□

연소범위에 대한 내용으로 옳지 않은 것은?

① 가연성 가스의 압력이 높아지면 연소범위는 넓어진다.
② 산소농도가 높아지면 연소범위는 넓어진다.
③ 가연성 가스의 온도가 높아지면 연소범위는 넓어진다.
④ 불활성 가스의 농도가 높아지면 연소범위는 넓어진다.

08 □□□

연소가스의 연소범위를 나타낸 것이다. 다음 중 연소가스의 위험도가 높은 순서대로 배열한 것은?

ㄱ. 5 ~ 10vol%
ㄴ. 20 ~ 30vol%
ㄷ. 40 ~ 50vol%

① ㄱ, ㄴ, ㄷ　　② ㄴ, ㄱ, ㄷ
③ ㄷ, ㄱ, ㄴ　　④ ㄷ, ㄴ, ㄱ

09 □□□

가연성 혼합가스의 연소(폭발)범위를 구하는 데 이용되는 르 샤틀리에(Le Chatelier) 공식이다. 이에 대한 설명으로 옳지 않은 것은?

$$LFL(\%) = \frac{100}{\frac{V_1}{L_1} + \frac{V_2}{L_2} + \frac{V_3}{L_3} + \cdots}$$

- LFL: 혼합가스의 폭발(연소)하한계(vol%)
- V_i: 각 단독성분의 혼합가스 중의 농도(vol%)
- L_i: 혼합가스를 형성하는 각 단독 성분의 폭발(연소)하한계(vol%)

① 혼합가스의 연소범위를 알고자 할 때에는 직접적인 실험을 하지 않고 르 샤틀리에 공식을 이용할 수 있다.
② 연소하한계는 비교적 잘 맞지만, 연소상한계에서는 잘 맞지 않는 특성이 있다.
③ 일반적으로 3가지 성분계의 혼합가스까지는 잘 맞지만, 이를 초과하는 경우에는 많은 오차가 발생한다.
④ 르 샤틀리에 공식을 이용하여 가연성 혼합가스의 비점을 추정할 수 있다.

10 □□□

가연성 가스의 연소(폭발)범위를 나타낸 것이다. 다음 중 <보기>에 대한 설명으로 옳지 않은 것은?

<보기>

- 아세틸렌: 2.5 ~ 81(100)vol%
- 암모니아: 15 ~ 28vol%
- 메탄: 5 ~ 15vol%
- 프로판: 2.1 ~ 9.5vol%

① 메탄은 프로판보다 연소범위가 크다.
② 아세틸렌과 프로판은 공기가 섞이지 않은 순수한 상태에서도 분해폭발이 가능하다.
③ 메탄의 위험도는 2이다.
④ 암모니아는 메탄보다 연소의 범위는 크나, 위험도는 작다.

11 □□□

연소범위에 대한 온도의 영향으로 옳은 것은?

① 온도가 낮아지면 열의 발열속도보다 방열속도가 빨라져서 연소범위가 좁아진다.
② 온도가 낮아지면 열의 발열속도보다 방열속도가 빨라져서 연소범위가 넓어진다.
③ 온도가 낮아지면 열의 발열속도보다 방열속도가 느려져서 연소범위가 좁아진다.
④ 온도가 낮아지면 열의 발열속도보다 방열속도가 느려져서 연소범위가 넓어진다.

12 □□□

가연성 물질의 위험성에 대한 설명으로 옳지 않은 것은?

① 메탄의 연소범위는 5~15%이다.
② 화염일주한계가 작을수록 위험성이 크다.
③ 위험도는 폭발상한과 하한의 차이를 폭발하한계로 나눈 값을 말한다.
④ 최소점화에너지가 클수록 위험성이 크다.

13 □□□

연소범위의 영향요소에 대하여 가장 옳지 않은 것은?

① 온도상승 시 부피, 압력이 상승하여 연소범위가 넓어진다.
② 온도가 높아지면 기체분자의 운동이 증가하므로 반응성이 활발해진다. 연소범위(폭발범위)는 온도 상승에 따라 확대되는 경향이 있다.
③ 온도가 높아지면 열의 연소범위가 넓어진다.
④ 일반적으로 압력의 상승 시 상한계의 영향보다는 하한계의 영향이 크게 작용한다. 따라서 압력상승 시 연소의 범위는 넓어진다.

14 □□□

메탄이 완전연소할 때 존스(Jones)의 수식을 이용하여 계산한 연소의 하한계는? (단, 공기 중의 산소는 20v%이며, 소수점 둘째 자리에서 반올림하여 계산하며, LFL = 0.55Cst이다)

$$CH_4 + 2O_2 \rightarrow CO_2 + 2H_2O$$

① 3%
② 4%
③ 5%
④ 6%

인화점 · 연소점 · 발화점

정답 및 해설 p.11

01 □□□

알칸계 탄화수소(메탄계, 파라핀계)에 대한 내용으로 옳지 않은 것은?

① 일반식은 C_nH_{2n+2}(n: 탄소원자의 수)으로 사슬모양(Chain형)의 분자구조이다.
② 단일결합과 안정한 결합각으로 인해 반응성이 작은 안정된 화합물이다.
③ 탄소수(사슬길이)가 증가할수록 비점이 높아진다.
④ 같은 분자량을 가진 다른 유기화합물보다 비점이 높다.

02 □□□

파라핀계의 탄화수소 분자량 증가(C_xH_y 수의 증가)에 따른 특성에 대한 내용으로 옳지 않은 것은?

① 발열량이 증가한다.
② 인화점이 높아진다.
③ 휘발성(증기압)이 감소하고 비점은 상승한다.
④ 발화점이 증가한다.

03 □□□

점화원의 접촉 없이 가열된 열만으로 연소를 시작할 수 있는 최저온도는?

① 인화점
② 발화점
③ 연소점
④ 승화점

04 □□□

가연물의 발화점이 낮아지는 조건에 대한 내용으로 옳지 않은 것은?

① 분자구조가 복잡할 때
② 파라핀계의 탄화수소 분자량이 증가할 때
③ 금속의 열전도율이 클수록
④ 최소점화에너지(활성화에너지)가 작을수록

05 □□□

다음 중 파라핀계의 탄화수소 분자량 증가에 따른 특성으로 옳은 것만을 모두 고른 것은?

ㄱ. 인화점이 높아진다.
ㄴ. 휘발성(증기압)이 증가하고 비점은 감소한다.
ㄷ. 발화점은 높아진다.
ㄹ. 발열량이 감소한다.
ㅁ. 분자구조가 단순해진다.
ㅂ. 연소범위가 넓어지고 하한계는 높아진다.

① ㄱ
② ㄱ, ㄴ
③ ㅁ, ㅂ
④ ㄴ, ㄷ, ㄹ

06 □□□

발화점에 대한 내용으로 옳은 것은?

① 점화원 제거 후에도 연소가 지속될 수 있는 최저온도이다.
② 착화원이 없는 상태에서 가연성 물질 자체의 열의 축적으로 공기 중에서 가열하였을 때 발화되는 최저온도이다.
③ 인화성 액체 위험성 판단 기준으로 이용한다.
④ 외부로부터 에너지를 받아 연소가 시작되는 가연성 물질의 최저온도이다.

07 □□□

다음 중 ( ) 안에 들어갈 내용으로 옳은 것은?

> 가연물과 산소공급원이 연소범위를 만들었을 때 연소반응이 일어나기 위해서는 활성화 상태까지 이르게 하는 최소의 에너지가 필요한데 이를 ( )라고 한다.

① 한계산소농도
② 위험도
③ 연소범위
④ 최소발화에너지

08 □□□

발화점이 낮아지는 조건으로 옳지 않은 것은?

① 열전도율이 작을수록 발화점이 낮아진다.
② 분자구조가 복잡할수록 발화점이 낮아진다.
③ 산소와 친화력이 좋을수록 발화점이 낮아진다.
④ 화학적 활성도가 작을수록 발화점이 낮아진다.

09 □□□

다음 중 발화점이 낮아지는 조건으로 옳은 것을 모두 고른 것은?

> ㄱ. 화학반응에너지가 작을수록 발화점이 낮아진다.
> ㄴ. 열전도율이 작을수록 발화점이 낮아진다.
> ㄷ. 분자구조가 복잡할수록 발화점이 낮아진다.
> ㄹ. 산소와의 친화력이 클수록 발화점이 낮아진다.
> ㅁ. 발열량이 작을수록 발화점이 낮아진다.

① ㄷ, ㄹ
② ㄹ, ㅁ
③ ㄱ, ㄴ, ㄹ
④ ㄴ, ㄷ, ㄹ

10 □□□

유도발화점(Flash point)에 대한 내용으로 옳은 것은?

① 공기 중에서 가연성 물질을 가열했을 때 여기에 화염 등을 근접시키지 않아도 발화되는 최저의 온도를 말한다.
② 유도발화점은 연소점을 말하며, 유도발화점은 점화원을 제거한 후에도 계속적으로 연소를 일으킬 수 있는 최저온도를 말한다.
③ 유도발화점은 화재점이라고도 한다.
④ 가연물에 점화원을 가하였을 때 불이 붙을 수 있는 최저온도를 말한다.

CHAPTER 1 연소이론

연소의 이상현상

정답 및 해설 p.12

01 □□□

불완전한 연소상태로서 불꽃이 없고 느린 연소이며 화재초기에 고체 가연물에서 많이 발생하는데 열 축적이 계속되어 외부 공기가 갑자기 유입될 때는 급격한 연소가 일어날 수 있는 상태를 말하는 용어로 옳은 것은?

① 화염연소
② 훈소화재
③ 백열현상
④ 내부연소

02 □□□

연소에 대한 내용으로 옳지 않은 것은?

① 정상연소는 열의 발생속도와 연소의 확산속도가 서로 균형을 유지한다.
② 비정상연소를 하는 경우는 화염의 모양·위치·상태 등이 연소가 일어나는 동안 변한다.
③ 주염이란 가연성 가스가 연소하면서 바람을 타고 흘러가는 현상을 말한다.
④ 선화현상은 역화현상의 반대현상으로서 연료가스의 분출속도보다 연소속도가 빠를 때 발생한다.

03 □□□

비정상연소의 이상현상에 대한 내용으로 옳은 것을 모두 고른 것은?

ㄱ. 노즐의 부식 등으로 분출 구멍이 커진 경우 선화가 발생할 수 있다.
ㄴ. 선화는 분출속도보다 연소속도가 클 때 발생한다.
ㄷ. 블로우오프는 선화상태에서 화염이 꺼지는 현상을 말한다.
ㄹ. 블로우다운은 불필요해진 일정량의 가스를 대기 중으로 방출하는 것이다.
ㅁ. 용기 밖의 압력이 높을 때 역화가 발생할 수 있다.

① ㄱ, ㄷ, ㄹ
② ㄱ, ㄷ, ㅁ
③ ㄴ, ㄹ, ㅁ
④ ㄷ, ㄹ, ㅁ

04 □□□

불완전연소의 원인으로 옳은 것은?

① 공기공급량이 너무 많을 때
② 연소생성물의 배기가 원활할 때
③ 공급되는 가연물질의 양이 많을 때
④ 가연물과 산소공급량이 균형을 이루고 있을 때

05 □□□

가스 연소 시 발생되는 이상현상에 대한 설명으로 옳지 않은 것은?

① 연소소음이란 가연성 혼합가스의 연소속도나 분출속도가 대단히 클 때 연소음 및 폭발음 등이 발생하는 현상이다.
② 선화란 연료가스의 분출속도가 연소속도보다 빠를 때 불꽃이 노즐에 정착되지 않고 떨어져서 연소하는 현상이다.
③ 블로우오프란 선화상태에서 연료가스의 분출속도가 증가하거나 공기의 유동이 강하여 불꽃이 노즐에서 정착되지 않고 떨어져서 꺼져버리는 현상이다.
④ 완전연소는 가연물의 양이 공급되는 공기(산소)의 공급량보다 상대적으로 많을 때 발생하며, 일산화탄소, 그을음 등이 대표적인 생성물이다.

06 □□□

연소이론에서 완전연소와 불완전연소에 대한 내용으로 옳은 것은?

① 일반적으로 가연물이 완전연소할 때의 화염온도는 불완전연소할 때보다 낮다.
② 불완전연소는 산소공급이 충분할 때 발생한다.
③ 불완전연소는 연소생성물의 배기가 불량할 때 발생한다.
④ 완전연소할 때에는 이산화탄소(CO_2), 수증기(H_2O), 유리탄소가 주로 발생한다.

07 □□□

연료가스의 분출속도가 연소속도보다 클 때, 주위 공기의 움직임에 따라 불꽃이 노즐에서 정착하지 않고 떨어져 꺼지는 현상은?

① 불완전연소(Incomplete combustion)
② 리프팅(Lifting)
③ 블로우오프(Blow off)
④ 역화(Back fire)

08 □□□

순조로운 연쇄반응에 의한 불꽃연소의 특성으로 옳지 않은 것은?

① 불꽃연소를 하는 화재의 형태는 표면화재이다.
② 불꽃연소는 표면연소와 비교하여 이산화탄소의 발생량이 많다.
③ 불꽃연소는 부촉매소화가 효과적이지 않다.
④ 표면연소를 하는 연소형태보다 불꽃연소는 완전연소를 하기 쉽다.

09 □□□

비정상연소의 하나인 역화현상에 대한 내용으로 옳지 않은 것은?

① 혼합가스의 양이 적을 때
② 연소속도가 분출속도보다 빠를 때
③ 노즐이 부식되어 분출 구멍이 커질 때
④ 용기 밖의 압력이 내부보다 작을 때

10 □□□

연소이론에 대한 내용으로 옳은 것을 모두 고른 것은?

ㄱ. 가연물이 완전연소할 때만 불꽃연소를 한다.
ㄴ. 가연성 가스의 연소 시 연소하한계에 가까워질수록 연소속도는 상승한다.
ㄷ. 가연성 가스의 연소 시 비활성 가스를 주입하면 연소속도는 상승한다.
ㄹ. 억제소화는 표면연소를 하는 가연물의 분해생성물을 억제하여 소화가 효과적이다.

① ㄱ, ㄹ　　② ㄴ, ㄷ
③ ㄴ, ㄷ, ㄹ　　④ 없음

POINT 10

CHAPTER 1 연소이론

연소의 형태

정답 및 해설 p.13

01 □□□

고체연료와 액체연료의 분해연소의 특성에 대한 내용으로 옳지 않은 것은?

① 중유와 같은 중질유는 열분해하여 가솔린·등유 등으로 변하여 가연성 증기의 발생을 증가시켜 연소가 잘 이루어지게 하는 연소의 형태이다.

② 분해연소를 하는 대표적인 위험물은 「위험물안전관리법」상 제4류 위험물(인화성 액체) 중 특수인화물과 제1석유류이다.

③ 고체 가연물질을 가열하면 복잡한 경로를 거쳐 열분해한 다음 열분해 되어 나온 분해가스 등이 연소하는 분해연소의 형태를 갖는다.

④ 고체연료 중 분해연소를 하는 가연물에는 석탄·목재·종이·섬유·플라스틱·고무류 등이 있다.

02 □□□

양초와 같이 증발연소를 하는 물질로 옳은 것은?

① 석탄 및 종이

② 황 및 나프탈렌

③ 질산에스터류

④ 숯, 목탄, 금속분

03 □□□

가연물의 연소의 형태에 대한 내용으로 옳은 것은?

① 예혼합연소는 기체 연소의 가장 일반적인 연소로서 연료가스와 공기가 혼합하면서 연소하는 형태를 말한다.

② 휘발유 및 등유는 액체 연료의 연소형태 중 분해연소를 한다.

③ 목탄은 표면연소를 하고, 소화방법으로 부촉매소화는 효과가 없다.

④ 석탄은 분해연소를 하며, 자연발화를 일으키는 열원의 종류는 분해열이다.

04 □□□

가연물의 연소 형태가 잘못 짝지어진 것은?

① 증발연소 - 파라핀

② 예혼합연소 - 분젠식버너, 내연기관 연소실의 연소

③ 표면연소 - 목탄, 코크스

④ 자기연소 - 금속분

05 □□□

연소의 형태 중 고체연료의 자기연소에 대한 내용으로 옳지 않은 것은?

① 자기연소(내부연소)의 경우에는 산소를 필요로 하지 않고 그 자체의 산소에 의해 연소된다.

② 외부에서 열을 가하면 가연물 자체 내에서 가연성 기체와 산소가 발생하면서 연소하는 것을 자기연소라 한다.

③ 자기연소의 형태를 가지는 가연물은 이산화탄소 소화약제에 의한 질식소화가 효과적이다.

④ 자기연소의 형태를 가지는 것은 제5류 위험물이다.

06 □□□

기체연료의 연소 형태에 해당하지 않는 것은?

① 확산연소
② 증발연소
③ 예혼합연소
④ 부분 예혼합연소

07 □□□

기체연료의 연소 형태인 예혼합연소에 대한 내용으로 옳지 않은 것은?

① 연소속도가 확산연소보다 비교적 빠르다.
② 화염의 불꽃은 황색이나 적색을 나타내고 화염의 온도는 확산연소보다 낮다.
③ 연소속도가 빨라 비정상연소인 역화(Back-fire)의 우려가 있다.
④ 분젠식 버너의 연소 및 불꽃점화식의 내연기관 연소실 내에서의 연소가 해당한다.

08 □□□

연소이론에 대한 내용으로 옳은 것은?

① 연소범위가 넓을수록, 연소범위의 하한계가 낮을수록, 연소범위의 상한계가 높을수록 가연성 가스의 위험성은 감소한다.
② 연소속도란 화염속도에서 미연소가스의 이동속도를 뺀 값이다.
③ 연소 시 액체는 뜨거운 열을 만나면 액면에서 증기가 생성되는데 연소는 그 증기가 타는 것이므로 가연성 증기가 연소범위 하한계에 도달할 때의 온도를 발화점이라 한다.
④ 연소반응에서 반응계질량의 총합이 생성계 질량의 총합보다 큰 반응을 흡열반응이라고 한다.

09 □□□

고체연료의 연소형태에 대한 내용으로 옳은 것만을 모두 고른 것은?

> ㄱ. 숯, 코크스, 목탄, 금속분은 열분해 반응에 의한 휘발성분이 표면에서 산소와 반응하여 연소한다.
> ㄴ. 분해연소는 고체연료에서만 발생하는 연소형태이다.
> ㄷ. 목재, 석탄, 종이, 플라스틱은 가열하면 열분해 반응을 일으키면서 생성된 가연성 증기와 공기가 혼합하여 연소한다.
> ㄹ. 황, 나프탈렌은 가열하면 열분해를 일으키지 않고 증발하면서 증기와 공기가 혼합하여 연소한다.

① ㄱ, ㄴ
② ㄱ, ㄷ
③ ㄴ, ㄷ
④ ㄷ, ㄹ

10 □□□

가연물의 연소형태에 대한 내용으로 옳지 않은 것은?

① 표면연소는 불꽃연소에 비해 연소속도가 비교적 느리다.
② 분젠식 버너의 연소방식은 확산연소, 적화식 버너의 연소방식은 예혼합연소이다.
③ 가연성 가스는 공기와 연료가 혼합되어 있는 예혼합형과 연소 직전에 혼합하는 확산형으로 구분한다.
④ 액체연료의 증발연소는 액면의 상부에서 발생된 가연성 증기와 공기가 혼합하여 연소범위를 이루면서 연소되는 반복적 현상이다.

POINT 11

CHAPTER 2 연소생성물

독성 가스

정답 및 해설 p.15

01 □□□

다음 내용에 해당하는 연소가스는?

- 황이 함유되어 있는 물질이 연소할 때 발생한다.
- 눈 및 호흡기 등에 점막을 상하게 하고 질식사할 우려가 있다.
- 0.05% 농도에 단시간 노출되어도 위험하므로 호흡과 화재에 유의하여야 한다.
- 물에 잘 녹는 무색의 자극적인 냄새가 나는 불연성 가스이다.
- 공기보다 무거워 지표에 가까운 대기층에 체류하여 대기를 오염시킨다.

① SO_2
② NH_3
③ CO_2
④ $COCl_2$

02 □□□

다음 중 일산화탄소에 대한 내용으로 옳은 것을 모두 고른 것은?

ㄱ. 석유류·나무 등이 완전연소할 때 발생하는 다량의 가스이다.
ㄴ. 상온에서 염소와 작용하여 유독성 가스인 포스핀 가스를 생성한다.
ㄷ. 인체 내에 헤모글로빈과 결합하여 질식하게 할 수 있다.
ㄹ. 공기 중 농도 1%에서 1분이 경과할 경우 사망할 수 있다.
ㅁ. 독성의 허용농도(TLV-TWA 기준)는 5천ppm(g/m^3)이다.

① ㄴ, ㄹ
② ㄷ, ㄹ
③ ㄱ, ㄷ, ㄹ
④ ㄴ, ㄷ, ㅁ

03 □□□

화재 시 발생하는 유독가스에 대한 내용으로 옳지 않은 것은?

① 황화수소는 황을 포함하고 있는 유기화합물이 불완전연소하면 발생하는데 계란 썩은 냄새가 난다.
② 염화수소는 폴리염화비닐(PVC)과 같이 염소가 함유된 수지류가 탈 때 주로 생성되는데 독성의 허용농도는 5ppm이며 향료, 염료, 의약, 농약 등의 제조에 이용된다.
③ 포스겐은 질소 함유물이 연소할 때 발생하고, 냉동시설의 냉매로 많이 쓰이고 있으므로 냉동창고 화재 시 누출 가능성이 크며, 독성의 허용농도는 25ppm이다.
④ 시안화수소는 질소 성분을 가지고 있는 합성수지, 동물의 털, 인조견 등의 섬유가 불완전연소할 때 발생하는 맹독성 가스로, 0.3%의 농도에서 즉시 사망할 수 있다.

04 □□□

고무, 동물의 털, 가죽 등 황이 함유되어 있는 물질이 불완전연소할 때 발생하며, 계란 썩는 듯한 냄새가 후각을 마비시켜 유해가스의 흡입을 증가시키는 독성 가스는?

① SO_2
② H_2S
③ NH_3
④ HCN

05 □□□

방염수지류 등이 연소할 때 발생하는 연소생성물로서 유독성이 있어 독성 가스로 취급되며 독성의 허용농도는 5ppm이고, 상온·상압에서 무색의 자극성 기체로 물에 잘 용해되는 가스는?

① HBr(취화수소)
② HCl(염화수소)
③ HF(불화수소)
④ H_2S(황화수소)

06 □□□

다음 내용에 해당하는 연소가스는?

- 염소성분이 함유되어 있는 건축물에 설치된 전선의 피복이 연소할 때 주로 발생한다.
- 부식성이 강하여 철근콘크리트 내의 철근을 녹슬게 할 수 있다.
- 독성의 허용농도는 5ppm이다.

① HCl
② HF
③ HBr
④ NO

07 □□□

다음 중 시안화수소(HCN)에 대한 내용으로 옳은 것을 모두 고른 것은?

ㄱ. 질소성분을 함유한 동물의 털, 인조견 등의 섬유가 불완전 연소할 때 발생한다.
ㄴ. 시안화수소의 독성허용농도는 25ppm이다.
ㄷ. 헤모글로빈과 결합하지 않고도 호흡의 저해를 통한 질식을 유발한다.
ㄹ. 비료공장·냉매공업 분야에서 많이 사용되는 자극성이 강한 가스이다.

① ㄱ, ㄷ
② ㄷ, ㄹ
③ ㄱ, ㄴ, ㄷ
④ ㄱ, ㄴ, ㄹ

08 □□□

독성 가스에 대한 내용으로 옳지 않은 것은?

① 허용농도가 LC50을 기준으로 5천ppm 이하인 가스를 독성가스라 한다.
② 일산화탄소는 무취·무미의 가스이다.
③ 암모니아는 질소함유물이 연소할 때 발생하는 연소생성물로서 유독성이 있으며, 상온·상압에서 강한 자극성을 가진 무색의 기체로서 물에 잘 용해된다.
④ 불화수소는 방염수지류 등이 연소할 때 발생하는 연소생성물이고 독성의 허용농도는 5ppm(TLU-TWA 기준)이다.

09 □□□

다음 중 연소가스에 대한 내용으로 옳은 것을 모두 고른 것은?

ㄱ. 이산화질소는 질산셀룰로오스 등의 불완전연소 시 발생하는 적갈색을 띤 유독가스이다.
ㄴ. 염화수소는 석유제품, 유지류 등이 탈 때 발생하는 가스이며, 인체에 대한 허용농도는 0.1ppm이고 10ppm 이상의 농도에서는 거의 즉사할 수 있다.
ㄷ. 일산화탄소의 허용농도는 50ppm이다.
ㄹ. LC50은 평균적인 성인 남자가 매일 8시간 또는 주 40시간을 연속해서 이 농도의 가스를 함유하고 있는 공기 중에서 작업하더라도 작업자의 건강에는 영향이 없다고 생각되는 한계농도를 말한다.
ㅁ. 포스겐은 PVC 등 염소를 함유한 가연물의 연소 시 발생하는 미량의 가스이다.

① ㄴ, ㄹ
② ㄱ, ㄴ, ㄷ
③ ㄱ, ㄷ, ㅁ
④ ㄷ, ㄹ, ㅁ

10 □□□

다음 내용에 해당하는 연소가스는?

- PVC 및 전선의 피복 등이 연소할 때 주로 발생하고 허용농도가 5ppm인 독성 가스이다.
- 향료·염료 등의 제조에 이용되고 있으며, 부식성이 강하여 철근콘크리트 내의 철근을 녹슬게도 한다.
- 기도와 눈 등을 자극하며 금속에 대해 강한 부식성이 있는 물질이다.

① NH_3(암모니아)
② HCl(염화수소)
③ CH_2CHCHO(아크로레인)
④ HCN(시안화수소)

11 □□□

「고압가스 안전관리법 시행규칙」상 연소 시 발생하는 독성 가스에 대한 기준으로 옳은 것은? (단, 허용농도는 해당 가스를 성숙한 흰쥐 집단에게 대기 중에서 1시간 동안 계속하여 노출시킨 경우 14일 이내에 그 흰쥐의 2분의 1 이상이 죽게 되는 가스의 농도를 말한다)

① 공기 중에 일정량 이상 존재하는 경우 인체에 유해한 독성을 가진 가스로서 허용농도가 10만분의 5천 이하인 것을 말한다.
② 공기 중에 일정량 이상 존재하는 경우 인체에 유해한 독성을 가진 가스로서 허용농도가 10만분의 500 이하인 것을 말한다.
③ 공기 중에 일정량 이상 존재하는 경우 인체에 유해한 독성을 가진 가스로서 허용농도가 100만분의 500 이하인 것을 말한다.
④ 공기 중에 일정량 이상 존재하는 경우 인체에 유해한 독성을 가진 가스로서 허용농도가 100만분의 5천 이하인 것을 말한다.

12 □□□

「고압가스 안전관리법 시행규칙」상 가연성 가스에 대한 설명으로 옳은 것은? (단, 폭발한계는 공기와 혼합된 경우 연소를 일으킬 수 있는 공기 중의 가스 농도의 한계를 말한다)

① 공기 중에서 연소하는 가스로서 폭발한계의 하한이 10% 이하인 것과 폭발한계의 상한과 하한의 차가 20% 이상인 것을 말한다.

② 공기 중에서 연소하는 가스로서 폭발한계의 하한이 10% 이하인 것과 폭발한계의 상한과 하한의 차가 10% 이상인 것을 말한다.

③ 공기 중에서 연소하는 가스로서 폭발한계의 하한이 20% 이하인 것과 폭발한계의 상한과 하한의 차가 10% 이상인 것을 말한다.

④ 공기 중에서 연소하는 가스로서 폭발한계의 하한이 20% 이하인 것과 폭발한계의 상한과 하한의 차가 20% 이상인 것을 말한다.

13 □□□

다음 중 LC50(Lethal Concentration)이 큰 것부터 작은 것 순으로 옳게 나열된 것은?

ㄱ. 암모니아	ㄴ. 황화수소
ㄷ. 불화수소	ㄹ. 시안화수소

① ㄱ, ㄴ, ㄷ, ㄹ

② ㄱ, ㄴ, ㄹ, ㄷ

③ ㄱ, ㄷ, ㄴ, ㄹ

④ ㄴ, ㄱ, ㄷ, ㄹ

14 □□□

연소가스에 대한 내용으로 옳지 않은 것은?

① 염화수소는 건축물 내의 전선의 절연재 등이 탈 때 생성되는 연소가스이다.

② 염소 자체는 폭발하지 않으나 수소와 혼합되면 가열 또는 자외선에 의해 폭발이 발생할 수 있는 압축액화가스이다.

③ 암모니아는 페놀수지 및 멜라민 수지 등 질소를 함유한 물질이 연소할 때 눈, 코에 자극성이 강한 유독성 가스가 발생한다.

④ 이산화탄소는 무취·무미의 환원성이 강한 가스로서 상온에서 염소와 작용하여 유독성 가스인 포스겐($COCl_2$)을 생성한다.

POINT 12

CHAPTER 2 연소생성물

연기·중성대

정답 및 해설 p.17

01 □□□

구획화재 시 발생하는 연기에 대한 내용으로 옳지 않은 것은?

① 가연물이 연소할 때 생성되는 물질로서 고체상의 탄소미립자이다.
② 입자는 보통 0.01 ~ 10㎛ 정도로 아주 작다.
③ 화재초기보다는 화재성숙기에 발연량이 많다고 할 수 있다.
④ 무상의 증기 및 기체상의 분자가 공기 중에서 응축되어 부유 확산하는 복합혼합물을 포함한다.

02 □□□

다음 중 연기에 대한 내용으로 옳은 것을 모두 고른 것은?

ㄱ. 수소가 많으면 흑색 연기가 발생이 되고, 탄소가 많으면 백색 연기가 발생한다.
ㄴ. 수평방향보다는 수직방향으로 더 빠르게 이동한다.
ㄷ. 화재 시 연기는 처음에는 백색, 나중에는 흑색 연기로 변한다.
ㄹ. 계단실 실내에서의 연기의 유동속도는 0.5 ~ 1m/s이다.

① ㄱ, ㄴ
② ㄱ, ㄷ
③ ㄴ, ㄷ
④ ㄷ, ㄹ

03 □□□

실내건축물의 화재 시 발생하는 연기에 대한 내용으로 옳지 않은 것은?

① 일반적으로 연기의 유동속도는 수평방향으로 0.5 ~ 1m/s, 수직방향으로 2 ~ 3m/s이다.
② 화재 시 연기는 처음에는 백색이며 시간이 흐를수록 흑색으로 변한다.
③ 연기는 다량의 유독가스를 함유하며, 화재로 인한 연기는 고열이며 유동 확산이 빠르다.
④ 연기는 가연물이 연소할 때 생성되는 물질로서 고체상의 미립자는 포함되지 않는다.

04 □□□

굴뚝효과(연돌효과)에 대한 내용으로 옳은 것은?

① 굴뚝효과는 건물 내부와 외부의 밀도와 온도차에 의한 압력의 차이로 발생한다.
② 굴뚝효과는 고층건축물보다는 저층건축물에서 잘 발생한다.
③ 층의 면적과 외벽의 기밀도는 굴뚝효과에 영향을 주는 요인이다.
④ 굴뚝효과는 실외의 공기가 실내보다 따뜻할 때 발생한다.

05 □□□

실내건축물의 화재현장에 발생하는 현상에 대한 내용이다. 다음 중 ㄱ, ㄴ이 각각 설명하는 것으로 옳은 것은?

> ㄱ. 실내의 천장 쪽의 고온가스와 바닥 쪽의 찬공기의 경계선
> ㄴ. 건축물 내외부의 압력차가 0이 형성되는 곳

	ㄱ	ㄴ
①	불연속선	중성대
②	중성대	연속선
③	불연속선	양성대
④	양성대	연속선

06 □□□

중성대에 대한 내용으로 옳지 않은 것은?

① 중성대란 건축물 내외부의 압력차가 0이 형성 되는 곳을 의미한다.
② 중성대 아래쪽으로 계속해서 공기가 유입되면 중성대의 위치는 높아지게 된다.
③ 중성대의 개구부에서는 공기의 유동이 발생하지 않는다.
④ 배연을 할 경우에는 중성대의 위쪽에서 해야 효과가 크다.

07 □□□

다음 중 연기를 이동시키는 직접적인 영향인자에 해당하는 것을 모두 고른 것은?

> ㄱ. 연돌효과
> ㄴ. 건축물의 수용인원
> ㄷ. 공기조화설비
> ㄹ. 온도에 의한 팽창

① ㄴ, ㄷ ② ㄱ, ㄴ, ㄹ
③ ㄱ, ㄷ, ㄹ ④ ㄴ, ㄷ, ㄹ

08 □□□

감광계수가 $0.3m^{-1}$일 때의 현상으로 옳은 것은?

① 연기감지기가 작동할 때의 정도
② 어두침침한 것을 느낄 정도
③ 건물 내부에 익숙한 사람이 피난에 지장을 느낄 정도
④ 화재 최성기 때의 정도

09 □□□

다음 중 실내건축물의 화재 시 발생하는 열과 연기의 특성에 대한 내용으로 옳은 것을 모두 고른 것은?

> ㄱ. 감광계수가 증가할수록 가시거리는 감소한다.
> ㄴ. 열의 전달 방법 중 복사는 중간 매개체 도움 없이 발생하는 전자파에 의한 에너지의 전달이다.
> ㄷ. 연기의 수직방향 유동속도는 수평방향보다 빠르다.
> ㄹ. 화재 최성기 때의 감광계수는 $0.1m^{-1}$이다.

① ㄱ, ㄴ ② ㄴ, ㄷ
③ ㄷ, ㄹ ④ ㄱ, ㄴ, ㄷ

10 □□□

연기 속을 투과하는 빛의 양을 측정하여 연기농도를 측정하는 방법은?

① 입자농도측정법
② 감광계수법
③ 중량농도측정법
④ 상대습도측정법

열의 전달방식

정답 및 해설 p.18

01 □□□

다음 중 ㄱ, ㄴ이 각각 설명하는 것으로 옳은 것은?

> ㄱ. 열의 출입이 온도변화 현상으로 나타나지 않고 상태 변화로 흡수, 방출되는 열
> ㄴ. 물체의 온도를 1K 올리는데 필요한 열량으로, 단위는 kcal/K를 사용

	ㄱ	ㄴ
①	현열	비열
②	현열	열용량
③	잠열	비열
④	잠열	열용량

02 □□□

열의 전도에 대한 내용으로 옳지 않은 것은?

① 물질의 이동 없이 고온의 물체와 저온의 물체를 직접 접촉시킬 때 일어난다.
② 콘크리트가 철근보다 열전도율이 크다.
③ 열전달속도(열유속)는 열전도율, 열전달면적, 고온부와 저온부의 온도 차이에 비례하고 열이 전달되는 거리에는 반비례한다.
④ 금속이 비금속에 비해 열전도율이 큰 이유는 자유전자의 이동성 때문이다.

03 □□□

전도(Conduction)에 의한 열이동에서 단면적이 일정한 도체일 경우 열전달량에 대한 내용으로 옳은 것은?

① 전열면적과 온도차에 비례하고, 두께차에 반비례한다.
② 전열면적과 두께차에 비례하고, 온도차에 반비례한다.
③ 전열면적과 온도차에 비례하고, 시간에 비례한다.
④ 전열면적과 온도차에 반비례하고, 두께차에 비례한다.

04 □□□

다음 중 대류에 대한 내용으로 옳은 것을 모두 고른 것은?

> ㄱ. 유체의 흐름은 층류일 때보다는 난류일 때 열전달이 잘 이루어진다.
> ㄴ. 열복사 수준이 낮은 화재초기 상태에서 중요한 현상으로, 부력의 영향을 받는다.
> ㄷ. 고온의 물체와 저온의 물체를 직접 접촉시킬 때 주로 발생한다.
> ㄹ. 열이 매질을 이용하지 않고 직접 전자기파의 형태로 전달된다.

① ㄱ, ㄴ
② ㄱ, ㄷ
③ ㄴ, ㄹ
④ ㄷ, ㄹ

05 □□□

밀도와 관련이 깊고 액체와 기체의 온도가 다를 때 물질의 흐름에 따라 열이 이동하는 것은?

① 전도
② 대류
③ 복사
④ 열량

06 □□□

열의 전달형태에 대한 설명이다. 다음 중 ㄱ, ㄴ에 들어갈 내용으로 옳은 것은?

> • 화재 시 연기가 위로 향하는 것이나 화로(火爐)에 의해 실내의 공기가 따뜻해지는 것은 (ㄱ)에 의한 현상이다.
> • 플래시오버에서도 가장 많이 영향을 미치는 것이 (ㄴ)이다.

	ㄱ	ㄴ
①	대류	전도
②	전도	대류
③	대류	복사
④	복사	대류

07 □□□

가연물이 연소할 때 불꽃의 색상에 대한 내용으로 옳지 않은 것은?

① 완전연소를 하는 경우에는 공기의 공급량이 충분하기 때문에 연소불꽃은 휘백색을 나타낸다.
② 불완전연소를 하는 경우에는 산소의 공급량이 부족하게 되어 담암적색에 가까운 색상을 띤다.
③ 연소불꽃이 백적색인 경우의 연소온도는 약 1,300℃이다.
④ 연소불꽃이 암적색인 경우의 연소온도는 약 1,500℃이다.

08 □□□

열전달 중 전도에 대한 내용으로 옳은 것은?

① 순환적인 흐름에 의해 열이 전파되는 현상이다.
② 밀도와 관련이 깊고 액체와 기체의 온도가 다를 때 물질의 흐름에 따라 열이 이동하는 현상이다.
③ 열의 전도는 단면적, 온도 차이에 비례하고 전달되는 거리에 반비례한다.
④ 화재에 가장 크게 작용되는 열의 전달이며, 플래시오버에서도 가장 많이 영향을 미친다.

09 □□□

열전달에 대한 내용으로 옳은 것은?

① 스테판-볼츠만의 법칙은 복사열은 절대온도 제곱에 비례하고 열전달 면적에 비례하는 것을 말한다.
② 대류는 온도가 높은 분자의 물질은 밀도가 작아져 위로 올라가고 온도가 낮은 물질은 밀도가 커져서 아래로 내려오면서 형성되는 분자들의 집단 흐름을 말한다.
③ 전도는 열전달 부분의 면적, 각 벽면의 온도 차 및 열이 전달되는 거리에 비례한다.
④ 복사는 열이 매질을 직접 이용해 에너지를 전달한다.

10 □□□

다음 중 숨은열에 해당하는 것을 모두 고른 것은?

> ㄱ. 비열　　ㄴ. 용해열
> ㄷ. 융해열　　ㄹ. 기화열
> ㅁ. 현열

① ㄱ, ㅁ　　② ㄴ, ㄹ
③ ㄷ, ㄹ　　④ ㄴ, ㄹ, ㅁ

11 □□□

차가운 물체에 뜨거운 물체를 접촉시키면 뜨거운 물체에서 차가운 물체로 열이 전달되지만, 반대의 과정은 자발적으로 일어나지 않은 열역학 법칙은?

① 열역학 제0법칙
② 열역학 제1법칙
③ 열역학 제2법칙
④ 열역학 제3법칙

POINT 14

CHAPTER 2 연소생성물

화염 및 연소속도

정답 및 해설 p.20

01 □□□

화염은 연료 분출 흐름 상태에 따라 층류화염과 난류화염으로 분류할 수 있다. 층류화염에 대한 설명으로 옳지 않은 것은?

① 난류가 없는 혼합기의 연소이다.
② 화염의 높이는 유속에 반비례한다.
③ 시간이 지남에 따라 유량이 증대할 경우 화염의 높이는 높아진다.
④ 층류 연소속도는 혼합기의 고유한 성질, 상태에 따라 일정하다.

02 □□□

난류 확산화염에서 유속 또는 유량이 증대할 경우 시간이 지남에 따라 화염의 높이는 어떻게 되는가?

① 거의 변화가 없다.
② 급속히 높아진다.
③ 급속히 낮아진다.
④ 급속히 높아지다가 일정해 진다.

03 □□□

층류 연소속도에 대한 설명으로 옳지 않은 것은?

① 미연소혼합기의 열전도율이 클수록 층류 연소속도는 크게 된다.
② 미연소혼합기의 압력이 클수록 층류 연소속도는 크게 된다.
③ 미연소혼합기의 온도가 높을수록 층류 연소속도는 크게 된다.
④ 미연소혼합기의 비열이 클수록 층류 연소속도는 크게 된다.

04 □□□

다음 중 가스의 연소속도에 영향을 미치는 인자에 대한 설명으로 옳은 것은 모두 몇 개인가?

ㄱ. 연소속도는 주변 온도가 상승함에 따라 감소한다.
ㄴ. 연소속도는 이론혼합기 근처에서 최대이다.
ㄷ. 압력이 증가하면 연소속도는 증가한다.
ㄹ. 산소농도가 높아지면 연소범위가 넓어진다.

① 1개 ② 2개
③ 3개 ④ 4개

05 □□□

예혼합연소에 대한 설명으로 옳지 않은 것은?

① 층류(예혼합)연소속도는 연료의 종류, 혼합기의 조성, 압력, 온도에 대응하는 고유값을 가지며 흐름의 상태와는 무관하다.
② 층류(예혼합)연소의 원추상의 화염이다.
③ 층류(예혼합)화염은 난류 화염보다 훨씬 높은 연소속도를 가진다.
④ 층류(예혼합)화염의 경우 대기압에서 화염 두께는 대단히 얇다.

06 □□□

다음 중 화학 반응속도를 지배하는 요인에 대한 설명으로 옳은 것은 모두 몇 개인가?

ㄱ. 압력이 증가하면 모든 물질의 반응속도는 항상 급속히 증가한다.
ㄴ. 반응물질의 농도가 커지면 반응속도는 증가한다.
ㄷ. 자신은 변하지 않고 다른 물질의 화학 변화를 촉진하는 물질을 부촉매라 한다.
ㄹ. 온도가 높을수록 반응속도가 증가한다.

① 1개 ② 2개
③ 3개 ④ 4개

07 □□□

연소속도에 대한 설명으로 가장 적절하지 않은 것은?

① 연소속도는 단위 면적의 화염면이 단위 시간에 소비하는 미연소혼합기의 체적이다.
② 연소속도를 결정하는 가장 중요한 인자는 산화반응을 일으키는 속도이다.
③ 가연성 물질을 공기로 연소시키는 경우, 공기 중의 산소 농도를 높이면 연소속도는 빨라지고, 발화온도는 높아진다.
④ 기체연료 중 공기와 혼합기체를 만들었을 때 연소속도가 가장 빠른 것은 수소이다.

08 □□□

층류의 연소속도가 작아지는 경우는?

① 압력이 높을수록
② 비중이 클수록
③ 온도가 높을수록
④ 열전도율이 클수록

09 □□□

층류 확산화염에서 시간이 지남에 따라 유속 및 유량이 증대할 경우 화염의 높이는 어떻게 되는가?

① 낮아진다.
② 높아진다.
③ 거의 변화가 없다.
④ 처음에는 어느 정도 낮아지다가 점점 높아진다.

POINT 15

CHAPTER 3 소방화학

소방화학

정답 및 해설 p.22

01 □□□

다음 중 증기비중의 정의로 옳은 것은? (단, 분자, 분모의 단위는 모두 g/mol이다)

① $\frac{분자량}{21}$　② $\frac{분자량}{29}$

③ $\frac{분자량}{22.4}$　④ $\frac{분자량}{44.8}$

02 □□□

다음 중 할론 소화약제의 증기비중이 옳지 않은 것은? (단, 공기의 분자량은 29, F의 원자량은 19, Cl의 원자량은 35, Br의 원자량은 80이며, 소수점 셋째자리에서 반올림한다)

① Halon 1301: 5.14

② Halon 1211: 5.69

③ Halon 104: 5.24

④ Halon 2402: 4.05

03 □□□

Halon 1211의 화학식으로 옳은 것은?

① CF_2ClBr　② $CFCl_2Br$

③ CH_2ClBr　④ $CHCl_2Br$

04 □□□

어떤 유기화합물을 원소 분석한 결과 중량백분율이 C: 39.9(%), H: 6.7(%), O: 53.4(%)인 경우 화합물의 분자식으로 옳은 것은? (단, C = 12, H = 1, O = 16이다)

① $C_1H_2O_2$　② $C_2H_2O_2$

③ $C_2H_4O_2$　④ $C_2H_6O_2$

05 □□□

일정량의 기체가 차지하는 부피는 압력에 반비례하고 절도온도에 비례한다는 열역학의 제반법칙은 무엇인가?

① 보일의 법칙　② 샤를의 법칙

③ 보일 - 샤를의 법칙　④ 헨리의 법칙

06 □□□

같은 온도와 압력에서 두 기체 확산속도의 비는 두 기체의 분자량의 제곱근에 반비례한다는 법칙은 무엇인가?

① 아보가드로의 법칙

② 헨리의 법칙

③ 그레이엄의 법칙

④ 헤스의 법칙

07 □□□

1kg의 공기를 20℃, 1kgf/cm^2인 상태에서 일정압력으로 가열 팽창시켜 부피를 처음의 10배로 하려고 한다. 이 때 온도는 초기 온도와 비교하여 몇 ℃ 차이가 나는가?

① 2,617℃
② 2,627℃
③ 2,637℃
④ 2,647℃

08 □□□

다음 중 이상기체에 대한 설명으로 옳은 것은 모두 몇 개 인가?

> ㄱ. 고온, 고압일수록 이상기체에 가까워진다.
> ㄴ. 이상기체는 분자 상호 간의 인력을 무시한다.
> ㄷ. 이상기체는 분자 자신이 차지하는 부피를 무시한다.
> ㄹ. 이상기체에 가까운 실체 기체는 H_2, He 등의 가스이다.
> ㅁ. 0K에서 부피는 0이어야 하며, 평균 운동에너지는 절대온도에 비례한다.

① 2개　② 3개
③ 4개　④ 5개

09 □□□

실제가스가 이상기체 상태방정식을 만족하기 위한 조건으로 옳은 것은?

① 압력과 온도가 모두 높을 때
② 압력과 온도가 모두 낮을 때
③ 압력이 낮고, 온도가 높을 때
④ 압력이 높고, 온도가 낮을 때

10 □□□

1atm, 27℃에서 공기 1kg의 부피는 약 몇 m^3인가? (단, 공기의 평균 분자량은 29이다)

① 0.15m^3
② 0.35m^3
③ 0.65m^3
④ 0.85m^3

11 □□□

IG-541이 27℃에서 내용적 50리터 압력용기에 150kgf/cm^2으로 충전되어 있다. 온도가 57℃가 되었다면 IG-541 압력은 약 몇 kgf/cm^2가 되겠는가? (단, 용기의 팽창은 없다고 가정한다)

① 165kgf/cm^2
② 145kgf/cm^2
③ 125kgf/cm^2
④ 105kgf/cm^2

12 □□□

1몰의 탄화칼슘이 충분한 물과 반응하여 생성되는 물질의 몰수로 옳은 것은?

① 수산화칼슘: 1몰, 아세틸렌: 1몰
② 수산화칼슘: 1몰, 아세틸렌: 2몰
③ 수산화칼슘: 2몰, 아세틸렌: 1몰
④ 수산화칼슘: 2몰, 아세틸렌: 2몰

POINT 16 CHAPTER 3 소방화학

연소반응식 등

정답 및 해설 p.23

01 □□□

다음 중 <보기>의 연소반응식을 보고 프로판의 최소산소농도를 추정한 값으로 옳은 것은?

> <보기>
> • $C_3H_8 + 5O_2 \rightarrow 3CO_2 + 4H_2O$
> • 프로판의 연소의 범위는 2.1 ~ 9.5이다.

① 10%
② 10.5%
③ 45%
④ 45.5%

02 □□□

화학결합에 대한 내용이다. 다음 중 ㄱ, ㄴ이 각각 설명하는 것으로 옳은 것은?

> ㄱ. 비금속원소와 비금속원소가 만나 비금속원소들이 서로 전자를 내어놓아 전자를 공유하는 형태로 원자들의 결합이 이루어지는 결합
> ㄴ. 금속양이온과 비금속음이온이 만나 이루어지는 결합

	ㄱ	ㄴ
①	공유결합	수소결합
②	공유결합	금속결합
③	공유결합	이온결합
④	수소결합	금속결합

03 □□□

다음 중 원소주기율표상에서 VIIA족(할로겐족)에 해당하는 것을 모두 고른 것은?

> ㄱ. F(불소) ㄴ. Ne(네온)
> ㄷ. Cl(염소) ㄹ. O(산소)
> ㅁ. Br(브로민)

① ㄷ, ㅁ
② ㄱ, ㄷ, ㅁ
③ ㄱ, ㄹ, ㅁ
④ ㄴ, ㄷ, ㄹ

04 □□□

화학반응식에 대한 내용으로 옳지 않은 것은?

① 기체 반응의 법칙: 일정한 온도와 압력하에 화학 반응을 할 때에는 반응하는 기체와 생성되는 기체의 부피 사이에는 간단한 정수비가 성립하는데 이를 기체 반응의 법칙이라고 한다.
② 배수비례의 법칙: 물질의 화학반응에 있어서 반응물질들의 질량의 합과 생성 물질들의 질량의 합은 같다.
③ 아보가드로의 법칙: 모든 기체는 같은 온도와 압력에서 같은 부피 속에는 같은 수의 기체 입자가 들어 있다.
④ 일정성분비의 법칙: 순수한 화합물에서 성분 원소 간의 질량비는 항상 일정하다.

05 □□□

다음 중 용어의 정의로 옳지 않은 것은?

① 발열반응은 반응물질 에너지가 생성 물질 에너지보다 더 클 때의 반응을 말한다.
② 액화는 기체가 액체로 변화는 현상을 말한다.
③ 샤를의 법칙은 일정한 압력에서 기체의 부피는 섭씨온도에 비례하는 것을 의미한다.
④ 보일의 법칙은 일정한 온도에서 기체의 부피는 압력에 반비례하는 것을 의미한다.

06 □□□

온도에 대한 설명이다. 다음 중 ㄱ, ㄴ이 각각 설명하는 것으로 옳은 것은?

> ㄱ. 1기압에서 순수한 물의 어는점을 32°F, 끓는점(비점)을 212°F로 하여 그 사이를 180등분한 것
> ㄴ. 물의 어는점이나 끓는점을 사용하지 않고 에너지에 비례하도록 온도를 정의한 것으로 열역학적으로 생각할 수 있는 최저 온도로서 기체 평균 운동에너지가 0으로 측정된 -273℃를 0K로 정한 온도

	ㄱ	ㄴ
①	섭씨온도	상대온도
②	섭씨온도	절대온도
③	화씨온도	상대온도
④	화씨온도	절대온도

07 □□□

연소이론에서 가연물이 연소할 때 반응속도에 영향을 미치는 요인에 대한 내용으로 옳지 않은 것은?

① 반응하는 물질들의 물리적 상태는 화학반응속도에 큰 영향을 주지 않는다.
② 농도가 증가함에 따라 단위부피 속의 입자가 증가하고, 입자수가 증가하면 입자 간의 충돌횟수가 증가하여 반응속도가 빨라진다.
③ 온도가 상승하면 반응속도도 증가한다.
④ 촉매는 반응경로를 변화시키며, 이에 따라 활성화에너지가 변화하고 반응속도에 영향을 미친다.

08 □□□

연소용 공기량에 대한 내용으로 옳지 않은 것은?

① 이론 공기량은 가연물을 연소하기 위해서 이론적으로 산출한 공기량을 말한다.
② 실제 공기량은 가연물을 완전연소하기 위해서는 이론공기량보다 많은 공기가 필요하다. 이때 필요한 공기량이 실제공기량을 말한다.
③ 과잉공기량은 실제공기량에서 이론공기량을 차감하여 얻은 공기량을 말한다.
④ 공기비는 실제공기량을 이론공기량으로 나눈 값이다. 일반적으로 기체 가연물질의 공기비가 고체가연물질의 공기비보다 크다.

최소산소농도(MOC) 및 공기량

정답 및 해설 p.25

01 □□□

프로판과 부탄이 각각 50% 부피로 혼합되어 있을 때 최소산소농도(MOC)의 부피(%)는? (단, 프로판의 연소하한계는 2.1v%이고, 부탄의 연소하한계는 1.8v%이다)

① 9.1%
② 10.1%
③ 11.1%
④ 12.1%

02 □□□

다음 <보기>의 가연성 기체 1몰이 완전 연소하는데 필요한 이론공기량이 옳지 않은 것은? (단, 체적비로 계산하며 공기 중의 산소농도를 20vol%로 한다)

<보기>
메탄, 아세틸렌, 프로판, 수소

① 메탄 - 10mol
② 아세틸렌 - 12.5mol
③ 프로판 - 25mol
④ 수소 - 7.5mol

03 □□□

다음 중 공기비를 옳게 나타낸 것은?

① $\frac{\text{이론공기량}}{\text{실제공기량}}$

② $\frac{\text{실제공기량}}{\text{이론공기량}}$

③ $\frac{\text{이론공기량}}{21 - \text{실제공기량}}$

④ $\frac{\text{실제공기량}}{21 - \text{이론공기량}}$

04 □□□

이론공기량(A_0)과 실제공기량(A)에 대한 설명으로 가장 옳지 않은 것은?

① 이론공기량은 연료연소 시 이론적으로 필요한 공기량을 말하며, 완전연소에 필요한 최소 공기량이다.
② 이론연소(양론연소)는 이론공기량으로 연료를 완전연소시키는 것이다.
③ 실제공기량은 이론공기량에 과잉공기량이 추가된 공기량을 말한다.
④ 과잉공기량이 너무 많을 때 불완전연소물의 발생이 많아진다.

05 □□□

탄소 4g을 완전연소시켰을 때 발생된 연소가스(CO_2)의 양은 얼마인가?

① 14.7g
② 15.7g
③ 16.7g
④ 18.7g

06 □□□

프로판 5L를 완전연소시키기 위한 이론공기량은 약 몇 L인가?

① 119L
② 129L
③ 139L
④ 149L

07 □□□

프로판 40v% 및 부탄 60v%의 혼합가스 1L가 완전연소하는 데 필요한 이론공기량은 약 몇 L인가? (단, 공기 중의 산소농도는 20%로 한다)

① 28.5
② 29.5
③ 30.5
④ 31.5

폭발론

폭발의 개념

정답 및 해설 p.27

01 □□□

폭발에 대한 내용으로 옳지 않은 것은?

① 급격한 압력 상승의 원인에 따라 폭발을 분류하면 물리적 폭발과 화학적 폭발로 구분할 수 있다.
② 물리적 폭발은 상변화에 따른 폭발로 양적변화를 발생한다.
③ 전선폭발은 화학적 폭발에 해당한다.
④ 화학적 폭발은 화학반응에 의한 압력상승으로 질적변화를 야기한다.

02 □□□

연소하한계가 5%인 A 가스가 20%, 연소하한계가 10%인 B 가스가 40%, 연소하한계가 20%인 C 가스가 40% 함유된 혼합가스의 연소하한계를 르 샤틀리에 법칙을 이용하여 계산하면 연소하한계는 얼마인가? (단, 소수점 이하는 반올림한다)

① 5%
② 8%
③ 10%
④ 15%

03 □□□

폭발에 대한 내용으로 옳지 않은 것은?

① 폭발이란 급격한 압력의 발생으로 폭음을 동반한 이상 팽창 현상이다.
② 폭발의 성립조건으로 반드시 밀폐된 공간에서만 발생한다.
③ 가연성 가스, 증기 또는 분진이 폭발 범위 내에 있어야 한다.
④ 폭발의 경우는 혼합가스 및 분진을 발화시킬 수 있는 최소점화원이 있어야 한다.

04 □□□

연소한계, 폭발한계, 폭굉한계를 비교한 것으로 가장 옳은 것은?

① 연소한계와 폭발한계는 같으며, 폭발한계는 폭굉한계보다는 넓다.
② 연소한계와 폭발한계는 같으며, 폭발한계보다 폭굉한계가 넓다.
③ 연소한계는 폭발한계보다 넓으며, 폭발한계와 폭굉한계는 같다.
④ 연소한계, 폭발한계, 폭굉한계는 모두 같다.

05 □□□

다음 중 폭발 1등급인 가연성 가스를 모두 고른 것은?

ㄱ. 아세틸렌	ㄴ. 이황화탄소
ㄷ. 메탄	ㄹ. 수소
ㅁ. 일산화탄소	

① ㄴ, ㄷ　　② ㄷ, ㅁ
③ ㄹ, ㅁ　　④ ㄱ, ㄴ, ㄹ

06 □□□

폭발에 대한 내용으로 옳은 것은?

① 미세한 금속선에 큰 용량의 전류가 흘러 전선의 온도상승으로 용해되어 갑작스런 기체의 팽창이 짧은 시간 내에 발생하는 전선의 폭발은 화학적 폭발에 해당한다.
② 화학적 폭발은 물리 변화를 주체로 한 것으로 고압용기의 파열, 탱크의 감압파손, 폭발적 증발 등이 있다.
③ 화학적 폭발에는 산화폭발, 분해폭발, 중합폭발 등이 있다.
④ 분해폭발은 급격한 연소반응에 의한 압력의 발생으로 일어나는 폭발이다.

07 □□□

산화폭발에 해당하지 않는 것은?

① 분해폭발
② 분진폭발
③ 분무폭발
④ 가스폭발

08 □□□

다음 내용에 해당하는 폭발로 옳은 것은?

- 아세틸렌을 압축하면 $C_2H_2 \rightarrow 2C + H_2 + 54kcal$ 반응이 일어난다.
- 압력과 온도의 영향을 받아 산소공급원이 없는 상황에서도 폭발이 발생할 수 있다.

① 압축폭발
② 분무폭발
③ 분해폭발
④ 산화폭발

09 □□□

다음 중 폭굉유도거리의 영향요인에 대한 내용으로 옳은 것을 모두 고른 것은?

ㄱ. 압력이 높을수록 짧아진다.
ㄴ. 관경이 가늘수록 짧아진다.
ㄷ. 연소속도가 큰 가스일수록 짧아진다.
ㄹ. 점화에너지가 강할수록 짧아진다.
ㅁ. 관 속에 이물질이 있을 경우에 짧아진다.

① ㄱ, ㄴ, ㅁ
② ㄴ, ㄷ, ㄹ
③ ㄱ, ㄷ, ㄹ, ㅁ
④ ㄱ, ㄴ, ㄷ, ㄹ, ㅁ

10 □□□

다음 중 <보기>에서 설명하는 것의 위험성에 대한 내용으로 옳지 않은 것은?

<보기>
- 완만한 연소에서 폭굉으로 발전하는데 필요한 거리를 말한다.
- 이것은 조건에 따라 보다 빠르게 폭굉으로 전이될 수 있다.

① 점화에너지가 강할수록 짧아진다.
② 관경이 클수록 짧아진다.
③ 압력이 높을수록 짧아진다.
④ 연소속도가 클수록 짧아진다.

11 □□□

폭발과 관련한 가스의 성질에 대한 설명으로 옳지 않은 것은?

① 안전간격이 큰 것일수록 위험하다.
② 연소속도가 큰 것일수록 위험하다.
③ 인화온도가 낮을수록 위험하다.
④ 가스의 비중이 크면 낮은 곳에 체류해서 위험하다.

12 □□□

다음 중 공기 중에서 압력을 증가시켰더니 폭발범위가 좁아지다가 약 10atm 이상의 고압 이후부터 폭발범위가 넓어지는 특성을 가진 가스는 무엇인가?

① 산소
② 수소
③ 질소
④ 메탄

13 □□□

폭발과 관련한 가연성 가스의 성질에 대한 설명으로 가장 옳지 않은 것은?

① 인화온도가 낮을수록 위험하다.
② 안전간격이 큰 것일수록 위험하다.
③ 연소속도가 큰 것일수록 위험하다.
④ 가스의 비중이 크면 낮은 곳에 체류한다.

POINT 19

CHAPTER 2 폭발의 분류

폭연과 폭굉

정답 및 해설 p.28

01 □□□

다음은 폭굉의 정의에 관한 설명이다. 다음 중 ㄱ, ㄴ에 들어갈 내용으로 옳은 것은?

> 폭굉이란 가연성 가스의 화염(연소) (ㄱ)가 (ㄴ)보다 큰 것으로 파면선단의 압력파에 의해 파괴작용을 발생시키는 현상을 말한다.

	ㄱ	ㄴ
①	전파속도	음속
②	전파속도	충격파
③	전파온도	충격파
④	전파온도	폭굉파

02 □□□

다음 중 폭굉에 대한 설명으로 옳은 것은 모두 몇 개인가?

> ㄱ. 물질 내에서 충격파가 발생하여 반응을 일으키고 또한 그 반응을 유지하는 현상을 말한다.
> ㄴ. 연소의 전파속도가 음속보다 느리다.
> ㄷ. 폭굉은 발열반응이다.
> ㄹ. 짧은 시간 내에 에너지가 방출된다.
> ㅁ. 배관 내 혼합가스의 한 점에서 착화되었을 때 연소파가 일정거리 진행한 후 급격히 화염의 전파속도가 감소되는 현상을 말한다.

① 2개　② 3개
③ 4개　④ 5개

03 □□□

폭굉에 대한 설명으로 가장 옳지 않은 것은?

① 충격파에 의해 유지되는 화학반응현상이다.
② 발열반응으로서 화염의 전파속도가 그 물질 내에서 음속보다 느린 것을 말한다.
③ 물질 내에 충격파가 발생하여 반응을 일으키고 또한 반응을 유지하는 현상이다.
④ 폭굉은 확산이나 열전도의 영향을 거의 받지 않는다.

04 □□□

다음 중 폭굉을 발생시킬 수 있는 기체가 파이프 내에 있을 때 방호대책으로 옳은 것은 모두 몇 개인가?

> ㄱ. 파이프의 지름 대 길이의 비는 가급적 작게 한다.
> ㄴ. 파이프라인의 장애물이 있는 곳은 관경을 축소한다.
> ㄷ. 파이프라인에 장애물이 없도록 한다.
> ㄹ. 공정라인에서 회전이 가능하면 가급적 원만한 회전을 이루도록 한다.

① 1개　② 2개
③ 3개　④ 4개

05 □□□

연소 및 폭발에 대한 설명으로 옳지 않은 것은?

① 연소란 적당한 온도의 열과 일정비율의 산소와 연료의 결합반응으로 빛과 열을 수반하는 것이다.
② 폭발이란 일반적으로 밀폐된 상태에서 일어나며 급격한 압력상승을 동반한다.
③ 인화점이란 가연물이 공기 중에서 가열될 때 그 산화열로 인해 스스로 발화하게 되는 온도를 말한다.
④ 폭굉이란 물질 내에 충격파가 발생하여 반응을 일으키고 그 반응을 유지하는 현상이다.

06 □□□

폭연에 대한 내용으로 옳지 않은 것은?

① 폭연은 폭굉과 달리 충격파를 형성하지 않는다.
② 폭연은 화염면에서 급격한 에너지 변화에 의해서 온도, 압력, 밀도가 불연속적으로 나타난다.
③ 폭연은 전도, 대류, 복사의 열전달에 의하여 화염이 전파된다.
④ 폭연은 폭굉으로 변화될 수 있다.

07 □□□

폭연과 폭굉에 대한 내용으로 옳지 않은 것은?

① 폭연과 폭굉은 반응이 지속됨에 따라 화염 자체 온도가 상승된다.
② 연소파(폭연)는 온도 상승이 밀도의 감소 정도보다 커서 압력이 약간 증가된다.
③ 폭굉은 압력파의 가속으로 중첩되어 충격파가 형성된다. 온도, 압력 및 밀도 모두 증가한다.
④ 폭연은 에너지 전달이 충격파에 의해 나타나고, 폭굉은 일반적인 열전달과정을 통해 나타난다.

08 □□□

다음 중 폭굉에 대한 내용으로 옳은 것을 모두 고른 것은?

ㄱ. 메탄보다 수소나 아세틸렌의 폭굉 가능성이 비교적 작다.
ㄴ. 화염의 전파속도가 음속 이상이다.
ㄷ. 충격파가 발생한다.
ㄹ. 파면(화염면)에서 온도, 압력, 밀도가 불연속적으로 나타난다.
ㅁ. DID(폭굉유도거리)가 길수록 폭굉이 일어나기 쉽다.

① ㄱ, ㄷ, ㅁ
② ㄴ, ㄷ, ㄹ
③ ㄱ, ㄴ, ㄷ, ㄹ
④ ㄱ, ㄴ, ㄹ, ㅁ

09 □□□

다음 중 <보기>에서 설명하는 것에 대한 내용으로 옳지 않은 것은?

<보기>
- 화염의 전파속도에 따라 음속을 기준으로 분류한다.
- 폭발범위 내 어떤 농도상태에서 반응속도가 급격히 증가하여 음속을 초과하는 현상

① 밀폐계일수록 발생이 용이하다.
② 발생에 영향을 미치는 인자로는 배관경, 발화원의 크기, 난류성 등에 있다.
③ 발생되는 과정에서 충격파동이 큰 파괴력을 가진 압축파를 형성한다.
④ 반응에 의한 생성 가스는 미연소 가스에 비해 밀도가 낮다.

10 □□□

폭연과 폭굉을 구분하는 기준으로 옳은 것은?

① 급격한 압력상승의 원인
② 원인물질에 따른 분류
③ 화염의 전파속도
④ 폭음과 기계적인 힘의 발생량

POINT 20

CHAPTER 2 폭발의 분류

화학적 폭발 · 물리적 폭발

정답 및 해설 p.29

01 □□□

다음 중 화학적 폭발과 관련이 있는 것을 모두 고른 것은?

ㄱ. 중합폭발은 단량체의 중축합반응에 따른 발열량에 의한 폭발로 대표적인 예로는 산화에틸렌, 시안화수소, 염화비닐 등이 있다.
ㄴ. 고압용기의 파열 및 탱크의 감압파손에 의한 폭발로 액화가스 증기폭발이 있다.
ㄷ. 분해폭발은 산소에 관계없이 단독으로 발열 분해 반응을 하는 물질에 의해서 발생하는 폭발이다.
ㄹ. 미세한 금속선에 큰 용량의 전류가 흘러 전선의 온도상승으로 용해되어 갑작스런 기체의 팽창이 짧은 시간 내에 발생하는 전선의 폭발이 있다.
ㅁ. 분진폭발은 공기 중에 부유하고 있는 가연성 분진이 주체가 되는 폭발이다.

① ㄱ, ㄷ
② ㄴ, ㅁ
③ ㄱ, ㄴ, ㄷ
④ ㄱ, ㄷ, ㅁ

02 □□□

다음 내용에 해당하는 폭발로 옳은 것은?

- 산화에틸렌, 부타디엔, 염화비닐, 시안화수소 등의 폭발 형태이다.
- 불포화탄화수소 등이 급격한 반응을 일으켜 중합열에 의해서 폭발하는 형태이다.

① 전선폭발
② 중합폭발
③ 분해폭발
④ 증기폭발

03 □□□

다음 중 물리적 폭발에 해당하는 것을 모두 고른 것은?

ㄱ. 증기폭발
ㄴ. 수증기폭발
ㄷ. 분해폭발
ㄹ. 가스폭발
ㅁ. 증기운폭발

① ㄱ, ㄴ
② ㄷ, ㄹ
③ ㄱ, ㄴ, ㅁ
④ ㄷ, ㄹ, ㅁ

04 □□□

화재와 폭발을 구별하기 위한 주된 차이점은 무엇인가?

① 점화원
② 인화점
③ 에너지 방출속도
④ 연소점

05 □□□

다음 중 가스용기의 물리적 폭발원인에 해당하는 것은 모두 몇 개인가?

ㄱ. 누출된 가스의 점화
ㄴ. 과열로 인한 용기강도의 감소
ㄷ. 부식으로 인한 용기 두께 축소
ㄹ. 압력 조정 및 압력방출장치의 고장

① 1개
② 2개
③ 3개
④ 4개

06 □□□

다음 중 가스의 폭발범위에 대한 설명으로 옳은 것을 모두 고른 것은?

> ㄱ. 메탄과 공기 혼합물의 폭발범위는 저압보다 고압일 때 더 넓어진다.
> ㄴ. 일반적으로 고압일 경우 폭발범위는 더 넓어진다.
> ㄷ. 수소와 공기 혼합물의 폭발범위는 저온보다 고온일 때 더 넓어진다.
> ㄹ. 프로판과 공기 혼합물에 질소를 가할 때 폭발범위는 더 넓어진다.

① ㄱ, ㄴ　　② ㄴ, ㄷ
③ ㄱ, ㄴ, ㄷ　　④ ㄴ, ㄷ, ㄹ

07 □□□

폭발원인에 따른 종류 중 물리적 폭발에 해당하는 것은?

① 산화폭발
② 분진폭발
③ 촉매폭발
④ 압력폭발

08 □□□

폭발 방지를 위한 안전장치가 아닌 것은?

① 긴급차단장치
② 방호벽
③ 가스누출경보장치
④ 안전밸브

09 □□□

공기와 혼합할 때 폭발성 혼합가스를 형성하지 않는 것은?

① 암모니아
② 일산화탄소
③ 아르곤
④ 아세틸렌

10 □□□

물리적 폭발의 원인으로 용기 파열의 원인이 될 수 있는 용기 두께 축소의 직접적인 원인으로 가장 거리가 먼 것은?

① 부식
② 침식
③ 과열
④ 화학적 침해

기상폭발과 응상폭발

정답 및 해설 p.30

01 □□□

기상폭발에 해당하지 않는 것은?

① 증기폭발
② 혼합 가스폭발
③ 가스의 분해폭발
④ 증기운폭발

02 □□□

증기폭발(Vaper Explosion)에 대한 설명으로 옳은 것은?

① 가연성 기체가 상온에서 혼합기체가 되어 발화원에 의하여 폭발하는 현상이다.
② 고열의 고체와 저온의 액체가 접촉했을 때 찬 액체가 큰 열을 받아 갑자기 증기가 발행하여 증기의 압력에 의해 폭발하는 현상이다.
③ 과열 상태의 탱크에서 내부의 액화가스가 분출, 일시에 기화되어 착화·폭발하는 현상이다.
④ 가연성 액체가 비점 이상의 운동에서 발생한 증기가 혼합기체가 되어 폭발하는 현상이다.

03 □□□

응상폭발(액상 및 고상의 폭발)에 대한 설명으로 옳지 않은 것은?

① 고상이나 액상에서 기상으로 상변화할 때 발생되는 폭발이다.
② 용융금속이나 슬러그 같은 고온물질이 물속에 투입될 때 발생될 수 있다.
③ 분무폭발, 증기운폭발은 대표적인 응상폭발에 해당한다.
④ 조건에 따라서는 순간적인 짧은 시간에 급격하게 비등하여 발생하는 폭발이다.

04 □□□

폭발을 일으키는 원인물질의 상태에 따라 기상폭발과 응상폭발로 분류할 수 있다. 응상폭발에 해당하지 않는 것은?

① 증기운폭발
② 수증기폭발
③ 증기폭발
④ 위험물의 혼합위험에 의한 폭발

05 □□□

기상폭발에 해당하지 않는 것은?

① 분무폭발
② 분해폭발
③ 분진폭발
④ 증기폭발

06 □□□

다음 중 <보기>에서 설명하는 폭발에 대한 내용으로 옳지 않은 것은?

> <보기>
> • 밀폐된 공간에서 점화원이 주어지면 발생할 수 있다.
> • 발생을 일으키는 원인물질의 상태가 기체상이다.

① 가스폭발과 분무폭발이 해당한다.
② 기상폭발을 말한다.
③ 가연성 고체의 미분이 공기 중에 부유하고 있을 때에 착화원에 의해 발생하는 폭발 현상도 포함된다.
④ 수증기폭발도 해당한다.

07 □□□

기상폭발에 대한 내용으로 옳지 않은 것은?

① 가연성 가스와 조연성 가스가 일정 비율로 혼합된 가연성 혼합기는 발화원에 의해 착화되면 가스폭발을 일으킨다.
② LPG 또는 LNG 등 사고로 인해 물 위에 분출되었을 때에는 조건에 따라서 급격한 기화에 동반하는 비등현상을 나타내는 것으로 액상에서 기상으로의 급격한 상변화에 의한 폭발 현상이다.
③ 아세틸렌과 같은 기체 분자가 분해할 때 발열하는 가스는 단일 성분의 가스라고 해도 발화원에 의해 착화되면 혼합가스와 같이 가스폭발을 일으킨다.
④ 공기 중에 분출된 가연성 액체가 미세한 액적이 되어 무상으로 공기 중에 부유하고 있을 때 착화에너지가 주어지면 폭발이 발생한다.

08 □□□

가연성 가스나 가연성 액체가 유출하여 공기와 혼합해서 가연성 혼합기체가 되어 발화원에 의해 폭발하는 현상으로 옳은 것은?

① 플래시오버(Flash over)
② 액면화재(Pool fire)
③ 증기운폭발(UVCE)
④ 백드래프트(Back draft)

09 □□□

응상폭발에 대한 내용으로 옳지 않은 것은?

① 수증기폭발과 같은 밀폐된 공간에서의 물리적 폭발은 급격한 화염과 폭음을 동반하여 기계적인 파괴현상을 일으킨다.
② 증기폭발에 의하여 공기 중에서 기화한 가스가 가연성인 경우에는 증기폭발에 이후 가스폭발이 발생할 위험이 있다.
③ 수증기폭발을 포함시켜 증기폭발이라고 부른다.
④ 보일러의 관체가 파손되면 상변화로 폭발하는 현상을 수증기폭발이라 한다.

10 □□□

「위험물안전관리법」상 서로 혼재하여도 혼촉발화의 위험성이 없는 물질은?

① 제1류 위험물, 제5류 위험물
② 제1류 위험물, 제2류 위험물
③ 제3류 위험물, 제4류 위험물
④ 제2류 위험물, 제6류 위험물

POINT 22

CHAPTER 2 폭발의 분류

가스폭발 및 분진폭발

정답 및 해설 p.31

01 □□□

다음 중 <보기>에서 설명하는 것에 대한 내용으로 옳지 않은 것은?

> <보기>
> • 기상폭발의 분류에 해당한다.
> • 폭발조건으로 가연성, 미분상태, 조연성 가스 중에서의 교반과 운동, 점화원 등의 있다.

① 급격한 압력상승의 원인이 물리적 현상에 기인한다.
② 분진폭발을 의미한다.
③ 산소와 반응성이 있는 분진의 경우 공기 중에서 산화피막을 형성할 수 있어 공기 중의 노출시간이 길수록 폭발성이 감소할 수 있다.
④ 석회석, 생석회에서는 발생되지 않지만 석탄에서는 발생될 수 있는 폭발이다.

02 □□□

다음 중 분진폭발에 대한 내용으로 옳은 것을 모두 고른 것은?

> ㄱ. 평균입자 직경이 클수록 폭발성은 증가한다.
> ㄴ. 분진폭발이 가스폭발보다 일산화탄소의 발생량이 많다.
> ㄷ. 입도가 같을 경우 구상보다는 침상이 폭발성이 더 크다.
> ㄹ. 연소속도는 가스폭발보다 더 빠르다.
> ㅁ. 최소발화에너지는 가스폭발이 더 크다.

① ㄴ, ㄷ
② ㄱ, ㄷ, ㄹ
③ ㄴ, ㄷ, ㅁ
④ ㄴ, ㄹ, ㅁ

03 □□□

분진폭발에 대한 내용으로 옳지 않은 것은?

① 석탄은 분진폭발을 한다.
② 분진입자의 크기가 76μm(200mesh) 이하의 상태에서 조건이 충족되면 폭발할 수 있다.
③ 수분은 분진의 부유성을 억제시키고 수분의 증발잠열에 인해 점화에 필요한 에너지를 감소시켜 일반적으로 폭발성을 감소시킨다.
④ 물과 반응하는 금속 분진(Mg, Al)의 경우 수소 기체를 발생시키므로 폭발성을 급격히 감소시킨다.

04 □□□

분진폭발과 가스폭발의 특성에 대한 비교로 옳은 것은?

① 분진폭발은 가스폭발보다 최소발화에너지가 작으므로 상대적으로 착화가 쉽다.
② 분진폭발의 발생에너지는 가스폭발과 비교하여 비교적 작다.
③ 분진폭발은 강한 폭발력으로 가스폭발에 비하여 완전연소를 하여 이산화탄소의 발생량이 많다.
④ 분진폭발은 연소속도나 폭발압력은 가스폭발에 비하여 작으나 연소시간은 비교적 길다.

05 □□□

다음 중 분진폭발을 하는 물질을 모두 고른 것은?

ㄱ. 유리	ㄴ. 산화알루미늄
ㄷ. 사료	ㄹ. 석탄
ㅁ. 플라스틱	ㅂ. 시멘트 가루

① ㄴ, ㄹ　　② ㄱ, ㄴ, ㅂ
③ ㄱ, ㄷ, ㄹ　　④ ㄷ, ㄹ, ㅁ

06 □□□

분진폭발은 가연성 분진이 공기 중에 분산되어 있다가 점화원이 존재할 때 발생하는 기상폭발의 한 종류에 해당한다. 분진폭발이 전파되는 조건으로 옳지 않은 것은?

① 분진의 농도는 폭발 범위 이내에 있어야 한다.
② 분진이 불연성이면 천천히 발생하고 가연성이면 불연성인 경우보다 빠르게 발생한다.
③ 분진은 적당한 공기를 수송할 수 있어야 한다.
④ 분진은 화염을 전파할 수 있는 크기로 분포해야 한다.

07 □□□

가스의 특성에 대한 설명으로 가장 옳은 것은?

① 산화에틸렌은 분해폭발을 발생시킬 위험이 있다.
② 일산화탄소는 공기 중에서 연소하지 않는다.
③ 질소는 스스로 연소하지 않는 조연성 가스에 해당한다.
④ 염소는 공기보다 가벼우며 적색이다.

08 □□□

다음 현상의 영향인자에 대한 내용으로 옳지 않은 것은?

> 가연성 고체의 미분이 공기 중에 부유하고 있을 때에 어떤 점화원에 의해 에너지가 주어지면 폭발하는 현상을 말한다.

① 입도가 동일한 경우 구상보다는 침상의 형상을 갖는 것이 폭발의 위험성이 크다.
② 물과 반응성이 있는 마그네슘의 경우 수분은 폭발성을 증가시킬 수 있다.
③ 석탄이나 곡물류의 경우 수분은 부유성을 억제시켜 폭발성을 감소시킬 수 있다.
④ 산소와의 반응성이 강한 분진의 경우 노출시간이 길수록 산화피막을 형성할 수 있으므로 폭발성을 증가시킬 수 있다.

09 □□□

분진폭발에 대한 내용으로 옳은 것은?

① 분진폭발은 가스폭발에 비해 연소속도와 초기폭발력이 비교적 느리거나 작다.
② 가스폭발은 연쇄폭발이 일어나지만 분진폭발은 일어나지 않는다.
③ 일반적으로 수분이 있을 때 폭발력은 증가한다.
④ 분진입자가 미세할수록 폭발력은 감소한다.

POINT 23

CHAPTER 3 대표적인 폭발현상

블레비 현상 등

정답 및 해설 p.33

01 □□□

블레비(BLEVE) 현상에 대한 내용으로 옳지 않은 것은?

① 발생원인은 화재에 노출되어 가열된 가스용기 또는 탱크가 열에 의한 가열로 압력이 증가하여 강도를 상실하면서 폭발하는 현상이다.
② 블레비 현상의 발생원인은 화학적 폭발에 의하여 발생하고, 분출된 액화가스의 증기가 연소범위가 형성되어 물리적 폭발로 이어진다.
③ 블레비 현상의 방지대책으로 감압시스템의 압력을 낮추거나 용기 외부에 단열시공을 하는 등의 방법이 있다.
④ 블레비 현상의 발생으로 증기운폭발이 발생할 수 있다.

02 □□□

블레비(BLEVE) 현상에 대한 내용으로 옳은 것은?

① 보일오버(Boil over) 현상과 같은 유류의 이상 화재 현상이다.
② 물의 비등과 직접적인 관련이 있다.
③ 블레비 현상의 결과 파이어 볼(Fire ball)이 발생할 수 있다.
④ 블레비 현상의 1차 폭발 발생원인은 화학적 폭발이다.

03 □□□

블레비(BLEVE) 현상에 대한 내용으로 옳지 않은 것은?

① 과열상태의 탱크가 파열되고, 내부의 액화가스가 분출되어 착화되었을 때 폭발하는 현상이다.
② 블레비 현상은 물리적 폭발이 순간적으로 화학적 폭발로 이어지고, 그 결과 화염을 동반하는 파이어 볼이 생성된다.
③ 액화가스저장탱크의 블레비 현상의 방지대책에는 감압밸브의 압력을 낮추는 방법이 있다.
④ 천장에 열과 가스가 축적되면 복사열에 방해가 되는 두텁고 진한 연기가 아래로 쌓이는 현상으로 착화현상이라 한다.

04 □□□

다음 중 블레비(BLEVE) 현상의 방지대책으로 옳은 것을 모두 고른 것은?

ㄱ. 용기 외부에는 단열시공을 한다.
ㄴ. 감압밸브(감압시스템)의 압력을 높게 유지한다.
ㄷ. 액화저장가스탱크의 내압강도를 낮게 유지한다.
ㄹ. 고정식 살수설비를 설치한다.

① ㄱ, ㄹ
② ㄴ, ㄷ
③ ㄷ, ㄹ
④ ㄱ, ㄴ, ㄷ

05 □□□

블레비(BLEVE) 현상의 프로세스에 대한 설명으로 옳지 않은 것은?

① 액화가스저장탱크가 가열되어 폭발하기 전에 신속한 냉각조치를 하지 않으면 폭발이 발생할 수 있다.
② 물리적 폭발 이후 유출된 가연성 가스가 공기와 혼합하여 구름을 형성하는데 거기에 점화원이 다가가면 폭발로 이어진다.
③ 실내건축물의 화재현장에서 발생하는 전실화재의 특성을 보인다.
④ 발생원인으로 탱크가 계속 가열되면 용기 강도는 저하되고 내부 압력은 상승하여 어느 시점이 되면 저장탱크의 설계압력을 초과하게 되고 탱크가 파괴되어 급격한 폭발현상을 일으킨다.

06 □□□

블레비(BLEVE) 현상을 설명한 것으로 가장 옳은 것은?

① 대기 중에 대량의 가연성 가스가 유출되거나 대량의 가연성 액체가 유출되면 그것으로부터 발생하는 증기가 공기와 혼합해서 가연성 혼합기체를 형성하고 발화원에 의하여 발생하는 폭발을 말한다.
② 탱크 주위 화재로 탱크 내 인화성 액체가 비등하고 가스부분의 압력이 상승하여 탱크가 파괴되고 폭발을 일으키는 현상을 말한다.
③ 탱크 바닥에 물과 기름의 에멜젼이 섞여 있을 때 화재로 인한 열파의 침강으로 인하여 급격하게 화재를 수반하여 넘치는 현상(over flow)을 말한다.
④ 물이 연소유의 뜨거운 표면에 들어갈 때 발생되는 over flow 현상을 말한다.

07 □□□

증기운폭발에 영향을 주는 인자로 가장 거리가 먼 것은?

① 점화원의 위치
② 방출된 물질의 양
③ 점화확률
④ 용기의 두께

08 □□□

이 현상은 액화가스탱크에 외부에서 가해지는 열에 의해 액체가 비등하면서 내부의 압력이 상승하여 용기가 파열되는 것을 말한다, 이로 인하여 증기운폭발이 발생할 수 있는 이 현상을 무엇이라 하는가?

① 보일오버(Boil over)
② 블레비 현상(BLEVE)
③ 플래시오버(Flash over)
④ 백드래프트 현상(Backdraft)

POINT 24

CHAPTER 3 대표적인 폭발현상

방폭구조

정답 및 해설 p.34

01 □□□

화재나 폭발의 위험이 있는 장소를 위험장소라고 한다. 다음 중 제0종 위험장소에 해당하는 것은?

① 가연성 가스가 밀폐된 용기 또는 설비의 사고로 인해 파손되거나 오조작의 경우에만 누출할 위험이 있는 장소
② 환기장치에 이상이나 사고가 발생할 경우에 가연성 가스가 체류하여 위험하게 될 우려가 있는 장소
③ 인화성 물질이나 가연성 가스가 폭발성 분위기를 생성할 우려가 있는 장소 중 가장 위험한 장소
④ 상용 상태에서 가연성 가스가 체류해 위험하게 될 우려가 있는 장소

02 □□□

상용의 상태에서 가스가 체류해 위험하게 될 우려가 있는 장소는?

① 제0종 장소
② 제1종 장소
③ 제2종 장소
④ 제3종 장소

03 □□□

폭발성 가스 또는 증기(가연성 가스)에 점화 또는 위험 분위기로 인화를 방지할 수 있는 것이 시험, 기타에 의하여 확인된 방폭구조는?

① 안전증가 방폭구조(e)
② 특수 방폭구조(s)
③ 유입 방폭구조(o)
④ 본질안전 방폭구조(ia 또는 ib)

04 □□□

방폭구조의 종류 중 전기기기의 불꽃 또는 아크를 발생하는 부분을 기름 속에 넣어 유면상에서 존재하는 폭발성 가스에 인화될 우려가 없도록 한 구조는?

① 본질안전 방폭구조(ia)
② 유입 방폭구조(o)
③ 압력 방폭구조(p)
④ 안전증가 방폭구조(e)

05 □□□

다음 중 방폭구조 및 대책에 관한 설명으로 옳은 것은 모두 몇 개인가?

ㄱ. 내압 방폭구조는 내부폭발에 의한 내용물 손상으로 영향을 미치는 기기에는 부적당하다.
ㄴ. 가연성 가스의 용기 및 탱크 내부는 제2종 위험 장소에 해당한다.
ㄷ. 분진폭발은 1차 폭발에 이어 2차 폭발이 발생할 수 있다.
ㄹ. 방폭대책에는 예방, 국한, 소화, 피난대책 등이 있다.
ㅁ. 상용 상태에서 가연성 가스가 체류해 위험하게 될 우려가 있는 장소는 제1종 장소에 해당한다.

① 2개 ② 3개
③ 4개 ④ 5개

06 □□□

점화원이 될 우려가 있는 부분을 용기 내에 넣고 신선한 공기 또는 불연성 가스 등의 보호기체를 용기의 내부에 넣어 줌으로써 용기 내부에는 압력이 형성되어 외부로부터 폭발성 가스 또는 증기가 침입하지 못하도록 한 구조를 무엇이라 하는가?

① 내압 방폭구조
② 압력 방폭구조
③ 유입 방폭구조
④ 본질안전 방폭구조

07 □□□

다음 중 방폭구조에 대한 내용으로 옳은 것을 모두 고른 것은?

ㄱ. 유입 방폭구조란 점화원이 될 우려가 있는 부분을 용기 내에 불연성 가스를 용기의 내부에 넣어 줌으로써 용기 내부에는 압력이 형성되어 폭발성 가스가 침입하지 못하도록 한 구조이다.
ㄴ. 안전증가 방폭구조란 용기 내부에서 폭발성 가스가 폭발하였을 때 용기가 그 폭발압력에 파손되지 않고 외부의 폭발성 가스에 인화될 우려가 없도록 한 구조이다.
ㄷ. 본질안전 방폭구조란 정상운전 중에 폭발성 가스에 점화원이 될 전기불꽃, 아크의 발생을 방지하기 위하여 안전도를 증가한 구조이다.

① ㄱ ② ㄷ
③ ㄴ, ㄷ ④ 없음

08 □□□

불활성화 방법 중 용기에 액체를 채운 다음 용기로부터 액체를 분출시키는 동시에 증기층으로 불활성 가스를 주입하여 원하는 산소농도를 만드는 퍼지방법은?

① 스위프 퍼지(Sweep - Through Purging)
② 사이펀 퍼지(Siphon Purging)
③ 진공 퍼지(Vacuum Purging)
④ 압력 퍼지(Pressure Purging)

09 □□□

위험장소 분류 중 폭발성 가스의 농도가 연속적이거나 장시간 지속적으로 폭발한계 이상이 되는 장소 또는 지속적인 위험상태가 생성되거나 생성될 우려가 있는 장소는?

① 제0종 위험장소
② 제1종 위험장소
③ 제2종 위험장소
④ 제3종 위험장소

10 □□□

다음 중 설치장소의 위험도에 대한 방폭구조의 선정에 관한 설명으로 옳은 것을 모두 고른 것은?

ㄱ. 두 종류 이상의 가스가 같은 위험장소에 존재하는 경우에는 그 중 위험등급이 높은 것을 기준으로 하여 방폭전기기기의 등급을 선정하여야 한다.
ㄴ. 제2종 장소에서 사용하는 전선관용 부속품은 KS에서 정하는 일반품으로서 나사접속의 것을 사용할 수 있다.
ㄷ. 제0종 장소에서는 원칙적으로 내압 방폭구조를 사용한다.

① ㄱ
② ㄴ
③ ㄱ, ㄴ
④ ㄴ, ㄷ

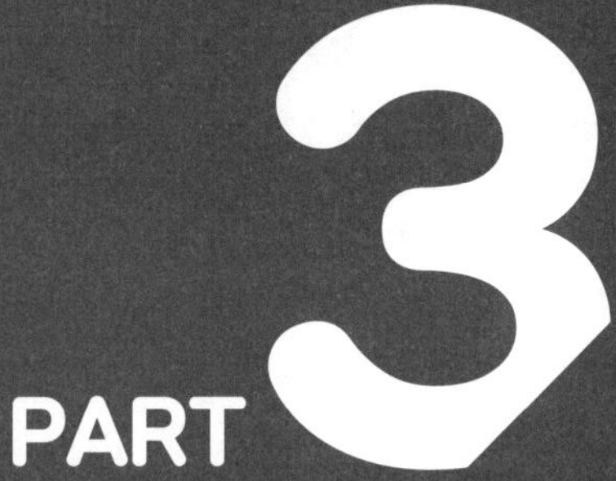

PART 3 화재론

화재의 분류

정답 및 해설 p.36

01 □□□

다음 중 <보기>에서 설명하는 화재의 종류에 따른 구분과 표시색으로 옳은 것은?

> <보기>
> • 주로 제4류 위험물의 화재를 의미한다.
> • 소화를 위해 포 등을 이용한 질식소화가 가장 효과적이다.

① A급 화재 - 백색
② B급 화재 - 흑색
③ B급 화재 - 황색
④ D급 화재 - 백색

02 □□□

화재에 대한 내용으로 옳지 않은 것은?

① 연소현상을 중지시키기 위하여 소화하여야 할 필요성이 있는 불이다.
② 사람의 의도에 반하여 발생되어 확대된 것은 포함하나, 방화에 의하여 발생된 것은 포함하지 않는다.
③ 화재의 발생빈도에 있어서 주요 발생원인은 부주의이다.
④ 전기화재의 발생원인으로 가장 큰 것은 합선이다.

03 □□□

일반화재(보통화재)에 대한 내용으로 옳지 않은 것은?

① 연소 후에 일반적으로 재를 남긴다.
② 소화방법은 냉각소화효과가 없어 포를 이용한 질식소화가 효과적이다.
③ 일반화재는 A급 화재로 구분하며 표시색은 백색이다.
④ 종이, 목재 등의 일반가연물과 합성고분자 등의 화재를 의미한다.

04 □□□

다음 중 화재에 대한 내용으로 옳은 것을 모두 고른 것은?

> ㄱ. 유류화재는 화재 성장속도가 일반화재보다 느리고 연기색상은 일반적으로 백색이다.
> ㄴ. 화재의 분류는 가연물의 종류와 성상, 대상물의 종류 등에 따라 일반화재, 유류화재, 전기화재, 금속화재, 가스화재 등으로 구분된다.
> ㄷ. 전기화재는 그 형태가 아주 다양하며 주로 단선, 누전, 과전류, 합선(단락) 등의 발화가 그 원인이다.
> ㄹ. 금속화재는 물과 반응하여 수소 등 가연성 가스를 발생시키는 것이 대부분이며, 소화약제로 물을 사용하면 위험할 수 있다.

① ㄴ, ㄹ
② ㄷ, ㄹ
③ ㄱ, ㄴ, ㄷ
④ ㄴ, ㄷ, ㄹ

05 □□□

나트륨 또는 칼륨이 물과 반응하여 발생하는 가연성 가스로 옳은 것은?

① 포스핀
② 포스겐
③ 아세틸렌
④ 수소가스

06 □□□

다음 중 <보기>에서 발생하는 가연성 가스의 성질로 옳지 않은 것은?

<보기>
탄화칼슘은 물과 반응하여 가연성 가스가 발생한다.

① 알카인계의 탄화수소 중 가장 간단한 형태의 화합물이다.
② 가스폭발 또는 분해폭발을 한다.
③ 산화열에 의한 자연발화를 한다.
④ 무색 무취의 기체이다.

07 □□□

다음 중 물과 반응하여 발생하는 가연성 가스에 대한 내용으로 옳은 것을 모두 고른 것은?

ㄱ. 무기과산화물은 물과 반응하여 조연성 가스인 수소(H_2)가 발생한다.
ㄴ. 탄화칼슘은 물과 반응하여 가연성 가스인 아세틸렌가스(C_2H_2)가 발생한다.
ㄷ. 인화칼슘은 물과 반응하여 가연성 가스인 포스겐이 발생한다.

① ㄴ
② ㄱ, ㄷ
③ ㄴ, ㄷ
④ ㄱ, ㄴ, ㄷ

08 □□□

가스에 대한 내용으로 옳지 않은 것은?

① 산소, 염소 및 불소는 조연성 가스이다.
② 수소, 산소 및 질소는 저장성 기준으로 압축가스이다.
③ 아세틸렌 가스는 액화하여 저장한다.
④ 프로판과 아세틸렌은 가연성 가스에 해당한다.

09 □□□

다음 중 전기화재의 발생원인을 모두 고른 것은?

ㄱ. 전기스파크　　ㄴ. 지락
ㄷ. 단선　　ㄹ. 역기전력
ㅁ. 절연불량　　ㅂ. 열적경과

① ㄱ, ㄷ, ㅁ
② ㄱ, ㄴ, ㄹ, ㅂ
③ ㄱ, ㄴ, ㅁ, ㅂ
④ ㄴ, ㄷ, ㄹ, ㅂ

10 □□□

다음 중 액화석유가스(LPG GAS)에 내용으로 옳은 것을 모두 고른 것은?

ㄱ. 상온상압에서 기체이며, -162℃에서 액화 보관한다.
ㄴ. 기체는 공기보다 무겁다.
ㄷ. 연소속도는 액화천연가스보다 늦다.
ㄹ. 주성분은 메탄이다.
ㅁ. 액체에서 기체로 상변화 시 체적변화는 600배이다.

① ㄴ, ㄷ
② ㄴ, ㄹ
③ ㄱ, ㄴ, ㅁ
④ ㄷ, ㄹ, ㅁ

11 □□□

화재의 종류 및 특징을 설명한 것으로 옳지 않은 것은?

① 일반화재를 A급 화재라고 하며, 연소 후 재를 남기지 않는 화재를 말한다.
② 유류화재를 B급 화재라고 하며, 질식소화에 의한 소화가 효과적이다.
③ 전기화재를 C급 화재라고 하며, 무상주수에 의한 소화가 가능하다.
④ 금속화재를 D급 화재라고 하며, 주수소화를 금한다.

12 □□□

다음 중 일반 가연물 화재인 합성수지 화재의 특성을 설명한 것으로 옳지 않은 것은 모두 몇 개인가?

ㄱ. 열가소성 수지는 폴리에틸렌, 폴리프로필렌, 폴리염화비닐, 아크릴수지 등이 있다.
ㄴ. 열경화성 수지는 열을 가하면 용융되어 액체로 되고 온도가 내려가면 고체 상태가 되며 화재의 위험성이 매우 크다.
ㄷ. 열경화성 수지는 열가소성 수지에 비해 화재 위험성이 크다.
ㄹ. 부도체이므로 정전기 의해 인화성 증기의 발생으로 발화 가능성이 있다.
ㅁ. 분진 형태의 플라스틱은 스파크, 불꽃 등 점화원에 의해 착화가 일어날 수 있다.

① 2개 ② 3개
③ 4개 ④ 5개

13 □□□

유류화재의 특징을 설명한 것으로 옳지 않은 것은?

① 부도체이므로 정전기로 인한 착화에 주의해야 한다.
② 용기에서 누설될 경우 연소 면이 급격히 확대된다.
③ A급 화재에 비해 화재 진행 속도가 빠르고 활성화에너지가 작다.
④ 화재가 발생된 경우 주수소화에 의한 냉각소화가 가장 효과적이다.

14 □□□

다음 중 금속화재의 특징을 설명한 것으로 옳은 것을 모두 고른 것은?

ㄱ. 금속화재는 금속화재용 소화약제(Dry Power)를 사용하여 소화한다.
ㄴ. 금속의 경우 분진상태로 공기 중에 부유 시 분진폭발의 우려가 있다.
ㄷ. 금속화재 시에는 포 소화약제 또는 주수소화가 가장 효과적이다.
ㄹ. 나트륨, 칼륨 등이 금속은 물과 접촉하면 아세틸렌가스를 발생하며 발열반응을 한다.

① ㄱ, ㄴ
② ㄱ, ㄷ
③ ㄴ, ㄷ
④ ㄷ, ㄹ

15 □□□

가연성 가스를 표현한 것으로 가장 옳은 것은?

① 연소범위 중 하한값이 10% 이하이거나 상한값과 하한값의 차이가 20% 이상인 것을 말한다.
② 연소범위 중 하한값이 10% 이하이거나 상한값과 하한값의 차이가 35% 이상인 것을 말한다.
③ 연소범위 중 상한값이 50% 이상이거나 상한값과 하한값의 차이가 10% 이상인 것을 말한다.
④ 연소범위 중 상한값이 50% 이상이거나 상한값과 하한값의 차이가 35% 이상인 것을 말한다.

POINT 26

CHAPTER 1 화재이론

유류화재의 이상현상

정답 및 해설 p.38

01 □□□

유류화재 중 보일오버(Boil over)에 해당하는 내용을 모두 고른 것은?

ㄱ. 일반적으로 개방된 열린 구조이어야 한다.
ㄴ. 화재로 인한 물의 비등현상이 주원인이 된다.
ㄷ. 비점이 동일한 가연물 보다 여러 비점을 나타내는 불규칙한 가연물에서 잘 발생한다.
ㄹ. 거품을 형성하는 저점도 성질의 유류에서 잘 나타난다.
ㅁ. 유류에 소화용수가 들어갈 때 나타나는 현상이다.

① ㄴ, ㄷ
② ㄴ, ㄹ
③ ㄱ, ㄴ, ㄷ
④ ㄴ, ㄹ, ㅁ

02 □□□

유류화재의 이상현상에 해당하지 않는 것은?

① 오일오버
② 보일오버
③ 슬롭오버
④ 롤오버

03 □□□

다음 중 <보기>에서 설명하는 유류화재의 이상현상으로 옳은 것은?

<보기>
• 용기에 가열된 아스팔트를 넣을 때 발생한다.
• 물의 비등에 의하여 넘치는 현상이다.
• 화염은 발생하지 않는다.

① 프로스오버
② 보일오버
③ 오일오버
④ 슬롭오버

04 □□□

유류화재의 이상현상 중 프로스오버 현상에 대한 내용으로 옳은 것은?

① 과열상태의 액화가스 저장탱크 내부가 파열되고 액화가스가 분출하여 기화되어 착화되었을 때 폭발하는 현상이다.
② 유류저장탱크 속의 물이 점성을 가진 뜨거운 기름의 표면 아래에서 끓을 때 화재를 수반하지 않고 기름이 넘쳐흐르는 현상이다.
③ 점성이 큰 유류에 화재가 발생했을 때 소화용수의 유입에 의한 갑작스러운 부피 팽창으로 탱크 내의 유류가 끓어 넘치는 현상을 말한다.
④ 산소가 부족한 훈소상태에서 개구부 또는 문의 개방 등으로 인하여 산소공급원이 공급될 때 발생하는 현상이다.

05 □□□

유류저장탱크의 화재 중 열류층을 형성하고 화재의 진행과 더불어 열류층이 점차 탱크바닥으로 도달해 탱크저부에 물 또는 기름이 수증기로 변해 부피팽창에 의하여 유류의 갑작스런 탱크 외부로의 분출을 발생시키는 현상은?

① 보일오버
② 슬롭오버
③ 오일오버
④ 프로스오버

06 □□□

제4류 위험물의 양이 내용적의 2분의 1 이하로 충전되어 있을 때 화재로 인하여 저장탱크 내의 유류를 외부로 분출하면서 탱크가 파열되는 현상은?

① 보일오버
② 슬롭오버
③ 오일오버
④ 프로스오버

07 □□□

다음 중 <보기>에서 설명하는 위험물화재 특수현상은?

> <보기>
> • 제4류 위험물이 저장된 탱크
> • 내용적 2분의 1 이하로 충전된 경우
> • 화재로 인하여 저장탱크 내의 유류가 외부로 분출하는 현상

① 보일오버
② 오일오버
③ 슬롭오버
④ 프로스오버

08 □□□

유류화재의 특성에 대한 설명으로 옳은 것은?

① 슬롭오버는 유류저장탱크 내에 저장된 제4류 위험물의 양이 내용적의 2분의 1 이상로 충전되어 있을 때 발생하는 현상이다.
② 원유를 분별증류하면 끓는점이 높은 휘발유 성분이 먼저 분리되고 하부 쪽으로 갈수록 끓는점이 낮은 경유, 중유 순으로 분리된다.
③ 보일오버는 서로 다른 원유가 섞여 있거나 중질유 탱크에서 오랜 시간동안 연소와 함께 탱크 내 잔존기름이 바닥에 있는 물의 비등으로 탱크 밖으로 분출하는 현상이다.
④ 프로스오버는 소화용수 등이 뜨거운 액표면에 유입되게 되면 물이 수증기화 되면서 갑작스러운 부피 팽창에 의해 유류가 탱크 외부로 분출되는 현상이다.

09 □□□

다음 내용에 해당하는 현상으로 옳은 것은?

> 유류탱크화재 시, 탱크 유면에서부터 고온층이 확대되어, 고온층이 탱크 하부에 있는 물을 급속히 가열, 비등시켜 발생된 수증기가 체적팽창에 의해 상층의 유류를 탱크 밖으로 분출시키는 현상

① 보일오버
② 롤오버
③ 플레임오버
④ 오일오버

10 □□□

오일오버 현상에 대한 설명이다. 다음 중 (　　) 안에 들어갈 내용에 대한 설명으로 옳은 것은?

> 액체 가연물질인 (　　)의 저장탱크에서 화재가 발생하는 경우 나타나는 이상현상으로서 저장탱크 내에 저장된 (　　)의 양이 내용적의 2분의 1 이하로 충전되어 있을 때 화재로 인한 증기압력이 상승하면서 저장탱크 내의 유류를 외부로 분출하면서 탱크가 파열되는 것을 말한다.

① 액화가스를 말한다.
② 「위험물안전관리법」상 황화인을 말한다.
③ 「위험물안전관리법」상 인화성 고체를 포함한다.
④ 강산화제와 혼촉발화의 위험성이 있다.

POINT 27

CHAPTER 1 화재이론

화재용어 등

정답 및 해설 p.39

01 □□□

다음 중 ㄱ, ㄴ에 대한 설명으로 옳지 않은 것은?

> • (ㄱ)은/는 화재의 규모를 결정하는 데 사용한다(단위: kg/m²).
> • (ㄴ)은/는 화재실의 단위 시간당 축적되는 열의 양을 말한다.

① ㄱ은 발열량 및 화재의 위험성을 나타내는 용어이다.
② ㄱ은 화재실 바닥면적이 일정할 때 가연물의 양이 증가할 때 커진다.
③ ㄴ은 화재의 발생으로 건물 내 수용재산 및 건물 자체에 손상을 입히는 정도를 나타내는 용어로써 '최고온도×연소(지속)시간'으로 화재심도라고도 한다.
④ ㄴ은 가연물의 발열량 및 배열상태와 관련이 있다.

02 □□□

바닥면적이 $5m^2$인 창고에 20kg의 고무가 저장되어 있다. 이때 화재하중은 얼마인가? (단, 목재단위발열량은 4,500kcal/kg, 고무의 단위발열량은 9,000kcal/kg이다)

① $4kg/m^2$
② $8kg/m^2$
③ $12kg/m^2$
④ $16kg/m^2$

03 □□□

화재하중에 대한 내용으로 옳지 않은 것은?

① 화재하중의 단위는 kg/m^2이다.
② 화재하중이 클수록 건축물 화재의 위험성은 작아진다.
③ 화재하중을 감소시키는 방법은 내장재의 불연화이다.
④ 단위면적당 가연물의 발열량을 목재(등가가연물)의 무게로 환산한 것이다.

04 □□□

화재의 발생으로 건물 내 수용재산 및 건물 자체에 손상을 입히는 정도를 나타내는 용어로써 '최고온도×연소(지속)시간'으로 화재심도라고도 하는 것은?

① 화재가혹도
② 압축강도
③ 화재강도
④ 폭렬

05 □□□

바닥면적이 $100m^2$인 구획된 창고에 목재 100kg, 고무 200kg, 합성수지류 300kg이 적재되어 있을 때 화재하중은 약 몇 kg/m^2인가? (단, 완전연소이이고, 목재, 고무, 합성수지류의 단위 발열량은 각각 4,500kcal/kg, 9,000kcal/kg, 9,000kcal/kg이다)

① $8kg/m^2$
② $9kg/m^2$
③ $10kg/m^2$
④ $11kg/m^2$

06 □□□

다음 중 소방대상물의 방염성능기준으로 옳은 것을 모두 고른 것은?

ㄱ. 탄화한 면적은 50cm² 이상이다.
ㄴ. 화염에 의하여 완전 용융 시까지 불꽃의 접촉 횟수는 3회 이하이다.
ㄷ. 발연량 측정 시에는 소방청장이 고시하는 방법으로 측정하여 최대연기밀도는 400 이상이다.
ㄹ. 화염이 상승하며 연소하는 상태가 정지할 때까지 30초 이내이다.

① ㄱ, ㄴ ② ㄱ, ㄹ
③ ㄴ, ㄷ ④ 없음

07 □□□

방염성능기준에 관한 설명이다. 다음 중 ㄱ ~ ㄷ에 들어갈 내용으로 옳은 것은?

- 탄화한 길이는 (ㄱ)cm 이내일 것
- 버너의 불꽃을 제거한 때부터 불꽃을 올리지 아니하고 연소하는 상태가 그칠 때까지 시간은 (ㄴ)초 이내일 것
- 소방청장이 정하여 고시한 방법으로 (ㄷ)을 측정하는 경우 최대연기밀도는 400 이하일 것

	ㄱ	ㄴ	ㄷ
①	30	20	발연량
②	20	30	발연량
③	20	30	발열량
④	30	20	발열량

08 □□□

방염성능기준에서 사용하는 용어의 정의로 옳지 않은 것은?

① 탄화면적이란 불꽃에 의하여 탄화된 면적을 말한다.
② 두꺼운 포란 포지형태의 방염물품으로서 1m²의 중량이 450g을 초과하는 것을 말한다.
③ 내화시간이란 버너의 불꽃을 제거한 때부터 불꽃을 올리지 아니하고 연소하는 상태가 그칠 때까지의 시간(잔염이 생기는 동안의 시간은 제외한다)을 말한다.
④ 잔염시간이란 버너의 불꽃을 제거한 때부터 불꽃을 올리며 연소하는 상태가 그칠 때까지의 시간을 말한다.

09 □□□

다음 중 화재용어(화재하중, 화재강도, 화재가혹도)에 대한 설명으로 옳은 것은 모두 몇 개인가?

ㄱ. 화재하중의 감소방안으로 주요구조부와 내장재를 불연화·난연화한다.
ㄴ. 전체 가연물의 양(발열량)이 동일할때 화재실의 바닥면적이 커지면 화재하중은 증가한다.
ㄷ. 화재강도는 화재실의 열방출률이 클수록 온도가 높아져 화재강도는 크게 나타난다.
ㄹ. 화재강도는 공기공급이 원활할수록 발열량이 커져 화재강도는 크게 나타난다.
ㅁ. 화재가혹도는 최고온도(양적개념)와 그 온도의 지속시간(질적개념)이 주요요인이다.

① 2개 ② 3개
③ 4개 ④ 5개

10 □□□

다음 중 화재강도의 관련 인자에 해당하는 것을 모두 고른 것은?

ㄱ. 화재실의 벽, 바닥, 천장의 구조
ㄴ. 가연물의 배열상태
ㄷ. 가연물의 비표면적
ㄹ. 산소의 공급

① ㄱ
② ㄱ, ㄴ
③ ㄱ, ㄷ
④ ㄱ, ㄴ, ㄷ, ㄹ

POINT 28

CHAPTER 1 화재이론

구획화재 등

정답 및 해설 p.41

01 □□□

구획화재의 진행단계에 대한 내용이다. 다음 중 A의 특징을 설명한 것으로 옳지 않은 것은?

발화기 → 성장기 → (A) → 최성기 → 감쇠기

① A 발생 이후 국부화재로부터 구획 내 모든 가연물이 연소되기 시작하는 큰 화재로 전이된다.
② A를 전실화재(순발연소)라고도 한다.
③ A 발생 시점에서 실내의 온도는 약 800 ~ 900℃가 된다.
④ A 발생 이후 환기지배형 화재에서 연료지배형 화재로 전이된다.

02 □□□

플래시오버(Flash over)에 대한 설명으로 옳지 않은 것은?

① 연료지배형 화재에서 환기지배형 화재로 전이되는 단계이다.
② 어느 순간 실 전체에 화염이 확대되는 현상이다.
③ 화재 성장단계 중 최성기와 종기에 주로 발생한다.
④ 플래시오버 이전에 롤오버(Roll over) 현상이 발생될 수 있다.

03 □□□

실내건축물의 화재 특성에 대한 내용으로 옳지 않은 것은?

① 일반적인 구획화재(실내건축물화재) 특성으로 초기단계에 연료지배형 화재의 특성을 보인다.
② 화재 초기단계에서는 가연물이 열분해되어 가연성 가스가 발생한다.
③ 플래시오버 현상 이전에는 롤오버 현상이 발생하기도 한다.
④ 최성기 이후 단계에서 플래시오버 현상이 발생하여 실내건축물의 가연물이 화염에 휩싸인다.

04 □□□

다음 중 <보기>에서 설명하는 구획화재의 단계로 옳은 것은?

<보기>
• 연기의 분출속도가 빠르다. • 가연물의 최대 발열량을 낸다. • 환기지배형 화재 특성이 나타난다.

① 초기단계
② 성장기단계
③ 최성기단계
④ 종기단계

05 □□□

구획화재에서 단계별 특징에 대한 설명이다. 다음 중 최성기에 해당하는 내용만을 모두 고른 것은?

ㄱ. 백드래프트 현상이 발생한다.
ㄴ. 화세가 최정점에 도달한다.
ㄷ. 화재의 진행 변화가 초기단계에서 급속히 이루어진다.
ㄹ. 천장이나 벽 등 구조물 낙하의 위험성이 가장 높다.
ㅁ. 화세가 쇠퇴하고 다른 곳으로의 연소위험은 없다.

① ㄹ
② ㄴ, ㄹ
③ ㄱ, ㄴ, ㅁ
④ ㄴ, ㄷ, ㅁ

06 □□□

환기량과 연소속도와 관련된 내용으로 옳지 않은 것은?

① 연료지배형 화재는 주로 공동주택 같은 화재이며, 연소속도가 가연물의 연소특성에 의해 지배되는 화재이다.
② 구획화재에서 환기량은 개구부의 면적과 개구부의 높이의 평방근에 비례한다.
③ 환기지배형 화재는 주로 대형 창고에서 일어나는 현상으로, 가연성 가스의 발생량에 비해 공기 공급이 충분하지 않아 발생하는 화재이다.
④ 연료지배형 화재는 공기의 공급이 충분하지 않으므로 환기지배형 화재보다 불완전연소를 한다.

07 □□□

구획화재의 현상으로 옳지 않은 것은?

① 건물 화재현상으로 환기지배형과 연료지배형으로 구분할 수 있다.
② 연료지배형 화재는 환기지배형 화재에 비해 폭발성·역화현상이 적게 발생한다.
③ 환기지배형 화재는 연료지배형 화재보다 연소가스가 많이 생성된다.
④ 불완전연소 상태인 훈소상태에서 일시에 다량의 공기가 공급될 때 순간적으로 발화하는 현상을 플래시오버라 한다.

08 □□□

구획된 건물 화재현상 중 환기지배형 화재의 영향요소가 아닌 것은?

① 플래시오버 현상 이후의 연소형태이다.
② 환기지배형 화재는 환기량에 비해 연료량이 충분하다.
③ 환기요소에 영향을 받아 실내의 공기부족으로 화염이 외부로 분출되기도 한다.
④ 가연물에 비해 환기량이 충분한 경우이다.

POINT
29
CHAPTER 1 화재이론
내화건축물 및 목조건축물 화재

정답 및 해설 p.42

01 □□□

철근콘크리트 건축물의 화재특성으로 옳은 것은?

① 폭렬은 콘크리트의 인장강도보다 압축강도와 밀접한 관계가 있다.
② 목조건축물화재에 비하여 고온단기형의 특성을 갖는다.
③ 화재 진행단계는 초기 → 성장기 → 최성기 → 플래시오버 현상 → 종기의 순이다.
④ 고강도 콘크리트보다는 보통 콘크리트를 사용한 건축물화재에서 폭렬현상의 위험성이 크다.

02 □□□

목조건축물 화재의 특성으로 옳지 않은 것은?

① 수분함량이 15% 이상이면 고온에 장시간 접촉해도 착화하기 어렵다.
② 목재의 비표면적이 클수록 연소가 잘 된다.
③ 목재건축물의 화재는 유류나 가스화재와는 달리 일반적으로 무염착화 없이 발염착화로 이어진다.
④ 최고온도가 약 1,300℃까지 올라가게 된다.

03 □□□

다음 중 목조건축물의 연소속도 및 화재특성에 대한 내용으로 옳은 것을 모두 고른 것은?

ㄱ. 목재의 두께가 얇을수록 연소속도가 빠르다.
ㄴ. 표면이 거칠수록 연소속도는 느리다.
ㄷ. 외형이 둥근 것보다는 각진 것이 연소속도가 빠르다.
ㄹ. 수분의 함수율이 높을수록 연소속도가 빠르다.
ㅁ. 목조건축물의 화재 확대요인으로는 접촉, 복사, 비화 등이 있다.

① ㄴ, ㄷ　② ㄴ, ㄹ
③ ㄱ, ㄴ, ㅁ　④ ㄱ, ㄷ, ㅁ

04 □□□

산림화재의 형태에 대한 내용으로 옳은 것은?

① 지중화는 지표면에서 화재가 발생하는 화재현상이다.
② 지표화는 습도가 50% 이하일 때 소나무, 삼나무, 편백나무 등에서 잘 일어난다.
③ 수간화는 나무의 가지 또는 잎에서 발생하는 화재현상이다.
④ 수관화는 땅 속에 있는 유기물층에서 발생하는 화재현상이다.

05 □□□

다음 중 <보기>에 해당하는 화재의 특성으로 옳지 않은 것은?

<보기>
• 「위험물안전관리법」에서는 1기압에서 인화점이 250℃ 미만인 것으로 정의한다.
• 올리브유, 옥수수기름에서 발생하는 화재이다.
• 미국방화협회에서는 K급 화재로 분류한다.

① 발화점이 비점보다 낮기 때문에 소화 후 재발화 위험이 있다.
② 가연물의 온도를 발화점 이하로 낮추면 재착화가 되지 않는다.
③ 액면화재를 한다.
④ 소화약제는 비누화작용을 하는 3종 분말 소화약제가 주로 사용된다.

06 □□□

훈소화재의 특성으로 옳지 않은 것은?

① 훈소는 느린 연소과정으로 표면에서 작열과 탄화현상이 일어난다.
② 훈소는 내부에서 백열연소를 하고 있다는 점에서 표면연소와 같다.
③ 훈소는 공기의 공급이 원활하여도 표면연소를 한다.
④ 훈소는 불꽃연소에 비하여 온도가 낮고 발연량은 많다.

07 □□□

톱밥 또는 매트리스의 연소에서 산소의 부족으로 불꽃을 내지 않고 연기만 나는 연소형태는?

① 표면연소
② 훈소
③ 불꽃연소
④ 롤오버

08 □□□

다음 중 ABC 분말소화기의 소화 적응성이 있는 화재를 모두 고른 것은?

ㄱ. 일반화재	ㄴ. 유류화재
ㄷ. 금속화재	ㄹ. 전기화재
ㅁ. 가스화재	

① ㄱ, ㄴ, ㄷ　　② ㄱ, ㄴ, ㄹ
③ ㄴ, ㄷ, ㄹ　　④ ㄷ, ㄹ, ㅁ

09 □□□

다음 중 목조건축물의 옥내출화에 해당하는 발염착화 현상을 모두 고른 것은?

ㄱ. 가옥구조 시 천장면에서 발염착화
ㄴ. 가옥의 추녀 밑에서 발염착화
ㄷ. 창, 출입구 등에서 발염착화
ㄹ. 불연천장인 경우 뒷면 판에 발염착화
ㅁ. 천장 속 및 벽 속에 발염착화

① ㄴ, ㄷ
② ㄹ, ㅁ
③ ㄱ, ㄴ, ㄷ
④ ㄱ, ㄹ, ㅁ

10 □□□

목재건축물의 화재 진행과정을 설명한 것이다. 다음 중 (　　) 안에 들어갈 내용에 대한 설명으로 옳은 것은?

화재원인 → (　　) → 발염착화 → 출화 → 최성기 → 연소낙하 → 진화

① 불티가 되어 날아가 발화하는 것을 말한다.
② 열 전자파 형태로 이동하는 현상으로, 화재 시 가장 크게 작용한다.
③ 가연물이 연소할 때 숯불모양으로 불꽃 없이 착화하는 현상을 말한다.
④ 공기 부족으로 훈소 상태에 있을 때 신선한 공기가 유입되어 실내에 축적되었던 가연성 가스가 단시간에 폭발적으로 연소함으로써 화재가 폭풍을 동반하여 실외로 분출되는 현상을 말한다.

POINT 30

CHAPTER 1 화재이론

Flash over 등

정답 및 해설 p.44

01 □□□

다음 중 ㄱ, ㄴ에 대한 설명으로 옳지 않은 것은?

> • (ㄱ)은/는 실내화재에서 공기가 부족한 상태에 있을 때 신선한 공기가 유입되어 분출하는 현상을 말한다.
> • (ㄴ)은/는 구획화재에 온도상승에 의해서 일시에 연소하여 화재의 진행을 순간적으로 실내 전체에 확산시키는 현상이다.

① ㄱ 현상은 훈소상태에서 잘 발생된다.
② 일반적으로 ㄱ은 폭발현상, ㄴ은 급격한 연소현상으로 볼 수 있다.
③ ㄱ 현상의 방지대책으로 출입문을 개방하기 전에 상부의 환기구를 개방함으로써 폭발력을 억제할 수 있다.
④ ㄴ 현상의 지연대책법으로 창문 등의 개방을 통해 배연하여 외부로 열을 방출하는 것은 효과적이지 않다.

02 □□□

플래시오버(Flash over)의 발생시간을 빨라지게 하는 조건에 해당되지 않는 것은?

① 내장재의 열전도율이 작을수록
② 개구부가 크기가 클수록
③ 내장재의 두께가 얇을수록
④ 화재하중이 클수록

03 □□□

플래시오버 현상에 대한 설명이다. 다음 중 ㄱ, ㄴ에 들어갈 내용으로 가장 옳은 것은?

> • 구획화재에서 가연성 가스 농도가 증가하여 (ㄱ) 내의 농도에 도달하면 곧 착화하여 화염으로 덮이게 된다.
> • 이후 강한 (ㄴ)에 의하여 실내 전체의 가연물이 급속히 가열 착화되어 실내 가연성 재료의 모든 표면이 불로 덮이는 현상을 말한다.

	ㄱ	ㄴ
①	연소범위	대류
②	위험도	복사열
③	연소범위	복사열
④	위험도	전도

04 □□□

다음 중 플래시오버(Flash over) 발생시간의 영향인자로 옳은 것을 모두 고른 것은?

> ㄱ. 개구율(개구부면적/벽면적)이 1/3~1/2일 때 플래시오버가 가장 빠르다.
> ㄴ. 가연물의 화재강도가 클수록 열축적이 증대되어 빠르다.
> ㄷ. 내장재의 열전도율이 낮고 내장재의 두께가 두꺼울수록 빠르다.
> ㄹ. 천장과 벽, 실내의 모서리에서 발생한 경우 빨라질 수 있다.
> ㅁ. 화원의 크기가 너무 커서 천장부에 닿으면 현저히 느려진다.

① ㄱ, ㄴ
② ㄱ, ㄴ, ㄹ
③ ㄴ, ㄷ, ㄹ
④ ㄴ, ㄷ, ㅁ

05 □□□

다음은 플래시오버 현상의 지연대책법에 대한 설명이다. 연결이 옳은 것은?

> ㄱ. 창문 등을 개방하여 공간 내부에 쌓인 열을 방출시켜 지연한다.
> ㄴ. 분말소화기 등 이동식 소화기를 분사하여 화재를 완전하게 소화하는 것은 불가능하나, 일시적으로 온도를 낮출 수 있다.
> ㄷ. 환기와 반대로 개구부를 닫아 산소를 감소시킴으로써 연소 속도를 줄이고 공간 내 열의 축적현상도 늦추게 하여 지연시키는 방법을 쓸 수 있다.

> A. 냉각지연법
> B. 공기차단지연법
> C. 배연지연법

	ㄱ	ㄴ	ㄷ
①	A	B	C
②	C	A	B
③	B	A	C
④	B	C	A

06 □□□

다음은 백드래프트 현상의 대응전술에 대한 설명이다. 연결이 옳은 것은?

> ㄱ. 건축물의 지붕에 채광창이 있다면 개방하여 환기를 하거나, 지붕에 개구부를 만들어 배연하는 전술을 말한다.
> ㄴ. 소방대원이 개구부의 좌·우측에 배치한 후 출입구가 개방되면 화재 공간에 집중 방수하는 소방전술이다.
> ㄷ. 화재현장의 개구부를 개방하는 즉시 완벽한 보호장비를 갖춘 소방대원이 집중 방수함으로써 폭발 직전의 기류를 냉각시키는 방법이다.

> A. 배연 대응 전술
> B. 측면 공격 전술
> C. 급냉(담금질) 대응 전술

	ㄱ	ㄴ	ㄷ
①	A	B	C
②	C	B	A
③	B	A	C
④	B	C	A

07 □□□

화재의 발생과 가장 관련이 없는 것은?

① 프로스오버(Froth over)
② 보일오버(Boil over)
③ 슬롭오버(Slop over)
④ 플래시오버(Flash over)

08 □□□

다음에서 설명하는 유류화재에서 발생될 수 있는 현상으로 옳은 것은?

- 유류화재의 연소유면으로부터 고온의 열파가 탱크 저부에 고여 있는 물을 비등하게 하면서 연소유를 탱크 밖으로 비산시키면서 연소하는 현상이다.
- 점성이 큰 중질유의 탱크에서 긴 시간동안 연소하다 탱크 내 기름이 갑자기 분출하는 현상을 말한다.

① 보일오버(Boil over)
② 슬롭오버(Slop over)
③ 프로스오버(Froth over)
④ 오일오버(oil over)

09 □□□

다음 중 유류화재의 이상현상인 보일오버(Boil over)가 발생될 수 있는 조건에 해당하는 것은 모두 몇 개인가?

ㄱ. 다성분(다비점)일 것
ㄴ. 점성이 큰 유류탱크(중질유) 화재일 것
ㄷ. 비점이 물보다 낮은 유류일 것
ㄹ. 화재가 장시간 지속될 것
ㅁ. 열류층 형성하여 열파 침강이 발생할 것

① 2개 ② 3개
③ 4개 ④ 5개

10 □□□

다음은 화재에 대한 설명이다. 옳은 내용을 모두 고른 것은?

ㄱ. 훈소 현상은 탱크의 벽면이 가열된 상태에서 포를 방출하는 경우 가열된 벽면부분에서 포가 열화되어 안정성이 저하된 상태에서 증발된 유류가스가 발포되어 있는 거품층을 뚫고 상승되어 유류가스에서 불이 붙는 현상이다.
ㄴ. 프로스오버는 유류액 표면의 온도가 물의 비점 이상으로 상승되고 소화용수 등이 뜨거운 액 표면에 유입하게 되면 물이 수증기화 되면서 갑작스러운 부피 팽창에 의해 유류가 탱크 외부로 분출되는 현상이다.
ㄷ. 윤화 현상은 대형 유류저장탱크의 소화작업 시 불꽃이 치솟는 유면에 거품을 투입하였을 때 탱크 윗면의 가운데 부분은 불이 꺼졌어도 바깥쪽 벽에는 불이 지속되는 현상을 말한다.
ㄹ. 백드래프트는 공기 부족으로 훈소 상태에 있을 때 신선한 공기가 유입되어 실내에 축적되었던 가연성 가스가 단시간에 폭발적으로 연소함으로써 화재가 폭풍을 동반하여 실외로 분출되는 현상을 말한다.

① ㄱ, ㄴ
② ㄱ, ㄷ
③ ㄴ, ㄹ
④ ㄷ, ㄹ

POINT 31

CHAPTER 1 화재이론

건축방재 등

정답 및 해설 p.45

01 □□□

건축물이 갖추어야 할 세부적인 지침과 고시에 의해 설계하여야 하는 사양위주설계가 아니라 화재모델링 및 시뮬레이션 등 공학적인 기법들을 이용하는 새로운 방화설계로 옳은 것은?

① 기능위주설계
② 성능위주설계
③ 공학위주설계
④ 설비위주설계

02 □□□

성능위주설계의 필요성으로 타당하지 않은 것은?

① 화재안전의 극대화
② 경제성 확보
③ 법 적용의 유연성
④ 건설사업의 발전

03 □□□

건축물의 방재 측면에서 건축적인 대응을 보조하는 소방 설비적 대응 방식에 해당하는 것은?

① 일반적으로 건축물의 내화구조, 방연성능, 방화구획의 성능, 화재방어의 대응성, 초기소화의 대응성 등이 있다.
② 난연화, 불연화, 내장제 제한, 방화구획의 세분화, 방화훈련 등 예방적 조치 또는 상황이다.
③ 건축의 공간성을 말하는 피난계단, 전실, 안전구역, 건축적인 방연과 배연성능을 말한다.
④ 방화문·방화셔터, 스프링클러설비, 옥내소화전설비 등이 해당된다.

04 □□□

「건축법 시행령」상 용어의 정의로 옳지 않은 것은?

① 방화구조(防火構造)란 화염의 확산을 막을 수 있는 성능을 가진 구조로서 국토교통부령으로 정하는 기준에 적합한 구조를 말한다.
② 난연재료(難燃材料)란 불에 잘 타지 아니하는 성능을 가진 재료로서 국토교통부령으로 정하는 기준에 적합한 재료를 말한다.
③ 내화구조(耐火構造)란 화재에 견딜 수 있는 성능을 가진 구조로서 국토교통부령으로 정하는 기준에 적합한 구조를 말한다.
④ 준불연재료란 인조석·콘크리트 등 내수성을 가진 재료로서 국토교통부령으로 정하는 재료를 말한다.

05 □□□

국토교통부령으로 정하는 기준에 적합한 내화구조로 옳지 않은 것은? (단, 벽의 경우이다)

① 철근콘크리트조 두께가 10cm 이상인 것
② 골구를 철골조로 하고 그 양면을 두께 4cm 이상의 철망모르타르 또는 두께 5cm 이상의 콘크리트블록·벽돌 또는 석재로 덮은 것
③ 철골철근콘크리트조로서 두께가 10cm 이상인 것
④ 벽돌조로서 두께가 10cm 이상인 것

06 □□□

「건축법 시행령」상 방화문의 구분에 관한 설명이다. 다음 중 ㄱ, ㄴ에 들어갈 내용으로 옳은 것은?

- 60분+ 방화문이란 연기 및 불꽃을 차단할 수 있는 시간이 60분 이상이고, 열을 차단할 수 있는 시간이 (ㄱ) 이상인 방화문을 말한다.
- (ㄴ)이란 연기 및 불꽃을 차단할 수 있는 시간이 30분 이상 60분 미만인 방화문을 말한다.

	ㄱ	ㄴ
①	30분	30분 방화문
②	30분	60분 방화문
③	60분	30분 방화문
④	60분	60분 방화문

07 □□□

다음 중 「건축법 시행령」상 ㄱ, ㄴ에 들어갈 내용으로 옳은 것은?

- 초고층 건축물이란 층수가 (ㄱ) 이상이거나 높이가 200m 이상인 건축물을 말한다.
- (ㄴ)이란 고층 건축물 중 초고층 건축물이 아닌 것을 말한다.

	ㄱ	ㄴ
①	30층	준고층 건축물
②	30층	준초고층 건축물
③	50층	준고층 건축물
④	50층	준초고층 건축물

08 □□□

다음 중 「건축법」상 건축물의 주요 구조부에 해당하는 것을 모두 고른 것은?

ㄱ. 작은 보(Beam)	ㄴ. 옥외계단
ㄷ. 기둥	ㄹ. 최하층 바닥
ㅁ. 내력벽	ㅂ. 지붕틀

① ㄱ, ㄴ, ㅂ
② ㄱ, ㄷ, ㄹ
③ ㄷ, ㄹ, ㅁ
④ ㄷ, ㅁ, ㅂ

09 □□□

용어의 정의로 옳지 않은 것은?

① 방화구조란 화재 시 불에 견디는 성능은 없어도 화염의 확산을 막을 수 있는 정도와 성능을 가진 구조를 말한다.
② 내진구조란 화재를 견딜 수 있는 성능을 가진 구조를 말한다.
③ 화재하중이란 단위 면적당 가연물의 중량을 말한다(단위: kg/m^2).
④ 방화구획이란 화염, 열 및 연기의 확산을 방지하기 위하여 공간을 일정크기 이하로 구획하는 것을 말한다.

10 □□□

「건축물의 피난 · 방화구조 등의 기준에 관한 규칙」상 내화구조에 해당하지 않는 것은?

① 철근콘크리트조로서 벽의 두께가 10cm 이상인 것
② 외벽 중 비내력벽의 경우 철근콘크리트조로서 벽의 두께가 7cm 이상인 것
③ 철근콘크리트 기둥의 경우 그 작은 지름이 20cm 이상인 것
④ 바닥의 경우 철근콘크리트조로서 두께가 10cm 이상인 것

11 □□□

다음 중 방화문의 구분으로 옳은 것은?

① 60분+ 방화문: 연기 및 불꽃을 차단할 수 있는 시간이 60분 이상이고, 열을 차단할 수 있는 시간이 60분 이상인 방화문
② 60분 방화문: 연기 및 불꽃을 차단할 수 있는 시간이 30분 이상이고, 열을 차단할 수 있는 시간이 60분 이상인 방화문
③ 30분+ 방화문: 연기 및 불꽃을 차단할 수 있는 시간이 30분 이상 60분 미만인 방화문
④ 30분 방화문: 연기 및 불꽃을 차단할 수 있는 시간이 30분 이상 60분 미만인 방화문

12 □□□

다음 중 60분+ 방화문은 연기 및 불꽃을 차단할 수 있는 시간이 얼마 이상이 되어야 하는가?

① 90분
② 60분
③ 45분
④ 30분

13 □□□

「건축물의 피난 · 방화구조 등의 기준에 관한 규칙」 제18조의2에 따른 소방관 진입창의 기준으로 옳은 것은?

① 창문의 한쪽 모서리에 타격지점을 반지름 3센티미터 이상의 원형으로 표시할 것
② 창문의 크기는 폭 90센티미터 이상, 높이 1.2미터 이상으로 하고, 실내 바닥면으로부터 창의 아랫부분까지의 높이는 1.2미터 이내로 할 것
③ 2층 이상 11층 이하인 층에 각각 1개소 이상 설치할 것. 이 경우 소방관이 진입할 수 있는 창의 가운데에서 벽면 끝까지의 수평거리가 50미터 이상인 경우에는 50미터 이내마다 소방관이 진입할 수 있는 창을 추가로 설치해야 한다.
④ 창문의 가운데에 지름 20센티미터 이상의 역삼각형을 야간에도 알아볼 수 있도록 빛 반사 등으로 붉은색으로 표시할 것

14 □□□

다음은 「건축물의 피난 · 방화구조 등의 기준에 관한 규칙」 제14조에 따른 방화구획에 대한 설명이다. 다음 중 ㄱ, ㄴ에 들어갈 내용으로 옳은 것은?

> • 10층 이하의 층은 바닥면적 (ㄱ)(스프링클러 및 기타 이와 유사한 자동식 소화설비를 설치한 경우에는 바닥면적 3천제곱미터) 이내마다 구획할 것
> • 11층 이상의 층은 바닥면적 (ㄴ)(스프링클러 및 기타 이와 유사한 자동식 소화설비를 설치한 경우에는 600제곱미터) 이내마다 구획할 것

	ㄱ	ㄴ
①	500제곱미터	200제곱미터
②	500제곱미터	300제곱미터
③	1천제곱미터	200제곱미터
④	1천제곱미터	300제곱미터

CHAPTER 1 화재이론

피난론

정답 및 해설 p.47

01 □□□

건축물 화재 시 피난대책 수립·적용을 위한 인간의 피난본능으로 옳지 않은 것은?

① 추종본능
② 지광본능
③ 귀소본능
④ 우회본능

02 □□□

다음 중 <보기>에서 설명하는 인간의 피난본능으로 옳은 것은?

> <보기>
> • 이상 상황이 발생하면 확인하려 하고, 긴급사태가 확인되면 반사적으로 그 지점에서 멀어지려고 한다.
> • 건물의 중심부에서 연기와 불꽃이 상승하면 외주(外周) 방향으로, 외주부가 위험하면 중앙 방향으로 이동하려 한다.

① 귀소본능
② 퇴피본능
③ 좌회본능
④ 지광본능

03 □□□

건축물 화재 시 피난 대책의 일반적인 원칙으로 옳지 않은 것은?

① 수평방향에선 중앙집중형의 코어형식을 하여야 피난이 용이하다.
② 피난구조설비는 고정식 설비를 위주로 해야 한다.
③ 수평동선과 수직동선으로 구분되어야 한다.
④ 피난경로는 간단명료하게 해야 한다.

04 □□□

피난대책 수립 시 고려되어야 할 사항에 대한 내용이다. 다음 중 ㄱ, ㄴ이 각각 설명하는 것으로 옳은 것은?

> ㄱ. 비상 시 판단능력 저하를 대비하여 누구나 알 수 있도록 문자나 그림 등으로 표시해야 한다.
> ㄴ. 하나의 수단이 고장으로 실패하여도 다른 수단에 의해 구제할 수 있도록 고려해야 한다.

	ㄱ	ㄴ
①	풀프루프(Fool proof)	페일세이프(Fail safe)
②	페일세이프(Fail safe)	풀프루프(Fool proof)
③	풀프루프(Fool proof)	플래시오버(Flash over)
④	페일세이프(Fail safe)	백드래프트(Back draft)

05 □□□

화재의 성장기 때 해야 할 행동으로 옳지 않은 것은?

① 풍하방향으로 대피한다.
② 물수건으로 입을 막고, 주위를 살피며 대피한다.
③ 자세를 낮게 하고, 대피 시 신속하게 행동한다.
④ 오염, 방사능물질을 피해서 대피한다.

06 □□□

「건축물의 피난·방화구조 등의 기준에 관한 규칙」상 건축물 내부에 설치하는 피난계단의 구조에 대한 설명이다. 다음 중 ㄱ, ㄴ에 들어갈 내용으로 옳은 것은?

> • 계단실은 창문·출입구 기타 개구부(창문 등)를 제외한 당해 건축물의 다른 부분과 (ㄱ)의 벽으로 구획할 것
> • 계단실의 실내에 접하는 부분의 마감은 (ㄴ)로 할 것

	ㄱ	ㄴ
①	방화구조	난연재료
②	방화구조	불연재료
③	내화구조	난연재료
④	내화구조	불연재료

07 □□□

「건축물의 피난·방화구조 등의 기준에 관한 규칙」상 건축물 내부에 설치하는 특별피난계단의 구조에 대한 설명이다. 다음 중 ( ) 안에 들어갈 내용으로 옳은 것은?

> 건축물의 내부와 계단실은 노대를 통하여 연결하거나 외부를 향하여 열 수 있는 면적 $1m^2$ 이상인 창문(바닥으로부터 1m 이상의 높이에 설치한 것에 한한다) 또는 「건축물의 설비기준 등에 관한 규칙」 제14조의 규정에 적합한 구조의 배연설비가 있는 면적 ( ) 이상인 부속실을 통하여 연결할 것

① $1m^2$
② $2m^2$
③ $3m^2$
④ $5m^2$

08 □□□

피난계획의 일반적인 원칙으로 옳지 않은 것은?

① 복도와 통로 등이 복잡하고 굴곡이 있는 것은 부적당하다.
② 피난수단은 원시적 방법으로 하여야 한다.
③ 이동식 기구와 장치 등을 기본으로 하는 피난계획이 합리적이다.
④ 상호 반대방향으로 다수의 출구와 연결되는 것이 좋다.

09 □□□

「건축법 시행령」상 피난안전구역에 대한 설명이다. 다음 중 ㄱ, ㄴ에 들어갈 내용으로 옳은 것은?

> • 초고층 건축물에는 피난층 또는 지상으로 통하는 직통계단과 직접 연결되는 피난안전구역을 지상층으로부터 최대 (ㄱ) 층마다 1개소 이상 설치하여야 한다.
> • 피난안전구역은 건축물의 피난·안전을 위하여 건축물 중간층에 설치하는 (ㄴ)을 말한다.

	ㄱ	ㄴ
①	30개	대피공간
②	30개	주거공간
③	50개	대피공간
④	50개	주거공간

10 □□□

건축물의 피난계획 중 중앙복도형 건축물에서의 피난경로로서 코너식 중 제일 안전한 피난방향의 형태는?

① T형
② X형
③ H형(CO형)
④ Z형

11 □□□

「초고층 및 지하연계 복합건축물 재난관리에 관한 특별법」상 초고층 건축물의 정의로 옳은 것은?

① 층수가 30층 이상 또는 높이가 120미터 이상인 건축물을 말한다.
② 층수가 30층 이상 또는 높이가 100미터 이상인 건축물을 말한다.
③ 층수가 50층 이상 또는 높이가 120미터 이상인 건축물을 말한다.
④ 층수가 50층 이상 또는 높이가 200미터 이상인 건축물을 말한다.

12 □□□

다음 중 「초고층 및 지하연계 복합건축물 재난관리에 관한 특별법」상 지하연계 복합건축물의 정의로 옳은 것은?

> 지하연계 복합건축물이란 다음의 요건을 모두 갖춘 것을 말한다.
> • 층수가 11층 이상이거나 1일 수용인원이 (ㄱ) 이상인 건축물로서 지하부분이 지하역사 또는 지하도상가와 연결된 건축물
> • 건축물 안에 「건축법」 제2조 제2항 제5호에 따른 (ㄴ), 같은 항 제7호에 따른 판매시설, 같은 항 제8호에 따른 운수시설, 같은 항 제14호에 따른 업무시설, 같은 항 제15호에 따른 숙박시설, 같은 항 제16호에 따른 위락(慰樂)시설 중 유원시설업(遊園施設業)의 시설 또는 대통령령으로 정하는 용도의 시설이 하나 이상 있는 건축물

	ㄱ	ㄴ
①	1천명	창고시설
②	3천명	문화 및 집회시설
③	3천명	창고시설
④	5천명	문화 및 집회시설

13 □□□

지하층이란 건축물의 바닥이 지표면 아래에 있는 층으로서 바닥에서 지표면까지 평균높이가 해당 층 높이의 (   ) 이상인 것을 말한다. (   ) 안에 들어갈 말로 옳은 것은?

① 2분의 1
② 3분의 1
③ 20분의 1
④ 30분의 1

14 □□□

「건축법 시행령」상 내화건축물인 경우 피난층 이외의 층에서 거실로부터 직통계단까지의 보행거리는 얼마 이하로 하여야 하는가? (단, 공동주택 및 자동화시설에 해당하지 아니한다)

① 30m
② 40m
③ 50m
④ 75m

15 □□□

「건축법 시행령」상 직통계단에 대한 설명이다. 다음 중 ㄱ, ㄴ에 들어갈 내용으로 옳은 것은?

- 건축물의 피난층(직접 지상으로 통하는 출입구가 있는 층 및 피난안전구역을 말한다. 이하 같다) 외의 층에서는 피난층 또는 지상으로 통하는 직통계단(경사로를 포함한다. 이하 같다)을 거실의 각 부분으로부터 계단(거실로부터 가장 가까운 거리에 있는 1개소의 계단을 말한다)에 이르는 보행거리가 (ㄱ   ) 이하가 되도록 설치해야 한다.
- 다만, 건축물(지하층에 설치하는 것으로서 바닥면적의 합계가 300제곱미터 이상인 공연장·집회장·관람장 및 전시장은 제외한다)의 주요구조부가 내화구조 또는 불연재료로 된 건축물은 그 보행거리가 50미터(층수가 16층 이상인 공동주택의 경우 16층 이상인 층에 대해서는 40미터) 이하가 되도록 설치할 수 있으며, 자동화 생산시설에 스프링클러 등 자동식 소화설비를 설치한 공장으로서 국토교통부령으로 정하는 공장인 경우에는 그 보행거리가 (ㄴ   )(무인화 공장인 경우에는 100미터) 이하가 되도록 설치할 수 있다.

	ㄱ	ㄴ
①	30m	50m
②	30m	75m
③	40m	50m
④	40m	75m

POINT 33

CHAPTER 2 화재조사 및 화재진압

화재조사 1

정답 및 해설 p.49

01 □□□

「소방의 화재조사에 관한 법률」상 화재의 정의이다. 다음 중 (　　) 안에 들어갈 내용에 대한 설명으로 옳지 않은 것은?

> 화재란 사람의 의도에 반하거나 고의 또는 과실에 의해 발생하는 연소 현상으로서 소화설비 등을 사용하여 소화할 필요가 있거나 또는 사람의 의도에 반해 발생하거나 확대된 (　　) 현상을 말한다.

① 화학적 변화가 있는 폭발 현상의 형태이다.
② 증기폭발이 해당한다.
③ 급속히 진행되는 화학반응에 의해 다량의 가스와 열을 발생하면서 폭음, 불꽃 및 파괴가 일어나는 현상을 말한다.
④ 산화폭발, 분해폭발 및 중합폭발 등이 있다.

02 □□□

「소방의 화재조사에 관한 법률」 제5조에 따른 소방관서장의 화재조사를 실시하는 경우 조사내용에 해당하지 않는 것은?

① 화재원인에 관한 사항
② 화재로 인한 인명·재산피해상황
③ 대응활동에 관한 사항
④ 소방시설 등의 설치·관리 비용에 관한 사항

03 □□□

화재현장에서 관계인의 동의를 얻기는 쉽지 않다. 이러한 화재조사의 특징으로 옳은 것은?

① 보존성
② 정밀과학성
③ 강제성
④ 신속성

04 □□□

「소방의 화재조사에 관한 법률」상 용어의 정의로 옳지 않은 것은?

① "화재조사"란 소방청장, 소방본부장 또는 소방서장이 화재원인, 피해상황, 대응활동 등을 파악하기 위하여 자료의 수집, 관계인 등에 대한 질문, 현장 확인, 감식, 감정 및 실험 등을 하는 일련의 행위를 말한다.
② "관계인등"이란 화재가 발생한 소방대상물의 소유자·관리자 또는 점유자만을 말한다.
③ "화재조사관"이란 화재조사에 전문성을 인정받아 화재조사를 수행하는 소방공무원을 말한다.
④ "화재"란 사람의 의도에 반하거나 고의 또는 과실에 의하여 발생하는 연소 현상으로서 소화할 필요가 있는 현상 또는 사람의 의도에 반하여 발생하거나 확대된 화학적 폭발 현상을 말한다.

05 □□□

「화재조사 및 보고규정」상 화재조사와 관련된 용어의 정의로 옳지 않은 것은?

① 연소란 열원에 의하여 가연물질에 지속적으로 불이 붙는 현상을 말한다.
② 발화장소란 화재가 발생한 장소를 말한다.
③ 발화지점이란 열원과 가연물이 상호작용하여 화재가 시작된 지점을 말한다.
④ 발화열원이란 발화의 최초원인이 된 불꽃 또는 열을 말한다.

06 □□□

「화재조사 및 보고규정」상 발화열원에 의해 불이 붙고, 이 물질을 통해 제어하기 힘든 화세로 발전한 가연물을 무엇이라 하는가?

① 연소확대물
② 동력원
③ 최초착화물
④ 발화관련 기기

07 □□□

「화재조사 및 보고규정」상 화재조사와 관련된 용어에 대한 설명이다. 다음 중 ㄱ, ㄴ에 대한 내용으로 옳지 않은 것은?

> 발화요인은 (ㄱ)에 의하여 발화로 이어진 연소현상에 영향을 준 (ㄴ)인 요인을 말한다.

① ㄱ은 발화의 최초원인이 된 불꽃이 포함된다.
② ㄱ은 발화의 최초원인이 된 열이 포함된다.
③ ㄴ은 자연적인 요인이 포함된다.
④ ㄴ은 환경적인 요인이 포함된다.

08 □□□

「화재조사 및 보고규정」상 화재조사와 관련된 용어의 정의로 옳은 것은?

① 최초착화물이란 연소가 확대되는데 있어 결정적 영향을 미친 가연물을 말한다.
② 발화관련 기기란 발화에 관련된 불꽃 또는 열을 발생시킨 기기 또는 장치나 제품을 말한다.
③ 동력원이란 열원과 가연물이 상호작용하여 화재가 시작된 지점을 말한다.
④ 연소확대물이란 발화열원에 의해 불이 붙고 이 물질을 통해 제어하기 힘든 화세로 발전한 가연물을 말한다.

09 □□□

「화재조사 및 보고규정」상 화재조사와 관련된 용어의 설명이다. 다음 중 ㄱ, ㄴ에 대한 내용으로 옳지 않은 것은?

> • (ㄱ)(이)란 피해물의 종류, 손상 상태 및 정도에 따라 피해액을 적정화시키는 일정한 비율을 말한다.
> • 잔가율이란 화재 당시에 피해물의 (ㄴ)에 대한 현재가의 비율을 말한다.

① ㄱ은 손해율을 말한다.
② ㄴ은 화재 당시의 피해물과 같거나 비슷한 것을 재건축하는데 필요한 금액을 말한다.
③ ㄴ은 화재 당시의 비슷한 것을 재취득하는데 필요한 금액을 말한다.
④ ㄱ은 최종잔가율과 같은 의미로 사용된다.

화재조사 2

정답 및 해설 p.51

01 □□□

「화재조사 및 보고규정」상 화재조사와 관련된 용어의 정의로 옳지 않은 것은?

① 화재현장이란 소방관서 또는 소방기관에서 화재·구조·구급 등 각종 소방상황을 접수·전파 처리 등의 업무를 행하는 곳을 말한다.
② 접수란 119상황실에서 화재 등의 신고를 받은 최초의 시각을 말한다.
③ 출동이란 화재를 접수하고 119상황실로부터 출동지령을 받아 소방대가 소방서 차고에서 출발하는 것을 말한다.
④ 도착이란 출동지령을 받고 출동한 선착대가 현장에 도착하는 것을 말한다.

02 □□□

「화재조사 및 보고규정」상 화재를 진화한 후 화재가 재발되지 않도록 감시조를 편성하여 일정 시간 동안 감시하는 것을 무엇이라 하는가?

① 완진
② 철수
③ 재발화감시
④ 잔불정리

03 □□□

「화재조사 및 보고규정」상 화재건수의 결정에 대한 내용으로 옳지 않은 것은?

① 1건의 화재란 1개의 발화지점에서 확대된 것으로 발화부터 진화까지를 말한다.
② 동일범이 아닌 각기 다른 사람에 의한 방화, 불장난은 동일 대상물에서 발화했더라도 각각 별건의 화재로 한다.
③ 지진, 낙뢰 등 자연현상에 의한 다발화재로 동일 소방대상물의 발화점이 2개소 이상 있는 경우는 별건의 화재로 한다.
④ 누전점이 동일한 누전에 의한 화재로 동일 소방대상물의 발화점이 2개소 이상 있는 경우는 1건의 화재로 한다.

04 □□□

「화재조사 및 보고규정」상 화재의 소실정도에 대한 내용으로 옳지 않은 것은?

① 전소란 건물의 70% 이상(입체면적에 대한 비율을 말한다)이 소실되었거나 또는 그 미만이라도 잔존부분을 보수하여도 재사용이 불가능한 것을 말한다.
② 반소란 건물의 30% 이상 70% 미만이 소실된 것을 말한다.
③ 부분소란 전소, 반소화재에 해당되지 아니하는 것을 말한다.
④ 자동차·철도차량, 선박 및 항공기 등의 소실정도는 건축·구조물화재의 소실정도 구분의 관련 규정을 적용하지 아니한다.

05 □□□

「화재조사 및 보고규정」상 건물의 동수 산정에 대한 내용으로 옳지 않은 것은?

① 주요구조부가 하나로 연결되어 있는 것은 1동으로 한다.
② 건널 복도 등으로 2 이상의 동에 연결되어 있는 것은 그 부분을 절반으로 분리하여 각 동으로 본다.
③ 건물의 외벽을 이용하여 실을 만들어 헛간, 목욕탕, 작업실, 사무실 및 기타 건물 용도로 사용하고 있는 것은 주건물과 별동으로 본다.
④ 구조에 관계없이 지붕 및 실이 하나로 연결되어 있는 것은 같은 동으로 본다.

06 □□□

「화재조사 및 보고규정」상 건물의 동수 산정에 대한 내용으로 옳은 것은?

① 목조 건물에서 격벽으로 방화구획이 되어 있는 경우는 다른 동으로 한다.
② 내화조 건물에서 격벽으로 방화구획이 되어 있는 경우는 다른 동으로 한다.
③ 독립된 건물과 건물 사이에 차광막, 비막이 등의 덮개를 설치하고 그 밑을 통로 등으로 사용하는 경우는 다른 동으로 한다.
④ 내화조 건물의 옥상에 목조 또는 방화구조 건물이 별도 설치되어 있는 경우는 같은 동으로 한다.

07 □□□

「화재조사 및 보고규정」상 건물의 동수 산정에 대한 내용으로 옳지 않은 것은?

① 내화조 건물의 옥상에 목조 건물이 별도 설치되어 있는 경우는 다른 동으로 한다.
② 내화조 건물의 옥상에 건물의 기능상 하나(옥내계단이 있는 경우)인 방화구조 건물이 별도 설치되어 있는 경우는 다른 동으로 한다.
③ 내화조 건물의 외벽을 이용하여 목조 건물이 별도 설치되어 있고 건물 내부와 구획되어 있는 경우 다른 동으로 한다.
④ 내화조 건물의 외벽에 건물의 기능상 하나(옥내 계단이 있는 경우)인 방화구조 건물이 별도 설치되어 있는 경우는 같은 동으로 한다.

08 □□□

「화재조사 및 보고규정」상 화재피해액의 산정기준으로 옳지 않은 것은?

① 화재피해액은 화재 당시의 피해물과 동일한 구조, 용도, 질, 규모를 재건축 또는 재구입하는 데 소요되는 가액에서 사용손모 및 경과연수에 따른 감가공제를 하고 현재가액을 산정하는 실질적·구체적 방식에 따른다. 단, 회계장부상 현재가액이 입증된 경우에는 그에 따른다.
② 정확한 피해물품을 확인하기 곤란하거나 기타 부득이한 사유에 의하여 실질적·구체적 방식에 의할 수 없는 경우에는 소방청장이 정하는 화재피해액 산정매뉴얼의 간이평가방식으로 산정할 수 있다.
③ 건물 등 자산에 대한 최종잔가율은 건물·부대설비·구축물·가재도구는 50%로 하며, 그 이외의 자산은 10%로 정한다.
④ 건물 등 자산에 대한 내용연수는 화재피해액 산정매뉴얼에서 정한 바에 따른다.

09 □□□

「화재조사 및 보고규정」상 사상자와 부상 정도에 대한 내용으로 옳지 않은 것은?

① 화재현장에서 부상을 당한 후 48시간 이내에 사망한 경우에는 당해 화재로 인한 사망으로 본다.
② 사상자는 화재현장에서 사망한 사람과 부상당한 사람을 말한다.
③ 중상은 3주 이상의 입원치료를 필요로 하는 부상을 말한다.
④ 경상은 중상 이외의(입원치료를 필요로 하지 않는 것도 포함한다) 부상을 말한다. 다만, 병원치료를 필요로 하지 않고 단순하게 연기를 흡입한 사람은 제외한다.

10 □□□

「화재조사 및 보고규정」상 화재조사의 개시에 대한 내용으로 옳은 것은?

① 조사관은 소방활동에 피해를 최소화를 위하여 완진 후에 조사활동을 시작하여야 한다.
② 조사관은 화재사실을 인지한 즉시 조사활동을 시작하여야 한다.
③ 조사관은 화재현장에 출동한 즉시 조사활동을 시작하여야 한다.
④ 조사관은 화재사실을 통보 받은 즉시 조사활동을 시작하여야 한다.

화재진압 1

정답 및 해설 p.53

01 □□□

「소방기본법」상 소방기관의 설치 등에 대한 내용으로 옳지 않은 것은?

① 시·도의 소방업무를 수행하는 소방기관의 설치에 필요한 사항은 대통령령으로 정한다.
② 소방업무를 수행하는 소방본부장 또는 소방서장은 그 소재지를 관할하는 시·도지사의 지휘와 감독을 받는다.
③ 소방청장은 화재 예방 및 대형 재난 등 필요한 경우 시·도 소방본부장 및 소방서장을 지휘·감독할 수 있다.
④ 시·도에서 소방업무를 수행하기 위하여 소방청 직속으로 소방본부를 둔다.

02 □□□

「소방기본법」상 소방력의 기준에 대한 내용으로 옳지 않은 것은?

① 소방력은 소방기관이 소방업무를 수행하는 데에 필요한 소방인력만을 말한다.
② 소방기관이 소방업무를 수행하는 데에 필요한 소방력에 관한 기준은 행정안전부령으로 정한다.
③ 시·도지사는 소방력의 기준에 따라 관할구역의 소방력을 확충하기 위하여 필요한 계획을 수립하여 시행하여야 한다.
④ 소방자동차 등 소방장비의 분류·표준화와 그 관리 등에 필요한 사항은 따로 법률에서 정한다.

03 □□□

「소방력 기준에 관한 규칙」상 소방기관에 해당하지 않는 것은?

① 소방청, 소방본부
② 소방서
③ 119안전센터
④ 119구조대·119구급대·119구조구급센터

04 □□□

「소방력 기준에 관한 규칙」상 소방력 보강계획 등의 수립에 관한 설명이다. 다음 중 ㄱ, ㄴ에 들어갈 내용으로 옳은 것은?

> • (ㄱ)은/는 관할구역의 소방장비 및 소방인력의 수요·보유 및 부족 현황을 5년마다 조사하여 소방력(消防力) 보강계획을 수립·추진하여야 한다.
> • (ㄱ)은/는 소방력 보강계획을 바탕으로 매년 (ㄴ)까지 다음 연도 사업계획을 수립하여 소방청장에게 제출하여야 한다.

	ㄱ	ㄴ
①	시·도지사	6월 30일
②	시·도지사	12월 31일
③	소방본부장	6월 30일
④	소방본부장	12월 31일

05 □□□

「소방장비관리법」상 소방장비관리의 기본계획과 시행계획의 수립권자는?

① 소방청장
② 시·도지사
③ 소방본부장 또는 소방서장
④ 소방청장, 소방본부장 또는 소방서장

06 □□□

「소방장비관리법 시행령」상 인증대상 소방장비에 해당하지 않는 것은?

① 소방펌프차
② 소방고가차
③ 방화복
④ 절단 구조장비

07 □□□

「소방장비관리법 시행령」상 기동장비 중 소방자동차에 해당하지 않는 것은?

① 소방고가차
② 무인방수차
③ 행정지원차
④ 구조차

08 □□□

「소방장비관리법 시행령」상 화재진압활동에 사용되는 화재진압 장비와 그 품목의 연결이 옳지 않은 것은?

① 배연장비 - 이동식 송·배풍기 등
② 소화약제 - 분말 소화약제, 액체형 소화약제
③ 원격장비 - 소화용 원격 장비 등
④ 간이소화장치 - 소방선박

09 □□□

「소방장비관리법 시행령」상 국고보조 대상사업의 범위로 옳지 않은 것은?

① 소방전용통신설비의 설치
② 전산설비의 설치
③ 소방자동차의 소모품 구입
④ 소방관서용 청사의 건축

10 □□□

화재가 발생할 우려가 높거나 화재가 발생하는 경우 그로 인하여 피해가 클 것으로 예상되는 지역을 화재예방강화지구로 지정할 수 있는 자는?

① 소방청장
② 국토교통부장관
③ 행정안전부장관
④ 시·도지사

POINT **36**

CHAPTER 2 화재조사 및 화재진압

화재진압 2

정답 및 해설 p.54

01 □□□

소방활동을 할 때에 긴급한 경우에는 이웃한 소방본부장 또는 소방서장에게 소방업무의 응원(應援)을 요청할 수 있는 자는?

① 소방대장
② 소방청장
③ 시 · 도지사
④ 소방본부장

02 □□□

시 · 도의 소방력만으로는 소방활동을 효율적으로 수행하기 어려운 화재, 재난 · 재해, 그 밖의 구조 · 구급이 필요한 상황이 발생하거나 특별히 국가적 차원에서 소방활동을 수행할 필요가 인정될 때에는 각 시 · 도지사에게 행정안전부령으로 정하는 바에 따라 소방력을 동원할 것을 요청할 수 있는 자는?

① 소방대장
② 소방청장
③ 시 · 도지사
④ 행정안전부장관

03 □□□

지하에 설치하는 소화전 또는 저수조의 경우 소방용수표지에 대한 내용으로 옳지 않은 것은?

① 맨홀 뚜껑은 지름 648mm 이상의 것으로 하여야 한다.
② 승하강식 소화전의 경우에는 맨홀 뚜껑의 기준규격을 다르게 적용할 수 있다.
③ 맨홀 뚜껑에는 "소화전 · 주정차금지" 또는 "저수조 · 주정차금지"의 표시를 하여야 한다.
④ 맨홀뚜껑 부근에는 붉은색 반사도료로 폭 15cm의 선을 그 둘레를 따라 칠하여야 한다.

04 □□□

지상에 설치하는 소화전, 저수조 및 급수탑의 경우 소방용수표지에 관한 내용으로 옳지 않은 것은?

① 소방용수표지의 안쪽 문자는 "소방용수"로 표시한다.
② 소방용수표지의 바깥쪽 문자는 "주 · 정차금지"로 표시한다.
③ 안쪽 문자는 흰색, 바깥쪽 문자는 노란색으로, 안쪽 바탕은 붉은색, 바깥쪽 바탕은 파란색으로 하고, 반사재료를 사용해야 한다.
④ 주거 · 상업 · 공업지역 외의 지역에 설치하는 경우는 소방대상물과의 수평거리를 100m 이하로 한다.

05 □□□

소방용수시설별 설치기준으로 옳지 않은 것은?

① 급수탑의 급수배관의 구경은 100mm 이상으로 하고, 개폐밸브는 지상에서 1.5m 이상 1.7m 이하의 위치에 설치하도록 하여야 한다.
② 저수조 흡수관의 투입구가 사각형의 경우에는 한 변의 길이가 50cm 이상, 원형의 경우에는 지름이 50cm 이상이어야 한다.
③ 저수조는 흡수에 지장이 없도록 토사 및 쓰레기 등을 제거할 수 있는 설비를 갖추어야 한다.
④ 소화전은 상수도와 연결하여 지하식 또는 지상식의 구조로 하고, 소방용호스와 연결하는 소화전의 연결금속구의 구경은 65mm로 하여야 한다.

06 □□□

소방용수시설의 설치 및 관리 등에 관한 설명으로 옳은 것은?

① 소방용수시설의 설치기준은 대통령령으로 정한다.
② 소방용수시설은 소화전, 소화수조, 소화용수설비이다.
③ 소방용수시설은 시·도지사가 설치하고 유지·관리할 수 있다.
④ 비상소화장치는 시·도지사가 설치하고 유지·관리할 수 있다.

07 □□□

화재현장에서의 소방전술의 기본원칙으로 옳지 않은 것은?

① 신속대응의 원칙
② 후착대 우위의 원칙
③ 인명구조 최우선의 원칙
④ 포위공격의 원칙

08 □□□

화재현장에서의 소방전술에 대한 내용으로 옳지 않은 것은?

① 화점을 타격하여 연소물을 분산시키고, 열을 냉각시키는 것을 직접공격이라 한다.
② 직접공격은 불길의 진행방향에서 직상주수로 화점에 직접 타격하는 것이 가장 효과적이다.
③ 간접공격은 화점의 주위를 공격하여 질식시키거나 냉각시키는 방법으로 분무주수를 주로 이용한다.
④ 주로 선착대가 도착한 직후 소방력이 화세보다 약한 경우 화면을 포위하고 방수 등에 의하여 화세를 저지하는 방법으로 공격전술을 행한다.

09 □□□

소방전술 시 선착대의 임무로서 옳지 않은 것은?

① 소방활동상 위험요인, 확대위험 등을 파악하여 신속히 상황보고 및 정보를 제공한다.
② 연소위험이 가장 큰 방면에 포위 부서한다.
③ 사전 경방계획을 충분히 고려하여 행동한다.
④ 비화경계, 수손방지 등의 업무를 수행한다.

10 □□□

주수압력을 약하게 하여 물이 흐르듯이 주수하는 방법으로 건물의 벽 속에 잠재해 있는 화세의 잔화처리 등에 이용하는 주수방법은?

① 집중주수
② 유하주수
③ 확산주수
④ 반사주수

PART 4 소화론

POINT 37

CHAPTER 1 소화이론

소화의 기본원리 1

정답 및 해설 p.57

01 □□□

소화의 기본원리에 대한 내용이다. 다음 중 ㄱ, ㄴ에 대한 설명으로 옳지 않은 것은?

- 연소 중인 가연물질의 온도를 발화점 이하로 낮추어 소화하는 원리로 (ㄱ)(이)라 한다.
- 가연물질의 연속적인 연쇄반응이 진행하지 않도록 부촉매를 이용하여 소화하는 원리로 (ㄴ)(이)라 한다.

① ㄱ은 물리적 소화에 해당한다.
② 물을 이용한 ㄱ의 소화원리는 금속화재에서는 적절하지 않다.
③ ㄴ의 소화원리는 표면연소에 효과적이지 않다.
④ 물 소화약제의 주된 소화는 ㄴ의 소화방법이다.

02 □□□

부촉매소화에 대한 내용으로 옳지 않은 것은?

① 숯, 목탄, 금속분 등은 부촉매소화효과를 얻기 어렵다.
② 불꽃연소를 하는 가연물의 화재에서는 효과가 없다.
③ 연쇄반응이 진행되지 않도록 부촉매를 이용한 화학소화이다.
④ 화염을 형성하는 라디칼을 없앰으로써 소화하는 방법으로, 억제소화라고도 한다.

03 □□□

가연물을 냉각하는 냉각소화에 대한 내용으로 옳지 않은 것은?

① 봉상주수는 냉각소화효과가 있는 주수방식이다.
② 열을 흡수하여 가연성 연소생성물의 생성을 억제한다.
③ 냉각소화는 화학적 소화이다.
④ 물리적 방법으로 연소반응의 속도를 지연시키기 위함이다.

04 □□□

다음 중 소화의 기본원리인 냉각소화에 대한 내용으로 옳은 것을 모두 고른 것은?

ㄱ. 가연물의 온도를 낮추어 연소반응의 속도를 지연시키기 위한 것이다.
ㄴ. 촛불을 입김을 이용하여 소화하였다면 냉각소화이다.
ㄷ. 가연물의 물리적 상태를 변화시켜 가연성 분해물질의 생성을 억제하기 위한 것이다.
ㄹ. 이산화탄소의 주된 소화효과는 냉각소화이다.

① ㄱ, ㄷ
② ㄴ, ㄹ
③ ㄱ, ㄷ, ㄹ
④ ㄱ, ㄴ, ㄷ, ㄹ

05 □□□

소화의 원리에 대한 내용으로 옳지 않은 것은?

① 냉각소화는 연소 중인 가연물질의 온도를 연소점·발화점 이하로 냉각시켜 소화하는 것을 말한다.
② 제거소화는 가연물질을 안전한 장소로 이동시키거나 점화원이 없는 장소로 신속하게 제거하여 소화시키는 방법이다.
③ 부촉매소화는 화학적으로 활성을 가진 가연물질이 연소속도를 빠르게 하는 부촉매를 사용하여 소화시키는 방법이다.
④ 질식소화는 가연물질에 공급되는 공기 중 산소의 양을 15% 이하로 하면 산소결핍에 의하여 연소 상태가 정지되는 것을 말한다.

06 □□□

부촉매소화효과를 기대하기 가장 어려운 소화약제는?

① 강화액 소화약제
② 할로겐화합물 소화약제
③ 수성막포 소화약제
④ 제3종 분말 소화약제

07 □□□

실내건축물의 밀폐된 공간에서 일반적으로 물을 분무주수할 때 얻을 수 있는 가장 큰 소화효과는?

① 질식소화
② 냉각소화
③ 제거소화
④ 부촉매소화

08 □□□

질식소화에 대한 내용으로 옳지 않은 것은?

① 물을 무상으로 방사하는 물 소화약제에서는 효과를 기대하기 어렵다.
② 가연물질의 연소에 필요한 산소의 농도를 한계산소농도 이하로 하면 소화된다.
③ 이산화탄소 소화약제의 주된 소화효과는 질식소화이다.
④ 가연물질에 공급되는 공기 중 산소의 양을 15vol% 이하로 하면 질식소화효과가 있다.

09 □□□

질식소화에 대한 내용으로 옳은 것은?

① 연소가 진행되고 있는 계의 열을 빼앗아 온도를 떨어뜨림으로써 불을 끄는 방법이다.
② 가연물을 제거하여 연소현상을 제어하는 방법이다.
③ 화염이 발생하는 연소반응을 주도하는 라디칼을 제거하여 중단시키는 방법이다.
④ 연소의 물질조건 중 하나인 산소의 공급을 차단하여 소화의 목적을 달성하는 방법이다.

10 □□□

소화의 원리 중 제거소화방법에 해당하지 않는 것은?

① 양초의 촛불을 입김으로 끄는 소화방법
② 제3종 분말 소화약제는 제1인산암모늄으로부터 열분해 되어 나온 기체상의 암모니아·수증기 등이 공기 중의 산소의 공급을 차단하여 소화하는 방법
③ 가스화재 시 가스의 공급을 차단하여 소화하는 방법
④ 산림화재 시 벌목하는 방법(방화선 구축)

POINT 38

CHAPTER 1 소화이론

소화의 기본원리 2

정답 및 해설 p.58

01 □□□

소화의 기본원리에 대한 내용이다. 다음 중 ㄱ, ㄴ에 대한 설명으로 옳지 않은 것은?

> • 산소는 공기 중에 21% 또는 23% 존재하고 있는데, 가연물질에 공급되는 공기 중 산소의 양을 15vol% 이하로 하면 산소 결핍에 의하여 연소상태가 정지되는 것을 (ㄱ)(이)라 한다.
> • 연소의 3요소 또는 4요소를 구성하는 가연물질을 안전한 장소로 이동시켜 소화하는 것을 (ㄴ)(이)라 한다.

① 이산화탄소 소화약제의 주된 소화효과는 ㄱ이다.
② 산림화재 시 벌목하는 방법이 ㄴ을 이용한 방법이라 할 수 있다.
③ ㄱ에 의한 소화방법은 제5류 위험물에서 효과적이다.
④ ㄱ과 ㄴ은 모두 연소의 3요소를 제어하는 물리적 소화방법에 해당한다.

02 □□□

희석소화방법과 관련이 없는 것은?

① 연소하고 있는 가연물질에 공급되고 있는 산소의 농도를 연소농도 이하로 낮추었다.
② 수용성 가연물질에 소화약제인 물을 대량으로 방사하여 수용성 가연물질의 연소농도를 낮추어 소화하였다.
③ 연소하고 있는 물질에 이산화탄소 소화약제를 사용하였다면 희석소화에 의한 소화효과도 있다.
④ 희석소화작용이 적용되는 가연물질은 물에 용해되지 않는 비수용성 물질이어야 한다.

03 □□□

폼을 방사하여 화원의 표면을 덮음으로써 유류표면에 물로 형성된 층은 물과 기름의 엷은 막을 만들며 곧 공기차단 효과를 나타내기도 하며, 일반적으로 연소의 확대 우려가 큰 가연성 액체의 화재 등에 사용하는 설비로서 연소의 4요소 중 산소를 공급하는 물질을 차단하여 소화하는 방법은?

① 냉각소화　　② 부촉매소화
③ 질식소화　　④ 제거소화

04 □□□

가스화재 시 밸브를 차단시켜 가스공급을 중단시키는 소화방법의 소화원리로 옳은 것은?

① 제거소화　　② 냉각소화
③ 억제소화　　④ 희석소화

05 □□□

제거소화방법에 해당하지 않는 것은?

① 전기화재 시 전원 차단
② 유류화재 시 포 소화약제의 사용
③ 산불화재 시 방화선(도로) 구축
④ 가스화재 시 가스공급 차단

06 □□□

소화의 기본원리에 대한 내용이다. 다음 중 ㄱ, ㄴ에 대한 설명으로 옳지 않은 것은?

> • 가연물질이 연소하고 있는 장소에 공기보다 비중이 큰 이산화탄소를 소화약제로 방사하였을 때 (ㄱ)효과를 얻을 수 있다.
> • 목탄(숯)·코크스(cokes) 등의 연소과정에서 제3종 소화분말인 제1인산암모늄($NH_4H_2PO_4$)을 방사하는 경우 제1인산암모늄의 열분해 시 발생하는 액체상태의 물질이 가연물질에 접촉하여 더 이상 연소하는 현상을 방지하여 소화하는 소화작용을 (ㄴ)(이)라 한다.

① ㄱ은 질식소화 또는 피복소화이다.
② ㄴ은 방진소화라 한다.
③ ㄱ의 피복효과를 얻기 위해서는 반드시 공기보다 비중이 커야 한다.
④ 제1종 분말 소화약제는 ㄴ의 소화효과가 있다.

07 □□□

소화방법에는 물리적·화학적 소화가 있다. 그 분류가 다른 하나는?

① 산불화재 시 방화선을 구축하여 소화하였다.
② 촛불을 입김을 이용하여 소화하였다.
③ 무상주수하여 가연물을 소화하였다.
④ 강화액 소화약제의 K^+ 화학반응하여 소화하였다.

08 □□□

다음 중 <보기>에 해당하는 소화방법으로 옳은 것은?

<보기>
- 연속적인 연쇄반응을 억제하여 화염을 형성하는 라디칼을 없앰으로써 소화하는 방법이다.
- 표면연소하는 물질들에는 소화효과가 없다.

① 이산화탄소를 소화약제로 방사하였을 경우 이산화탄소의 증기비중은 1.52로서 공기보다 1.52배 무거워진다.
② 할론의 대체물질인 할로겐화합물 및 불활성기체 소화약제도 할론 소화약제처럼 화재의 열에 의해서 가연물질로부터 활성화된 활성유리기인 수소기(H) 또는 수산기(OH)와 반응하여 가연물질의 연속적인 연쇄반응을 차단·방해하는 것을 말한다.
③ 비중이 물보다 큰 중유 등으로 인한 화재 시 무상의 물 소화약제로 방사하거나 포 소화약제를 유류화재 시 방사하는 경우 유류표면에 유화층을 형성하여 공기 중의 산소의 공급을 차단시켜 소화하는 작용을 말한다.
④ 수용성의 가연물질에 소화약제인 물을 대량으로 방사하여 수용성 가연물질의 연소농도를 낮추어 희석하여 소화하는 것이다.

09 □□□

다음 중 질식소화에 해당하는 것만을 모두 고른 것은?

ㄱ. 촛불을 입으로 불어서 소화하는 방법
ㄴ. 공기 중 산소농도를 15% 이하로 낮추어 소화하는 방법
ㄷ. 전기화재 시 전원차단
ㄹ. 열을 흡수하여 가연성 연소생성물의 생성을 줄여 소화하는 방법
ㅁ. 일반적으로 밀폐된 공간에서 분무주수에 의한 방법

① ㄴ, ㅁ
② ㄷ, ㄹ
③ ㄹ, ㅁ
④ ㄱ, ㄴ, ㅁ

10 □□□

일반적인 유화소화에 대한 설명이다. 다음 중 ㄱ, ㄴ에 들어갈 내용으로 옳은 것은?

일반적으로 비중이 물보다 큰 중유 등으로 인한 화재 시 (ㄱ)의 물 소화약제로 방사하거나 (ㄴ)를 유류화재 시 방사하는 경우 유류표면에 유화층을 형성하여 공기 중의 산소의 공급을 차단시켜 소화하는 작용을 말한다.

	ㄱ	ㄴ
①	적상	할론 소화약제
②	적상	포 소화약제
③	무상	할론 소화약제
④	무상	포 소화약제

물 소화약제

정답 및 해설 p.59

01 □□□

물 소화약제의 물리적·화학적 성질로 옳은 것은?

① 물은 수소와 산소가 이온결합을 하고 있다.
② 물은 비교적 큰 표면장력을 갖고 있으며, 수소와 비교하여도 큰 비열을 갖고 있다.
③ 물의 융해열은 80cal/g이며, 융점(빙점)은 0℃, 비점은 100℃이다.
④ 물 분자간은 극성공유결합을 하고 있다.

02 □□□

물의 P-T 상태도이다. 다음 중 이에 대한 내용으로 옳지 않은 것은?

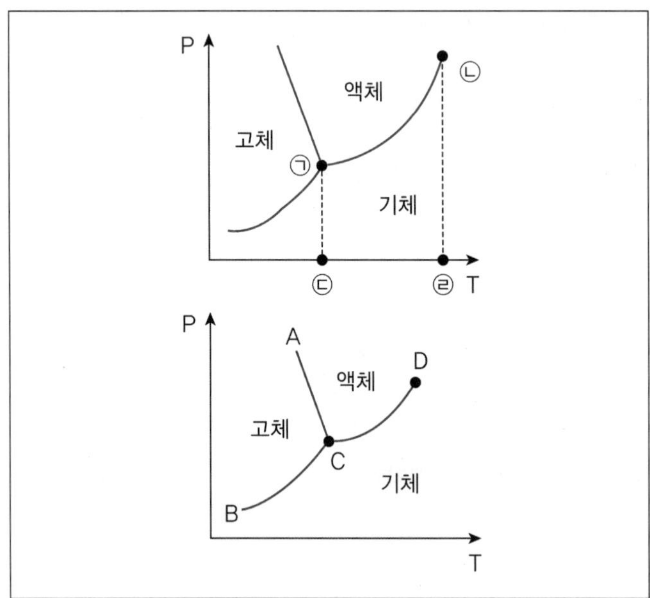

① ㉠은 물의 삼중점이고, ㉢은 삼중점에서의 온도이다.
② ㉡은 순수 물질이 액체와 기체가 평형을 이루는 최고의 압력과 온도인 임계점이다.
③ A-C의 선은 승화곡선이다.
④ 얼음에서 물로 변화할 때는 에너지를 흡수하고, 물에서 얼음으로 변화할 때는 에너지를 방출한다.

03 □□□

물 소화약제의 소화작용으로 옳은 것은?

① 물은 무상주수 보다는 적상주수할 경우가 질식소화효과가 크다.
② 물은 다른 물질에 비하여 비열과 기화열이 크므로 질식소화효과가 있다.
③ 비수용성 가연물질에서도 희석소화효과가 크다.
④ 유화소화작용은 물보다 비중이 큰 유류화재에서 적용된다.

04 □□□

물 소화약제의 냉각소화효과가 큰 이유로 옳은 것은?

① 비점이 높기 때문에
② 비열과 융해열이 크기 때문에
③ 비열과 기화열이 크기 때문에
④ 융점과 비점이 크기 때문에

05 □□□

물 소화약제를 이용한 분무주수의 주된 소화작용은?

① 질식소화
② 희석소화
③ 냉각소화
④ 제거소화

06 □□□

다음 중 물 소화약제에 대한 내용으로 옳은 것을 모두 고른 것은?

ㄱ. 저장은 용이하고, 압축을 가하면 압축이 가능하다.
ㄴ. 실내·외 모두 사계절 사용이 가능하다.
ㄷ. 첨가제를 이용하여 물 소화약제의 기능을 추가할 수 있다.
ㄹ. 부촉매 소화효과를 얻을 수 있다.
ㅁ. 비열과 비중이 비교적 크다고 할 수 있다.

① ㄱ, ㄴ
② ㄷ, ㅁ
③ ㄴ, ㄷ, ㄹ
④ ㄴ, ㄷ, ㅁ

07 □□□

물 소화약제의 방사방법이다. 다음 중 ㄱ, ㄴ에 대한 설명으로 옳은 것은?

• (ㄱ)은/는 물 소화약제를 화재 발생 시 방사하는 형태 중 대표적인 주수방법으로 소화기구 또는 소화설비의 방사기구로부터 굵고 긴 막대기 모양으로 물입자와 물입자가 서로 연결되어 방사하는 것을 말한다.
• (ㄴ)은/는 화재의 소화를 위해 물의 방사형태가 굵고 긴 막대기와 안개모양의 중간 형상을 갖는 방울모양으로 방사하는 것을 말한다.

① ㄱ은 적상주수이다.
② ㄱ은 화재에 대하여 일부 질식소화기능을 갖지만 대부분 냉각소화기능을 가진다.
③ ㄴ은 봉상주수이다.
④ ㄴ을 적용한 소화설비는 물분무설비, 미분무 소화설비 등이 있다.

08 □□□

물의 소화효과에 대한 내용으로 옳지 않은 것은?

① 수용성 액체는 물을 이용한 희석소화가 가능하다.
② 무상주수는 열의 차폐에도 유효하다.
③ 냉각소화와 질식소화에 큰 효과를 낼 수 있는 것은 봉상주수이다.
④ 기름표면 등에 방사되어 유화층을 형성하여 유면을 덮는 유화작용을 갖는다.

09 □□□

무상주수에 대한 내용으로 옳지 않은 것은?

① 물을 구름 또는 안개모양으로 방사하는 방법이다.

② 적용 소화설비로 물소화기(분무노즐 사용)·물분무설비 등이 있다.

③ 비점이 비교적 높은 제4류 위험물 중 제3석유류인 중질유(중유)의 화재에 사용하면 수증기폭발의 위험성이 있어 절대 사용하면 안 된다.

④ 안개 또는 구름모양의 물입자는 전기의 전도성이 없어 전기화재의 소화에도 이용된다.

10 □□□

다음 그래프는 1기압하에서 -40℃의 얼음 10kg이 가열되는 동안의 온도변화를 나타낸 것이다. 그래프에 대한 내용으로 옳은 것은? (단, 융해열은 80kcal/kg이고, 기화열은 539kcal/kg이다)

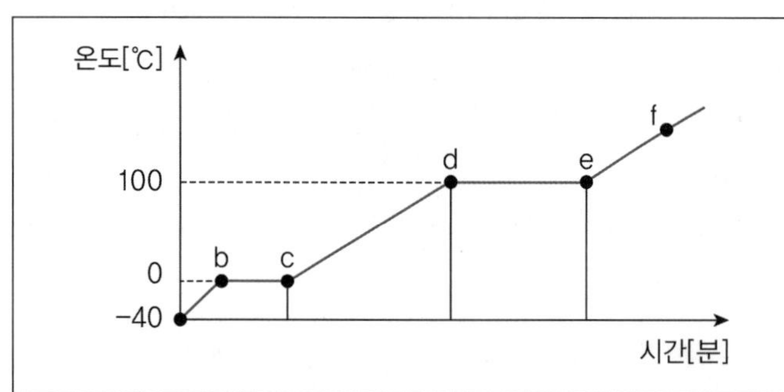

① 구간 b ~ c에서 필요한 열량은 800kcal이다.

② 구간 c ~ d는 물질의 상변화를 위한 잠열이 필요하다.

③ 구간 c ~ d에서 필요한 열량은 5,390kcal이다.

④ 구간 d ~ e에서는 필요한 열량은 점화원으로 작용될 수 있다.

11 □□□

다음 중 물 소화약제의 성질을 설명한 것으로 옳은 것은 모두 몇 개인가?

ㄱ. 쉽게 구할 수 있고 독성이 없다.
ㄴ. 비열과 잠열이 커서 질식소화효과가 크다.
ㄷ. 화학적으로 안정적이다.
ㄹ. B급, C급 화재에 적응성이 좋다.
ㅁ. 소화 후 수손에 의한 2차 피해의 우려가 없다.

① 2개　② 3개

③ 4개　④ 5개

12 □□□

다음 중 「소화기구 및 자동소화장치의 화재안전기술기준(NFTC 101)」상 소화기구의 소화약제별 적응성에 대한 내용 중 일반화재, 유류화재, 전기화재 모두 적응성이 있는 소화약제를 모두 고른 것은?

ㄱ. 이산화탄소 소화약제
ㄴ. 할론 소화약제
ㄷ. 할로겐화합물 및 불활성기체 소화약제
ㄹ. 인산염류 소화약제
ㅁ. 중탄산염류 소화약제
ㅂ. 고체에어로졸화합물

① ㄱ, ㄴ, ㄷ, ㄹ

② ㄱ, ㄴ, ㄷ, ㅂ

③ ㄴ, ㄷ, ㄹ, ㅂ

④ ㄴ, ㄹ, ㅁ, ㅂ

13 □□□

다음 중 강화액 소화약제의 특징을 설명한 것으로 옳은 것은 모두 몇 개인가?

ㄱ. 물에 탄산칼륨(K_2CO_3) 등을 첨가한 것이다. ㄴ. 표면장력이 커서 심부화재에는 적합하지 않다. ㄷ. 심부화재 또는 주방의 식용유 화재에 적응성이 있다. ㄹ. 비중이 1.3으로 물보다 무겁다. ㅁ. 무상일 경우 유류화재에도 소화효과가 있다.

① 2개
② 3개
③ 4개
④ 5개

14 □□□

물의 방사 시 입자가 가장 작은 물 소화설비는?

① 옥내소화전설비
② 미분무 소화설비
③ 스프링클러설비
④ 화재조기진압용 스프링클러 설비

15 □□□

0℃ 물 5kg이 수증기 100℃가 되려면 몇 kcal가 필요한가? (단, 물의 융해열은 80kcal/kg이고, 기화열은 539kcal/kg이다)

① 719kcal
② 539kcal
③ 2,700kcal
④ 3,195kcal

16 □□□

강화액 소화약제에 대한 내용으로 옳지 않은 것은?

① 강화액 소화약제는 물과 탄산칼륨을 혼합하여 만든 소화약제이다.
② 강화액 소화약제는 부촉매소화효과가 없다.
③ 알칼리성이므로 사용 후 세척하지 않으면 배관이 막히거나 용기가 부식될 수 있다.
④ 유류화재보다는 일반화재에 효과적이다.

17 □□□

물 소화약제의 적응화재에 대한 내용으로 옳지 않은 것은?

① 일반가연물질은 소화효과가 있다.
② 제4류 위험물 중 제3석유류인 중유화재 시 분무상의 물 소화약제를 사용하는 경우에는 소화효과가 있다.
③ 수용성 가연물 화재 시에는 물 소화약제에 의한 냉각소화와 희석소화효과가 있다.
④ 적상주수로 물 소화약제를 방사하면 전기화재에 우수한 소화효과가 있다.

18 □□□

물 첨가제에 대한 내용이다. 다음 중 ( ) 안에 들어갈 첨가제에 대한 설명으로 옳은 것은?

( )은/는 물의 유동성 때문에 소방대상물에 부착성이 떨어지므로, 물의 유실을 방지하고 장기간 체류하게 함으로써 소화력을 증대시키기 위한 것이다.

① 표면장력을 작게 하여 침투성을 증대시키는 것이다.
② 사용할 경우 심부화재 또는 원면화재에 소화효과를 극대화할 수 있다.
③ 물의 점성을 좋게 하여 물이 분산되지 않아서 소방대상물에 정확하게 도달할 수 있는 장점이 있다.
④ Wetting agent라고도 한다.

19 □□□

침투제에 대한 내용으로 옳지 않은 것은?

① 표면장력을 작게 하여 침투성을 증대시킨 혼화제이다.
② 물의 침투성을 증가시키는 Wetting agents(합성계면활성제)를 혼합한 수용액을 사용한다.
③ 심부화재에 대한 적응성을 높여 준다.
④ 물의 점성을 향상시킬 수 있으며, 주로 산림화재에 사용한다.

20 □□□

물은 표면장력이 크므로 심부화재에 사용 시 가연물에 깊게 침투하지 못하는 성질이 있으므로 물에 계면활성제를 첨가하여 표면장력을 낮추어 침투효과를 높인 첨가제는?

① 증점제
② 침투제
③ 부동액
④ 유화재

포 소화약제

정답 및 해설 p.62

01 □□□

포 소화약제가 갖추어야 할 구비조건으로 옳지 않은 것은?

① 유면에 잘 확산되어야 한다.
② 표면에 잘 흡착되어야 한다.
③ 경년기간이 길고 안정성이 좋아야 한다.
④ 파포 현상이 커야 한다.

02 □□□

다음 중 포 소화약제의 특징으로 옳은 것은 모두 몇 개인가?

ㄱ. 동결에 우려가 없어 설치상 제약이 없다.
ㄴ. 단백포 약제의 경우에는 변질·부패의 우려가 없다.
ㄷ. 소화약제 잔존물로 인한 2차 피해가 우려가 없다.
ㄹ. 인화성·가연성 액체 화재 시 매우 효과적이다.
ㅁ. 옥외에서도 소화효과가 우수하다.

① 2개　② 3개
③ 4개　④ 5개

03 □□□

포 소화약제의 주된 소화효과로 옳은 것은?

① 질식소화, 부촉매소화
② 질식소화, 제거소화
③ 냉각소화, 질식소화
④ 냉각소화, 제거소화

04 □□□

다음 중 포 소화약제의 팽창비에 따른 상관관계를 설명한 것으로 옳은 것을 모두 고른 것은?

ㄱ. 팽창비 따른 포의 내열성: 팽창비가 커지면 함수율이 적어져 내열성이 감소한다.
ㄴ. 팽창비에 따른 포의 유동성: 팽창비가 커지면 포의 유동성이 감소한다.
ㄷ. 팽창비에 따른 포의 환원시간: 팽창비가 커지면 환원시간이 짧아진다.
ㄹ. 환원시간이 짧으면 내열성이 좋아진다.

① ㄱ, ㄴ　② ㄱ, ㄷ
③ ㄴ, ㄹ　④ ㄷ, ㄹ

05 □□□

합성계면활성제포의 팽창비가 300일 경우 방출 후 포의 체적(m^3)으로 옳은 것은? (단, 포 소화약제의 원액은 3리터, 사용농도는 3%이다)

① $3m^3$
② $30m^3$
③ $300m^3$
④ $3,000m^3$

06 □□□

기계포를 팽창비로 구분하는 경우 제1종과 제2종 기계포의 팽창비로 옳은 것은?

	제1종	제2종
①	50배 이상 200배 미만	200배 이상 500배 미만
②	50배 이상 250배 미만	250배 이상 500배 미만
③	80배 이상 200배 미만	200배 이상 500배 미만
④	80배 이상 250배 미만	250배 이상 500배 미만

07 □□□

다음 중 ㄱ, ㄴ에 들어갈 소화약제의 특성에 대한 설명으로 옳지 않은 것은?

> • (ㄱ)은/는 물에 적정량의 첨가제를 혼합한 후에 공기를 주입하면 거품이 발생된다. 이러한 거품을 이용한 소화약제를 말한다.
> • (ㄴ)은/는 이산화탄소를 핵으로 사용하며, 화재 발생 시 A제와 B제를 서로 혼합시켜 이때 화학반응에 의해서 발생되는 것을 사용하여 화재를 소화하도록 제조된 소화약제이다.

① ㄱ은 포 소화약제를 말한다.
② ㄴ은 화학포 소화약제를 말한다.
③ ㄱ은 화학포 소화약제와 기계포 소화약제로 구분한다.
④ ㄴ에 해당하는 대표적인 것은 수성막포 소화약제이다.

08 □□□

포 소화약제에 대한 내용으로 옳지 않은 것은?

① 포 소화약제는 유류화재에 효과가 있다.
② 기계포 소화약제는 피연소물과 건축물에 수손피해의 발생이 없다.
③ 대형건축물의 화재지점에 소화약제를 직접 방수할 수 없는 화재에 포 소화약제를 사용한다.
④ 포 소화약제는 질식소화작용 외에 냉각소화와 유화소화작용의 역할도 한다.

09 □□□

수성막포 소화약제에 대한 내용으로 옳지 않은 것은?

① 수성막포 소화약제는 유류화재에 대해 질식소화작용·냉각소화작용을 갖는다.
② 불소계 계면활성제이며, 분말과 겸용하면 소화성능이 떨어진다.
③ 유류표면에 물과 유류의 중간 성질을 가지는 수성막을 형성하여 공기의 공급을 차단하여 재착화를 방지한다.
④ 소화성능은 단백포 소화약제의 5배 정도이며, 소화에 사용되는 소화약제의 양도 3분의 1 밖에 되지 않는다.

10 □□□

다음 중 ( ) 안에 들어갈 내용에 해당하는 포 소화약제에 대한 설명으로 옳지 않은 것은?

> ( )은/는 수용성 가연물질인 알코올류·에테르류·에스테르류·케톤류·알데히드류 등의 화재 시에 적합한 포 소화약제이다.

① 수용성 가연물질에 용해되는 성질을 가진 포 소화약제이다.
② 소화약제에는 금속비누형·고분자겔 생성형·불화단백형 등이 있다.
③ 수용성의 액체가연물질과 유류에 의한 화재 시 질식소화작용·냉각소화작용 및 유화소화작용을 갖는다.
④ 불화단백형 알코올형포 소화약제는 윤화현상이 발생하지 않는다.

CHAPTER 3 비수계 소화약제

이산화탄소 소화약제

정답 및 해설 p.64

01 □□□

이산화탄소 소화약제에 대한 내용으로 옳지 않은 것은?

① 이산화탄소의 주된 소화효과는 산소 농도 저하에 의한 질식효과이다.
② 소화에 필요한 이산화탄소의 최소 소화농도는 가연성 기체와 액체의 종류에 상관없이 일정하다.
③ 최소 설계농도는 이론적으로 구한 최소 소화농도에 일정량의 여유분(최소 소화농도의 20%)을 더한 값이다.
④ 이산화탄소의 최소 설계농도는 보통 34vol% 이상으로 설계하기 때문에 산출된 계산식에 의한 최소 설계농도가 34vol% 이하일 때에도 34vol%로 설계해야 한다.

02 □□□

이산화탄소 소화약제에 대한 내용으로 옳지 않은 것은?

① 장기보존이 용이하고 추운 지방에서도 사용 가능하다.
② 소화 후 소화약제에 의한 오손이 없다.
③ 심부화재에는 소화효과가 없다.
④ 비전도성이 있어 전기화재에 적응성이 있다.

03 □□□

다음 중 이산화탄소 소화약제의 특성으로 옳은 것을 모두 고른 것은?

ㄱ. 침투성이 좋고 심부화재에 적합하다. ㄴ. 이산화탄소 소화설비는 수계 소화설비이다. ㄷ. 자체 압력으로 방출이 가능하다. ㄹ. 이산화탄소는 비전도성으로 전기화재 등에 적합하다. ㅁ. 불연성 기체로서 주된 소화효과는 부촉매소화효과이다.

① ㄱ, ㄴ, ㄷ　② ㄱ, ㄴ, ㅁ
③ ㄱ, ㄷ, ㄹ　④ ㄷ, ㄹ, ㅁ

04 □□□

이산화탄소 소화설비에 대한 내용으로 옳지 않은 것은?

① 완전산화물질이므로 산소와 반응하여 질식소화효과가 우수하다.
② 나트륨, 칼륨 등 활성금속물질에는 소화약제의 사용을 피하여야 한다.
③ 액상의 이산화탄소가 기체상의 이산화탄소로 기화하면서 화재 발생 장소의 주위로부터 많은 열을 흡수하므로 화재를 발화점 이하로 냉각시켜 소화시키는 기능을 한다.
④ 대기로의 방출 시에는 급격한 온도하강으로 인한 인체의 동상이 우려되므로 피부에 접촉하지 않도록 주의하여야 한다.

05 □□□

다음 중 <보기>에 해당하는 소화약제에 대한 내용으로 옳지 않은 것은?

<보기> • 공기보다 무거운 소화약제이고, 완전산화물질이다. • 임계온도는 약 31.35℃이고, 임계압력은 약 72.9kg/m^{2}이다. • 자체 압력으로 방출이 가능하고, 불연성 기체로서 주된 소화효과는 질식효과이다.

① 피복소화 효과가 있다.
② 전기화재에 적응성이 있다.
③ 피연소 물질에 물리·화학적 피해를 주지 않는다.
④ 제5류 위험물의 화재 시 질식소화효과가 우수하다.

06 □□□

이산화탄소의 소화적응성 있는 공간에서 공기 중 산소의 농도가 20vol%라고 가정한다면 산소농도를 10vol%로 하기 위한 이산화탄소의 최소 소화농도 vol%와 최소 설계농도는 얼마로 하여야 하는가?

	최소 소화농도	최소 설계농도
①	34	50
②	34	40.8
③	50	34
④	50	60

07 □□□

가스계 소화약제인 이산화탄소 소화약제의 소화효과로 옳지 않은 것은?

① 화학적 소화작용
② 피복 소화작용
③ 질식 소화작용
④ 냉각 소화작용

08 □□□

이산화탄소 소화약제에 대한 내용으로 옳지 않은 것은?

① 전역방출방식으로 소화할 때 A급 화재 소화적응성이 있다.
② 표면화재에 우수한 효과를 나타내며 심부화재에도 효과가 크다.
③ 이산화탄소는 공기보다 가벼워 공기 중의 산소의 농도를 쉽게 낮출 수 있다.
④ 방출 시 인명피해가 우려되는 밀폐 공간에는 사용을 제한하고 있다.

09 □□□

이산화탄소 소화약제를 이용한 설비의 설치 제외장소로 옳지 않은 것은?

① 방재실·제어실 등 사람이 상시 근무하는 장소
② 활성금속물질인 나트륨(Na)·칼륨(K)·칼슘(Ca) 등을 저장·취급하는 장소
③ 전기기기를 사용하는 전기실·컴퓨터실 등 밀폐된 장소
④ 제5류 위험물을 저장·취급하는 장소

10 □□□

다음 중 <보기>에서 설명하는 이산화탄소의 소화작용으로 옳은 것은?

<보기>

- 이산화탄소의 기화열은 액화이산화탄소 1g에 대하여 56.31cal으로 다른 소화약제에 비하여 기화열이 크다.
- 고압용기에 액상으로 저장한 뒤 화재 시 방출하면 액상의 이산화탄소가 기체상의 이산화탄소로 기화하면서 화재발생 장소의 주위로부터 많은 열을 흡수하므로 화재를 발화점 이하로 낮춘다.

① 냉각소화작용
② 질식소화작용
③ 피복소화작용
④ 부촉매소화작용

11 □□□

이산화탄소의 줄-톰슨 효과에 의한 운무현상을 가장 옳게 설명한 것은?

① 저압의 이산화탄소의 방사 시 저압인 대기(공기) 중의 수증기가 응결하여 안개를 발생시키는 현상을 말한다.
② 저압의 이산화탄소의 방사 시 온도상승으로 다량의 수증기가 발생되는 현상을 말한다.
③ 고압의 이산화탄소의 방사 시 저압인 대기(공기) 중의 수증기가 응결하여 안개를 발생시키는 현상을 말한다.
④ 고압의 이산화탄소의 방사 시 온도상승으로 다량의 수증기가 발생되는 현상을 말한다.

12 □□□

액화 이산화탄소 20℃의 표준대기압 상태에서 방호구역체적 500m³인 공간에 방출되었을 때 이산화탄소의 체적(m^3)으로 옳은 것은? (단, 산소의 농도는 10%이다)

① $450m^3$
② $550m^3$
③ $650m^3$
④ $750m^3$

13 □□□

액화 이산화탄소 20℃의 표준대기압 상태에서 방호구역체적 1,000m³인 공간에 방출되었을 때 이산화탄소의 양(kg)으로 옳은 것은? (단, 산소의 농도는 10%이다)

① 2,014.48kg
② 3,014.48kg
③ 4,014.48kg
④ 5,014.48kg

14 □□□

다음 중 이산화탄소의 농도와 기화체적을 계산하는 식으로 옳은 것은? (단, 소화약제는 외부로 유출되지 않는다고 가정하고, 공기 중의 산소는 21v%이다)

	농도(%)	기화체적(m^3)
①	$\frac{21-O_2}{21}\times 100$	$\frac{21-O_2}{O_2}\times V$
②	$\frac{O_2-21}{21}\times 100$	$\frac{21-O_2}{O_2}\times V$
③	$\frac{21-O_2}{21}\times 100$	$\frac{21-O_2}{21}\times V$
④	$\frac{O_2-21}{21}\times 100$	$\frac{21-O_2}{21}\times V$

할론 소화약제

정답 및 해설 p.65

01 □□□

다음 중 ㄱ, ㄴ에 들어갈 내용으로 가장 옳은 것은?

- 할론 소화약제는 할로겐족 원소인 불소·염소·브로민을 탄화수소인 메탄·에탄의 (ㄱ)원자와 치환시켜 제조된 물질로 할론 소화약제로 불리고 있다.
- 할론 소화약제 중 오존층 파괴지수가 가장 큰 것은 (ㄴ)이다.

	ㄱ	ㄴ
①	산소	할론 1301
②	산소	할론 2402
③	수소	할론 1301
④	수소	할론 2402

02 □□□

표준 상태에서 할론 2402 소화약제가 공기 중으로 방사되어 균일하게 혼합되어 있을 때 할론 2402의 기체 비중은 얼마인가? (단, 공기의 분자량은 30, F의 원자량은 19, Br의 원자량은 80이며, 소수점 셋째자리에서 반올림한다)

① 6.67
② 7.67
③ 8.67
④ 9.67

03 □□□

어떤 물질이 지구온난화에 기여하는 능력을 상대적으로 나타내는 오존파괴지수의 기준물질은?

① CFC-11(CCl_3F)
② CFC-113($CCl_2F-CClF_2$)
③ HCFC-22($CHClF_2$)
④ FC-14(CF_4)

04 □□□

다음 중 할로겐화합물 및 불활성기체 소화약제에 대한 내용으로 옳은 것을 모두 고른 것은?

ㄱ. 소화효과로는 질식소화, 냉각소화, 부촉매소화 효과가 있다.
ㄴ. 전기적으로 전도성이 있어 전기화재에서는 사용할 수 없다.
ㄷ. 할로겐화합물 소화약제는 헬륨, 네온, 아르곤, 질소 중 하나 이상의 원소를 기본성분으로 하는 소화약제이다.
ㄹ. 휘발성이 있거나 증발 후 잔여물을 남기지 않는 소화약제이다.
ㅁ. 오존파괴지수와 지구온난화지수가 할론 소화약제와 이산화탄소 소화약제에 비해 무시할 정도로 낮다.

① ㄱ, ㄴ, ㄷ
② ㄱ, ㄹ, ㅁ
③ ㄴ, ㄹ, ㅁ
④ ㄷ, ㄹ, ㅁ

05 □□□

다음 중 오존층 파괴지수가 가장 큰 소화약제는?

① IG - 541
② 할론 1211
③ 할론 2402
④ 할론 1301

할로겐화합물 및 불활성기체 소화약제

정답 및 해설 p.66

01 □□□

소화약제에 대한 내용이다. 다음 중 ㄱ, ㄴ에 대한 설명으로 옳지 않은 것은?

- (ㄱ)은/는 순도가 99% 이상이고 불소, 염소, 브로민, 아이오딘 중 하나 이상의 원소를 포함하고 있는 유기화합물을 기본성분으로 하는 소화약제이다.
- (ㄴ)은/는 헬륨, 네온, 아르곤, 질소 중 하나 이상의 원소를 기본성분으로 하는 소화약제를 말한다.

① ㄱ과 ㄴ을 포함하여 할로겐화합물 및 불활성기체 소화약제라 한다.
② ㄱ은 부촉매소화효과가 우수하다.
③ ㄴ은 부촉매소화효과가 우수하다.
④ ㄴ은 IG-541, IG-100, IG-55 등의 소화약제가 있다.

02 □□□

할로겐화합물 및 불활성기체 소화약제에 대한 내용으로 옳지 않은 것은?

① HCFC - 124 물질과 HFC - 125 물질은 NOAEL이 1.0vol%으로 다른 할로겐화합물 및 불활성기체 소화약제보다 비교적 안전하다.
② 부촉매에 의한 연소의 억제작용이 크며, 소화능력이 우수하다.
③ HCFC - 123 소화약제를 소화기용 소화약제로 사용하는 경우 일반화재에도 적응성이 있다.
④ 변질 · 부패 · 분해 등의 화학변화를 일으키지 않는다.

03 □□□

다음 중 불활성기체 소화약제 중 IG - 541에 대한 내용으로 옳은 것을 모두 고른 것은?

ㄱ. 할론 소화약제와 같은 화학적 작용에 의한 소화효과가 우수하다.
ㄴ. 오존파괴지수(ODP)가 영(0)이다.
ㄷ. 전기절연성이 우수하다.
ㄹ. 지구온난화지수(GWP)가 낮다.
ㅁ. 할로겐화합물 소화약제보다 NOAEL과 LOAEL이 높아 인체에 비교적 위험하다.

① ㄱ, ㄴ, ㄷ　　② ㄱ, ㄴ, ㄹ
③ ㄴ, ㄷ, ㄹ　　④ ㄴ, ㄹ, ㅁ

04 □□□

다음 중 ( ) 안에 공통으로 들어갈 성분으로 옳은 것은?

- 불활성기체 소화약제 IG-541은 N_2, [ ], CO_2가 각각 52%, 40%, 8%로 구성된다.
- 불활성기체 소화약제 IG-55은 N_2, [ ]이/가 각각 50%, 50%로 구성된다.

① 불소(F)　　② 브로민(Br)
③ 연소(Cl)　　④ 아르곤(Ar)

05 □□□

독성과 관련된 내용이다. 다음 중 ㄱ, ㄴ에 대한 설명으로 옳은 것은?

- (ㄱ)은/는 심장에 악영향이 나타나지 않는 최고 농도이다.
- (ㄴ)은/는 심장에 악영향이 나타나는 최저 농도이다.

① ㄱ은 LOAEL이다.
② ㄴ은 ALT이다.
③ ㄱ은 거주공간에서의 사용을 제한하기 위한 소화약제의 농도로 인체에 부작용이 없고 아무런 악영향을 미치지 않는 최고의 농도를 의미한다.
④ ㄱ과 ㄴ은 높을수록 독성이 크다.

분말 소화약제

정답 및 해설 p.67

01 □□□

분말 소화약제에 대한 내용으로 옳은 것은?

① 사용되는 분말의 입자가 미세할수록 비표면적이 크므로 최적의 소화효과를 얻을 수 있다.
② 메타인산(HPO_3)은 일반가연물질인 나무·종이·섬유 등의 연소과정인 잔진상태의 숯불표면에 유리(Glass)상의 피막을 이루어 공기 중의 산소의 공급을 차단시켜 냉각소화효과를 극대화할 수 있다.
③ 제3종 분말 소화약제의 경우 식용유화재에서 나트륨을 가하면 지방을 가수분해하는 비누화작용을 일으켜서 질식소화한다.
④ 제3종 분말 소화약제의 경우 열분해되어 나온 오쏘인산(H_3PO_4)이 일반가연물질인 내부에 함유되어 있는 셀룰로오스로부터 물을 빼앗아 화염의 연락물질인 라디칼의 생성을 방지함으로써 활성이 없는 탄소로 탄화시켜 소화시키는 탈수·탄화작용을 한다.

02 □□□

분말 소화약제의 종류와 약제성분의 연결이 옳은 것은?

① 제1종 분말 소화약제 - 중탄산칼륨
② 제2종 분말 소화약제 - 중탄산나트륨
③ 제3종 분말 소화약제 - 제1인산암모늄
④ 제4종 분말 소화약제 - 중탄산칼슘

03 □□□

다음 중 분말 소화약제 중 제1종 분말 소화약제와 제2종 분말 소화약제가 방사되었을 때 함께 생성되는 물질을 모두 고른 것은?

ㄱ. CO_2	ㄴ. HCN
ㄷ. H_2O	ㄹ. NH_3
ㅁ. HPO_3	ㅂ. H_3PO_4

① ㄱ, ㄷ
② ㄱ, ㄹ
③ ㄴ, ㅂ
④ ㄹ, ㅁ

04 □□□

제3종 분말 소화약제의 주성분과 착색으로 옳은 것은?

① 중탄산나트륨, 백색
② 중탄산칼륨, 담회색
③ 중탄산칼륨 + 요소, 회색
④ 제1인산암모늄, 담홍색

05 □□□

분말 소화약제에 대한 설명으로 옳지 않은 것은?

① 분말 소화약제는 질식소화, 냉각소화, 부촉매소화효과가 있다.
② 제1종 분말 소화약제는 미세한 가루상태의 물질을 소화약제를 사용하므로 냉각소화작용이 없다.
③ 제4종 분말 소화약제는 중탄산칼륨과 요소로 조합되어 있다.
④ 비전도성으로 전기화재에 적응성이 있다.

06 □□□

식용유화재에서 분말 소화약제 중에서 질식소화, 냉각소화, 비누화현상에 의한 소화작용이 나타나는 것은?

① 제1종 분말 소화약제
② 제2종 분말 소화약제
③ 제3종 분말 소화약제
④ 제4종 분말 소화약제

07 □□□

제2종 분말 소화약제에 대한 설명으로 옳지 않은 것은?

① 제2종 분말 소화약제는 칼륨 이온(K+)이 나트륨 이온(Na+)보다 반응성이 더 크기 때문에 제1종 분말 소화약제보다 화학적 소화효과가 크다.
② 열분해하여 생성되는 물질이 이산화탄소와 수증기가 발생되어 냉각소화효과가 있다.
③ 제2종 분말 소화약제는 요리용 기름이나 지방질 기름과 비누화 반응을 하여 제1종 분말 소화약제보다 식용유화재에서 소화력이 우수하다.
④ 제2종 소화분말의 주성분은 탄산수소칼륨으로 적응화재에 대해 가지는 소화 성능의 값이 제1종 분말 소화약제보다 우수하다.

08 □□□

다음 중 제3종 분말 소화약제의 소화적응성이 있는 화재를 모두 고른 것은?

ㄱ. 일반화재	ㄴ. 금속화재
ㄷ. 유류화재	ㄹ. 전기화재
ㅁ. 가스화재	

① ㄴ, ㅁ
② ㄱ, ㄴ, ㅁ
③ ㄱ, ㄷ, ㄹ
④ ㄱ, ㄷ, ㅁ

09 □□□

분말 소화약제에 대한 설명으로 옳지 않은 것은?

① 입자는 미세할수록 소화효과가 좋은 것은 아니고, 최적의 소화효과는 20~25μm 정도가 가장 좋다.
② 제1종 분말 소화약제는 식용유화재에 비누화 효과가 있다.
③ 제3종 분말 소화약제는 일반, 유류, 전기화재에 사용이 가능하다.
④ 일반화재의 소화성능은 제4종 분말 소화약제가 가장 우수하다.

10 □□□

분말 소화약제의 장점으로 옳지 않은 것은?

① 유류화재나 전기 화재 시에 소화성능이 우수하다.
② 유체가 아니므로 배관 내의 흐름 시 고압을 필요로 한다.
③ 전기절연성이 높아 고전압의 전기화재에도 적합하다.
④ 추운 지방에서도 사용이 용이하다.

PART 5 소방시설

POINT **45**

CHAPTER 1 소방시설 개론

소방시설의 분류 1

정답 및 해설 p.70

01 □□□

「소방시설 설치 및 관리에 관한 법률」상 소방시설에 대한 정의이다. 다음 중 (　　) 안에 들어갈 내용에 포함되지 않는 것은?

> 소방시설이란 소화설비, 경보설비, 피난구조설비, 소화용수설비, 그 밖에 (　　)로서 대통령령으로 정하는 것을 말한다.

① 무선통신보조설비
② 비상콘센트설비
③ 연결송수관설비
④ 스프링클러설비

02 □□□

「소방시설 설치 및 관리에 관한 법률」상 용어의 정의에 대한 내용으로 옳은 것은?

① 소방용품이란 소방시설등을 구성하거나 소방용으로 사용되는 제품 또는 기기로서 대통령령으로 정하는 것을 말한다.
② 소방안전관리대상물이란 소방시설을 설치하여야 하는 소방대상물로서 대통령령으로 정하는 것을 말한다.
③ 소방시설등이란 소방시설과 출입구, 그 밖에 소방 관련 시설로서 대통령령으로 정하는 것을 말한다.
④ 소방시설이란 소화설비, 경보설비, 피난설비, 소화용수설비, 그 밖에 소화활동설비로서 대통령령으로 정하는 것을 말한다.

03 □□□

「소방시설 설치 및 관리에 관한 법률」상 특정소방대상물의 정의이다. 다음 중 ㄱ, ㄴ에 대한 내용으로 옳지 않은 것은?

> 특정소방대상물이란 건축물 등의 규모·용도 및 수용인원 등을 고려하여 (　ㄱ　)을/를 설치하여야 하는 (　ㄴ　)(으)로서 대통령령으로 정하는 것을 말한다.

① ㄱ은 소방용수시설을 포함한다.
② ㄴ은 선박건조구조물이 해당된다.
③ ㄱ은 물 또는 그 밖의 소화약제를 사용하여 소화하는 기계·기구 또는 설비를 포함한다.
④ ㄱ은 피난구조설비를 포함한다.

04 □□□

「소방시설 설치 및 관리에 관한 법률」상 소방시설에 대한 내용이다. 다음 중 ㄱ, ㄴ에 대한 설명으로 옳은 것은?

> - (　ㄱ　)은/는 물, 그 밖의 소화약제를 사용하여 소화하는 기계·기구 또는 설비를 말한다.
> - (　ㄴ　)은/는 화재를 진압하거나 인명구조활동을 위하여 사용하는 설비를 말한다.

① ㄱ은 연결살수설비를 포함한다.
② ㄴ은 포 소화설비를 포함한다.
③ ㄱ은 소공간용 소화용구를 포함한다.
④ ㄴ은 피난구조설비를 말한다.

05 □□□

「소방시설 설치 및 관리에 관한 법률 시행령」상 물분무등소화설비에 해당하는 것은?

① 간이스프링클러설비
② 고체에어로졸 소화설비
③ 화재조기진압용 스프링클러설비
④ 고체에어로졸자동소화장치

06 □□□

「소방시설 설치 및 관리에 관한 법률 시행령」상 자동소화장치에 해당하지 않는 것은?

① 상업용 주방자동소화장치
② 가스자동소화장치
③ 분말자동소화장치
④ 에어로졸자동소화장치

07 □□□

「소방시설 설치 및 관리에 관한 법률」상 자동소화장치에 해당하는 것을 모두 고른 것은?

> ㄱ. 주거용 주방자동소화장치
> ㄴ. 상업용 주방자동소화장치
> ㄷ. 영업용 주방자동소화장치
> ㄹ. 분말자동소화장치
> ㅁ. 액체에어로졸자동소화장치

① ㄹ, ㅁ　　② ㄱ, ㄴ, ㄷ
③ ㄱ, ㄴ, ㄹ　　④ ㄱ, ㄴ, ㄹ, ㅁ

08 □□□

「소방시설 설치 및 관리에 관한 법률 시행령」상 소방시설의 분류가 다른 것은?

① 연결살수설비
② 포 소화설비
③ 연결송수관설비
④ 제연설비

09 □□□

「소방시설 설치 및 관리에 관한 법률 시행령」상 스프링클러설비등에 해당하지 않는 것은?

① 스프링클러설비
② 간이스프링클러설비
③ 미분무 소화설비
④ 화재조기진압용 스프링클러설비

10 □□□

소방시설의 분류와 해당 소방시설의 종류가 옳게 연결된 것은?

① 소화활동설비 - 자동식사이렌설비, 통합감시시설, 가스누설경보기
② 소화용수설비 - 상수도소화용수설비, 소화수조, 저수조, 급수탑
③ 피난구조설비 - 통로유도등, 객석유도등, 시각경보기
④ 소화설비 - 자동확산소화기, 캐비닛형 자동소화장치, 미분무 소화설비

POINT 46

CHAPTER 1 소방시설 개론

소방시설의 분류 2

정답 및 해설 p.71

01 □□□

「소방시설 설치 및 관리에 관한 법률 시행령」상 통합감시시설은 소방시설의 무엇에 해당하는가?

① 소화설비
② 경보설비
③ 피난구조설비
④ 소화활동설비

02 □□□

다음 중 「소방시설 설치 및 관리에 관한 법률 시행령」상 물분무등소화설비에 해당하는 것을 모두 고른 것은?

ㄱ. 포 소화설비
ㄴ. 강화액 소화설비
ㄷ. 캐비닛형 간이스프링클러설비
ㄹ. 고체에어로졸 소화설비
ㅁ. 소공간용 소화용구
ㅂ. 에어로졸식 소화용구

① ㄱ, ㄴ, ㄹ
② ㄴ, ㄹ, ㅁ
③ ㄷ, ㅁ, ㅂ
④ ㄱ, ㄴ, ㄷ, ㅁ

03 □□□

「소방시설 설치 및 관리에 관한 법률 시행령」상 화재 발생 사실을 통보하는 기계·기구 또는 설비에 해당하지 않는 것은?

① 비상벨설비
② 자동식사이렌설비
③ 시각경보기
④ 인공소생기

04 □□□

「소방시설 설치 및 관리에 관한 법률 시행령」상 화재가 발생할 경우 피난하기 위하여 사용하는 기구 또는 설비 중 인명구조기구로 옳은 것은?

① 구조대, 공기호흡기, 인공소생기
② 방열복, 방화복, 공기호흡기, 피난유도선
③ 방열복, 방화복, 공기호흡기, 인공소생기
④ 완강기, 방열복, 방화복

05 □□□

「소방시설 설치 및 관리에 관한 법률 시행령」상 화재를 진압하는 데 필요한 물을 공급하거나 저장하는 설비를 무엇이라 하는가?

① 소화용수설비
② 비상소화장치
③ 소방용수시설
④ 소방용수설비

06 □□□

「소방시설 설치 및 관리에 관한 법률 시행령」상 화재를 진압하거나 인명구조활동을 위하여 사용하는 설비에 해당하지 않는 것은?

① 인명구조기구
② 제연설비
③ 무선통신보조설비
④ 비상콘센트설비

07 □□□

「소방시설 설치 및 관리에 관한 법률」 및 같은 법 시행령상 소방시설등에 해당하지 않는 것은?

① 소방시설
② 비상구
③ 방화문
④ 무창층

08 □□□

「소방시설 설치 및 관리에 관한 법률 시행령」상 무창층과 피난층에 대한 설명이다. 다음 중 ㄱ, ㄴ에 들어갈 내용으로 옳은 것은?

> • 무창층이란 지상층 중 개구부 면적의 합계가 해당 층 바닥면적의 (ㄱ)가 되는 층이다.
> • 피난층은 곧바로 지상으로 갈 수 있는 (ㄴ)가 있는 층이다.

	ㄱ	ㄴ
①	30분의 1 이하	출입구
②	30분의 1 이하	비상구
③	50분의 1 이하	출입구
④	50분의 1 이하	비상구

09 □□□

「소방시설 설치 및 관리에 관한 법률 시행령」상 무창층이 되기 위한 개구부의 요건으로 옳지 않은 것은?

① 해당 층의 바닥면으로부터 개구부 밑부분까지 높이가 1.2m 이내일 것
② 도로 또는 차량이 진입할 수 있는 빈터를 향할 것
③ 크기는 지름 50cm 이상의 원이 통과할 수 있는 크기일 것
④ 창살이나 그 밖의 장애물을 설치하여 외부의 침입에 방지할 수 있도록 할 것

10 □□□

「소방시설 설치 및 관리에 관한 법률 시행령」상 소방용품 중 경보설비를 구성하는 제품 또는 기기에 해당하지 않는 것은?

① 누전경보기
② 중계기
③ 가스누설경보기
④ 자동소화장치

소화기구 및 자동소화장치

정답 및 해설 p.72

01 □□□

「소화기의 형식승인 및 제품검사의 기술기준」상 용어의 정의이다. 다음 중 ㄱ, ㄴ에 들어갈 내용으로 옳은 것은?

- (ㄱ)소화기란 소화약제의 방출원이 되는 가압가스를 소화기 본체용기와는 별도의 전용용기에 충전하여 장치하고 소화기가압용가스용기의 작동봉판을 파괴하는 등의 조작에 의하여 방출되는 가스의 압력으로 소화약제를 방사하는 방식의 소화기를 말한다.
- (ㄴ)소화기란 본체용기 중에 소화약제와 함께 소화약제의 방출원이 되는 압축가스(질소 등)를 봉입한 방식의 소화기를 말한다.

	ㄱ	ㄴ
①	가압식	압력식
②	가압식	축압식
③	작동식	압력식
④	작동식	축압식

02 □□□

「소화기의 형식승인 및 제품검사의 기술기준」상 소화기의 일반구조에 대한 내용으로 옳지 않은 것은?

① 소화기는 한사람이 쉽게 사용할 수 있어야 하며 조작 시 인체에 부상을 유발하지 아니하는 구조이어야 한다.
② 축압식소화기(이산화탄소 및 할론 1301 소화약제를 충전한 소화기와 한번 사용한 후에는 다시 사용할 수 없는 형의 소화기를 포함한다)는 지시압력계를 설치하여야 한다.
③ 지시압력계는 충전압력값이 소화기의 축심과 일직선상에 위치하도록 부착하여야 한다.
④ 소화기에 충전하는 소화약제는 소화약제의 중량을 100g 단위로 구분하여야 한다.

03 □□□

「소화기의 형식승인 및 제품검사의 기술기준」상 소화기의 능력단위에 대한 내용으로 옳지 않은 것은?

① A급 화재용 소화기 또는 B급 화재용 소화기는 능력단위의 수치가 1 이상이어야 한다.
② 대형소화기 능력단위의 수치는 A급 화재에 사용하는 소화기는 10단위 이상이어야 한다.
③ C급 화재용 소화기는 전기전도성시험에 적합하여야 하며, C급 화재에 대한 능력단위는 20단위 이상이어야 한다.
④ 대형소화기 능력단위의 수치는 B급 화재에 사용하는 소화기는 20단위 이상이어야 한다.

04 □□□

「소화기구 및 자동소화장치의 화재안전성능기준(NFPC 101)」상 용어의 정의이다. 다음 중 ㄱ, ㄴ이 각각 설명하는 것으로 옳은 것은?

ㄱ. 화재를 감지하여 자동으로 소화약제를 방출·확산시켜 국소적으로 소화하는 소화기
ㄴ. 소화약제를 자동으로 방사하는 고정된 소화장치로서 형식승인이나 성능인증을 받은 유효설치 범위(설계방호체적, 최대설치높이, 방호면적 등을 말한다) 이내에 설치하여 소화하는 것

	ㄱ	ㄴ
①	자동확산소화기	자동소화장치
②	자동확산소화기	연결송수관설비
③	자동소화장치	자동확산소화기
④	자동소화장치	연결송수관설비

05 □□□

「소화기의 형식승인 및 제품검사의 기술기준」상 대형소화기에 충전하는 소화약제의 양으로 옳지 않은 것은?

① 물소화기: 80L 이상
② 강화액소화기: 60L 이상
③ 포소화기: 60L 이상
④ 할로겐화물소화기: 30kg 이상

06 □□□

「소화기구 및 자동소화장치의 화재안전기준」상 소화기에 대한 설명이다. 다음 중 ㄱ, ㄴ에 들어갈 내용으로 옳은 것은?

> 소화기란 소화약제를 압력에 따라 방사하는 기구로서 사람이 수동으로 조작하여 소화하는 것을 말한다.
> - 소형소화기: 능력단위가 (ㄱ) 이상이고 대형소화기의 능력단위 미만인 소화기를 말한다.
> - 대형소화기: 화재 시 사람이 운반할 수 있도록 운반대와 바퀴가 설치되어 있고 능력단위가 A급 10단위 이상, B급 (ㄴ) 이상인 소화기를 말한다.

	ㄱ	ㄴ
①	1단위	20단위
②	5단위	20단위
③	1단위	30단위
④	5단위	30단위

07 □□□

「소화기의 형식승인 및 제품검사의 기술기준」상 소화기에 충전하는 분말 소화약제의 분말 성분비에 대한 설명이다. 다음 중 ㄱ, ㄴ에 들어갈 내용으로 옳은 것은?

> - 주성분이 중탄산나트륨인 소화약제는 중탄산나트륨($NaHCO_3$)이 (ㄱ)wt% 이상이어야 한다.
> - 주성분이 중탄산칼륨인 소화약제는 중탄산칼륨($KHCO_3$)이 (ㄴ)wt% 이상이어야 한다.
> - 주성분이 인산염류등인 소화약제는 제1인산암모늄($NH_4H_2PO_4$) 등 함량이 최소 75wt% 이상이어야 하며 설계값의 -5% ~ +15%이어야 한다.

	ㄱ	ㄴ
①	90	90
②	90	92
③	95	95
④	95	97

08 □□□

「소화기구 및 자동소화장치의 화재안전성능기준(NFPC 101)」상 화재의 구분으로 옳은 것은?

① 일반화재(D급 화재)란 나무, 섬유, 종이, 고무, 플라스틱류와 같은 일반 가연물이 타고 나서 재가 남는 화재를 말한다.
② 주방화재(K급 화재)란 주방에서 동·식물유류를 취급하는 조리기구에서 일어나는 화재를 말한다.
③ 유류화재(C급 화재)란 인화성 액체, 가연성 액체, 석유 그리스, 타르, 오일, 유성도료, 솔벤트, 래커, 알코올 및 인화성 가스와 같은 유류가 타고 나서 재가 남지 않는 화재를 말한다.
④ 전기화재(E급 화재)란 전류가 흐르고 있는 전기기기, 배선과 관련된 화재를 말한다.

09 □□□

「소화기구 및 자동소화장치의 화재안전기술기준(NFTC 101)」상 소화기구의 소화약제별 A급·B급·C급 화재에 적응성이 있는 소화약제가 아닌 것은?

① 할론 소화약제
② 이산화탄소 소화약제
③ 할로겐화합물 및 불활성기체 소화약제
④ 인산염류 소화약제(분말)

10 □□□

「소화기구 및 자동소화장치의 화재안전기준」상 소화기의 설치에 대한 설명이다. 다음 중 ㄱ, ㄴ에 들어갈 내용으로 옳은 것은?

> - 각 층마다 설치하되, 특정소방대상물의 각 부분으로부터 1개의 소화기까지의 (ㄱ)가 소형소화기의 경우에는 20m 이내, 대형소화기의 경우에는 30m 이내가 되도록 배치할 것
> - 특정소방대상물의 각 층이 2 이상의 거실로 구획된 경우에는 위의 규정에 따라 각 층마다 설치하는 것 외에 바닥면적이 (ㄴ) 이상으로 구획된 각 거실에도 배치할 것

	ㄱ	ㄴ
①	수평거리	$30m^2$
②	수평거리	$33m^2$
③	보행거리	$30m^2$
④	보행거리	$33m^2$

POINT 48

CHAPTER 2 소화설비

옥내소화전설비 1

정답 및 해설 p.74

01 □□□

「옥내소화전설비의 화재안전성능기준(NFPC 101)」상 용어의 정의로 옳지 않은 것은?

① 고가수조란 구조물 또는 지형지물 등에 설치하여 자연낙차의 압력으로 급수하는 수조를 말한다.

② 압력수조란 소화용수와 공기를 채우고 일정압력 이상으로 가압하여 그 압력으로 급수하는 수조를 말한다.

③ 충압펌프란 배관 내 압력손실에 따른 주펌프의 빈번한 기동을 방지하기 위하여 충압역할을 하는 펌프를 말한다.

④ 진공계란 대기압 이상의 압력과 대기압 이하의 압력을 측정할 수 있는 계측기를 말한다.

02 □□□

「옥내소화전설비의 화재안전기준」상 용어의 정의에 대한 내용이다. 다음 중 ㄱ, ㄴ이 각각 설명하는 것으로 옳은 것은?

> ㄱ. 펌프의 성능시험을 목적으로 펌프 토출 측의 개폐밸브를 닫은 상태에서 펌프를 운전하는 것
> ㄴ. 배관 내 압력손실에 따른 주펌프의 빈번한 기동을 방지하기 위하여 충압역할을 하는 펌프

	가	나
①	안전운전	충압펌프
②	안전운전	보조펌프
③	체절운전	충압펌프
④	체절운전	보조펌프

03 □□□

「옥내소화전설비의 화재안전기준」상 가압원인 압축공기 또는 불연성 고압기체에 따라 소방용수를 가압시키는 수조를 무엇이라 하는가?

① 고가수조 ② 옥상수조
③ 가압수조 ④ 압력수조

04 □□□

「옥내소화전설비의 화재안전기준」상 소화설비의 배관 내 압력변동을 검지하여 자동적으로 펌프를 기동 및 정지시키는 것으로서 압력챔버라고도 하는 것은?

① 기동용수압개폐장치 ② 충압펌프
③ 개폐표시형밸브 ④ 가압수조

05 □□□

옥내소화전설비에 대한 내용으로 옳지 않은 것은?

① 옥내소화전설비는 화재 발생 시 자동으로 작동되는 고정식 소화설비이다.

② 옥내소화전설비는 화재 초기에 건축물 내의 화재를 진화하도록 소화전함에 비치되어 있는 호스 및 노즐을 이용하여 소화하는 설비이다.

③ 일반적으로 수원, 가압송수장치, 배관, 제어반, 비상전원, 호스 및 노즐 등으로 구성된다.

④ 옥내소화전설비는 소방대가 도착하기 전에 건축물의 관계인이 초기 화재진압을 위해서 사용하는 설비이다.

06 □□□

「옥내소화전설비의 화재안전기준」상 전동기 또는 내연기관에 따른 펌프를 이용하는 가압송수장치에 대한 내용으로 옳은 것은?

① 가압송수장치에는 체절운전 시 수온의 상승을 방지하기 위한 충압펌프를 설치할 것

② 기동용수압개폐장치(압력챔버)를 사용할 경우 그 용적은 600L 이상의 것으로 할 것

③ 수원의 수위가 펌프보다 낮은 위치에 있는 가압송수장치에는 물올림장치를 설치할 것

④ 펌프의 토출측에는 연성계를 체크밸브 이전에 펌프 토출측 플랜지에서 가까운 곳에 설치하고, 흡입측에는 압력계를 설치할 것

07 □□□

「옥내소화전설비의 화재안전기준」상 전동기 또는 내연기관에 따른 펌프를 이용하는 가압송수장치에 대한 내용으로 옳지 않은 것은?

① 펌프는 전용으로 할 것. 다만, 다른 소화설비와 겸용하는 경우 각각의 소화설비의 성능에 지장이 없을 때에는 그러하지 아니하다.
② 특정소방대상물의 어느 층에 있어서도 해당 층의 옥내소화전(2개 이상 설치된 경우에는 2개의 옥내소화전)을 동시에 사용할 경우 각 소화전의 노즐선단에서의 방수압력이 0.25MPa 이상이 되는 성능의 것으로 하여야 한다.
③ 하나의 옥내소화전을 사용하는 노즐선단에서의 방수압력이 0.7MPa을 초과할 경우에는 호스접결구의 인입 측에 감압장치를 설치하여야 한다.
④ 특정소방대상물의 어느 층에 있어서도 해당 층의 옥내소화전(2개 이상 설치된 경우에는 2개의 옥내소화전)을 동시에 사용할 경우 각 소화전의 노즐선단에서의 방수량이 130L/min 이상이 되는 성능의 것으로 하여야 한다.

08 □□□

「옥내소화전설비의 화재안전기준」상 수원에 대한 설명이다. 다음 중 ㄱ, ㄴ에 들어갈 내용으로 옳은 것은?

> **제4조 【수원】** ① 옥내소화전설비의 수원은 그 저수량이 옥내소화전의 설치개수가 가장 많은 층의 설치개수(2개 이상 설치된 경우에는 2개)에 (ㄱ)(호스릴옥내소화전설비를 포함한다)를 곱한 양 이상이 되도록 하여야 한다.
> ② 옥내소화전설비의 수원은 제1항에 따라 산출된 유효수량 외에 유효수량의 (ㄴ) 이상을 옥상(옥내소화전설비가 설치된 건축물의 주된 옥상을 말한다)에 설치하여야 한다.
> <생략>

	가	나
①	$2.6m^3$	3분의 1
②	$2.6m^3$	3분의 2
③	$5.2m^3$	3분의 1
④	$5.2m^3$	3분의 2

09 □□□

「옥내소화전설비의 화재안전기술기준(NFTC 101)」상 가압송수장치에 대한 설명이다. 다음 중 ㄱ, ㄴ에 들어갈 내용으로 옳은 것은?

> • 기동용수압개폐장치(압력챔버)를 사용할 경우 그 용적은 (ㄱ) 이상의 것으로 할 것
> • 물올림장치를 설치기준(수원의 수위가 펌프보다 낮은 위치에 있는 가압송수장치)
> - 물올림장치에는 전용의 탱크를 설치할 것
> - 탱크의 유효수량은 (ㄴ) 이상으로 하되, 구경 15mm 이상의 급수배관에 따라 해당 탱크에 물이 계속 보급되도록 할 것

	ㄱ	ㄴ
①	100L	50L
②	100L	100L
③	200L	50L
④	200L	100L

10 □□□

옥내소화전설비의 배관에 대한 내용으로 옳지 않은 것은?

① 펌프의 토출 측 주배관의 구경은 유속이 4m/s 이하가 될 수 있는 크기 이상으로 하여야 한다.
② 옥내소화전방수구와 연결되는 가지배관의 구경은 40mm 이상으로 하여야 한다.
③ 주배관 중 수직배관의 구경은 50mm 이상으로 하여야 한다.
④ 연결송수관설비의 배관과 겸용할 경우의 주배관은 구경 100mm 이상, 방수구로 연결되는 배관의 구경은 40mm 이상의 것으로 하여야 한다.

POINT **49** CHAPTER 2 소화설비

옥내소화전설비 2

정답 및 해설 p.75

01 □□□

「옥내소화전설비의 화재안전성능기준(NFPC 102)」상 펌프의 성능에 대한 설명이다. 다음 중 ㄱ, ㄴ에 들어갈 내용으로 옳은 것은?

> 펌프의 성능은 체절운전 시 정격토출압력의 (ㄱ)를 초과하지 아니하고, 정격토출량의 150%로 운전 시 정격토출압력의 (ㄴ)이/가 되어야 한다.

	ㄱ	ㄴ
①	140%	65% 이상
②	140%	65% 이하
③	150%	65% 이상
④	150%	65% 이하

02 □□□

「옥내소화전설비의 화재안전성능기준(NFPC 102)」상 소방차로부터 그 설비에 송수할 수 있는 송수구의 설치기준으로 옳지 않은 것은?

① 지면으로부터 높이가 1.5m 이상 1.7m 이하의 위치에 설치할 것
② 구경 65mm의 쌍구형 또는 단구형으로 할 것
③ 송수구로부터 주 배관에 이르는 연결배관에는 개폐밸브를 설치하지 아니할 것
④ 송수구에는 이물질을 막기 위한 마개를 씌울 것

03 □□□

「옥내소화전설비의 화재안전기준」상 옥내소화전 방수구의 설치기준으로 옳지 않은 것은?

① 특정소방대상물의 층마다 설치하되, 해당 특정소방대상물의 각 부분으로부터 하나의 옥내소화전방수구까지의 보행거리가 25m(호스릴옥내소화전설비를 포함한다) 이하가 되도록 할 것
② 바닥으로부터의 높이가 1.5m 이하가 되도록 할 것
③ 호스는 구경 40mm(호스릴옥내소화전설비의 경우에는 25mm) 이상의 것으로서 특정소방대상물의 각 부분에 물이 유효하게 뿌려질 수 있는 길이로 설치할 것
④ 호스릴옥내소화전설비의 경우 그 노즐에는 노즐을 쉽게 개폐할 수 있는 장치를 부착할 것

04 □□□

소화설비의 배관에 설치하여 오물 등의 불순물을 여과시켜 원활하게 소화용수를 공급하는 장치로 옳은 것은?

① 소방용스트레이너
② 체크밸브
③ 푸트밸브
④ 플렉시블조인트

05 □□□

소방용펌프와 충압펌프에 대한 내용으로 옳지 않은 것은?

① 소방용펌프로는 원심펌프를 주로 사용하며 원심펌프에는 볼류트펌프와 터빈펌프의 2종류가 있다.
② 소방용펌프는 일반공정용 펌프와 달리 펌프의 토출량이 항상 동일하지 않다.
③ 충압펌프는 적은 양의 압력누수가 발생한 경우 충압펌프를 사용하여야 하므로 펌프성능시험배관을 설치하여야 한다.
④ 소화전의 사용 수량이 달라도 각각 규정압(0.17MPa)과 규정방사량(130L/min)이 유지되어야 한다.

06 □□□

펌프 흡입 측의 배관의 구경을 달리할 경우에는 펌프 입구에서 공기고임을 방지하기 위하여 무엇을 설치하는가?

① 플렉시블조인트(Flexible joint)
② 편심 레듀서
③ 수격방지기
④ 물올림장치

07 □□□

옥내소화전설비의 소방용펌프가 물을 끌어 올리는 높이를 양정이라고 말한다. 다음 중 ㄱ, ㄴ에 들어갈 내용으로 옳은 것은?

> • 흡입수면에서 (ㄱ) 중심높이까지를 "흡입양정", (ㄱ) 중심높이에서 토출수면까지를 "토출양정", 흡입수면에서 토출수면까지의 실제양정을 "실양정"이라고 한다.
> • 실양정에 배관 내 마찰손실수두, (ㄴ) 등을 가한 전체양정을 "전양정"이라고 한다.

	ㄱ	ㄴ
①	방수구	배관 내의 압력
②	방수구	호스마찰손실
③	펌프	배관 내의 압력
④	펌프	호스마찰손실

08 □□□

옥내소화전설비의 옥내소화전함과 방수구에 대한 내용으로 옳지 않은 것은?

① 함의 재질은 두께 1.5mm 이상의 강판 또는 두께 4mm 이상의 합성수지재이다.
② 당해 소방대상물의 각 부분으로부터 하나의 옥내소화전 방수구까지의 수평거리는 40m 이하이다.
③ 위치표시등의 설치각도는 부착면과 15도 이상 각도로 10m의 거리에서 쉽게 식별할 수 있는 적색등으로 설치한다.
④ 방수구의 설치위치는 바닥으로부터 1.5m 이하이다.

09 □□□

「옥외소화전설비의 화재안전기준」상 수원과 가압송수장치에 대한 설명이다. 다음 중 ㄱ, ㄴ에 들어갈 내용으로 옳은 것은?

> • 옥외소화전설비의 수원은 그 저수량이 옥외소화전의 설치개수(옥외소화전이 2개 이상 설치된 경우에는 2개)에 (ㄱ)m^3를 곱한 양 이상이 되도록 하여야 한다.
> • 특정소방대상물에 설치된 옥외소화전(2개 이상 설치된 경우에는 2개의 옥외소화전)을 동시에 사용할 경우 각 옥외소화전의 노즐선단에서의 방수압력이 (ㄴ)MPa 이상이고, 방수량이 350L/min 이상이 되는 성능의 것으로 할 것

	ㄱ	ㄴ
①	2.6	0.17
②	2.6	0.25
③	7	0.17
④	7	0.25

10 □□□

「옥외소화전설비의 화재안전기술기준(NFTC 109)」상 소화전함 등에 대한 설명이다. 다음 중 ㄱ, ㄴ에 들어갈 내용으로 옳은 것은?

> • 옥외소화전이 10개 이하 설치된 때에는 옥외소화전마다 (ㄱ) 이내의 장소에 1개 이상의 소화전함을 설치하여야 한다.
> • 옥외소화전이 11개 이상 30개 이하 설치된 때에는 (ㄴ) 이상의 소화전함을 각각 분산하여 설치하여야 한다.

	ㄱ	ㄴ
①	5m	10개
②	5m	11개
③	10m	10개
④	10m	11개

POINT 50

CHAPTER 2 소화설비

스프링클러설비 1

정답 및 해설 p.77

01 □□□

스프링클러설비에 대한 내용으로 옳지 않은 것은?

① 화재가 발생하면 천장이나 반자에 설치된 헤드가 감열 작동하거나 자동적으로 화재를 발견함과 동시에 주변에 적상주수를 하여 효과적으로 화재를 진압할 수 있는 고정식 소화설비이다.
② 스프링클러설비는 건축물의 층고에 영향을 줄 수 있다.
③ 스프링클러설비는 모두 감지기가 설치되어 있어 초기소화에 절대적으로 우수한 특성을 지니고 있다.
④ 사람이 없는 야간에도 자동적으로 화재를 감지하여 소화 및 경보를 해준다.

02 □□□

「스프링클러설비의 화재안전성능기준(NFPC 103)」상 가압송수장치에서 일제개방밸브 1차측까지 배관 내에 항상 물이 가압되어 있고 2차측에서 개방형 스프링클러헤드까지 대기압으로 있다가 화재 발생 시 자동감지장치 또는 수동식 기동장치의 작동으로 일제개방밸브가 개방되면 스프링클러헤드까지 소화용수가 송수되는 방식의 스프링클러설비를 무엇이라 하는가?

① 습식 스프링클러설비
② 부압식 스프링클러설비
③ 준비작동식 스프링클러설비
④ 일제살수식 스프링클러설비

03 □□□

「유수제어밸브의 형식승인 및 제품검사의 기술기준」상 1차측에 가압수 등을 채우고 2차측에 공기를 가득 채운 상태에서 화재감지설비의 감지기·화재감지용 헤드, 그 밖의 감지를 위한 기기의 작동에 의하여 시트가 열리어 가압수 등이 2차측으로 유출하는 장치를 무엇이라 하는가?

① 습식 유지검지장치
② 건식 유수검지장치
③ 준비작동식 유수검지장치
④ 유수제어밸브

04 □□□

「스프링클러설비 헤드의 형식승인 및 제품검사의 기술기준」상 정상상태에서 방수구를 막고 있는 감열체가 일정온도에서 자동적으로 파괴·용해 또는 이탈됨으로써 방수구가 개방되는 스프링클러헤드를 무엇이라 하는가?

① 폐쇄형 스프링클러헤드
② 개방형 스프링클러헤드
③ 조기반응형 헤드
④ 측벽형 스프링클러헤드

05 □□□

「스프링클러설비의 화재안전성능기준(NFPC 103)」상 가압송수장치에 대한 설명이다. 다음 중 ㄱ, ㄴ에 들어갈 내용으로 옳은 것은?

- 가압송수장치의 정격토출압력은 하나의 헤드선단에 0.1MPa 이상 (ㄱ)MPa 이하의 방수압력이 될 수 있게 하는 크기일 것
- 가압송수장치의 송수량은 0.1MPa의 방수압력 기준으로 (ㄴ)L/min 이상의 방수성능을 가진 기준개수의 모든 헤드로부터의 방수량을 충족시킬 수 있는 양 이상의 것으로 할 것. 이 경우 속도수두는 계산에 포함하지 아니할 수 있다.

	ㄱ	ㄴ
①	1.2	80
②	1.2	180
③	1.5	80
④	1.5	180

06 □□□

건식 스프링클러설비의 구성 요소로 건식밸브에 설치되어 건식밸브 2차측의 압축공기를 빠르게 배기시켜 건식밸브의 클래퍼가 보다 빨리 개방될 수 있도록 하는 장치는 무엇인가?

① 엑셀러레이터(Accelerator, 가속기)
② 공기압축기(자동에어콤프레셔)
③ 성능시험배관
④ 드라이펜던트형 헤드

07 □□□

건식 스프링클러설비에서 하향형 헤드를 사용해야 하는 경우에 드라이펜던트형 헤드를 설치하여야 하는 직접적인 목적으로 옳은 것은?

① 감지기능의 향상을 위하여
② 폐쇄형 헤드의 신속한 개방을 위하여
③ 동파 방지를 위하여
④ 압축공기를 빠르게 배기시키기 위하여

08 □□□

일제살수식 스프링클러설비에 내용으로 옳지 않은 것은?

① 일제살수식 스프링클러설비는 살수구역 내의 감지기에 의하여 개방된 헤드에서만 살수되므로 소화수를 줄일 수 있는 국소방출방식이다.
② 무대부 또는 위험물저장소와 같은 화재가 발생하면 순간적으로 연소 확대가 우려되어 초기에 대량의 주수가 필요한 장소에 설치한다.
③ 밸브 개방 시 즉시 살수되므로 초기 화재 시 신속하게 대처할 수 있다.
④ 실제 현장에서는 특수장소의 관계인이 안전을 고려해서 준비작동식이나 습식을 설치해도 되는 방호구역임에도 불구하고 살수에 의한 소화효과가 뛰어난 일제살수식을 설치하기도 한다.

09 □□□

「스프링클러설비의 화재안전성능기준(NFPC 103)」상 배관에 대한 내용으로 옳지 않은 것은?

① 배관 내 사용압력이 1.2MPa 미만일 경우에는 배관용탄소강관을 사용한다.
② 배관 내 사용압력이 1.2MPa 이상일 경우에는 압력배관용탄소강관을 사용한다.
③ 가지배관의 배열은 토너먼트방식으로 한다.
④ 교차배관에서 분기되는 지점을 기점으로 한쪽 가지배관에 설치되는 헤드의 개수는 8개 이하로 한다.

10 □□□

스프링클러헤드를 설치하지 아니할 수 있는 장소에 해당하지 않는 것은? (단, NFPC 103 및 NFTC 103을 적용한다)

① 천장·반자 중 한쪽이 불연재료로 되어 있고 천장과 반자 사이의 거리가 2m 미만인 부분
② 영하의 냉장창고의 냉장실 또는 냉동창고의 냉동실
③ 고온의 노가 설치된 장소 또는 물과 격렬하게 반응하는 물품의 저장 또는 취급 장소
④ 통신기기실·전자기기실·기타 이와 유사한 장소

POINT 51

CHAPTER 2 소화설비

스프링클러설비 2

정답 및 해설 p.80

01 □□□

「스프링클러헤드의 형식승인 및 제품검사의 기술기준」상 용어의 정의이다. 다음 중 ㄱ, ㄴ이 각각 설명하는 것으로 옳은 것은?

> ㄱ. 폐쇄형 스프링클러헤드에서 감열체가 작동하는 온도로서 미리 헤드에 표시한 온도
> ㄴ. 폐쇄형 스프링클러헤드에서 방수구를 막고 있는 감열체가 정상상태에서 이탈하지 못하게 하기 위하여 헤드를 조립할 때 헤드에 가하여지도록 미리 설계된 하중

	ㄱ	ㄴ
①	표시온도	화재하중
②	표시온도	설계하중
③	최고주위온도	화재하중
④	최고주위온도	설계하중

02 □□□

「스프링클러헤드의 형식승인 및 제품검사의 기술기준」상 스프링클러헤드의 구성요소에 대한 내용으로 옳은 것은?

① 유리벌브란 감열체 중 이융성 금속으로 융착되거나 이융성 물질에 의하여 조립된 것을 말한다.
② 프레임이란 스프링클러헤드의 방수구에서 유출되는 물을 세분시키는 작용을 하는 것을 말한다.
③ 퓨지브링크란 스프링클러헤드의 나사부분과 디프렉타를 연결하는 이음쇠 부분을 말한다.
④ 감열체란 정상상태에서는 방수구를 막고 있으나 열에 의하여 일정한 온도에 도달하면 스스로 파괴·용해되어 헤드로부터 이탈됨으로써 방수구가 열려 스프링클러헤드가 작동되도록 하는 부분을 말한다.

03 □□□

「스프링클러헤드의 형식승인 및 제품검사의 기술기준」상 기류의 온도·속도 및 작동시간에 대하여 스프링클러헤드의 반응을 예상한 지수를 무엇이라 하는가?

① 반응시간지수(RTI)
② 필요진화밀도(RDD)
③ 실제진화밀도(ADD)
④ 라지드롭형 스프링클러헤드(ELO)

04 □□□

「스프링클러헤드의 형식승인 및 제품검사의 기술기준」상 스프링클러헤드는 표시온도 구분에 따라 RTI 값을 표준반응, 특수반응, 조기반응으로 구분한다. 감도시험장치 시험결과 조기반응의 RTI 값의 기준은?

① 조기반응의 RTI 값은 50 이하이어야 한다.
② 조기반응의 RTI 값은 80 이하이어야 한다.
③ 조기반응의 RTI 값은 180 이하이어야 한다.
④ 조기반응의 RTI 값은 350 이하이어야 한다.

05 □□□

「간이스프링클러설비의 화재안전성능기준(NFPC 103A)」상 수조를 사용하지 아니하고 상수도에 직접 연결하여 항상 기준 압력 및 방수량 이상을 확보할 수 있는 설비를 무엇이라 하는가?

① 캐비닛형 간이스프링클러설비
② 상수도수조형 간이스프링클러설비
③ 폐쇄형 간이스프링클러설비
④ 상수도직결형 간이스프링클러설비

06 □□□

「간이스프링클러설비의 화재안전성능기준(NFPC 103A) 및 화재안전기술기준(NFTC 103A)」상 간이스프링클러설비의 방호구역·유수검지장치의 설치기준으로 옳지 않은 것은?

① 하나의 방호구역의 바닥면적은 1,000㎡를 초과하지 아니할 것
② 하나의 방호구역에는 1개 이상의 유수검지장치를 설치하되, 화재 발생 시 접근이 쉽고 점검하기 편리한 장소에 설치할 것
③ 하나의 방호구역은 2개 층에 미치지 아니하도록 할 것. 다만, 1개 층에 설치되는 간이헤드의 수가 30개 이하인 경우에는 3개 층 이내로 할 수 있다.
④ 간이헤드에 공급되는 물은 유수검지장치를 지나도록 할 것. 다만, 송수구를 통하여 공급되는 물은 그러하지 아니하다.

07 □□□

「화재조기진압용 스프링클러설비의 화재안전기술기준(NFTC 103B)」상 설치장소의 구조에 대한 내용으로 옳지 않은 것은?

① 해당층의 높이가 13.7m 이하일 것. 다만, 2층 이상일 경우에는 해당 층의 바닥을 내화구조로 하고 다른 부분과 방화구획할 것
② 천장의 기울기가 1,000분의 168을 초과하지 않아야 하고, 이를 초과하는 경우에는 반자를 지면과 수평으로 설치할 것
③ 천장은 평평하여야 하며 철재나 목재트러스 구조인 경우, 철재나 목재의 돌출부분이 102mm를 초과하지 아니할 것
④ 창고 내의 선반의 형태는 하부로 물이 침투하지 않는 구조로 할 것

08 □□□

「물분무 소화설비의 화재안전성능기준(NFPC 104)」상 물분무 소화설비 수원의 저수량의 내용으로 옳지 않은 것은?

① 특수가연물을 저장 또는 취급하는 특정소방대상물 또는 그 부분에 있어서 그 바닥면적(최대 방수구역의 바닥면적을 기준으로 하며, $50m^2$ 이하인 경우에는 $50m^2$) $1m^2$에 대하여 10L/min로 20분간 방수할 수 있는 양 이상으로 할 것
② 절연유 봉입 변압기는 바닥부분을 제외한 표면적을 합한 면적 $1m^2$에 대하여 10L/min로 20분간 방수할 수 있는 양 이상으로 할 것
③ 케이블트레이, 케이블덕트 등은 투영된 바닥면적 $1m^2$에 대하여 12L/min로 20분간 방수할 수 있는 양 이상으로 할 것
④ 차고 또는 주차장은 그 바닥면적(최대 방수구역의 바닥면적을 기준으로 하며, $50m^2$ 이하인 경우에는 $50m^2$) $1m^2$에 대하여 10L/min로 20분간 방수할 수 있는 양 이상으로 할 것

09 □□□

「미분무 소화설비의 화재안전성능기준(NFPC 104A)」상 미분무 소화설비란 가압된 물이 헤드 통과 후 미세한 입자로 분무됨으로써 소화성능을 가지는 설비를 말하며, 소화력을 증가시키기 위해 강화액 등을 첨가할 수 있다. 미분무란 물만을 사용하여 소화하는 방식으로 A, B, C급 화재에 적응성을 갖는 것으로 최소설계압력에서 헤드로부터 방출되는 물입자 중 99%의 누적체적분포가 얼마 이하로 분무되는 것을 말하는가?

① 100㎛ ② 200㎛
③ 300㎛ ④ 400㎛

10 □□□

「미분무 소화설비의 화재안전성능기준(NFPC 104A)」상 중압 미분무 소화설비의 기준으로 옳은 것은?

① 사용압력이 0.9MPa을 초과하고 1.2MPa 이하의 것을 말한다.
② 사용압력이 1.2MPa을 초과하고 3.5MPa 이하의 것을 말한다.
③ 사용압력이 3.5MPa을 초과하고 4.2MPa 이하의 것을 말한다.
④ 사용압력이 4.2MPa을 초과하고 5.4MPa 이하의 것을 말한다.

POINT 52 CHAPTER 2 소화설비

포 소화설비

정답 및 해설 p.82

01 □□□

포 소화설비에 대한 내용으로 옳지 않은 것은?

① 포 소화설비는 종류별로 약간의 차이가 있으나, 혼합장치와 헤드를 제외한 기본적인 설비시스템과 작동원리는 일제개방형 스프링클러설비와 유사하다.

② 포수용액은 포 소화약제와 물의 수용액에 할론 소화약제 또는 이산화탄소 소화약제를 가한 수용액을 말한다.

③ 포 소화설비는 물만을 이용한 소화약제로는 소화효과가 적거나 또는 오히려 화재를 확대시킬 우려가 있는 인화성 액체 물질에서 발생하는 화재를 효과적으로 진압하기 위한 소화설비이다.

④ 포 소화약제혼합장치는 포 소화약제를 사용농도에 적합한 수용액으로 혼합하는 장치로서 포 소화설비에 사용되는 것을 말한다.

02 □□□

포 소화약제혼합장치에 대한 내용이다. 이에 대한 설명으로 옳지 않은 것은?

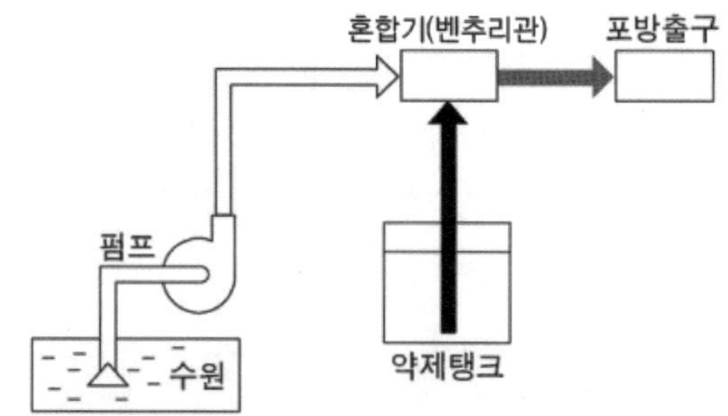

① 소규모 또는 이동식 간이설비에 사용되는 방식이다.

② 혼합기의 흡입을 할 수 있는 높이가 한정된다(약 1.8m 이하).

③ 펌프의 토출관과 흡입관 사이의 배관 도중에 설치한 흡입기에 펌프에서 토출된 물의 일부를 보내고, 농도조절밸브에서 조정된 포 소화약제의 필요량을 포 소화약제 탱크에서 펌프 흡입 측으로 보내어 이를 혼합하는 방식이다.

④ 벤추리 효과를 이용해 유수 중에 포약제를 흡입시켜서 지정농도의 포수용액으로 조정하여 발포기로 보내주는 방식이다.

03 □□□

포 소화약제혼합장치 중 프레져 사이드 프로포셔너방식에 대한 내용으로 옳지 않은 것은?

① 포수용액에 가압원으로 압축된 공기 또는 질소를 일정비율로 혼합하는 방식을 말한다.

② 비행기 격납고, 대규모 유류저장소, 석유화학 Plant 시설 등과 같은 대단위 고정식 포 소화설비에 사용하며 압입혼합방식이라 한다.

③ 펌프의 토출관에 압입기를 설치하여 포 소화약제 압입용펌프로 포 소화약제를 압입시켜 혼합하는 방식을 말한다.

④ 원액펌프의 토출압력이 급수펌프의 토출압력보다 낮으면 원액이 혼합기에 유입하지 못할 수 있다.

04 □□□

「고층건축물의 화재안전성능기준(NFPC 604)」상 고층건축물에 대한 기준으로 옳은 것은?

① 층수가 11층 이상이거나 높이가 60미터 이상인 건축물을 말한다.

② 층수가 30층 이상이거나 높이가 100미터 이상인 건축물을 말한다.

③ 층수가 30층 이상이거나 높이가 120미터 이상인 건축물을 말한다.

④ 층수가 50층 이상이거나 높이가 200미터 이상인 건축물을 말한다.

05 □□□

「포 소화약제혼합장치 등의 성능인증 및 제품검사의 기술기준」상 용어의 정의로 옳지 않은 것은?

① 포수용액이란 포 소화약제에 물을 가한 수용액을 말한다.

② 압축공기포혼합장치란 포수용액에 압축공기 또는 질소를 연속적으로 혼합하여 공기포를 토출하는 장치를 말한다.

③ 공기포비란 포수용액과 가압공기를 혼합한 경우의 비율을 말한다.

④ 습식포란 공기포비가 10배를 초과하는 압축공기포를 말한다.

06 □□□

「포 소화설비의 화재안전성능기준(NFPC 105)」상 펌프와 발포기의 중간에 설치된 벤추리관의 벤추리작용과 펌프 가압수의 포 소화약제 저장탱크에 대한 압력에 따라 포 소화약제를 흡입·혼합하는 방식을 무엇이라 하는가?

① 라인 프로포셔너 방식
② 압축공기포 소화설비
③ 프레져 프로포셔너 방식
④ 프레져 사이드 프로포셔너 방식

07 □□□

다음은 포 소화약제혼합장치에 대한 내용이다. 이에 대한 설명으로 옳지 않은 것은?

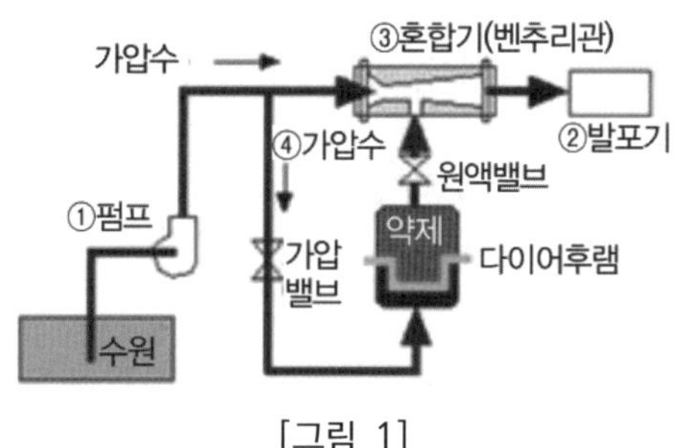

[그림 1]

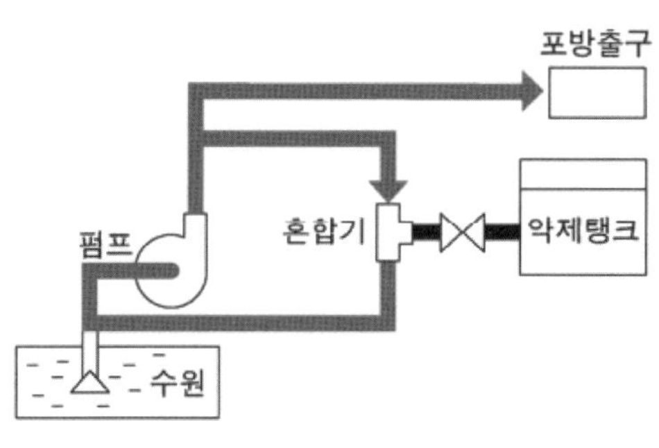

[그림 2]

① [그림 1]은 프레져 사이드 프로포셔너 방식이다.
② [그림 2]는 펌프 프로포셔너 방식이다.
③ [그림 1]은 펌프와 발포기의 중간에 설치된 벤추리관의 벤추리작용과 펌프가압수의 포 소화약제 저장탱크에 대한 압력에 따라 포 소화약제를 흡입·혼합하는 방식을 말한다.
④ [그림 2]는 위험물제조소등의 포 소화설비에는 사용하지 않으며, 소방펌프차에 주로 사용되고 있다.

08 □□□

「포 소화설비의 화재안전성능기준(NFPC 105) 및 화재안전기술기준(NFTC 105)」상 최종 발생한 포 체적을 원래 포수용액 체적으로 나눈 값을 무엇이라 하는가?

① 공기포비 ② 팽창비
③ 간극비 ④ 압축비

09 □□□

「포 소화설비의 화재안전성능기준(NFPC 105) 및 화재안전기술기준(NFTC 105)」상 압축공기 또는 압축질소를 일정비율로 포수용액에 강제 주입·혼합하는 방식을 무엇이라 하는가?

① 라인 프로포셔너 방식
② 압축공기포 소화설비
③ 프레져 프로포셔너 방식
④ 프레져 사이드 프로포셔너 방식

10 □□□

「고층건축물의 화재안전성능기준(NFPC 604) 및 화재안전기술기준(NFTC 604)」상 옥내소화전설비와 자동화재탐지설비에 대한 내용이다. 다음 중 ㄱ, ㄴ에 들어갈 내용으로 옳은 것은?

> 제5조【옥내소화전설비】① 수원은 그 저수량이 옥내소화전의 설치개수가 가장 많은 층의 설치개수(5개 이상 설치된 경우에는 5개)에 $5.2m^3$를 곱한 양 이상이 되도록 하여야 한다. 다만, 층수가 50층 이상인 건축물의 경우에는 (ㄱ)를 곱한 양 이상이 되도록 하여야 한다.
>
> 제8조【자동화재탐지설비】자동화재탐지설비의 음향장치는 다음 각 호의 기준에 따라 경보를 발할 수 있도록 하여야 한다.
> 1. 2층 이상의 층에서 발화한 때에는 발화층 및 그 직상 (ㄴ)에 경보를 발할 것
> 2. 1층에서 발화한 때에는 발화층·그 직상 (ㄴ) 및 지하층에 경보를 발할 것
> 3. 지하층에서 발화한 때에는 발화층·그 직상층 및 기타의 지하층에 경보를 발할 것

	ㄱ	ㄴ
①	$7.8m^3$	4개 층
②	$7.8m^3$	5개 층
③	$10.4m^3$	4개 층
④	$10.4m^3$	5개 층

PART 5

해커스소방 김정희 소방학개론 단원별 실전문제집

POINT 53

CHAPTER 3 경보설비 등

경보설비

정답 및 해설 p.84

01 □□□

경보설비에 대한 내용으로 옳지 않은 것은?

① 시각경보기는 경보설비에 해당한다.

② 단독경보형 감지기란 감지기나 발신기에서 발하는 화재신호를 직접 수신하거나 중계기를 통하여 수신하여 화재의 발생을 표시 및 경보하여 주는 장치를 말한다.

③ 자동화재탐지설비의 경계구역이란 특정소방대상물 중 화재신호를 발신하고 그 신호를 수신 및 유효하게 제어할 수 있는 구역을 말한다.

④ 시각경보장치란 자동화재탐지설비에서 발하는 화재신호를 시각경보기에 전달하여 청각장애인에게 점멸형태의 시각경보를 하는 것을 말한다.

02 □□□

「비상방송설비 및 단독경보형감지기의 화재안전성능기준(NFPC 201)」상 화재 발생 상황을 경종으로 경보하는 설비를 무엇이라 하는가?

① 비상벨설비

② 자동식사이렌설비

③ 단독경보형 감지기

④ 발신기

03 □□□

「자동화재탐지설비 및 시각경보기 화재안전성능기준(NFPC 203)」상 발생하는 열, 연기, 불꽃 또는 연소생성물을 자동적으로 감지하여 수신기에 발신하는 장치를 무엇이라 하는가?

① 발신기

② 단독경보형 감지기

③ 감지기

④ 중계기

04 □□□

「자동화재탐지설비 및 시각경보기 화재안전성능기준(NFPC 203)」상 경계구역에 대한 내용으로 옳지 않은 것은?

① 하나의 경계구역의 면적은 600m^2 이하로 하고 한 변의 길이는 50m 이하로 하여야 한다.

② 해당 특정소방대상물의 주된 출입구에서 그 내부 전체가 보이는 것에 있어서는 한 변의 길이가 60m의 범위 내에서 1,000m^2 이하로 할 수 있다.

③ 하나의 경계구역이 2개 이상의 층에 미치지 아니하도록 할 것. 다만, 500m^2 이하의 범위 안에서는 2개의 층을 하나의 경계구역으로 할 수 있다.

④ 지하층의 계단 및 경사로(지하층의 층수가 1층일 경우는 제외한다)는 별도로 하나의 경계구역으로 하여야 한다.

05 □□□

「감지기의 형식승인 및 제품검사의 기술기준」상 화재 시 발생하는 열, 연기, 불꽃을 자동적으로 감지하는 기능 중 두 가지 이상의 성능을 가진 것으로서 두 가지 이상의 성능이 함께 작동할 때 화재신호를 발신하거나 또는 두 개 이상의 화재신호를 각각 발신하는 감지기를 무엇이라 하는가?

① 보상식 감지기

② 단독경보형 감지기

③ 복합형 감지기

④ 자동화재탐지설비

06 □□□

열감지기에 대한 내용으로 옳은 것은?

① 보상식스포트형이란 차동식스포트형와 정온식스포트형 성능을 겸한 것으로서 두 개의 성능 모두 작동되면 작동신호를 발하는 것을 말한다.
② 정온식스포트형이란 일국소의 주위온도가 일정한 온도 이상이 되는 경우에 작동하는 것으로서 외관이 전선으로 되어 있는 것을 말한다.
③ 광전식분리형이란 발광부와 수광부로 구성된 구조로 발광부와 수광부 사이의 공간에 일정한 농도의 연기를 포함하게 되는 경우에 작동하는 것을 말한다.
④ 차동식분포형이란 주위온도가 일정 상승률 이상이 되는 경우에 작동하는 것으로서 넓은 범위 내에서의 열 효과의 누적에 의하여 작동되는 것을 말한다.

07 □□□

｢감지기의 형식승인 및 제품검사의 기술기준｣상 주위의 공기가 일정한 농도의 연기를 포함하게 되는 경우에 작동하는 것으로서 일국소의 연기에 의하여 광전소자에 접하는 광량의 변화로 작동하는 감지기를 무엇이라 하는가?

① 광전식분리형 감지기
② 광전식스포트형 감지기
③ 공기흡입형 감지기
④ 보상식스포트형 감지기

08 □□□

｢감지기의 형식승인 및 제품검사의 기술기준｣상 보상식감지기에 대한 내용으로 옳은 것은?

① 감지기 내부에 장착된 공기흡입장치로 감지하고자 하는 위치의 공기를 흡입하고 흡입된 공기에 일정한 농도의 연기가 포함된 경우 작동하는 것을 말한다.
② 불꽃에서 방사되는 자외선의 변화가 일정량 이상 되었을 때 작동하는 것으로서 일국소의 자외선에 의하여 수광소자의 수광량 변화에 의해 작동하는 것을 말한다.
③ 차동식스포트형와 정온식스포트형 성능을 겸한 것으로서 두 개의 성능 중 어느 한 기능이 작동되면 작동신호를 발하는 것을 말한다.
④ 발광부와 수광부로 구성된 구조로 발광부와 수광부 사이의 공간에 일정한 농도의 연기를 포함하게 되는 경우에 작동하는 것을 말한다.

09 □□□

감지기의 설치 제외 장소로 옳지 않은 것은?

① 천장 또는 반자의 높이가 20m 이상인 장소
② 헛간 등 외부와 기류가 통하는 장소로서 감지기에 따라 화재 발생을 유효하게 감지할 수 있는 장소
③ 고온도 및 저온도로서 감지기의 기능이 정지되기 쉽거나 감지기의 유지관리가 어려운 장소
④ 파이프덕트 등 그 밖의 이와 비슷한 것으로서 2개 층마다 방화구획된 것이나 수평단면적이 $5m^2$ 이하인 것

POINT **54** CHAPTER 3 경보설비 등

피난구조설비

정답 및 해설 p.86

01 □□□

피난구조설비 중 피난기구에 대한 내용으로 옳지 않은 것은?

① 공기안전매트는 포지 등을 사용하여 자루형태로 만든 것으로서 화재 시 사용자가 내려옴으로써 대피할 수 있는 것이어야 한다.
② 완강기는 사용자의 몸무게에 따라 자동적으로 내려올 수 있는 기구 중 사용자가 교대하여 연속적으로 사용할 수 있는 것을 말한다.
③ 피난사다리는 고정식 사다리와 올림식 사다리 및 내림식 사다리로 구분된다.
④ 간이완강기는 사용자의 몸무게에 따라 자동적으로 내려올 수 있는 기구로 중 사용자가 연속적으로 사용할 수 없는 것을 말한다.

02 □□□

피난구조설비 중 인명구조기구에 대한 내용으로 옳은 것은?

① 방열복은 고온의 복사열에 가까이 접근하여 소방활동을 수행할 수 있는 내열피복을 말한다.
② 인공소생기는 소화 활동 시에 화재로 인하여 발생하는 각종 유독가스 중에서 일정시간 사용할 수 있도록 제조된 압축공기식 개인호흡장비(보조마스크를 포함)를 말한다.
③ 공기호흡기는 호흡 부전 상태인 사람에게 인공호흡을 시켜 환자를 보호하거나 구급하는 기구를 말한다.
④ 방화복는 소방공무원이 일상업무를 수행할 때 착용하는 의복을 말한다.

03 □□□

「공기호흡기의 형식승인 및 제품검사의 기술기준」상 용어의 정의로 옳지 않은 것은?

① 음압형 공기호흡기란 흡기에 따라 열리고 흡기가 정지했을 때 및 배기할 때에 닫히는 디맨드밸브를 갖춘 것을 말한다.
② 공기호흡기란 소화 또는 구조활동 시에 화재로 인하여 발생하는 각종 유독가스가 있는 장소에서 일정시간 사용할 수 있도록 제조된 압축공기식 개인호흡장비를 말한다.
③ 양압형 공기호흡기란 면체 내의 압력이 외기압보다 항상 일정압만큼 높은 것으로서 면체 내에 일정 정압 이하가 되면 작동되는 압력디맨드밸브를 갖춘 것을 말한다.
④ 반면형면체란 안면렌즈를 갖춘 것으로서 안면 전체를 덮는 구조의 면체를 말한다.

04 □□□

인명구조기구를 설치하여야 하는 특정소방대상물에 대한 내용으로 옳지 않은 것은?

① 방열복 또는 방화복(안전모, 보호장갑 및 안전화를 포함), 인공소생기 및 공기호흡기를 설치하여야 하는 특정소방대상물: 지하층을 포함하는 층수가 7층 이상인 관광호텔
② 방열복 또는 방화복(안전모, 보호장갑 및 안전화를 포함) 및 공기호흡기를 설치하여야 하는 특정소방대상물: 지하층을 포함하는 층수가 5층 이상인 병원
③ 공기호흡기를 설치하여야 하는 특정소방대상물: 수용인원 500명 이상인 문화 및 집회시설 중 영화상영관
④ 공기호흡기를 설치하여야 하는 특정소방대상물: 지하가 중 지하상가

05 □□□

「공기호흡기의 형식승인 및 제품검사의 기술기준」상 공기호흡기는 최고충전압력은 30MPa 이상으로서 공기용기에 충전되는 공기의 양은 40L/min로 호흡하는 경우 사용시간은 얼마 이상으로 하여야 하는가?

① 30분　　② 45분
③ 60분　　④ 75분

06 □□□

유도등의 종류에 대한 내용으로 옳지 않은 것은?

① 피난구유도등: 피난구 또는 피난경로로 사용되는 출입구를 표시하여 피난을 유도하는 등을 말한다.
② 통로유도등: 피난통로를 안내하기 위한 유도등으로 복도통로유도등, 거실통로유도등, 계단통로유도등을 말한다.
③ 거실통로유도등: 거주, 집무, 작업, 집회, 오락 그 밖에 이와 유사한 목적을 위하여 계속적으로 사용하는 거실, 주차장 등 개방된 통로에 설치하는 유도등으로 피난의 방향을 명시하는 것을 말한다.
④ 객석유도등: 피난통로가 되는 복도에 설치하는 통로유도등으로서 피난구의 방향을 명시하는 것을 말한다.

07 □□□

「피난기구의 화재안전성능기준(NFPC 301)」상 사용자의 몸무게에 의하여 자동으로 하강하고 내려서면 스스로 상승하여 연속적으로 사용할 수 있는 무동력 피난기구를 무엇이라 하는가?

① 간이완강기
② 완강기
③ 다수인피난장비
④ 승강식 피난기

08 □□□

「유도등 및 유도표지의 화재안전성능기준(NFPC 303)」상 용어의 정의로 옳지 않은 것은?

① 통로유도등이란 피난통로를 안내하기 위한 유도등으로 복도통로유도등, 거실통로유도등, 객석통로유도등을 말한다.
② 복도통로유도등이란 피난통로가 되는 복도에 설치하는 통로유도등으로서 피난구의 방향을 명시하는 것을 말한다.
③ 계단통로유도등이란 피난통로가 되는 계단이나 경사로에 설치하는 통로유도등으로 바닥면 및 디딤 바닥면을 비추는 것을 말한다.
④ 통로유도표지란 피난통로가 되는 복도, 계단 등에 설치하는 것으로서 피난구의 방향을 표시하는 유도표지를 말한다.

09 □□□

유도등의 설치기준에 대한 설명이다. 다음 중 ㄱ, ㄴ에 들어갈 내용으로 옳은 것은? (단, NFPC 303을 적용한다)

> • 피난구유도등은 피난구의 바닥으로부터 높이 (ㄱ)(으)로서 출입구에 인접하도록 설치하여야 한다.
> • 계단통로유도등의 설치기준은 각 층의 경사로 참 또는 계단참마다(1개 층에 경사로 참 또는 계단참이 2 이상 있는 경우에는 2개의 계단참마다) 설치하고, 바닥으로부터 높이 (ㄴ)의 위치에 설치하여야 한다.

	ㄱ	ㄴ
①	1.5m 이상	1m 이하
②	1.5m 이상	1m 이상
③	1.5m 이하	1m 이하
④	1.5m 이하	1m 이상

10 □□□

다음 중 <보기>의 설치기준에 해당하는 피난구조설비로 옳은 것은? (단, NFPC 303을 적용한다)

> <보기>
> • 구획된 각 실로부터 주출입구 또는 비상구까지 설치할 것
> • 피난유도 표시부는 바닥으로부터 높이 1m 이하의 위치 또는 바닥면에 설치할 것
> • 피난유도 표시부는 50cm 이내의 간격으로 연속되도록 설치하되 실내장식물 등으로 설치가 곤란할 경우 1m 이내로 설치할 것
> • 수신기로부터의 화재신호 및 수동조작에 의하여 광원이 점등되도록 설치할 것

① 축광방식 피난유도선
② 광원점등방식 피난유도선
③ 피난구유도등
④ 간이피난유도선

POINT 55

CHAPTER 3 경보설비 등

소화활동설비 등

정답 및 해설 p.88

01 □□□

「상수도소화용수설비의 화재안전성능기준(NFPC 401)」상 소화전은 특정소방대상물의 수평투영면의 각 부분으로부터 얼마 이하가 되도록 설치하여야 하는가?

① 100m
② 140m
③ 160m
④ 200m

02 □□□

「제연설비의 화재안전성능기준(NFPC 501)」상 제연경계의 천장 또는 반자로부터 그 수직하단까지의 거리를 무엇이라 하는가?

① 수직거리
② 제연경계의 폭
③ 예상제연구역
④ 제연구역

03 □□□

「제연설비의 화재안전성능기준(NFPC 501)」상 제연구역의 구획에 대한 내용으로 옳지 않은 것은?

① 거실과 통로(복도를 포함한다)는 상호 제연구획할 것
② 통로상의 제연구역은 보행중심선의 길이가 60m를 초과하지 아니할 것
③ 하나의 제연구역의 면적은 1,000m^2 이내로 할 것
④ 하나의 제연구역은 직경 50m 원내에 들어갈 수 있을 것

04 □□□

「제연설비의 화재안전기준」상 제연구역의 구획 기준으로 옳지 않은 것은?

① 보·제연경계벽(제연경계) 및 벽(화재 시 자동으로 구획되는 가동벽·셔터·방화문을 포함한다)으로 한다.
② 제연경계는 제연경계의 폭이 0.6m 이하로 한다.
③ 수직거리는 2m 이내이어야 한다. 다만, 구조상 불가피한 경우는 2m를 초과할 수 있다.
④ 제연경계벽은 배연 시 기류에 따라 그 하단이 쉽게 흔들리지 아니하여야 하며, 또한 가동식의 경우에는 급속히 하강하여 인명에 위해를 주지 아니하는 구조이어야 한다.

05 □□□

「제연설비의 화재안전성능기준(NFPC 501)」상 유입풍도 안의 풍속은 얼마로 하여야 하는가?

① 10m/s 이하
② 15m/s 이하
③ 20m/s 이하
④ 25m/s 이하

06 □□□

「제연설비의 화재안전성능기준(NFPC 501)」상 배출기 및 배출풍도에 대한 설명이다. 다음 중 ㄱ, ㄴ에 들어갈 내용으로 옳은 것은?

> 배출기의 흡입 측 풍도 안의 풍속은 (ㄱ) 이하로 하고 배출 측 풍속은 (ㄴ) 이하로 할 것

	ㄱ	ㄴ
①	15m/s	20m/s
②	20m/s	25m/s
③	20m/s	15m/s
④	25m/s	20m/s

07 □□□

「연결송수관설비의 화재안전성능기준(NFPC 502)」상 송수구의 겸용에 대한 설명이다. 다음 중 ( ) 안에 들어갈 내용으로 옳은 것은?

> 연결송수관설비의 송수구를 옥내소화전설비·스프링클러설비·간이스프링클러설비·화재조기진압용 스프링클러설비·물분무소화설비·포 소화설비 또는 연결살수설비와 겸용으로 설치하는 경우에는 ( )의 송수구 설치기준에 따르되 각각의 소화설비의 기능에 지장이 없도록 하여야 한다.

① 물분무 소화설비
② 옥내소화전설비
③ 스프링클러설비
④ 연결살수설비

08 □□□

「도로터널의 화재안전성능기준(NFPC 603)」상 터널 안의 배기가스와 연기 등을 배출하는 환기설비로서 기류를 횡방향(바닥에서 천장)으로 흐르게 하여 환기하는 방식을 무엇이라 하는가?

① 종류환기방식
② 반종류환기방식
③ 횡류환기방식
④ 반횡류환기방식

09 □□□

「도로터널의 화재안전성능기준(NFPC 603)」상 소화기의 설치기준으로 옳지 않은 것은?

① 소화기의 능력단위는 A급 화재는 3단위 이상, B급 화재는 5단위 이상 및 C급 화재에 적응성이 있는 것으로 할 것
② 소화기의 총중량은 사용 및 운반이 편리성을 고려하여 7kg 이하로 할 것
③ 소화기는 주행차로의 우측 측벽에 25m 이내의 간격으로 2개 이상을 설치하며, 편도 2차선 이상의 양방향 터널과 4차로 이상의 일방향 터널의 경우에는 양쪽 측벽에 각각 25m 이내의 간격으로 엇갈리게 2개 이상을 설치할 것
④ 바닥면(차로 또는 보행로를 말한다)으로부터 1.5m 이하의 높이에 설치할 것

10 □□□

「도로터널의 화재안전성능기준(NFPC 603)」상 자동화재탐지설비에 대한 내용으로 옳지 않은 것은?

① 차동식분포형감지기는 터널에 사용할 수 있는 감지기이다.
② 터널에 사용하는 정온식감지선형감지기는 아날로그식에 한한다.
③ 중앙기술심의위원회의 심의를 거쳐 터널화재에 적응성이 있다고 인정된 감지기는 터널에 사용할 수 있다.
④ 하나의 경계구역의 길이는 500m 이하로 하여야 한다.

PART 6 위험물

POINT 56

CHAPTER 1 위험물 개요

위험물의 분류 1

정답 및 해설 p.90

01 □□□

「위험물안전관리법 시행령」상 산화성 고체에 대한 설명이다. 다음 중 ㄱ, ㄴ에 들어갈 내용으로 옳은 것은?

> 산화성 고체라 함은 고체로서 (ㄱ) 또는 (ㄴ)을 판단하기 위하여 소방청장이 정하여 고시하는 시험에서 고시로 정하는 성질과 상태를 나타내는 것을 말한다.

	ㄱ	ㄴ
①	산화력의 잠재적인 위험성	충격에 대한 민감성
②	산화력의 잠재적인 위험성	인화의 위험성
③	화염에 의한 발화의 위험성	충격에 대한 민감성
④	화염에 의한 발화의 위험성	인화의 위험성

02 □□□

「위험물안전관리법 시행령」상 액체와 액상에 대한 정의이다. 다음 중 ㄱ, ㄴ에 들어갈 내용으로 옳은 것은?

> • 액체는 1기압 및 (ㄱ)℃에서 액상인 것 또는 20℃ 초과 40℃ 이하에서 액상인 것을 말한다.
> • 액상이라 함은 수직으로 된 시험관에 시료를 55mm까지 채운 당해 시험관을 수평으로 하였을 때 시료액면의 선단이 30mm를 이동하는데 걸리는 시간이 (ㄴ)에 있는 것을 말한다.

	ㄱ	ㄴ
①	15	60초 이내
②	15	60초 이상
③	20	90초 이내
④	20	90초 이상

03 □□□

「위험물안전관리법 시행령」상 용어의 정의이다. 다음 중 ㄱ, ㄴ에 들어갈 내용으로 옳은 것은?

> • 자기반응성 물질이라 함은 고체 또는 액체로서 폭발의 위험성 또는 (ㄱ)을 판단하기 위하여 고시로 정하는 시험에서 고시로 정하는 성질과 상태를 나타내는 것을 말한다.
> • 산화성 액체라 함은 액체로서 (ㄴ)을 판단하기 위하여 고시로 정하는 시험에서 고시로 정하는 성질과 상태를 나타내는 것을 말한다.

	ㄱ	ㄴ
①	가열분해의 격렬함	산화력의 잠재적인 위험성
②	인화의 위험성	산화력의 잠재적인 위험성
③	가열분해의 격렬함	화염에 의한 발화의 위험성
④	인화의 위험성	화염에 의한 발화의 위험성

04 □□□

「위험물안전관리법 시행령」상 용어의 정의이다. 다음 중 ㄱ, ㄴ에 들어갈 내용으로 옳은 것은?

> • 가연성 고체라 함은 고체로서 화염에 의한 발화의 위험성 또는 (ㄱ)을 판단하기 위하여 고시로 정하는 시험에서 고시로 정하는 성질과 상태를 나타내는 것을 말한다.
> • 자연발화성 물질 및 금수성 물질이라 함은 고체 또는 액체로서 공기 중에서 발화의 위험성이 있거나 물과 접촉하여 발화하거나 (ㄴ)를 발생하는 위험성이 있는 것을 말한다.

	ㄱ	ㄴ
①	폭발의 위험성	가연성 가스
②	인화의 위험성	가연성 가스
③	폭발의 위험성	산소
④	인화의 위험성	산소

05 □□□

「위험물안전관리법 시행령」상 고체로서 산화력의 잠재적인 위험성 또는 충격에 대한 민감성을 판단하기 위하여 소방청장이 정하여 고시하는 시험에서 고시로 정하는 성질과 상태를 나타내는 것에 해당하는 것은?

① 무기과산화물, 과망가니즈산염류
② 철분, 금속분, 마그네슘
③ 유기과산화물, 아조화합물
④ 금속의 수소화물, 금속의 인화물

06 □□□

「위험물안전관리법 시행령」상 고체 또는 액체로서 폭발의 위험성 또는 가열분해의 격렬함을 판단하기 위하여 고시로 정하는 시험에서 고시로 정하는 성질과 상태를 나타내는 것에 해당하는 것은?

① 과염소산, 과산화수소
② 알킬알루미늄, 알킬리튬
③ 하이드록실아민, 하이드록실아민염류
④ 황화인, 적린

07 □□□

「위험물안전관리법 시행령」상 용어의 정의이다. 다음 중 ㄱ, ㄴ에 들어갈 내용으로 옳은 것은?

> 자연발화성 물질 및 금수성 물질이라 함은 (ㄱ) 또는 액체로서 공기 중에서 발화의 위험성이 있거나 (ㄴ)와/과 접촉하여 발화하거나 가연성 가스를 발생하는 위험성이 있는 것을 말한다.

	ㄱ	ㄴ
①	고체	산소
②	고체	물
③	기체	산소
④	기체	물

08 □□□

다음 중 「위험물안전관리법 시행령」상 고체 또는 액체로서 폭발의 위험성 또는 가열분해의 격렬함을 판단하기 위하여 고시로 정하는 시험에서 고시로 정하는 성질과 상태를 나타내는 것에 해당하는 것을 모두 고른 것은?

> ㄱ. 질산에스터류
> ㄴ. 무기과산화물
> ㄷ. 질산염류
> ㄹ. 하이드록실아민염류
> ㅁ. 유기과산화물
> ㅂ. 질산

① ㄱ, ㄴ, ㅂ
② ㄱ, ㄹ, ㅁ
③ ㄴ, ㄹ, ㅁ
④ ㄷ, ㄹ, ㅂ

09 □□□

다음 중 「위험물안전관리법 시행령」상 <보기>의 위험물의 지정수량의 합은 얼마인가?

> <보기>
> • 황
> • 알루미늄의 탄화물
> • 알칼리토금속

① 250kg
② 450kg
③ 700kg
④ 750kg

위험물의 분류 2

정답 및 해설 p.91

01 □□□

「위험물안전관리법 시행령」상 제4류 위험물 인화성 액체에 대한 설명이다. 다음 중 ㄱ, ㄴ에 들어갈 내용으로 옳은 것은?

> • 특수인화물이라 함은 이황화탄소, 디에틸에테르 그 밖에 1기압에서 (ㄱ)이 100℃ 이하인 것 또는 인화점이 -20℃ 이하이고 비점이 40℃ 이하인 것을 말한다.
> • 알코올류라 함은 1분자를 구성하는 (ㄴ)원자의 수가 1개부터 3개까지인 포화1가 알코올(변성알코올을 포함한다)을 말한다.

	ㄱ	ㄴ
①	발화점	산소
②	연소점	탄소
③	연소점	산소
④	발화점	탄소

02 □□□

「위험물안전관리법 시행령」상 제1석유류에 해당하지 않는 것은?

① 아세톤
② 휘발류
③ 1기압에서 인화점이 21℃ 미만인 것
④ 크레오소트유

03 □□□

「위험물안전관리법 시행령」상 제3석유류에 해당하지 않는 것은?

① 중유
② 크레오소트유
③ 1기압에서 인화점이 70℃ 이상 200℃ 미만인 것
④ 도료류 그 밖의 물품은 가연성 액체량이 40wt.% 이하인 것

04 □□□

「위험물안전관리법 시행령」상 제2석유류에 대한 내용으로 옳지 않은 것은?

① 등유가 해당한다.
② 경유가 해당한다.
③ 1기압에서 인화점이 70℃ 이상 200℃ 미만인 것을 말한다.
④ 도료류 그 밖의 물품에 있어서 가연성 액체량이 40wt.% 이하이면서 인화점이 40℃ 이상인 동시에 연소점이 60℃ 이상인 것은 제외한다.

05 □□□

「위험물안전관리법 시행령」상 제6류 위험물에 대한 내용으로 옳지 않은 것은?

① 제6류 위험물의 성질은 산화성 액체이다.
② 액체로서 산화력의 잠재적인 위험성을 판단하기 위하여 고시로 정하는 시험에서 고시로 정하는 성질과 상태를 나타내는 것을 말한다.
③ 과산화수소는 그 농도가 36wt.% 이상인 것에 한한다.
④ 질산은 그 비중이 1.49 이하인 것에 한한다.

06 □□□

「위험물안전관리법 시행령」상 유별과 성질이 옳게 연결된 것은?

① 제1류 위험물 - 산화성 액체
② 제2류 위험물 - 가연성 고체
③ 제4류 위험물 - 인화성 고체
④ 제6류 위험물 - 산화성 고체

07 □□□

「위험물안전관리법 시행령」상 지정수량이 다른 하나는?

① 금속의 수소화물
② 질산염류
③ 알코올류
④ 질산

08 □□□

다음 중 「위험물안전관리법 시행령」상 제2류 위험물을 모두 고른 것은?

ㄱ. 황린
ㄴ. 철분
ㄷ. 과염소산
ㄹ. 금속분
ㅁ. 인화성 고체
ㅂ. 과망가니즈산염류

① ㄱ, ㄴ, ㄷ ② ㄴ, ㄹ, ㅁ
③ ㄴ, ㄹ, ㅂ ④ ㄹ, ㅁ, ㅂ

09 □□□

「위험물안전관리법 시행령」상 제1석유류, 제2석유류, 제3석유류의 수용성 액체 지정수량의 합은?

① 3,200L
② 3,400L
③ 6,400L
④ 10,400L

10 □□□

「위험물안전관리법 시행령」상 특수인화물, 제4석유류, 동·식물유류 지정수량의 합은?

① 10,050L
② 10,500L
③ 16,050L
④ 16,500L

제1류 위험물

정답 및 해설 p.92

01 □□□

제1류 위험물의 일반적인 성질에 해당하지 않는 것은?

① 대부분 산소를 가지고 있는 무기화합물로서 산화제로 작용한다.
② 가열, 충격, 마찰에 의해 분해되어 산소(O_2)가 발생하고 가연물과 혼합되어 있을 때는 연소, 폭발이 일어나기도 한다.
③ 질산염류는 조해성이 있다.
④ 대부분 가연성 물질이며, 가연성 물질의 연소를 돕는다.

02 □□□

과망가니즈산염류에 대한 내용으로 옳지 않은 것은?

① 강환원제이다.
② 산화성 고체이다.
③ 지정수량은 1,000kg이다.
④ 보통 과망가니즈산에 수소가 금속 또는 양이온으로 치환된 화합물을 말한다.

03 □□□

제1류 위험물 중 무기과산화물에 대한 내용이다. 다음 중 (   ) 안에 들어갈 내용에 대한 설명으로 옳은 것은?

> 무기과산화물 중 알칼리 금속 과산화물(Na_2O_2, K_2O_2 등)과 삼산화크로뮴(CrO_3, 무수크로뮴산)은 물과 반응하여 (   )을/를 방출하고 발열한다.

① 연소범위는 2.5 ~ 81vol%이다.
② 조연성 가스이다.
③ 공기 중 약 40vol%이다.
④ 분자량은 8g이다.

04 □□□

「위험물안전관리법」상 산화성 고체에 대한 내용으로 옳지 않은 것은?

① 알칼리금속의 과산화물(무기과산화물), 무수크로뮴산(삼산화크로뮴)은 금수성이 있으므로 물을 사용하여서는 안 되고 마른 모래 등을 사용한다.
② 위험물의 자체 분해로 방출된 산소는 가연물의 연소를 돕기 때문에 연소속도가 빠르고, 열분해가 활발해지므로 제1류 위험물의 분해를 막기 위해 CO_2, 포, 할론, 분말에 의한 질식소화가 효과적이다.
③ 자신은 불연성이기 때문에 가연물의 종류에 따라 진압방법을 검토해야 한다.
④ 질산염류의 화재 시 유독가스가 발생하므로 소화작업에 특별한 주의가 요구된다.

05 □□□

제1류 위험물에 해당하는 질산염류에 대한 내용으로 옳지 않은 것은?

① 질산(HNO_3)의 수소가 금속 또는 양성원자단으로 치환된 화합물을 말한다.
② 강한 산화제로 폭약의 원료로 사용된다.
③ 조해성이 강하다.
④ 지정수량은 50kg이다.

06 □□□

다음 중 제1류 위험물의 일반적인 성질에 대한 설명으로 옳은 것은 모두 몇 개인가?

> ㄱ. 자신은 불연성이기 때문에 가연물의 종류에 따라서 소화 방법을 검토한다.
> ㄴ. 알칼리금속의 과산화물은 산화제의 분해 온도를 낮추기 위하여 물을 주수하는 냉각소화가 효과적이다.
> ㄷ. 화재 진화 후 생기는 소화잔수는 산화성이 있으므로 오염·건조된 가연물은 연소성이 증가할 위험성이 있다.
> ㄹ. 조해성 물질은 방습하여 보관한다.
> ㅁ. 공기가 없는 곳에서 급격한 산화성 화약류 화재에는 할론 1211, 할론 1301 소화약제는 소화 효과가 우수하다.

① 2개 ② 3개
③ 4개 ④ 5개

07 □□□

다음 중 가연성 물질이 산화성 고체와 혼합하고 있을 때 연소에 미치는 현상에 대한 설명으로 옳은 것은 모두 몇 개인가?

> ㄱ. 산화성 고체의 연소범위가 커진다.
> ㄴ. 연소 확대 위험이 커진다.
> ㄷ. 가연성 물질의 최소점화에너지가 감소한다.
> ㄹ. 발화점(착화온도)이 높아진다.

① 1개 ② 2개
③ 3개 ④ 4개

08 □□□

다음 중 위험물 제조소에서 〈보기〉와 같이 위험물을 저장하고 있는 경우 지정수량의 몇 배가 보관되어 있는 것인가?

> 〈보기〉
> • 무기과산화물: 200kg
> • 과망가니즈산염류: 500kg
> • 브로민산염류: 150kg
> • 다이크로뮴산염류: 250g

① 3.25배 ② 4.25배
③ 5.25배 ④ 6.25배

09 □□□

다음 중 제1류 위험물에 속하는 것은 모두 몇 개인가?

> ㄱ. $NaClO_3$(염소산나트륨)
> ㄴ. MaO_2(과산화마그네슘)
> ㄷ. K_2O_2(과산화칼륨)
> ㄹ. $HClO_4$(과염소산)
> ㅁ. $NaClO_2$(아염소산나트륨)

① 2개 ② 3개
③ 4개 ④ 5개

10 □□□

위험물제조소에서 브로민산나트륨 300kg, 과산화나트륨 150kg, 다이크로뮴산나트륨 500kg의 위험물을 취급하고 있는 경우 각각의 지정수량 배수의 총합은 얼마인가?

① 3.0 ② 3.5
③ 4.0 ④ 4.5

POINT 59

CHAPTER 2 위험물의 유별 성상

제2류 위험물

정답 및 해설 p.94

01 □□□

다음 중 제2류 위험물의 일반적인 성질에 대한 설명으로 옳은 것은 모두 몇 개인가?

ㄱ. 이연성, 속연성 물질이다.
ㄴ. 철분, 마그네슘, 금속분은 물과 산의 접촉 시 발열한다.
ㄷ. 강산화제로 비중이 1보다 크다.
ㄹ. 저장 및 취급 시 산화제의 접촉을 피한다.
ㅁ. 산화제인 제1류 위험물과 제6류 위험물과의 혼합·혼촉을 방지한다.

① 2개 ② 3개
③ 4개 ④ 5개

02 □□□

다음 중 제2류 위험물인 가연성 고체 위험물의 소화 방법 등에 대한 설명으로 옳지 않은 것을 모두 고른 것은?

ㄱ. 철분, 마그네슘은 주수하면 폭발의 위험성이 있으므로 마른 모래 등으로 질식소화한다.
ㄴ. 다량의 유독성 가스의 흡입을 방지하기 위하여 반드시 공기 호흡기를 착용한다.
ㄷ. 철분, 마그네슘은 분진폭발의 위험성이 있으므로 보관할 때 수시로 주수하여 비산을 방지한다.
ㄹ. 황은 소규모 화재 시 질식소화하며, 보통 직사주수할 경우 비산의 위험이 있으므로 다량의 물로 분무주수에 의해 냉각소화한다.
ㅁ. 적린은 다량의 물로 냉각소화한다.

① ㄷ ② ㄹ
③ ㄱ, ㄴ ④ ㄷ, ㅁ

03 □□□

제2류 위험물인 황화인에 대한 설명으로 가장 적절하지 않은 것은?

① 삼황화인(P_4S_3)과 오황화인(P_2S_5)의 연소생성물은 모두 P_2S_5와 SO_2이다.
② 삼황화인(P_4S_3)은 황색 결정 덩어리로 조해성이 있고, 공기 중에서 약 30℃에서 발화한다.
③ 오황화인(P_2S_5)은 조해성이 있는 담황색 결정성 덩어리이고, 알칼리와 반응하면 분해하여 가연성 가스(황화수소와 인산)를 발생한다.
④ 칠황화인(P_4S_7)은 담황색으로 조해성이 있고, 온수에 녹아 급격히 분해하여 황화수소(H_2S)를 발생한다.

04 □□□

다음 중 제2류 위험물인 마그네슘에 대한 설명으로 옳은 것은 모두 몇 개인가?

ㄱ. 마그네슘은 연소하면 산화마그네슘이 생성된다.
ㄴ. 마그네슘이 연소하고 있을 때 주수하면 메탄가스가 생성된다.
ㄷ. 분진의 비산은 분진폭발의 위험성이 있다.
ㄹ. 열전도율 및 전기 전도도가 큰 금속으로 은백색의 광택이 있는 가벼운 금속 분말이다.
ㅁ. 산과 반응하여 수소를 발생한다.

① 2개 ② 3개
③ 4개 ④ 5개

05 □□□

제2류 위험물인 마그네슘 분말의 화재 시 이산화탄소 소화약제는 소화 적응성이 없다. 그 이유로 가장 적절한 것은?

① 가연성 가스(일산화탄소 또는 탄소)가 생성되기 때문이다.
② 분해 반응에 의해 산소가 발생하기 때문이다.
③ 가연성의 메탄 가스가 발생하기 때문이다.
④ 분해 반응에 의하여 아세틸렌이 발생하고, 공기 중에서 적정한 폭발범위가 형성되면 폭발하기 때문이다.

06 □□□

제2류 위험물의 일반적인 성질에 해당하지 않는 것은?

① 모두 산소를 함유하고 있지 않은 강한 산화제이다.
② 가연성 고체로서 비교적 낮은 온도에서 착화하기 쉽다.
③ 금속분류, 철분, 마그네슘은 물과 반응하여 수소(H_2)가스를 발생한다.
④ 금속분, 황가루, 철분은 밀폐된 공간 내에서 점화원이 있으면 분진폭발한다.

07 □□□

｢위험물안전관리법｣상 제2류 위험물에 대한 내용으로 옳지 않은 것은?

① 황화인과 황린은 가연성 고체이다.
② 철분과 금속분의 지정수량은 500kg이다.
③ 철분과 금속분 및 마그네슘은 운반용기에 물기엄금 주의표시를 한다.
④ 연소 시 연소속도가 매우 빠르고 연소열이 크다.

08 □□□

제2류 위험물의 저장 및 취급방법과 화재 시 진압대책에 대한 내용으로 옳지 않은 것은?

① 금속분, 철분, 마그네슘, 황화인 등은 마른 모래, 건조분말에 의한 질식소화를 한다.
② 산화성 물질과 혼합하여 저장한다.
③ 금속분은 산 또는 물과의 접촉을 피한다.
④ 분진폭발이 우려되는 경우는 충분히 안전거리를 확보하여야 한다.

09 □□□

제2류 위험물(가연성 고체)인 황화인에 대한 내용으로 옳지 않은 것은?

① 인의 황화물을 통틀어 이르는 말이다.
② 대표적인 황화인은 삼황화인(P_4S_3), 오황화인(P_4S_5), 칠황화인(P_4S_7)이다.
③ 산화제, 가연물, 강산류, 금속분과의 혼합을 방지한다.
④ 물로 냉각소화한다.

10 □□□

제2류 위험물(가연성 고체)인 마그네슘에 대한 내용으로 옳지 않은 것은?

① 2mm의 체를 통과하지 아니하는 덩어리 상태의 것은 제외하고 직경 2mm 이상의 막대모양의 것은 위험물에 포함한다.
② 마그네슘의 지정수량은 500kg이다.
③ 산이나 더운 물에 반응하여 수소를 발생하며, 많은 반응열에 의하여 발화한다.
④ 공기 중 미세한 분말이 부유하면 분진폭발의 위험이 있다.

11 □□□

오황화인과 칠황화인이 물과 반응했을 때 공통으로 나오는 물질은?

① 삼산화황
② 인화수소
③ 황화수소
④ 이산화황

제3류 위험물

정답 및 해설 p.95

01 □□□

위험물의 여러 가지 반응에 대한 설명이다. 다음 중 ㄱ, ㄴ에 대한 내용으로 옳지 않은 것은?

- 탄화칼슘(CaC_2)은 물과 반응하여 (ㄱ) 가스를 생성한다.
- 알칼리금속, 알칼리토금속은 물과 반응하여 (ㄴ) 기체를 발생시킨다.

① ㄱ은 분해폭발을 할 수 있다.
② ㄴ은 가연성 가스이다.
③ ㄱ은 ㄴ보다 연소범위가 크다.
④ ㄱ은 이황화탄소보다 위험도가 크다.

02 □□□

제3류 위험물의 일반적인 성질로 옳지 않은 것은?

① 무기화합물과 유기화합물로 구성되어 있다.
② 제3류 위험물은 모두 금수성 물질이다.
③ 칼륨(K), 나트륨(Na)은 무르며, 칼륨(K), 나트륨(Na), 알킬알루미늄(R - Al), 알킬리튬(R - Li)을 제외하고 물보다 무겁다.
④ 가열하거나 강산화성 물질, 강산류와 접촉하면 위험성이 현저히 증가한다.

03 □□□

「위험물안전관리법」상 알칼리토금속과 금속의 수소화물 및 황린의 지정수량의 합은 얼마인가?

① 250kg
② 350kg
③ 370kg
④ 620kg

04 □□□

제3류 위험물의 저장 · 취급방법과 화재진압대책에 대한 내용으로 옳지 않은 것은?

① 제1류 위험물, 제6류 위험물은 불연성 물질이므로 함께 저장하여도 된다.
② 알킬알루미늄은 공기나 물을 만나면 격렬하게 반응하여 발화할 수 있다. 특히 저장 시 수분의 접촉을 차단하기 위하여 헥산 속에 저장한다.
③ 황린을 제외하고는 절대로 물을 사용하여서는 아니 된다.
④ 용기는 완전히 밀봉하고, 파손 및 부식을 막으며, 수분과의 접촉을 방지한다.

05 □□□

위험물의 여러 가지 반응에 대한 내용으로 옳지 않은 것은?

① 알칼리토금속은 물과 반응하여 수소(H_2)기체를 발생시킨다.
② 트리에틸알루미늄은 물과 반응하여 가연성 가스인 에탄(C_2H_6)을 발생시킨다.
③ 인화칼슘은 물과 반응하여 산소를 발생시킨다.
④ 탄화칼슘은 물과 반응하여 아세틸렌(C_2H_2) 가스를 생성한다.

06 □□□

다음 중 탄화칼슘(CaC_2)에 대한 설명으로 옳은 것은 모두 몇 개인가?

> ㄱ. 질소와 고온에서 작용하여 흡열 반응한다.
> ㄴ. 물과 반응해서 수산화칼슘과 아세틸렌이 생성된다.
> ㄷ. 건조한 공기 중에서는 안전하나 350℃ 이상으로 열을 가하면 산화한다.
> ㄹ. 철제용기에 밀봉하여 습기가 없는 곳에 저장한다.
> ㅁ. 대량으로 저장 시 용기에 질소 가스 등 불연성 가스를 봉입하여 저장한다.

① 2개 ② 3개
③ 4개 ④ 5개

07 □□□

다음 중 인화칼슘(인화석회, Ca_3P_2)에 대한 설명으로 옳은 것은 모두 몇 개인가?

> ㄱ. 인화칼슘을 취급할 때는 수분의 접촉을 주의해야 한다.
> ㄴ. 물과 반응하여 수소가스를 발생한다.
> ㄷ. 인화칼슘의 소화방법은 주수소화가 적당하다.
> ㄹ. 인화칼슘은 모래, 건조 흙, 건조 소석회 등으로 질식소화한다.

① 1개 ② 2개
③ 3개 ④ 4개

08 □□□

물과 반응하여 가연성 가스를 발생시키지 않는 것은?

① 탄화칼슘(CaC_2)
② 금속칼륨(K)
③ 인화칼슘(Ca_3P_2)
④ 산화칼슘(CaO)

09 □□□

물과 반응하여 가연성 가스인 아세틸렌이 발생되지 않는 것은?

① 탄화칼슘(CaC_2)
② 탄화칼륨(K_2C_2)
③ 탄화마그네슘(MgC_2)
④ 탄화알루미늄(Al_4C_3)

10 □□□

금속의 수소화물이 물 반응하여 생성되는 물질의 반응식으로 가장 옳지 않은 것은?

① 수소화리튬(LiH)

$$LiH + H_2O \rightarrow LiOH + H_2\uparrow + Qkcal$$

② 수소화나트륨(NaH)

$$NaH + H_2O \rightarrow NaOH + C_2H_2\uparrow + Qkcal$$

③ 수소화칼슘(CaH_2)

$$CaH_2 + 2H_2O \rightarrow Ca(OH)_2 + 2H_2\uparrow + Qkcal$$

④ 수소화알루미늄리튬[$Li(AlH_4)$]

$$Li(AlH_4) + 4H_2O \rightarrow LiOH + Al(OH)_3 + 4H_2\uparrow + Qkcal$$

11 □□□

탄화알루미늄이 물과 반응하여 폭발의 위험이 있는 것은 어떤 가스가 발생하기 때문인가?

① 메탄
② 아세틸렌
③ 수소
④ 암모니아

제4류 위험물

정답 및 해설 p.96

01 □□□

다음 중 제4류 위험물에 대한 설명으로 옳은 것은 모두 몇 개인가?

> ㄱ. 위험물이 유출하였을 때 액면이 확대되지 않게 흙 등으로 잘 조치한 후 자연 증발시킨다.
> ㄴ. 물에 녹지 않는 위험물은 폐기할 경우 물에 섞어 하수구에 버린다.
> ㄷ. 물보다 가벼운 것이 많으며, 모두 물에 용해된다.
> ㄹ. 발생 증기는 낮은 곳으로 배출하고 통풍이 잘 되도록 한다.
> ㅁ. 화기가 없어도 정전기가 축적되어 있으면 방전하여 착화할 우려가 있으므로 축적되지 않도록 한다.

① 1개 ② 2개
③ 3개 ④ 4개

02 □□□

다음 중 제4류 위험물의 위험성에 대한 설명으로 옳은 것을 모두 고른 것은?

> ㄱ. 수용성 위험물은 비수용성 위험물보다 소화가 쉽다.
> ㄴ. 증기 비중이 큰 것일수록 작은 것보다 인화의 위험성이 높다.
> ㄷ. 비휘발성 석유류가 휘발성 석유류보다 위험하다.
> ㄹ. 인화점이 낮을수록 인화점이 높은 것보다 안전하다.

① ㄱ, ㄴ
② ㄱ, ㄴ, ㄷ
③ ㄱ, ㄴ, ㄹ
④ ㄱ, ㄴ, ㄷ, ㄹ

03 □□□

제4류 위험물을 저장하는 창고에 아세톤을 20L로 각각 20개, 휘발유 200L 드럼으로 3개, 등유를 200L로 5개를 저장하고 있다면 각각의 지정 수량의 배수의 총합은 얼마인가?

① 2배 ② 3배
③ 4배 ④ 5배

04 □□□

아세트알데히드의 성질에 대한 설명으로 옳지 않은 것은?

① 자극성의 과일 향을 지닌 무색투명한 인화성이 강한 휘발성 액체이다.
② 무색의 액체로 인화성이 강하다.
③ 직사광선을 받으면 압력의 증가로 인해 분해하여 과산화물이 생성되어 위험하다.
④ 산과 접촉·중합하여 흡열한다.

05 □□□

1몰의 이황화탄소와 고온의 물이 반응하여 생성되는 이산화탄소와 황화수소의 부피는 표준 상태에서 각각 얼마인가?

	CO_2	H_2S
①	22.4L	22.4L
②	22.4L	44.8L
③	44.8L	22.4L
④	44.8L	44.8L

06 □□□

제4류 위험물의 일반적인 성질에 대한 설명으로 옳지 않은 것은?

① 대표적인 성질로 인화성을 가지는 물질이다.
② 대부분의 물질이 물에 쉽게 용해하지 않는다.
③ 석유류 화재 중 물을 방수하면 발화점을 낮추어 냉각소화 효과를 가져 온다.
④ 이황화탄소는 발화점(착화점)이 100℃로 매우 낮아 자연발화의 위험이 있다.

07 □□□

「위험물안전관리법」상 제4류 위험물에 대한 내용으로 옳지 않은 것은?

① 대부분 발생하는 증기의 비중은 공기보다 무겁다.
② 전기적으로 부도체이므로 정전기는 점화원으로 작용하지 않는다.
③ 화재 발생 시 흑색 연기가 주로 발생한다.
④ 증기는 공기와 약간만 혼합되어도 연소의 우려가 있다.

08 □□□

제4류 위험물의 저장 및 취급방법과 화재 시 진압대책에 대한 내용으로 옳지 않은 것은?

① 정전기의 발생, 축적, 스파크(Spark)의 발생을 억제하여야 한다.
② 알코올류와 같은 수용성 위험물은 특수한 안정제를 가한 알코올형포 소화약제를 사용하여 소화한다.
③ 비중이 물보다 무거운 중유의 화재 시에는 물을 무상으로 방사하는 물분무 소화설비도 적합하다.
④ 제4류 위험물의 대형 화재 시 진압대책은 스프링클러설비, 물분무 소화설비 또는 포 소화설비를 이용한 냉각 및 질식소화가 효과적이다.

09 □□□

제4류 위험물인 특수인화물에 대한 내용으로 옳지 않은 것은?

① 이황화탄소(CS_2)는 수용성이므로 물보다는 헥산 속에 저장한다.
② 이황화탄소, 디에틸에테르 등이 있다.
③ 디에틸에테르는 무색투명한 액체로서 휘발성이 매우 높고 마취성을 가진다.
④ 1기압에서 발화점이 100℃ 이하인 액체이거나 인화점이 -20℃ 이하이고 비점이 40℃ 이하인 액체이다.

10 □□□

제4류 위험물 중 제1석유류에 대한 내용으로 옳지 않은 것은?

① 휘발유는 원유에서 끓는점에 의한 분별증류를 하여 얻어지는 유분 중에서 가장 높은 온도에서 분출되는 것으로, 대략적으로 탄소수가 5개에서 9개까지의 포화 및 불포화 탄화수소의 혼합물이다.
② 아세톤은 무색의 독특한 냄새(과일 냄새)를 내며 휘발성이 강한 액체로, 증기는 매우 유독하며 아세틸렌을 녹이므로 아세틸렌 저장에 이용된다.
③ 휘발유는 전기의 불량도체로서 정전기를 발생·축적할 위험이 있고, 점화원이 될 수 있다.
④ 벤젠(C_6H_6)은 무색투명한 액체로 독특한 냄새가 나는 휘발성 액체이며, 방향족 탄화수소 중 가장 간단한 구조를 가진다.

11 □□□

이황화탄소 저장 시 물 속에 저장하는 이유로 옳은 것은?

① 공기 중 수소와 접촉하여 산화되는 것을 방지하기 위하여
② 공기와 접촉 시 환원하기 때문에
③ 불순물을 제거하기 위하여
④ 가연성 증기의 발생을 억제하기 위해서

제5류 위험물

정답 및 해설 p.98

01 □□□

제5류 위험물의 일반적인 성질에 해당하지 않는 것은?

① 산소의 공급이 없어도 점화원만 있으면 연소 또는 폭발을 일으킬 수 있는 자기연소성 물질이다.
② 유기과산화물류를 제외하고는 질소를 함유한 유기질소화합물이다.
③ 산화열의 축적에 의해서 자연발화의 위험이 있다.
④ 연소 시 발생하는 가스는 유독하며, 밀폐된 건물 내에서 화재 발생 시 매우 위험하다.

02 □□□

제5류 위험물의 소화가 어려운 이유는 무엇인가?

① 물과 흡열 반응을 하기 때문이다.
② 연소 시 불꽃을 내지 않아 훈소화재의 특성을 보인다.
③ 연소에 관여하는 산소를 함유하고 있는 물질이므로 연소 속도가 빠르고 폭발의 위험이 있다.
④ 대부분의 물질이 금수성 물질이기 때문이다.

03 □□□

제5류 위험물의 유기과산화물의 저장 시 주의 사항으로 옳지 않은 것은?

① 산화제이므로 다른 산화제와 같이 저장해도 된다.
② 열에 대하여 불안전한 물질이다.
③ 강한 환원제를 가까이 하지 말아야 한다.
④ 순도가 높아지면 위험성이 증대한다.

04 □□□

제5류 위험물인 질산에스터류에 대한 설명으로 가장 적절한 것은?

① 질산의 수소 원자를 알킬기로 치환하여 만든 화합물이다.
② 질산에 알칼리 토금속을 반응시켜 만든 화합물이다.
③ 질산에 알칼리 금속을 반응시켜 만든 화합물이다.
④ 질산의 수소 원자를 금속으로 치환시켜 만든 화합물이다.

05 □□□

나이트로셀룰로오스의 자연발화는 일반적으로 무엇에 기인한 것인가?

① 분해열
② 산화열
③ 중합열
④ 흡착열

06 □□□

제5류 위험물의 화재 시 적당한 소화방법은?

① 냉각소화
② 질식소화
③ 제거소화
④ 부촉매소화

07 □□□

제5류 위험물(자기반응성 물질)에 대한 설명으로 가장 옳지 않은 것은?

① 자기반응성 유기질 화합물로 자연발화의 위험성을 갖는다.
② 온도가 높거나 습도가 낮은 곳에 저장하여 자연 발화를 방지한다.
③ 셀룰로이드의 화재 시에는 다량의 물로 냉각소화한다.
④ 외부로부터 산소 공급 없이도 가열, 충격 등에 의해 발열 분해를 일으켜 연소 폭발을 일으킬 수 있으므로 질식소화에 의한 방법은 부적절하다.

제6류 위험물

정답 및 해설 p.99

01 □□□

제6류 위험물 중 과산화수소(H_2O_2)에 대한 설명으로 옳은 것은 모두 몇 개인가?

ㄱ. 수용액의 농도가 36wt% 이하인 경우만 위험물로 취급한다.
ㄴ. 농도가 클수록 위험성이 높아지므로 분해 방지 안정제를 넣어 분해를 억제시킨다.
ㄷ. 물, 알코올, 에테르 등에는 녹으나 석유, 벤젠 등에는 녹지 않는다.
ㄹ. 유리 용기에 장기간 보관하여도 무방하다.
ㅁ. 용기에 내압 상승을 방지하기 위하여 아주 작은 구멍을 낸다.

① 2개　② 3개
③ 4개　④ 5개

02 □□□

제6류 위험물의 일반적인 성질로 옳지 않은 것은?

① 과산화수소를 제외하고는 강산이며, 산소를 많이 함유하고 있는 강산화제로서 작용하며, 산의 세기는 과염소산이 가장 세다.
② 물질의 액체 비중이 1보다 커서 물보다 무겁다.
③ 과산화수소는 물과 반응하지 않는다.
④ 일반적으로 환원성 물질이며, 염기와 반응하거나 물과 접촉할 때 발열하기도 한다.

03 □□□

제6류 위험물 중 과염소산($HClO_4$)에 대한 설명으로 옳지 않은 것은?

① 금속 또는 금속산화물과 반응하여 과염산염을 생성한다.
② 과염소산을 상압에서 가열하면 분해하고 유독성 가스인 HCl을 발생한다.
③ 휘발성이 강한 가연성 물질이다.
④ 물과 반응하면 소리를 내며 심하게 발열하고, 반응할 때 생긴 혼합물도 강한 산화력을 갖는다.

04 □□□

「위험물안전관리법」상 위험물에 대한 설명으로 가장 옳지 않은 것은?

① 제1류 위험물 중 무기과산화물의 지정수량은 50kg이다.
② 제6류 위험물 중 과염소산의 지정수량은 500kg이다.
③ 제5류 위험물 중 유기과산화물류의 지정수량은 10kg이다.
④ 제3류 위험물 중 알킬알루미늄의 지정수량은 10kg이다.

05 □□□

과산화수소의 운반용기 외부에 표시하여야 하는 주의사항은?

① 화기주의
② 충격주의
③ 물기엄금
④ 가연물접촉주의

제조소등의 위치·구조·설비의 기준

정답 및 해설 p.99

01 □□□

「위험물안전관리법 시행규칙」상 위험물 운반 용기 외부 표시하여 적재하는 사항 중 수납 위험물에 따른 주의사항 표시로 옳은 것은?

① 제3류 위험물 중 금수성 물질 - 물기주의
② 제4류 위험물 - 화기주의
③ 제5류 위험물 - 화기엄금, 물기엄금
④ 제6류 위험물 - 가연물접촉주의

02 □□□

「위험물안전관리법」상 위험물 제조소등에서 안전거리 규제 대상이 아닌 것은?

① 주유취급소
② 일반취급소
③ 옥외저장소
④ 옥외탱크저장소

03 □□□

위험물제조소에 설치하는 분말 소화설비의 기준에서 분말 소화약제의 가압용 가스로 사용할 수 있는 것은?

① 헬륨 또는 산소
② 네온 또는 염소
③ 질소 또는 이산화탄소
④ 아르곤 또는 산소

04 □□□

다음 중 「위험물안전관리법」상 (　) 안에 알맞은 수치는? (단, 인화점 200℃ 이상인 위험물은 제외한다)

> 옥외저장탱크의 지름은 15m 미만인 경우에 방유제는 탱크의 옆판으로부터 탱크 높이의 (　) 이상 이격하여야 한다.

① $\frac{1}{2}$　② $\frac{1}{3}$
③ $\frac{1}{4}$　④ $\frac{1}{5}$

05 □□□

「위험물안전관리법」상 운반 용기의 수납률에 대한 설명이다. 다음 중 ㄱ, ㄴ에 들어갈 내용으로 옳은 것은?

> 자연발화성 물질 중 알킬알루미늄 등은 운반 용기 내용적 (ㄱ)% 이하의 수납률로 수납하되 50℃의 온도에서 (ㄴ)% 이상의 공간 용적을 유지하도록 하여야 한다.

	ㄱ	ㄴ
①	90	3
②	90	5
③	95	3
④	98	5

06 □□□

「위험물안전관리법」상 주유취급소에 설치할 수 있는 위험물 탱크로 가장 적절한 것은?

① 고정 주유 설비에 직접 접속하는 10기 이하의 간이 탱크
② 폐유 등을 저장하는 탱크로서 5,000L 이하일 것
③ 보일러 등에 직접 접속하는 전용 탱크로서 10,000L 이하일 것
④ 고정 급유설비에 직접 접속하는 전용 탱크로서 80,000L 이하일 것

PART 7 소방역사 및 소방조직

POINT 65

CHAPTER 1 소방역사

소방의 역사

정답 및 해설 p.101

01 □□□

다음 중 <보기>의 내용과 관련 있는 시기에 우리나라의 소방조직에 대한 설명으로 가장 적절한 것은?

> <보기>
> • 내무부에 민방위본부 설치로 민방위제도를 실시하게 되면서 치안본부 소방과에서 민방위본부 소방국으로 이관되었고 소방이 경찰로부터 분리되었다.
> • 「소방공무원법」이 제정되어 시행되었다.
> • 「소방법」을 개정하여 소방본부장 또는 소방서장은 구급대를 편성·운영할 수 있다는 규정을 신설하여 구급업무를 소방의 업무 영역으로 명문화하였다.

① 전국적으로 광역자치소방행정 체계였다.
② 국가소방과 자치소방의 이원화 시기였다.
③ 전국의 소방이 국가소방체제의 시기였다.
④ 중앙소방위원회 집행기구로 소방청을 설치하였다.

02 □□□

우리나라 소방 역사에 대한 내용으로 옳은 것은?

① 대한민국 정부 수립 이후인 1948년 「소방법」이 제정·공포되었다.
② 조선 시대인 1426년(세종 8년) 공조 소속으로 금화도감이 설치되었다.
③ 미군정 시대인 1946년에 중앙소방위원회가 설치되었다.
④ 1977년에 「소방기본법」이 제정되었다.

03 □□□

다음 중 소방의 발전과정에 대한 내용으로 옳은 것을 모두 고른 것은?

> ㄱ. 1972년 전국 시·도에 소방본부를 설치·운영하고 광역소방행정체제로 전환하였다.
> ㄴ. 1958년에 최초의 소방서가 설치되었다.
> ㄷ. 2004년 소방방재청을 설립하였다.
> ㄹ. 2017년 소방청을 설립하였다.

① ㄱ, ㄴ　② ㄷ, ㄹ
③ ㄱ, ㄴ, ㄷ　④ ㄴ, ㄷ, ㄹ

04 □□□

다음 중 우리나라 소방역사에 대한 내용으로 옳은 것을 모두 고른 것은?

> ㄱ. 1977년에 국가·지방소방공무원에 대한 단일신분법이 제정되었다.
> ㄴ. 미군정기에 최초의 독립된 자치소방행정체제를 실시하였다.
> ㄷ. 1945년 이후부터 '소방'이라는 용어를 처음 사용하였다.
> ㄹ. 1948년부터 1970년은 국가소방과 자치소방의 이원화 시기였다.

① ㄱ, ㄴ　② ㄴ, ㄷ
③ ㄷ, ㄹ　④ ㄴ, ㄷ, ㄹ

05 □□□

우리나라 소방의 역사에 대한 내용으로 옳지 않은 것은?

① 2003년은 「소방법」이 소방 4개분법으로 나누어졌다.
② 2004년은 「재난 및 안전관리 기본법」이 제정되었다.
③ 1426년에 병조 소속으로 금화도감이 설치되었다.
④ 2017년 6월에 소방업무, 민방위 업무 등을 담당하는 소방방재청이 설립되었다.

06 □□□

다음 중 <보기>의 시기 이후의 소방행정에 대한 내용으로 옳지 않은 것은?

<보기>

ㄱ. 「행정 기구와 정원에 대한 규정」을 개정하여 도에 소방본부를 설치할 수 있는 근거를 마련하였다.
ㄴ. 성수대교 붕괴, 삼풍백화점 붕괴 등 대형재난이 발생하였다.
ㄷ. 「소방기관 설치 및 정원에 대한 규정」을 제정하였고, 그 해 「지방세법」 및 동 시행령을 개정하여 시·군세인 소방공동시설세를 도세로 전환하였다.

① 「국가공무원법」에 소방공무원을 별정직에서 특정직 공무원으로 분류하였다.
② 총무처와 내무부를 통합하여 행정자치부가 출범하면서 민방위국에 재난관리국이 다시 흡수되어 민방위재난관리국으로 개칭되었다.
③ 종합적인 국가 재난관리 전담기구인 소방방재청을 개청하였다.
④ 국민안전처가 공식 출범하게 되었다.

07 □□□

2017년 개청된 소방청에 대한 설명이다. 다음 중 이와 관련된 내용으로 옳지 않은 것을 모두 고른 것은?

ㄱ. 행정안전부 소속으로 소방청을 신설하도록 하였다.
ㄴ. 소방청의 조직 개편 직제 및 정원 조정은 최종적으로 1관 2국 14과 189명으로 확정되었다.
ㄷ. 해양주권 수호 역량을 강화하기 위하여 소방청에 해양경찰청을 둔다.
ㄹ. 소방청에 재난 및 안전관리를 전담할 재난안전관리본부를 설치하였다.
ㅁ. 소방청은 육상재난 대응 총괄기관이다.

① ㄱ, ㄴ
② ㄷ, ㄹ
③ ㄷ, ㅁ
④ 없음

08 □□□

우리나라 소방의 역사에 대한 내용으로 옳은 것은?

① 1426년 세종 8년에 공조 소속으로 금화도감이 설치되었다.
② 1992년 서울과 부산의 소방본부 신설로 이원적 소방행정체제가 시행되었다.
③ 1975년 민방위제도를 실시하게 되면서 치안본부 소방과에서 민방위본부 소방국으로 이관되면서 소방이 경찰로부터 분리되었다.
④ 1919년 최초의 소방서인 경성소방서가 설치되었다.

09 □□□

다음 중 우리나라 소방의 변천과정 순서로 옳은 것은?

ㄱ. 「소방공무원법」 제정
ㄴ. 소방관계법규 4개 분법
ㄷ. 소방방재청 신설
ㄹ. 「재난관리법」 제정
ㅁ. 「소방법」 제정

① ㄱ → ㅁ → ㄷ → ㄴ → ㄹ
② ㄱ → ㅁ → ㄹ → ㄴ → ㄷ
③ ㅁ → ㄱ → ㄹ → ㄴ → ㄷ
④ ㅁ → ㄱ → ㄹ → ㄷ → ㄴ

10 □□□

다음 중 소방행정과 소방조직에 대한 내용으로 옳은 것을 모두 고른 것은?

ㄱ. 소방행정의 업무적 특성(일체성): 강력한 지휘·명령권과 기동성이 확립된 일사분란한 지휘체계를 가진다.
ㄴ. 소방행정작용의 특성(획일성): 소방행정기관이 당사자의 허락을 받지 않고 일방적인 결정에 의하여 행정조치를 취할 수 있다.
ㄷ. 소방행정작용의 특성(강제성): 소방행정의 실효성을 확보하기 위해 행정객체가 소방행정법에 의해 부과된 의무를 위반한 경우에 그에 대해 제재를 가할 수 있고 직접 자력으로 행정내용을 강제하고 실현할 수 있는 있는 특성을 가진다.
ㄹ. 소방조직의 원리(계선의 원리): 오직 한 사람의 상관으로부터 명령을 받고 그에게 보고해야 한다는 것이다.

① ㄱ, ㄴ
② ㄱ, ㄷ
③ ㄴ, ㄷ, ㄹ
④ 없음

POINT **66** CHAPTER 2 소방조직

소방의 조직 1

정답 및 해설 p.103

01 □□□

우리나라 소방조직에 대한 내용으로 옳지 않은 것은?

① 한국소방산업기술원은 소방산업의 진흥·발전을 효율적으로 지원하기 위하여 설립하며 기술원은 법인으로 하되 민법의 재단법인에 대한 규정을 준용한다.
② 소방대는 소방공무원, 의무소방원, 의용소방대원으로 구성되어 있다.
③ 제4류 위험물을 저장·취급하는 제조소에는 안전관리자를 보조하기 위하여 의용소방대를 설치한다.
④ 소방공무원은 단계에 따라 연령정년과 계급정년이 있다.

02 □□□

「소방공무원법」상 동종의 직무 내에서 하위의 직위에 임명하는 것을 무엇이라 하는가?

① 임용 ② 전보
③ 강임 ④ 복직

03 □□□

「소방공무원법」상 임용권자에 대한 설명이다. 다음 중 ㄱ, ㄴ에 들어갈 내용으로 옳은 것은?

- 소방령 이상의 소방공무원은 소방청장의 제청으로 (ㄱ) 을/를 거쳐 대통령이 임용한다. 다만, 소방총감은 대통령이 임명하고, 소방령 이상 소방준감 이하의 소방공무원에 대한 전보, 휴직, 직위해제, 강등, 정직 및 복직은 소방청장이 한다.
- 소방경 이하의 소방공무원은 (ㄴ)이/가 임용한다.

	ㄱ	ㄴ
①	행정안전부장관	소방청장
②	국무총리	소방청장
③	행정안전부장관	시·도지사
④	국무총리	시·도지사

04 □□□

외관상으로 볼 때 소방업무를 수행하기 위해서는 현재 필요한 소방력보다 많은 여유자원을 갖추고 있어야 한다는 것을 말하는 소방행정의 업무적 특성은?

① 전문성
② 일체성
③ 가외성
④ 결과성

05 □□□

「의용소방대 설치 및 운영에 대한 법률」상 의용소방대에 대한 내용으로 옳지 않은 것은?

① 의용소방대는 시·도, 시·읍 또는 면에 둔다.
② 시·도지사 또는 소방서장은 소방업무를 보조하기 위하여 의용소방대를 설치할 수 있다.
③ 시·도지사 또는 소방서장은 그 지역에 거주 또는 상주하는 주민 가운데 희망하는 사람을 임명한다.
④ 시·도지사 또는 소방서장은 소방업무를 보조하게 하기 위하여 필요한 때에는 의용소방대원을 소집할 수 있다.

06 □□□

「의용소방대 설치 및 운영에 대한 법률」상 의용소방대에 대한 내용으로 옳지 않은 것은?

① 의용소방대에는 대장·부대장·부장·반장 또는 대원을 둔다.
② 대장·부대장은 의용소방대원 중 관할 소방서장의 추천에 따라 시·도지사가 임명한다.
③ 소방본부장 또는 소방서장은 의용소방대원이 그 품위를 유지할 수 있도록 복무에 대한 지도·감독을 실시하여야 한다.
④ 의용소방대의 운영과 활동 등에 필요한 경비는 해당 소방본부장 또는 소방서장이 부담한다.

07 □□□

「의용소방대 설치 및 운영에 대한 법률」상 의용소방대의 교육·훈련 실시권자는?

① 소방본부장 또는 소방서장
② 시·도지사 또는 소방서장
③ 시·도지사, 소방본부장 또는 소방서장
④ 소방청장, 소방본부장 또는 소방서장

08 □□□

「소방기본법」상 화재예방상 필요하다고 인정되거나 화재위험 경보 시 발령하는 신호는?

① 예방신호
② 경계신호
③ 진압신호
④ 훈련신호

09 □□□

조직 유형의 분류에 따른 연결이 가장 옳지 않은 것은?

① 수혜자를 기준으로 한 분류: Scott & Blau
② 사회적 기능을 기준으로 한 분류: D. C. McClelland
③ 조직구성원의 참여도를 기준으로 한 분류: Likert
④ 복종의 정도를 기준으로 한 분류: Etzioni

10 □□□

「소방공무원 임용령」 제3조 규정에 따라 소방청장이 시·도지사에게 위임할 수 있는 권한으로 가장 옳지 않은 것은?

① 시·도 소속 소방경 이하의 소방공무원에 대한 임용권
② 중앙소방학교 소속 소방공무원 중 소방령에 대한 전보·휴직·직위해제·정직 및 복직에 관한 권한과 소방경 이하의 소방공무원에 대한 임용권
③ 소방정인 지방소방학교장에 대한 휴직, 직위해제, 정직 및 복직에 관한 권한
④ 시·도 소속 소방령 이상 소방준감 이하의 소방공무원(소방본부장 및 지방소방학교장은 제외한다)에 대한 전보, 휴직, 직위해제, 강등, 정직 및 복직에 관한 권한

POINT 67

CHAPTER 2 소방조직

소방의 조직 2

정답 및 해설 p.105

01 □□□

「소방공무원법」 제6조에서 정한 임용권자와 「소방공무원 임용령」 제3조에 따른 임용권의 위임에 관한 설명으로 가장 옳지 않은 것은?

① 소방정 이상의 소방공무원은 소방청장의 제청으로 국무총리를 거쳐 대통령이 임용한다. 다만, 소방총감은 대통령이 임명하고, 소방정 이상 소방준감 이하의 소방공무원에 대한 전보, 휴직, 직위해제, 강등, 정직 및 복직은 소방청장이 한다.

② 소방경 이하의 소방공무원은 소방청장이 임용한다.

③ 대통령은 「소방공무원법」 제6조 제3항에 따라 소방청과 그 소속기관의 소방정 및 소방령에 대한 임용권과 소방정인 지방소방학교장에 대한 임용권을 소방청장에게 위임하고, 시·도 소속 소방령 이상의 소방공무원(소방본부장 및 지방소방학교장은 제외한다)에 대한 임용권을 특별시장·광역시장·특별자치시장·도지사·특별자치도지사에게 위임한다.

④ 소방청장은 법 제6조 제4항에 따라 중앙119구조본부 소속 소방공무원 중 소방령에 대한 전보·휴직·직위해제·정직 및 복직에 관한 권한과 소방경 이하의 소방공무원에 대한 임용권을 중앙119구조본부장에게 위임한다.

02 □□□

「위험물안전관리법 시행령」상 자체소방대를 설치하여야 하는 대상사업소로 옳은 것은?

① 지정수량의 3천배 이상의 제3류 위험물을 취급하는 제조소 또는 저장소

② 지정수량의 3천배 이상의 제3류 위험물을 취급하는 제조소 또는 일반취급소

③ 지정수량의 3천배 이상의 제4류 위험물을 취급하는 제조소 또는 저장소

④ 지정수량의 3천배 이상의 제4류 위험물을 취급하는 제조소 또는 일반취급소

03 □□□

소방인사행정의 특성으로 옳지 않은 것은?

① 정부의 인적자원관리에는 정치성과 공공성이 강하게 반영된다.

② 정부의 인적자원관리는 법적 제약에 따른 인사의 경직성이 강하다.

③ 정부는 일반기업에 비해 특이성이 강한 직무들로 구성되어 있다.

④ 출동시간의 전산화로 인하여 인적자원에 대한 노동가치의 산출이 가능하다.

04 □□□

「국가공무원법」상 소방공무원은 구분으로 옳은 것은?

① 경력직 공무원 중 특정직 공무원에 해당한다.

② 특수경력직 공무원 중 특정직 공무원에 해당한다.

③ 경력직 공무원 중 정무직 공무원에 해당한다.

④ 특수경력직 공무원 중 별정직 공무원에 해당한다.

05 □□□

「소방공무원법」상 시보임용에 대한 내용으로 옳지 않은 것은?

① 소방공무원을 신규채용할 때에는 소방장 이하는 6개월간 시보로 임용하고, 소방위 이상은 1년간 시보로 임용하며, 그 기간이 만료된 다음 날에 정규 소방공무원으로 임용한다.

② 휴직기간, 직위해제기간 및 징계에 의한 정직처분 또는 감봉처분을 받은 기간은 시보임용 기간에 포함하지 아니한다.

③ 소방공무원으로 임용되기 전에 그 임용과 관련하여 소방공무원 교육훈련기관에서 교육훈련을 받은 기간은 시보임용 기간에 포함하지 아니한다.

④ 시보임용 기간 중에 있는 소방공무원이 근무성적 또는 교육훈련성적이 불량할 때에는 「국가공무원법」에도 불구하고 면직시키거나 면직을 제청할 수 있다.

06 □□□

「소방공무원법」상 근속승진에 대한 내용으로 옳지 않은 것은?

① 소방사를 소방교로 근속승진임용하려는 경우: 해당 계급에서 2년 이상 근속자
② 소방교를 소방장으로 근속승진임용하려는 경우: 해당 계급에서 5년 이상 근속자
③ 소방장을 소방위로 근속승진임용하려는 경우: 해당 계급에서 6년 6개월 이상 근속자
④ 소방위를 소방경으로 근속승진임용하려는 경우: 해당 계급에서 8년 이상 근속자

07 □□□

다음 중 「소방장비관리법 시행령」상 기동장비에 해당하는 것을 모두 고른 것은?

ㄱ. 소방물탱크차
ㄴ. 행정 및 교육지원차
ㄷ. 지휘정
ㄹ. 회전익항공기
ㅁ. 이동식 송·배풍기
ㅂ. 휴대용 윈치

① ㄴ, ㄷ, ㄹ
② ㄷ, ㄹ, ㅂ
③ ㄱ, ㄴ, ㄷ, ㄹ
④ ㄱ, ㄷ, ㄹ, ㅁ

08 □□□

「국가공무원법」상 임용의 결격사유에 해당하지 않는 것은?

① 파산선고를 받고 복권하지 아니한 자
② 금고 이상의 형의 선고유예를 받은 경우에 그 선고유예 기간 중에 있는 자
③ 법원의 판결 또는 다른 법률에 따라 자격이 상실되거나 정지된 자
④ 금고 이상의 형을 선고받고 그 집행유예 기간이 끝난 날부터 1년이 지나지 아니한 자

09 □□□

「소방기본법 시행규칙」상 현장지휘훈련을 받아야 할 대상자에 해당하지 않는 자는?

① 소방경
② 소방령
③ 소방정
④ 소방감

10 □□□

「소방공무원법」상 징계의 종류 및 효력에 대한 내용으로 옳지 않은 것은?

① 징계는 파면·해임·강등·정직·감봉·견책(譴責)으로 구분한다.
② 강등은 1계급 아래로 직급을 내리고 공무원신분은 보유하나 1개월 이상 3개월 이하의 기간동안 직무에 종사하지 못하며 그 기간 중 보수는 전액을 감한다.
③ 정직은 1개월 이상 3개월 이하의 기간으로 하고, 정직 처분을 받은 자는 그 기간 중 공무원의 신분은 보유하나 직무에 종사하지 못하며 보수는 전액을 감한다.
④ 견책(譴責)은 전과(前過)에 대하여 훈계하고 회개하게 한다.

PART 8 구조 · 구급론

119구조·구급에 관한 법률 1

정답 및 해설 p.108

01 □□□

「119구조·구급에 대한 법률」상 용어의 정의로 옳지 않은 것은?

① 구조란 응급환자에 대하여 행하는 상담, 응급처치 및 이송 등의 활동을 말한다.
② 119항공대란 항공기, 구조·구급 장비 및 119항공대원으로 구성된 단위조직을 말한다.
③ 119항공대원이란 구조·구급을 위한 119항공대에 근무하는 조종사, 정비사, 항공교통관제사, 운항관리사, 119구조·구급대원을 말한다.
④ 119구조대란 탐색 및 구조활동에 필요한 장비를 갖추고 소방공무원으로 편성된 단위조직을 말한다.

02 □□□

「119구조·구급에 대한 법률」상 구조·구급 기본계획 및 집행계획의 수립·시행권자는 누구인가?

① 소방청장
② 중앙소방학교장
③ 중앙119구조대장
④ 행정안전부장관

03 □□□

「119구조·구급에 대한 법률 시행령」상 시·도의 규칙으로 정하는 바에 따라 소방서마다 1개 대(隊) 이상 설치하되, 소방서가 없는 시·군·구의 경우에는 해당 시·군·구 지역의 중심지에 있는 119안전센터에 설치할 수 있는 구조대로 옳은 것은?

① 일반구조대
② 수난구조대
③ 직할구조대
④ 특수구조대

04 □□□

「119구조·구급에 대한 법률」상 119구조대의 편성과 운영에 대한 내용이다. 다음 중 ㄱ, ㄴ이 각각 설명하는 것으로 옳은 것은?

> ㄱ. 대형·특수 재난사고의 구조, 현장 지휘 및 테러현장 등의 지원 등을 위하여 소방청 또는 시·도 소방본부에 설치하되, 시·도 소방본부에 설치하는 경우에는 시·도의 규칙으로 정하는 바에 따른다.
> ㄴ. 테러 및 특수재난에 전문적으로 대응하기 위하여 소방청과 시·도 소방본부에 각각 설치하며, 시·도 소방본부에 설치하는 경우에는 시·도의 규칙으로 정하는 바에 따른다.

	ㄱ	ㄴ
①	특수구조대	테러대응구조대
②	직할구조대	테러대응구조대
③	테러대응구조대	특수구조대
④	직할구조대	특수구조대

05 □□□

「119구조·구급에 대한 법률」상 소방대상물, 지역 특성, 재난 발생 유형 및 빈도 등을 고려하여 시·도의 규칙으로 정하는 바에 설치하는 특수구조대에 해당하지 않는 것은?

① 수난구조대
② 산악구조대
③ 고속국도구조대
④ 테러대응구조대

06 □□□

다음 중 「119구조 · 구급에 대한 법률」상 특수구조대에 해당하는 것을 모두 고른 것은?

ㄱ. 직할구조대 ㄴ. 테러대응구조대 ㄷ. 고속국도구조대 ㄹ. 지하철구조대 ㅁ. 119항공대 ㅂ. 수난구조대

① ㄱ, ㄴ, ㅁ
② ㄴ, ㄷ, ㄹ
③ ㄷ, ㄹ, ㅂ
④ ㄹ, ㅁ, ㅂ

07 □□□

「119구조 · 구급에 대한 법률」상 국제구조대의 편성과 운영에 대한 내용으로 옳지 않은 것은?

① 외교부장관은 국외에서 대형재난 등이 발생한 경우 재외국민의 보호 또는 재난발생국의 국민에 대한 인도주의적 구조활동을 위하여 국제구조대를 편성하여 운영할 수 있다.
② 소방청장은 국제구조대를 국외에 파견할 것에 대비하여 구조대원에 대한 교육훈련 등을 실시할 수 있다.
③ 소방청장은 국제구조대를 재난발생국에 파견하기 위하여 필요한 경우 관계 중앙행정기관의 장 또는 시 · 도지사에게 직원의 파견 및 장비의 지원을 요청할 수 있다.
④ 소방청장은 국제구조대의 국외재난대응능력을 향상시키기 위하여 국제연합 등 관련 국제기구와의 협력체계 구축, 해외재난정보의 수집 및 기술연구 등을 위한 시책을 추진할 수 있다.

08 □□□

「119구조 · 구급에 대한 법률 시행령」상 구조대원의 자격기준으로 옳지 않은 것은?

① 소방청장이 실시하는 인명구조사 교육을 받은 사람
② 소방청장이 실시하는 인명구조사 시험에 합격한 사람
③ 국가 · 지방자치단체 및 「공공기관의 운영에 대한 법률」에 따른 공공기관의 구조 관련 분야에서 근무한 경력이 2년 이상인 사람
④ 「응급의료에 관한 법률」에 따른 응급구조사 자격을 가진 사람

09 □□□

「119구조 · 구급에 대한 법률」상 국제구조대의 편성 · 운영권자는?

① 국무총리
② 행정안전부장관
③ 외교부장관
④ 소방청장

10 □□□

「119구조 · 구급에 대한 법률」 및 같은 법 시행령상 국제구조대에 대한 내용으로 옳지 않은 것은?

① 소방청장은 국제구조대를 편성 · 운영하는 경우 인명 탐색 및 구조, 응급의료, 안전평가, 시설관리, 공보연락 등의 임무를 수행할 수 있도록 구성하여야 한다.
② 국제구조대의 파견 규모 및 기간은 재난유형과 파견지역의 피해 등을 종합적으로 고려하여 외교부장관과 협의하여 소방청장이 정한다.
③ 소방청장은 국제구조대원의 재난대응능력을 높이기 위하여 필요한 경우에는 국외 교육훈련을 실시할 수 있다.
④ 소방청장은 국제구조대원의 교육훈련에 강습교육과 실무교육훈련을 포함시켜야 한다.

POINT 69

CHAPTER 1 119구조·구급에 관한 법률

119구조·구급에 관한 법률 2

정답 및 해설 p.109

01 □□□

「119구조·구급에 대한 법률 시행령」상 구급대원의 자격기준으로 옳지 않은 것은?

① 「의료법」에 따른 의료인
② 소방청장이 실시하는 구급업무에 대한 교육을 받은 사람
③ 소방청장이 실시하는 인명구조사 시험에 합격한 사람
④ 「응급의료에 대한 법률」에 따라 2급 응급구조사 자격을 취득한 사람

02 □□□

다음 중 「응급의료에 대한 법률」상 ㄱ, ㄴ에 해당하는 것으로 옳은 것은?

> ㄱ. 질병, 분만, 각종 사고 및 재해로 인한 부상이나 그 밖의 위급한 상태로 인하여 즉시 필요한 응급처치를 받지 아니하면 생명을 보존할 수 없거나 심신에 중대한 위해(危害)가 발생할 가능성이 있는 환자 또는 이에 준하는 사람으로서 보건복지부령으로 정하는 사람
> ㄴ. 응급의료행위의 하나로서 응급환자의 기도를 확보하고 심장박동의 회복, 그 밖에 생명의 위험이나 증상의 현저한 악화를 방지하기 위하여 긴급히 필요로 하는 처치

	ㄱ	ㄴ
①	긴급환자	긴급처치
②	긴급환자	응급처치
③	응급환자	응급처치
④	응급환자	긴급처치

03 □□□

「119구조·구급에 대한 법률」상 119구급상황관리센터의 설치·운영 등에 대한 내용으로 옳지 않은 것은?

① 보건복지부장관은 119구급대원 등에게 응급환자 이송에 대한 정보를 효율적으로 제공하기 위하여 소방청과 시·도 소방본부에 119구급상황관리센터(구급상황센터)를 설치·운영하여야 한다.
② 보건복지부장관은 구급상황센터의 업무를 평가할 수 있다.
③ 구급상황센터에서는 재외국민, 영해·공해상 선원 및 항공기 승무원·승객 등에 대한 의료상담 등 응급의료서비스 제공한다.
④ 구급상황센터에서는 감염병환자 등의 이송 등 중요사항 보고 및 전파 업무를 수행한다.

04 □□□

「119구조·구급에 대한 법률」상 구조·구급대의 편성과 운영에 대한 내용이다. 다음 중 ㄱ, ㄴ에 들어갈 내용으로 옳은 것은?

> (ㄱ)은/는 초고층 건축물 등에서 요구조자의 생명을 안전하게 구조하거나 도서·벽지에서 발생한 응급환자를 의료기관에 긴급히 이송하기 위하여 (ㄴ)를 편성하여 운영한다.

	ㄱ	ㄴ
①	소방청장 또는 소방본부장	항공구조구급대
②	소방청장 또는 소방본부장	119항공대
③	시·도지사	항공구조구급대
④	시·도지사	119항공대

05 □□□

「119구조·구급에 대한 법률 시행령」상 구조대원이 구조출동 요청을 거절할 수 있는 경우가 아닌 것은? (단, 다른 수단으로 조치하는 것이 불가능한 경우에는 제외한다)

① 단순 문 개방의 요청을 받은 경우
② 집중호우 경보를 무시하고 교량하부의 교각기초에서 캠핑을 하여 고립된 경우
③ 동물의 단순 처리·포획·구조 요청을 받은 경우
④ 시설물에 대한 단순 안전조치 및 장애물 단순 제거의 요청을 받은 경우

06 □□□

「119구조·구급에 대한 법률 시행령」 및 같은 법 시행령상 구조·구급 요청의 거절에 대한 내용으로 옳지 않은 것은?

① 만성질환자로서 검진 또는 입원 목적의 이송 요청자에 해당하는 비응급환자인 경우에는 구급출동 요청을 거절할 수 있다.
② 구조·구급대원은 요구조자 또는 응급환자가 구조·구급대원에게 폭력을 행사하는 등 구조·구급활동을 방해하는 경우에는 구조·구급활동을 거절할 수 있다.
③ 구급요청을 거절한 구급대원은 구급 거절·거부 확인서를 작성하여 소속 소방관서장에게 보고하고, 소속 소방관서에 2년간 보관하여야 한다.
④ 구조·구급대원은 구조 또는 구급 요청을 거절한 경우 구조 또는 구급을 요청한 사람이나 목격자에게 그 내용을 알리고, 행정안전부령으로 정하는 바에 따라 그 내용을 기록·관리하여야 한다.

07 □□□

「119구조·구급에 대한 법률 시행령」상 구급대원이 구급출동 요청을 거절할 수 있는 경우가 아닌 것은?

① 혈압 등 생체징후가 안정된 타박상 환자
② 만성질환자로서 검진 또는 입원 목적의 이송 요청자
③ 38℃ 이상의 고열 또는 호흡곤란이 있는 감기환자
④ 병원 간 이송 또는 자택으로의 이송 요청자

08 □□□

「119구조·구급에 대한 법률 시행령」상 119항공기사고조사단의 편성·운영권자는?

① 시·도지사
② 소방청장 또는 시·도지사
③ 국토교통부장관
④ 소방청장, 소방본부장 또는 소방서장

09 □□□

「다중이용업소의 안전관리에 대한 특별법」상 안전시설등에 해당하지 않는 것은?

① 소방시설
② 비상구
③ 영업장 내부 피난통로
④ 실내장식물

10 □□□

「다중이용업소의 안전관리에 대한 특별법」상 다중이용업소에 대한 화재위험평가에 대한 설명이다. 다음 중 ㄱ, ㄴ에 들어갈 내용으로 옳은 것은?

> 제15조 【다중이용업소에 대한 화재위험평가 등】 소방청장, 소방본부장 또는 소방서장은 어느 하나에 해당하는 지역 또는 건축물에 대하여 화재를 예방하고 화재로 인한 생명·신체·재산상의 피해를 방지하기 위하여 필요하다고 인정하는 경우에는 화재위험평가를 할 수 있다.
> 1. 2천m^2 지역 안에 다중이용업소가 (ㄱ) 이상 밀집하여 있는 경우
> 2. 5층 이상인 건축물로서 다중이용업소가 (ㄴ) 이상 있는 경우
> 3. 하나의 건축물에 다중이용업소로 사용하는 영업장 바닥면적의 합계가 1천m^2 이상인 경우

	ㄱ	ㄴ
①	30개	5개
②	30개	10개
③	50개	5개
④	50개	10개

POINT 70

CHAPTER 2 구조·구급 장비 등

로프기술 등

정답 및 해설 p.110

01 □□□

구조활동 단계별 행동요령 중 사전대비단계에 해당하지 않는 것은?

① 과거의 사례 등을 검토하고 지역특성에 맞는 대응책을 강구한다.
② 출동경로와 현장 진입로를 결정한다.
③ 체력, 기술을 연마하고 사기진작에 노력한다.
④ 관할 출동구역 내의 지리분석을 통한 도로상황, 지형, 구획의 구성 등을 사전에 조사·파악하여 재난·사고 발생이 예상되는 경우 미리 필요한 대책을 수립한다.

02 □□□

소방안전관리 특성의 종류로 옳지 않은 것은?

① 안전관리의 일체성·적극성
② 안전관리의 특이성·양면성
③ 안전관리의 계속성·반복성
④ 안전관리의 강제성·획일성

03 □□□

소방장비 조작 시 주의사항으로 옳지 않은 것은?

① 엔진동력 장비의 경우 사용 전에는 기기를 흔들어 잘 혼합되도록 한 후 시동을 건다.
② 여름철 무더운 날은 구조업무에 지장을 줄 수 있으므로 안전모·안전화·보안경 등의 착용을 하지 않는 것을 원칙으로 한다.
③ 체인톱·헤머드릴 등 고속 회전부분이 있는 장비의 경우 실밥이 말려들어갈 수 있으므로 면장갑은 착용하지 않는다.
④ 장비를 이동시킬 때에는 작동을 중지시킨다. 엔진장비의 경우에는 시동을 끄고 전동장비는 플러그를 뽑는다.

04 □□□

구조용 로프(Rope)에 대한 내용으로 옳지 않은 것은?

① 매듭의 강도는 말뚝매듭이 가장 크다.
② 현재 인명구조용 로프는 합성섬유인 폴리아미드 계열의 나일론 로프가 가장 많이 사용되고 있다.
③ 스태틱로프(정적로프)는 다이나믹(동적로프)보다 신장률이 낮다.
④ 로프는 사용횟수와 무관하게 강도가 저하된다.

05 □□□

구조용 로프 관리에 대한 내용으로 옳지 않은 것은?

① 2개의 로프를 직접 연결하면 마찰부위에서 발생하는 열로 인해 로프가 단선될 수 있으므로 카라비너를 함께 사용한다.
② 천염섬유는 물로 세척하지 않는다. 물로 세척하면 처음에는 천연섬유를 강하게 하지만 지속적으로 적셨다 건조하면 섬유를 약하게 하면서 손상된다.
③ 합성섬유 구조로프의 경우 오염이 심하면 따뜻한 물과 표백제를 사용한다.
④ 배터리액, 탄화수소 연료 또는 자욱한 연기나 이러한 물질의 증기와 같은 화학적 오염에 노출되어서는 안 되며, 동력장비 또는 이러한 장비의 예비연료와는 따로 보관하여야 한다.

06 □□□

로프매듭과 로프의 관리상 주의사항으로 옳지 않은 것은?

① 매듭의 끝 부분은 충분한 길이를 남겨두고 엄지매듭으로 묶어 준다.
② 정기적으로 로프를 세척하여 이물질을 제거하도록 한다.
③ 매듭의 크기가 작은 것보다는 큰 방법을 선택한다.
④ 세척할 때에는 미지근한 물에 중성세제를 알맞게 풀어 로프를 충분히 적시고 흔들어 모래나 먼지가 빠져나가도록 하고 부드러운 솔이 있으면 가볍게 문질러 주면 좋다.

07 □□□

로프를 이용한 매듭 중 매듭에 마디를 만드는 결절매듭에 해당하지 않는 것은?

① 한겹8자매듭
② 두겹고정매듭
③ 한겹매듭
④ 고정매듭

08 □□□

로프를 이용한 매듭 중 2본의 로프를 서로 결합하는 결합매듭에 해당하지 않는 것은?

① 한겹매듭
② 두겹매듭
③ 고정매듭
④ 바른매듭

09 □□□

응급환자에 대한 응급처치로 기도유지 방법으로 가장 옳지 않은 것은?

① 혼수상태인 경우에는 기도삽관을 시행하며, 그 외의 경우에는 기도기를 이용한다.
② 기도를 유지하기 위한 기구로는 경구기도기, 경비기도기, 인후마스크, 기도삽관튜브 등이 있다.
③ 두부후굴 - 하악거상법을 이용하여 머리를 뒤로 제치고 턱을 들어주면 하악골의 상승으로 이완된 혀의 근육이 더욱 당겨져 올라가므로 기도가 열리게 된다.
④ 경추의 손상이 의심되는 외상환자의 경우에는 두부후굴- 하악거상법을 신속하게 실시한다.

10 □□□

구급환자의 중증도 분류에 대한 내용으로 옳지 않은 것은?

① 환자는 중증도에 따라 긴급환자, 응급환자, 비응급환자, 지연환자의 4집단으로 분류한다.
② 응급환자의 치료순서는 2순위이고, 심볼은 토끼그림이다.
③ 기도폐쇄, 호흡정지 증상이 있는 환자는 긴급환자로 분류한다.
④ 사망하였거나 생존의 가능성이 없는 환자는 지연환자로 분류한다.

PART 9 재난관리론

재난관리론

정답 및 해설 p.114

01 □□□

존스(Jones)의 재해분류 중 준자연재해에 해당하지 않는 것은?

① 스모그 현상
② 산사태
③ 산성화
④ 사막화 현상

02 □□□

재난의 응급의학적 분류에 대한 내용으로 옳지 않은 것은?

① 재해로 인해 발생된 환자를 효율적으로 치료하기 위해 내과적 재난(Medical disaster)과 외상성 재난(Surgical disaster)으로 구분한다.
② 응급의학적 재난 분류방법은 재난 시 발생되는 환자 형태를 예측하고, 그에 대한 의료적 자원을 효과적으로 관리할 수 있다.
③ 외상성 재난은 피해자들이 주로 외상을 당하는 재난으로, 부상 형태가 외상으로 나타나는 재난을 말한다.
④ 내과적 재난은 화학물질 누출, 방사능 누출, 유독물질 누출 등의 사고로 호흡기장애, 대사기능장애 등을 유발시키는 물리적 재난을 말한다.

03 □□□

재난관리의 분산적 접근방법과 통합적 접근방법에 대한 비교 내용으로 옳지 않은 것은?

① 책임범위 및 부담 측면에서 분산적 접근방법보다 통합적 접근방법이 과도하다고 할 수 있다.
② 통합적 접근방법의 정보전달체계는 일원화되어 있는 장점이 있다.
③ 인적자원의 효과적 활용은 분산적 접근방법이 효율적이다.
④ 분산적 접근방법은 재원 마련과 배분이 상대적으로 복잡한 단점이 있다.

04 □□□

다음 중 존스(Jones)의 재해분류 중 지구물리학적 재해에 해당하는 것은 모두 몇 개인가?

ㄱ. 산사태
ㄴ. 눈사태
ㄷ. 쓰나미
ㄹ. 사막화
ㅁ. 해일

① 2개 ② 3개
③ 4개 ④ 5개

05 □□□

재난관리 방식 중 통합적 접근방식에 해당하는 것을 모두 고른 것은?

ㄱ. 재난의 발생 유형에 따라 소관부처별로 업무가 나뉜다.
ㄴ. 재난 시 유관기관 간의 중복적 대응이 있을 수 있다.
ㄷ. 재난 정보전달체계는 일원화되는 특징이 있다.
ㄹ. 재난의 종류에 따라 대응방식의 차이와 대응계획 및 책임기관이 각각 다르게 배정된다.
ㅁ. 종합정보체계의 구축이 비교적 어렵다.

① ㄱ, ㄷ
② ㄷ, ㅁ
③ ㄱ, ㄷ, ㅁ
④ ㄷ, ㄹ, ㅁ

POINT 72

CHAPTER 1 총칙

총칙 1

정답 및 해설 p.115

01 □□□

「재난 및 안전관리 기본법」상 목적이다. 다음 중 ㄱ, ㄴ에 들어갈 내용으로 옳은 것은?

> 「재난 및 안전관리 기본법」은 각종 재난으로부터 (ㄱ)을/를 보존하고 국민의 생명·신체 및 재산을 보호하기 위하여 국가와 지방자치단체의 재난 및 안전관리체제를 확립하고, 재난의 예방·대비·대응·복구와 (ㄴ), 그 밖에 재난 및 안전관리에 필요한 사항을 규정함을 목적으로 한다.

	ㄱ	ㄴ
①	환경	안전문화활동
②	환경	문화진흥활동
③	국토	안전문화활동
④	국토	문화진흥활동

02 □□□

「재난 및 안전관리 기본법」상 재난의 예방·대비·대응 및 복구를 위하여 하는 모든 활동을 무엇이라 하는가?

① 안전관리
② 재난관리
③ 안전기준
④ 긴급구조

03 □□□

「재난 및 안전관리 기본법」상의 기본이념으로 가장 옳은 것은?

① 각종 재난으로부터 국토를 보존하고 국민의 생명·신체 및 재산을 보호하기 위하여 국가와 지방자치단체의 재난 및 안전관리체제를 확립하고, 재난의 예방·대비·대응·복구와 안전문화활동, 그 밖에 재난 및 안전관리에 필요한 사항을 규정함을 목적으로 한다.
② 재난을 예방하고 재난이 발생한 경우 그 피해를 최소화하는 것이 국가와 지방자치단체의 기본적 의무임을 확인하고, 모든 국민과 국가·지방자치단체가 국민의 생명 및 신체의 안전과 재산보호에 관련된 행위를 할 때에는 안전을 우선적으로 고려함으로써 국민이 재난으로부터 안전한 사회에서 생활할 수 있도록 함을 기본이념으로 한다.
③ 태풍, 홍수 등 자연현상으로 인한 재난으로부터 국토를 보존하고 국민의 생명·신체 및 재산과 주요 기간시설(基幹施設)을 보호하기 위하여 자연재해의 예방·복구 및 그 밖의 대책에 관하여 필요한 사항을 규정함을 목적으로 한다.
④ 산업재해보상보험 사업을 시행하여 근로자의 업무상의 재해를 신속하고 공정하게 보상하며, 재해근로자의 재활 및 사회 복귀를 촉진하기 위하여 이에 필요한 보험시설을 설치·운영하고, 재해 예방과 그 밖에 근로자의 복지 증진을 위한 사업을 시행하여 근로자 보호에 이바지하는 것을 목적으로 한다.

04 □□□

「재난 및 안전관리 기본법」상 국가 및 지방자치단체가 행하는 재난 및 안전관리 업무의 총괄·조정권자는?

① 행정안전부장관
② 국토교통부장관
③ 소방청장
④ 국무총리

05 □□□

다음 중 「재난 및 안전관리 기본법」상 자연재난에 해당하는 것은 모두 몇 개인가?

> ㄱ. 환경오염사고 등으로 인하여 발생하는 대통령령으로 정하는 규모 이상의 피해
> ㄴ. 자연우주물체의 추락·충돌로 인하여 발생하는 재해
> ㄷ. 「미세먼지 저감 및 관리에 관한 특별법」에 따른 미세먼지 등으로 인한 피해
> ㄹ. 조류(藻類) 대발생으로 인하여 발생하는 재해
> ㅁ. 가뭄, 폭염, 지진, 황사(黃砂)로 인하여 발생하는 재해

① 2개 ② 3개
③ 4개 ④ 5개

06 □□□

「재난 및 안전관리 기본법」상 재난이나 그 밖의 각종 사고로부터 사람의 생명·신체 및 재산의 안전을 확보하기 위하여 하는 모든 활동을 무엇이라 하는가?

① 재난관리
② 안전관리
③ 재난활동
④ 안전활동

07 □□□

「재난 및 안전관리 기본법」상 용어의 정의로 적절하지 않은 것은?

① 재난안전통신망이란 재난관리책임기관·긴급구조기관 및 긴급구조지원기관이 재난 및 안전관리업무에 이용하거나 재난현장에서의 통합지휘에 활용하기 위하여 구축·운영하는 통신망을 말한다.
② 국가핵심기반이란 에너지, 정보통신, 교통수송, 보건의료 등 국가경제, 국민의 안전·건강 및 정부의 핵심기능에 중대한 영향을 미칠 수 있는 시설, 정보기술시스템 및 자산 등을 말한다.
③ 안전관리란 안전교육, 안전훈련, 홍보 등을 통하여 안전에 관한 가치와 인식을 높이고 안전을 생활화하도록 하는 등 재난이나 그 밖의 각종 사고로부터 안전한 사회를 만들어가기 위한 활동을 말한다.
④ 재난안전의무보험이란 재난이나 그 밖의 각종 사고로 사람의 생명·신체 또는 재산에 피해가 발생한 경우 그 피해를 보상하기 위한 보험 또는 공제(共濟)로서 이 법 또는 다른 법률에 따라 일정한 자에 대하여 가입을 강제하는 보험 또는 공제를 말한다.

08 □□□

「재난 및 안전관리 기본법」상 모든 유형의 재난에 공통적으로 활용할 수 있도록 재난관리의 전 과정을 통일적으로 단순화·체계화한 것으로서 행정안전부장관이 고시하는 기준을 무엇이라 하는가?

① 화재안전성능기준
② 화재안전기술기준
③ 국가재난관리기준
④ 국가화재예방기준

총칙 2

정답 및 해설 p.116

01 □□□

「재난 및 안전관리 기본법」상 용어의 정의로 옳지 않은 것은?

① 재난관리주관기관이란 재난이나 그 밖의 각종 사고에 대하여 그 유형별로 예방·대비·대응 및 복구 등의 업무를 주관하여 수행하도록 대통령령으로 정하는 관계 중앙행정기관을 말한다.
② 긴급구조란 재난이 발생할 우려가 현저하거나 재난이 발생하였을 때에 국민의 생명·신체 및 재산을 보호하기 위하여 긴급구조기관과 긴급구조지원기관이 하는 인명구조, 응급처치, 그 밖에 필요한 모든 긴급한 조치를 말한다.
③ 안전기준이란 각종 시설 및 물질 등의 제작, 유지관리 과정에서 안전을 확보할 수 있도록 적용하여야 할 기술적 기준을 체계화한 것을 말하며, 안전기준의 분야, 범위 등에 관하여는 대통령령으로 정한다.
④ 긴급구조기관이란 소방청·경찰청 및 기상청을 말한다. 다만, 해양에서 발생한 재난의 경우에는 해양경찰청·지방해양경찰청 및 해양경찰서를 말한다.

02 □□□

「재난 및 안전관리 기본법」상 국가핵심기반에 대한 내용으로 옳은 것은?

① 에너지, 정보통신, 교통수송, 보건의료 등 국가경제, 국민의 안전·건강 및 정부의 핵심기능에 중대한 영향을 미칠 수 있는 시설, 정보기술시스템 및 자산 등을 말한다.
② 재난관리책임기관·긴급구조기관 및 긴급구조지원기관이 재난관리업무에 이용하거나 재난현장에서의 통합지휘에 활용하기 위하여 구축·운영하는 통신망을 말한다.
③ 재난관리를 위하여 필요한 재난상황정보, 동원가능 자원정보, 시설물정보, 지리정보를 말한다.
④ 긴급구조에 필요한 인력·시설 및 장비, 운영체계 등 긴급구조능력을 보유한 기관이나 단체로서 대통령령으로 정하는 기관과 단체를 말한다.

03 □□□

「재난 및 안전관리 기본법」상 긴급구조기관이 아닌 것은?

① 소방청
② 해양경찰청
③ 지방해양경찰청
④ 경찰청

04 □□□

「재난 및 안전관리 기본법 시행령」상 자연재난 유형별 재난관리 주관기관의 연결이 옳지 않은 것은?

① 과학기술정보통신부 및 우주항공청: 「전파법」 제51조에 따른 우주전파재난
② 국토교통부: 「지진·화산재해대책법」 제2조 제1호에 따른 지진재해
③ 환경부: 하천·호소 등의 조류 대발생으로 인해 발생하는 재해
④ 해양수산부: 「농어업재해대책법」 제2조 제3호에 따른 어업재해 중 적조현상 및 해파리의 대량발생으로 인해 발생하는 수산양식물 및 어업용 시설의 피해

05 □□□

「재난 및 안전관리 기본법 시행령」상 환경부가 재난관리주관기관이 되는 자연재난 유형을 모두 고르면?

ㄱ. 하천·호소 등의 조류 대발생으로 인해 발생하는 재해
ㄴ. 황사로 인해 발생하는 재해
ㄷ. 「자연재해대책법」 제2조 제3호에 따른 풍수해 중 조수로 인해 발생하는 재해
ㄹ. 「지진·화산재해대책법」 제2조 제2호에 따른 화산재해

① ㄱ
② ㄱ, ㄴ
③ ㄱ, ㄴ, ㄷ
④ ㄱ, ㄴ, ㄷ, ㄹ

06 □□□

「재난 및 안전관리 기본법 시행령」상 사회재난 유형별 재난관리주관기관의 연결이 옳지 않은 것은?

① 행정안전부: 「유통산업발전법」 제2조 제3호에 따른 대규모점포의 화재등으로 인해 발생하는 대규모 피해
② 행정안전부 및 경찰청: 일반인이 자유로이 모이거나 통행하는 도로, 광장 및 공원의 다중운집인파사고로 인해 발생하는 대규모 피해
③ 행정안전부 및 소방청: 「위험물안전관리법」 제2조 제1항 제1호에 따른 위험물의 누출·화재·폭발 등으로 인해 발생하는 대규모 피해
④ 보건복지부: 「의료법」 제3조 제2항 제3호에 따른 병원급 의료기관의 화재등으로 인해 발생하는 대규모 피해

07 □□□

「재난 및 안전관리 기본법 시행령」상 재난관리주관기관 중 행정안전부 및 소방청이 담당하는 사회재난 유형을 모두 고르면?

ㄱ. 「소방기본법」 제2조 제1호에 따른 소방대상물의 화재로 인해 발생하는 대규모 피해
ㄴ. 「위험물안전관리법」 제2조 제1항 제1호에 따른 위험물의 누출·화재·폭발 등으로 인해 발생하는 대규모 피해
ㄷ. 「전통시장 및 상점가 육성을 위한 특별법」 제2조 제1호에 따른 전통시장의 화재등으로 인해 발생하는 대규모 피해
ㄹ. 「관광진흥법」 제33조의2 제1항에 따른 유기시설 또는 유기기구의 중대한 사고로 인해 발생하는 대규모 피해

① ㄱ
② ㄱ, ㄴ
③ ㄱ, ㄴ, ㄷ
④ ㄱ, ㄴ, ㄷ, ㄹ

08 □□□

「재난 및 안전관리 기본법 시행령」상 재난관리주관기관 중 행정안전부가 담당하는 사회재난 유형을 모두 고르면?

ㄱ. 「승강기 안전관리법」 제48조 제1항에 따른 승강기의 사고 또는 고장으로 인해 발생하는 대규모 피해
ㄴ. 「건축물관리법」 제2조 제1호에 따른 건축물의 붕괴·전도 등으로 인해 발생하는 대규모 피해
ㄷ. 인접 국가의 방사능 누출로 인해 발생하는 대규모 피해
ㄹ. 「미세먼지 저감 및 관리에 관한 특별법」 제2조 제1호에 따른 미세먼지로 인한 피해

① ㄱ
② ㄱ, ㄴ
③ ㄱ, ㄴ, ㄷ
④ ㄱ, ㄴ, ㄷ, ㄹ

중앙위원회 등

정답 및 해설 p.118

01 □□□

「재난 및 안전관리 기본법」상 중앙위원회의 심의사항에 해당하지 않는 것은?

① 특별재난지역의 선포에 관한 사항
② 국가안전관리기본계획에 관한 사항
③ 재난사태의 선포에 관한 사항
④ 국가핵심기반의 지정에 관한 사항의 심의

02 □□□

「재난 및 안전관리 기본법」상 중앙위원회의 위원장은 누구인가?

① 국무총리
② 국토부장관
③ 행정안전부장관
④ 소방청장

03 □□□

「재난 및 안전관리 기본법」상 중앙위원회에 대한 내용으로 옳지 않은 것은?

① 재난 및 안전관리 사업 관련 중기사업계획서, 투자우선순위 의견 및 예산요구서에 대한 사항을 심의한다.
② 중앙위원회의 심의사항의 사무가 국가안전보장과 관련된 경우에는 소방청과 협의하여야 한다.
③ 중앙위원회의 위원장은 국무총리가 되고, 위원은 대통령령으로 정하는 중앙행정기관 또는 관계 기관·단체의 장이 된다.
④ 중앙위원회의 위원장이 사고 또는 부득이한 사유로 직무를 수행할 수 없을 때에는 행정안전부장관, 대통령령으로 정하는 중앙행정기관의 장 순으로 위원장의 직무를 대행한다.

04 □□□

「재난 및 안전관리 기본법」상 안전정책조정위원회(조정위원회)에 대한 내용으로 옳지 않은 것은?

① 중앙위원회에 상정될 안건을 사전에 검토하고 국가안전관리기본계획의 집행계획 등을 심의하기 위하여 중앙위원회에 조정위원회를 둔다.
② 조정위원회의 위원장은 소방청장이 되고, 위원은 대통령령으로 정하는 중앙행정기관의 차관 또는 차관급 공무원과 재난 및 안전관리에 대한 지식과 경험이 풍부한 사람 중에서 위원장이 임명하거나 위촉하는 사람이 된다.
③ 조정위원회의 업무를 효율적으로 처리하기 위하여 조정위원회에 실무위원회를 둘 수 있다.
④ 조정위원회에 간사위원 1명을 두며, 간사위원은 행정안전부의 재난안전관리사무를 담당하는 본부장이 된다.

05 □□□

「재난 및 안전관리 기본법」상 위원회에 대한 설명이다. 다음 중 ㄱ, ㄴ에 들어갈 내용으로 옳은 것은?

> 시·도 안전관리위원회의 위원장은 (ㄱ)이고, 시·군·구 안전관리위원회의 위원장은 (ㄴ)이다.

	ㄱ	ㄴ
①	시·도지사	시장·군수·구청장
②	행정안전부장관	소방청장
③	시·도지사	소방서장
④	소방본부장	소방서장

06 □□□

「재난 및 안전관리 기본법」 및 같은 법 시행령상 재난방송협의회에 대한 내용이다. 다음 중 ㄱ, ㄴ에 대한 설명으로 옳은 것은?

> • 재난에 대한 예보·경보·통지나 응급조치 및 재난관리를 위한 재난방송이 원활히 수행될 수 있도록 중앙위원회에 (ㄱ)을/를 둘 수 있다.
> • 지역 차원에서 재난에 대한 예보·경보·통지나 응급조치 및 재난방송이 원활히 수행될 수 있도록 지역위원회에 (ㄴ)을/를 둘 수 있다.

① ㄱ은 지역재난방송협의회이다.
② ㄱ은 위원장 1명과 부위원장 1명을 포함한 25명 이내의 위원으로 구성한다.
③ ㄱ의 구성 및 운영에 필요한 사항은 대통령령으로 정하고, ㄴ의 구성 및 운영에 필요한 사항은 행정안전부령으로 정한다.
④ ㄱ의 위원장은 과학기술정보통신부장관이 된다.

07 □□□

다음 중 「재난 및 안전관리 기본법」상 안전관리기구에 대한 설명이다. ㄱ, ㄴ에 들어갈 내용으로 옳은 것은?

> • 재난에 대한 예보·경보·통지나 응급조치 및 재난관리를 위한 재난방송이 원활히 수행될 수 있도록 (ㄱ)에 중앙재난방송협의회를 둘 수 있다.
> • (ㄴ)의 위원장은 재난 및 안전관리에 대한 민관 협력관계를 원활히 하기 위하여 중앙안전관리민관협력위원회를 구성·운영할 수 있다.

	ㄱ	ㄴ
①	중앙위원회	중앙위원회
②	중앙위원회	조정위원회
③	조정위원회	조정위원회
④	조정위원회	중앙위원회

08 □□□

「재난 및 안전관리 기본법」 및 같은 법 시행령상 안전관리민관협력위원회에 대한 내용으로 옳지 않은 것은?

① 조정위원회의 위원장은 중앙민관협력위원회를 구성·운영할 수 있다.
② 지역위원회의 위원장은 지역민관협력위원회를 구성·운영할 수 있다.
③ 중앙민관협력위원회의 구성 및 운영에 필요한 사항은 대통령령으로 정한다.
④ 중앙민관협력위원회는 공동위원장 2명을 포함하여 50명 이내의 위원으로 구성한다.

09 □□□

「재난 및 안전관리 기본법」 및 같은 법 시행령상 재난긴급대응단에 대한 설명이다. 다음 중 ㄱ, ㄴ에 들어갈 내용으로 옳은 것은?

> • 재난 발생 시 신속한 재난대응 활동 참여 등 (ㄱ)의 기능을 지원하기 위하여 (ㄱ)에 대통령령으로 정하는 바에 따라 재난긴급대응단을 둘 수 있다.
> • 재난긴급대응단은 재난현장에서 임무의 수행에 관하여 통합지원본부의 장 또는 현장지휘를 하는 (ㄴ)의 지휘·통제를 따른다.

	ㄱ	ㄴ
①	중앙민관협력위원회	긴급구조통제단장
②	중앙민관협력위원회	119종합상황실장
③	중앙재난방송협의회	긴급구조통제단장
④	중앙재난방송협의회	119종합상황실장

10 □□□

「재난 및 안전관리 기본법」 및 같은 법 시행령상 실무위원회에 대한 내용으로 옳지 않은 것은?

① 조정위원회의 업무를 효율적으로 처리하기 위하여 조정위원회에 실무위원회를 둘 수 있다.
② 실무위원장은 행정안전부장관이다.
③ 실무위원회는 위원장 1명을 포함하여 50명 내외의 위원으로 구성한다.
④ 실무위원회의 실무회의는 실무위원장과 실무위원장이 회의마다 지정하는 25명 내외의 위원으로 구성한다.

CHAPTER 2 안전관리기구 및 기능

중앙재난안전대책본부 등

정답 및 해설 p.119

01 □□□

「재난 및 안전관리 기본법」상 대통령령으로 정하는 대규모 재난의 대응·복구(수습) 등에 관한 사항을 총괄·조정하고 필요한 조치를 하기 위하여 행정안전부에 무엇을 설치하는가?

① 중앙안전관리위원회
② 중앙재난안전대책본부
③ 중앙긴급구조통제단
④ 중앙소방기술심의위원회

02 □□□

「재난 및 안전관리 기본법」상 중앙재난안전대책본부에 대한 내용으로 옳지 않은 것은?

① 대통령령으로 정하는 대규모 재난의 대응·복구(수습) 등에 관한 사항을 총괄·조정하고 필요한 조치를 하기 위하여 행정안전부에 중앙대책본부를 둔다.
② 중앙재난안전대책본부에 본부장과 부본부장을 둔다.
③ 해외재난의 경우에는 외교부장관이, 방사능재난의 경우에는 중앙방사능방재대책본부의 장이 각각 중앙재난안전대책본부장의 권한을 행사한다.
④ 원칙적으로 중앙재난안전대책본부의 본부장은 행정안전부장관이 된다.

03 □□□

「재난 및 안전관리 기본법」상 국내 또는 해외에서 발생하였거나 발생할 우려가 있는 대규모 재난의 수습을 지원하기 위하여 관계 중앙행정기관 및 관계 기관·단체의 재난관리에 대한 전문가 등으로 수습지원단을 구성하여 현지에 파견할 수 있는 자는?

① 중앙재난안전대책본부장
② 중앙긴급구조통제단장
③ 재난관리주관기관
④ 재난관리책임기관

04 □□□

「재난 및 안전관리 기본법」상 중앙재난안전대책본부장의 권한 등에 대한 내용으로 옳지 않은 것은?

① 대규모 재난을 효율적으로 수습하기 위하여 관계 재난관리책임기관의 장에게 행정 및 재정상의 조치, 소속 직원의 파견, 그 밖에 필요한 지원을 요청할 수 있다.
② 재난책임관리기관에서 파견된 직원은 대규모 재난의 수습에 필요한 소속 기관의 업무를 성실히 수행하여야 하며, 대규모 재난의 수습이 끝날 때까지 중앙대책본부에서 비상근하여야 한다.
③ 해당 대규모 재난의 수습에 필요한 범위에서 수습본부장 및 지역대책본부장을 지휘할 수 있다.
④ 요청을 받은 관계 재난관리책임기관의 장은 특별한 사유가 없으면 요청에 따라야 한다.

재난안전상황실

정답 및 해설 p.120

01 □□□

「재난 및 안전관리 기본법」상 상시 중앙재난안전상황실의 설치·운영권자는?

① 국무총리
② 행정안전부장관
③ 재난관리주관기관의 장
④ 재난관리책임기관의 장

02 □□□

「재난 및 안전관리 기본법」상 재난안전상황실에 대한 설명으로 가장 옳지 않은 것은?

① 행정안전부장관은 중앙재난안전상황실을 설치·운영하여야 한다.
② 중앙행정기관의 장은 소관 업무분야의 재난상황을 관리하기 위하여 재난안전상황실을 설치·운영하거나 재난상황을 관리할 수 있는 체계를 갖추어야 한다.
③ 재난관리책임기관의 장은 재난에 관한 상황관리를 위하여 재난안전상황실을 설치·운영할 수 있다.
④ 재난안전상황실은 중앙재난안전상황실 및 다른 기관의 재난안전상황실과 유기적인 협조체제를 유지하여야 한다. 다만, 재난관리정보를 공유하여서는 아니 된다.

03 □□□

「재난 및 안전관리 기본법」 제20조 규정에 따른 재난상황의 보고에 관한 설명이다. 다음 중 ㄱ, ㄴ에 들어갈 내용으로 옳은 것은?

- 시장·군수·구청장, 소방서장, 해양경찰서장, 재난관리책임기관의 장 또는 국가핵심기반을 관리하는 기관·단체의 장은 그 관할구역, 소관 업무 또는 시설에서 재난이 발생하거나 발생할 우려가 있으면 대통령령으로 정하는 바에 따라 재난상황에 대해서는 즉시, 응급조치 및 수습현황에 대해서는 (ㄱ) 각각 행정안전부장관, 관계 재난관리주관기관의 장 및 시·도지사에게 보고하거나 통보하여야 한다.
- 이 경우 관계 재난관리주관기관의 장 및 시·도지사는 보고받은 사항을 확인·종합하여 (ㄴ)에게 통보하여야 한다.

	ㄱ	ㄴ
①	지체 없이	행정안전부장관
②	3일 이내	행정안전부장관
③	지체 없이	국무총리
④	3일 이내	국무총리

CHAPTER 2 안전관리기구 및 기능

국가안전관리기본계획 등

정답 및 해설 p.120

01 □□□

「재난 및 안전관리 기본법」상 국가안전관리기본계획의 수립 등에 대한 설명이다. 다음 중 ㄱ, ㄴ에 들어갈 내용으로 옳은 것은?

- (ㄱ)은/는 대통령령으로 정하는 바에 따라 (ㄴ) 국가의 재난 및 안전관리업무에 관한 기본계획(이하 "국가안전관리기본계획"이라 한다)의 수립지침을 작성하여 관계 중앙행정기관의 장에게 통보하여야 한다.
- 국무총리는 관계 중앙행정기관의 장이 제출한 기본계획을 종합하여 국가안전관리기본계획을 작성하여 (ㄷ)의 심의를 거쳐 확정한 후 이를 관계 중앙행정기관의 장에게 통보하여야 한다.

	ㄱ	ㄴ	ㄷ
①	국무총리	매년	중앙위원회
②	국무총리	5년마다	중앙위원회
③	행정안전부장관	매년	조정위원회
④	행정안전부장관	5년마다	조정위원회

02 □□□

「재난 및 안전관리 기본법」상 국가안전관리기본계획의 집행계획에 대한 설명이다. 다음 중 ㄱ, ㄴ에 들어갈 내용으로 옳은 것은?

- 관계 중앙행정기관의 장은 통보받은 국가안전관리기본계획에 따라 그 소관 업무에 대한 집행계획을 작성하여 (ㄱ)의 심의를 거쳐 국무총리의 승인을 받아 확정한다.
- 관계 중앙행정기관의 장은 확정된 집행계획을 행정안전부장관, (ㄴ) 및 재난관리책임기관의 장에게 각각 통보하여야 한다.

	ㄱ	ㄴ
①	중앙위원회	재난관리주관기관
②	조정위원회	재난관리주관기관
③	중앙위원회	시·도지사
④	조정위원회	시·도지사

POINT 78

CHAPTER 3 재난관리 단계별 활동

재난의 예방

정답 및 해설 p.121

01 □□□

「재난 및 안전관리 기본법」상 기능연속성계획에 대한 설명이다. 다음 중 ㄱ, ㄴ에 들어갈 내용으로 옳은 것은?

- (ㄱ) 및 국회·법원·헌법재판소·중앙선거관리위원회의 행정사무를 처리하는 기관의 장은 재난상황에서 해당 기관의 핵심기능을 유지하는 데 필요한 계획(이하 "기능연속성계획"이라 한다)을 수립·시행하여야 한다.
- (ㄴ)이 재난상황에서 해당 기관·단체의 핵심 기능을 유지하는 것이 특별히 필요하다고 인정하여 고시하는 기관·단체(민간단체를 포함한다) 및 민간업체는 기능연속성계획을 수립·시행하여야 한다. 이 경우 민간단체 및 민간업체에 대해서는 해당 단체 및 업체와 협의를 거쳐야 한다.

	ㄱ	ㄴ
①	재난관리책임기관의 장	행정안전부장관
②	재난관리책임기관의 장	소방청장
③	행정안전부장관	행정안전부장관
④	행정안전부장관	소방청장

02 □□□

다음 중 「재난 및 안전관리 기본법」상 기능연속성계획에 대한 설명이다. 다음 중 ㄱ, ㄴ에 들어갈 내용으로 옳은 것은?

- (ㄱ)은 재난상황에서 해당 기관의 핵심기능을 유지하는 데 필요한 계획(기능연속성계획)을 수립·시행하여야 한다.
- (ㄴ)은/는 재난관리책임기관의 기능연속성계획 이행실태를 정기적으로 점검하고, 그 결과를 재난관리체계 등에 대한 평가에 반영할 수 있다.

	ㄱ	ㄴ
①	재난관리책임기관의 장	행정안전부장관
②	재난관리책임기관의 장	국무총리
③	재난관리주관기관의 장	행정안전부장관
④	재난관리주관기관의 장	국무총리

03 □□□

다음 중 「재난 및 안전관리 기본법」상 국가핵심기반의 지정에 대한 설명이다. (　　) 안에 들어갈 내용으로 옳은 것은?

제26조 【국가핵심기반의 지정 등】 ① 관계 중앙행정기관의 장은 소관 분야의 국가핵심기반을 다음 각 호의 기준에 따라 (　　)의 심의를 거쳐 지정할 수 있다.
1. 다른 국가핵심기반 등에 미치는 연쇄효과
2. 둘 이상의 중앙행정기관의 공동대응 필요성
3. 재난이 발생하는 경우 국가안전보장과 경제·사회에 미치는 피해 규모 및 범위
4. 재난의 발생 가능성 또는 그 복구의 용이성

① 조정위원회
② 중앙안전관리위원회
③ 중앙재난안전대책본부
④ 중앙소방기술심의위원회

04 □□□

「재난 및 안전관리 기본법」상 특정관리대상지역의 지정 및 관리 등에 대한 내용으로 옳지 않은 것은?

① 중앙재난안전대책본부장은 재난이 발생할 위험이 높거나 재난예방을 위하여 계속적으로 관리할 필요가 있다고 인정되는 지역을 대통령령으로 정하는 바에 따라 특정관리대상지역으로 지정할 수 있다.
② 재난관리책임기관의 장은 지정된 특정관리대상지역에 대하여 대통령령으로 정하는 바에 따라 재난 발생의 위험성을 제거하기 위한 조치 등 특정관리대상지역의 관리·정비에 필요한 조치를 하여야 한다.
③ 중앙행정기관의 장, 지방자치단체의 장 및 재난관리책임기관의 장은 특정관리대상지역의 지정 및 조치 결과를 대통령령으로 정하는 바에 따라 행정안전부장관에게 보고하거나 통보하여야 한다.
④ 행정안전부장관은 특정관리대상지역의 지정 및 조치 결과를 보고받거나 통보받은 사항을 대통령령으로 정하는 바에 따라 정기적으로 또는 수시로 국무총리에게 보고하여야 한다.

05 □□□

「재난 및 안전관리 기본법 시행령」상 특정관리대상지역의 안전등급 및 안전점검에 대한 설명으로 옳지 않은 것은?

① 재난관리책임기관의 장은 지정된 특정관리대상지역을 특정관리대상지역의 지정·관리 등에 대한 지침에서 정하는 안전등급의 평가기준에 따라 등급으로 구분하여 관리하여야 한다.
② 특정관리대상지역의 안전등급 A등급은 안전도가 우수한 경우에 해당한다.
③ 특정관리대상지역의 안전등급 C등급은 안전도가 불량한 경우에 해당한다.
④ 재난관리책임기관의 장의 특정관리대상지역 B등급에 대한 정기안전점검은 반기별 1회 이상 실시하여야 한다.

06 □□□

「재난 및 안전관리 기본법」 및 같은 법 시행규칙상 재난안전분야 종사자 교육에 대한 설명이다. 다음 중 ㄱ, ㄴ에 들어갈 내용으로 옳은 것은?

- 재난관리책임기관에서 재난 및 안전관리업무를 담당하는 공무원이나 직원은 (ㄱ)이/가 실시하는 전문교육을 행정안전부령으로 정하는 바에 따라 정기적으로 또는 수시로 받아야 한다.
- 전문교육의 대상자는 해당 업무를 맡은 후 6개월 이내에 신규교육을 받아야 하며, 신규교육을 받은 후 매 (ㄴ)마다 정기교육을 받아야 한다.

	ㄱ	ㄴ
①	행정안전부장관	3년
②	소방청장	2년
③	행정안전부장관	2년
④	국무총리	2년

07 □□□

「재난 및 안전관리 기본법」상 행정안전부장관 또는 재난관리책임기관의 장은 긴급안전점검 결과 재난 발생의 위험이 높다고 인정되는 시설 또는 지역에 대하여는 대통령령으로 정하는 바에 따라 소유자·관리자 또는 점유자에게 안전조치를 명할 수 있는 것에 해당하지 않는 것은?

① 정밀안전진단
② 보수 또는 보강 등 정비
③ 재난을 발생시킬 위험요인의 제거
④ 위험시설 거주 금지 명령

08 □□□

「재난 및 안전관리 기본법」상 재난관리책임기관의 재난 및 안전관리 실태를 점검하기 위하여 대통령령으로 정하는 바에 따라 정부합동안전점검단(정부합동점검단)을 편성하여 안전점검을 실시할 수 있는 자는?

① 국무총리
② 중앙재난안전대책본부장
③ 시·도재난안전대책본부장
④ 행정안전부장관

09 □□□

「재난 및 안전관리 기본법」상 재난관리 실태 공시권자로 옳은 것은?

① 시장·군수·구청장
② 중앙재난안전대책본부장
③ 중앙수습본부장
④ 중앙위원회 위원장

10 □□□

「재난 및 안전관리 기본법」상 재난관리 실태 공시 포함 사항에 해당하지 않는 것은?

① 전년도 재난의 발생 및 수습 현황
② 재난예방조치 실적
③ 위기대응 실무매뉴얼의 작성·운용 현황
④ 재난관리기금의 적립 현황

POINT 79

CHAPTER 3 재난관리 단계별 활동

재난의 대비

정답 및 해설 p.122

01 □□□

「재난 및 안전관리 기본법」상 재난관리자원의 관리에 대한 설명이다. 다음 중 ㄱ, ㄴ에 들어갈 내용으로 옳은 것은?

> • (ㄱ)은 재난관리를 위하여 필요한 물품, 재산 및 인력 등의 물적·인적자원(이하 "재난관리자원"이라 한다)을 비축하거나 지정하는 등 체계적이고 효율적으로 관리하여야 한다.
> • 재난관리자원의 관리에 관하여는 따로 (ㄴ)(으)로 정한다.

	ㄱ	ㄴ
①	행정안전부장관	대통령령
②	행정안전부장관	법률
③	재난관리책임기관의 장	대통령령
④	재난관리책임기관의 장	법률

02 □□□

「재난 및 안전관리 기본법」상 재난현장 긴급통신수단의 마련에 대한 설명으로 옳지 않은 것은?

① 재난관리책임기관의 장은 재난의 수습활동에 필요한 대통령령으로 정하는 장비, 물자, 자재 및 시설(재난관리자원)을 비축·관리하여야 한다.
② 재난관리책임기관의 장은 재난의 발생으로 인하여 통신이 끊기는 상황에 대비하여 미리 유선이나 무선 또는 위성통신망을 활용할 수 있도록 긴급통신수단을 마련하여야 한다.
③ 재난관리책임기관의 장은 재난관리를 효율적으로 수행하기 위하여 국가재난관리기준을 제정하여 운용하여야 한다.
④ 재난관리책임기관의 장은 재난관리가 효율적으로 이루어질 수 있도록 대통령령으로 정하는 바에 따라 기능별 재난대응 활동계획(재난대응활동계획)을 작성하여 활용하여야 한다.

03 □□□

「재난 및 안전관리 기본법」상 재난분야 위기관리 매뉴얼에 해당하지 않는 것은?

① 위기관리 표준매뉴얼
② 위기대응 실무매뉴얼
③ 현장조치 행동매뉴얼
④ 재난대비 실무매뉴얼

04 □□□

「재난 및 안전관리 기본법」상 국가적 차원에서 관리가 필요한 재난에 대하여 재난관리 체계와 관계 기관의 임무와 역할을 규정한 문서로 위기대응 실무매뉴얼의 작성 기준이 되며, 재난관리주관기관의 장이 작성하는 매뉴얼은?

① 위기관리 표준매뉴얼
② 위기관리 실무매뉴얼
③ 현장조치 실무매뉴얼
④ 현장조치 행동매뉴얼

05 □□□

「재난 및 안전관리 기본법」상 위기관리 표준매뉴얼에 대한 내용으로 옳지 않은 것은?

① 국가적 차원에서 관리가 필요한 재난에 대하여 재난관리 체계와 관계 기관의 임무와 역할을 규정한 문서이다.
② 위기대응 실무매뉴얼의 작성 기준이 된다.
③ 위기관리 표준매뉴얼은 재난관리주관기관의 장이 작성한다.
④ 다수의 재난관리주관기관이 관련되는 재난에 대해서는 관계 재난관리주관기관의 장과 협의하여 국무총리가 위기관리 표준매뉴얼을 작성할 수 있다.

06 □□□

「재난 및 안전관리 기본법」상 위기관리 표준매뉴얼에서 규정하는 기능과 역할에 따라 실제 재난대응에 필요한 조치사항 및 절차를 규정한 문서로 재난관리주관기관의 장과 관계 기관의 장이 작성한 매뉴얼은 무엇인가?

① 위기관리 실무매뉴얼
② 위기상황 매뉴얼
③ 위기대응 실무매뉴얼
④ 현장조치 실무매뉴얼

07 □□□

「재난 및 안전관리 기본법」 및 같은 법 시행령상 다중이용시설 등의 위기상황 매뉴얼 작성·관리 및 훈련에 대한 내용으로 옳지 않은 것은?

① 대통령령으로 정하는 다중이용시설 등의 소유자·관리자 또는 점유자는 대통령령으로 정하는 바에 따라 위기상황 매뉴얼을 작성·관리하여야 한다.
② 다중이용 건축물의 소유자·관리자 또는 점유자는 대통령령으로 정하는 바에 따라 위기상황 매뉴얼에 따른 훈련을 주기적으로 실시하여야 한다.
③ 소방청장, 소방본부장이나 소방서장은 위기상황 매뉴얼의 작성·관리 및 훈련실태를 점검하고 필요한 경우에는 개선명령을 할 수 있다.
④ 위기상황 매뉴얼을 작성·관리하는 관계인은 매년 1회 이상 위기상황 매뉴얼에 따른 훈련을 실시하여야 한다.

08 □□□

「재난 및 안전관리 기본법」상 재난안전통신망의 구축·운영에 대한 설명이다. 다음 중 ㄱ, ㄴ에 들어갈 내용으로 옳은 것은?

- (ㄱ)은/는 체계적인 재난관리를 위하여 재난안전통신망을 구축·운영하여야 하며, 재난관리책임기관·긴급구조기관 및 긴급구조지원기관(재난관련기관)은 재난관리에 재난안전통신망을 사용하여야 한다.
- (ㄴ)은 매년 재난대비훈련 기본계획을 수립하고 재난관리책임기관의 장에게 통보하여야 한다.

	ㄱ	ㄴ
①	행정안전부장관	행정안전부장관
②	행정안전부장관	소방청장
③	국무총리	행정안전부장관
④	국무총리	소방청장

09 □□□

「재난 및 안전관리 기본법」 및 같은 법 시행령상 재난대비 훈련 실시에 대한 내용으로 옳지 않은 것은?

① 훈련주관기관의 장은 대통령령으로 정하는 바에 따라 매년 정기적으로 또는 수시로 훈련참여기관과 합동으로 재난대비 훈련을 실시하여야 한다.
② 훈련주관기관은 행정안전부장관, 중앙행정기관의 장, 시·도지사, 시장·군수·구청장 및 긴급구조기관이다.
③ 훈련참여기관은 재난관리책임기관, 긴급구조지원기관 및 군부대 등이다.
④ 훈련주관기관의 장은 관계 기관과 합동으로 참여하는 재난대비훈련을 각각 소관 분야별로 주관하여 2년마다 1회 이상 실시하여야 한다.

10 □□□

「재난 및 안전관리 기본법」상 훈련주관기관에 해당하지 않는 것은?

① 긴급구조지원기관
② 긴급구조기관
③ 행정안전부장관
④ 시·도지사

CHAPTER 3 재난관리 단계별 활동

재난의 대응

정답 및 해설 p.124

01 □□□

「재난 및 안전관리 기본법」상 재난사태 선포에 대한 설명이다. 다음 중 ㄱ, ㄴ에 들어갈 내용으로 옳은 것은?

- (ㄱ)은 대통령령으로 정하는 재난이 발생하거나 발생할 우려가 있는 경우 사람의 생명·신체 및 재산에 미치는 중대한 영향이나 피해를 줄이기 위하여 긴급한 조치가 필요하다고 인정하면 중앙위원회의 심의를 거쳐 재난사태를 선포할 수 있다.
- 위 규정에도 불구하고 시·도지사는 관할 구역에서 재난이 발생하거나 발생할 우려가 있는 등 대통령령으로 정하는 경우 사람의 생명·신체 및 재산에 미치는 중대한 영향이나 피해를 줄이기 위하여 긴급한 조치가 필요하다고 인정하면 (ㄴ)의 심의를 거쳐 재난사태를 선포할 수 있다. 이 경우 시·도지사는 지체 없이 그 사실을 (ㄱ)에게 통보하여야 한다.

	ㄱ	ㄴ
①	중앙재난안전대책본부장	중앙위원회
②	중앙재난안전대책본부장	시·도위원회
③	행정안전부장관	중앙위원회
④	행정안전부장관	시·도위원회

02 □□□

「재난 및 안전관리 기본법」상 특별재난지역의 선포에 대한 설명이다. 다음 중 ㄱ, ㄴ에 들어갈 내용으로 옳은 것은?

- 중앙대책본부장은 대통령령으로 정하는 규모의 재난이 발생하여 국가의 안녕 및 사회질서의 유지에 중대한 영향을 미치거나 피해를 효과적으로 수습하기 위하여 특별한 조치가 필요하다고 인정하거나 (ㄱ)의 요청이 타당하다고 인정하는 경우에는 중앙위원회의 심의를 거쳐 해당 지역을 특별재난지역으로 선포할 것을 (ㄴ)에게 건의할 수 있다.
- 특별재난지역의 선포를 건의 받은 (ㄴ)은 해당 지역을 특별재난지역으로 선포할 수 있다.

	ㄱ	ㄴ
①	시·도 긴급구조통제단장	중앙대책본부장
②	시·도 긴급구조통제단장	대통령
③	지역대책본부장	중앙대책본부장
④	지역대책본부장	대통령

03 □□□

다음 중 「재난 및 안전관리 기본법」상 지역통제단장의 응급조치만을 모두 고른 것은?

ㄱ. 경보의 발령 또는 전달이나 피난의 권고 또는 지시
ㄴ. 재난예방을 위한 안전조치
ㄷ. 진화에 대한 응급조치
ㄹ. 피해시설의 응급복구 및 방역과 방범, 그 밖의 질서 유지
ㅁ. 긴급수송 및 구조 수단의 확보
ㅂ. 급수 수단의 확보, 긴급피난처 및 구호품의 확보
ㅅ. 현장지휘통신체계의 확보
ㅇ. 수방·지진방재에 대한 응급조치와 구호

① ㄱ, ㄴ, ㄷ
② ㄷ, ㅁ, ㅂ
③ ㄷ, ㅁ, ㅅ
④ ㄹ, ㅂ, ㅇ

04 □□□

「재난 및 안전관리 기본법」상 중앙긴급구조통제단(중앙통제단)에 대한 내용으로 옳지 않은 것은?

① 중앙통제단은 긴급구조에 대한 사항의 총괄·조정, 긴급구조기관 및 긴급구조지원기관이 하는 긴급구조활동의 역할 분담과 지휘·통제 등을 한다.
② 중앙통제단은 행정안전부에 둔다.
③ 중앙통제단장은 긴급구조를 위하여 필요하면 긴급구조지원기관 간의 공조체제를 유지하기 위하여 관계 기관·단체의 장에게 소속 직원의 파견을 요청할 수 있다.
④ 중앙통제단의 구성·기능 및 운영에 필요한 사항은 대통령령으로 정한다.

05 □□□

「재난 및 안전관리 기본법」상 긴급구조에 대한 설명이다. 다음 중 ㄱ ~ ㄷ에 들어갈 내용으로 옳은 것은?

> • 중앙통제단의 단장은 (ㄱ)이/가 된다.
> • 시·도긴급구조통제단의 단장은 (ㄴ)이/가 되고, 시·군·구긴급구조통제단의 단장은 (ㄷ)이 된다.

	ㄱ	ㄴ	ㄷ
①	행정안전부장관	시·도지사	시장·군수·구청장
②	행정안전부장관	소방본부장	소방서장
③	국무총리	시·도지사	시장·군수·구청장
④	소방청장	소방본부장	소방서장

06 □□□

「재난 및 안전관리 기본법 시행령」상 중앙통제단의 기능으로 옳지 않은 것은?

① 긴급구조지원기관 간의 역할분담 등 긴급구조를 위한 현장 활동계획의 수립
② 국가 긴급구조대책의 총괄·조정
③ 재난사태 및 특별재난지역의 선포
④ 긴급구조활동의 지휘·통제

07 □□□

「재난 및 안전관리 기본법 시행령」상 중앙통제단의 구성 및 운영에 대한 내용으로 옳지 않은 것은?

① 중앙통제단장은 중앙통제단을 대표하고, 그 업무를 총괄한다.
② 중앙통제단에는 부단장을 두고, 부단장은 중앙통제단장을 보좌한다.
③ 부단장은 행정안전부의 재난을 담당하는 본부장이 된다.
④ 중앙통제단에는 대응계획부·현장지휘부 및 자원지원부를 둔다.

08 □□□

「재난 및 안전관리 기본법」상 긴급구조 현장지휘에 대한 내용으로 옳지 않은 것은?

① 재난현장에서 긴급구조활동을 하는 긴급구조요원과 긴급구조지원기관의 인력·장비·물자에 대한 운용은 현장지휘를 하는 긴급구조통제단장(각급통제단장)의 지휘·통제에 따라야 한다.
② 지역대책본부장은 각급통제단장이 수행하는 긴급구조활동에 적극 협력하여야 한다.
③ 재난현장의 구조활동 등 초동 조치상황에 대한 언론 발표 등은 시·도지사가 지명하는 자가 한다.
④ 각급통제단장은 재난현장의 긴급구조 등 현장지휘를 효과적으로 하기 위하여 재난현장에 현장지휘소를 설치·운영할 수 있다.

09 □□□

「재난 및 안전관리 기본법」 및 같은 법 시행령상 재난대비능력 보강 등에 대한 설명으로 옳지 않은 것은?

① 긴급구조기관의 장은 긴급구조활동을 신속하고 효과적으로 할 수 있도록 긴급구조지휘대 등 긴급구조체제를 구축하고, 상시 소속 긴급구조요원 및 장비의 출동태세를 유지하여야 한다.
② 긴급구조지휘대는 소방서현장지휘대, 방면현장지휘대, 소방본부현장지휘대 및 권역현장지휘대로 구분한다.
③ 긴급구조지휘대는 현장지휘요원, 자원지원요원, 통신지원요원, 안전관리요원, 상황조사요원 및 구급지휘요원으로 구성한다.
④ 권혁현장지휘대는 2개 이상 4개 이하의 소방서별로 소방본부장이 1개를 설치·운영한다.

10 □□□

「긴급구조대응활동 및 현장지휘에 관한 규칙」상 통제단이 설치·운영되는 경우 긴급구조지휘대를 구성하는 사람의 부서 배치가 옳지 않은 것은?

① 현장지휘요원: 현장지휘부
② 자원지원요원: 자원지원부
③ 통신지원요원: 현장지휘부
④ 안전관리요원: 자원지원부

11 □□□

「재난 및 안전관리 기본법」 및 같은 법 시행령상 긴급구조대응계획의 수립 등에 대한 설명으로 옳지 않은 것은?

① 긴급구조기관의 장은 재난이 발생하는 경우 긴급구조기관과 긴급구조지원기관이 신속하고 효율적으로 긴급구조를 수행할 수 있도록 대통령령으로 정하는 바에 따라 재난의 규모와 유형에 따른 긴급구조대응계획을 수립·시행하여야 한다.
② 긴급구조기관의 장이 수립하는 긴급구조대응계획은 기본계획, 기능별 긴급구조대응계획, 재난유형별 긴급구조대응계획으로 구분한다.
③ 재난유형별 긴급구조대응계획은 긴급구조대응계획의 목적 및 적용범위, 긴급구조대응계획의 기본방침과 절차 및 긴급구조대응계획의 운영책임에 관한 사항이 포함되어야 한다.
④ 기능별 긴급구조대응계획 중 대중정보는 주민보호를 위한 비상방송시스템 가동 등 긴급 공공정보 제공에 관한 사항 및 재난상황 등에 관한 정보 통제에 관한 사항을 말한다.

12 □□□

「재난 및 안전관리 기본법」상 재난사태가 선포된 지역에 대하여 행정안전부장관 및 지방자치단체의 장의 조치로 옳지 않은 것은?

① 해당 지역에 대한 여행 등 이동 자제 권고
② 해당 지역의 다중이용업소의 영업 정지 명령
③ 「고등교육법」에 따른 휴업명령 및 휴원·휴교 처분의 요청
④ 재난경보의 발령, 인력·장비 및 물자의 동원, 위험구역 설정

13 □□□

「재난 및 안전관리 기본법」상 해상에서의 긴급구조, 항공기 등 조난사고 시의 긴급구조 등에 대한 설명으로 옳지 않은 것은?

① 해상에서 발생한 선박이나 항공기 등의 조난사고의 긴급구조활동에 관하여는 「수상에서의 수색·구조 등에 관한 법률」 등 관계 법령에 따른다.
② 행정안전부장관은 항공기 조난사고가 발생한 경우 항공기 수색과 인명구조를 위하여 항공기 수색·구조계획을 수립·시행하여야 한다. 다만, 다른 법령에 항공기의 수색·구조에 관한 특별한 규정이 있는 경우에는 그 법령에 따른다.
③ 국방부장관은 항공기나 선박의 조난사고가 발생하면 관계 법령에 따라 긴급구조업무에 책임이 있는 기관의 긴급구조활동에 대한 군의 지원을 신속하게 할 수 있다.
④ 항공기의 수색·구조에 필요한 사항은 대통령령으로 정한다.

POINT 81

CHAPTER 3 재난관리 단계별 활동

재난의 복구

정답 및 해설 p.126

01 □□□

「재난 및 안전관리 기본법」상 재난관리의 예방단계에 해당하지 않는 것은?

① 국가핵심기반의 지정 및 관리
② 특정관리대상지역의 지정 및 관리
③ 재난예방을 위한 긴급안전점검
④ 재난분야 위기관리 매뉴얼의 작성 및 운영

02 □□□

「재난 및 안전관리 기본법」상 재난관리의 대비단계에 해당하지 않는 것은?

① 재난안전통신망의 구축·운영
② 재난대비훈련 기본계획 수립 및 실시
③ 국가재난관리기준의 제정·운용 등
④ 재난방지시설의 관리

03 □□□

「재난 및 안전관리 기본법」상 재난관리의 대응단계에 해당하지 않는 것은?

① 재난관리 선포
② 특별재난지역의 선포
③ 위험구역의 설정
④ 동원명령 등

04 □□□

다음 중 「재난 및 안전관리 기본법」상 재난관리의 대응단계에 해당하는 것을 모두 고른 것은?

ㄱ. 재난사태의 선포
ㄴ. 특별재난지역의 선포
ㄷ. 다중이용시설 등의 위기상황 매뉴얼의 작성·관리 및 훈련
ㄹ. 재난안전통신망의 구축·운영
ㅁ. 재난안전분야 종사자 교육
ㅂ. 재난 예보·경보체계의 구축·운영 등

① ㄱ, ㅂ
② ㄱ, ㄴ, ㅂ
③ ㄱ, ㄷ, ㅁ
④ ㄷ, ㄹ, ㅁ, ㅂ

05 □□□

「재난 및 안전관리 기본법」상 재난피해 신고 및 조사에 관한 설명으로 가장 옳지 않은 것은?

① 재난으로 피해를 입은 사람은 피해상황을 행정안전부령으로 정하는 바에 따라 시장·군수·구청장(시·군·구대책본부가 운영되는 경우에는 해당 본부장을 말한다)에게 신고할 수 있다.
② 피해 신고를 받은 시장·군수·구청장은 피해상황을 조사한 후 중앙대책본부장에게 보고하여야 한다.
③ 재난관리책임기관의 장은 재난으로 인하여 피해가 발생한 경우에는 피해상황을 신속하게 조사한 후 그 결과를 중앙대책본부장에게 통보하여야 한다.
④ 소방청장은 재난피해의 조사를 위하여 필요한 경우에는 대통령령으로 정하는 바에 따라 관계 중앙행정기관 및 관계 재난관리책임기관의 장과 합동으로 중앙재난피해합동조사단을 편성하여 재난피해 상황을 조사할 수 있다.

06 □□□

「재난 및 안전관리 기본법」상 특별재난지역의 선포에 관한 설명이다. 다음 중 ㄱ, ㄴ에 들어갈 내용으로 옳은 것은?

> • (ㄱ)은/는 대통령령으로 정하는 규모의 재난이 발생하여 국가의 안녕 및 사회질서의 유지에 중대한 영향을 미치거나 피해를 효과적으로 수습하기 위하여 특별한 조치가 필요하다고 인정하거나 지역대책본부장의 요청이 타당하다고 인정하는 경우에는 중앙위원회의 심의를 거쳐 해당 지역을 특별재난지역으로 선포할 것을 (ㄴ)에게 건의할 수 있다.
> • 특별재난지역의 선포를 건의받은 (ㄴ)은/는 해당 지역을 특별재난지역으로 선포할 수 있다.

	ㄱ	ㄴ
①	시·도지사	국무총리
②	중앙대책본부장	국무총리
③	시·도지사	대통령
④	중앙대책본부장	대통령

07 □□□

「재난 및 안전관리 기본법 시행령」 제69조에서 규정한 특별재난의 범위 및 선포에 관한 설명이다. 다음 중 '대통령령으로 정하는 규모'의 재난에 해당하는 것은 모두 몇 개인가?

> ㄱ. 재난 발생으로 인한 생활기반 상실 등 극심한 피해의 효과적인 수습 및 복구를 위하여 국가적 차원의 특별한 조치가 필요하다고 인정되는 재난
> ㄴ. 자연재난으로서 「자연재난 구호 및 복구 비용 부담기준 등에 관한 규정」 제5조 제1항에 따른 국고 지원 대상 피해 기준금액의 1.5배를 초과하는 피해가 발생한 재난
> ㄷ. 자연재난으로서 「자연재난 구호 및 복구 비용 부담기준 등에 관한 규정」 제5조 제1항에 따른 국고 지원 대상에 해당하는 시·군·구의 관할 읍·면·동에 같은 항 각 호에 따른 국고 지원 대상 피해 기준금액의 4분의 1을 초과하는 피해가 발생한 재난
> ㄹ. 사회재난의 재난 중 재난이 발생한 해당 지방자치단체의 행정능력이나 재정능력으로는 재난의 수습이 곤란하여 국가적 차원의 지원이 필요하다고 인정되는 재난

① 1개 ② 2개
③ 3개 ④ 4개

08 □□□

「재난 및 안전관리 기본법」상 안전문화 진흥에 관한 설명으로 가장 적절하지 않은 것은?

① 국가는 국민의 안전의식 수준을 높이기 위하여 매년 4월 16일을 국민안전의 날로 정하여 필요한 행사 등을 한다.
② 국무총리는 안전문화활동의 추진에 관한 총괄·조정업무를 관장한다.
③ 국무총리는 재난을 예방하고, 재난이 발생할 경우 그 피해를 최소화하기 위하여 재난 및 안전관리업무에 종사하는 자가 지켜야 할 사항 등을 정한 안전관리헌장을 제정·고시하여야 한다.
④ 행정안전부장관은 재난 및 각종 사고로부터 국민의 생명과 신체 및 재산을 보호하기 위하여 규정에 따른 안전정보를 수집하여 체계적으로 관리하여야 한다.

09 □□□

「재난 및 안전관리 기본법」 제67조 및 같은 법 시행령 제75조 규정에 정한 재난관리기금의 운용·관리에 관한 설명이다. 다음 중 ㄱ, ㄴ에 들어갈 내용으로 옳은 것은?

> • 시·도지사 및 시장·군수·구청장은 매년도 최저적립액의 (ㄱ) 이상의 금액(의무예치금액)을 금융회사 등에 예치하여 관리하여야 한다.
> • 다만, 의무예치금액의 누적 금액이 해당 연도를 기준으로 매년도 최저적립액의 10배를 초과한 경우에는 해당 연도의 의무예치금액을 매년도 최저적립액의 (ㄴ)(으)로 낮추어 예치할 수 있다.

	ㄱ	ㄴ
①	100분의 15	100분의 3
②	100분의 15	100분의 5
③	100분의 30	100분의 10
④	100분의 30	100분의 15

MEMO

2025 대비 최신개정판

해커스소방 김정희 소방학개론 단원별 실전문제집

개정 4판 1쇄 발행 2024년 11월 6일

지은이	김정희 편저
펴낸곳	해커스패스
펴낸이	해커스소방 출판팀
주소	서울특별시 강남구 강남대로 428 해커스소방
고객센터	1588-4055
교재 관련 문의	gosi@hackerspass.com 해커스소방 사이트(fire.Hackers.com) 교재 Q&A 게시판
학원 강의 및 동영상강의	fire.Hackers.com
ISBN	979-11-7244-418-1 (13350)
Serial Number	04-01-01

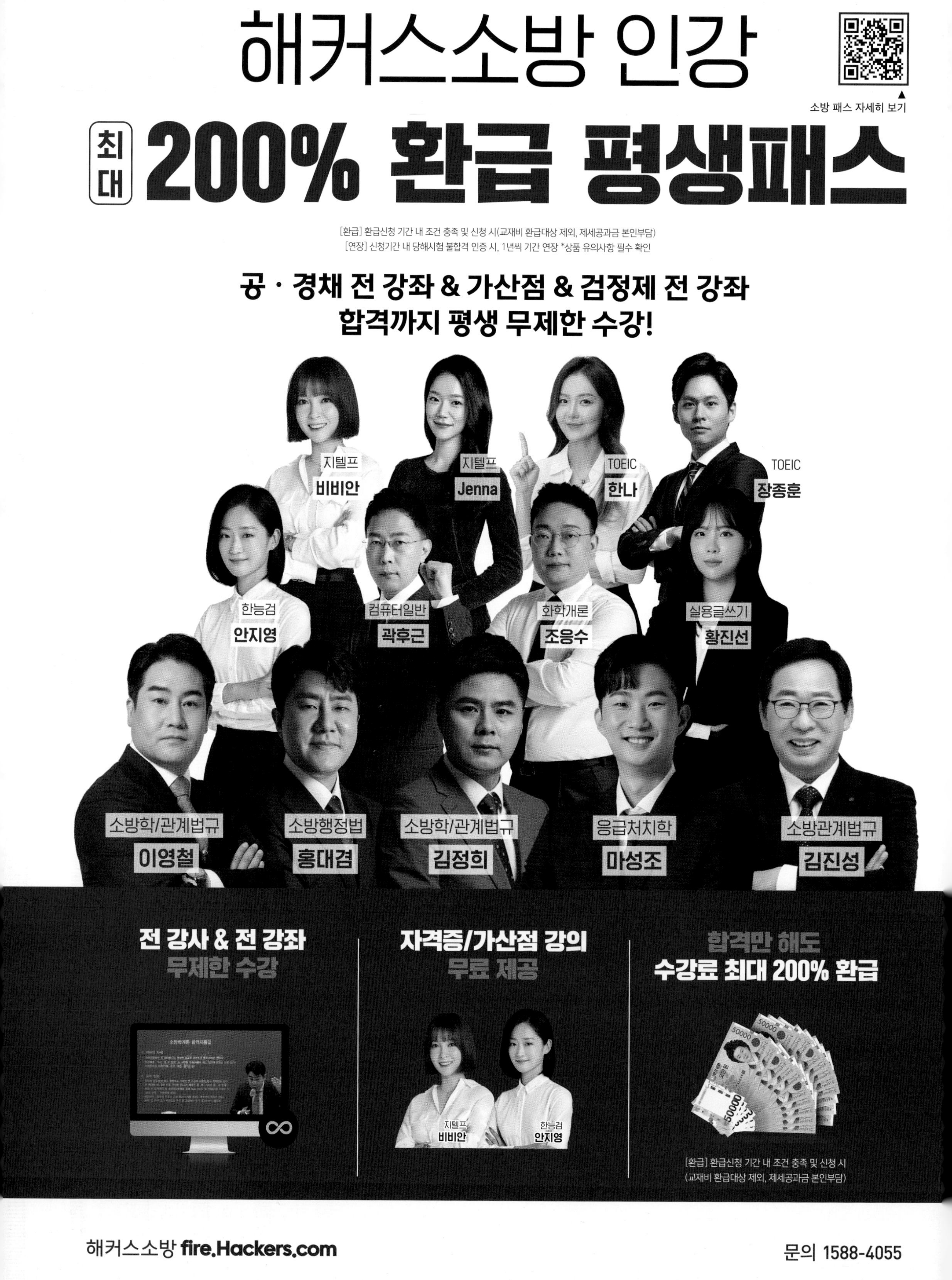
해커스소방 인강
소방 패스 자세히 보기
최대 200% 환급 평생패스
[환급] 환급신청 기간 내 조건 충족 및 신청 시(교재비 환급대상 제외, 제세공과금 본인부담)
[연장] 신청기간 내 당해시험 불합격 인증 시, 1년씩 기간 연장 *상품 유의사항 필수 확인
공·경채 전 강좌 & 가산점 & 검정제 전 강좌
합격까지 평생 무제한 수강!
지텔프
비비안
지텔프
Jenna
TOEIC
한나
TOEIC
장종훈
한능검
안지영
컴퓨터일반
곽후근
화학개론
조응수
실용글쓰기
황진선
소방학/관계법규
이영철
소방행정법
홍대겸
소방학/관계법규
김정희
응급처치학
마성조
소방관계법규
김진성
전 강사 & 전 강좌
무제한 수강
자격증/가산점 강의
무료 제공
지텔프
비비안
한능검
안지영
합격만 해도
수강료 최대 200% 환급
[환급] 환급신청 기간 내 조건 충족 및 신청 시
(교재비 환급대상 제외, 제세공과금 본인부담)
해커스소방 fire.Hackers.com
문의 1588-4055

2025 대비 최신개정판

해커스소방

김정희 소방학개론

단원별 실전문제집

약점 보완 해설집

해커스소방

해커스소방

김정희 소방학개론

단원별 실전문제집

약점 보완 해설집

해커스소방

PART 1 연소론

CHAPTER 1 연소이론

POINT 01 연소의 개념

정답 p.12

01	②	02	②	03	④	04	③	05	③
06	②	07	③	08	③	09	③		

01 난이도 ●○○ 답 ②

연소란 가연물이 공기 중의 산소와 결합하여 빛과 열을 발생하는 급격한 산화반응을 말한다. 연소는 불꽃연소와 무염연소로 분류할 수 있다.

02 난이도 ●●○ 답 ②

불꽃연소는 물리적 소화와 화학적 소화로 소화가 가능하다.

확인학습 산화제와 환원제

구분	필수요소	소화
3요소	가연물 산소공급원 점화원	물리적 소화
4요소	가연물 산소공급원 점화원 연쇄반응	물리적 소화 화학적 소화

03 난이도 ●●○ 답 ④

가연물이 산소와 결합할 때, 수소를 잃을 때의 반응을 산화반응이라 한다.

확인학습 산화반응과 환원반응

구분	산화	환원
산소	얻음	잃음
산화수	증가	감소
전자	잃음	얻음
수소	잃음	얻음

04 난이도 ●●○ 답 ③

산화제란 자신은 환원되고 다른 물질을 산화시키는 물질을 말한다.

확인학습 산화제와 환원제

1. 산화제란 자신은 환원되고 다른 물질을 산화시키는 물질을 말한다.
2. 환원제란 자신은 산화되고 다른 물질을 환원시키는 물질을 말한다.

05 난이도 ●●○ 답 ③

가연물의 구비조건으로 화학적 활성도가 높아야 한다.

| 선지분석 |

① [×] 연소란 가연물이 공기 중의 산소와 결합하여 빛과 열을 발하는 급격한 산화반응 현상이라 할 수 있다.

② [×] 환원제란 자신은 산화되고 다른 물질을 환원시키는 물질을 말한다.

④ [×] 가연물은 주위환경의 온도와 압력이 높을수록 연소가 잘 일어난다.

확인학습 가연물의 구비조건

1. 탄소(C) · 수소(H) · 산소(O) 등으로 구성된 유기화합물이 많다.
2. 일반적으로 산화되기 쉬운 물질로서 산소와 결합할 때 발열량이 커야 한다.
3. 열전도율이 작아야 한다(기체 < 액체 < 고체).
4. 연속적으로 연쇄반응을 일으키는 물질이어야 한다.
5. 산소와 접촉할 수 있는 비표면적이 큰 물질이어야 한다.
6. 조연성 가스인 산소 · 염소와의 결합력이 강한 물질이어야 한다.
7. 연소반응을 일으키는 점화원의 활성화에너지(최소발화에너지)의 값이 적어야 한다.
8. 한계산소농도(LOI)가 낮을수록 낮은 농도의 산소 조건에서도 연소가 가능하므로 가연물이 되기 쉽다.
9. 건조도가 높아야 한다.
10. 화학적 활성도가 높아야 한다.

06 난이도 ●●○ 답 ②

가연물의 인화점이 낮을수록 연소 위험성이 커진다.

확인학습 발화점이 낮아지는 조건

1. 직쇄탄화수소 길이가 늘려질 때
2. 탄소쇄 길이가 늘려질 때
3. 분자구조가 복잡할 때
4. 발열량, 산소와 친화력, 농도가 클수록
5. 최소점화에너지(활성화에너지)가 작을수록
6. 열전도율이 작을수록
7. 화학반응에너지가 클수록

07 난이도 ●●○ 답 ③

가연성 가스가 공기와 혼합하여 연소반응을 일으킬 수 있는 적정한 농도범위를 연소범위라고 한다. 연소를 계속 유지할 수 있는 최저산소농도는 한계산소농도라 한다.

확인학습 가연물 관련 용어

1. **열전도율**: 열을 전도의 방식으로 전달하는 능력을 말한다. 가연물의 열전도율이 낮으면 열의 전달이 잘 발생하지 않으므로 열을 축적하기가 쉽다.
2. **비표면적**: 단위질량당 표면적을 말하는 것으로 가연물질의 질량이 일정할 때 당연히 표면적이 커지면 비표면적도 커진다.
3. **활성화에너지**: 연소·화학반응이 일어나기 위한 최소한의 에너지를 말한다.
4. **한계산소농도**: 연소를 계속 유지할 수 있는 최저산소농도를 말한다.

08 난이도 ●○○ 답 ③

불꽃연소는 가연물질의 연소과정에서 생성된 에너지가 연소반응을 계속 유발시키는 것을 연쇄반응하여야 하므로 연소의 4요소가 필요하다.

확인학습 불꽃연소와 표면연소

1. **불꽃연소**: 연소의 4요소, 화염
2. **표면연소**: 연소의 3요소(숯, 목탄, 금속분, 코크스)

09 난이도 ●●○ 답 ③

헬륨(He), 네온(Ne), 아르곤(Ar), 크립톤(Kr) 등은 비활성 기체로 가연성 물질이 될 수 없다.

확인학습 가연물이 될 수 없는 물질

1. 완전산화물질: 이산화탄소(CO_2), 오산화인(P_2O_5), 삼산화크로뮴(CrO_3), 산화알루미늄(Al_2O_3), 규조토(SiO_2), 물(H_2O) 등
2. 산화흡열반응물질: 질소
3. **주기율표 18족(0족, 8A족)의 비활성 기체**: 헬륨(He), 네온(Ne), 아르곤(Ar), 크립톤(Kr), 크세논(Xe), 라돈(Rn) 등
4. **자체가 연소하지 않는 불연성 물질**: 흙, 돌 등

POINT 02 가연물

정답 p.14

01	③	02	①	03	①	04	③	05	③
06	①	07	③	08	②	09	③	10	④

01 난이도 ●○○ 답 ③

일반적으로 열전도율은 기체 → 액체 → 고체 순서로 커진다.

02 난이도 ●○○ 답 ①

연소시 발열반응을 할 것

확인학습 가연물이 되기 쉬운 조건(가연물의 구비조건)

1. 열전도율이 작을수록
2. 활성화에너지가 작을수록
3. 발열양이 클수록
4. 산소와의 친화력이 클수록
5. 표면적(비표면적)이 클수록
6. 주위온도가 높을수록
7. 화학적 활성도가 높을수록

03 난이도 ●●○ 답 ①

열전도율은 열을 전도의 방식으로 전달하는 능력을 말한다. 가연물의 열전도율이 낮으면 열의 전달이 잘 발생하지 않으므로 열을 축적하기 쉽게 된다.

확인학습 가연물 관련 용어 정의

1. 열전도율: 전도의 방식으로 열을 전달하는 능력을 말한다. 가연물의 열전도율이 낮으면 열의 전달이 잘 발생하지 않으므로 열을 축적하기 쉽게 된다.
2. 비표면적: 단위질량당 표면적을 말하는 것으로 가연물질의 질량이 일정할 때 당연히 표면적이 커지면 비표면적도 커진다.
3. 활성화에너지(**최소발화에너지: Minimum Ignition Energy)**
   - 혼합가스에 착화원으로 점화 시 발화에 필요한 최소에너지를 말한다.
   - 물질의 종류, 혼합기의 온도·압력·농도 등에 따라 변한다.
4. 한계산소농도(**한계산소지수: Limited Oxygen Index)**
   - 연소를 지속하기 위한 최소한의 산소 체적분율(%)을 말한다.
   - 연소를 계속 유지할 수 있는 최저산소농도를 말한다.
   - LOI는 난연성 측정을 위해 많이 사용한다.

04 난이도 ●○○ 답 ③

질소(N_2)는 산화반응 시 흡열반응을 하므로 가연물이 될 수 없다.

✔ 확인학습 제4류 위험물

종류		지정수량	위험등급
특수인화물	디에틸에테르, 이황화탄소	50L	Ⅰ
제1석유류	비수용성: 휘발유, 벤젠	200L	Ⅱ
	수용성: 아세톤, 시안화수소	400L	
알코올류	메틸알코올, 에틸알코올	400L	
제2석유류	비수용성: 등유, 경유	1,000L	Ⅲ
	수용성: 아세트산, 하이드라진	2,000L	
제3석유류	비수용성: 중유, 크레오소트유	2,000L	
	수용성: 글리세린	4,000L	
제4석유류	기어유, 실린더유	6,000L	
동식물유류	정어리 기름	10,000L	

05 난이도 ●●○ 답 ③

헬륨(He), 네온(Ne), 아르곤(Ar)은 비활성 기체에 해당한다.

✔ 확인학습 비활성기체

1. 주기율표의 18족에 속하는 물질은 비활성기체로서 산소와 반응하지 않는다.
2. 헬륨(He), 네온(Ne), 아르곤(Ar), 크립톤(Kr), 크세논(Xe), 라돈(Rn) 등이 있다.

06 난이도 ●●○ 답 ①

가연물의 구비조건으로 옳은 것은 ㄴ, ㄹ이다. 가연물의 구비조건으로 비표면적이 크고, 활성화에너지는 작고, 화학적 활성도는 커야 한다.

| 선지분석 |

ㄱ. [×] 일반적으로 산화되기 쉬운 물질로서 산소와 결합할 때 발열량이 커야 한다.

ㄷ. [×] 열의 축적이 용이하도록 열전도율이 작아야 한다.

ㅁ. [×] 화학적 활성도가 높아야 한다.

07 난이도 ●○○ 답 ③

산소와의 친화력이 커야한다.

08 난이도 ●○○ 답 ②

일산화탄소는 종이·석탄 등이 불완전연소할 때 발생되는 유독성 가스이다. 일산화탄소(CO)는 산소와 반응하기 때문에 가연물이 될 수 있다. 독성의 허용농도는 50ppm(g/m^3)이고 무취·무미의 환원성이 강한 가스로서 상온에서 염소와 작용하여 유독성 가스인 포스겐($COCl_2$)을 생성한다.

✔ 확인학습 일산화탄소의 산화반응

$$CO + \frac{1}{2}O_2 \rightarrow CO_2 + Qkcal$$

✔ 확인학습 완전산화물질

1. 이미 산소와 결합하여 더 이상 화학반응을 일으킬 수 없는 물질을 말한다.
2. 이산화탄소(CO_2), 오산화인(P_2O_5), 삼산화크로뮴(CrO_3), 산화알루미늄(Al_2O_3), 규조토(SiO_2), 물(H_2O) 등이 있다.

09 난이도 ●●○ 답 ③

질소는 산소와 결합하는 산화반응을 하지만 그 반응이 흡열반응하는 물질로 가연물이 아니다.

✔ 확인학습 산화흡열반응물질(질소)

질소와 산소는 화학적으로 안정되어 있어 쉽게 화학반응을 일으키지 않고, 고온·고압 상태에서 주로 화학반응이 일어나게 된다. 산소와 화합하여 산화물을 생성하나 발열반응을 하지 않고 흡열반응하는 물질은 가연물이 될 수 없는 조건에 해당한다.

$$N_2 + O_2 \rightarrow 2NO - Qkcal$$

$$N_2 + \frac{1}{2}O_2 \rightarrow N_2O - Qkcal$$

10 난이도 ●●○ 답 ④

끓는점(비점)이 낮으면 인화의 위험성이 높아진다.

✔ 확인학습 가연성 물질

1. 가연물의 주성분은 탄소, 수소, 산소, 황 등이다.
2. 물과 혼합되기 쉬운 가연성 액체는 물과 혼합되면 증기압이 낮아져 인화점이 올라간다.
3. 파라핀 등 가연성 고체는 화재시 가연성 액체가 되어 화재를 확대한다.
4. 가연성 액체는 온도가 상승하면 점성이 작아지고 화재를 확대시킨다.
5. 끓는점(비점)이 낮으면 인화의 위험성이 높아진다.

POINT 03 산소공급원

정답 p.16

01	②	02	②	03	①	04	①	05	①
06	③	07	①	08	①	09	③		

01 난이도 ●○○ 답 ②

연소의 필수요소 중 산소공급원에는 공기, 산화제, 자기연소성 물질, 조연성 가스 등이 있다.

확인학습 산소공급원

공기(산소)	21%
제1류 위험물	산화성 고체
제5류 위험물	자기반응성 물질
제6류 위험물	산화성 액체
조연성 가스	O_2, NO_2, NO, F_2, O_3, Cl_2

02 난이도 ●●○ 답 ②

제1류 위험물은 산화·환원반응이 강렬하게 촉진되어 폭발적 현상을 생성하는 물질로서 산화성 물질이라 한다.

확인학습 산화성 물질

「위험물안전관리법」상 제1류 및 제6류 위험물을 말한다. 물질의 산화반응은 큰 발열반응을 수반하며, 이러한 산화반응이 강렬하게 촉진되어 폭발적 현상을 생성하는 물질이다.

확인학습 공기 중의 산소

1. 지구를 둘러싼 대기의 하층부를 구성하는 공기의 조성은 장소와 고도 및 기타의 조건에 따라 다르다.
2. 일반적으로 공기에는 질소 **78.03%**, 산소 **20.99%**, 아르곤 0.95%, 탄산가스 0.03%, 그 외에 헬륨 등이 포함되어 있다. 즉, 공기 중에는 질소와 산소가 대부분을 차지하고 있다.

구분	N_2	O_2	Ar	CO_2
부피 백분율(vol%)	78.03	**20.99**	0.95	0.03
무게 백분율(wt%)	75.51	**23.15**	1.30	0.04

03 난이도 ●○○ 답 ①

연소의 필수요소는 가연물, 산소공급원, 점화원 및 순조로운 연쇄반응이다.

04 난이도 ●○○ 답 ①

「위험물안전관리법」상 강산화제에 해당하는 제1류 위험물과 제6류 위험물은 산화성 물질로 산소공급원이 될 수 있다. 가연성 고체는 환원성 물질에 해당한다.

05 난이도 ●○○ 답 ①

산소공급원은 산화제이다. 대표적인 산화제는 제1류 위험물과 제6류 위험물로 가열·충격·마찰에 의해 산소가 발생한다.

06 난이도 ●○○ 답 ③

산소(O_2)는 조연성 가스에 해당한다.

확인학습 조연성 가스(지연성 가스)

1. 조연성 가스는 자기 자신은 타지 않고 연소를 도와주는 역할을 하는 가스이다.
2. 조연성 가스에는 산소(O_2), 이산화질소(NO_2), 산화질소(NO), 불소(F_2), 오존(O_3), 염소(Cl_2) 등이 있다.

07 난이도 ●○○ 답 ①

조연성 가스는 산소공급원으로 해석되어 산소(O_2)와 오존(O_3)이 해당된다. 화학적으로 산화제의 기능을 하는 할로겐족 원소인 불소(플루오르), 염소, 취소(브로민), 옥소(아이오딘)도 조연성 가스로 볼 수 있다.

08 난이도 ●○○ 답 ①

조연성 가스에 해당하는 것은 ㄱ, ㅁ이다. 따라서 해당하는 것은 2개이다.

09 난이도 ●○○ 답 ③

조연성 가스에는 산소(O_2), 이산화질소(NO_2), 산화질소(NO), 불소(F_2), 오존(O_3), 염소(Cl_2) 등이 있다. 수소는 가연성 가스에 해당한다.

확인학습 조연성 가스(지연성 가스)

1. 조연성 가스는 자기 자신은 타지 않고 연소를 도와주는 역할을 하는 가스이다.
2. 조연성 가스에는 산소(O_2), 이산화질소(NO_2), 산화질소(NO), 불소(F_2), 오존(O_3), 염소(Cl_2) 등이 있다.

POINT 04 점화원

정답 p.18

01	③	02	②	03	③	04	②	05	④
06	③	07	③	08	④	09	④	10	②

01 난이도 ●○○ 답 ③

가연물의 활성화에너지는 고유한 값을 갖지 않는다. 최소발화에너지는 물질의 종류, 혼합기의 온도, 압력, 농도(혼합비) 등에 따라 변화한다. 또한 공기 중의 산소가 많은 경우 또는 가압하에서는 일반적으로 작은 값이 된다.

02 난이도 ●○○ 답 ②

단열압축(압축열), 마찰스파크는 기계적 점화원에 해당한다.

확인학습 점화원의 종류

열적 점화원	고온표면, 적외선, 복사열
기계적 점화원	단열압축(압축열), 마찰스파크, 충격
화학적 점화원	용해열, 연소열, 분해열, 자연발화에 의한 열
전기적 점화원	정전기, 전기저항열, 낙뢰에 의한 열, 전기스파크, 유도열, 유전열

03 난이도 ●○○ 답 ③

물의 기화(잠)열은 539cal/g(539kcal/kg)이다. 물의 융해(잠)열은 80cal/g(80kcal/kg)이다.

04 난이도 ●●○ 답 ②

단열압축은 내부와 외부와의 열의 출입을 차단하여 압축하는 형태이다. 기체를 높은 압력으로 압축하면 온도가 상승하는데, 이와 함께 윤활유가 열분해되어 저온 발화물 생성되고 발화물질이 발화하여 폭발이 발생한다. 디젤엔진이 대표적인 예이다.

| 선지분석 |

① 충격 또는 마찰스파크: 두 개 이상의 물체가 서로 충격·마찰을 일으키면서 작은 불꽃을 일으키는데, 이러한 마찰불꽃에 의하여 가연성 가스에 착화가 일어날 수 있다.

③ 정전기: 어떤 물질이 다른 물질과 마찰 또는 접촉하면서 각 물질 표면에 양(+)전하와 음(-)전하가 축적되는데 이 축적된 전기를 정전기(마찰전기)라고 한다.

④ 복사열: 물체에서 방출하는 전자기파를 직접 물체가 흡수하여 열로 변했을 때의 에너지를 말한다.

확인학습 단열압축

1. 내부와 외부와의 열의 출입을 차단하여 압축하는 형태로서 디젤엔진이 대표적이다.
2. **디젤엔진**: 내연기관의 연소실에서 가연성 혼합가스를 주입하여 점화하는 방법으로 불꽃점화방식과 압축점화방식이 있다. 가솔린 엔진기관에서는 불꽃점화방식을 사용하고, 디젤엔진기관에서는 압축점화방식을 사용한다.
3. 기체를 높은 압력으로 압축하면 온도가 상승하는데, 이와 함께 윤활유가 열분해되어 저온 발화물 생성되고 발화물질이 발화하여 폭발이 발생한다.

05 난이도 ●●● 답 ④

열전도율이 낮으면 최소발화에너지(MIE)가 감소한다.

확인학습 최소발화에너지(MIE)의 영향인자

1. 연소속도가 클수록 최소발화에너지(MIE) 값은 적다.
2. 가연성 가스의 조성이 화학양론적 조성 부근일 경우 최소발화에너지(MIE)는 최저가 된다.

06 난이도 ●○○ 답 ③

점화원에 의해 가연성 혼합기가 발화하기 위해서는 점화원이 일정 크기 이상의 에너지를 가할 수 있어야 한다. 이러한 착화에 필요한 최소 에너지를 최소발화에너지(MIE)라 한다.

07 난이도 ●●● 답 ③

최소발화에너지는 공기 중의 산소가 많은 경우 또는 가압하에서는 일반적으로 작은 값이 된다.

확인학습 최소발화에너지(Minimum Ignition Energy) 영향 인자

점화원에 의해 가연성 혼합기가 발화하기 위해서는 점화원이 일정 크기 이상의 에너지를 가할 수 있어야 한다. 이러한 착화에 필요한 최소 에너지를 최소발화에너지(MIE)라 한다. 최소발화에너지는 물질의 종류, 혼합기의 온도, 압력, 농도(혼합비) 등에 따라 변화한다. 또한 공기 중의 산소가 많은 경우 또는 가압하에서는 일반적으로 작은 값이 된다.

1. 압력이 높을수록 분자 간의 거리가 가까워져 MIE가 작아진다.
2. 온도가 높을수록 분자 운동이 활발해져서 MIE가 작아진다.
3. 가연성 혼합기의 농도가 양론농도 부근일 때 MIE가 작아진다. 일반적으로 이것보다 상한계나 하한계로 향함에 따라 MIE는 증가한다.
4. 열전도율이 낮으면 MIE가 작아진다.
5. 전극 간 거리가 짧을수록 MIE가 감소되지만 어떤 거리 이하로 짧아지면 방열량이 커져서 아무리 큰 에너지를 가해도 인화되지 않는다. 이 거리를 소염거리라 한다.
6. 일반적으로 연소속도가 클수록 MIE값은 작아진다.
7. 매우 압력이 낮아서 어느 정도 착화원에 의해 점화하여도 점화할 수 없는 한계가 있는데 이를 최소착화압력이라 한다.

08 난이도 ●●● 답 ④

전기적 점화원에는 정전기, 전기저항열, 낙뢰에 의한 열, 전기스파크, 유도열, 유전열 등이 있다. 따라서 보기 중 전기적 점화원에만 해당하는 것은 없다.

| 선지분석 |

ㄱ. [×] 연소열, 분해열은 화학적 점화원에 해당한다.
ㄴ. [×] 마찰스파크는 기계적 점화원에 해당한다.
ㄷ. [×] 고온표면, 적외선은 열적 점화원에 해당한다.
ㄹ. [×] 자연발화는 화학적 점화원에 해당한다.
ㅁ. [×] 용해열은 화학적 점화원에 해당한다.

확인학습 점화원의 종류

열적 점화원	고온표면, 적외선, 복사열
기계적 점화원	단열압축(압축열), 마찰스파크, 충격
화학적 점화원	용해열, 연소열, 분해열, 자연발화에 의한 열
전기적 점화원	정전기, 전기저항열, 낙뢰에 의한 열, 전기스파크, 유도열, 유전열

09 난이도 ●○○ 답 ④

ㄱ. 도체 주위에 변화하는 자기장이 있을 때 전위차가 발생하고 이로 인해 전류흐름이 일어나는데, 이 전류흐름에 의해 발생되는 열 - 유도열
ㄴ. 어떤 물질이 완전히 연소되는 과정에서 발생하는 열 - 연소열

10 난이도 ●○○ 답 ②

기화(잠)열, 융해열, 단열팽창, 절연저항의 증가 등은 점화원에 해당하지 않는다.

POINT 05 자연발화

정답 p.20

01	②	02	②	03	②	04	③	05	④
06	②	07	③	08	③	09	②		

01 난이도 ●●● 답 ②

불포화도가 크고 아이오딘가가 클수록 산화되기 쉽고 자연발화의 위험성이 크다.

✔ 확인학습 자연발화를 일으키는 물질

1. 유지류(동식물유류)는 아이오딘가가 클수록 자연발화가 되기 쉽다. 불포화도가 크고 아이오딘가가 클수록 산화되기 쉽고 자연발화의 위험성이 크다.
2. 일반적으로 금속분은 금속의 분말형태를 말한다. 금속의 분말형태로 존재할 때 산소와의 접촉면적이 커져서 단위면적당 반응속도가 커지기 때문에 자연발화가 용이해진다.

✔ 확인학습 아이오딘가와 불포화도

1. 아이오딘가: 유지를 구성하고 있는 지방산에 함유된 이중결합의 수를 나타내는 수치이다. 유지 100g에 흡수되는 아이오딘의 g수를 말한다.

불건성유	100 이하
반건성유	100 ~ 130 미만
건성유	130 이상

2. 불포화도: 불포화 탄화수소가 추가로 결합 가능한 수소의 양을 말한다.

02 난이도 ●○○ 답 ②

퇴적 시 열축적이 용이하지 않도록 한다.

✔ 확인학습 자연발화 방지 방법

1. 환기(통풍)·저장방법 등 공기유통을 원활하게 하여 열의 축적을 방지한다.
2. 저장실 및 주위온도를 낮게 유지한다.
3. 수분(습기)에 의한 자연발화를 하는 물질의 경우에는 수분(습도)이 높은 곳을 피하여 저장한다.
4. 표면적을 크게 하여 적재하여야 하는 경우에는 가능하다면 공기와의 접촉면을 적게 한다.
5. 퇴적 시 열 축적이 용이하지 않도록 한다.

03 난이도 ●○○ 답 ②

산화열은 산화하는 과정에서 발생되는 열을 축적함으로써 자연발화가 일어난다. 종류로는 황린, 기름걸레, 석탄, 원면, 고무분말, 금속분, 건성유 등이 있다.

04 난이도 ●○○ 답 ③

자연발화를 일으키는 열원에는 산화열, 분해열, 미생물열, 흡착열, 중합열 등이 있다. 용해열은 해당하지 않는다.

05 난이도 ●●○ 답 ④

- 자연발화에 영향을 주는 요인에 대한 내용으로 옳은 것은 ㄴ, ㄹ, ㅁ이다.
- 자연발화에 영향을 주는 요인에는 공기유통, 온도, 퇴적방법, 습도, 열전도도, 발열량 등이 있다.

| 선지분석 |

ㄱ. [X] 열의 축적이 용이하게 퇴적될수록 자연발화는 쉽다.
ㄷ. [X] 적당한 수분은 촉매 역할을 하기 때문에 반응속도를 빠르게 하여 자연발화가 쉽다.

✔ 확인학습 자연발화에 영향을 주는 요인

1. 열전도율: 열전도율이 작을수록 열 축적이 용이하다. 산화·분해 반응 시 반응열이 크고 그 열이 축적되기 쉬운 상태일 때 자연발화가 발생하기 쉽다.
2. **공기의 이동**: 통풍이 잘되는 공간에서는 열의 축적이 비교적 어렵기 때문에 자연발화가 발생하기 어렵다.
3. **온도**: 주변온도가 높으면 반응속도가 빠르기 때문에 열의 발생속도는 증가한다.
4. **퇴적방법**: 열의 축적이 용이하게 퇴적될수록 자연발화가 쉽다.
5. 수분(습도): 적당한 수분은 촉매 역할을 하기 때문에 반응속도를 빠르게 하여 자연발화가 쉽다.
6. **발열량**: 열 발생량이 클수록 축적되는 열의 양이 많아져 자연발화가 쉽다.
7. 촉매: 발열반응에 정촉매 작용을 하는 물질은 반응을 빠르게 한다.

06 난이도 ●●○ 답 ②

자연발화를 일으키는 열원과 가연물질의 연결이 옳게 짝지어진 것은 ㄴ, ㄷ, ㄹ이다.

| 선지분석 |

ㄱ. [×] 제5류 위험물은 분해열에 의하여 자연발화를 한다.

ㅁ. [×] 기름걸레와 황린은 산화열에 의하여 자연발화를 한다.

✔ 확인학습 자연발화를 일으키는 열원의 종류

산화열	황린, 기름걸레, 석탄, 원면, 고무분말, 금속분, 건성유
분해열	제5류 위험물, 아세틸렌(C_2H_2), 산화에틸렌(C_2H_4O)
미생물열	거름, 퇴비, 먼지, 곡물, 비료
흡착열	활성탄, 목탄(숯), 유연탄
중합열	액화시안화수소(HCN), 산화에틸렌

07 난이도 ●○○ 답 ③

석탄, 기름걸레, 불포화 섬유지는 산화열에 의한 발열로 자연발화한다.

08 난이도 ●○○ 답 ③

자연발화 방지법으로 옳은 것은 ㄱ, ㄴ, ㄷ, ㄹ으로, 4개이다.

| 선지분석 |

ㅁ. [×] 저장실의 습도가 높은 곳을 피한다.

✔ 확인학습 자연발화 방지법

1. 정촉매물질과의 접촉을 피한다.
2. 저장실의 환기를 원활히 시킨다.
3. 저장실의 온도를 낮게 유지한다.
4. 열의 축적을 최대한 방지한다.
5. 저장실의 습도가 높은 곳을 피한다.

09 난이도 ●●○ 답 ②

아이오딘값이 클수록 불포화도가 높다.

✔ 확인학습 아이오딘값

1. 유지를 구성하고 있는 지방산에 함유된 이중결합의 수를 나타내는 수치이다. 유지 100g에 흡수되는 아이오딘의 g수를 말한다.
2. 아이오딘값의 의미
   - 아이오딘값이 클수록 자연발화성이 높다.
   - 아이오딘값이 클수록 산소와의 결합이 쉽다.
   - 아이오딘값이 클수록 불포화도가 높다.
   - 아이오딘값이 클수록 건성유이다.
3. 유지의 종류
   - **불건성유**: 아이오딘가 100 이하
   - **반건성유**: 아이오딘가 100~130 미만
   - **건성유**: 아이오딘가 130 이상

POINT 06 정전기

정답 p.22

01	①	02	②	03	③	04	③	05	④
06	①								

01 난이도 ●●○ 답 ①

정전기에 의한 발화과정은 전하의 발생 → 전하의 축적 → 방전 → 발화의 순이다.

02 난이도 ●○○ 답 ②

피뢰설비는 벼락을 제거하는 설비로 정전기 제거설비에는 해당하지 않는다.

03 난이도 ●●○ 답 ③

접촉하는 전기의 전위차를 적게 하여 정전기의 발생을 억제시킨다.

✔ 확인학습 정전기 대전 방지대책

1. 접지시설을 한다.
2. 공기를 이온화한다.
3. 습도를 70% 이상으로 한다.
4. 전기전도성이 큰 물체를 사용한다.
5. 접촉하는 전기의 전위차를 적게 하여 정전기의 발생을 억제시킨다.

04 난이도 ●●● 답 ③

정전기의 발생량은 두 마찰물질의 대전서열이 클수록, 마찰의 정도가 심할수록 증가한다.

✔ 확인학습 전하와 방전

1. 전하: 물체가 띠고 있는 정전기의 양으로 모든 전기현상의 근원이 되는 실체이다. 양전하와 음전하가 있고 전하가 이동하는 것이 전류이다.
2. 방전(Discharge): 대전체가 전하를 잃는 과정으로 대전체에서 전기가 방출되는 현상을 말하며, 충전의 반대 과정이다. 일반적으로는 충전되어 있는 전지(電池)로부터 전류가 흘러 기전력(起電力)이 감소하는 현상을 말한다. 쉽게 말해 일상생활에서 전지가 닳는 것을 말한다.

05 난이도 ●○○ 답 ④

정전기는 전기적 점화원에 해당한다.

06 난이도 ●●○ 답 ①

전기전도성이 큰 물체를 사용하여 전하의 발생을 방지한다.

확인학습 정전기

1. 정전기의 발생원인
   - 비전도성 부유 물질이 많을 때 발생한다.
   - 휘발유, 경유 등의 비전도성 유류의 유속이 빠를 때 발생한다.
   - 좁은 공간·필터 등을 통과할 때 쉽게 발생할 수 있다.
   - 낙차가 크거나 와류가 생성될 때 발생하기도 한다.
2. 정전기의 예방대책
   - 공기를 이온화하여 방지한다.
   - 전기전도성이 큰 물체를 사용하여 전하의 발생을 방지한다.
   - 접지시설을 한다.
   - 상대습도를 70% 이상으로 한다.
   - 전기의 전위차를 작게 하여 정전기 발생을 억제한다.

POINT 07 연소범위·위험도

정답 p.23

01	②	02	③	03	①	04	③	05	④
06	③	07	④	08	①	09	④	10	②
11	①	12	④	13	④	14	③		

01 난이도 ●●○ 답 ②

연소범위는 가연물의 특성으로 가연성 가스의 종류마다 다르다. 연소범위는 온도, 압력, 공기 중의 산소의 농도 등의 조건에 따라 달라진다.

확인학습 연소범위에 영향을 주는 요인

가연성 가스의 농도가 너무 희박하거나 너무 농후해도 연소는 잘 일어나지 않는다. 연소범위는 연소 발생 시 온도, 압력, 산소농도 및 비활성 가스의 주입 등에 따라 달라진다.

1. **온도**: 온도가 올라가면 분자의 운동이 활발해지므로 분자 간 유효충돌 가능성이 커지며, 연소범위는 넓어져 위험성은 증가된다.
2. **압력**
   - 압력이 높아지면 분자 간의 평균거리가 축소되어 유효충돌이 증가되며 화염의 전달이 용이하여 연소한계는 넓어진다.
   - 연소하한계 값은 크게 변하지 않으나 연소상한계가 높아져 전체적으로 범위가 넓어진다.
   - 예외적으로 수소(H_2)와 일산화탄소(CO)는 압력이 높아질 때 일시적으로 연소범위가 좁아진다.
3. **산소농도**: 산소농도가 증가하면 연소하한계의 변화는 거의 없고, 연소상한계가 넓어져 연소범위가 넓어진다.
4. **비활성 가스**: 가연성 가스의 혼합가스에 비활성 가스를 투입하면 공기 중 산소농도가 저하되므로 연소상한계는 크게 변화하고 연소하한계는 작게 변화하여 전체적으로 연소범위가 좁아진다.

02 난이도 ●○○ 답 ③

연소범위에 영향을 주는 요인은 온도, 압력, 산소농도, 비활성 가스의 투입 등이 있다. 가연성 가스의 연소범위에 습도는 직접적인 영향을 주지 않는다.

03 난이도 ●●○ 답 ①

연소범위에 대한 영향인자로 산소의 농도가 증가하면 하한계의 변화는 거의 없고, 상한계가 넓어져 연소범위가 넓어진다.

| 선지분석 |

② [×] 아세틸렌은 이황화탄소보다 연소범위는 크고, 위험도는 작다.
③ [×] 일반적으로 온도와 압력이 올라가면 연소범위는 넓어진다.
④ [×] 연소범위란 **가연성 가스가 산소와 혼합하여** 연소반응을 일으킬 수 있는 적정한 농도범위를 말한다.

04 난이도 ●●○ 답 ③

비활성 가스를 투입하면 공기 중 산소농도가 저하되므로 연소상한은 크게 변화하고 하한은 작게 변화하여 전체적으로 연소범위가 좁아진다.

05 난이도 ●○○ 답 ④

아세틸렌의 연소범위는 2.5 ~ 81vol%이다.

| 선지분석 |

① 수소의 연소범위는 4 ~ 75vol%이다.
② 이황화탄소의 연소범위는 1.2 ~ 44vol%이다.
③ 부탄의 연소범위는 1.8 ~ 8.4vol%이다.

확인학습 물질의 연소범위

물질명	연소범위 (vol%)	물질명	연소범위 (vol%)
아세틸렌(기체)	2.5 ~ 81(100)	메탄(기체)	5 ~ 15
산화에틸렌(기체)	3 ~ 80(100)	에탄(기체)	3 ~ 12.5
수소(기체)	4 ~ 75	프로판(기체)	2.1 ~ 9.5
일산화탄소(기체)	12.5 ~ 74	부탄(기체)	1.8 ~ 8.4
암모니아(기체)	15 ~ 28	에틸알코올(액체)	4.3 ~ 19
톨루엔(액체)	1.3 ~ 6.8	가솔린(액체)	1.4 ~ 7.6
이황화탄소(액체)	1.2 ~ 44	아세톤(액체)	2.6 ~ 12.8

06 난이도 ●●● 답 ③

연소상한계란 연소상한계의 농도 이상에서는 점화원과 접촉될 때 화염의 전파가 발생하지 않는 공기 중의 증기 또는 가스의 최고농도를 말한다.

확인학습 연소범위의 개념

1. 연소하한계(LFL; Low Flammable Limit)
   - 연소범위의 희박한 측의 한계를 말한다. 일반적으로 온도 증가에 따라 약간 감소하는 특성이 있다.
   - 연소하한계의 농도 이하에서는 점화원과 접촉될 때 화염의 전파가 발생하지 않는 공기 중의 증기 또는 가스의 최소농도를 말한다.
2. 연소상한계(UFL; Upper Flammable Limit)
   - 연소범위의 농후한 측의 한계를 말한다. 온도 증가에 따라 비교적 크게 증가한다.
   - 연소상한계의 농도 이상에서는 점화원과 접촉될 때 화염의 전파가 발생하지 않는 공기 중의 증기 또는 가스의 최고농도를 말한다.

07 난이도 ●○○ 답 ④

불활성 가스의 농도가 높아지면 연소범위가 좁아진다.

08 난이도 ●○○ 답 ①

위험도(H) = $\frac{\text{상한계(U)} - \text{하한계(L)}}{\text{하한계(L)}}$ 이다. 계산식에 따라

ㄱ. (10-5)/5 = 1

ㄴ. (30-20)/20 = 0.5

ㄷ. (50-40)/40 = 0.25

따라서, 위험도는 ㄱ, ㄴ, ㄷ 순으로 크다.

09 난이도 ●●○ 답 ④

르 샤틀리에 공식으로는 가연성 혼합기체의 비점을 추정할 수 없다.

10 난이도 ●●● 답 ②

아세틸렌은 폭발범위의 상한계가 100vol%인 상태에서 분해폭발이 가능하다. 반면, 프로판은 혼합가스가 2.1 ~ 9.5vol%에서 폭발한다.

확인학습 분해폭발

1. 공기가 섞이지 않은 순수한 상태(산소 없이도)에서도 폭발이 가능하므로 폭발상한계는 100%가 될 수 있다.
2. 분해폭발을 하는 물질로는 아세틸렌(C_2H_2), 산화에틸렌(C_2H_4O), 하이드라진(N_2H_4), 에틸렌(C_2H_4), 오존(O_3), 아산화질소(N_2O), 산화질소(NO), 시안화수소(HCN) 등이 있다.

11 난이도 ●●○ 답 ①

온도가 낮아지면 방열속도가 빨라져서 연소범위가 좁아진다.

확인학습 연소범위 영향요소

1. **온도가 높을 때:** 열의 발열속도 > 방열속도 → 연소범위는 넓어진다.
2. **온도가 낮을 때:** 열의 발열속도 < 방열속도 → 연소범위는 좁아진다.

12 난이도 ●○○ 답 ④

최소점화에너지가 작을수록 위험성이 크다.

확인학습 화염일주한계

1. 화염일주란 내압 방폭구조에서 가연성가스가 용기 내부에서 폭발할 때, 생성된 화염이 용기 접합면의 좁은 틈을 통해서 일주하여 주변의 가연성 혼합기를 발화시키는 것을 말한다.
2. 화염일주한계는 어떤 전기기계·기구의 용기 접합면 틈새가 길이에 비해 아주 작을 경우, 용기 내부에서 가연성 물질이 점화되더라도 그 폭발화염이 용기 외부로 확산되지 않는 틈새를 말한다.

13 난이도 ●●○ 답 ④

일반적으로 압력상승 시 하한계의 영향보다는 상한계의 영향이 크게 작용한다.

| 선지분석 |

① [O] 보일의 법칙에 의해 온도상승 시 연소의 범위가 넓어진다.

$$\frac{P_1V_1}{T_1} = \frac{P_2V_2}{T_2} = K(\text{일정})$$

② [O] 일반적으로 화학반응은 온도가 10℃ 상승하면 반응속도가 2배로 증가되고 폭발범위도 온도상승에 따라 확대되는 경향이 있다.

③ [O] 온도가 높아지면 열의 발열속도가 방열속도보다 빨라져 연소범위가 넓어진다.

확인학습 연소범위 영향요소

1. **온도가 높을 때:** 열의 발열속도 > 방열속도 → 연소범위는 넓어진다.
2. **온도가 낮을 때:** 열의 발열속도 < 방열속도 → 연소범위는 좁아진다.

14 난이도 ●●● 답 ③

1. 공기몰수 100 : 20 = X : 2

$$X = \frac{\text{산소몰수}}{20} \times 100 = \frac{2}{20} \times 100 = 10$$

2. $$\text{Cst} = \frac{\text{연료몰수}}{\text{연료몰수} + \text{공기몰수}} \times 100 = \frac{1}{1+10} \times 100(\%) = 9.10(\%)$$

3. LFL = 0.55Cst, UFL = 3.5Cst

$$\text{LFL} = 0.55 \times 9.1(\%) = 5\%$$

확인학습 존스(Jones)의 수식

1. LFL = 0.55Cst, UFL = 3.5Cst
2. **화학양론조성비(조성비, Stoichiometric ratio)**

$$\text{Cst} = \frac{\text{연료몰수}}{\text{연료몰수} + \text{공기몰수}} \times 100$$

확인학습 화학양론농도(조성비, Stoichiometric ratio)

1. 화학양론농도는 물질의 반응 반응이 가장 일어나는 완전연소 혼합비율 말한다[NTP(21℃, 1기압) 상태에서 가연성 가스, 공기계에서 완전연소에 필요한 농도비율이다].
2. 연료와 공기의 최적합의 조성 비율이다.

POINT 08 인화점 · 연소점 · 발화점

정답 p.26

01	④	02	④	03	②	04	③	05	①
06	②	07	④	08	④	09	④	10	④

01 난이도 ●●● 답 ④

같은 분자량을 가진 다른 유기화합물보다 비점이 낮다(분자 간의 인력이 약한 특성으로 분자들이 분리하여 액체가 기체로 되는데 작은 에너지가 소요된다).

확인학습 알칸계 탄화수소(메탄계, 파라핀계)의 성질
1. 일반식: C_nH_{2n+2}(n: 탄소원자의 수)
2. 사슬모양(Chain형)의 분자구조이다.
3. 단일결합과 안정한 결합각으로 인해 반응성이 작은 안정된 화합물이다.
4. 탄소수(사슬길이)가 증가할수록 비점이 높아진다.
5. 무극성 분자로 물에 불용성이며, 액상은 밀도가 낮아서 물 위에 뜬다.
6. 같은 분자량을 가진 다른 유기화합물보다 비점이 낮다(분자 간의 인력이 약한 특성으로 분자들이 분리하여 액체가 기체로 되는데 작은 에너지가 소요된다).
7. 일반적으로 탄소수가 4개 이하는 기체, 5 ~ 16개 이하는 액체, 17개 이상은 고체이다.

02 난이도 ●●● 답 ④

파라핀계의 탄화수소 분자량 증가(C_xH_y 수의 증가)에 따라 발화점은 낮아진다.

확인학습 C_xH_y 수의 증가(파라핀계)
1. 인화점이 높아진다.
2. 발열량이 증가한다.
3. 발화점이 낮아진다.
4. 분자구조가 복잡해진다.
5. 휘발성(증기압)이 감소하고 비점은 상승한다.
6. 연소범위가 좁아지고 하한계는 낮아진다.

03 난이도 ●○○ 답 ②

점화원이 없이도 스스로 불이 붙을 수 있는 최저온도를 발화점이라 한다.

확인학습 인화점 및 연소점
1. 인화점: 가연물에 점화원을 가하였을 때 불이 붙을 수 있는 최저온도를 말한다.
2. 연소점: 점화원을 제거한 후에도 계속적으로 연소를 일으킬 수 있는 최저온도를 말한다.

04 난이도 ●●○ 답 ③

금속의 열전도율이 작을수록 발화점이 낮아진다.

확인학습 발화점이 낮아지는 조건
1. 분자구조가 복잡할 때
2. 금속의 열전도율이 작을수록
3. 압력과 화학적 활성도가 클수록
4. 발열량, 농도가 클수록
5. 최소점화에너지(활성화에너지)가 작을수록
6. 산소와 친화력이 클수록

05 난이도 ●●● 답 ①

파라핀계의 탄화수소 분자량 증가에 따른 특성으로 옳은 것은 ㄱ이다. 분자량이 증가함에 따라 인화점이 높아지고 휘발성(증기압)이 감소하며, 연소범위는 좁아지고 하한계는 낮아진다.

확인학습 연소범위

메탄(기체)	5 ~ 15vol%
에탄(기체)	3 ~ 12.5vol%
프로판(기체)	2.1 ~ 9.5vol%
부탄(기체)	1.8 ~ 8.4vol%

06 난이도 ●●○ 답 ②

발화점이란 착화원이 없는 상태에서 가연성 물질 자체의 열의 축적으로 공기 중에서 가열하였을 때 발화되는 최저온도이다.

| 선지분석 |
① [×] 연소점은 점화원 제거 후에도 연소가 지속될 수 있는 최저온도이다.
③ [×] 인화점은 인화성 액체 위험성 판단 기준으로 이용한다.
④ [×] 인화점은 외부로부터 에너지를 받아 연소가 시작되는 가연성 물질의 최저온도이다.

확인학습 발화점[Ignition point(temperature)]
1. 점화원 없이도 스스로 불이 붙을 수 있는 최저온도이다.
2. 착화점, 발화온도, 자연발화점, 착화온도라 부르기도 한다.
3. 실내장식물의 모양, 가연성 가스의 비중은 발화점과 관계없다.

07 난이도 ●○○ 답 ④

최소발화에너지는 가연물과 산소공급원이 연소범위를 만들었을 때 연소반응이 일어나기 위해서 활성화 상태까지 이르게 하는 최소의 에너지를 말한다.

08 난이도 ●●○ 답 ④

화학적 활성도가 클수록 발화점이 낮아진다.

09 난이도 ●●○ 답 ④

- 발화점이 낮아지는 조건으로 옳은 것은 ㄴ, ㄷ, ㄹ이다.
- 발화점은 열전도율이 작을수록, 분조구조가 복잡할수록, 산소와의 친화력이 클수록 낮아진다.

| 선지분석 |

ㄱ. [×] 화학반응에너지가 클수록 발화점이 낮아진다.
ㅁ. [×] 발열량이 클수록 발화점이 낮아진다.

10 난이도 ●●○ 답 ④

인화점(유도발화점, Flash point)은 가연물에 점화원을 가하였을 때 불이 붙을 수 있는 최저온도를 말한다.

| 선지분석 |

① [×] 발화점에 대한 내용으로, 유도발화점(인화점)과는 관련이 없다.
② [×] 유도발화점은 인화점이므로 연소점에 대한 내용은 옳지 않다.
③ [×] 유도발화점은 인화점이다. 화재점은 연소점이라고도 한다.

POINT 09 연소의 이상현상

정답 p.28

01	②	02	④	03	④	04	③	05	④
06	③	07	③	08	③	09	④	10	④

01 난이도 ●○○ 답 ②

훈소(훈소화재)란 공기 중에 존재하는 산소와 고체 표면에서 발생하는 느린 연소과정으로 연료표면에서 반응이 일어나고 이 표면에서 작열과 탄화현상이 일어난다. 공기의 유입이 많을 경우 유염연소로 변화할 수 있다.

02 난이도 ●●○ 답 ④

선화현상은 일반적으로 기체 연소에서 발생하는데 역화현상의 반대현상으로서 연료가스의 분출속도가 연소속도보다 빠를 때 불꽃이 버너의 노즐에서 떨어지는 연소를 말한다.

확인학습 역화와 선화

1. **역화**: 가연성 가스의 연소 시 노즐에서 혼합가스의 분출속도가 연소속도보다 느릴 때 역화현상이 발생한다(분출속도 < 연소속도).
2. **선화**: 역화현상과 반대현상으로 버너의 불꽃이 버너에서 부상하는 상태이다. 선화현상은 혼합가스의 분출속도가 연소속도보다 빠른 경우에 불꽃이 버너의 노즐에서 떨어지는 현상을 말한다(연소속도 < 분출속도).

03 난이도 ●●○ 답 ④

비정상연소의 이상현상에 대한 내용으로 옳은 것은 ㄷ, ㄹ, ㅁ이다.

| 선지분석 |

ㄱ. [×] 노즐의 부식 등으로 분출 구멍이 커진 경우 역화가 발생할 수 있다.
ㄴ. [×] 역화는 분출속도보다 연소속도가 클 때 발생한다. 선화현상은 분출속도가 연소속도보다 클 때 발생한다.

확인학습 정상연소와 비정상연소

1. **정상연소**
   - 열의 발생속도와 방출속도가 서로 균형을 이루고 있는 연소를 말한다.
   - 일반적으로 연소 시 충분한 공기의 공급이 이루어지는 경우 정상적인 연소가 이루어진다.
   - 정상연소가 이루어지는 경우 화염의 위치나 그 모양은 변하지 않는다.
   - 열의 발생속도와 연소의 확산속도가 서로 균형을 이룬다.
2. **비정상연소**
   - 연소 시간이 경과하면서 화염의 위치나 모양이 변한다.
   - 가연물질의 연소 시 공급되는 공기의 양이 불충분한 경우에 정상연소가 되지 않고 발생하는 이상현상이다.
   - 열의 발생속도와 연소의 확산속도가 서로 균형을 이루지 못하는 경우이다.
   - 열의 발생속도가 연소의 확산속도를 초과하는 현상으로 격렬한 연소 상태를 말한다. 일반적으로 폭발과 같은 상황이다.
   - 비정상연소로는 역화, 선화, 블로우오프 등이 있다.

04 난이도 ●○○ 답 ③

공급되는 가연물질의 양이 많을 때는 불완전연소가 발생할 수 있다.

확인학습 불완전한 연소가 이루어지는 원인

1. 연소가스의 배출 불량 등으로 유입공기가 부족할 때
2. 공급되는 가연물의 양이 많을 때
3. 가스량과 공기량의 균형이 맞지 않을 때
4. 불꽃이 낮은 온도의 물질과 접촉할 때
5. 연소 초기에 공급되는 공기의 양이 부족할 때
6. 연소생성물의 배기가 충분하지 않을 때

05 난이도 ●●○ 답 ④

불완전연소는 가연물의 양이 공급되는 공기(산소)의 공급량보다 상대적으로 많을 때 발생하며, 일산화탄소, 그을음 등이 대표적인 생성물이다.

확인학습 완전연소와 불완전연소

1. **완전연소**
   - 산소가 충분히 공급되어 연소반응이 완전히 진행되어 생성되는 물질에 가연성 물질이 남아있지 않게 되는 현상을 말한다.
   - 가연물질이 완전연소할 때의 대표적인 생성물에는 이산화탄소(CO_2), 수증기(H_2O) 등이 있다.
2. **불완전연소**
   - 산소가 충분히 공급되지 않아 불완전한 연소가 진행되면, 가연물질로부터 열분해가 되어 발생되는 생성물에 가연성 물질이 남아있는 것을 말한다.
   - 불완전연소의 대표적인 생성물에는 일산화탄소(CO), 그을음, 유리탄소 등이 있다.

06 난이도 ●○○ 답 ③

불완전연소는 연소생성물의 배기가 불량할 때 발생한다.

| 선지분석 |

① [×] 일반적으로 가연물이 완전연소할 때의 화염온도는 불완전연소할 때보다 높다.
② [×] 완전연소는 산소공급이 충분할 때 발생한다.
④ [×] 유리탄소(화합물 속에서 화학적으로 결합하지 아니한 탄소)는 불완전연소할 때 발생한다.

07 난이도 ●○○ 답 ③

블로우오프(Blow off)란 연료가스의 분출속도가 연소속도보다 클 때, 주위 공기의 움직임에 따라 불꽃이 노즐에서 정착하지 않고 떨어져 꺼지는 현상을 말한다.

08 난이도 ●○○ 답 ③

부촉매소화(억제소화)는 불꽃화재에는 효과적이나, 연쇄반응이 없는 작열연소 또는 심부화재에는 효과적이지 않다.

09 난이도 ●○○ 답 ④

역화는 용기 밖의 압력이 내부보다 높을 때 발생할 수 있다.

✔ 확인학습 역화의 원인

1. 버너가 과열될 때
2. 혼합가스량이 너무 적을 때
3. 용기 밖에 압력이 높을 때
4. 연료의 분출속도가 연소속도보다 느릴 때
5. 노즐의 부식 등으로 분출 구멍이 커진 경우

10 난이도 ●●● 답 ④

모두 옳지 않은 내용이다.

| 선지분석 |

ㄱ. [×] 불완전연소할 때도 불꽃연소를 한다.
ㄴ. [×] 가연성 가스의 연소 시 연소하한계에 가까워질수록 연소속도는 감소한다.
ㄷ. [×] 가연성 가스의 연소 시 비활성 가스를 주입하면 연소속도는 감소한다.
ㄹ. [×] 부촉매소화(억제소화)는 불꽃화재에는 효과적이나, 연쇄반응이 없는 작열연소 또는 심부화재에는 효과적이지 않다.

POINT 10 연소의 형태

정답 p.30

01	②	02	②	03	③	04	④	05	③
06	②	07	②	08	②	09	④	10	②

01 난이도 ●●○ 답 ②

액체연료 중 분해연소하는 물질로는 비중이 큰 중유, 글리세린, 벙커C유 등으로 3석유류, 4석유류, 동식물유류 등이 있다.

✔ 확인학습 액체연료의 분해연소(Decomposing combustion)

1. 점도가 높고 비휘발성이거나 비중이 큰 액체 가연물질은 쉽게 연소 가능한 농도를 발생시키기 어렵다.
2. 중유와 같은 중질유는 열분해하여 가솔린·등유 등으로 변하여 가연성 증기의 발생을 증가시켜 연소가 잘 이루어지게 하는 연소의 형태이다.
3. 분해연소하는 물질로는 비중이 큰 중유, 글리세린, 벙커C유 등으로 3석유류, 4석유류, 동식물유류 등이 있다.

02 난이도 ●●○ 답 ②

승화성 고체의 형태를 보이는 가연물은 황, 나프탈렌($C_{10}H_8$), 승홍($HgCl_2$), 아이오딘, 장뇌 등이 있다. 양초(파라핀)는 열에 녹아 액체상태를 거쳐 증발연소하는 융해성 고체에 해당한다.

| 선지분석 |

① [×] 석탄 및 종이는 분해연소를 한다.
③ [×] 질산에스터류는 자기연소를 한다.
④ [×] 숯, 목탄, 금속분은 표면연소를 한다.

✔ 확인학습 고체의 연소형태

1. **분해연소**: 목재, 석탄, 종이 및 플라스틱은 가열하면 열분해 반응을 일으키면서 생성된 가연성 증기와 공기가 혼합하여 연소한다.
2. **승화성 고체의 증발연소**: 황과 나프탈렌은 가열하면 열분해를 일으키지 않고 증발하면서 증기와 공기가 혼합하여 연소한다.
3. **자기연소**: 질산에스터류, 셀룰로이드 및 트리나이트로톨루엔은 분자 내에 산소를 가지고 있어 가열 시 열분해에 의해 가연성 증기와 함께 산소를 발생하여 자신의 분자 속에 포함되어 있는 산소에 의해 연소한다.
4. **융해성 고체의 증발연소**: 파라핀(양초)은 가열하면 융해되어 액체로 변하게 되고 지속적인 가열로 기화되면서 증기가 되어 공기와 혼합하여 연소한다.
5. **표면연소**: 숯, 목탄, 금속분, 코크스 등이 표면연소를 하며, 나무와 같은 가연물의 연소 말기(숯)에도 표면연소가 이루어진다.

03 난이도 ●●○ 답 ③

목탄은 표면연소를 한다. 표면연소는 불꽃연소보다 연소속도가 비교적 느리며, 부촉매소화효과가 없다.

| 선지분석 |

① [×] 확산연소는 기체 연소의 가장 일반적인 연소로서 연료가스와 공기가 혼합하면서 연소하는 형태를 말한다.
② [×] 휘발유 및 등유는 액체 연료의 연소형태 중 증발연소를 한다.
④ [×] 석탄은 분해연소를 하며, 자연발화를 일으키는 열원의 종류는 산화열이다.

04 난이도 ●○○ 답 ④

금속분은 금속으로 표면연소를 한다. 숯, 목탄, 금속분, 코크스 등이 표면연소를 하며, 나무와 같은 가연물의 연소 말기(숯)에도 표면연소가 이루어진다.

05 난이도 ●●○ 답 ③

자기연소의 형태를 가지는 가연물은 이산화탄소 소화약제에 의한 질식소화의 효과를 기대하기 어렵다.

확인학습 자기연소(Self combustion)

1. 외부에서 열을 가하면 가연물 자체 내에서 가연성 기체와 산소가 발생하면서 연소하는 것을 자기연소라 한다.
2. 자기연소(내부연소)의 경우에는 산소를 필요로 하지 않고 그 자체의 산소에 의해 연소된다.
3. 이산화탄소 소화약제에 의한 질식소화의 효과를 기대하기 어렵다.
4. 자기연소의 형태를 가지는 것은 제5류 위험물이다. 제5류 위험물은 질산에스터류, 셀룰로이드류, 나이트로화합물류, 하이드라진 유도체, 하이드록실아민 등이 있다.

06 난이도 ●○○ 답 ②

기체연료의 연소형태에는 확산연소, 예혼합연소 및 부분 예혼합연소 등이 있다.

확인학습 기체연료의 연소형태

1. **확산연소**: 연료가스와 공기가 혼합하면서 연소하는 형태를 말한다.
2. **예혼합연소**: 가연성 기체와 공기가 미리 연소범위 내에 균일하게 혼합되어 연소하는 형태를 말한다.
3. **폭발연소**: 가연성 기체가 일시에 폭발적인 연소현상을 일으키는 비정상연소의 형태를 말한다.

07 난이도 ●●○ 답 ②

확산연소는 화염이 불꽃은 황색이나 적색을 나타낸다. 예혼합연소의 화염은 청색이나 백색을 나타내고 화염의 온도도 확산연소에 비해 높다.

08 난이도 ●●○ 답 ②

연소속도란 화염속도에서 미연소가스의 이동속도를 뺀 값이다.

| 선지분석 |

① [×] 연소범위가 넓을수록, 연소범위의 하한계가 낮을수록, 연소범위의 상한계가 높을수록 가연성 가스의 위험성은 증가한다.
③ [×] 연소 시 액체는 뜨거운 열을 만나면 액면에서 증기가 생성되는데 연소는 그 증기가 타는 것이므로 가연성 증기가 연소범위 하한계에 도달할 때의 온도를 인화점이라 한다.
④ [×] 연소반응에서 반응계질량의 총합이 생성계 질량의 총합보다 큰 반응을 발열반응이라고 한다.

확인학습 화염속도

1. 화염속도 = 연소속도 + 미연소가스의 이동속도
2. 연소속도 = 화염속도 - 미연소가스의 이동속도

09 난이도 ●●● 답 ④

분해연소는 고체연료의 연소형태에 대한 내용으로 옳은 것은 ㄷ, ㄹ이다.

| 선지분석 |

ㄱ. [×] 숯, 코크스, 목탄, 금속분은 열분해 반응을 하지 않고 표면에서 산소와 반응하는 표면연소를 한다.
ㄴ. [×] 분해연소는 액체연료와 고체연료의 연소형태이다.

10 난이도 ●●● 답 ②

분젠식 버너의 연소방식은 예혼합연소, 적화식 버너의 연소방식은 확산연소이다.

확인학습 예혼합연소와 확산연소

구분		예혼합연소			확산연소
		전1차 공기식	분젠식	세미 분젠식	적화식
필요 공기	1차 공기(%)	100	40 ~ 70	30 ~ 40	0
	2차 공기(%)	0	60 ~ 30	70 ~ 60	100
불꽃의 색		청록색	청록색	청색	약간 적색
불꽃의 온도(℃)		950	1,300	1,000	900

CHAPTER 2 연소생성물

POINT 11 독성 가스

정답 p.32

01	①	02	②	03	③	04	②	05	①
06	①	07	①	08	④	09	③	10	②
11	④	12	①	13	③	14	④		

01 난이도 ●○○ 답 ①

아황산가스(SO_2)는 황이 함유되어 있는 물질인 중질유·동물의 털·고무 등이 연소할 때 발생하는 연소생성물로서 무색의 유독성이 있어 눈 및 호흡기 등에 점막을 상하게 하고 질식사할 우려가 있다.

확인학습 아황산가스(Sulfur dioxide, SO_2)

1. 황이 함유되어 있는 물질인 중질유·동물의 털·고무 등이 연소할 때 발생하는 연소생성물이다.
2. 무색의 유독성이 있어 눈 및 호흡기 등에 점막을 상하게 하고 질식사할 우려가 있다.
3. 0.05% 농도에 단시간 노출되어도 위험하므로 황을 저장 또는 취급하는 공장에서는 호흡을 방지하고 화재에 유의하여야 한다.
4. 불연성 가스로 공기보다 무거워 지면을 타고 확산된다.
5. 암모니아, 아세틸렌, 알칼리금속 등과 격렬히 반응한다.

02 난이도 ●●○ 답 ②

일산화탄소에 대한 내용으로 옳은 것은 ㄷ, ㄹ이다. 일산화탄소는 탄화수소·셀룰로오스로 구성된 가연물질인 석유류·나무·고무류·종이·석탄 등이 불완전연소할 때 발생하는 유독성 가스이다. 독성의 허용농도는 50ppm(g/m^3)이고, 무취·무미의 환원성이 강한 가스이다.

| 선지분석 |

ㄱ. [×] 석유류·나무 등이 완전연소할 때 발생하는 다량의 가스는 이산화탄소이다.

ㄴ. [×] 상온에서 염소와 작용하여 유독성 가스인 포스겐 가스를 생성한다.

ㅁ. [×] 독성의 허용농도는 50ppm(g/m^3)이다.

확인학습 일산화탄소

1. 탄화수소·셀룰로오스로 구성된 가연물질인 석유류·나무·고무류·종이·석탄 등이 불완전연소할 때 발생하는 유독성 가스이다.
2. 독성의 허용농도는 50ppm(g/m^3)이다.
3. 무취·무미의 환원성이 강한 가스로서 상온에서 염소와 작용하여 유독성 가스인 포스겐($COCl_2$)을 생성한다.
4. 혈액 중 헤모글로빈과의 결합력이 산소보다 210배에 이르고 흡입하면 산소결핍상태가 된다.
5. 증기 밀도는 0.97로 공기보다 다소 가볍다.
6. 일산화탄소의 공기 중의 농도가 0.64%인 상태에서는 두통·현기증이 심하게 일어나고 15 ~ 30분 이내에 사망할 수 있다. 또한 약 1.28%의 상태에서는 1 ~ 3분 내에 사망할 수 있다.

03 난이도 ●●● 답 ③

암모니아는 질소 함유물이 연소할 때 발생하고, 냉동시설의 냉매로 많이 쓰이고 있으므로 냉동창고 화재 시 누출 가능성이 크며, 독성의 허용농도는 25ppm이다.

확인학습 포스겐

1. 열가소성 수지인 폴리염화비닐(PVC), 수지류 등이 연소할 때 발생하는 연소생성물로서 발생량은 많지 않다.
2. 독성이 큰 맹독성 가스로서 독성의 허용농도는 0.1ppm이다.
3. 불연성 가스로 공기보다 무거워 지면을 타고 확산된다.
4. 물과 접촉 시 분해되어 독성, 부식성 가스를 생성한다.
5. 질식성 독가스, 강한 자극제로서 폐수종을 유발할 수 있고 질식에 이르게 할 수 있다.
6. 증기상의 물질은 공기보다 무거워 공기와 교체되어 질식을 유발할 수 있으며, 액체 접촉 시 동상을 일으킬 수 있다.

확인학습 암모니아

1. 질소함유물이 연소할 때 발생하는 연소생성물로서 유독성이 있으며, 상온·상압에서 강한 자극성을 가진 무색의 기체로서 물에 잘 용해된다.
2. 용해도는 54g/100ml(20℃)이다.
3. 비료공장·냉매공업 분야에 많이 사용되고 있으므로 이러한 공장에서는 암모니아를 흡입하지 않도록 주의해야 한다(허용농도 25ppm).
4. 물리적 상태는 압축액화가스 상태이고, 증기밀도는 공기보다 가볍다.
5. 가연성 가스로 불에 탈 수는 있으나 쉽게 점화되지 않는다.
6. 증기상 물질은 극도로 자극적이며 부식성이 있다.

04 난이도 ●○○ 답 ②

황화수소(H_2S)에 대한 내용이다.

확인학습 황화수소(H_2S)

1. 고무, 동물의 털, 가죽 등 황이 함유되어 있는 물질이 불완전연소할 때 발생한다(허용농도 10ppm).
2. 계란 썩는 듯한 냄새가 후각을 마비시켜 유해가스의 흡입을 증가시킨다.
3. 공기와 섞여 폭발성 혼합물을 형성할 수 있다.
4. 흡입 시 두통, 현기증, 기침, 메스꺼움, 불안정한 호흡을 유발할 수 있다.
5. 황화수소는 공기보다 밀도가 약간 더 크다. 그 혼합물은 폭발성이 있으며, 산소와 반응하여 이산화황과 물이 형성된다.

05 난이도 ●●○ 답 ①

취화수소(HBr)에 대한 내용이다.

확인학습 취화수소(HBr)

1. 방염수지류 등이 연소할 때 발생하는 연소생성물로서 유독성이 있어 독성 가스로 취급되며 독성의 허용농도는 5ppm이다.
2. 상온·상압에서 무색의 자극성 기체로 물에 잘 용해된다.
3. 불연성 가스로, 공기보다 무거워 지면을 타고 확산된다.
4. 금속과 반응하여 화재와 폭발 위험성이 있는 수소가스를 생성한다.

확인학습 불화수소(HF; Hydrogen fluoride)

1. 합성수지인 불소수지가 연소할 때 발생하며 무색의 자극성 기체로 유독성이 강하다(허용농도 3ppm).
2. 물에 잘 녹고 부식성이 있으며, 인화성 폭발성 가스를 발생시킨다.
3. 불연성 물질로 타지는 않지만 열에 의해 분해되어 부식성 및 독성 증기를 생성할 수 있다.
4. 모래나 유리를 부식시키는 성질이 있다.

06 난이도 ●○○ 답 ①

염화수소(HCl)에 대한 내용이다.

확인학습 염화수소(HCl)

1. 염화수소는 염소성분이 함유되어 있는 염화비닐수지(PVC), 건축물에 설치된 전선의 피복이 연소할 때 발생하며, 유독성이 있어 독성가스로 취급하고 있다.
2. 염화수소는 물에 녹아 염산이 되는 것으로 독성의 허용농도는 5ppm이고, 향료·염료·의약·농약 등의 제조에 이용된다.
3. 부식성이 강하여 철근콘크리트 내의 철근을 녹슬게 한다.

07 난이도 ●●○ 답 ①

시안화수소(HCN)에 대한 내용으로 옳은 것은 ㄱ, ㄷ이다.

시안화수소는 **청산가스**라고도 불리며 질소성분을 가지고 있는 합성수지, 동물의 털, 인조견, 모직물 등의 섬유가 **불완전연소**할 때 발생하는 무색의 맹독성 가스이다. 일산화탄소와 달리 **헤모글로빈과 결합하지 않고도 호흡의 저해를 통한 질식을 유발한다.**

| 선지분석 |

ㄴ. [×] 아크로레인에 대한 내용이다. 시안화수소의 독성허용농도는 10ppm(g/m^3)으로서 0.3% 이상의 농도에서는 즉시 사망한다.

ㄹ. [×] 암모니아에 대한 내용이다.

확인학습 시안화수소(HCN)

1. **청산가스**라고도 불리는 시안화수소는 질소성분을 가지고 있는 합성수지, 동물의 털, 인조견, 모직물 등의 섬유가 **불완전연소**할 때 발생하는 무색의 맹독성 가스이다.
2. 일산화탄소와 달리 헤모글로빈과 결합하지 않고도 호흡의 저해를 통한 질식을 유발한다.
3. 시안화수소의 독성허용농도(TLV-TWA 기준)는 10ppm(g/m^3)으로서 0.3% 이상의 농도에서는 즉시 사망한다.

08 난이도 ●●○ 답 ④

취화수소는 방염수지류 등이 연소할 때 발생하는 연소생성물이고 독성의 허용농도는 5ppm이다. 불화수소는 합성수지인 불소수지가 연소할 때 발생하며 무색의 자극성 기체로 유독성이 강하다. 특히 물에 잘 녹고 부식성이 있으며, 인화성 폭발성 가스를 발생시킨다. 독성의 허용농도는 3ppm(g/m^3)이다.

확인학습 LC50(Lethal Concentration)

반수 치사농도[동물에 한 시간 흡입시켰을 때, 실험동물의 반수가 일정기간(14일) 이내에 사망하게 되는 공기 중의 가스(증기) 농도]는 5천ppm 이하이다.

09 난이도 ●●● 답 ③

연소가스에 대한 내용으로 옳은 것은 ㄱ, ㄷ, ㅁ이다.

| 선지분석 |

ㄴ. [×] 아크로레인은 석유제품, 유지류 등이 탈 때 발생하는 가스이며, 인체에 대한 허용농도는 0.1ppm이고 10ppm 이상의 농도에서는 거의 즉사할 수 있다.

ㄹ. [×] TLV-TWA(Threshold Limit Value-Time Weighted Average)에 대한 내용이다. LC50(Lethal Concentration)은 반수 치사농도로 이 농도의 가스를 동물에 한 시간 흡입시켰을 때, 실험동물의 반수가 일정기간(14일) 이내에 사망하게 되는 공기 중의 가스(증기) 농도를 말한다.

10 난이도 ●○○ 답 ②

염화수소(HCl)에 대한 내용이다.

11 난이도 ●○○ 답 ④

독성 가스는 공기 중에 일정량 이상 존재하는 경우 인체에 유해한 독성을 가진 가스로서 **허용농도**(해당 가스를 성숙한 흰쥐 집단에게 대기 중에서 1시간 동안 계속하여 노출시킨 경우 14일 이내에 그 흰쥐의 2분의 1 이상이 죽게 되는 가스의 농도를 말한다)가 **100만분의 5천 이하**인 것을 말한다.

확인학습 「고압가스 안전관리법 시행규칙」상 독성 가스

1. 아크릴로니트릴·아크릴알데히드·아황산가스·암모니아·일산화탄소·이황화탄소·불소·염소·브로민화메탄·염화메탄·염화프렌·산화에틸렌·시안화수소·황화수소·모노메틸아민·디메틸아민·트리메틸아민·벤젠·포스겐·아이오딘화수소·브로민화수소·염화수소·불화수소·겨자가스·알진·모노실란·디실란·디보레인·세렌화수소·포스핀·모노게르만 등이 있다.
2. 그 밖에 공기 중에 일정량 이상 존재하는 경우 인체에 유해한 독성을 가진 가스로서 **허용농도**(해당 가스를 성숙한 흰쥐 집단에게 대기 중에서 1시간 동안 계속하여 노출시킨 경우 14일 이내에 그 흰쥐의 2분의 1 이상이 죽게 되는 가스의 농도를 말한다)가 **100만분의 5천 이하**인 것을 말한다.

12 난이도 ●●○ 답 ①

공기 중에서 연소하는 가스로서 폭발한계의 하한이 **10% 이하**인 것과 폭발한계의 상한과 하한의 차가 **20% 이상**인 것을 말한다.

✔ 확인학습 「고압가스 안전관리법 시행규칙」상 가연성 가스

1. 아크릴로니트릴 · 아크릴알데히드 · 아세트알데히드 · 아세틸렌 · 암모니아 · 수소 · 황화수소 · 시안화수소 · 일산화탄소 · 이황화탄소 · 메탄 · 염화메탄 · 브로민화메탄 · 에탄 · 염화에탄 · 염화비닐 · 에틸렌 · 산화에틸렌 · 프로판 · 시클로프로판 · 프로필렌 · 산화프로필렌 · 부탄 · 부타디엔 · 부틸렌 · 메틸에테르 · 모노메틸아민 · 디메틸아민 · 트리메틸아민 · 에틸아민 · 벤젠 · 에틸벤젠 등이 있다.
2. 그 밖에 공기 중에서 연소하는 가스로서 폭발한계(공기와 혼합된 경우 연소를 일으킬 수 있는 공기 중의 가스 농도의 한계를 말한다)의 하한이 10% 이하인 것과 폭발한계의 상한과 하한의 차가 20% 이상인 것을 말한다.

13 난이도 ●●● 답 ③

LC50이 큰 것부터 작은 것 순으로 배열하면 ㄱ, ㄷ, ㄴ, ㄹ 순이다.

| 선지분석 |

ㄱ. 암모니아: 7,388ppm
ㄴ. 황화수소: 712ppm
ㄷ. 불화수소: 1,307ppm
ㄹ. 시안화수소: 144ppm

14 난이도 ●●○ 답 ④

일산화탄소는 무취 · 무미의 환원성이 강한 가스로서 상온에서 염소와 작용하여 유독성 가스인 포스겐($COCl_2$)을 생성한다.

POINT 12 연기 · 중성대

정답 p.36

01	③	02	③	03	④	04	①	05	①
06	②	07	③	08	③	09	④	10	②

01 난이도 ●●○ 답 ③

화재성숙기보다는 화재초기에 발연량이 많다고 할 수 있다.

✔ 확인학습 연기

연기란 가연물이 연소할 때 생성되는 물질로서 고체 상의 탄소미립자이며, 무상의 증기 및 기체상의 분자가 공기 중에서 응축되어 부유 확산하는 복합혼합물을 포함하는 것이다. 연기의 입자는 보통 0.01 ~ 10μm 정도로 아주 작다.

02 난이도 ●●○ 답 ③

연기에 대한 내용으로 옳은 것은 ㄴ, ㄷ이다.
연기는 수평방향보다는 수직방향으로 더 빠르게 이동되고, 일반적으로 화재 시 연기는 처음에는 백색, 나중에는 흑색 연기로 변한다.

| 선지분석 |

ㄱ. [×] 수소가 많으면 백색 연기가 발생이 되고, 탄소가 많으면 흑색 연기가 발생된다.
ㄹ. [×] 계단 실내에서의 연기의 유동속도는 3 ~ 5m/s이다.

✔ 확인학습 연기의 특성

1. 연기 중에서 빛을 차단하는 주요매개체는 그을음 입자이다.
2. 공간내부에서의 그을음의 존재는 입자에 의한 투과광의 강도를 감소시키기 때문에 가시도에 직접적인 영향을 미친다.
3. 연기의 유동속도
   - **수평 방향**: 0.5 ~ 1m/s
   - **수직 방향**: 2 ~ 3m/s
   - **계단실 내**: 3 ~ 5m/s
4. 화재 시 연기는 처음에는 백색 연기, 나중에는 흑색 연기로 변한다.
5. 수소가 많으면 백색 연기, 탄소수가 많으면 흑색 연기로 변한다.
6. 화재초기 발연량은 화재성숙기의 발연량보다 많다고 할 수 있다.

03 난이도 ●●○ 답 ④

연기는 가연물이 연소할 때 생성되는 물질로서 고체상의 탄소미립자를 포함한다.

04 난이도 ●●○ 답 ①

굴뚝효과는 고층건축물에서 건물 내부와 외부의 밀도와 온도차에 의한 압력의 차이로 발생한다. 즉, 건물 내부의 더운 공기는 상승하고 외부의 차가운 공기는 아래로 내려오는 현상이다.

| 선지분석 |

② [×] 굴뚝효과는 저층건축물보다는 고층건축물에서 잘 발생한다.
③ [×] 층의 면적과는 큰 상관관계가 없다.
④ [×] 실외의 공기가 실내보다 따뜻할 때 역굴뚝효과가 발생할 수 있다.

✔ 확인학습 굴뚝효과에 영향을 주는 인자

1. 건물의 높이
2. 외벽의 기밀도
3. 건축 내 · 외의 온도차
4. 건물의 층간 공기누설

05 난이도 ●○○ 답 ①

ㄱ. 실내의 천장 쪽의 고온가스와 바닥 쪽의 찬공기의 경계선 - 불연속선
ㄴ. 건축물 내외부의 압력차가 0이 형성되는 곳 - 중성대

✔ 확인학습 중성대

1. 건물 내부의 압력이 외부의 압력과 일치하는 위치를 말한다.
2. 건물에 화재가 발생했을 때, 연소가스와 연기 등은 밀도의 감소로 부력이 증가하므로 위쪽으로 상승하게 된다. 아래쪽에서는 신선한 공기가 건물의 안쪽으로 들어오게 되고 상승한 연소가스, 연기 등은 위쪽에서 나가게 되며 이때 압력차가 0이 되는 곳이 형성되는데, 이를 중성대라고 한다.

06 난이도 ●●● 답 ②

중성대 아래쪽으로 계속해서 공기가 유입되면 중성대의 위치는 낮아지게 된다.

확인학습 중성대의 특징

1. 상층 개구부를 개방한다면 연소는 확대되지만 발생한 연기는 빠른 속도로 상승하여 외부로 배출되므로 중성대의 경계선은 위로 올라가고 중성대 하층의 면적이 커지므로 대원과 대피자들의 활동공간과 시야가 확보되어 신속히 대피할 수 있다.
2. 중성대의 아래쪽으로 계속해서 공기가 유입되면 중성대의 위치는 낮아지게 된다.
3. 화재현장에서 소방관은 중성대의 형성 위치를 파악하여 배연 등의 소방 활동에 적용하는 요령이 있어야 하는데, 배연을 할 경우에는 중성대 위쪽에서 배연을 하여야 효과적이다.

07 난이도 ●●○ 답 ③

연기를 이동시키는 직접적인 영향인자에 해당하는 것은 ㄱ, ㄷ, ㄹ이다.

| 선지분석 |

ㄴ. [×] 연기를 이동시키는 영향인자로 건축물의 수용인원은 직접적인 관련이 없다.

확인학습 연기를 이동시키는 영향인자

1. 연돌효과(굴뚝효과)
2. **바람의 영향**: 외부에서의 바람에 의해 압력차가 발생한다.
3. **온도에 의한 팽창**: 온도상승에 의해 증기가 팽창한다.
4. 건물 내 강제적인 공기이동
5. 건물 내·외 온도차
6. **비중차**: 화재로 인한 부력에 의해 연기를 이동시킨다.

08 난이도 ●○○ 답 ③

감광계수가 $0.3m^{-1}$일 때 건물 내부에 익숙한 사람이 피난에 지장을 느낄 수 있으며 가시거리는 5m 정도이다.

확인학습 감광계수

감광계수	가시거리(m)	현상
0.1	20 ~ 30	연기감지기가 작동할 때의 정도
0.3	5	건물 내부에 익숙한 사람이 피난에 지장을 느낄 정도
0.5	3	어두침침한 것을 느낄 정도
1	1 ~ 2	거의 앞이 보이지 않을 정도
10	0.2 ~ 0.5	화재 최성기 때의 정도
30	-	출화실에서 연기가 분출될 때의 연기 농도

확인학습 감광계수(Cs, m^{-1})의 정의

1. 연기 속을 빛이 투과할 때 저하되는 빛의 비율을 측정하여 계수로 나타낸 것을 말한다.
2. 감광계수(Cs)의 단위는 $m^{-1} = \frac{m^2}{m^3}$이다.
   즉, 단위체적당의 연기에 의한 빛의 흡수 단면적을 말한다.
3. 연기의 농도가 진해지면 연기입자에 의해 빛이 차단되므로 가시거리는 짧아진다. 따라서 감광계수로 표시한 연기의 농도와 가시거리는 반비례 관계이다.

09 난이도 ●●○ 답 ④

실내건축물의 화재 시 발생하는 열과 연기의 특성으로 옳은 것은 ㄱ, ㄴ, ㄷ이다.

| 선지분석 |

ㄹ. [×] 화재 최성기 때의 감광계수는 $10m^{-1}$이다.

10 난이도 ●●○ 답 ②

연기 속을 투과하는 빛의 양을 측정하여 연기농도를 측정하는 방법은 감광계수법(투과율법)이다.

확인학습 연기농도측정법

1. **중량농도측정법**: 연기 입자의 무게를 측정하는 방법이다.
2. **입자농도측정법**: 연기 입자의 개수를 측정하는 방법이다.
3. 투과율법(=감광계수법): 연기 속을 투과하는 빛의 양을 측정하는 방법이다.

POINT 13 열의 전달방식

정답 p.38

01	④	02	②	03	①	04	①	05	②
06	③	07	④	08	③	09	②	10	③
11	③								

01 난이도 ●●○ 답 ④

ㄱ. 열의 출입이 온도변화 현상으로 나타나지 않고 상(태) 변화로 흡수, 방출되는 열(= 숨은열) - 잠열

ㄴ. 물체의 온도를 1K 올리는데 필요한 열량으로, 단위는 kcal/K를 사용 - 열용량

확인학습 용어의 정의

1. **비열**: 어떤 물체의 질량 1kg을 1℃ 올리는 데 필요한 열량을 말한다.
2. 현열(감열): 열의 출입이 상(태)변화에 사용되지 않고 온도변화 현상으로 나타나는 열을 현열이라 한다.
3. 잠열: 열의 출입이 온도변화 현상으로 나타나지 않고 상(태) 변화로 흡수, 방출되는 열(= 숨은열)을 잠열이라 한다.
4. 물의 기화열(증발잠열)은 539kcal/kg이고, 얼음의 융해열(용융잠열)은 80kcal/kg이다.

02 난이도 ●●○ 답 ②

콘크리트가 철근보다 열전도율이 작다.

확인학습 전도

1. 물질의 이동 없이 고온의 물체와 저온의 물체를 직접 접촉시킬 때 고온의 물체에서 활발하게 일어나는 분자운동이 접촉면에서의 충돌에 따른 자유전자의 이동이나 분자의 진동운동에 의해 저온 물체의 분자운동을 활발하게 하여 에너지를 전달한다.
2. 금속이 비금속에 비해 열전도율이 큰 이유는 자유전자의 이동성 때문이다.
3. 열전도도는 고체 → 액체 → 기체의 순서이다.
4. 콘크리트가 철근보다 열전도율이 작다.

03 난이도 ●○○ 답 ①

전도에 의한 열전달량은 전열면적과 온도차에 비례하고, 두께차에 반비례한다.

확인학습 푸리에의 법칙에 의한 열전달량

$$열전달량\ Q = kA\frac{(T_1 - T_2)}{L}$$

- k: 열전도율(W/mK)
- L: 물체의 두께
- A: 열전달 부분의 면적
- $(T_1 - T_2)$: 각 벽면의 온도 차
- T_1: 고온 측 표면온도(K)
- T_2: 저온 측 표면온도(K)

04 난이도 ●●○ 답 ①

유체의 흐름은 층류일 때보다 난류일 때 열전달이 잘 이루어진다. 대류는 열복사 수준이 낮은 화재초기 상태에서 중요한 현상으로, 부력의 영향을 받는다.

| 선지분석 |

ㄷ. [×] 전도는 고온의 물체와 저온의 물체를 직접 접촉시킬 때 주로 발생한다.

ㄹ. [×] 복사는 열이 매질을 이용하지 않고 직접 전자기파의 형태로 전달된다.

05 난이도 ●○○ 답 ②

기체나 액체 상태에 있는 분자는 열을 받아서 온도가 높아지면 그 운동이 활발해지기 때문에 분자들 사이의 평균 간격이 넓어진다. 그러므로 온도가 높은 분자의 물질은 밀도가 작아져서 위로 올라가고 온도가 낮은 물질은 밀도가 커져서 아래로 내려오게 된다. 이러한 열의 흐름이 대류현상이다.

06 난이도 ●●○ 답 ③

- 화재 시 연기가 위로 향하는 것이나 화로(火爐)에 의해 실내의 공기가 따뜻해지는 것은 (대류)에 의한 현상이다.
- 플래시오버에서도 가장 많이 영향을 미치는 것이 (복사)이다.

확인학습 열전달 방식의 비교

구분	전도	대류	복사
원리	• 분자 간 충돌 • 자유전자의 이동	액체 · 고체 상의 온도차에 의한 유체운동	전자기파의 이동
특징	고체 > 액체 > 기체	유체를 통한 열전달	-
단계	연소 초기	성장기 초기	플래시오버 현상

07 난이도 ●○○ 답 ④

연소불꽃이 암적색인 경우의 연소온도는 약 700℃이다.

확인학습 연소불꽃의 색상과 온도와의 관계

연소불꽃의 색상	연소온도(℃)	연소불꽃의 색상	연소온도(℃)
담암적색	520	황적색	1,100
암적색	700	백적색	1,300
적색	850	휘백색	1,500
휘적색	950		

08 난이도 ●●○ 답 ③

열의 전도는 단면적, 온도 차이에 비례하고 전달되는 거리에 반비례한다.

| 선지분석 |

① [×] 대류는 순환적인 흐름에 의해 열이 전파되는 현상이다.

② [×] 대류는 밀도와 관련이 깊고 액체와 기체의 온도가 다를 때 물질의 흐름에 따라 열이 이동하는 현상이다.

④ [×] 복사는 화재에 가장 크게 작용되는 열의 전달이며, 플래시오버에서도 가장 많이 영향을 미친다.

09 난이도 ●●○ 답 ②

대류는 온도가 높은 분자의 물질은 밀도가 작아져 위로 올라가고 온도가 낮은 물질은 밀도가 커져서 아래로 내려오면서 형성되는 분자들의 집단 흐름을 말한다.

| 선지분석 |

① [×] 스테판 - 볼츠만의 법칙은 복사열은 절대온도 4제곱에 비례하고 열전달 면적에 비례하는 것을 말한다.

③ [×] 전도는 열전달 부분의 면적, 각 벽면의 온도 차 및 열이 전달되는 거리에 반비례한다.

④ [×] 복사는 매질(매개체)을 이용하지 않고, 직접 전자기파의 형태로 열이 전달된다.

10 난이도 ●●○ 답 ③

숨은열(잠열)에 해당하는 것은 ㄷ, ㄹ이다.

확인학습 현열(감열)과 잠열

1. **현열(감열)**: 열의 출입이 상(태)변화에 사용되지 않고 온도변화 현상으로 나타나는 열을 말한다.
2. **잠열(숨은열)**: 열의 출입이 온도변화 현상으로 나타나지 않고 상(태)변화로 흡수, 방출되는 열을 말한다.
   - 물의 기화열(증발잠열): 539kcal/kg
   - 얼음의 융해열(융융잠열): 80kcal/kg

11 난이도 ●●○ 답 ③

비가역성을 설명하는 법칙이다(열역학 제2법칙).

확인학습 열역학 제1법칙

1. 열과 일의 관계를 설명한 에너지보존의 법칙이다.
2. 일과 열은 서로 교환된다는 열교환법칙이다.
3. 에너지의 한 형태인 열과 일은 본질적으로 서로 같고 열을 일로, 일은 열로 서로 전환이 가능하며, 이때 열과 일 사이의 변환에는 일정한 비례관계가 성립한다.
4. **엔탈피(Enthalpy, H)**: 일정한 압력과 온도에서 물질이 지닌 고유에너지의 양(열 함량)

   엔탈피(H) = 내부에너지(U) + 유동일(에너지)
   = 내부에너지(U) + 압력(P) + 체적(V)
   = U + PV

5. 엔탈피를 통해 물리·화학적 변화에서 출입하는 열의 양을 구할 수 있고, 화학 평형과도 밀접하게 연관되는 열역학의 핵심함수이다. 엔트로피와 더불어 열역학에서 중요한 개념 중의 하나이다.

확인학습 열역학 제2법칙

1. 비가역성을 설명하는 법칙이다.
   - 열은 스스로 저온체에서 고온체로 이동할 수 없다.
   - 차가운 물체에 뜨거운 물체를 접촉시키면 뜨거운 물체에서 차가운 물체로 열이 전달되지만, 반대의 과정은 일어나지 않는다.
2. 자연현상을 판명해 주고, 열이동의 방향성을 제시해주는 열역학 법칙이다.
3. **엔트로피(Entropy)**
   - 자연물질이 변형되어, 다시 원래의 상태로 환원될 수 없는 현상이다.
   - 다시 가용할 수 없는 상태로 환원시킬 수 없는, 무용의 상태로 전환된(에너지)의 총량이다.

확인학습 열역학 제3법칙

1. 엔트리피 절댓값의 정의(절대영도 불가능의 법칙)이다.
2. 어떤 계의 온도를 절대온도 0K까지 내릴 수 없다.
3. 순수한 결정의 엔트로피는 절대영도에서 0이다.

확인학습 열역학 제0법칙

1. 열평형에 관한 법칙이다.
2. 두 계가 다른 한 계와 열평형을 이룬다면, 그 두 계는 서로 열평형을 이룬다.

POINT 14 화염 및 연소속도

정답 p.40

01	②	02	①	03	④	04	③	05	③
06	②	07	③	08	②	09	②		

01 난이도 ●●○ 답 ②

층류화염의 높이는 유속에 비례한다.

확인학습 층류화염

1. 난류가 없는 혼합기의 연소이다.
2. 층류 연소속도는 혼합기의 고유한 성질(20~50cm/sec), 상태(온도, 압력)에 따라 일정하다.
3. **층류 화염의 구조**: 예열대, 반응대
4. 시간이 지남에 따라 유속 및 유량이 증대할 경우 화염의 높이는 높아진다.
5. 화염의 길이는 유속에 비례한다.

확인학습 난류화염

1. 난류 유동 혼합기의 연소로 불규칙한 운동의 연소이다.
2. **난류 연소속도**: 난류 특성 및 혼합기 상태의 함수
3. **특징**: 작은 스케일, 높은 연소 강도

확인학습 레이놀즈(Reynolds) 수와 확산화염의 길이

1. **레이놀즈 수(Reynolds Number)**

$$Re = \frac{\rho v D}{\mu}$$

   - ρ: 분출연료밀도
   - v: 분출속도
   - D: 분출되는 배관의 구경
   - μ: 분출연료의 점성계수

2. **Re 수에 따른 층류·난류의 구분**
   - **층류**: Re < 2,300
   - **전이영역**: 2,300 < Re < 4,000
   - **난류**: 4,000 < Re

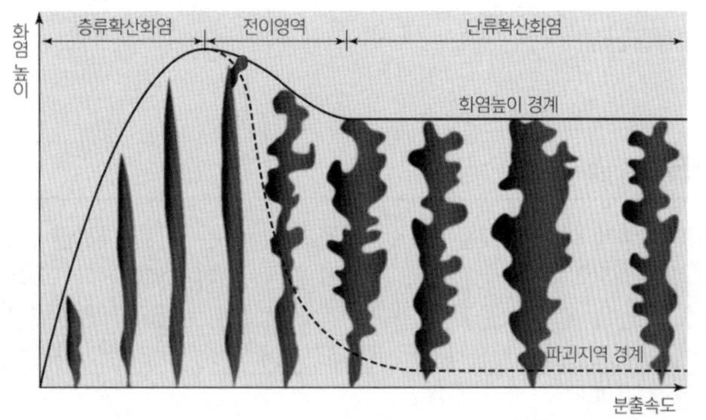

02 난이도 ●●○ 답 ①

화염의 높이는 거의 변하지 않는다.

✔ 확인학습 난류연소

1. 층류일 때보다 연소가 잘 되며 화염이 짧아진다.
2. 난류 유동은 화염 전파를 증가시키지만 화학적 내용은 거의 변하지 않는다.
3. 유속이나 유량이 증대할 경우 시간이 지남에 따라 화염의 높이는 거의 변화가 없다.
4. 층류 시보다 열효율이 좋아진다.

03 난이도 ●●● 답 ④

미연소혼합기의 비열이 클수록 층류 연소속도는 작게 된다.

✔ 확인학습 층류연소

1. **층류(예혼합) 화염의 연소 특성 영향인자:** 연료와 산화제의 혼합비, 압력 및 온도, 혼합기의 물리·화학적 특성 등(연소실의 응력과는 무관하다)
2. **층류 연소속도:** 연료의 종류, 혼합기의 조성, 압력, 온도에 대응하는 고유값을 가지며 흐름과는 무관하다.
3. 영향인자
   - 비례요인: 온도, 압력, 열전도율, 산소농도
   - 반비례요인: 비열, 비중, 분자량, 층류화염의 예열대 두께

✔ 확인학습 난류연소

1. 층류일 때보다 연소가 잘되며 화염이 짧아진다.
2. 난류유동은 화염 전파를 증가시키지만 화학적 내용은 거의 변하지 않는다.
3. 유속이나 유량이 증대할 경우 시간의 지남에 따라 화염의 높이는 거의 변화가 없다.

04 난이도 ●●○ 답 ③

옳은 것은 ㄴ, ㄷ, ㄹ으로 모두 3개이다.

| 선지분석 |

ㄱ. [×] 연소속도는 주변 온도가 상승함에 따라 증가한다.
ㄷ. [O] 압력이 증가하면 연소속도는 증가한다. 다만, 연소속도에 따라 차이를 보이며 급격히 증가되지는 않는다.

05 난이도 ●●○ 답 ③

난류 예혼합화염은 층류 화염보다 훨씬 높은 연소속도를 가진다.

✔ 확인학습 층류(예혼합) 연소와 난류(예혼합) 연소

구분	층류(예혼합) 연소	난류(예혼합) 연소
연소속도	느림	빠름
화염	원추상의 청색이며 얇음	짧고 두꺼움
미연소분	미존재	존재
휘도	낮음	높음

06 난이도 ●●● 답 ②

옳은 것은 ㄴ, ㄹ이므로 2개이다.

| 선지분석 |

ㄱ. [×] 기체의 경우 압력이 커지면 단위 부피 속 분자수가 많아져서 반응물질의 농도가 증가되며, 분자 사이의 충돌수가 증가하여 반응속도가 빨라진다.
ㄴ. [O] 반응물질의 농도가 커지면 반응속도는 증가한다.
ㄷ. [×] 자신은 변하지 않고 다른 물질의 화학 변화를 촉진하는 물질을 촉매라 한다.
ㄹ. [O] 온도가 높을수록 반응속도가 증가한다.

07 난이도 ●●● 답 ③

가연성 물질을 공기로 연소시키는 경우, 공기 중의 산소 농도를 높이면 연소속도는 빨라지고, 발화온도는 낮아진다.

✔ 확인학습 연소속도

1. 연소속도는 단위 면적의 화염면이 단위 시간에 소비하는 미연소혼합기의 체적이다.
2. 연소속도는 산화속도, 산화반응속도, 반응속도라고도 한다.
3. $\text{반응속도} = \dfrac{\text{반응물질의 농도 감소량}}{\text{시간의 변화}}$,

   $\text{반응속도} = \dfrac{\text{생성물질의 농도 증가량}}{\text{시간의 변화}}$

08 난이도 ●●● 답 ②

미연소혼합기의 비중이 작을수록 연소속도는 크게 된다. 비중이 클수록 연소속도는 작아진다.

✔ 확인학습 층류 연소속도 증가에 미치는 요인

1. **비례요인:** 압력, 온도, 열전도율, 산소농도
2. **반비례요인:** 비열, 비중, 분자량, 층류화염의 예열대 두께

09 난이도 ●●○ 답 ②

층류 확산화염에서 시간이 지남에 따라 유속 및 유량이 증대할 경우 화염의 높이는 더 높아진다.

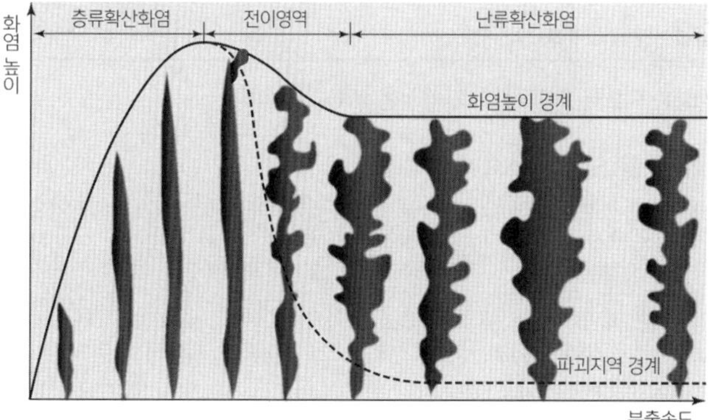

CHAPTER 3 소방화학

POINT 15 소방화학

정답 p.42

01	②	02	④	03	①	04	③	05	③
06	③	07	③	08	③	09	③	10	④
11	①	12	①						

01 난이도 ●●○ 답 ②

증기비중 $= \frac{M_{측정기체}}{M_{공기}} = \frac{분자량}{29}$

확인학습 증기비중

1. 증기비중 $= \frac{기체\ 분자량}{공기의\ 평균분자량}$
2. 공기의 평균분자량 $\fallingdotseq N_2 \times 78(\%) + O_2 \times 21(\%) + Ar \times 1(\%)$
$\fallingdotseq (14 \times 2) \times 0.78 + (16 \times 2) \times 0.21 + 40 \times 0.01$
$\fallingdotseq 28.96 \fallingdotseq 29$

구분	CO	CO_2
분자량	28	44
증기비중	$\frac{28}{29} = 0.97$	$\frac{44}{29} = 1.52$
특성	공기보다 가벼움	공기보다 무거움

02 난이도 ●●○ 답 ④

Halon 2402의 증기비중은 $\frac{260}{29} = 8.97$이다.

| 선지분석 |

① Halon 1301의 증기비중 $= \frac{149}{29} = 5.14$

② Halon 1211의 증기비중 $= \frac{165}{29} = 5.69$

③ Halon 104의 증기비중 $= \frac{152}{29} = 5.24$

03 난이도 ●●○ 답 ①

Halon 1211의 화학식의 화학식은 CF_2ClBr이다.

확인학습 할론 소화약제 명명법

1. 할론 소화약제에 대한 할론 명명은 '미육군화학연구소'의 창안으로 사용하여 오던 중 '미국방화협회(NFPA)'의 공식 인정으로 국제적으로 공용화되었다.
2. 할론 소화약제에 대한 명명은 탄화수소인 메탄(CH_4)·에탄(C_2H_6)의 수소원자와 치환되는 할로겐족 원소의 종류와 치환되는 위치 및 수에 따라 부여되고 있다.
3. 첫 번째 번호는 할론 번호의 주체가 되는 탄소의 수를 나타내고, 그 다음 번호는 불소의 수, 세 번째는 염소의 수, 마지막은 부촉매소화(화학소화) 기능이 가장 양호한 브로민(취소)의 수이다.

할론	W	X	Y	Z
	↓	↓	↓	↓
	탄소	불소	염소	브로민

4. 메탄(CH_4)에 불소 3분자·브로민 1분자가 치환반응하여 생성된 1브로민화3불화메탄(CF_3Br)은 탄소원자 1개, 불소원자 3개, 브로민원자 1개이고 염소원자가 없으므로 할론 명명법에 따라 할론 번호를 부여하면 할론 1301이 된다.

04 난이도 ●●○ 답 ③

화합물의 분자식은 $\frac{중량백분율}{원자량}$로 알 수 있다.

$C : H : O = \frac{39.9}{12} : \frac{6.7}{1} : \frac{53.4}{16} = 3.33 : 6.7 : 3.33 = 1 : 2 : 1$

따라서, $C_2H_4O_2$이다.

05 난이도 ●●○ 답 ③

보일-샤를의 법칙: 일정량의 기체의 체적은 압력에 반비례하고, 절대온도에 비례한다.

$$\frac{P_1V_1}{T_1} = \frac{P_2V_2}{T_2} = K(일정)$$

| 선지분석 |

① 보일의 법칙: 일정한 온도에서 기체의 질량을 고정하였을 때 기체의 부피는 기체의 압력에 반비례한다.

$$P_1V_1 = P_2V_2 = K(일정)$$

② 샤를의 법칙: 일정한 압력에서 일정량의 기체의 부피는 그 절대온도 T에 정비례한다.

$$\frac{V_1}{T_1} = \frac{V_2}{T_2} = K(일정)$$

④ 헨리의 법칙: 기체의 압력이 클수록 액체 용매에 잘 용해된다는 것을 설명하는 법칙이다.

06 난이도 ●○○ 답 ③

그레이엄의 법칙: 같은 온도와 압력 상태에서 두 기체 확산속도의 비는 두 기체의 분자량의 제곱근에 반비례한다. 여기서 속도는 분자들의 평균속도를 뜻한다.

$$\frac{Rate_1}{Rate_2} = \sqrt{\frac{M_2}{M_1}}$$

- $Rate_1$ = 첫번째 기체의 확산속도
- $Rate_2$ = 두 번째 기체의 확산속도
- M_1 = 기체1의 분자량
- M_2 = 기체2의 분자량

| 선지분석 |

① 아보가드로의 법칙
  - 온도와 압력이 일정할 때 모든 기체는 같은 부피 속에 같은 수의 분자가 들어 있다.
  - 모든 기체 1몰이 차지하는 부피는 표준 상태에서 22.4L이며, 그 속에는 6.02×10^{23}개의 분자가 들어 있다.

② 헨리의 법칙: 기체의 압력이 클수록 액체 용매에 잘 용해된다는 것을 설명하는 법칙이다.

④ 헤스의 법칙: 임의의 화학반응에서 발생(또는 흡수)하는 열은 변화 전과 변화 후의 상태에 의해서 정해지며 그 경로는 무관한다.

07 난이도 ●●● 답 ③

샤를의 법칙: 일정한 압력에서 일정량의 기체의 부피는 그 절대온도 T에 정비례한다.

$$\frac{V_1}{T_1} = \frac{V_2}{T_2} = K(\text{일정})$$

따라서, $\frac{V_1}{T_1} = \frac{10V_1}{T_2}$

$$T_2 = \frac{10V_1T_1}{V_1} = 10T_1 = 10 \times (20 + 273) = 2{,}930K = 2{,}657℃$$

따라서, $T_2 - T_1 = 2{,}657 - 20 = 2{,}637℃$

08 난이도 ●○○ 답 ③

ㄴ, ㄷ, ㄹ, ㅁ이 옳은 설명이다.

| 선지분석 |

ㄱ. [×] 고온, 저압일수록 이상기체에 가까워진다.

확인학습 이상기체의 특징

1. 고온, 저압일수록 이상기체에 가까워진다.
2. 기체분자 간의 인력이나 반발력이 없는 것으로 간주한다.
3. 분자의 충돌로 총 운동에너지가 감소되지 않는 완전탄성체이다.
4. 온도에 대비하여 일정한 비열을 가진다.
5. 분자 자신이 차지하는 부피를 무시한다.
6. 아보가드로 법칙을 따른다.
7. 0K에서 부피는 0이어야 하며, 평균 운동에너지는 절대온도에 비례한다.
8. 보일 - 샤를의 법칙을 만족한다.

09 난이도 ●○○ 답 ③

고온, 저압일수록 이상기체에 가까워진다.

10 난이도 ●○○ 답 ④

$$PV = nRT = \frac{w}{M}RT$$

따라서, $V = \frac{wRT}{PM} = \frac{1 \times 0.082 \times (27 + 273)}{1 \times 29} = 0.85m^3$

11 난이도 ●●● 답 ①

보일 - 샤를의 법칙에 따라,

$$\frac{P_1V_1}{T_1} = \frac{P_2V_2}{T_2}(V_1 = V_2)$$

$$\frac{150kgf/cm^2}{27 + 273K} = \frac{P_2}{57 + 273K}$$

$P_2 = 165kgf/cm^2$

12 난이도 ●●● 답 ①

- 탄화칼슘의 반응식: $CaC_2 + 2H_2O \rightarrow Ca(OH)_2 + C_2H_2$
- 1몰의 탄화칼슘은 1몰의 수산화칼슘과 1몰의 아세틸렌을 생성한다.

POINT 16 연소반응식 등

정답 p.44

01	②	02	③	03	②	04	②	05	③
06	④	07	①	08	④				

01 난이도 ●●○ 답 ②

산소의 몰수는 5이고 프로판의 연소의 하한계는 2.1이므로 프로판의 최소산소농도는 10.5%이다.

확인학습 최소산소농도의 추정

1. 계산식

$$MOC = LFL(\%) \times \frac{O_2\ mol}{Fuel\ mol}$$

2. 프로판의 경우
   - $C_3H_8 + 5O_2 \rightarrow 3CO_2 + 4H_2O$
   - **프로판의 연소범위**: 2.1 ~ 9.5
   - 최소산소농도의 추정

$$MOC = LFL(\%) \times \frac{O_2\ mol}{Fuel\ mol} = 2.1\% \times \frac{5\ mol}{1\ mol} = 10.5\%$$

02 난이도 ●●○ 답 ③

ㄱ. 비금속원소와 비금속원소가 만나 비금속원소들이 서로 전자를 내어놓아 전자를 공유하는 형태로 원자들의 결합이 이루어지는 결합 - 공유결합

ㄴ. 금속양이온과 비금속음이온이 만나 이루어지는 결합 - 이온결합

확인학습 화학결합

1. 이온결합: 금속양이온과 비금속음이온이 만나 이루어지는 결합이다.
2. 금속결합: 금속양이온과 자유전자가 만나 이루어지는 결합이다.
3. 공유결합: 비금속원소와 비금속원소가 만나 비금속원소들이 서로 전자를 내어놓아 전자를 공유하는 형태로 원자들의 결합이 이루어지는 결합이다. 공유결합을 통해 만들어진 물질은 공유결합물질과 분자가 존재하게 된다.

03 난이도 ●●● 답 ②

ⅦA족(할로겐족)에 해당하는 것은 ㄱ, ㄷ, ㅁ이다.

확인학습 ⅦA족(할로겐족)

1. ⅦA족 원소들은 모두 반응성이 가장 큰 비금속으로서, 실제로 모든 금속 및 대부분의 비금속들과 서로 반응한다.
2. 금속과 2성분 화합물을 만들 때, 이들은 -1전하를 가진 이온으로 존재한다.
3. 불소, 염소, 브로민, 아이오딘 등이 있다.

04 난이도 ●●● 답 ②

질량보존의 법칙은 물질의 화학반응에 있어서 반응물질들의 질량의 합과 생성물질들의 질량의 합이 같음을 의미한다.

확인학습 배수비례의 법칙(돌턴)

두 원소가 결합하여 두 가지 이상의 화합물을 만들 때 한 원소의 일정량과 결합하는 다른 원소의 질량 사이에는 간단한 질량비가 성립한다. 이것은 원자가 쪼개지지 않은 채로 항상 정수의 개수비로 화학결합을 하기 때문이다.

05 난이도 ●●○ 답 ③

샤를의 법칙은 일정한 압력에서 기체의 부피는 절대온도에 비례하는 것을 의미한다.

확인학습 기체에 관한 법칙

1. 샤를의 법칙: 일정한 압력에서 일정량의 기체의 부피는 그 절대온도 T에 정비례한다.
2. 보일의 법칙: 일정한 온도에서 기체의 질량을 고정하였을 때, 기체의 부피는 기체의 압력에 반비례한다.

06 난이도 ●○○ 답 ④

ㄱ. 1기압에서 순수한 물의 어는점을 32°F, 끓는점(비점)을 212°F로 하여 그 사이를 180등분한 것 - 화씨온도

ㄴ. 물의 어는점이나 끓는점을 사용하지 않고 에너지에 비례하도록 온도를 정의한 것으로 열역학적으로 생각할 수 있는 최저 온도로서 기체 평균 운동에너지가 0으로 측정된 -273℃를 0K로 정한 온도 - 절대온도

확인학습 정의

1. **섭씨온도**: 1기압에서 순수한 물의 어는점을 0℃, 끓는점(비점)을 100℃로 하여 그 사이를 100등분한 것이 섭씨(Celsius)온도이다.
2. **화씨온도**: 1기압에서 순수한 물의 어는점을 32°F, 끓는점(비점)을 212°F로 하여 그 사이를 180등분한 것이 화씨(Fahrenheit)온도이다.
3. **절대온도**: 물의 어는점이나 끓는점을 사용하지 않고 에너지에 비례하도록 온도를 정의한 것으로, 열역학적으로 생각할 수 있는 최저온도로서 기체 평균 운동에너지가 0으로 측정된 -273℃를 절대온도 0K로 정한 온도이다.

07 난이도 ●●● 답 ①

반응하는 물질들의 물리적 상태는 화학반응속도에 큰 영향을 준다. 큰 덩어리의 금속들은 연소되지 않으나, 금속분말은 표면적이 크므로 결과적으로 많은 원자들이 공기 중의 산소에 노출되어 연소되기 쉽다.

확인학습 반응속도에 영향을 미치는 요인

1. 반응물의 성질
   - 반응속도는 함께 혼합된 물질들의 화학적 성질과 물리적 상태에 의존하고 있다.
   - 반응하는 물질들의 물리적 상태는 화학반응속도에 큰 영향을 준다. 큰 덩어리의 금속들은 연소되지 않으나, 금속분말은 표면적이 크므로 결과적으로 많은 원자들이 공기 중의 산소에 노출되어 연소되기 쉽다.
2. 농도
   - 반응속도는 반응하는 각 물질의 농도의 곱에 비례한다.
   - 농도가 증가함에 따라 단위부피 속의 입자가 증가하고, 입자 수가 증가하면 입자 간의 충돌횟수가 증가하여 반응속도가 빨라진다.
3. 온도
   - 온도가 상승하면 반응속도도 증가한다.
   - 아레니우스(S. Arrhenius)의 반응속도론에 의하면 일반적으로 온도가 10℃ 상승할 때 반응속도는 약 2배 증가한다.
4. 촉매
   - 촉매는 보통 반응에 첨가되어 반응속도를 증가시키지만, 때로는 반응속도를 감소시키는 물질이 된다.
   - 촉매는 반응경로를 변화시키며, 이에 따라 활성화에너지가 변화하고 반응속도에 영향을 미친다.

08 난이도 ●●● 답 ④

일반적으로 고체가연물질의 공기비가 기체가연물질의 공기비보다 크다고 할 수 있다.

확인학습 공기비

공기비는 실제공기량을 이론공기량으로 나눈 값을 말한다.
1. 기체가연물질의 공기비: 1.1 ~ 1.3
2. 액체가연물질의 공기비: 1.2 ~ 1.4
3. 고체가연물질의 공기비: 1.4 ~ 2.0

확인학습 연소용 공기량

1. 과잉공기량 = 실제공기량 - 이론공기량
2. 이론산소량 = 이론공기량 × $\frac{21}{100}$
3. 공기비 = $\frac{\text{실제공기량}}{\text{이론공기량}} = \frac{\text{실제공기량}}{\text{실제공기량 - 과잉공기량}}$

POINT 17 최소산소농도(MOC) 및 공기량

정답 p.46

01	③	02	④	03	②	04	④	05	①
06	①	07	②						

01 난이도 ●●●● 답 ③

프로판 1몰당 산소 5몰, 부탄 1몰당 산소 6.5몰이 소요된다.
MOC = (2.1 × 5) × 0.5 + (1.8 × 6.5) × 0.5
= 11.1%

확인학습 완전연소 반응식

1. 프로판(C_3H_8): $C_3H_8 + 5O_2 \rightarrow 3CO_2 + 4H_2O$
2. 부탄(C_4H_{10}): $C_4H_{10} + \frac{13}{2}O_2 \rightarrow 4CO_2 + 5H_2O$

02 난이도 ●●● 답 ④

수소: 5 × 0.5 = 2.5mol

| 선지분석 |

① 메탄: 5 × 2 = 10mol
② 아세틸렌: 5 × 2.5 = 12.5mol
③ 프로판: 5 × 5 = 25mol

확인학습 공기mol수

1. 공기mol수(공기 산소농도가 20vol%인 경우)

$$\text{공기mol수} = \frac{100}{20} \times \text{산소mol수}$$

2. 완전연소 반응식
- $CH_4 + 2O_2 \rightarrow CO_2 + 2H_2O$
- $C_2H_2 + 2.5O_2 \rightarrow 2CO_2 + H_2O$
- $C_3H_8 + 5O_2 \rightarrow 3CO_2 + 4H_2O$
- $H_2 + 0.5O_2 \rightarrow 2H_2O$

03 난이도 ●○○ 답 ②

공기비 계산식은 $\frac{\text{실제공기량}}{\text{이론공기량}}$이다.

04 난이도 ●●○ 답 ④

과잉공기량이 너무 많을 때 불완전연소물의 발생이 적어진다.

확인학습 과잉공기량이 너무 많을 때 일어나는 현상

1. 연료소비량이 많아진다.
2. 연소실의 온도가 낮아진다.
3. 배기가스에 의한 열손실이 증가한다.
4. 불완전연소물의 발생이 적어진다.
5. 연소속도가 느려지고 연소효율이 저하된다.
6. 연소가스 중의 N_2O 발생이 심하여 대기오염을 초래한다.

05 난이도 ●●○ 답 ①

탄소(C)의 연소방정식: $C + O_2 \rightarrow CO_2$

탄소 4g은 $\frac{1}{3}$mol 이다($\because$ 4kg × $\frac{1mol}{12g}$).

발생된 연소가스의 양은 $\frac{1}{3}$mol × 1mol × 44g ≒ 14.7g이다.

즉, CO_2의 발생량은 14.7g이다.

06 난이도 ●●○ 답 ①

프로판의 연소방정식: $C_3H_8 + 5O_2 \rightarrow 3CO_2 + 4H_2O$

프로판 5L는 $\frac{5}{22.4}$mol이다($\because$ 5L × $\frac{1mol}{22.4L}$).

필요한 산소량은 = $\frac{5}{22.4}$mol × 5 × $\frac{22.4(L)}{1mol}$
= 25L이므로,

이론공기량 $A_0 = \frac{O_2}{0.21} = \frac{25}{0.21} \fallingdotseq 119L$

07 난이도 ●●○ 답 ②

- 프로판(C_3H_8)의 연소반정식: $C_3H_8 + 5O_2 \rightarrow 3CO_2 + 4H_2O$
- 부탄(C_4H_{10})의 연소방정식: $C_4H_{10} + \frac{13}{2}O_2 \rightarrow 4CO_2 + 5H_2O$
- 프로판과 부탄비가 40% : 60%이므로,
  필요한 이론산소량은 = $(0.4 \times 5) + (0.6 \times 6.5) = 5.9L$
  이론공기량 $A_O = \frac{O_O}{0.20} = \frac{5.9}{0.20} = 29.5L$

확인학습 이론공기량

1. 질량계산(kg/kg)

$$A_O = \frac{O_O}{0.232}$$

2. 체적계산(Nm^3/kg)

$$A_O = \frac{O_O}{0.21}$$

PART 2 폭발론

CHAPTER 1 폭발의 개관

POINT 18 폭발의 개념

정답 p.50

01	③	02	③	03	②	04	①	05	②
06	③	07	①	08	③	09	④	10	②
11	①	12	②	13	②				

01 난이도 ●●○ 답 ③

전선폭발은 물리적 폭발에 해당한다.

확인학습 압력상승에 원인에 따른 분류

물리적 폭발	화학적 폭발
• 양적변화 • 상변화에 따른 폭발 • 액화가스 증기폭발 • 수증기폭발 • 전선폭발(알루미늄 전선) • 감압폭발 • 과열액체 증기폭발(블래비) • 고상간 전이에 의한 폭발	• 질적변화 • 화학반응에 따른 폭발 • 분진폭발 • 분해폭발 • 가스폭발 • 분무폭발 • 박막폭발

02 난이도 ●●○ 답 ③

$$L = \frac{100}{\frac{20}{5} + \frac{40}{10} + \frac{40}{20}} = 10(\%)\text{이다.}$$

03 난이도 ●●○ 답 ②

일반적인 폭발현상은 밀폐된 공간에서 발생하지만, 증기운폭발의 경우 대기 중에서도 발생할 수 있다. 반드시 밀폐된 공간에서만 발생하지는 않는다.

확인학습 폭발의 성립조건

1. 밀폐된 공간과 연소의 요소가 있어야 한다.
2. 폭발한계(폭발범위) 내에 있어야 한다.
3. 가연성 가스 및 분진을 발화시킬 수 있는 점화원이 있어야 한다.
4. 급격한 압력 상승이 수반되어야 한다.

04 난이도 ●●● 답 ①

연소한계와 폭발한계는 같으며, 폭발한계는 폭굉한계보다는 넓다.

확인학습 연소한계, 폭발한계, 폭굉한계

1. 연소한계와 폭발한계는 같으며, 폭발한계는 폭굉한계보다는 넓다.
2. 연소범위는 상한치와 하한치의 값을 갖는다.
3. 모든 가연물질은 폭발범위 내에서만 폭발한다. 폭발범위 밖에서는 위험성이 감소하며 폭발범위가 넓을수록 위험하다.

05 난이도 ●●○ 답 ②

폭발 1등급인 가연성 가스는 ㄷ, ㅁ이다.

| 선지분석 |

ㄱ, ㄴ, ㄹ. 폭발 3등급인 가연성 가스이다.

확인학습 안전간격 및 폭발등급

1. 안전간격: 8L의 구형 용기 안에 폭발성 혼합가스를 채우고 점화시켜 발생된 화염이 용기 외부의 폭발성 혼합가스에 전달되는가의 여부를 측정하였을 때, 화염을 전달시킬 수 없는 한계의 틈 사이를 말한다. 안전간격이 작은 가스일수록 위험하다.
2. 폭발등급

폭발등급	안전간격	종류
폭발 1등급	0.6mm 초과	메탄, 에탄, 일산화탄소, 암모니아, 아세톤, LPG
폭발 2등급	0.4mm 초과 0.6mm 이하	에틸렌, 석탄가스
폭발 3등급	0.4mm 이하	아세틸렌, 이황화탄소, 수소

06 난이도 ●●○ 답 ③

화학적 폭발에는 산화폭발, 분해폭발, 중합폭발 등이 있다.

| 선지분석 |

① [×] 미세한 금속선에 큰 용량의 전류가 흘러 전선의 온도상승으로 용해되어 갑작스런 기체의 팽창이 짧은 시간 내에 발생하는 전선의 폭발은 물리적 폭발에 해당한다.
② [×] 물리적 폭발은 물리 변화를 주체로 한 것으로 고압용기의 파열, 탱크의 감압파손, 폭발적 증발 등이 있다.
④ [×] 가스폭발은 급격한 연소반응에 의한 압력의 발생으로 일어나는 폭발이다.

✔ 확인학습 분해폭발

1. 산소에 관계없이 단독으로 발열·분해반응을 하는 물질에 의해서 발생하는 폭발현상이다. 압력과 온도의 영향을 받아 분해되며, 분해반응 시 발생하는 열과 압력에 의해서 주위에 많은 재해를 주는 폭발을 말한다.
2. 분해반응에 의해서 폭발을 일으키는 물질에는 과산화물·아세틸렌·다이아조화합물·하이드라진 등이 있다.
3. 아세틸렌은 공기 중에서 연소범위가 2.5 ~ 81%로서 연소범위가 넓어도 폭발을 일으킬 위험성이 높은 가스이며, 이를 압축하면 $C_2H_2 \rightarrow 2C + H_2 + 54kcal$의 분해방정식과 같이 분해를 일으키므로 이 열에 의하여 폭발이 일어난다.

07 난이도 ●○○ 답 ①

급격한 연소반응에 의한 압력의 발생으로 일어나는 산화폭발에는 가스폭발, 분진폭발, 분무폭발 등이 있다. 분해폭발은 연소반응과 관련이 없다.

✔ 확인학습 산화폭발

1. 산화폭발은 일반적으로 급격한 연소반응에 의한 압력의 발생으로 일어나는 폭발현상이다.
2. 산화폭발의 종류로는 가스폭발, 분무폭발, 분진폭발 등이 있다.
3. 가연성 가스의 누출, 인화성 액체 탱크 내부의 공기유입, 분진운 형성 등과 같은 폭발성 혼합기체가 형성된 상태에서 점화원에 의하여 착화하여 폭발하는 현상이다.

08 난이도 ●○○ 답 ③

분해폭발에 대한 내용이다.

✔ 확인학습 분해폭발

1. 압력과 온도의 영향을 받아 분해되며, 분해 반응 시 발생하는 열과 압력에 의하여 폭발한다.
2. 아세틸렌을 압축하면 $C_2H_2 \rightarrow 2C + H_2 + 54kcal$의 분해방정식과 같이 분해하며 발생되는 열에 의하여 분해폭발한다.

09 난이도 ●●○ 답 ④

모두 옳은 내용이다.

✔ 확인학습 폭굉유도거리(DID)의 영향요인

1. 점화에너지가 강할수록 짧아진다.
2. 연소속도가 큰 가스일수록 짧아진다.
3. 관경이 가늘수록 짧아진다.
4. 관 속에 이물질이 있을 경우에 짧아진다.
5. 압력이 높을수록 짧아진다.

10 난이도 ●●○ 답 ②

폭굉유도거리에 대한 내용으로, 폭굉유도거리는 관경이 가늘거나 이물질이 있는 경우 짧아진다.

11 난이도 ●○○ 답 ①

가스의 안전간격이 좁은 것일수록 위험하다.

12 난이도 ●○○ 답 ②

수소와 공기의 혼합가스는 압력을 증가시키면 폭발범위가 좁아지다가 고압 이후 부터는 폭발범위가 넓어진다.

13 난이도 ●○○ 답 ②

안전간격이 좁은 것일수록 위험하다.

CHAPTER 2 폭발의 분류

POINT 19 폭연과 폭굉

정답 p.52

01	①	02	②	03	②	04	③	05	③
06	②	07	④	08	②	09	④	10	③

01 난이도 ●○○ 답 ①

폭굉이란 가연성 가스의 화염(연소) (전파속도)가 (음속)보다 큰 것으로 파면선단의 압력파에 의해 파괴작용을 발생시키는 현상을 말한다.

02 난이도 ●●○ 답 ②

옳은 것은 ㄱ, ㄷ, ㄹ이므로 3개이다.

| 선지분석 |

ㄱ. [O] 물질 내에서 충격파가 발생하여 반응을 일으키고 또한 그 반응을 유지하는 현상을 말한다.
ㄴ. [X] 연소의 전파속도가 음속보다 빠르다.
ㄷ. [O] 폭굉은 발열반응이다.
ㄹ. [O] 짧은 시간 내에 에너지가 방출된다.
ㅁ. [X] 배관 내 혼합가스의 한 점에서 착화되었을 때 연소파가 일정거리 진행한 후 급격히 화염의 전파속도가 증가하는 현상을 말한다.

03 난이도 ●○○ 답 ②

폭굉은 가스의 화염(연소) 전파속도가 음속보다 큰 것으로 파면선단의 압력파에 의해 파괴작용을 일으키는 현상을 말한다.

04 난이도 ●●○ 답 ③

옳은 것은 ㄱ, ㄷ, ㄹ이다.

| 선지분석 |

ㄱ. [O] 파이프의 지름 대 길이의 비는 가급적 작게 한다.
ㄴ. [X] 파이프라인의 장애물이 있는 곳은 관경을 확대한다.
ㄷ. [O] 파이프라인에 장애물이 없도록 한다.
ㄹ. [O] 공정라인에서 회전이 가능하면 가급적 원만한 회전을 이루도록 한다.

05 난이도 ●○○ 답 ③

인화점이란 가연성 액체에서 발생한 증기의 공기 중 농도가 연소범위 내에 있을 불꽃을 접근시키면 불이 붙는 최저온도를 말한다.

06 난이도 ●●○ 답 ②

폭연은 화염면에서 상대적으로 완만한 에너지 변화에 의해서 온도, 압력, 밀도가 연속적으로 나타난다. 폭굉은 화염면에서 급격한 에너지 변화에 의해서 온도, 압력, 밀도가 불연속적으로 나타난다.

확인학습 폭연과 폭굉의 비교

구분	폭연(Deflagration)	폭굉(Detonation)
화염의 전파속도	0.1 ~ 10m/s, 음속 이하	1,000 ~ 3,500m/s, 음속 이상
폭발압력	초기압력의 10배 이하	10배 이상
충격파	없다.	있다.
에너지 방출속도 (온도 상승)	물질(열)의 전달속도에 영향을 받는다.	열에 의한 전파보다 충격파에 의한 압력에 영향을 받는다.
화염면	화염면에서 상대적으로 완만한 에너지 변화에 의해서 온도, 압력, 밀도가 연속적으로 나타난다.	화염면에서 급격한 에너지 변화에 의해서 온도, 압력, 밀도가 불연속적으로 나타난다.
화염전파 원리	반응면이 열의 분자 확산 이동과 반응물과 연소생성물의 난류혼합에 의해 전파된다.	충격파에 의해 전파된다.

07 난이도 ●●○ 답 ④

폭연은 에너지 전달이 열전달 과정에 의해 나타나고, 폭굉은 충격파를 통해 나타난다.

확인학습 폭연과 폭굉

1. 폭연
   - 폭연에서는 반응면이 열의 분자확산 이동, 반응물과 연소생성물의 난류혼합에 의해 전파된다.
   - 폭연은 폭굉으로 변화될 수 있으며, 에너지 방출속도가 열전달속도(물질의 전달속도)에 영향을 받는다.
   - 폭연은 폭굉과 달리 충격파를 형성하지 않는다.
2. 폭굉
   - 에너지 방출속도는 열전달속도에 기인하지 않고 압력파에 의존한다.
   - 폭굉파는 음파와 달리 통과한 곳에 화학적 조성이 변하므로, 가역적인 탄성파로 취급되지 않는다.

08 난이도 ●●● 답 ②

폭굉에 대한 내용으로 옳은 것은 ㄴ, ㄷ, ㄹ이다.

| 선지분석 |

ㄱ. [X] 메탄의 최소발화에너지가 수소나 아세틸렌 보다 상대적으로 크므로 폭굉 가능성이 적다. 따라서 메탄보다 수소나 아세틸렌의 폭굉 가능성이 비교적 크다.
ㅁ. [X] DID(폭굉유도거리)가 짧을수록 폭굉이 일어나기 쉽다.

확인학습 최소발화에너지

1. 수소나 아세틸렌의 최소발화에너지: 5K
2. 메탄의 최소발화에너지: 93,000KJ
3. 메탄의 최소발화에너지가 수소나 아세틸렌 보다 상대적으로 크므로 폭굉 가능성이 적다.

09 난이도 ●●● 답 ④

폭굉에 대한 내용이다. 일반적으로 폭굉은 충격파를 발생시키고 이러한 충격파는 미연소 가스영역을 압축시켜 밀도와 온도를 증가시킨다. 반응에 의한 생성 가스가 미연소 가스에 비해 밀도가 낮은 경우는 연소파(연소)에 대한 설명이다.

10 난이도 ●●○ 답 ③

화염의 전파속도에 따라 폭연과 폭굉을 구분한다.

POINT 20 화학적 폭발·물리적 폭발

정답 p.54

01	④	02	②	03	①	04	③	05	③
06	③	07	④	08	②	09	③	10	③

01 난이도 ●●○ 답 ④

화학적 폭발과 관련이 있는 것은 ㄱ, ㄷ, ㅁ이다.

| 선지분석 |

ㄴ. [X] 액화가스 증기폭발은 물리적 폭발이다.
ㄹ. [X] 전선폭발은 물리적 폭발이다.

확인학습 화학적 폭발과 물리적 폭발

1. 물리적 폭발
   - 양적변화
   - 증기폭발, 수증기폭발, 전선폭발, 감압폭발, 고상간 전이에 의한 폭발
2. 화학적 폭발
   - 질적변화
   - 가스폭발, 분진폭발, 분해폭발, 분무폭발, 박막폭발

02 난이도 ●○○ 답 ②

중합폭발에 대한 내용이다.

> **✔ 확인학습 중합폭발**
> 1. 불포화탄화수소 등이 급격한 중합반응을 일으켜 중합열에 의하여 폭발하는 경우를 말한다.
> 2. 산화에틸렌(분해폭발도 가능), 부타디엔, 염화비닐, 시안화수소(분해폭발도 가능) 등이 대표적인 예이다.

03 난이도 ●○○ 답 ①

물리적 폭발에 해당하는 것은 ㄱ, ㄴ이다.

| 선지분석 |

ㄷ, ㄹ, ㅁ. 모두 화학적 폭발에 해당한다.

04 난이도 ●●○ 답 ③

화재와 폭발을 구별하기 위한 주된 차이점은 에너지 방출속도이다.

05 난이도 ●●○ 답 ③

물리적 폭발은 물리적 변화를 주체로 하여 발생하는 폭발이다. 이에 해당하는 것은 ㄴ, ㄷ, ㄹ이므로 모두 3개이다.

| 선지분석 |

ㄱ. [×] 누출된 가스의 점화는 가스폭발에 해당하며, 화학적 폭발의 범주에 해당한다.

> **✔ 확인학습 물리적 폭발**
> 1. 물리적 변화를 주체로 한 폭발이다.
> 2. **물리적 폭발이 원인이 되는 물리적 변화**
>   - 압력조정 및 압력방출장치의 고장
>   - 부식으로 인한 용기 강도의 감소
>   - 과열로 인한 용기 강도의 감소

06 난이도 ●●○ 답 ③

옳은 것은 ㄱ, ㄴ, ㄷ이다.

| 선지분석 |

ㄱ. [O] 메탄과 공기 혼합물의 폭발범위는 저압보다 고압일 때 더 넓어진다.

ㄴ. [O] 일반적으로 고압일 경우 폭발범위는 더 넓어진다.

ㄷ. [O] 수소와 공기 혼합물의 폭발범위는 저온보다 고온일 때 더 넓어진다.

ㄹ. [×] 프로판과 공기 혼합물에 질소를 가할 때 폭발범위는 더 좁아진다.

07 난이도 ●○○ 답 ④

물리적 폭발은 물리적 변화를 주체로 하여 발생하는 폭발이다. 고압용기 파열·탱크 감압파손에 의한 압력폭발은 물리적 폭발에 해당한다.

08 난이도 ●○○ 답 ②

폭발 방지를 위한 안전장치는 긴급차단장치, 가스누출경보장치, 안전밸브 등이 있다.

09 난이도 ●●○ 답 ③

아르곤은 불활성 가스이므로 공기와 혼합될 때 폭발성 혼합가스를 형성하지 않는다.

10 난이도 ●○○ 답 ③

용기파열의 원인이 될 수 있는 용기 두께 축소의 원인으로 부식, 침식, 화학적 침해 등이 있다. 과열과는 직접적인 관련이 없다.

POINT 21 기상폭발과 응상폭발

정답 p.56

01	①	02	②	03	③	04	①	05	④
06	④	07	②	08	③	09	①	10	③

01 난이도 ●○○ 답 ①

증기폭발은 응상폭발에 해당한다.

02 난이도 ●●○ 답 ②

증기폭발이란, 고열의 고체와 저온의 액체가 접촉했을 때 찬 액체가 큰 열을 받아 갑자기 증기가 발행하여 증기의 압력에 의해 폭발하는 현상이다.

| 선지분석 |

① [×] 혼합가스폭발에 대한 설명이다.

③ [×] UVCE에 대한 설명이다.

④ [×] 혼합가스폭발에 대한 설명이다.

> **✔ 확인학습 혼합가스폭발**
> 1. 농도조건이 맞고 발화원이 존재할 때 가연성가스와 지연성가스의 혼합기체에서 발생하는 폭발이다.
> 2. 가연성 가스나 액상에서 증발한 가스가 산화제와 혼합하여 가연범위 내의 혼합기가 만들어져 발화원에 의해 착화되어 일어나는 폭발이다.

03 난이도 ●●○ 답 ③

분무폭발, 증기운폭발은 기상폭발에 해당한다.

04 난이도 ●○○ 답 ①

증기운폭발은 기상폭발에 해당한다.

> **✔ 확인학습 기상폭발과 응상폭발**
>
> 폭발을 일으키는 원인물질의 상태에 따라 기상폭발과 응상폭발로 분류할 수 있다. 여기서 응상이란 고체상과 액체상을 모두 포함하는 말이며 기상이란 기체상을 말한다.
>
> 1. 기상폭발: 원인물질의 상태가 기체상태인 폭발현상을 말하며, 가스폭발, 분무폭발, 분진폭발, 가스의 분해폭발, 증기운폭발(UVCE)이 해당한다.
> 2. 응상폭발: 원인물질의 상태가 액체 또는 고체인 폭발현상을 말하며, 증기폭발, 수증기폭발, 전선폭발, 물질의 혼합에 의한 폭발, 폭발성 물질의 폭발이 해당한다.

05 난이도 ●○○ 답 ④

증기폭발은 응상폭발에 해당한다.

06 난이도 ●●● 답 ④

<보기>는 원인물질의 상태가 기체상인 폭발이므로 기상폭발에 대한 내용이다. 수증기폭발은 응상폭발에 해당한다.

| 선지분석 |

① [O] 기상폭발에는 가스폭발, 분무폭발, 분진폭발, 가스의 분해폭발, 증기운폭발(UVCE) 등이 있다.
② [O] 발생을 일으키는 원인물질의 상태가 기체상이므로 기상폭발이다.
③ [O] 분진폭발에 대한 내용으로 분진폭발은 기상폭발에 해당한다.

07 난이도 ●●○ 답 ②

액상에서 기상으로의 급격한 상변화에 의한 폭발현상은 증기폭발에 해당한다. 증기폭발은 응상폭발의 범주에 해당한다.

| 선지분석 |

① [O] 가스폭발에 해당하는 내용이다.
③ [O] 아세틸렌은 가스폭발 또는 물리적 상황에 따라 분해폭발을 한다.
④ [O] 분무폭발에 해당하는 내용이다.

08 난이도 ●●○ 답 ③

증기운폭발에 대한 설명이다.

> **✔ 확인학습 증기운폭발(UVCE; Unconfined Vapor Cloud Explosion)**
>
> 1. 유출된 가연성 가스가 공기와 혼합하여 가연성 혼합기체가 되어 발화원에 의해 폭발하는 현상을 말한다.
> 2. 자유공간 중의 증기운폭발이라고도 한다.
> 3. 밀폐된 공간이 아닌 곳에서 발생되는 현상이며, 화구(Fire ball)가 형성된다.

09 난이도 ●●○ 답 ①

수증기폭발은 화염을 발생시키지 않는다.

> **✔ 확인학습 수증기폭발**
>
> 1. 수증기폭발은 화염을 동반하지 않는 물리적 폭발에 해당한다.
> 2. 응상폭발의 대표적 형태이다.
> 3. 고온의 물질이 물속에 투입되었을 때 고온의 물질에 의하여 물이 짧은 시간에 과열 상태가 되면서 급격히 비등하는 현상을 말한다. 즉, 조건에 따라 달라지지만 물질의 상변화에 따른 폭발현상이다.

10 난이도 ●●○ 답 ③

「위험물안전관리법」의 위험물 중 제1류와 제6류, 제3류와 제4류, 제5류와 제2류와 제4류는 혼재하여도 혼촉발화의 위험이 없다.

✔ 확인학습 위험물의 혼재

구분	제1류	제2류	제3류	제4류	제5류	제6류
제1류		×	×	×	×	○
제2류	×		×	○	○	×
제3류	×	×		○	×	×
제4류	×	○	○		○	×
제5류	×	○	×	○		×
제6류	○	×	×	×	×	

POINT 22 가스폭발 및 분진폭발

정답 p.58

01	①	02	①	03	④	04	④	05	④
06	②	07	①	08	④	09	①		

01 난이도 ●●● 답 ①

<보기>는 분진폭발에 대한 설명이다. 분진폭발은 급격한 압력상승의 원인이 화학적 현상에 기인한다.

> **✔ 확인학습 분진폭발**
>
> 1. 가연성 고체의 미분이 공기 중에 부유하고 있을 때 착화원에 의해 에너지가 주어지면 폭발하는 현상을 말한다.
> 2. 분진폭발 물질로는 황, 플라스틱, 사료, 석탄, 알루미늄, 철, 쌀, 보리의 곡물 등 100여종이 넘는 물질이 있으며, 분진폭발을 일으키지 않는 물질로는 석회석, 생석회, 소석회, 산화알루미늄, 시멘트 가루, 대리석 가루, 가성소다, 유리 등이 있다.

✔ 확인학습 분진폭발의 영향 인자

1. **분진의 화학적 성질**: 분진의 발열량과 휘발성이 클수록 폭발성이 크다.
2. **분진의 부유성**
   - 부유성이 클수록 공기 중에 체류시간이 길고 위험성도 커진다.
   - 공기 중에서 산화피막을 형성할 수 있는 가연성 분진은 공기 중의 부유시간이 길어지면 폭발성이 감소할 수도 있다.
   - 분진 중에 존재하는 수분은 분진의 부유성을 억제할 수 있다. 이에 따라 가연성 분진의 폭발하한계가 높아져 폭발성을 약하게 할 수 있다.
   - 수분과의 반응성이 있는 금수성 물질의 분진은 가연성 가스의 발생을 촉진시킬 수 있어 폭발의 위험성이 커질 수 있다.
3. **입도 및 형상**
   - 입도가 작을수록 비표면적이 증가하므로 폭발성이 증가한다.
   - 분진폭발을 일으키는 분진입자의 크기는 약 100마이크로(μ) 또는 76㎛(200mesh) 이하이다.
   - 입도가 동일한 경우 구상 → 침상 → 평편상 순으로 폭발성이 증가한다.
4. **산소의 농도**: 산소의 농도가 낮아지면 최소점화에너지는 증가한다.

02 난이도 ●●● 답 ①

분진폭발에 대한 내용으로 옳은 것은 ㄴ, ㄷ이다.

| 선지분석 |

ㄱ. [×] 평균입자 직경이 작을수록 폭발성은 증가한다.
ㄹ. [×] 연소속도는 가스폭발보다 더 느리다.
ㅁ. [×] 최소발화에너지는 가스폭발이 더 작다.

03 난이도 ●●● 답 ④

물과 반응하는 금속 분진(Mg, Al)의 경우 수소 기체를 발생시키므로 폭발성을 증가시킨다.

✔ 확인학습 분진폭발의 영향인자(분진의 부유성)

1. 부유성이 클수록 공기 중에 체류시간이 길고 위험성도 커진다.
2. 공기 중에서 산화피막을 형성할 수 있는 가연성 분진은 공기 중의 부유시간이 길어지면 폭발성이 감소할 수도 있다.
3. 분진 중에 존재하는 수분은 분진의 부유성을 억제할 수 있다. 이에 따라 가연성 분진의 폭발하한계가 높아져 폭발성을 약하게 할 수 있다.
4. 수분과의 반응성이 있는 금수성 물질의 분진은 가연성 가스의 발생을 촉진시킬 수 있어 폭발의 위험성이 커질 수 있다.

04 난이도 ●●● 답 ④

분진폭발은 연소속도나 폭발압력은 가스폭발에 비하여 작으나 연소시간은 비교적 길다.

| 선지분석 |

① [×] 분진폭발은 가스폭발보다 최소발화에너지가 크므로 상대적으로 착화가 어렵다.
② [×] 분진폭발의 발생에너지는 가스폭발과 비교하여 비교적 크다.
③ [×] 분진폭발은 강한 폭발력으로 가스폭발에 비하여 불완전연소를 하여 일산화탄소의 발생량이 많다.

✔ 확인학습 분진폭발의 특징

1. 가스폭발과 같이 조연성 가스의 균일한 상태에서 반응하는 것이 아니고 가연물 주위에서 불균일한 상태에서 반응한다. 즉, 분진폭발은 가스폭발에 비하여 불완전연소가 많이 발생하기 때문에 일산화탄소의 발생량이 상대적으로 크다고 볼 수 있다.
2. 가스폭발보다 착화를 일으킬 수 있는 최소발화에너지가 크다.
3. 2차 폭발, 3차 폭발을 일으킬 수 있다.
4. 일반적으로 연소속도와 폭발압력은 가스폭발에 비교하여 작다고 할 수 있다. 반면에 연소시간이 길고 발생에너지가 크기 때문에 연소규모가 크다고 할 수 있다.

05 난이도 ●●○ 답 ④

분진폭발을 하는 물질은 ㄷ, ㄹ, ㅁ이다.

| 선지분석 |

ㄱ, ㄴ, ㅂ. 모두 분진폭발을 일으키지 않는 물질에 해당한다.

✔ 확인학습 분진폭발

1. **분진폭발을 하는 물질**: 황, 플라스틱, 사료, 석탄, 알루미늄, 철, 쌀, 보리의 곡물 등
2. **분진폭발을 일으키지 않는 물질**: 석회석($CaCO_3$), 생석회(CaO), 소석회[$Ca(OH)_2$], 산화알루미늄(Al_2O_3), 시멘트 가루, 대리석 가루, 가성소다($NaOH$), 유리 등

06 난이도 ●●○ 답 ②

분진은 가연성이어야 한다.

07 난이도 ●●○ 답 ①

산화에틸렌은 분해폭발을 발생시킬 위험이 있다.

| 선지분석 |

② [×] 일산화탄소는 공기 중에서 연소한다.
③ [×] 질소는 불활성 가스에 해당한다.
④ [×] 염소는 공기보다 무거우며 황록색이다.

08 난이도 ●●○ 답 ④

분진폭발에 대한 설명이다. 분진폭발은 산소와의 반응성이 강한 분진의 경우 노출시간이 길수록 산화피막을 형성할 수 있으므로 폭발성을 감소시킬 수 있다.

09 난이도 ●●○ 답 ①

분진폭발은 가스폭발에 비해 연소속도와 초기폭발력이 비교적 느리거나 작다.

| 선지분석 |

② [×] 분진폭발은 연쇄폭발이 발생될 수 있다.
③ [×] 일반적으로 수분이 있을 때 폭발력은 감소한다.
④ [×] 분진입자가 미세할수록 폭발력은 증가한다.

CHAPTER 3 대표적인 폭발현상

POINT 23 블레비 현상 등

정답 p.60

01	②	02	③	03	④	04	①	05	③
06	②	07	④	08	②				

01 난이도 ●●○ 답 ②

블레비(BLEVE) 현상은 물리적 폭발에 의하여 발생하고, 분출된 액화가스의 증기가 연소범위가 형성되어 화학적 폭발로 이어진다.

확인학습 블레비(BLEVE) 현상

1. 고압 상태인 액화가스용기가 가열되어 물리적 폭발을 하고 순간적으로 화학적 폭발로 이어지는 현상이다.
2. 탱크의 증기폭발과 이 것에 계속하여 발생하는 가스폭발을 총칭한다.

02 난이도 ●●○ 답 ③

블레비(BLEVE) 현상으로 파이어 볼(Fire ball)이 발생한다.

| 선지분석 |

① [×] 블레비(BLEVE) 현상은 일반적으로 액화가스저장탱크에서 발생하는 폭발이다. 보일오버(Boil over)는 유류탱크에서 발생하는 이상 화재 현상이다.
② [×] 물의 비등과 직접적인 관련은 없다.
④ [×] 블레비 현상의 1차 폭발 발생원인은 물리적 폭발이다.

03 난이도 ●●○ 답 ④

플래시 오버(Flash over)는 천장에 열과 가스가 축적되면 복사열에 방해가 되는 두텁고 진한 연기가 아래로 쌓이는 현상으로 착화현상이라 한다.

04 난이도 ●●○ 답 ①

블레비(BLEVE) 현상의 방지대책으로 옳은 것은 ㄱ, ㄹ이다.

| 선지분석 |

ㄴ. [×] 감압밸브의 압력을 낮춘다.
ㄷ. [×] 내압강도를 높게 유지한다.

확인학습 블레비(BLEVE) 현상의 방지대책

1. 경사를 지어서 설치한다.
2. 감압밸브의 압력을 낮춘다.
3. 용기외부에 단열시공을 한다.
4. 고정식 살수설비를 설치한다.
5. 내압강도를 높게 유지한다.

05 난이도 ●●○ 답 ③

블레비(BLEVE) 현상은 실내건축물에서 발생하는 전실화재와는 관련이 없다.

확인학습 블레비(BLEVE) 현상의 프로세스

1. 인화점이나 비점이 낮은 인화성 액체가 가득 차 있지 않은 저장탱크 주위에 화재가 발생한다.
2. 저장탱크 벽면이 장시간 화염에 노출되면 윗부분의 온도가 상승하여 재질의 인장력이 저하된다.
3. 액화가스저장탱크 내부의 비등현상으로 인한 압력상승으로 저장탱크 벽면이 파열된다(물리적 폭발).
4. 저장탱크가 파열되면 탱크 내부압력은 급격히 감소되고 과열된 액화가스가 급속히 증발한다.
5. 분출된 액화가스의 증기가 공기와 혼합하여 연소범위가 형성되어서 공 모양의 대형화염이 발생하여 폭발한다(화학적 폭발). 이때 파이어볼(Fire ball)이 발생한다.

06 난이도 ●○○ 답 ②

블레비 현상이란, 탱크 주위 화재로 탱크 내 인화성 액체가 비등하고 가스부분의 압력이 상승하여 탱크가 파괴되고 폭발을 일으키는 현상을 말한다.

| 선지분석 |

① [×] 증기운폭발에 대한 설명이다.
③ [×] 보일오버 현상에 대한 설명이다.
④ [×] 슬롭오버 현상에 대한 설명이다.

07 난이도 ●●○ 답 ④

용기의 두께는 증기운폭발과 직접적인 관련이 없다.

확인학습 증기운폭발에 영향을 주는 인자

1. 방출된 물질의 양
2. 점화원의 위치
3. 점화 전 증기운의 이동거리
4. 시간지연, 점화확률
5. 폭발효율
6. 증발된 물질의 분율

08 난이도 ●●○ 답 ②

블레비 현상에 대한 내용이다.

POINT 24 방폭구조

정답 p.62

01	③	02	②	03	②	04	②	05	③
06	②	07	④	08	②	09	①	10	③

01 난이도 ●○○ 답 ③

제0종 장소란 인화성 물질이나 가연성 가스가 폭발성 분위기를 생성할 우려가 있는 장소 중 가장 위험한 장소이다.

| 선지분석 |

① [×] 제2종 장소에 대한 설명이다.
② [×] 제2종 장소에 대한 설명이다.
④ [×] 제1종 장소에 대한 설명이다.

확인학습 위험장소

위험장소란 가연성 가스가 폭발할 위험이 있는 농도에 도달할 우려가 있는 장소를 말한다.

확인학습 제0종 장소

1. 인화성 물질이나 가연성 가스가 폭발성 분위기를 생성할 우려가 있는 장소 중 가장 위험한 장소
2. 폭발성 가스의 농도가 연속적이거나 장시간 지속적으로 폭발한계 이상이 되는 장소 또는 지속적인 위험상태가 생성되거나 생성될 우려가 있는 장소
3. 상용 상태에서 가연성 가스의 농도가 연속해서 폭발하한계 이상으로 되는 장소(상시 폭발한계 내의 농도가 되는 장소)

확인학습 제1종 장소

1. 상용 상태에서 가연성 가스가 체류해 위험하게 될 우려가 있는 장소
2. **제1종 장소의 예:** 환기가 불충분한 장소에 설치된 배관계통으로 쉽게 누설될 우려가 있는 곳

확인학습 제2종 장소

1. 이상 상태하에서 위험 분위기가 단시간 동안 존재할 수 있는 장소
2. 가연성 가스가 밀폐된 용기 또는 설비의 사고로 인해 파손되거나 오조작의 경우에만 누출할 위험이 있는 장소
3. 환기장치에 이상이나 사고가 발생할 경우에 가연성 가스가 체류하여 위험하게 될 우려가 있는 장소

02 난이도 ●○○ 답 ②

제1종 장소란, 상용 상태에서 가연성 가스가 체류해 위험하게 될 우려가 있는 장소이다.

확인학습 제1종 장소

1. 상용 상태에서 가연성 가스가 체류해 위험하게 될 우려가 있는 장소
2. 환기가 불충분한 장소에 설치된 배관계통으로 쉽게 누설될 우려가 있는 곳
3. 통상의 상태에서 위험 분위기가 쉽게 생성되는 곳
4. 주변 지역보다 낮아 가스나 증기가 체류할 수 있는 곳

확인학습 위험장소의 분류에 따른 방폭구조

1. **제0종 장소:** 본질안전 방폭구조
2. **제1종 장소:** 내압, 유압, 압력 방폭구조
3. **제2종 장소:** 안전증 방폭구조

03 난이도 ●○○ 답 ②

특수 방폭구조는 폭발성 가스 또는 증기(가연성 가스)에 점화 또는 위험 분위기로 인화를 방지할 수 있는 것이 시험, 기타에 의하여 확인된 구조이다.

확인학습 특수 방폭구조(s)

1. 폭발성 가스 또는 증기에 점화 또는 위험 분위기로 인화를 방지할 수 있는 것이 시험, 기타에 의하여 확인된 구조이다.
2. 특수 사용조건 변경 시에는 보호방식에 대한 완벽한 보장이 불가능하므로, 제0종 장소나 제1종 장소에서는 사용할 수 없다.
3. 용기 내부에 모래 등의 입자를 채우는 충전 방폭구조 또는 협극 방폭구조 등이 있다.

확인학습 충전 방폭구조(q)

1. 위험 분위기가 전기 기기에 접촉되는 것을 방지할 목적으로 모래 분체 등의 고체 충진물로 채워서 위험원인과 차단·밀폐시키는 구조를 말한다.
2. 충진물을 불활성 물질이 사용된다.

확인학습 비점화 방폭구조(n)

1. 정상동작 상태에서 주변의 폭발성 가스 또는 증기에 점화시키지 않고 점화시킬 수 있는 고장이 유발되지 않도록 한 방폭구조이다.
2. 정상 운전 중인 고전압 등까지도 적용 가능하다.

확인학습 몰드(캡슐) 방폭구조(m)

1. 보호기기를 고체로 차단시켜 열적 안정을 유지하게 하는 방폭구조이다.
2. 유지보수가 필요 없는 기기를 영구적으로 보호하는 방법에 효과가 매우 크다.
3. 용기와 분리하여 사용하는 전자회로판 등에 사용한다. 충격, 진동 등 기계적 보호효과도 크다.

04 난이도 ●●○ 답 ②

유입 방폭구조(o): 전기기기의 불꽃, 아크 또는 고온이 발생하는 부분을 기름(절연유) 속에 넣고 기름면 위에 존재하는 폭발성 가스 또는 증기에 인화될 우려가 없도록 한 구조이다.

05 난이도 ●○○ 답 ③

옳은 것은 ㄱ, ㄷ, ㄹ, ㅁ으로 모두 4개이다.

| 선지분석 |

ㄱ. [O] 내압 방폭구조는 내부폭발에 의한 내용물 손상으로 영향을 미치는 기기에는 부적당하다.
ㄴ. [×] 가연성 가스의 용기 및 탱크 내부는 제0종 위험장소에 해당한다.
ㄷ. [O] 분진폭발은 1차 폭발에 이어 2차 폭발이 발생할 수 있다.
ㄹ. [O] 방폭대책에는 예방, 국한, 소화, 피난대책 등이 있다.

ㅁ. [O] 상용 상태에서 가연성 가스가 체류해 위험하게 될 우려가 있는 장소는 제1종 장소에 해당한다.

확인학습 위험장소의 구분

구분	위험장소	예
제0종 장소	지속적인 폭발 분위기	탱크 내부
제1종 장소	정상상태하의 간헐적인 폭발 분위기	탱크 통기관 부근
제2종 장소	이상상태하의 폭발 분위기	배관 연결부

06 난이도 ●○○ 답 ②

압력 방폭구조에 대한 내용이다.

확인학습 방폭구조

1. 내압 방폭구조(d): 전폐구조로 용기 내부에서 폭발성 가스 또는 증기가 폭발하였을 때 용기가 그 폭발압력에 파손되지 않고 견디며, 폭발한 고열의 가스가 접합면, 개구부 등을 통하여 외부로 나가는 일이 발생하여도 그동안에 냉각되어 외부의 폭발성 가스에 인화될 우려가 없도록 한 구조이다.
2. 압력 방폭구조(p): 점화원이 될 우려가 있는 부분을 용기 내에 넣고 신선한 공기 또는 불연성 가스 등의 보호기체를 용기의 내부에 넣어 줌으로써 용기 내부에는 압력이 형성되어 외부로부터 폭발성 가스 또는 증기가 침입하지 못하도록 한 구조이다.
3. 유입 방폭구조(o): 전기기기의 불꽃, 아크 또는 고온이 발생하는 부분을 기름(절연유) 속에 넣고 기름면 위에 존재하는 폭발성 가스 또는 증기에 인화될 우려가 없도록 한 구조이다.
4. 안전증(가) 방폭구조(e): 정상운전 중에 폭발성 가스 또는 증기에 점화원이 될 전기불꽃, 아크 또는 고온이 되어서는 안 될 부분에 이러한 것의 발생을 방지하기 위하여 기계적·전기적 구조 상 또는 온도 상승에 대해서 특히 안전도를 증가한 구조이다.
5. 본질안전 방폭구조(ia 또는 ib): 정상 시 및 사고 시(단선, 단락, 지락 등)에 발생하는 전기불꽃, 아크 또는 고온에 의하여 폭발성 가스 또는 증기에 점화되지 않는 것이 점화시험 및 기타에 의하여 확인된 구조를 말한다.

07 난이도 ●●○ 답 ④

모두 옳지 않은 내용이다.

| 선지분석 |

ㄱ. [X] 압력 방폭구조란 점화원이 될 우려가 있는 부분을 용기 내에 불연성 가스를 용기의 내부에 넣어 줌으로써 용기 내부에는 압력이 형성되어 폭발성 가스가 침입하지 못하도록 한 구조이다.

ㄴ. [X] 내압 방폭구조란 용기 내부에서 폭발성 가스가 폭발하였을 때 용기가 그 폭발압력에 파손되지 않고 외부의 폭발성 가스에 인화될 우려가 없도록 한 구조이다.

ㄷ. [X] 안전증가 방폭구조란 정상운전 중에 폭발성 가스에 점화원이 될 전기불꽃, 아크의 발생을 방지하기 위하여 안전도를 증가한 구조이다.

08 난이도 ●●○ 답 ②

사이펀 퍼지(Siphon Purging): 용기에 액체를 채운 다음 용기로부터 액체를 분출시키는 동시에 증기층으로 불활성 가스를 주입하여 원하는 산소농도를 만드는 퍼지방법

| 선지분석 |

① [X] 스위프 퍼지(Sweep-through purging): 한쪽 개구부에서 퍼지가스를 가하고 다른 개구부로 혼합가스를 대기 또는 스크러버로 빼내는 공정

③ [X] 진공 퍼지: 용기에 대한 가장 일반적인 이너팅 방법이다. 큰 용기는 내진공설계가 고려되지 않는 경우가 대부분이므로 큰 저장용기에는 부적합하다.

④ [X] 압력 퍼지: 불활성 가스를 가압하에서 용기 내로 주입시키고 불활성 가스가 공간에 채워진 후에 압력을 대기로 방출함으로써 정상압력으로 환원하는 방법이다.

확인학습 퍼징(Purging)

전기 기계·기구에 전압을 인가하기 전에 폭발성 가스 분위기의 농도를 폭발 하한값 아래로 낮추기 위하여 압력 밀폐함 및 그 덕트를 통하여 충분한 양의 보호 가스를 공급하는 것을 말한다.

확인학습 불활성화(Inerting, 이너팅)

1. 가연성 혼합가스에 불활성 가스를 주입시켜 산소의 농도를 최소 산소농도 이하로 낮추는 공정을 말한다.
2. 이너트 가스로는 질소, 이산화탄소 또는 수증기가 사용된다.

확인학습 퍼지 또는 치환

가연성 가스에 불활성 가스를 주입시켜 산소농도를 최소 산소농도(MOC) 이하로 낮추는 작업을 통하여 제한된 공간에서 화염이 전파되지 않도록 하는 것을 말한다.

09 난이도 ●●○ 답 ①

제0종 위험장소에 대한 설명이다.

확인학습 제0종 위험장소

1. 인화성 물질이나 가연성 가스가 폭발성 분위기를 생성할 우려가 있는 장소 중 가장 위험한 장소
2. 폭발성 가스의 농도가 연속적이거나 장시간 지속적으로 폭발한계 이상이 되는 장소 또는 지속적인 위험상태가 생성되거나 생성될 우려가 있는 장소
3. 상용 상태에서 가연성 가스의 농도가 연속해서 폭발하한계 이상으로 되는 장소

10 난이도 ●●● 답 ③

옳은 것은 ㄱ, ㄴ이다.

| 선지분석 |

ㄱ. [O] 두 종류 이상의 가스가 같은 위험장소에 존재하는 경우에는 그 중 위험등급이 높은 것을 기준으로 하여 방폭전기기기의 등급을 선정하여야 한다.

ㄴ. [O] 제2종 장소에서 사용하는 전선관용 부속품은 KS에서 정하는 일반품으로서 나사접속의 것을 사용할 수 있다.

ㄷ. [X] 제0종 장소에서는 원칙적으로 본질안전 방폭구조를 사용한다.

PART 3 화재론

CHAPTER 1 화재이론

POINT 25 화재의 분류

정답 p.66

01	③	02	②	03	②	04	①	05	④
06	③	07	①	08	③	09	③	10	①
11	①	12	①	13	④	14	①	15	①

01 난이도 ●○○ 답 ③

유류화재에 대한 내용으로 B급 화재가 해당하며, B급 화재의 표시색은 황색이다.

| 선지분석 |

① [×] A급 화재는 일반화재에 해당하며, 표시색은 백색이다.
② [×] B급 화재의 표시색은 황색이다.
④ [×] D급 화재는 금속화재에 해당하며, 표시색은 무색이다.

확인학습 가연물에 따른 화재의 구분

구분	A급	B급	C급	D급	E급
화재 종류	일반화재	유류화재	전기화재	금속화재	가스화재
표시색	백색	황색	청색	무색	황색
연기색	백색	검은색	-	-	-

02 난이도 ●○○ 답 ②

화재란 사람의 의도에 반하여 발생되어 확대되거나 방화에 의하여 발생되어 소화하여야 할 필요성이 있는 연소현상이다.

확인학습 용어의 정의

1. 화재: 사람의 의도에 반하거나 고의에 의해 발생하는 연소현상으로서 소화설비 등을 사용하여 소화할 필요가 있거나 또는 사람의 의도에 반해 발생하거나 확대된 화학적인 폭발현상을 말한다.
2. 화학적인 폭발현상: 화학적 변화가 있는 연소현상의 형태로서, 급속히 진행되는 화학반응에 의해 다량의 가스와 열을 발생하면서 폭음, 불꽃 및 파괴가 일어나는 현상을 말한다.

03 난이도 ●○○ 답 ②

일반화재의 소화방법은 냉각소화가 효과적이다.

확인학습 일반화재(A급 화재)

1. 종이·목재 등의 일반가연물, 무·플라스틱과 같은 합성고분자 등과 같은 가연성 물질과 관련된 화재이다.
2. 일반적으로 화재 후 재를 남기며, 표시색은 백색이다.
3. 소화방법은 냉각소화가 가장 효과적이다.
4. 보통화재라고도 한다.

04 난이도 ●●○ 답 ①

화재에 대한 내용으로 옳은 것은 ㄴ, ㄹ이다.

| 선지분석 |

ㄱ. [×] 유류화재는 화재 성장속도가 일반화재보다 빠르고 연기색상은 일반적으로 흑색이다.
ㄷ. [×] 전기화재는 그 형태가 아주 다양하며 주로 누전, 과전류, 합선(단락) 등의 발화가 그 원인이다. 단선은 직접적인 전기화재의 원에 해당하지 않는다.

확인학습 소화적응성에 따른 분류

구분		가연물	주된 소화방법
일반화재	A급 화재	나무, 옷, 고무	냉각소화
유류화재	B급 화재	가솔린, 페인트	질식소화
전기화재	C급 화재	변압기, 송전선	질식소화(비전도성), 제거소화(차단)
금속화재	D급 화재	알루미늄	질식소화(팽창질석 등)
식용유화재	K급 화재	식용유	질식소화(K급 소화기)
가스화재 (국제기준)	E급 화재	메탄, 에탄, 암모니아	질식소화, 제거소화(차단)

확인학습 전기화재(C급 화재)

1. 전류가 흐르는 전기장비와 관련된 화재를 말한다.
2. 전기화재의 발생원인으로는 단락(합선), 전기스파크, 과전류, 접속부 과열, 지락, 낙뢰, 누전, 열적경과, 절연불량 등이 있다.
3. 할로겐화합물 소화약제, 분말 소화약제 또는 이산화탄소와 같은 비전도성 소화약제를 사용하여 진압할 수 있다.

05 난이도 ●○○ 답 ④

나트륨 또는 칼륨은 물과 반응하여 가연성 가스인 수소가스를 발생시킨다.

확인학습 금속화재

1. 나트륨, 칼륨은 물과 반응하여 가연성 가스인 수소가스가 발생한다.
2. 무기과산화물은 물과 반응하여 조연성 가스인 산소가 발생한다.
3. 탄화칼슘(카바이트)은 물과 반응하여 가연성 가스인 아세틸렌가스가 발생한다.
4. 인화석회(인화칼슘)는 물과 반응하여 가연성 가스인 인화수소가 발생한다.

06 난이도 ●●● 답 ③

<보기>의 가연성 가스는 아세틸렌이다. 아세틸렌은 분해열에 의하여 자연발화를 한다.

확인학습 탄화칼슘 화학반응식

1. 물과의 반응식

$$CaC_2 + 2H_2O \rightarrow Ca(OH)_2 + C_2H_2 \uparrow$$

2. 완전연소반응식

$$2C_2H_2 + 5O_2 \rightarrow 4CO_2 + 2H_2O$$

확인학습 자연발화를 일으키는 열원

1. **산화열**: 산화하는 과정에서 발생되는 열을 축적함으로써 자연발화가 일어난다. 종류로는 황린, 기름걸레, 석탄, 원면, 고무분말, 금속분, 건성유 등이 있다.
2. **분해열**: 물질이 분해할 때 발생되는 열을 축적함으로써 자연발화가 일어난다. 종류로는 제5류 위험물, 아세틸렌(C_2H_2), 산화에틸렌(C_2H_4O) 등이 있다.
3. **미생물열(발효열)**: 물질이 발효되는 과정에서 발생되는 열을 축적함으로써 발생한다. 종류로는 거름, 퇴비, 먼지, 곡물, 비료 등이 있다.
4. **흡착열**: 물질이 흡착할 때 발생하는 열을 축적함으로써 자연발화가 일어난다. 종류로는 활성탄, 목탄(숯), 유연탄 등이 있다.
5. **중합열**: 물질이 중합반응하는 과정에서 발생되는 열을 축적함으로써 발생한다. 종류로는 액화시안화수소(HCN), 산화에틸렌 등이 있다.

07 난이도 ●●○ 답 ①

물과 반응하여 발생하는 가연성 가스에 대한 내용으로 옳은 것은 ㄴ이다.

| 선지분석 |

ㄱ. [X] 무기과산화물은 물과 반응하여 조연성 가스인 산소가 발생한다.

ㄷ. [X] 인화칼슘은 물과 반응하여 가연성 가스인 포스핀이 발생한다.

08 난이도 ●●○ 답 ③

아세틸렌은 용해가스이다. 저장능력 산정 시 용제의 특성에 의하여 그 양이 결정되므로 표준상태로 환산하여 양을 선정한다.

09 난이도 ●○○ 답 ③

전기화재의 발생원인으로 옳은 것은 ㄱ, ㄴ, ㅁ, ㅂ이다. 단선과 역기전력은 해당되지 않는다.

10 난이도 ●●● 답 ①

액화석유가스(LPG GAS)에 대한 내용으로 옳은 것은 ㄴ, ㄷ이다.

| 선지분석 |

ㄱ. [X] 상온상압에서 기체이며, 10 ~ 15℃, $10kg/cm^2$에서 액화하여 보관한다.

ㄹ. [X] 액화석유가스의 주성분은 프로판과 부탄이다.

ㅁ. [X] 액체에서 기체로 상변화 시 체적변화는 250 ~ 300배이다.

확인학습 액화석유가스 및 액화천연가스

구분	액화석유가스 (Liquefied Petroleum Gas)	액화천연가스 (Liquefied Natural Gas)
주성분	프로판, 부탄	메탄
상태	상온상압에서 기체이며, 10 ~ 15℃에서 $10kg/cm^2$에서 액화 보관한다.	상온상압에서 기체이며, -162℃에서 액화 보관한다.
발열량	크다.	크다.
폭발범위	프로판(2.1 ~ 9.5%), 부탄(1.8 ~ 8.4%)	메탄(5 ~ 15%)
연소속도	늦다.	빠르다.
체적변화	액체에 기체로 250 ~ 300배	액체에서 기체로 600배
비점	프로판(-42.1℃), 부탄(-0.5℃)	메탄(-162℃)
비중	• 기체는 공기보다 무겁다. • 액체는 물보다 가볍다.	• 공기보다 가볍다. • 단, -113℃ 이하는 공기보다 무겁다.

11 난이도 ●○○ 답 ①

일반화재를 A급 화재라고 하며 연소 후 재를 남기는 화재를 말한다.

12 난이도 ●●● 답 ①

옳지 않은 것은 ㄴ, ㄷ이므로 2개이다.

| 선지분석 |

ㄱ. [O] 열가소성 수지는 폴리에틸렌, 폴리프로필렌, 폴리염화비닐, 아크릴수지 등이 있다. 열경화성 수지는 페놀수지, 요소수지, 멜라민수지, 에폭시 수지 등이 있다.

ㄴ. [X] 열가소성 수지는 열을 가하면 용융되어 액체로 되고 온도가 내려가면 고체 상태가 되며 화재의 위험성이 매우 크다. 열경화성 수지는 열을 가하면 용융되지 않고 바로 분해되어 기체를 발생시키며 열가소성에 비해 화재 위험성이 작다.

ㄷ. [X] 열가소성 수지는 열경화성 수지에 비해 화재 위험성이 크다.

ㄹ. [O] 부도체이므로 정전기 의해 인화성 증기의 발생으로 발화 가능성이 있다.

ㅁ. [O] 분진 형태의 플라스틱은 스파크, 불꽃 등 점화원에 의해 착화가 일어날 수 있다.

13 난이도 ●●○ 답 ④

대부분 물에 녹지 않고 물보다 가벼우며 주수소화 시 연소면이 확대되므로 질식소화가 효과적이다.

14 난이도 ●●○ 답 ①

옳은 것은 ㄱ, ㄴ이다.

| 선지분석 |

ㄱ. [O] 금속화재는 금속화재용 소화약제(Dry Power)를 사용하여 소화한다.

ㄴ. [O] 금속의 경우 분진상태로 공기 중에 부유 시 분진폭발의 우려가 있다.

ㄷ. [×] 금속화재 시에는 건조사에 의한 질식소화(단, 소규모화재의 경우)가 효과적이다. 주수소화를 금한다.
ㄹ. [×] 나트륨, 칼륨 등이 금속은 물과 접촉하면 수소가스를 발생하며 발열반응을 한다.

$$2K + H_2O \rightarrow 2KOH + H_2 + Qkcal$$

15 난이도 ●●○ 답 ①

가연성 가스는 연소범위 중 하한값이 10% 이하 이거나 상한값과 하한값이의 차이가 20% 이상인 것을 말한다.

POINT 26 유류화재의 이상현상

정답 p.69

01	③	02	④	03	①	04	②	05	①
06	③	07	②	08	③	09	①	10	④

01 난이도 ●●○ 답 ③

보일오버(Boil over)에 해당하는 것은 ㄱ, ㄴ, ㄷ이다.
보일오버란 중질유 탱크 화재 시 액면의 뜨거운 열파가 탱크 하부로 전달될 때, 탱크 하부에 존재하고 있던 에멀션(Emulsion) 상태의 물을 기화시켜 물의 급격한 부피 팽창으로 탱크 내의 유류가 분출하는 현상이다.

| 선지분석 |
ㄹ. [×] 거품을 형성하는 고점도 성질의 유류에서 잘 나타난다.
ㅁ. [×] 유류에 소화용수가 들어갈 때 나타나는 현상은 슬롭오버이다.

02 난이도 ●○○ 답 ④

롤오버(Roll over) 현상은 유류화재의 이상현상에 해당하지 않는다.

✔ 확인학습 유류화재의 이상현상
1. 오일오버(Oil over): 탱크 내의 유류가 50% 미만 저장된 경우, 화재로 인한 내부 압력 상승으로 탱크가 폭발하는 현상을 말한다.
2. 보일오버(Boil over): 중질유 탱크 화재 시 액면의 뜨거운 열파가 탱크 하부로 전달될 때, 탱크 하부에 존재하고 있던 에멀션(Emulsion) 상태의 물을 기화시켜 물의 급격한 부피 팽창으로 탱크 내의 유류가 분출하는 현상을 말한다.
3. 슬롭오버(Slop over): 중질유 탱크 내에 화재로 연소유의 표면온도가 물의 비점 이상 상승했을 때, 물분무 또는 포(Foam) 소화약제를 뜨거운 연소유 표면에 방사하면 물이 수증기가 되면서 급격한 부피 팽창으로 연소유를 탱크 외부로 비산시키는 현상
4. 프로스오버(Froth over): 점성이 큰 뜨거운 유류 표면 아래에서 물이 끓을 때 화재를 수반하지 않고 유류가 넘치는 현상을 말한다.
5. **증기폭발 또는 블레비(BLEVE)**: 액화가스저장 탱크의 외부 화재로 탱크가 장시간 과열되면 내부 액화가스의 급격한 비등·팽창으로 탱크 내부 압력이 급격히 증가되고, 최종적으로 탱크의 설계압력 초과로 탱크가 폭발하는 현상을 말한다.

✔ 확인학습 롤오버 현상
1. 연소과정에서 발생된 가연성 가스가 공기 중 산소와 혼합되어 천장 부분에 집적된 상태에서 발화온도에 도달하여 발화함으로써 화재의 선단부분이 매우 빠르게 확대되어 가는 현상이다.
2. 화재지역의 상층(천장)에 집적된 고압의 뜨거운 가연성 가스가 화재가 발생되지 않은 저압의 다른 부분으로 이동하면서 화재가 매우 빠르게 확대되는 원인이 된다.

03 난이도 ●○○ 답 ①

프로스오버(Froth over)는 점성이 큰 뜨거운 유류 표면 아래에서 물이 비등할 때 화재를 수반하지 않고 유류가 넘치는 현상을 말한다.

04 난이도 ●●○ 답 ②

프로스오버(Froth over)는 유류저장탱크 속의 물이 점성을 가진 뜨거운 기름의 표면 아래에서 끓을 때 화재를 수반하지 않고 기름이 넘쳐흐르는 현상이다.

| 선지분석 |
① [×] 과열상태의 액화가스 저장탱크 내부가 파열되고 액화가스가 분출하여 기화되어 착화되었을 때 폭발하는 현상은 블레비 현상의 1차 폭발 발생원인에 대한 내용이다.
③ [×] 점성이 큰 유류에 화재가 발생했을 때 소화용수의 유입에 의한 갑작스러운 부피 팽창으로 탱크 내의 유류가 끓어 넘치는 현상은 슬롭오버에 대한 내용이다.
④ [×] 산소가 부족한 훈소상태에서 개구부 또는 문의 개방 등으로 인하여 산소공급원이 공급될 때 발생하는 현상은 백드래프트에 대한 내용이다.

05 난이도 ●○○ 답 ①

보일오버(Boil over)에서는 비점의 비중이 작은 성분은 먼저 증발하고 비점의 비중이 큰 성분은 가열축적되어 열류층이 형성하게 된다. 또한 발생된 열류층은 액면하부로 전파하는 열파침강이 발생한다.

06 난이도 ●○○ 답 ③

오일오버(Oil over)에 대한 내용이다.

✔ 확인학습 오일오버(Oil over)
1. 액체 가연물질인 제4류 위험물의 저장탱크에서 화재가 발생하는 경우 나타나는 이상현상으로서 저장탱크 내에 저장된 제4류 위험물의 양이 내용적의 2분의 1 이하로 충전되어 있을 때 화재로 인한 증기압력이 상승하면서 저장탱크 내의 유류를 외부로 분출하면서 탱크가 파열되는 것을 말한다.
2. 액체 가연물질인 유류화재의 이상현상인 보일오버·슬롭오버·프로스오버에 비하여 그 위험성이 상당히 크다.

07 난이도 ●○○ 답 ②

오일오버(Oil over)는 액체 가연물질인 제4류 위험물의 저장탱크에서 화재가 발생하는 경우 나타나는 이상현상으로서 저장탱크 내에 저장된 제4류 위험물의 양이 내용적의 2분의 1 이하로 충전되어 있을 때 화재로 인한 증기압력이 상승하면서 저장탱크 내의 유류를 외부로 분출하면서 탱크가 파열되는 것을 말한다.

08 난이도 ●●○ 답 ③

보일오버는 서로 다른 원유가 섞여있거나 중질유 탱크에서 오랜시간 동안 연소와 함께 탱크 내 잔존기름이 바닥에 있는 물의 비등으로 탱크 밖으로 분출하는 현상이다.

| 선지분석 |

① [X] 오일오버는 유류저장탱크 내에 저장된 제4류 위험물의 양이 내용적의 2분의 1 이하로 충전되어 있을 때 발생하는 현상이다.
② [X] 원유를 분별증류하면 끓는점이 낮은 휘발유 성분이 먼저 분리되고 하부 쪽으로 갈수록 끓는점이 높은 경유, 중유 순으로 분리된다.
④ [X] 슬롭오버는 소화용수 등이 뜨거운 액표면에 유입되게 되면 물이 수증기화 되면서 갑작스러운 부피 팽창에 의해 유류가 탱크 외부로 분출되는 현상이다.

확인학습 증류법

1. 원유는 가열해서 나오는 기체를 다시 냉각시켜서 순수한 액체를 얻는 증류법을 이용해 분리 한다.
2. LPG → 휘발유 → 등유 → 경유 → 중유 → 아스팔트 → 찌꺼기 순으로 얻는다.
3. 원유를 이루고 있는 성분들의 끓는점이 다르기 때문에 가능하다. 즉, 증류탑의 가장 위의 층에는 끓는점이 낮은 가스가, 증류탑의 가장 아래층에는 마지막에 남은 찌꺼기가 얻어진다.

09 난이도 ●○○ 답 ①

보일오버(Boil over)에 대한 내용이다.

10 난이도 ●○○ 답 ④

(　　) 안에 들어갈 내용은 「위험물안전관리법」상 제4류 위험물이다. 제1류 위험물과 제6류 위험물의 강산화제와는 혼촉발화의 위험성이 있다.

| 선지분석 |

① 「위험물안전관리법」상 제4류 위험물을 말한다.
② 황화인은 제2류 위험물이다.
③ 인화성고체는 제2류 위험물이다.

POINT 27 화재용어 등

정답 p.71

01	③	02	②	03	②	04	①	05	④
06	④	07	②	08	③	09	②	10	④

01 난이도 ●●● 답 ③

• (화재하중)은 화재의 규모를 결정하는 데 사용한다(단위: kg/m^2).
• (화재강도)는 화재실의 단위 시간당 축적되는 열의 양을 말한다.

| 선지분석 |

③ [X] 화재가혹도는 화재의 발생으로 건물 내 수용재산 및 건물 자체에 손상을 입히는 정도를 나타내는 용어로써 최고온도 × 연소(지속)시간으로 화재심도라고도 한다.

확인학습 화재강도 및 영향인자

1. 화재실의 단위 시간당 축적되는 열의 양을 화재강도라고 한다.
2. 화재실의 열방출률이 클수록 온도가 높아져서 화재강도는 크게 나타난다.
3. 화재강도와 관련인자
   • 가연물의 발열량(가연물의 종류)
   • 가연물의 비표면적
   • 가연물의 배열상태
   • 화재실의 벽, 바닥, 천장 등의 구조
   • 산소의 공급

02 난이도 ●●○ 답 ②

화재하중 = $\frac{20 \times 9,000}{4,500 \times 5}$이다. 따라서, 화재하중은 $8kg/m^2$이다.

확인학습 화재하중

1. 건물화재 시 발열량 및 화재의 위험성을 나타내는 용어이다.
2. 화재의 규모를 결정하는 데 사용한다.
3. 화재하중은 단위면적당 가연물의 중량이다(단위: kg/m^2).
4. 화재하중을 감소시키는 방법은 내장재의 불연화이다.
5. 단위면적당 가연물의 발열량을 목재(등가가연물)의 무게로 환산한 것이다.

확인학습 화재하중 관계식

$$화재하중(Q) = \frac{\Sigma(G_t H_t)}{HA}[kg/m^2](\Sigma: 합)$$

• G_t: 가연물의 양(kg)
• H_t: 단위발열량(kcal/kg)
• H: 목재 단위발열량(4,500kcal/kg)
• A: 화재실 바닥면적(m^2)

03 난이도 ●○○ 답 ②

화재하중은 건물화재 시 발열량 및 화재의 위험성을 나타내는 용어이다. 화재하중이 클수록 화재의 위험성은 증가한다.

04 난이도 ●●○ 답 ①

화재가혹도는 화재의 발생으로 건물 내 수용재산 및 건물 자체에 손상을 입히는 정도를 말한다.

확인학습 화재가혹도

1. 화재의 발생으로 건물 내 수용재산 및 건물 자체에 손상을 입히는 정도를 말한다.
2. 최고온도(질적개념) × 지속시간(양적개념)
3. **화재가혹도와 관련인자**
   - 화재하중
   - 개구부의 크기
   - 가연물의 배열상태

05 난이도 ●●○ 답 ④

화재하중 = $\frac{100 \times 4{,}500 + 200 \times 9{,}000 + 300 \times 9{,}000}{4{,}500 \times 100}$이다.

따라서, 화재하중은 $11kg/m^2$이다.

06 난이도 ●●○ 답 ④

소방대상물의 방염성능기준으로 모두 옳지 않은 내용이다.

| 선지분석 |

ㄱ. [×] 탄화한 면적은 $50cm^2$ 이내이다.

ㄴ. [×] 화염에 의하여 완전 용융 시까지 불꽃의 접촉 횟수는 3회 이상이다.

ㄷ. [×] 발연량 측정 시에는 소방청장이 고시하는 방법으로 측정하여 최대연기밀도는 400 이내이다.

ㄹ. [×] 화염이 상승하며 연소하는 상태가 정지할 때까지 20초 이내이다.

07 난이도 ●●○ 답 ②

- 탄화한 길이는 (20)cm 이내일 것
- 버너의 불꽃을 제거한 때부터 불꽃을 올리지 아니하고 연소하는 상태가 그칠 때까지 시간은 (30)초 이내일 것
- 소방청장이 정하여 고시한 방법으로 (발연량)을 측정하는 경우 최대연기밀도는 400 이하일 것

확인학습 방염성능기준

1. 연소상태는 버너의 불꽃을 제거한 때부터이다.
   - 화염이 상승하며 연소하는 상태가 정지할 때까지 20초 이내(잔염시간)이다.
   - 화염이 정지하며 연소하는 상태가 정지할 때까지 30초 이내(잔신시간)이다.
2. 탄화한 면적은 $50cm^2$ 이내이다.
3. 탄화한 길이는 20cm 이내이다.
4. 화염에 의하여 완전 용융 시까지 불꽃의 접촉 횟수는 3회 이상이다.
5. 발연량 측정 시에는 소방청장이 고시하는 방법으로 측정하여 최대연기밀도는 400 이하이다.

08 난이도 ●●● 답 ③

잔신시간이란 버너의 불꽃을 제거한 때부터 불꽃을 올리지 아니하고 연소하는 상태가 그칠 때 까지의 시간(잔염이 생기는 동안의 시간은 제외한다)을 말한다.

확인학습 용어의 정리(소방청 고시 위임행정규칙)

1. **얇은 포**: 포지형태의 방염성능검사물품(이하 "방염물품"이라 한다)으로서 $1m^2$의 중량이 450g 이하인 것을 말한다.
2. **두꺼운 포**: 포지형태의 방염물품으로서 $1m^2$의 중량이 450g을 초과하는 것을 말한다.
3. **탄화면적**: 불꽃에 의하여 탄화된 면적을 말한다.
4. **탄화길이**: 불꽃에 의하여 탄화된 길이를 말한다.
5. **접염횟수**: 불꽃에 의하여 녹을 때까지 불꽃의 접촉횟수를 말한다.
6. **용융하는 물품**: 불꽃에 의하여 녹는 물품을 말한다.
7. **잔염시간**: 버너의 불꽃을 제거한 때부터 불꽃을 올리며 연소하는 상태가 그칠 때까지의 시간을 말한다.
8. **잔신시간**: 버너의 불꽃을 제거한 때부터 불꽃을 올리지 아니하고 연소하는 상태가 그칠 때까지의 시간(잔염이 생기는 동안의 시간은 제외한다)을 말한다.

09 난이도 ●●○ 답 ②

옳은 것은 ㄱ, ㄷ, ㄹ이므로 3개이다.

| 선지분석 |

ㄱ. [O] 화재하중의 감소방안으로 주요구조부와 내장재를 불연화·난연화한다.

ㄴ. [×] 전체 가연물의 양(발열량)이 동일할때 화재실의 바닥면적이 커지면 화재하중은 감소한다.

ㄷ. [O] 화재강도는 화재실의 열방출률이 클수록 온도가 높아져 화재강도는 크게 나타난다.

ㄹ. [O] 화재강도는 공기공급이 원활할수록 발열량이 커져 화재강도는 크게 나타난다.

ㅁ. [×] 화재가혹도는 최고온도(질적개념)와 그 온도의 지속시간(양적개념)이 주요요인이다.

10 난이도 ●●○ 답 ④

모두 해당된다.

확인학습 화재강도 관련인자

1. 가연물의 발열량(가연물의 종류)
2. 가연물의 비표면적
3. 가연물의 배열상태
4. 화재실의 벽, 바닥, 천장 등의 구조
5. 산소의 공급

POINT 28 구획화재 등

정답 p.73

01	④	02	③	03	④	04	③	05	②
06	④	07	④	08	④				

01 난이도 ●●○ 답 ④

( ) 안에 들어갈 내용은 플래시오버이다. 플래시오버 현상은 최성기 직전단계에 발생하며, 발생 이후에는 연료지배형 화재에서 환기지배형 화재로 전이된다.

확인학습 플래시오버 현상

1. 실내의 온도 상승에 의해서 일시에 연소하여 화재의 진행을 순간적으로 실내 전체에 확산시키는 현상이다. 실내 모든 가연물의 동시발화현상이 나타난다. 전실화재(순발연소)라고도 한다.
2. 국부화재로부터 구획 내 모든 가연물이 연소되기 시작하는 큰 화재로 전이된다. 플래시오버 시점에서 실내의 온도는 약 800 ~ 900℃가 된다.
3. 플래시오버가 발생하면, 이동식 소화기로 화재를 진압하는 것은 불가능하며 관창호스에 의해 진압하여야 한다.
4. 플래시오버 현상으로 연료지배형 화재에서 환기지배형 화재로 전이될 수 있다.
5. 열의 재방출로 발생되는 플래시오버 현상은 연기와 열이 화염으로 전환되는 것을 의미한다.
6. 화점 주위에서 화재가 서서히 진행하다가 어느 정도 시간이 경과함에 따라 대류와 복사현상에 의해 일정 공간 안에 있는 가연물이 발화점까지 가열되어 일순간에 걸쳐 동시 발화되는 현상을 의미한다.

02 난이도 ●●○ 답 ③

플래시오버 현상은 화재의 성장단계 중 성장기에서 발생한다.

03 난이도 ●○○ 답 ④

최성기 직전단계에서 플래시오버 현상이 발생하여 실내건축물의 가연물이 화염에 휩싸인다.

확인학습 연료지배형 화재(Fuel controlled fire)

1. 일반적으로 연료지배형 화재는 발화 이후 전실화재(Flash over) 이전까지 초기화재 성장단계에서 주로 형성된다.
2. 화재실 내부에 연소에 필요한 공기량은 충분한 상태이기 때문에 화재특성은 연료 자체에 의존하며 연료지배형 화재로 불린다.
3. 가연물(연료량)에 비해 환기량(공기량)이 충분한 경우에 해당한다. 즉, 환기는 정상이나 연료가 부족한 상태이다.
4. 연료지배형 화재는 공기공급이 충분한 조건에서 발생한 화재가 일반적이다.
5. 연료지배형 화재가 지속되면 화재실 내부의 열적 피드백(Heat feedback)이 증가하여 화원의 연소율이 증가하고 발열량이 지속적으로 상승하는 경우 연료를 완전연소시키기에 공기의 양이 부족한 환기부족 화재(Under-ventilated fire) 상태가 된다.
6. 연료지배형 화재는 주로 큰 창문이나 개방된 공간에서, 환기지배형 화재는 내화구조 및 콘크리트 지하층에서 발생하기 쉽다.

확인학습 환기지배형 화재(Ventilation controlled fire)

1. 완전연소시키기에 공기의 양이 부족한 환기 부족화재 상태가 되면 생성된 연료가스는 화재실 상층부에서 미연소가스(Unburned fuel gas) 형태로 존재하고 이로 인해 공간 내의 화재특성은 부족한 공기의 양에 의해 결정되기 때문에 환기지배형 화재로 불린다.
2. 가연물(연료량)에 비해 환기량이 부족한 경우에 해당한다. 즉, 연료는 정상이나 환기량이 부족한 상태이다.
3. 환기지배형 화재의 경우는 연소속도가 비교적 느리다.
4. 환기지배형 화재는 공기공급이 충분하지 않으므로 불완전연소가 심하다.

04 난이도 ●●○ 답 ③

최성기에 대한 내용이다. 최성기는 구획실 내의 모든 가연성 물질들이 화재에 관련될 때의 단계를 의미한다. 구획실 내에서 연소하는 모든 가연물은 최대의 열량과 많은 양의 연소가스를 발생한다.

확인학습 최성기(Fully developed)

1. 연기의 분출속도는 빠르며, 화재 초기보다 연기량은 적고 대체적으로 유리가 녹는 단계이다.
2. 천장이나 벽 등 구조물 낙하의 위험이 있다.
3. 최성기 단계에서 발산하는 연소생성 가스의 양과 열은 구획실의 환기의 수와 크기에 영향을 받는다.
4. 연소하지 않은 뜨거운 연소생성 가스는 인접한 실내공간으로 이동하게 되며, 충분한 양의 산소 공급이 이루어지게 되면 발화할 수 있다.

05 난이도 ●○○ 답 ②

최성기에 해당하는 내용으로 옳은 것은 ㄴ, ㄹ이다.

| 선지분석 |

ㄱ. [×] 백드래프트 현상이 발생하는 것은 초기 또는 종기단계이다.
ㄷ. [×] 화재의 진행 변화가 초기단계에서 급속히 이루어지는 것은 성장기단계이다.
ㅁ. [×] 화세가 쇠퇴하고 다른 곳으로의 연소위험은 없는 것은 종기단계이다.

확인학습 발화기(Incipient)

발화기(초기단계)는 연소가 시작될 때의 시기를 말한다. 발화시점에는 화재 규모는 작고 처음 발화된 가연물에 한정된다.

1. 발화의 물리적 현상은 점화원에 의해 발화하기도 하고 자연발화와 같이 자체의 열의 축적에 의해 발생하기도 한다.
2. 건물 내의 가구 등이 독립 연소하고 있으며 다른 동으로의 연소 위험은 없다.
3. 다량의 백색 연기가 발생하고, 훈소가 발생하기도 한다.

확인학습 성장기(Growth)

화재가 성장할 때에 천장 부분의 고온의 가스층은 구획실 내의 전반적인 온도를 상승하게 한다. 최초 발화된 가연물의 화재가 커지면서, 성장기의 초기는 개방된 곳에서의 화재와 비슷한 현상을 보인다.

1. 화재의 진행 변화가 급속히 이루어진다.
2. 건물이 인접해 있으면 다른 동으로의 연소위험이 있다.
3. 최성기 직전에 폭발적 연소 확대 현상인 플래시오버가 발생한다.
4. 개구부에서는 흑색 연기가 분출된다.

5. 구획실 온도는 가스가 구획실 천장과 벽을 통과하면서 생성된 열의 양과 최초가연물의 위치 및 공기 유입량 등에 의해 결정된다.
6. 화염의 중심으로부터 거리가 멀어지면, 가스의 온도가 내려간다는 것을 보여주고 있다.
7. 화재 성장기단계에서는 실내에 있는 내장재에 착화하여 롤오버 등이 발생하며 개구부에 진한 흑색 연기가 강하게 분출한다.

확인학습 쇠퇴기(Decay)

구획실 내에 있는 가연물이 거의 연소를 완료하게 되면서 화재의 크기는 크게 감소된다.
1. 열 발산율은 크게 감소하기 시작한다.
2. 지붕이나 벽체, 대들보나 기둥도 무너져 떨어지고 연기는 흑색에서 백색이 된다.
3. 화세가 쇠퇴하고 다른 곳으로의 연소위험은 비교적 적다.
4. 타다 남은 잔화물은 일정 시간 동안 구획실 온도를 어느 정도 높일 수 있다.

06 난이도 ●●● 답 ④

연료지배형 화재는 공기의 공급이 충분하므로 환기지배형 화재보다 완전연소를 한다.

확인학습 환기인자

환기인자 = 개구부 면적 × 개구부 높이의 평방근(제곱근)

07 난이도 ●○○ 답 ④

불완전연소 상태인 훈소상태에서 일시에 다량의 공기가 공급될 때 순간적으로 발화하는 현상은 백드래프트이다.

08 난이도 ●●○ 답 ④

환기지배형 화재는 가연물(연료량)에 비해 환기량이 부족한 경우에 해당한다. 즉, 연료는 정상이나 환기량이 부족한 상태이다.

확인학습 환기지배형 화재(Ventilation controlled fire)

1. 완전연소시키기에 공기의 양이 부족한 환기 부족화재 상태가 되면 생성된 연료가스는 화재실 상층부에서 미연소가스(Unburned fuel gas) 형태로 존재하고 이로 인해 공간 내의 화재특성은 부족한 공기의 양에 의해 결정되기 때문에 환기지배형 화재로 불린다.
2. 가연물(연료량)에 비해 환기량이 부족한 경우에 해당한다. 즉, 연료는 정상이나 환기량이 부족한 상태이다.
3. 연소속도가 비교적 느리다.
4. 공기공급이 충분하지 않으므로 불완전연소가 심하다.

POINT 29 내화건축물 및 목조건축물 화재

정답 p.75

01	①	02	③	03	④	04	②	05	④
06	③	07	②	08	②	09	④	10	③

01 난이도 ●●● 답 ①

폭렬은 압축강도와 밀접한 관계가 있다.

| 선지분석 |

② [×] 목조건축물화재에 비하여 저온단기형의 특성을 갖는다.
③ [×] 화재 진행단계는 초기 → 성장기 → 플래시오버 현상 → 최성기 → 종기의 순이다.
④ [×] 보통 콘크리트보다 고강도 콘크리트를 사용한 건축물화재에서 폭렬현상의 위험성이 크다.

확인학습 목조건축물과 내화건축물

1. 목조건축물
   - 목조건축물의 최성기의 온도는 1,100 ~ 1,300℃이다.
   - 목조건축물은 무염착화하여 발염착화한다.
   - 목조건축물의 화재 확대 요인으로는 접촉, 복사열, 비화 등이 있다.
2. 내화건축물
   - 내화건축물의 최성기의 온도는 약 900 ~ 1,000℃이다.
   - 화재의 진행과정은 초기 → 성장기 → 최성기 → 감쇠기이다.
   - 목조건축물과 비교하여 고온장기형의 화재 특성이 있다.

02 난이도 ●●○ 답 ③

목재건축물의 화재는 유류나 가스화재와는 달리 일반적으로 무염착화를 거치고 발염착화로 이어진다.

확인학습 목조건축물의 화재 진행과정

1. **무염착화**: 가연물이 연소할 때 숯불모양으로 불꽃 없이 착화하는 현상으로 공기가 주어질 때 언제든지 불꽃 발생이 가능한 단계를 말한다.
2. **무염착화에서 발염착화**: 무염상태의 가연물질에 충분한 산소공급으로 불꽃이 발하는 단계이다.
3. **발염착화에서 발화**: 발화(출화)란 단순히 가연물에 불이 붙은 것을 의미하는 것이 아니고 천장이나 벽 속에 착화되었을 때를 말한다.
4. **발화에서 최성기**: 플래시오버가 발생되는 단계로 연기의 색은 백색에서 흑색으로 변한다.
5. **감쇠기**: 화세가 급격히 약해지면서 지붕이나 벽이 무너지는 시기이다.

03 난이도 ●○○ 답 ④

목조건축물의 연소속도 및 화재특성에 대한 내용으로 옳은 것은 ㄱ, ㄷ, ㅁ이다.

| 선지분석 |

ㄴ. [×] 표면이 거칠수록 연소속도는 빠르다.
ㄹ. [×] 수분의 함수율이 낮을수록 연소속도가 빠르다.

✔ 확인학습 목재의 연소특성

1. **목재의 외관**: 목재의 크기가 작고 얇은 가연물이 두텁고 큰 것보다 연소가 잘 된다.
2. **목재의 열전도율**: 열전도율이 작으면 연소가 잘 된다.
3. **열팽창률**: 목재의 열팽창률은 철재, 벽돌, 콘크리트보다 작다.
4. **수분의 함유량**: 수분함량이 15% 이상이면 고온에 장시간 접촉해도 착화하기 어렵다.

✔ 확인학습 목재의 상태에 따른 연소

목재의 상태 \ 발화와 연소	빠름	느림
내화성, 방화성	없는 것	있는 것
건조상태	수분이 적은 것	수분이 많은 것
두께, 굵기	얇은 것, 가는 것	두꺼운 것, 굵은 것
형상(둥근 것·4각형)	4각형	둥근 것
표면	거친 것	매끈한 것
페인트	칠한 것	칠하지 않은 것
색	흑색	백색

04 난이도 ●●○ 답 ②

지표화는 습도가 50% 이하일 때 소나무, 삼나무, 편백나무 등에서 잘 일어난다.

| 선지분석 |

① [×] 지표화는 지표면에서 화재가 발생하는 화재현상이다.
③ [×] 수관화는 나무의 가지 또는 잎에서 발생하는 화재현상이다.
④ [×] 지중화는 땅 속에 있는 유기물층에서 발생하는 화재현상이다.

05 난이도 ●●○ 답 ④

식용유화재에 대한 내용이다. 식용유화재의 소화약제는 비누화작용을 하는 1종 분말 소화약제가 주로 사용된다.

06 난이도 ●●○ 답 ③

훈소는 공기의 공급이 원활하면 불꽃연소를 한다.

✔ 확인학습 훈소연소(Smoldering)

1. 가연물이 열분해에 의해서 가연성 가스를 발생시켰을 때 공간의 밀폐로 산소의 양이 부족하거나 바람에 의해 그 농도가 현저히 저하된 경우 다량의 연기를 내며, 고체 표면에서 발생하는 느린 연소과정으로 연료표면에서 반응이 일어나고, 이 표면에서 작열과 탄화현상이 일어난다.
2. 공기의 유입이 많을 경우 유염연소로 변화할 수 있다.
3. 훈소는 톱밥이나 매트리스의 연소에서 보듯이 산소의 부족으로 불꽃을 내지 않고 연기만 나는 연소를 말한다.
4. 내부에서는 백열연소를 하고 있다는 점에서 표면연소와 비슷한 형태를 보인다.
5. 불꽃연소에 비하여 온도가 낮으며, 발연량은 많다.
6. 연소속도가 늦고 연쇄반응이 일어나지 않는다.
7. 연기입자가 크며 액체미립자가 다량 포함되어 있다.

07 난이도 ●●○ 답 ②

훈소는 가연물이 열분해에 의해서 가연성 가스를 발생시켰을 때 공간의 밀폐로 산소의 양이 부족하거나 바람에 의해 그 농도가 현저히 저하된 경우 다량의 연기를 내며 고체 표면에서 발생하는 느린 연소과정을 말한다.

08 난이도 ●○○ 답 ②

ABC 분말소화기의 소화 적응성이 있는 화재는 ㄱ, ㄴ, ㄹ이다.

09 난이도 ●●○ 답 ④

목조건축물의 옥내출화에 해당하는 발염착화 현상은 ㄱ, ㄹ, ㅁ이다.

| 선지분석 |

ㄴ. [×] 가옥의 추녀 밑에서 발염착화: 옥외출화
ㄷ. [×] 창, 출입구 등에서 발염착화: 옥외출화

✔ 확인학습 발염착화에서 발화(출화)

발화(출화)란 단순히 가연물에 불이 붙은 것을 의미하는 것이 아니고 천장이나 벽 속에 착화되었을 때를 말한다. 그러므로 가옥의 천장까지 불이 번져 가옥 전체에 불기가 확대되는 단계이다.

옥내출화	옥외출화
• 가옥구조 시 천장면에서 발염착화 • 불연천장인 경우 뒷면 판에 발염착화 • 천장 속 및 벽 속에 발염착화	• 가옥의 벽 및 지붕에 발염착화 • 가옥의 추녀 밑에서 발염착화 • 창, 출입구 등에서 발염착화

10 난이도 ●●○ 답 ③

( ) 안에 들어갈 내용은 무염착화이다. 무염착화란 가연물이 연소할 때 숯불모양으로 불꽃 없이 착화하는 현상을 말한다.

| 선지분석 |

① [×] 불티가 되어 날아가 발화하는 것은 비화이다.
② [×] 열 전자파 형태로 이동하는 현상으로, 화재 시 가장 크게 작용하는 것은 복사열이다.
④ [×] 공기 부족으로 훈소 상태에 있을 때 신선한 공기가 유입되어 실내에 축적되었던 가연성 가스가 단시간에 폭발적으로 연소함으로써 화재가 폭풍을 동반하여 실외로 분출되는 것은 백드래프트 현상을 말한다.

✔ 확인학습 목재건축물의 화재 진행과정

1. 화재의 원인에서 무염착화
   - 화재의 원인은 가연물과 장소에 따라 차이가 있다. 무염착화란 가연물이 연소할 때 숯불모양으로 불꽃 없이 착화하는 현상으로 공기가 주어질 때 언제든 불꽃발생이 가능한 단계를 말한다.
   - 유류나 가스 화재에서는 무염착화 없이 발염착화로 이어진다.
2. 무염착화에서 발염착화
   - 무염 상태의 가연물질에 충분한 산소공급으로 불꽃이 발화하는 단계이다.
   - 가연물의 종류, 바람, 발생 장소 등이 화재의 진행방향을 결정하게 된다.

POINT 30 Flash over 등

정답 p.77

01	④	02	②	03	③	04	②	05	②
06	①	07	①	08	①	09	③	10	④

01 난이도 ●●● 답 ④

- (백드래프트)는 실내화재에서 공기가 부족한 상태에 있을 때 신선한 공기가 유입되어 분출하는 현상을 말한다.
- (플래시오버)는 구획화재에 온도상승에 의해서 일시에 연소하여 화재의 진행을 순간적으로 실내 전체에 확산시키는 현상이다.

| 선지분석 |

④ [×] 플래시오버 현상의 지연대책법으로 배연지연법은 효과적이다.

확인학습 플래시오버 및 백드래프트

1. 플래시오버: 어느 시간에 그 실내의 온도상승에 의해서 일시에 연소하여 화재의 진행을 순간적으로 실내 전체에 확산시키는 현상이다.
2. 백드래프트: 공기 부족으로 훈소 상태에 있을 때 신선한 공기가 유입되어 실내에 축적되었던 가연성 가스가 단시간에 폭발적으로 연소함으로써 화재가 폭풍을 동반하여 실외로 분출되는 현상을 말한다.

확인학습 플래시오버 현상 지연대책법

1. 배연지연법: 창문 등을 개방하여 배연함으로써 공간 내부에 쌓인 열을 방출시켜 지연한다.
2. 공기차단지연법: 배연(환기)과 반대로 개구부를 닫아 산소를 감소시킴으로써 연소 속도를 줄이고 공간 내 열의 축적현상도 늦추게 하여 지연시키는 방법을 쓸 수 있다. 이 방법은 관창호스 연결이 지연되거나 모든 사람이 대피했다는 것이 확인된 경우, 적합한 방법이다.
3. 냉각지연법: 분말소화기 등 이동식 소화기를 분사하여 화재를 완전하게 냉각하는 것은 불가능하나, 일시적으로 온도를 낮출 수 있으며, 플래시오버 현상을 지연시키고 관창호스를 연결할 시간을 벌 수 있다.

확인학습 백드래프트 대응전술

1. **배연(지붕환기)법**: 건축물의 지붕에 채광창이 있다면 개방하여 환기를 하거나, 지붕에 개구부를 만들어 배연하는 전술을 말한다. 배연법 대응전술에 의하여 폭발이 발생될 수는 있지만 폭발력이 위로 분산되어 위험성은 크지 않다.
2. **측면 공격법**: 소방대원이 개구부의 측면에 배치한 후 출입구가 개방되면 개구부의 측면공격을 실시하고 화재 공간에 집중 방수하는 소방전술이다.
3. **급냉(담금질)법**: 화재현장의 개구부를 개방하는 즉시 완벽한 보호장비를 갖춘 소방대원이 집중 방수함으로써 폭발 직전의 기류를 급냉시키는 방법이다. 배연법에 의한 대응전술만큼 효과적이지는 않지만 화재현장에서 유일한 방안인 경우가 많다.

02 난이도 ●●○ 답 ②

플래시오버 현상은 개구부가 너무 큰 경우에 유입 공기에 의한 냉각으로 플래시오버가 늦어진다. 일반적으로 개구율(개구부면적/벽면적)이 1/3~1/2일 때 플래시오버가 가장 빠르다.

확인학습 플래시오버 발생시간의 영향인자

1. 연료하중이 클수록 화재성장이 촉진된다.
2. **개구부의 크기**
   - **너무 작은 경우**: 산소 부족으로 연소가 제대로 이루어지지 않는다.
   - **너무 큰 경우**: 유입 공기에 의한 냉각으로 플래시오버가 늦어진다.
   - 개구율(개구부면적/벽면적)이 1/3~1/2일 때 플래시오버가 가장 빠르다.
3. 가연물의 화재강도가 클수록 열축적이 증대되어 빠르다.
4. **가연물의 위치**: 천장과 벽, 실내의 모서리에서 발생한 경우 빨라질 수 있다.
5. **내장재의 열전도율**: 내장재의 열전도율이 낮고 내장재의 두께가 얇을수록 빠르다.
6. 화원의 크기가 크면 천장부에 닿아 자체 방사열이 커서 빠르다.

03 난이도 ●●○ 답 ③

- 구획화재에서 가연성 가스 농도가 증가하여 (연소범위) 내의 농도에 도달하면 곧 착화하여 화염으로 덮이게 된다.
- 이후 강한 (복사열)에 의하여 실내 전체의 가연물이 급속히 가열 착화되어 실내 가연성 재료의 모든 표면이 불로 덮이는 현상을 말한다.

04 난이도 ●●○ 답 ②

옳은 것은 ㄱ, ㄴ, ㄹ 이다.

| 선지분석 |

ㄷ. [×] 내장재의 열전도율이 낮고 내장재의 두께가 얇을수록 빠르다.
ㅁ. [×] 화원의 크기가 크면 천장부에 닿아 자체 방사열이 커서 빠르다.

05 난이도 ●●○ 답 ②

옳게 연결된 것은 ㄱ과 C, ㄴ과 A, ㄷ과 B이다.

확인학습 플래시오버 현상 지연대책법

1. 배연지연법: 창문 등을 개방하여 배연함으로써 공간 내부에 쌓인 열을 방출시켜 지연한다.
2. 공기차단지연법: 배연(환기)과 반대로 개구부를 닫아 산소를 감소시킴으로써 연소 속도를 줄이고 공간 내 열의 축적현상도 늦추게 하여 지연시키는 방법을 쓸 수 있다. 이 방법은 관창호스 연결이 지연되거나 모든 사람이 대피했다는 것이 확인된 경우, 적합한 방법이다.
3. 냉각지연법: 분말소화기 등 이동식 소화기를 분사하여 화재를 완전하게 냉각하는 것은 불가능하나, 일시적으로 온도를 낮출 수 있으며, 플래시오버 현상을 지연시키고 관창호스를 연결할 시간을 벌 수 있다.

06 난이도 ●●○ 답 ①

옳게 연결된 것은 ㄱ과 A, ㄴ과 B, ㄷ과 C이다.

확인학습 백드래프트 대응전술

1. **배연(지붕환기)법**: 건축물의 지붕에 채광창이 있다면 개방하여 환기를 하거나, 지붕에 개구부를 만들어 배연하는 전술을 말한다. 배연법 대응전술에 의하여 폭발이 발생될 수는 있지만 폭발력이 위로 분산되어 위험성은 크지 않다.

2. **측면 공격법**: 소방대원이 개구부의 측면에 배치한 후 출입구가 개방되면 개구부의 측면공격을 실시하고 화재 공간에 집중 방수하는 소방전술이다.
3. **급냉(담금질)법**: 화재현장의 개구부를 개방하는 즉시 완벽한 보호장비를 갖춘 소방대원이 집중 방수함으로써 폭발 직전의 기류를 급냉시키는 방법이다. 배연법에 의한 대응전술만큼 효과적이지는 않지만 화재현장에서 유일한 방안인 경우가 많다.

07 난이도 ●○○ 답 ①

프로스오버(Froth over)란 화재가 아닌 경우로서 물이 고점도 유류와 접촉되면 급속히 비등하여 거품과 같은 형태로 분출되는 현상을 말한다.

확인학습 유류화재의 이상현상

1. 오일오버(Oil over): 탱크 내의 유류가 50% 미만 저장된 경우, 화재로 인한 내부 압력 상승으로 탱크가 폭발하는 현상이다.
2. 보일오버(Boil over): 중질유 탱크 화재 시 액면의 뜨거운 열파가 탱크 하부로 전달될 때, 탱크 하부에 존재하고 있던 에멀션(emulsion) 상태의 물을 기화시켜 물의 급격한 부피 팽창으로 탱크 내의 유류가 분출하는 현상이다.
3. 슬롭오버(Slop over): 중질유 탱크 내에 화재로 연소유의 표면온도가 물의 비점 이상 상승했을 때, 물분무 또는 포(Foam) 소화약제를 뜨거운 연소유 표면에 방사하면 물이 수증기가 되면서 급격한 부피 팽창으로 연소유를 탱크 외부로 비산시키는 현상이다.
4. 프로스오버(Froth over): 점성이 큰 뜨거운 유류 표면 아래에서 물이 끓을 때 화재를 수반하지 않고 유류가 넘치는 현상이다.

08 난이도 ●●○ 답 ①

보일오버 현상에 대한 설명이다.

09 난이도 ●●○ 답 ③

옳은 것은 ㄱ, ㄴ, ㄹ, ㅁ 이므로 4개이다.

| 선지분석 |

ㄷ. [×] 보일오버는 고비점 액체 위험물에서 발생되는 현상이다.

10 난이도 ●●○ 답 ④

옳은 것은 ㄷ, ㄹ이고, 옳지 않은 것은 ㄱ, ㄴ이다.

| 선지분석 |

ㄱ. [×] 링파이어 현상은 탱크의 벽면이 가열된 상태에서 포를 방출하는 경우 가열된 벽면부분에서 포가 열화되어 안정성이 저하된 상태에서 증발된 유류가스가 발포되어 있는 거품층을 뚫고 상승되어 유류가스에서 불이 붙는 현상이다.

ㄴ. [×] 슬롭오버는 유류액 표면의 온도가 물의 비점 이상으로 상승되고 소화용수 등이 뜨거운 액 표면에 유입하게 되면 물이 수증기화 되면서 갑작스러운 부피 팽창에 의해 유류가 탱크 외부로 분출되는 현상이다.

POINT 31 건축방재 등

정답 p.80

01	②	02	④	03	④	04	④	05	④
06	①	07	④	08	④	09	②	10	③
11	④	12	②	13	④	14	③		

01 난이도 ●○○ 답 ②

성능위주설계는 건축물이 갖추어야 할 세부적인 지침과 고시에 의해 설계하여야 하는 사양위주설계가 아니라 화재모델링 및 시뮬레이션 등 공학적인 기법들을 이용하는 새로운 방화설계를 말한다.

02 난이도 ●●○ 답 ④

성능위주설계의 필요성으로 건설사업의 발전은 직접적인 관련이 없다.

확인학습 성능위주설계의 필요성

1. **화재안전의 극대화**: 건물의 화재 위험성을 고려한 가장 적합한 방화설계를 적용할 수 있다.
2. **법 적용의 유연성**: 새로운 유형의 건축물에도 합리적인 소방설계를 할 수 있다.
3. **경제성**: 건축물의 특성을 고려하여 건물의 위험도보다 과다한 소방설계 또는 부족한 소방설계를 방지함으로써 최적의 설계를 구현할 수 있다.
4. 소방전문가의 양성 및 소방분야의 발전

03 난이도 ●●○ 답 ④

건축물의 방재 측면에서 건축적인 대응을 보조하는 소방 설비적 대응 방식은 설비적 대응의 대항성으로 방화문·방화셔터, 스프링클러설비, 옥내소화전설비 등이 해당한다.

| 선지분석 |

① [×] 공간적 대응 중 대항성에 해당한다.
② [×] 공간적 대응 중 회피성에 해당한다.
③ [×] 공간적 대응 중 도피성에 해당한다.

확인학습 공간적 대응(Passive system)

공간적 대응은 건축적인 방재 시스템을 말한다.

1. **대항성**
   - 발생된 화재에 건축물이 대항하여 화재를 일부공간에 국한시키는 성능을 말한다.
   - 일반적으로 건축물의 내화구조, 방연성능, 방화구획의 성능, 화재 방어의 대응성, 초기소화의 대응성 등이 있다.
2. **회피성**
   - 건축적인 성능으로 화재 발생 자체를 억제하는 것을 말한다.
   - 난연화, 불연화, 내장재 제한, 방화구획의 세분화, 방화훈련 등 예방적 조치 또는 상황이다.
3. **도피성**
   - 화재 발생 시 거주자가 안전한 장소로 피난할 수 있도록 하는 건축적인 성능을 말한다.
   - 건축의 공간성을 말하는 피난계단, 전실, 안전구역, 건축적인 방연과 배연성능을 말한다.

✅ 확인학습 설비적 대응(Active system)

설비적 대응은 건축적인 대응을 보조하는 소방 설비적 시스템을 말한다.

1. 대항성
   - 발생된 화재를 소방 설비적 시스템으로 국한시키거나 진압하는 성능이다.
   - 방화문·방화셔터, 스프링클러설비, 옥내소화전설비 등이 해당된다.
2. 회피성
   - 화재 발생 자체를 억제하는 소방 설비적 시스템을 말한다.
   - 정전기 발생억제 등 점화원제거설비, 가스누설차단설비 등이 해당된다.
3. 도피성
   - 화재 발생 시 거주가가 안전하게 피난할 수 있는 소방 설비적 시스템이다.
   - 안전한 피난을 유도하는 피난유도설비, 피난기구 등이 해당된다.

04 난이도 ●●● 답 ④

내수재료란 인조석·콘크리트 등 내수성을 가진 재료로서 국토교통부령으로 정하는 재료를 말한다. 준불연재료란 불연재료에 준하는 성질을 가진 재료로서 국토교통부령으로 정하는 기준에 적합한 재료를 말한다.

✅ 확인학습 「건축법 시행령」상 용어의 정의

1. 내수재료: 인조석·콘크리트 등 내수성을 가진 재료로서 국토교통부령으로 정하는 재료를 말한다.
2. 내화구조: 화재에 견딜 수 있는 성능을 가진 구조로서 국토교통부령으로 정하는 기준에 적합한 구조를 말한다.
3. 방화구조: 화염의 확산을 막을 수 있는 성능을 가진 구조로서 국토교통부령으로 정하는 기준에 적합한 구조를 말한다.
4. 난연재료: 불에 잘 타지 아니하는 성능을 가진 재료로서 국토교통부령으로 정하는 기준에 적합한 재료를 말한다.
5. 불연재료: 불에 타지 아니하는 성질을 가진 재료로서 국토교통부령으로 정하는 기준에 적합한 재료를 말한다.
6. 준불연재료: 불연재료에 준하는 성질을 가진 재료로서 국토교통부령으로 정하는 기준에 적합한 재료를 말한다.

05 난이도 ●●● 답 ④

벽의 경우 국토교통부령으로 정하는 기준에 적합한 구조는 벽돌조로서 두께가 19cm 이상인 것이 해당한다.

✅ 확인학습 국토교통부령으로 정하는 기준에 적합한 내화구조(벽의 경우)

1. 철근콘크리트조·철골철근콘크리트조로서 두께가 10cm 이상인 것
2. 골구를 철골조로 하고 그 양면을 두께 4cm 이상의 철망모르타르(그 바름바탕을 불연재료로 한 것으로 한정한다. 이하 같다) 또는 두께 5cm 이상의 콘크리트블록·벽돌 또는 석재로 덮은 것
3. 벽돌조로서 두께가 19cm 이상인 것
4. 고온·고압의 증기로 양생된 경량기포 콘크리트패널 또는 경량기포 콘크리트블록조로서 두께가 10cm 이상인 것

06 난이도 ●○○ 답 ①

- 60분+ 방화문이란 연기 및 불꽃을 차단할 수 있는 시간이 60분 이상이고, 열을 차단할 수 있는 시간이 (30분) 이상인 방화문을 말한다.
- (30분 방화문)이란 연기 및 불꽃을 차단할 수 있는 시간이 30분 이상 60분 미만인 방화문을 말한다.

✅ 확인학습 방화문 기준

1. 60분+ 방화문: 연기 및 불꽃을 차단할 수 있는 시간이 60분 이상이고, 열을 차단할 수 있는 시간이 30분 이상인 방화문
2. 60분 방화문: 연기 및 불꽃을 차단할 수 있는 시간이 60분 이상인 방화문
3. 30분 방화문: 연기 및 불꽃을 차단할 수 있는 시간이 30분 이상 60분 미만인 방화문

07 난이도 ●●○ 답 ④

- 초고층 건축물이란 층수가 (50층) 이상이거나 높이가 200m 이상인 건축물을 말한다.
- (준초고층 건축물)이란 고층건축물 중 초고층 건축물이 아닌 것을 말한다.

08 난이도 ●○○ 답 ④

「건축법」상 건축물의 주요 구조부에 해당하는 것은 ㄷ, ㅁ, ㅂ이다. 「건축법」상 주요 구조부란 내력벽(耐力壁), 기둥, 바닥, 보, 지붕틀 및 주계단(主階段)을 말한다. 다만, 사이 기둥, 최하층 바닥, 작은 보, 차양, 옥외계단, 그 밖에 이와 유사한 것으로 건축물의 구조상 중요하지 아니한 부분은 제외한다.

✅ 확인학습 건축물의 주요 구조부

1. 바닥(최하층 바닥 등은 제외)
2. 지붕틀
3. 보(작은 보, 차양 등은 제외)
4. 내력벽[샛벽(칸막이벽, 간벽) 등은 제외]
5. 주계단(보조계단, 옥외계단은 제외)
6. 기둥(샛기둥 등은 제외)

09 난이도 ●●○ 답 ②

화재를 견딜 수 있는 성능을 가진 구조는 내화구조에 대한 내용이다.

10 난이도 ●●● 답 ③

「건축물의 피난·방화구조 등의 기준에 관한 규칙」상 철근콘크리트 기둥의 경우 그 작은 지름이 25cm 이상인 것이 내화구조에 해당한다.

11 난이도 ●○○ 답 ④

30분 방화문이란 연기 및 불꽃을 차단할 수 있는 시간이 30분 이상 60분 미만인 방화문을 말한다.

확인학습 방화문 기준

1. 60분+ 방화문: 연기 및 불꽃을 차단할 수 있는 시간이 60분 이상이고, 열을 차단할 수 있는 시간이 30분 이상인 방화문
2. 60분 방화문: 연기 및 불꽃을 차단할 수 있는 시간이 60분 이상인 방화문
3. 30분 방화문: 연기 및 불꽃을 차단할 수 있는 시간이 30분 이상 60분 미만인 방화문

12 난이도 ●●○ 답 ②

60분+ 방화문이란 연기 및 불꽃을 차단할 수 있는 시간이 60분 이상이고, 열을 차단할 수 있는 시간이 30분 이상인 방화문을 말한다.

13 난이도 ●●● 답 ④

창문의 가운데에 지름 20센티미터 이상의 역삼각형을 야간에도 알아볼 수 있도록 빛 반사 등으로 붉은색으로 표시해야한다.

| 선지분석 |

① [×] 창문의 한쪽 모서리에 타격지점을 지름 3센티미터 이상의 원형으로 표시할 것
② [×] 창문의 크기는 폭 90센티미터 이상, 높이 1.2미터 이상으로 하고, 실내 바닥면으로부터 창의 아랫부분까지의 높이는 80센티미터 이내로 할 것
③ [×] 2층 이상 11층 이하인 층에 각각 1개소 이상 설치할 것. 이 경우 소방관이 진입할 수 있는 창의 가운데에서 벽면 끝까지의 수평거리가 40미터 이상인 경우에는 40미터 이내마다 소방관이 진입할 수 있는 창을 추가로 설치해야 한다.

확인학습 소방관 진입창 기준(「건축물의 피난·방화구조 등의 기준에 관한 규칙」 제18조의2)

1. 2층 이상 11층 이하인 층에 각각 1개소 이상 설치할 것. 이 경우 소방관이 진입할 수 있는 창의 가운데에서 벽면 끝까지의 수평거리가 40미터 이상인 경우에는 40미터 이내마다 소방관이 진입할 수 있는 창을 추가로 설치해야 한다.
2. 소방차 진입로 또는 소방차 진입이 가능한 공터에 면할 것
3. 창문의 가운데에 지름 20센티미터 이상의 역삼각형을 야간에도 알아볼 수 있도록 빛 반사 등으로 붉은색으로 표시할 것
4. 창문의 한쪽 모서리에 타격지점을 지름 3센티미터 이상의 원형으로 표시할 것
5. 창문의 크기는 폭 90센티미터 이상, 높이 1.2미터 이상으로 하고, 실내 바닥면으로부터 창의 아랫부분까지의 높이는 80센티미터 이내로 할 것
6. 유리 기준
   - 플로트판유리로서 그 두께가 6밀리미터 이하인 것
   - 강화유리 또는 배강도유리로서 그 두께가 5밀리미터 이하인 것
   - 위의 기준을 만족하는 유리로 구성된 이중 유리로서 그 두께가 24밀리미터 이하인 것

14 난이도 ●●○ 답 ③

- 10층 이하의 층은 바닥면적 (1천제곱미터)(스프링클러 기타 이와 유사한 자동식 소화설비를 설치한 경우에는 바닥면적 3천제곱미터) 이내마다 구획할 것
- 11층 이상의 층은 바닥면적 (200제곱미터)(스프링클러 기타 이와 유사한 자동식 소화설비를 설치한 경우에는 600제곱미터) 이내마다 구획할 것

확인학습 방화구획 설치기준

1. 10층 이하의 층은 바닥면적 1천제곱미터(스프링클러 및 기타 이와 유사한 자동식 소화설비를 설치한 경우에는 바닥면적 3천제곱미터) 이내마다 구획할 것
2. 매층마다 구획할 것. 다만, 지하 1층에서 지상으로 직접 연결하는 경사로 부위는 제외한다.
3. 11층 이상의 층은 바닥면적 200제곱미터(스프링클러 및 기타 이와 유사한 자동식 소화설비를 설치한 경우에는 600제곱미터) 이내마다 구획할 것. 다만, 벽 및 반자의 실내에 접하는 부분의 마감을 불연재료로 한 경우에는 바닥면적 500제곱미터(스프링클러 및 기타 이와 유사한 자동식 소화설비를 설치한 경우에는 1천500제곱미터) 이내마다 구획하여야 한다.

구분		자동식 소화설비 미설치(m^2 이내)	자동식 소화설비 설치(m^2 이내)
10층 이하		1,000	3,000
11층 이상	일반재료	200	600
	불연재료	500	1,500

4. 필로티나 그 밖에 이와 비슷한 구조(벽면적의 2분의 1 이상이 그 층의 바닥면에서 위층 바닥 아래면까지 공간으로 된 것만 해당한다)의 부분을 주차장으로 사용하는 경우 그 부분은 건축물의 다른 부분과 구획할 것

POINT 32 피난론

정답 p.83

01	④	02	②	03	①	04	①	05	①
06	④	07	③	08	③	09	①	10	④
11	④	12	④	13	①	14	③	15	②

01 난이도 ●○○ 답 ④

건축물 화재 시 피난대책 수립·적용을 위한 인간의 피난본능으로 우회본능이 아닌 좌회본능이 해당한다.

확인학습 피난본능

1. **지광본능**: 어두운 곳에서 밝은 불빛을 따라 행동하는 습성
2. **추종본능**: 혼란 시 판단력 저하로 최초로 달리는 앞사람을 따르는 습성
3. **귀소본능**: 무의식 중에 평상시 사용한 길, 원래 온 길을 가려 하는 본능
4. **좌회본능**: 오른손잡이는 좌측으로 행동하는 습성
5. **퇴피본능**: 긴급사태가 확인되면 반사적으로 그 지점에서 멀어지려는 습성

02 난이도 ●○○ 답 ②

긴급사태가 확인되면 반사적으로 그 지점에서 멀어지려는 습성은 퇴피본능에 대한 내용이다.

03 난이도 ●●○ 답 ①

수평방향에선 중앙집중형의 코어형식을 피해야 한다.

04 난이도 ●●○ 답 ①

ㄱ. 비상 시 판단능력 저하를 대비하여 누구나 알 수 있도록 문자나 그림 등으로 표시해야 한다. - 풀프루프(Fool proof)

ㄴ. 하나의 수단이 고장으로 실패하여도 다른 수단에 의해 구제할 수 있도록 고려해야 한다. - 페일세이프(Fail safe)

05 난이도 ●●○ 답 ①

화재의 성장기 때는 풍하방향으로 대피 시 불티가 튀고 불길과 만나게 되어 위험한 상황이 될 수 있으므로 가능한 풍횡으로 대피하여야 한다.

06 난이도 ●●● 답 ④

- 계단실은 창문·출입구 기타 개구부(창문 등)를 제외한 당해 건축물의 다른 부분과 (내화구조)의 벽으로 구획할 것
- 계단실의 실내에 접하는 부분의 마감은 (불연재료)로 할 것

확인학습 건축물 내부에 설치하는 피난계단의 구조(「건축물의 피난·방화구조 등의 기준에 관한 규칙」 제9조)

1. 계단실은 창문·출입구 기타 개구부(창문 등)를 제외한 당해 건축물의 다른 부분과 내화구조의 벽으로 구획할 것
2. 계단실의 실내에 접하는 부분의 마감은 불연재료로 할 것
3. 계단실에는 예비전원에 의한 조명설비를 할 것
4. 계단실의 바깥쪽과 접하는 창문 등(망이 들어 있는 유리의 붙박이창으로서 그 면적이 각각 $1m^2$ 이하인 것은 제외한다)은 당해 건축물의 다른 부분에 설치하는 창문 등으로부터 2m 이상의 거리를 두고 설치할 것
5. 건축물의 내부와 접하는 계단실의 창문 등(출입구는 제외한다)은 망이 들어 있는 유리의 붙박이창으로서 그 면적을 각각 $1m^2$ 이하로 할 것
6. 건축물의 내부에서 계단실로 통하는 출입구의 유효너비는 0.9m 이상으로 하고, 그 출입구에는 피난의 방향으로 열 수 있는 것으로서 언제나 닫힌 상태를 유지하거나 화재로 인한 연기 또는 불꽃을 감지하여 자동적으로 닫히는 구조로 된 60분+ 방화문 또는 60분 방화문을 설치할 것. 다만, 연기 또는 불꽃을 감지하여 자동적으로 닫히는 구조로 할 수 없는 경우에는 온도를 감지하여 자동적으로 닫히는 구조로 할 수 있다.
7. 계단은 내화구조로 하고 피난층 또는 지상까지 직접 연결되도록 할 것

07 난이도 ●●● 답 ③

건축물의 내부와 계단실은 노대를 통하여 연결하거나 외부를 향하여 열 수 있는 면적 $1m^2$ 이상인 창문(바닥으로부터 1m 이상의 높이에 설치한 것에 한한다) 또는 「건축물의 설비기준 등에 관한 규칙」 제14조의 규정에 적합한 구조의 배연설비가 있는 면적 ($3m^2$) 이상인 부속실을 통하여 연결할 것

확인학습 특별피난계단의 구조(「건축물의 피난·방화구조 등의 기준에 관한 규칙」 제9조)

1. 건축물의 내부와 계단실은 노대를 통하여 연결하거나 외부를 향하여 열 수 있는 면적 $1m^2$ 이상인 창문(바닥으로부터 1m 이상의 높이에 설치한 것에 한한다) 또는 「건축물의 설비기준 등에 관한 규칙」 제14조의 규정에 적합한 구조의 배연설비가 있는 면적 $3m^2$ 이상인 부속실을 통하여 연결할 것
2. 계단실·노대 및 부속실은 창문 등을 제외하고는 내화구조의 벽으로 각각 구획할 것
3. 계단실 및 부속실 실내에 접하는 부분의 마감은 불연재료로 할 것
4. 계단실에는 예비전원에 의한 조명설비를 할 것

08 난이도 ●●○ 답 ③

이동식 기구와 장치 등은 최후의 소수인원을 위한 보조수단이어야 한다.

확인학습 피난계획의 일반적인 원칙

1. 피난경로는 간단명료하여야 한다.
   - 복도와 통로 등이 복잡하고 굴곡이 있는 것은 부적당하다.
   - 복도와 통로의 말단부에서 계단이나 출구로 연결되는 것이 바람직하다.
2. 피난구조설비는 고정식 설비이어야 한다.
   - 이동식 기구와 장치 등은 최후의 소수인원을 위한 보조수단이어야 한다.
   - 이동식 설비로는 피난용 로프, 금속제 사다리, 완강기 등이 있다.
3. 피난수단은 원시적 방법으로 하여야 한다.
   - 비상 시 복잡한 조작을 필요로 하는 것은 부적당하다.
   - 가장 본능적인 인간의 행동을 고려한 조작을 우선시 하여야 한다.
4. 2개 이상의 방향으로 상시 피난할 수 있는 피난로를 확보하여야 한다.
   - 피난통로 하나가 화재 등으로 사용할 수 없는 경우 다른 방향으로 피난할 수 있도록 2개 방향의 피난로를 상시 확보해 두는 것이 효율적이다.
   - 상호 반대방향으로 다수의 출구와 연결되는 것이 좋다.

09 난이도 ●●● 답 ①

- 초고층 건축물에는 피난층 또는 지상으로 통하는 직통계단과 직접 연결되는 피난안전구역을 지상층으로부터 최대 (30개) 층마다 1개소 이상 설치하여야 한다.
- 피난안전구역은 건축물의 피난·안전을 위하여 건축물 중간층에 설치하는 (대피공간)을 말한다.

확인학습 피난안전구역의 개념(「건축법 시행령」 제34조)

1. 초고층 건축물에는 피난층 또는 지상으로 통하는 직통계단과 직접 연결되는 피난안전구역을 지상층으로부터 최대 30개 층마다 1개소 이상 설치하여야 한다.
2. 피난안전구역은 건축물의 피난·안전을 위하여 건축물 중간층에 설치하는 대피공간을 말한다.
3. 준초고층 건축물에는 피난층 또는 지상으로 통하는 직통계단과 직접 연결되는 피난안전구역을 해당 건축물 전체 층수의 2분의 1에 해당하는 층으로부터 상하 5개층 이내에 1개소 이상 설치하여야 한다. 다만, 국토교통부령으로 정하는 기준에 따라 피난층 또는 지상으로 통하는 직통계단을 설치하는 경우에는 그러하지 아니하다.

10 난이도 ●○○ 답 ④

중앙복도형 건축물에서의 피난경로로서 코너식 중 제일 안전한 피난방향의 형태는 Z형이다.

확인학습 피난방향 및 경로

T형	피난자에게 피난경로를 확실히 알려주는 형태
X형	양방향으로 피난할 수 있는 확실한 형태
H형(CO형)	피난자의 집중으로 패닉현상이 일어날 우려가 있는 형태
Z형	중앙복도형 건축물에서의 피난경로로서 코너식 중 제일 안전한 형태

확인학습 피난시설의 안전구역

1. 복도(1차 안전구역)
2. 계단부속실(전실)(2차 안전구역)
3. 계단(3차 안전구역)

11 난이도 ●○○ 답 ④

"초고층 건축물"이란 층수가 50층 이상 또는 높이가 200미터 이상인 건축물을 말한다(「건축법」 제84조에 따른 높이 및 층수를 말한다).

12 난이도 ●○○ 답 ④

ㄱ은 5천명, ㄴ은 문화 및 집회시설이다.

확인학습 지하연계 복합건축물

지하연계 복합건축물이란 다음의 요건을 모두 갖춘 것을 말한다.

1. 층수가 11층 이상이거나 1일 수용인원이 5천명 이상인 건축물로서 지하부분이 지하역사 또는 지하도상가와 연결된 건축물
2. 건축물 안에 「건축법」 제2조 제2항 제5호에 따른 문화 및 집회시설, 같은 항 제7호에 따른 판매시설, 같은 항 제8호에 따른 운수시설, 같은 항 제14호에 따른 업무시설, 같은 항 제15호에 따른 숙박시설, 같은 항 제16호에 따른 위락(慰樂)시설 중 유원시설업(遊園施設業)의 시설 또는 대통령령으로 정하는 용도의 시설이 하나 이상 있는 건축물

13 난이도 ●○○ 답 ①

지하층이란 건축물의 바닥이 지표면 아래에 있는 층으로서 바닥에서 지표면까지 평균높이가 해당 층 높이의 (2분의 1) 이상인 것을 말한다.

14 난이도 ●○○ 답 ③

「건축법 시행령」상 내화건축물인 경우 피난층 이외의 층에서 거실로부터 직통계단까지의 보행거리는 50m 이하로 하여야 한다.

15 난이도 ●○○ 답 ②

ㄱ은 30m, ㄴ은 75m이다.

확인학습 보행거리에 의한 직통계단(「건축법 시행령」 제34조)

건축물의 피난층(직접 지상으로 통하는 출입구가 있는 층 및 피난안전구역을 말한다) 외의 층에서는 피난층 또는 지상으로 통하는 직통계단을 거실의 각 부분으로부터 계단에 이르는 보행거리가 30m 이하가 되도록 설치하여야 한다.

구분		보행거리
원칙		30m 이하
주요구조부가 내화구조 또는 불연재료로 된 건축물*	일반적인 경우	50m 이하
	공동주택의 16층 이상인 경우	40m 이하
	자동화생산시설의 자동식 소화설비공장인 경우	75m 이하 (무인화공장: 100m 이하)

* 지하층에 설치한 바닥면적의 합계가 300㎡ 이상인 공연장, 집회장, 관람장, 전시장 제외

CHAPTER 2 화재조사 및 화재진압

POINT 33 화재조사 1

정답 p.87

01	②	02	④	03	③	04	②	05	①
06	③	07	④	08	②	09	④		

01 난이도 ●●● 답 ②

(   ) 안에 들어갈 내용은 화학적 폭발이다. 증기폭발은 물리적 폭발 현상에 해당한다.

확인학습 화재원인조사의 기초적 사항

1. **화재**: 사람의 의도에 반하거나 고의 또는 과실에 의해 발생하는 연소현상으로서 소화설비 등을 사용하여 소화할 필요가 있거나 또는 사람의 의도에 반해 발생하거나 확대된 화학적인 폭발 현상을 말한다.
2. 화학적인 폭발 현상: 화학적 변화가 있는 연소현상의 형태로서, 급속히 진행되는 화학반응에 의해 다량의 가스와 열을 발생하면서 폭음, 불꽃 및 파괴가 일어나는 현상을 말한다.

02 난이도 ●●○ 답 ④

소방시설 등의 설치·관리 및 작동 여부에 관한 사항이 해당한다.

확인학습 화재조사의 실시(「소방의 화재조사에 관한 법률」 제5조)

소방관서장은 화재조사를 하는 경우 다음의 사항에 대하여 조사하여야 한다.

1. 화재원인에 관한 사항
2. 화재로 인한 인명·재산피해상황
3. 대응활동에 관한 사항
4. 소방시설 등의 설치·관리 및 작동 여부에 관한 사항
5. 화재발생건축물과 구조물, 화재유형별 화재위험성 등에 관한 사항
6. 그 밖에 대통령령으로 정하는 사항

03 난이도 ●○○ 답 ③

강제성에 대한 내용이다.

확인학습 화재조사의 특징

1. **현장성**: 화재현장에서 조사가 이루어져야 하므로 현장성을 갖는다.
2. 강제성: 화재현장에서 관계인의 동의를 얻기는 쉽지 않으므로 강제성의 특징이 있다.
3. 프리즘식: 다양한 측면에서 화재조사를 하여 정확한 조사가 이루어져야 한다.
4. **신속성**: 정확한 화재조사의 감식을 위함과 시간이 지날수록 현장보존이 어려워지므로 신속성이 필요하다.
5. **정밀과학성**: 정확하게 판단되어야 하므로 정밀과학성이 요구된다.
6. **보존성**: 화재현장에서의 증거물은 보존이 잘 되어야 화재조사가 정확하게 이루어질 수 있다.
7. **안전성**: 화재조사는 소화활동과 동시에 하므로, 화재현장에서의 안전성이 요구된다.

04 난이도 ●○○ 답 ②

"관계인등"이란 화재가 발생한 소방대상물의 소유자·관리자 또는 점유자(이하 "관계인"이라 한다) 및 다음의 사람을 말한다.

- 화재 현장을 발견하고 신고한 사람
- 화재 현장을 목격한 사람
- 소화활동을 행하거나 인명구조활동(유도대피 포함)에 관계된 사람
- 화재를 발생시키거나 화재발생과 관계된 사람

확인학습 화재원인조사

1. "화재"란 사람의 의도에 반하거나 고의 또는 과실에 의하여 발생하는 연소 현상으로서 소화할 필요가 있는 현상 또는 사람의 의도에 반하여 발생하거나 확대된 화학적 폭발 현상을 말한다.
2. "화재조사"란 소방청장, 소방본부장 또는 소방서장이 화재원인, 피해상황, 대응활동 등을 파악하기 위하여 자료의 수집, 관계인 등에 대한 질문, 현장 확인, 감식, 감정 및 실험 등을 하는 일련의 행위를 말한다.
3. "화재조사관"이란 화재조사에 전문성을 인정받아 화재조사를 수행하는 소방공무원을 말한다.
4. "관계인등"이란 화재가 발생한 소방대상물의 소유자·관리자 또는 점유자(이하 "관계인"이라 한다) 및 다음의 사람을 말한다.
   - 화재 현장을 발견하고 신고한 사람
   - 화재 현장을 목격한 사람
   - 소화활동을 행하거나 인명구조활동(유도대피 포함)에 관계된 사람
   - 화재를 발생시키거나 화재발생과 관계된 사람

05 난이도 ●○○ 답 ①

발화란 열원에 의하여 가연물질에 지속적으로 불이 붙는 현상을 말한다.

확인학습 발화 등

1. **발화**: 열원에 의하여 가연물질에 지속적으로 불이 붙는 현상을 말한다.
2. **발화열원**: 발화의 최초원인이 된 불꽃 또는 열을 말한다.
3. **발화지점**: 열원과 가연물이 상호작용하여 화재가 시작된 지점을 말한다.
4. **발화장소**: 화재가 발생한 장소를 말한다.
5. **발화요인**: 발화열원에 의하여 발화로 이어진 연소현상에 영향을 준 인적·물적·자연적인 요인을 말한다.

06 난이도 ●●○ 답 ③

최초착화물에 대한 내용이다.

확인학습 최초착화물 등

1. **최초착화물**: 발화열원에 의하여 불이 붙고 이 물질을 통해 제어하기 힘든 화세로 발전한 가연물을 말한다.
2. **연소확대물**: 연소가 확대되는 데 있어 결정적 영향을 미친 가연물을 말한다.
3. **발화관련 기기**: 발화에 관련된 불꽃 또는 열을 발생시킨 기기 또는 장치나 제품을 말한다.
4. **동력원**: 발화관련 기기나 제품을 작동 또는 연소시킬 때 사용된 연료 또는 에너지를 말한다.

07 난이도 ●●● 답 ④

- 발화요인은 (발화열원)에 의하여 발화로 이어진 연소현상에 영향을 준 (인적·물적·자연적인 요인)을 말한다.
- 따라서, ㄴ에 환경적인 요인은 포함되지 않는다.

확인학습 발화요인 및 발화열원

1. **발화요인**: 발화열원에 의하여 발화로 이어진 연소현상에 영향을 준 인적·물적·자연적인 요인을 말한다.
2. **발화열원**: 발화의 최초원인이 된 불꽃 또는 열을 말한다.

08 난이도 ●●○ 답 ②

발화관련 기기란 발화에 관련된 불꽃 또는 열을 발생시킨 기기 또는 장치나 제품을 말한다.

| 선지분석 |

① [×] 연소확대물이란 연소가 확대되는 데 있어 결정적 영향을 미친 가연물을 말한다.

③ [×] 동력원이란 발화관련 기기나 제품을 작동 또는 연소시킬 때 사용되어진 연료 또는 에너지를 말한다.

④ [×] 최초착화물이란 발화열원에 의해 불이 붙고 이 물질을 통해 제어하기 힘든 화세로 발전한 가연물을 말한다.

확인학습 화재원인조사의 기초적 사항

1. 발화지점: 열원과 가연물이 상호작용하여 화재가 시작된 지점을 말한다.
2. 발화장소: 화재가 발생한 장소를 말한다.
3. 최초착화물: 발화열원에 의해 불이 붙고 이 물질을 통해 제어하기 힘든 화세로 발전한 가연물을 말한다.
4. 발화요인: 발화열원에 의하여 발화로 이어진 연소현상에 영향을 준 인적·물적·자연적인 요인을 말한다.
5. 발화관련 기기: 발화에 관련된 불꽃 또는 열을 발생시킨 기기 또는 장치나 제품을 말한다.
6. 동력원: 발화관련 기기나 제품을 작동 또는 연소시킬 때 사용된 연료 또는 에너지를 말한다.
7. 연소확대물: 연소가 확대되는 데 있어 결정적 영향을 미친 가연물을 말한다.

09 난이도 ●●● 답 ④

- (손해율)이란 피해물의 종류, 손상 상태 및 정도에 따라 피해액을 적정화시키는 일정한 비율을 말한다.
- 잔가율이란 화재 당시에 피해물의 (재구입비)에 대한 현재가의 비율을 말한다.
- 최종잔가율은 피해물의 경제적 내용연수가 다한 경우 잔존하는 가치의 재구입비에 대한 비율을 말한다. 따라서 손해율과 최종잔가율은 다른 의미이다.

확인학습 최종잔가율 등

1. 손해율: 피해물의 종류, 손상 상태 및 정도에 따라 피해액을 적정화시키는 일정한 비율을 말한다.
2. 최종잔가율: 피해물의 경제적 내용연수가 다한 경우 잔존하는 가치의 재구입비에 대한 비율을 말한다.
3. 재구입비: 화재 당시의 피해물과 같거나 비슷한 것을 재건축(설계 감리비를 포함한다) 또는 재취득하는데 필요한 금액을 말한다.
4. 내용연수: 고정자산을 경제적으로 사용할 수 있는 연수를 말한다.

POINT 34 화재조사 2

정답 p.89

01	①	02	③	03	③	04	④	05	③
06	③	07	②	08	③	09	①	10	②

01 난이도 ●●○ 답 ①

상황실이란 소방관서 또는 소방기관에서 화재·구조·구급 등 각종 소방상황을 접수·전파 처리 등의 업무를 행하는 곳을 말한다. 화재현장은 화재가 발생하여 소방대 및 관계자 등에 의하여 소화활동이 행하여지고 있는 장소를 말한다.

확인학습 화재현장 등

1. 화재현장: 화재가 발생하여 소방대 및 관계자 등에 의하여 소화활동이 행하여지고 있는 장소를 말한다.
2. 상황실: 소방관서 또는 소방기관에서 화재·구조·구급 등 각종 소방상황을 접수·전파 처리 등의 업무를 행하는 곳을 말한다.
3. 접수: 119상황실에서 화재 등의 신고를 받은 최초의 시각을 말한다.
4. 출동: 화재를 접수하고 119상황실로부터 출동지령을 받아 소방대가 소방서 차고에서 출발하는 것을 말한다.
5. 도착: 출동지령을 받고 출동한 선착대가 현장에 도착하는 것을 말한다.

02 난이도 ●○○ 답 ③

재발화감시에 대한 내용이다.

확인학습 용어의 정의

1. 초진: 소방대의 소화활동으로 화재확대의 위험이 현저하게 줄어들거나 없어진 상태를 말한다.
2. 완진: 소방대에 의한 소화활동의 필요성이 사라진 것을 말한다.
3. 철수: 진화가 끝난 후, 소방대가 현장에서 복귀하는 것을 말한다.

03 난이도 ●●○ 답 ③

지진, 낙뢰 등 자연현상에 의한 다발화재로 동일 소방대상물의 발화점이 2개소 이상 있는 경우는 1건의 화재로 한다.

「화재조사 및 보고규정」 제26조 **【화재건수의 결정】** 1건의 화재란 1개의 발화지점에서 확대된 것으로 발화부터 진화까지를 말한다. 다만, 다음 각 목의 경우에는 당해 각 호에 의한다.
1. 동일범이 아닌 각기 다른 사람에 의한 방화, 불장난은 동일 대상물에서 발화했더라도 각각 별건의 화재로 한다.
2. 동일 소방대상물의 발화점이 2개소 이상 있는 다음의 화재는 1건의 화재로 한다.
   가. 누전점이 동일한 누전에 의한 화재
   나. 지진, 낙뢰 등 자연현상에 의한 다발화재

04 난이도 ●○○ 답 ④

자동차·철도차량, 선박 및 항공기 등의 소실정도도 「건축·구조물화재의 소실정도 구분」의 관련 규정을 준용한다.

확인학습 화재의 소실정도

1. 건축·구조물화재의 소실정도는 3종류로 구분한다.
   - 전소: 건물의 70% 이상(입체면적에 대한 비율을 말한다. 이하 같다)이 소실되었거나 또는 그 미만이라도 잔존부분을 보수하여도 재사용이 불가능 한 것
   - 반소: 건물의 30% 이상 70% 미만이 소실된 것
   - 부분소: 전소, 반소화재에 해당되지 아니하는 것
2. 자동차·철도차량, 선박 및 항공기 등의 소실정도는 건축·구조물화재의 소실정도 구분의 관련 규정을 준용한다.

05 난이도 ●●○ 답 ③

건물의 외벽을 이용하여 실을 만들어 헛간, 목욕탕, 작업실, 사무실 및 기타 건물 용도로 사용하고 있는 것은 주건물과 같은 동으로 본다.

06 난이도 ●●● 답 ③

| 선지분석 |

① [×] 목조 건물에서 격벽으로 방화구획이 되어 있는 경우는 같은 동으로 한다.
② [×] 내화조 건물에서 격벽으로 방화구획이 되어 있는 경우도 같은 동으로 한다.
③ [O] 독립된 건물과 건물 사이에 차광막, 비막이 등의 덮개를 설치하고 그 밑을 통로 등으로 사용하는 경우는 다른 동으로 한다.
④ [×] 내화조 건물의 옥상에 목조 또는 방화구조 건물이 별도 설치되어 있는 경우는 별동으로 한다.

07 난이도 ●●● 답 ②

내화조 건물의 옥상에 건물의 기능상 하나인 방화구조 건물이 별도 설치되어 있는 경우는 같은 동으로 한다.

확인학습 건물의 동수 산정(「화재조사 및 보고규정」 [별표 1])

1. 주요구조부가 하나로 연결되어 있는 것은 1동으로 한다. 다만 건널 복도 등으로 2 이상의 동에 연결되어 있는 것은 그 부분을 절반으로 분리하여 각 동으로 본다.
2. 건물의 외벽을 이용하여 실을 만들어 헛간, 목욕탕, 작업실, 사무실 및 기타 건물 용도로 사용하고 있는 것은 주건물과 같은 동으로 본다.
3. 구조에 관계없이 지붕 및 실이 하나로 연결되어 있는 것은 같은 동으로 본다.
4. 목조 또는 내화조 건물의 경우 격벽으로 방화구획이 되어 있는 경우도 같은 동으로 한다.
5. 독립된 건물과 건물 사이에 차광막, 비막이 등의 덮개를 설치하고 그 밑을 통로 등으로 사용하는 경우는 다른 동으로 한다.
6. 내화조 건물의 옥상에 목조 또는 방화구조 건물이 별도 설치되어 있는 경우는 다른 동으로 한다. 다만, 이들 건물의 기능상 하나인 경우(옥내계단이 있는 경우)는 같은 동으로 한다.
7. 내화조 건물의 외벽을 이용하여 목조 또는 방화구조 건물이 별도 설치되어 있고 건물 내부와 구획되어 있는 경우 다른 동으로 한다. 다만, 주된 건물에 부착된 건물이 옥내로 출입구가 연결되어 있는 경우와 기계설비 등이 쌍방에 연결되어 있는 경우 등 건물 기능상 하나인 경우는 같은 동으로 한다.

08 난이도 ●●● 답 ③

건물 등 자산에 대한 최종잔가율은 건물·부대설비·구축물·가재도구는 20%로 하며, 그 이외의 자산은 10%로 정한다.

확인학습 화재피해액의 산정

1. 화재피해액은 화재 당시의 피해물과 동일한 구조, 용도, 질, 규모를 재건축 또는 재구입하는 데 소요되는 가액에서 사용손모 및 경과연수에 따른 감가공제를 하고 현재가액을 산정하는 실질적·구체적 방식에 따른다. 단, 회계장부상 현재가액이 입증된 경우에는 그에 따른다.
2. **정확한 피해물품을 확인하기 곤란한 경우 등**: 정확한 피해물품을 확인하기 곤란하거나 기타 부득이한 사유에 의하여 실질적·구체적 방식에 의할 수 없는 경우에는 소방청장이 정하는 화재피해액 산정매뉴얼의 간이평가방식으로 산정할 수 있다.
3. **최종잔가율**: 건물 등 자산에 대한 최종잔가율은 건물·부대설비·구축물·가재도구는 20%로 하며, 그 이외의 자산은 10%로 정한다.
4. 건물 등 자산에 대한 내용연수는 매뉴얼에서 정한 바에 따른다.
5. 대상별 화재피해액 산정기준은 「화재조사 및 보고규정」 [별표 3]에 따른다.

확인학습 화재피해액의 산정 관련 용어

1. **건물**: '신축단가(m^2당) × 소실면적 × [1 - (0.8 × 경과년수/내용년수)] × 손해율'의 공식에 의하되, 신축 단가는 한국감정원이 최근 발표한 '건물신축단가표'에 의한다.
2. **영업시설**: 'm^2당 표준단가 × 소실면적 × [1 - (0.9 × 경과년수/내용년수)] × 손해율'의 공식에 의하되, 업종별 m^2당 표준단가는 매뉴얼이 정하는 바에 의한다.
3. **재고자산**: '회계장부 상 현재가액 × 손해율'의 공식에 의한다. 다만, 회계장부상 현재가액이 확인되지 않는 경우에는 '연간매출액 ÷ 재고자산회전율 × 손해율'의 공식에 의하되, 재고자산회전율은 한국은행이 최근 발표한 '기업경영분석' 내용에 의한다.
4. **회화(그림), 골동품, 보석류**: 전부손해의 경우 감정가격으로 하며, 전부손해가 아닌 경우 원상복구에 소요되는 비용으로 한다.

09 난이도 ●○○ 답 ①

화재현장에서 부상을 당한 후 72시간 이내에 사망한 경우에는 당해 화재로 인한 사망으로 본다.

확인학습 사상자

1. 사상자는 화재현장에서 사망한 사람과 부상당한 사람을 말한다.
2. 단, 화재현장에서 부상을 당한 후 72시간 이내에 사망한 경우에는 당해 화재로 인한 사망으로 본다.

확인학습 부상정도

1. 중상: 3주 이상의 입원치료를 필요로 하는 부상을 말한다.
2. 경상: 중상 이외의(입원치료를 필요로 하지 않는 것도 포함한다) 부상을 말한다. 다만, 병원치료를 필요로 하지 않고 단순하게 연기를 흡입한 사람은 제외한다.

10 난이도 ●○○ 답 ②

조사관은 화재사실을 인지한 즉시 조사활동을 시작하여야 한다.

확인학습 화재조사의 개시 및 원칙(「화재조사 및 보고규정」 제3조)

1. 「소방의 화재조사에 관한 법률」 제5조 제1항에 따라 화재조사관(이하 "조사관"이라 한다)은 화재발생 사실을 인지하는 즉시 화재조사(이하 "조사"라 한다)를 시작해야 한다.
2. 소방관서장은 「소방의 화재조사에 관한 법률 시행령」 제4조 제1항에 따라 조사관을 근무 교대조별로 2인 이상 배치하고, 「소방의 화재조사에 관한 법률 시행규칙」 제3조에 따른 장비·시설을 기준 이상으로 확보하여 조사업무를 수행하도록 하여야 한다.
3. 조사는 물적 증거를 바탕으로 과학적인 방법을 통해 합리적인 사실의 규명을 원칙으로 한다.

POINT 35 화재진압 1

정답 p.92

01	④	02	①	03	①	04	①	05	①
06	④	07	③	08	④	09	③	10	④

01 난이도 ●●○ 답 ④

시·도에서 소방업무를 수행하기 위하여 시·도지사 직속으로 소방본부를 둔다.

✔ 확인학습 소방기관의 설치 등

1. 시·도의 화재 예방·경계·진압 및 조사, 소방안전교육·홍보와 화재, 재난·재해, 그 밖의 위급한 상황에서의 구조·구급 등의 업무(소방업무)를 수행하는 소방기관의 설치에 필요한 사항은 대통령령으로 정한다.
2. 소방업무를 수행하는 소방본부장 또는 소방서장은 그 소재지를 관할하는 특별시장·광역시장·특별자치시장·도지사 또는 특별자치도지사(시·도지사)의 지휘와 감독을 받는다.
3. 원칙적으로 소방본부장 또는 소방서장은 시·도지사의 지휘와 감독을 받음에도 불구하고 소방청장은 화재 예방 및 대형 재난 등 필요한 경우 시·도 소방본부장 및 소방서장을 지휘·감독할 수 있다.
4. 시·도에서 소방업무를 수행하기 위하여 시·도지사 직속으로 소방본부를 둔다.

02 난이도 ●○○ 답 ①

소방력은 소방인력과 소방장비 및 소방용수시설을 말한다.

✔ 확인학습 소방력의 기준 등

1. 소방기관이 소방업무를 수행하는 데에 필요한 인력과 장비 등(소방력)에 관한 기준은 행정안전부령으로 정한다.
2. 시·도지사는 소방력의 기준에 따라 관할구역의 소방력을 확충하기 위하여 필요한 계획을 수립하여 시행하여야 한다.
3. 소방자동차 등 소방장비의 분류·표준화와 그 관리 등에 필요한 사항은 따로 법률에서 정한다.

03 난이도 ●●● 답 ①

소방청, 소방본부는 해당하지 않는다.

✔ 확인학습 소방기관

1. 「소방력 기준에 관한 규칙」상 소방기관: 소방장비, 인력 등을 동원하여 소방업무를 수행하는 소방서·119안전센터·119구조대·119구급대·119구조구급센터·119항공대·소방정대(消防艇隊)·119지역대·119종합상황실·소방체험관을 말한다.
2. 「소방공무원 임용령」상 소방기관: 소방청, 특별시·광역시·특별자치시·도·특별자치도(시·도)와 중앙소방학교·중앙119구조본부·국립소방연구원·지방소방학교·서울종합방재센터 및 소방서를 말한다.
3. 「소방장비관리법」상 소방기관: 중앙소방학교·중앙119구조본부·소방본부·소방서·지방소방학교·119안전센터·119구조대·119구급대·119구조구급센터·항공구조구급대·소방정대·119지역대 및 소방체험관 등 소방업무를 수행하는 기관을 말한다.

04 난이도 ●●● 답 ①

- (시·도지사)는 관할구역의 소방장비 및 소방인력의 수요·보유 및 부족 현황을 5년마다 조사하여 소방력(消防力) 보강계획을 수립·추진하여야 한다.
- (시·도지사)는 소방력 보강계획을 바탕으로 매년 (6월 30일)까지 다음 연도 사업계획을 수립하여 소방청장에게 제출하여야 한다.

✔ 확인학습 소방력 보강계획 등의 수립

1. 시·도지사는 관할구역의 소방장비 및 소방인력의 수요·보유 및 부족 현황을 5년마다 조사하여 소방력(消防力) 보강계획을 수립·추진하여야 한다.
2. 시·도지사는 소방력 보강계획을 바탕으로 매년 6월 30일까지 다음 연도 사업계획을 수립하여 소방청장에게 제출하여야 한다.
3. 소방청장은 사업계획에 국가의 특수한 소방시책을 반영할 필요가 있는 경우에는 시·도지사에게 그 시책을 반영하도록 요구할 수 있다.

05 난이도 ●●● 답 ①

소방장비관리의 기본계획과 시행계획의 수립권자는 소방청장이다.

✔ 확인학습 소방장비관리의 기본계획 등

1. 소방청장은 소방장비관리 업무를 효과적으로 수행하기 위하여 「소방기본법」 제6조에 따른 소방업무에 관한 종합계획에 따라 소방장비관리 기본계획(기본계획)을 5년마다 수립하여 시행하여야 한다.
2. 소방청장은 기본계획을 효율적으로 추진하기 위하여 매년 소방장비 관리 시행계획(시행계획)을 수립하여 시행하여야 한다.
3. 소방청장은 기본계획 및 시행계획을 수립할 때 관계 중앙행정기관의 장 및 특별시장·광역시장·특별자치시장·도지사·특별자치도지사(시·도지사)와의 협의를 거쳐 확정하고 국회 소관 상임위원회에 제출하여야 한다. 수립된 기본계획 및 시행계획 중 대통령령으로 정하는 중요한 사항을 변경할 때에도 또한 같다.
4. 기본계획 및 시행계획의 수립 등에 필요한 사항은 대통령령으로 정한다.

06 난이도 ●●● 답 ④

절단 구조장비는 인증대상 소방장비에 해당하지 않는다.

✔ 확인학습 소방장비의 인증

1. 소방청장은 품질이 우수한 소방장비를 확충하고 소방장비의 품질을 혁신하기 위하여 대통령령으로 정하는 소방장비(인증대상 소방장비)에 대하여 인증을 할 수 있다.
2. 인증을 받으려는 소방장비의 제조자 또는 판매자는 지정받은 인증기관에 인증을 신청하여야 한다.
3. 소방장비 인증의 기준·절차·방법·유효기간 및 그 밖에 소방장비 인증제도의 운영에 필요한 사항은 대통령령으로 정한다.

✔ 확인학습 인증대상 소방장비(「소방장비관리법 시행령」 제9조)

1. 소방펌프차
2. 소방고가차(消防高架車)
3. 방화복
4. 그 밖에 소방청장이 정하여 고시하는 소방장비
   - 소방펌프차
   - 소방사다리차

- 방화복
- 소방물탱크차
- 소방화학차
- 구조차(크레인, 견인장치 등 특수장치가 설치된 경우만 해당한다)

07 난이도 ●●● 답 ③

소방자동차에 행정지원차는 포함되지 않는다.

확인학습 소방장비의 분류

1. **기동장비**: 자체에 동력원이 부착되어 자력으로 이동하거나 견인되어 이동할 수 있는 장비

소방자동차	소방펌프차, 소방물탱크차, 소방화학차, 소방고가차, 무인방수차, 구조차 등
행정지원차	행정 및 교육지원차 등
소방선박	소방정, 구조정, 지휘정 등
소방항공기	고정익항공기, 회전익항공기 등

2. **보호장비**: 소방현장에서 소방대원의 신체를 보호하는 장비

호흡장비	공기호흡기, 공기공급기, 마스크류 등
보호장구	방화복, 안전모, 보호장갑, 안전화, 방화두건 등
안전장구	인명구조 경보기, 대원 위치추적장치, 대원 탈출장비 등

08 난이도 ●●● 답 ④

소방선박은 기동장비에 해당한다.

확인학습 화재진압장비

소화용수장비	소방호스류, 결합금속구, 소방관창류 등
간이소화장비	소화기, 휴대용 소화장비 등
소화보조장비	소방용 사다리, 소화 보조기구, 소방용 펌프 등
배연장비	이동식 송·배풍기 등
소화약제	분말 소화약제, 액체형 소화약제, 기체형 소화약제 등
원격장비	소방용 원격장비 등

09 난이도 ●○○ 답 ③

국고보조 대상사업에 소방자동차의 소모품 구입은 해당하지 않는다.

확인학습 국고보조 대상사업의 범위

1. **소방활동장비와 설비의 구입 및 설치**
   - 소방자동차
   - 소방헬리콥터 및 소방정
   - 소방전용통신설비 및 전산설비
   - 그 밖에 방화복 등 소방활동에 필요한 소방장비
2. 소방관서용 청사의 건축

10 난이도 ●○○ 답 ④

화재예방강화지구의 지정권자는 시·도지사이다.

확인학습 화재예방강화지구

시·도지사는 대통령령으로 정하는 바에 따라 화재예방강화지구의 지정 현황, 화재안전조사의 결과, 소방설비 설치 명령 현황, 소방교육의 현황 등이 포함된 화재예방강화지구에서의 화재예방 및 경계에 필요한 자료를 매년 작성·관리하여야 한다.

POINT 36 화재진압 2

정답 p.94

01	④	02	②	03	④	04	④	05	②
06	④	07	②	08	④	09	④	10	②

01 난이도 ●●○ 답 ④

소방본부장이나 소방서장은 소방활동을 할 때에 긴급한 경우에는 이웃한 소방본부장 또는 소방서장에게 소방업무의 응원(應援)을 요청할 수 있다.

02 난이도 ●○○ 답 ②

소방력의 동원권자는 소방청장이다.

03 난이도 ●○○ 답 ④

맨홀뚜껑 부근에는 노란색 반사도료로 폭 15cm의 선을 그 둘레를 따라 칠하여야 한다.

확인학습 소방용수시설

1. **설치 및 유지**: 소방활동에 필요한 소방용수시설은 시·도지사가 설치 및 유지·관리하고, 「수도법」의 규정에 의해 설치하는 일반수도사업자는 관할 소방서장과 사전협의를 거친 후 소화전을 설치하여야 하며, 설치 사실을 관할 소방서장에게 통지하고, 그 소화전을 유지·관리하여야 한다.
2. **소방용수시설**: 소화전, 저수조, 급수탑
3. **소방용수표지**
   - **지하에 설치하는 소화전 또는 저수조의 경우 소방용수표지**
     - 맨홀뚜껑은 지름 648mm 이상
     - 맨홀뚜껑에는 "소화전·주차금지" 또는 "저수조·주차금지"의 표시
     - 맨홀뚜껑 부근에 노란색 반사도료로 폭 15cm의 선
   - **급수탑 및 지상에 설치하는 소화전·저수조의 경우 소방용수표지**
     - 안쪽 문자: 흰색, 바깥쪽 문자: 노란색, 안쪽 바탕: 붉은색, 바깥쪽 바탕: 파란색(반사도료)
     - 표지를 세우는 것이 매우 어렵거나 부적당한 경우에는 그 규격 등을 다르게 할 수 있다.
4. **소방용수시설의 설치기준(공통기준)**
   - **주거지역·상업지역 및 공업지역에 설치하는 경우**: 소방대상물과의 수평거리를 100m 이하로 한다.
   - **주거·상업·공업지역 외의 지역에 설치하는 경우**: 소방대상물과의 수평거리를 140m 이하로 한다.

04 난이도 ●○○ 답 ④

주거·상업·공업지역 외의 지역에 설치하는 경우는 소방대상물과의 수평거리를 140m 이하로 한다.

05 난이도 ●○○ 답 ②

저수조 흡수관의 투입구가 사각형의 경우에는 한 변의 길이가 60cm 이상, 원형의 경우에는 지름이 60cm 이상이어야 한다.

확인학습 소방용수시설의 개별 설치기준

1. **소화전**: 상수도와 연결하여 지하식 또는 지상식의 구조로 하고, 소방용 호스와 연결하는 소화전의 연결금속구의 구경은 65mm로 해야 한다.
2. **급수탑**: 급수배관의 구경은 100mm 이상으로 하고, 개폐밸브는 지상에서 1.5m 이상, 1.7m 이하의 위치에 설치하도록 해야 한다.
3. **저수조**
   - 지면으로부터의 낙차는 4.5m 이하로 해야 한다.
   - 흡수부분의 수심은 0.5m 이상으로 해야 한다.
   - 흡수관의 투입구가 사각형의 경우에는 한 변의 길이가 60cm 이상, 원형의 경우 지름은 60cm 이상으로 해야 한다.

06 난이도 ●●○ 답 ④

비상소화장치는 시·도지사가 설치하고 유지·관리할 수 있다.

| 선지분석 |

① [X] 소방용수시설의 설치기준은 행정안전부령으로 정한다.
② [X] 소방용수시설은 소화전, 소화수조, 저수조이다.
③ [X] 소방용수시설은 시·도지사가 설치하고 유지·관리하여야 한다.

확인학습 소방용수시설

1. 시·도지사는 소방활동에 필요한 소화전·급수탑·저수조(소방용수시설)를 설치하고 유지·관리하여야 한다. 다만, 「수도법」 제45조에 따라 소화전을 설치하는 일반수도사업자는 관할 소방서장과 사전협의를 거친 후 소화전을 설치하여야 하며, 설치 사실을 관할 소방서장에게 통지하고, 그 소화전을 유지·관리하여야 한다.
2. 시·도지사는 소방자동차의 진입이 곤란한 지역 등 화재 발생 시에 초기 대응이 필요한 지역으로서 대통령령으로 정하는 지역에 소방호스 또는 호스 릴 등을 소방용수시설에 연결하여 화재를 진압하는 시설이나 장치(비상소화장치)를 설치하고 유지·관리할 수 있다.
3. 소방용수시설과 비상소화장치의 설치기준은 행정안전부령으로 정한다.

07 난이도 ●○○ 답 ②

선착대 우위의 원칙은 화재현장에 가장 먼저 도착한 소방대의 주도적인 역할을 존중한다는 원칙이다.

확인학습 소방전술의 기본원칙

1. 신속대응의 원칙: 화재를 신속히 발견하고, 출동하여 대응한다면 피해가 확대되기 전에 진화할 수 있다는 것이다.
2. 인명구조 최우선의 원칙: 사람의 생명은 무엇보다 소중하므로 다소 재산피해를 감수하더라도 인명보호를 최우선 과제로 삼아야 한다는 원칙이다.
3. 선착대 우위의 원칙: 화재현장에 가장 먼저 도착한 소방대의 주도적인 역할을 존중한다는 원칙이다.
4. 포위공격의 원칙: 소방대가 화재의 전후좌우, 상하에서 입체적으로 공격하거나 방어하는 방안을 강구하여야 한 방향에서만 화재를 공격해 다른 방향으로 화재가 확대되는 것을 막을 수 있다는 원칙이다.
5. 중점주의의 원칙: 화세에 비추어 소방력이 부족하여 불가피한 경우에는 가장 피해가 적을 것으로 판단되는 부분의 희생을 감수하더라도 보다 중요한 부분을 집중적으로 방어하여야 한다는 수세적인 원칙이다.

08 난이도 ●●○ 답 ④

소방력이 화세보다 약한 경우 화면을 포위하고 방수 등에 의하여 화세를 저지하는 것은 수비전술이다.

확인학습 소방전술

1. 공격전술: 화재의 진압을 목적으로 하는 것으로 소방력이 화세보다 우세할 때 직접방수 등의 방법에 의해 일시에 소화하는 것으로, 소방력을 화점에 집중적으로 발휘하게 하는 것이다.
2. 수비전술: 소방력이 화세보다 약한 경우 화면을 포위하고 방수 등에 의하여 화세를 저지하는 것을 의미하며, 소방대가 현장도착 후 화세가 소방력보다 우세한 경우는 먼저 수비전술을 취하고 점점 공격전술로 전환한다.
3. **포위전술**: 화재는 사방으로 확대되기 때문에 포위하여 관창을 배치·진압한다.
4. 블록전술: 인접건물로의 화재확대 방지를 위해 적용하는 전술형태로, 블록의 4방면 중 확대가능한 면을 동시에 방어하는 전술이다.
5. 중점전술: 화세에 비해 소방력이 부족하거나 천재지변 등으로 전체 화재현장을 모두 통제할 수 없는 경우에 중점을 두어 진압하는 전술이다.
6. **집중전술**: 부대가 집중하여 일시에 진화하는 작전으로, 위험물 옥외 저장탱크 화재 등에 사용된다.

09 난이도 ●○○ 답 ④

비화경계, 수손방지 등의 업무는 후착대의 임무에 해당한다.

확인학습 선착대와 후착대의 임무

1. **선착대**
   - 인명검색 및 구조활동을 우선시한다.
   - 연소위험이 가장 큰 방면에 포위 부서한다.
   - 화점 근처의 소방용수시설을 점령한다.
   - 사전 경방계획을 충분히 고려하여 행동한다.
   - 재해실태, 인명위험, 소방활동상 위험요인, 확대위험 등을 파악하여 신속히 상황보고 및 정보를 제공한다.
2. **후착대**
   - 인명구조활동 등 중요임무 수행을 지원한다.
   - 화재방어는 인접건물 및 선착대가 진입하지 않는 곳을 우선한다.
   - 급수 및 비화경계, 수손방지 등의 업무를 수행한다.
   - 불필요한 파괴는 하지 않는다.

10 난이도 ●○○

답 ②

유하주수에 대한 설명이다.

확인학습 주수방법

1. 집중주수: 연소물 또는 인명의 구조를 위한 엄호를 위해 한 곳에 집중적으로 주수하는 것을 말하며, 주수목표에 접근하지 않도록 주의한다.
2. 확산주수: 연소물이나 연소위험이 있는 장소에 대하여 넓게 관창을 상하, 좌우, 원을 그리듯이 주수하는 방법이다.
3. 반사주수: 장해물로 인한 주수사각 때문에 주수목표에 직접 주수할 수 없는 경우, 벽, 천장 등에 물을 반사시켜 주수하는 방법이다.
4. 유하주수: 주수압력을 약하게 하여 물이 흐르듯이 주수하는 방법으로, 건물의 벽 속에 잠재해 있는 화세의 잔화처리 등에 이용한다.

PART 4 소화론

CHAPTER 1 소화이론

POINT 37 소화의 기본원리 1

정답 p.98

01	④	02	②	03	③	04	①	05	③
06	③	07	①	08	①	09	④	10	②

01 난이도 ●●○ 답 ④

- 연소 중인 가연물질의 온도를 발화점 이하로 낮추어 소화하는 원리로 (냉각소화)라 한다.
- 가연물질의 연속적인 연쇄반응이 진행하지 않도록 부촉매를 이용하여 소화하는 원리로 [부촉매소화(화학소화)]라 한다.

| 선지분석 |

④ [×] 수계 소화약제의 주된 소화는 냉각소화이다. 물 소화약제의 주된 소화효과로 부촉매소화효과는 없다.

02 난이도 ●○○ 답 ②

부촉매소화는 불꽃연소에 효과적이다.

확인학습 부촉매소화

1. 가연물질의 연속적인 연쇄반응이 진행하지 않도록 부촉매를 이용하여 연소현상인 화재를 소화시키는 방법을 부촉매소화라고 한다.
2. 화학적 원리를 이용하기 때문에 일명 화학적 소화라 하고, 연속적인 연쇄반응을 억제하여 화염을 형성하는 라디칼을 없앰으로써 소화하여 억제소화라고도 한다.
3. 표면연소(무염연소)물질들은 연쇄반응을 동반한 연소가 아니므로 부촉매소화효과를 얻기 어렵다.

03 난이도 ●○○ 답 ③

냉각소화는 물리적 소화에 해당한다.

확인학습 냉각소화

1. 점화원의 열을 점화원 유지상태 이하로 가연물질을 냉각하기 위한 것이다.
2. 가연성 분해물질의 생성을 억제하기 위한 것이다.
3. 연소반응의 속도를 지연시키기 위한 것이다.

04 난이도 ●●○ 답 ①

냉각소화에 대한 내용으로 옳은 것은 ㄱ, ㄷ이다.

| 선지분석 |

ㄴ. [×] 촛불을 입김을 이용하여 소화하였다면 제거소화이다.
ㄹ. [×] 이산화탄소의 주된 소화효과는 질식소화이다.

05 난이도 ●●○ 답 ③

부촉매소화는 가연물질의 연속적인 연쇄반응이 진행하지 않도록 부촉매를 사용하여 연소현상인 화재를 소화시키는 방법을 말한다. 부촉매의 역할은 가연물의 연속적인 연쇄반응이 진행하지 않도록 하여 연소속도를 느리게 하여 소화되도록 하는 것이다.

06 난이도 ●●○ 답 ③

수계 소화약제에서는 부촉매소화효과를 기대하기 힘들다. 포 소화약제는 수계 소화약제의 일종으로 부촉매소화효과가 없다.

확인학습 부촉매소화

1. 부촉매소화작용은 가연물질 내에 함유되어 있는 수소·산소로부터 활성화되어 생성되는 수소기(H)·수산기(OH)를 억제하는 소화방법이다.
2. 화학적으로 제조된 B·C급 분말(탄산수소나트륨·탄산수소칼륨), A·B·C급 분말(인산염류), 할로겐화합물, 강화액(탄산수소칼륨 + 물) 소화약제 내에 함유되어 있는 N^+, K^+, F^-, Cl^-, Br^-와 반응시켜 더 이상 연소생성물인 이산화탄소·일산화탄소·수증기 등을 생성하지 않게 하여 소화시키는 방법이다.

확인학습 강화액 소화약제(Loaded stream)

1. 강화액 소화약제는 동절기 물 소화약제가 동결되는 단점을 보완하고 물의 소화력을 높이기 위하여 화재에 억제효과가 있는 염류를 첨가한 것으로, 염류로는 알칼리금속염의 탄산칼륨(K_2CO_3)과 인산암모늄[$(NH_4)H_2PO_4$] 등이 사용된다.
2. 한랭지역 및 겨울철에 사용 가능하다.
3. 알칼리 금속염을 주성분으로 하는 수용액이다.
4. 강화액소화기가 무상일 때는 A, B, C급 화재에 적용된다.
5. 소화력을 향상시키기 위하여 탄산칼륨, 인산암모늄을 첨가한다.
6. 부촉매소화효과가 있다(열분해되어 생성되는 K^+ Na^+ 등). 단, 부촉매소화효과가 그리 큰 역할을 하지는 않는다.
7. 봉상일 경우에는 냉각작용에 의한 일반화재에 적합하다.

07 난이도 ●●○ 답 ①

물을 이용한 소화는 질식소화와 냉각소화를 기대할 수 있다. 단, 실내 건축물의 밀폐된 공간에서 분무주수에 의한 주수 시에 얻을 수 있는 가장 큰 소화효과는 질식소화이다.

08 난이도 ●○○ 답 ①

물을 무상으로 방사하는 물 소화약제는 질식소화효과가 있다.

09 난이도 ●○○ 답 ④

질식소화는 연소의 물질조건 중 하나인 산소의 공급을 차단하여 소화의 목적을 달성하는 방법이다.

| 선지분석 |

① [×] 연소가 진행되고 있는 계의 열을 빼앗아 온도를 떨어뜨림으로써 불을 끄는 방법은 냉각소화이다.
② [×] 가연물을 제거하여 연소현상을 제어하는 방법은 제거소화이다.
③ [×] 화염이 발생하는 연소반응을 주도하는 라디칼을 제거하여 중단시키는 방법은 부촉매소화이다.

10 난이도 ●●○ 답 ②

제3종 분말 소화약제는 제1인산암모늄으로부터 열분해되어 나온 기체상의 암모니아·수증기 등이 공기 중의 산소의 공급을 차단하여 소화하는 방법은 질식소화 또는 방진소화에 해당한다.

POINT 38 소화의 기본원리 2

정답 p.100

01	③	02	④	03	③	04	①	05	②
06	④	07	④	08	②	09	①	10	④

01 난이도 ●●● 답 ③

- 산소는 공기 중에 21% 또는 23% 존재하고 있는데, 가연물질에 공급되는 공기 중 산소의 양을 15vol% 이하로 하면 산소 결핍에 의하여 연소상태가 정지되는 것을 (질식소화)라 한다.
- 연소의 3요소 또는 4요소를 구성하는 가연물질을 안전한 장소로 이동시켜 소화하는 것을 (제거소화)라 한다.

| 선지분석 |

③ [×] 질식소화는 제5류 위험물에서 효과가 없다.

✔ 확인학습 냉각소화 및 제거소화

1. 냉각소화
   - 일반화재 시 옥내소화전 사용
   - 발화점 또는 인화점 이하로 냉각하여 소화
   - 연소가 진행되고 있는 열을 빼앗아 소화하는 방법
   - 열을 흡수하여 가연성 연소생성물의 생성을 줄여 소화하는 방법
   - 일반적으로 봉상주수에 의한 방법
   - 물리적 소화에 해당
2. 제거소화
   - 전기화재 시 전원차단
   - 가스화재 시 가스공급 차단
   - 산불화재 시 방화선(도로) 구축
   - 연소물이나 화원을 제거하여 연소반응을 중지시켜 소화
   - 촛불을 입으로 불어서 소화하는 방법
   - 물리적 소화에 해당

02 난이도 ●●○ 답 ④

희석소화작용이 적용되는 가연성 액체는 물에 용해되는 수용성의 가연물질이어야만 한다.

✔ 확인학습 희석소화

1. 희석소화작용이 적용되는 가연성 액체는 물에 용해되는 수용성의 가연물질이어야만 한다. 수용성 가연물질인 알코올·에스터·케톤 등으로 인한 화재에 많은 양의 물을 방사하여 가연물질의 농도를 연소농도 이하로 희석하여 소화시키는 작용이다.
2. 수용성의 가연물질에 소화약제인 물을 대량으로 방사하여 수용성 가연물질의 연소농도를 낮추어 희석하여 소화하는 것을 희석소화라 한다.
3. 연소하고 있는 가연물질에 공급되고 있는 산소의 농도를 연소농도 이하로 낮추어 소화하는 것은 희석소화이면서 질식소화라 할 수 있다.

03 난이도 ●○○ 답 ③

질식소화에 대한 설명이다. 질식소화효과가 있는 소화약제는 무상으로 방사하는 물 소화약제, 무상의 강화액 소화약제, 무상의 산알칼리 소화약제, 포 소화약제, 이산화탄소 소화약제, 할론 소화약제, 분말 소화약제, 할로겐화합물 및 불활성기체 소화약제 등이 있다.

04 난이도 ●○○ 답 ①

제거소화에 대한 내용이다.

✔ 확인학습 제거소화

1. 양초의 촛불을 입김으로 끄는 소화방법이 해당된다.
2. 제거소화는 부촉매소화와 달리 질식소화, 냉각소화와 함께 물리적 소화로 구분할 수 있다. 즉, 제거소화는 물리적 소화이며, 부촉매소화는 화학적 소화이다.
3. 전기를 사용하는 전기기기·기구인 전열기·전기난로 등에 화재가 발생하였을 때에는 전기의 공급을 차단시켜 소화되게 한다.
4. 연소하지 않은 미연소 가스를 제거하거나 화염에 바람을 불어 점화원과 가연성 가스와의 접촉을 차단시켜 소화시키는 것도 제거소화방법의 하나이다.
5. 가스화재 시 가스의 공급을 차단하여 소화하는 방법이 해당된다.
6. 실내에 액화석유가스(LPG)가 누설되어 화재가 발생하였을 때 저장용기의 주 밸브를 폐쇄시켜 소화시킨다.
7. 산림화재 시 벌목하는 방법(방화선 구축)은 제거소화에 해당된다.

05 난이도 ●○○ 답 ②

유류화재 시 포 소화약제의 주된 소화작용은 질식소화이다.

06 난이도 ●●● 답 ④

- 가연물질이 연소하고 있는 장소에 공기보다 비중이 큰 이산화탄소를 소화약제로 방사하였을 때 (피복소화 또는 질식소화) 효과를 얻을 수 있다.
- 목탄(숯)·코크스(cokes) 등의 연소과정에서 제3종 소화분말인 제1인산암모늄($NH_4H_2PO_4$)을 방사하는 경우 제1인산암모늄의 열분해 시 발생하는 액체상태의 물질이 가연물질에 접촉하여 더 이상 연소하는 현상을 방지하여 소화하는 소화작용을 (방진소화)라 한다.

| 선지분석 |

④ [×] 방진소화는 제3종 분말 소화약제에서 나타난다.

확인학습 방진소화

제3종 분말 소화약제를 고체 화재면에 방사 시 메타 - 인산(HPO_3)이 생성되어 유리질의 피막을 형성하므로 열분해 생성으로 인한 방진효과가 나타나게 된다.

$$NH_4H_2PO_4 \rightarrow HPO_3 + NH_3 + H_2O$$

07 난이도 ●●○ 답 ④

강화액 소화약제의 K^+이 화학반응하여 소화한 것은 화학적 소화(부촉매 소화) 방법이다.

| 선지분석 |

① 산불화재 시 방화선을 구축하여 소화한 것은 제거소화(물리적 소화) 방법이다.
② 촛불을 입김을 이용하여 소화한 것은 제거소화(물리적 소화) 방법이다.
③ 무상주수하여 가연물을 소화한 것은 질식소화(물리적 소화) 방법이다.

08 난이도 ●●○ 답 ②

화학적 소화방법에 대한 설명이다. 화학적 소화방법에 해당하는 것은 할론의 대체물질인 할로겐화합물 및 불활성기체 소화약제도 할론 소화약제처럼 화재의 열에 의해서 가연물질로부터 활성화된 활성유리기인 수소기(H) 또는 수산기(OH)와 반응하여 가연물질의 연속적인 연쇄반응을 차단·방해하는 것을 말한다.

| 선지분석 |

① 피복소화(질식소화), 물리적 소화에 대한 내용이다.
③ 유화소화(질식소화), 물리적 소화에 대한 내용이다.
④ 희석소화, 물리적 소화에 대한 내용이다.

09 난이도 ●●○ 답 ①

질식소화에 해당하는 것은 ㄴ, ㅁ이다.
질식소화는 공기 중 산소농도를 15% 이하로 낮추어 소화하는 방법, 밀폐된 공간에서 분무주수에 의한 방법이 해당한다.

| 선지분석 |

ㄱ. [×] 촛불을 입으로 불어서 소화하는 방법은 제거소화방법이다.
ㄷ. [×] 전기화재 시 전원차단은 제거소화방법이다.
ㄹ. [×] 열을 흡수하여 가연성 연소생성물의 생성을 줄여 소화하는 방법은 냉각소화방법이다.

10 난이도 ●○○ 답 ④

유화소화는 일반적으로 비중이 물보다 큰 중유 등으로 인한 화재 시 (무상)의 물 소화약제로 방사하거나 (포 소화약제)를 유류화재 시 방사하는 경우 유류표면에 유화층을 형성하여 공기 중의 산소의 공급을 차단시켜 소화하는 작용을 말한다.

CHAPTER 2 수계 소화약제

POINT 39 물 소화약제

정답 p.102

01	③	02	③	03	④	04	③	05	①
06	②	07	②	08	③	09	③	10	①
11	①	12	③	13	③	14	②	15	④
16	②	17	④	18	③	19	④	20	②

01 난이도 ●●○ 답 ③

물의 용해열은 80cal/g이며, 융점(빙점)은 0℃, 비점은 100℃이다.

| 선지분석 |

① [×] 물은 수소와 산소가 극성공유결합을 하고 있다.
② [×] 수소의 비열은 약 3.41cal/g℃로 물의 비열 1cal/g℃보다 크다.
④ [×] 물 분자간은 수소결합을 하고 있다.

확인학습 물의 화학적 특성

1. 물은 수소 2원자와 산소 1원자로 이루어져 있으며, 이들 사이의 화학결합은 극성 공유결합이다.
2. 물은 극성 분자이기 때문에 분자 간의 결합은 수소결합에 의해 이루어진다.
3. 물이 비교적 큰 표면 장력을 갖는 것도 분자 간의 인력의 세기와 직접적인 관계가 있으며, 비교적 큰 비열도 수소 결합을 끊는 데 큰 에너지가 필요하기 때문이다.

02 난이도 ●●● 답 ③

A - C의 선은 용융곡선이다.

03 난이도 ●●○ 답 ④

유화소화작용은 물보다 비중이 큰 유류화재에서 적용된다.

| 선지분석 |

① [×] 물은 무상주수의 경우가 질식소화효과가 크다.
② [×] 물은 다른 물질에 비하여 비열과 기화열이 크므로 냉각소화효과가 있다.
③ [×] 수용성 가연물질에서도 희석소화효과가 크다.

04 난이도 ●●○ 답 ③

물 소화약제의 냉각소화효과가 큰 이유는 비열과 기화열이 크기 때문이다.

확인학습 물리적 특성

1. 물의 비열은 1cal/g℃로 다른 물질에 비하여 상대적으로 크다.

물질명	비열(cal/g℃)	물질명	비열(cal/g℃)
물	1.00	할론 1301	0.20
수소	3.41	할론 1211	0.12
헬륨	1.25	할론 2402	0.18
이산화탄소	0.55	공기	0.24

2. 물의 증발잠열(기화열)은 539.6cal/g으로 다른 물질에 비하여 크고, 물의 용융열 79.7cal/g과 비교하여도 기화열은 상당히 크다.

구분	증발잠열	용융열	구분	증발잠열	용융열
물	539.6	79.7	에틸 알코올	204.0	24.9
아세톤	124.5	23.4	LPG	98.0	-

3. 대기압하에서 100℃의 물이 액체에서 수증기의 상태로 변할 때 체적은 약 1,700배 정도 증가한다.
4. 물의 비중은 1기압을 기준으로 4℃일 때 가장 크고 이를 기준으로 높아지거나 낮아질 때 비중은 작아진다.
5. 물의 표면장력은 온도가 상승하면 작아진다.

05 난이도 ●●○ 답 ①

분무주수의 주된 소화작용은 질식소화이다.

확인학습 질식소화효과

1. 물이 수증기가 될 때 체적이 약 1,600 ~ 1,700배로 팽창한다. 팽창된 수증기가 공기 중의 산소의 농도를 희석하여 질식소화한다.
2. 무상주수일 때의 주된 소화효과는 질식소화이다.

06 난이도 ●●○ 답 ②

물 소화약제에 대한 내용으로 옳은 것은 ㄷ, ㅁ이다.

| 선지분석 |

ㄱ. [×] 저장은 용이하나, 압축은 가능하지 않다.

ㄴ. [×] 동절기에는 실외에서는 동결의 우려가 있다.

ㄹ. [×] 부촉매 소화효과를 얻을 수 없다.

07 난이도 ●●● 답 ②

- (봉상주수)는 물 소화약제를 화재 발생 시 방사하는 형태 중 대표적인 주수방법으로 소화기구 또는 소화설비의 방사기구로부터 굵고 긴 막대기 모양으로 물입자와 물입자가 서로 연결되어 방사하는 것을 말한다.
- (적상주수)는 화재의 소화를 위해 물의 방사형태가 굵고 긴 막대기와 안개모양의 중간 형상을 갖는 방울모양으로 방사하는 것을 말한다.

| 선지분석 |

① [×] ㄱ은 봉상주수이다.

③ [×] ㄴ은 적상주수이다.

④ [×] 적상주수를 적용한 소화설비는 스프링클러설비등이 있다. 물분무설비와 미분무 소화설비는 무상주수를 이용한 설비이다.

08 난이도 ●○○ 답 ③

냉각소화와 질식소화에 큰 효과를 낼 수 있는 것은 무상주수이다.

확인학습 물의 주수 형태

1. 봉상주수(棒狀注水)
   - 소화설비의 방사기구로부터 굵은 물줄기의 형태로 주수하는 방법이다.
   - 일반화재로서 화세가 강하여 신속하게 화재의 소화가 필요한 경우 사용된다.
   - 수용성 가연물질의 화재 시 짧은 시간에 많은 양의 소화약제가 요구되는 상황에 대처하기 위해 많이 사용된다.
   - 전기전도성이 있어 전기화재에는 부적당하다.
2. 적상주수(適狀注水)
   - 물입자의 직경이 0.5 ~ 4mm인 물방울모양의 형상으로 주수되는 방법이다.
   - 스프링클러설비의 스프링클러헤드로부터 물이 방사될 경우 방사되는 물입자의 형태로 적상으로 방사되는 물입자는 봉상의 물입자와 같이 전기의 전도성이 있으므로 전기화재(C급 화재)에는 부적합하다.
   - 적용 소화설비는 스프링클러설비 · 연결살수설비 등이 있다.
3. 무상주수(霧狀注水)
   - 물을 구름 또는 안개모양으로 방사하는 방법으로 물을 주수하는 방법이다.
   - 중질유 및 고비중을 가지는 화재 시 유류표면에 엷은 유화층을 형성하여 공기 중의 산소의 공급을 차단하는 유화소화효과를 나타내기도 한다.
   - 주된 소화원리는 질식소화이다.
   - 물방울 입자의 크기는 스프링클러 → 물분무 → 미분무의 순으로 미분무가 가장 작다.

09 난이도 ●●○ 답 ③

무상주수는 비점이 비교적 높은 제4류 위험물 중 제3석유류인 중질유(중유) 및 고비중을 가지는 윤활유 · 아스팔트유 등의 화재 시 유류표면에 엷은 유화층을 형성하여 공기 중의 산소의 공급을 차단하는 유화효과(에멀션효과)를 나타내기도 한다.

10 난이도 ●●● 답 ①

융해열은 80kcal/kg이므로 10kg × 80kcal/kg = 800kcal이다.

| 선지분석 |

② [×] 구간 c ~ d는 온도변화를 위한 현열이 필요하다.

③ [×] 구간 c ~ d에서 필요한 열량은 1 × 10 × 100 = 1,000kcal이다.

④ [×] 기화열은 점화원으로 작용될 수 없다.

11 난이도 ●○○ 답 ①

옳은 것은 ㄱ, ㄷ이므로 2개이다.

| 선지분석 |

ㄴ. [×] 비열과 잠열이 커서 냉각소화효과가 크다.

ㄹ. [×] B급(중유 화재 시 무상주수 제외, 수용성 제외), C급 화재(무상주수 제외)에 적응성이 없다.

ㅁ. [×] 소화 후 수손에 의한 2차 피해의 우려가 있다.

12 난이도 ●○○ 답 ③

옳은 것은 ㄴ, ㄷ, ㄹ, ㅂ이다.

| 선지분석 |

ㄱ. [×] 이산화탄소 소화약제: B급, C급
ㄴ. [O] 할론 소화약제: A급, B급, C급
ㄷ. [O] 할로겐화합물 및 불활성기체 소화약제: A급, B급, C급
ㄹ. [O] 인산염류 소화약제: A급, B급, C급
ㅁ. [×] 중탄산염류 소화약제: B급, C급
ㅂ. [O] 고체에어로졸화합물: A급, B급, C급

13 난이도 ●●● 답 ③

옳은 것은 ㄱ, ㄷ, ㄹ, ㅁ이므로 4개이다.

| 선지분석 |

ㄱ. [O] 물에 탄산칼륨(K_2CO_3) 등을 첨가한 것이다.
ㄴ. [×] 표면장력이 낮아 심부화재에 효과적이다.
ㄷ. [O] 심부화재 또는 주방의 식용유 화재에 적응성이 있다.
ㄹ. [O] 비중이 1.3으로 물보다 무겁다.
ㅁ. [O] 무상일 경우 유류화재에도 소화효과가 있다.

✔ 확인학습 강화액 소화약제

심부화재 또는 주방의 식용유 화재에 대해서 신속한 소화를 위하여 개발되었다. -20℃에서도 동결하지 않고 재발화 방지에도 효과가 있다. 물 소화약제의 단점을 개발하기 위하여 탄산칼륨 등의 수용액을 주성분으로 한다. A급, B급, K급 등에 우수한 소화능력이 있다.

1. **첨가물**: 탄산칼륨(K_2CO_3)
2. **비중**: 1.3 이상(물보다 무겁다)
3. **동결점**: -20℃ 이하
4. **소화효과**: 미분일 경우 유류화재에도 소화 적응성 있음
5. **표면장력**: 33dyne/cm 이하로 표면장력이 낮아서 심부화재에 효과적임(물 소화약제 72.75dyne/cm)

14 난이도 ●○○ 답 ②

물분무는 설비의 표면 보호를 목적으로 하며, 미분무는 구획된 작은 공간에 대한 보호를 목적으로 한다. 물방울 입자의 크기는 스프링클러 > 물분무 > 미분무의 순으로 미분무가 가장 작다.

✔ 확인학습 무상주수(霧狀注水)

1. 물을 구름 또는 안개모양으로 방사하는 방법으로 물을 주수하는 방법이다.
2. 중질유 및 고비중을 가지는 화재 시 유류표면에 엷은 유화층을 형성하여 공기 중의 산소의 공급을 차단하는 유화소화효과를 나타내기도 한다.
3. 주된 소화원리는 질식소화이다.
4. 물방울 입자의 크기는 스프링클러 > 물분무 > 미분무의 순으로 미분무가 가장 작다.

15 난이도 ●●● 답 ④

0℃ 물 5kg이 수증기 100℃가 되기 위한 풀이식은 5 × 100 + 5 × 539 = 3,195kcal/kg이다.
따라서, 3,195kcal가 필요하다.

16 난이도 ●●○ 답 ②

강화액 소화약제는 냉각소화작용과 부촉매소화효과가 있다.

✔ 확인학습 강화액 소화약제

1. 강화액 소화약제는 동절기 물 소화약제가 동결되는 단점을 보완하고 물의 소화력을 높이기 위하여 화재에 억제효과가 있는 염류를 첨가한 것으로, 염류로는 알칼리금속염의 탄산칼륨(K_2CO_3)과 인산암모늄[$(NH_4)H_2PO_4$] 등이 사용된다.
2. 한랭지역 및 겨울철에 사용이 가능하다. -20℃에서도 동결되지 않아 추운 지방에도 사용이 가능하다.
3. 강화액소화기가 무상일 때는 A, B, C급 화재에 적용된다.
4. 소화력을 향상시키기 위하여 탄산칼륨, 인산암모늄을 첨가한다.
5. 부촉매소화효과가 있다(열분해되어 생성되는 K^+ Na^+ 등).

17 난이도 ●○○ 답 ④

전기화재는 무상주수로 물 소화약제를 사용하는 경우에 소화효과가 있다.

✔ 확인학습 전기화재

1. 물 소화약제로 전기화재에서 소화는 가능하지만 감전사고의 위험이 있다.
2. 전기화재 시 물 소화약제를 이용하여 소화하기 위해선 일정한 거리를 유지하면서 무상주수하여야 한다.

18 난이도 ●●○ 답 ③

(증점제)는 물의 유동성 때문에 소방대상물에 부착성이 떨어지므로, 물의 유실을 방지하고 장기간 체류하게 함으로써 소화력을 증대시키기 위한 것이다.

| 선지분석 |

① [×] 괄호 안은 증점제를 말한다. 표면장력을 작게하여 침투성을 증대시키는 것은 침투제에 대한 내용이다.
② [×] 증점제를 사용하면 점성이 좋아져 산림화재에 효과적이다. 원면화재 또는 심부화재는 침투제(Wetting agent)를 사용한다.
④ [×] Wetting agent는 침투제이다. 증점제는 Viscosity water agent이다.

확인학습 증점제(Viscosity water agent)

1. 물의 점도를 증가시키는 Viscosity agent를 혼합한 수용액이며, Thick water라고 불리기도 한다.
2. 점성이 좋으면 물이 분산되지 않아 소방대상물에 정확히 도달할 수 있어서 산림화재에 사용된다.
3. 물은 유동성이 좋아 소화대상물에 장시간 부착되어 있지 못한다. 따라서 가연물에 대한 접착성질을 강화시키기 위하여 증점제를 사용한다.
4. 증점제를 사용하여 물의 사용량을 줄일 수 있으며, 대표적인 증점제로는 CMC, Gelgard 등이 있다.
5. 증점제를 사용하면 가연물에 대한 침투성이 떨어지고, 방수 시에 마찰손실이 증가하며, 분무 시 물방울의 직경이 커지는 등의 단점이 있다.

19 난이도 ●○○ 답 ④

물의 점성을 향상시킬 수 있으며, 주로 산림화재에 사용하는 것은 증점제에 대한 설명이다. 일반적으로 침투제는 원면화재 또는 섬유화재에서 사용하는 첨가제이다.

확인학습 침투제

1. 물의 침투성을 증가시키기 위하여 합성계면활성제를 사용한다.
2. 물의 표면장력을 낮추어 심부화재, 원면화재의 소화효과를 극대화할 수 있다.
3. 침투제가 첨가된 물을 Wet water라고 부르며, 이것은 가연물 내부로 침투하기 어려운 목재, 고무, 플라스틱, 원면, 짚 등의 화재에 사용되고 있다.

20 난이도 ●○○ 답 ②

침투제에 대한 설명이다.

POINT 40 포 소화약제

정답 p.107

01	④	02	①	03	③	04	②	05	②
06	④	07	④	08	②	09	②	10	①

01 난이도 ●○○ 답 ④

포가 잘 깨지지 않아야 한다(소포성).

| 선지분석 |

① [O] 유동성: 유면에 잘 확산되어야 한다.
② [O] 접착성: 표면에 잘 흡착되어야 한다.
③ [O] 안정성: 경년기간이 길고 안정성이 좋아야 한다.

02 난이도 ●○○ 답 ①

옳은 것은 ㄹ, ㅁ으로, 모두 2개이다.
ㄹ. [O] 인화성·가연성 액체 화재 시 매우 효과적이다.
ㅁ. [O] 옥외에서도 소화효과가 우수하다.

| 선지분석 |

ㄱ. [X] 동절기에는 동결로 인한 포의 유동성의 한계로 설치상 제약이 있다.
ㄴ. [X] 단백포 약제의 경우에는 변질·부패의 우려가 있다.
ㄷ. [X] 소화약제 잔존물로 인한 2차 피해가 우려가 있다.

03 난이도 ●○○ 답 ③

포 소화약제이 주된 소화효과는 질식소화, 냉각소화이다.

04 난이도 ●●● 답 ②

옳은 것은 ㄱ, ㄷ이다.

| 선지분석 |

ㄱ. [O] 팽창비 따른 포의 내열성: 팽창비가 커지면 함수율이 적어져 내열성이 감소한다.
ㄴ. [X] 팽창비에 따른 포의 유동성: 팽창비가 커지면 포의 유동성이 증가한다.
ㄷ. [O] 팽창비에 따른 포의 환원시간: 팽창비가 커지면 환원시간이 짧아진다.
ㄹ. [X] 환원시간이 길면 내열성이 좋아진다.

05 난이도 ●●○ 답 ②

방출 후의 체적은 $30m^3$이다.

$$팽창비 = \frac{발포\ 후의\ 체적}{포수용액의\ 체적} = \frac{발포\ 후의\ 체적}{\frac{소화약제\ 원액의\ 양(l)}{농도(\%)}} \times 100$$

따라서, $발포\ 후의\ 체적 = 팽창비 \times \frac{소화약제\ 원액의\ 양(l)}{농도(\%)} \times 100$

$$= 300 \times \frac{3}{3} \times 100(l)$$

$$= 30,000(l) ≒ 30,000(l) \times \frac{1(m^3)}{1,000(l)}$$

$$= 30(m^3)$$

06 난이도 ●○○ 답 ④

제1종의 팽창비는 80배 이상 250배 미만이고, 제2종의 팽창비는 250배 이상 500배 미만이다.

확인학습 저발포와 고발포

포의 명칭		포의 팽창비율
저발포		20배 이하
고발포	제1종 기계포	80배 이상 250배 미만
	제2종 기계포	250배 이상 500배 미만
	제3종 기계포	500배 이상 1,000배 미만

07 난이도 ●●● 답 ④

- (포 소화약제)는 물에 적정량의 첨가제를 혼합한 후에 공기를 주입하면 거품이 발생된다. 이러한 거품을 이용한 소화약제를 말한다.
- (화학포 소화약제)는 이산화탄소를 핵으로 사용하며, 화재 발생 시 A제와 B제를 서로 혼합시켜 이때 화학반응에 의해서 발생되는 것을 사용하여 화재를 소화하도록 제조된 소화약제이다.

| 선지분석 |

④ [×] ㄴ은 화학포 소화약제이므로 수성막포 소화약제는 해당하지 않는다. 수성막포 소화약제는 기계포 소화약제에 해당한다.

확인학습 포 소화약제

포 소화약제는 화학포 소화약제와 기계포 소화약제로 구분한다.

1. 화학포 소화약제는 화학적으로 제조된 소화약제로서 2가지 이상의 소화약제를 혼합하여 발생되는 포이다.
2. 기계포 소화약제는 화학적으로 제조된 소화약제를 송수펌프 또는 압입용펌프에 의해 강제로 흡입하여 포를 생성시켜 소화할 수 있도록 제조된 것이다.

확인학습 기계포 소화약제

1. **단백포 소화약제:** 단백질을 가수분해한 것을 주원료로 하는 포 소화약제를 말한다.
2. **합성계면활성제포 소화약제:** 합성계면활성제를 주원료로 하는 포 소화약제를 말한다.
3. 수성막포 소화약제: 수합성계면활성제를 주원료로 하는 포 소화약제 중 기름표면에서 수성막을 형성하는 포 소화약제를 말한다.
4. **알코올형포 소화약제:** 단백질의 가수분해물이나 합성계면활성제 중에 지방산 금속염이나 타계통의 합성계면활성제 또는 고분자겔 생성물 등을 첨가한 포 소화약제로서 제4류 위험물 중 수용성용제의 소화에 사용하는 약제를 말한다.
5. **불화단백포 소화약제:** 단백포 소화약제의 소화성능을 향상시키기 위하여 불소계통의 계면활성제를 첨가한 포 소화약제를 말한다.

08 난이도 ●○○ 답 ②

피연소물과 건축물에 수손피해가 있다.

확인학습 포 소화약제의 특징

1. 유류화재에 매우 효과적이다.
2. 개방된 옥외공간에서 발생한 화재에도 소화효과가 우수하다.
3. 일반적으로 인체에 무해하며, 화재 시에 열 분해에 의한 독성 가스의 발생이 많지 않다.
4. 소화 후 물로 인한 피해가 발생한다.
5. 단백포의 경우 부패의 우려가 있다.

09 난이도 ●●○ 답 ②

수성막포 소화약제는 불소계 계면활성제이며, 분말과 겸용하면 7 ~ 8배 소화효과가 있다.

확인학습 수성막포 소화약제

1. 불소계 계면활성제를 주성분으로 한 것으로 물과 혼합하여 사용한다.
2. 수성막포 소화약제는 유류표면에 도달하면 불소계 계면활성제수용액이 유류표면에 물과 유류의 중간 성질을 가지는 수성막을 형성한다.
3. 방출 시 유면에서 얇은 물의 막인 수성막을 형성하여 가연성 증기의 발생을 억제한다.
4. 유류표면 위에 뜨는 가벼운 수성의 막(Aqueous film)을 형성하기 때문에 질식과 냉각작용이 우수하다. 대표적으로 미국 3M사의 라이트워터(Light water)라는 상품명의 제품이 많이 팔리고 있는데 유면상에 형성된 수성막이 기름보다 가벼운 것처럼 보이기 때문에 만들어진 상품명이다.
5. 수성막포 소화약제는 유류화재에 대해 질식소화작용 · 냉각소화작용을 가지며, 분말과 겸용하면 7 ~ 8배 소화효과가 있다.

10 난이도 ●●● 답 ①

(알코올형 포 소화약제)는 수용성 가연물질인 알코올류 · 에테르류 · 에스터류 · 케톤류 · 알데히드류 등의 화재 시에 적합한 포 소화약제이다.

| 선지분석 |

① [×] 알코올형 포 소화약제는 수용성 가연물질에 용해되지 않는 성질을 가진 포 소화약제이다.

확인학습 알코올형 포 소화약제

1. 수용성 가연물질인 알코올류 · 에테르류 · 에스터류 · 케톤류 · 알데히드류 등의 화재 시 단백포 · 합성계면활성제포 · 수성막포 소화약제 및 불화단백포 소화약제는 소포성(消泡性)이 있으므로 소화약제로서 부적합하다.
2. 수용성 가연물질에 용해되지 않는 성질을 가진 포 소화약제에는 금속비누형 알코올포 소화약제 · 고분자겔 생성형 알코올형 포 소화약제 · 불화단백형 알코올형 포 소화약제 등이 있다.
3. 불화단백형 알코올형 포 소화약제는 불소계 계면활성제를 결속시킨 포 소화약제로서 알코올류와 같은 수용성의 액체가연물질의 화재에 대해 소화성능이 우수하다.
4. 불화단백형 알코올형 포 소화약제는 대형의 알코올 저장탱크의 화재시 소화약제로 사용하여도 윤화(Ring Fire) 현상이 발생하지 않으며, 표면하방출방식으로의 사용도 가능하므로 화재를 신속하게 소화할 수 있고 내화성이 우수하다.

CHAPTER 3 비수계 소화약제

POINT 41 이산화탄소 소화약제

정답 p.109

01	②	02	③	03	③	04	①	05	④
06	④	07	①	08	③	09	③	10	①
11	③	12	②	13	①	14	①		

01 난이도 ●●● 답 ②

소화에 필요한 이산화탄소의 최소 소화농도는 가연성 기체와 액체의 종류에 따라 다르다.

✔ 확인학습 물질에 따른 이산화탄소의 최소 소화농도

물질명	최소 소화농도(vol%)	최소 설계농도(vol%)
아세틸렌	55	66
부탄	28	34
일산화탄소	53	64
에틸렌	41	49
메탄	25	34
프로필렌	30	36

02 난이도 ●○○ 답 ③

이산화탄소 소화약제는 산소농도의 희석에 의한 질식소화를 주목적으로 하므로 개방된 장소에서의 일반가연물화재의 소화에는 부적합하다. 하지만 개구부에 자동폐쇄장치가 설치된 전역방출 방식인 경우 일반가연물질에 대해 가연물질의 내부까지 침투하여 심부화재에도 소화효과가 있다.

03 난이도 ●●○ 답 ③

이산화탄소 소화약제의 특성으로 옳은 것은 ㄱ, ㄷ, ㄹ이다.

| 선지분석 |

ㄴ. [×] 이산화탄소 소화설비는 비수계 소화설비이다.

ㅁ. [×] 불연성 기체로서 주된 소화효과는 질식소화효과이다.

✔ 확인학습 이산화탄소 소화약제

1. 이산화탄소를 소화약제로 이용하는 가장 큰 목적은 소화약제로 인하여 연소하지 아니한 피연소 물질에 물리·화학적 피해를 주지 않기 때문이다.
2. 구입비용이 저렴하고 수명이 반영구적이어서 장기간 저장이 가능하기 때문에 유류화재·가스화재용의 소화약제로 많이 사용되고 있다.
3. 이산화탄소는 배관 내에서는 액상이지만, 분사헤드에서는 기화되어 분사된다.
4. 완전산화물질이므로 활성을 가지지 않기 때문에 산소와 반응할 수 없고, 따라서 질식성을 가지고 있기 때문에 가연물질의 연소에 필요한 산소의 공급을 차단할 수 있다.
5. 이산화탄소 소화약제의 소화작용에는 질식소화, 냉각소화, 피복소화 등이 있다.

04 난이도 ●●○ 답 ①

완전산화물질이므로 활성을 가지지 않기 때문에 산소와 반응할 수 없고, 따라서 대기 중으로 방사되면 공기 중의 산소의 농도를 낮추어 질식소화효과가 있다.

✔ 확인학습 사용제한 장소

1. 방재실·제어실 등 사람이 상시 근무하는 장소
2. 소화약제에 의해 질식 또는 인체의 위해가 발생할 우려가 있는 밀폐장소
3. 제5류 위험물을 저장·취급하는 장소
4. 이산화탄소를 분해시키는 반응성이 큰 금속(Na, K, Mg, Ti, Zr 등)과 금속수소화물(LiH, NaH, CaH_2)

05 난이도 ●●○ 답 ④

이산화탄소 소화약제에 대한 내용이다. 이산화탄소는 제5류 위험물의 화재 시 질식소화효과가 없다. 이산화탄소의 증기비중은 1.52로 공기보다 1.52배 무겁다.

06 난이도 ●●● 답 ④

- 이산화탄소의 최소 소화농도 풀이식은 $CO_2(\%) = \frac{20-10}{20} \times 100(\%)$ 이다. 따라서, 이산화탄소의 최소 소화농도는 50%이다.
- 최소 설계농도는 이론적으로 구한 최소 소화농도에 일정량의 여유분(최소 소화농도의 20%)을 더한 값이다. 따라서 60%이다.

✔ 확인학습 최소 소화농도와 최소 설계농도

1. 이산화탄소의 최소 소화농도(Theoretical minimum CO_2 concentration)

$$CO_2(\%) = \frac{21 - O_2}{21} \times 100$$

2. 이산화탄소의 최소 설계농도(Minimum design CO_2 concentration)

최소 설계농도 = 최소 소화농도 × 1.2

3. 이산화탄소의 최소 설계농도는 보통 34vol% 이상으로 설계하기 때문에 위와 같이 구한 최소 설계농도가 34vol% 이하일 때에도 34vol%로 설계해야 한다.

07 난이도 ●○○ 답 ①

이산화탄소 소화약제의 소화작용에는 질식소화, 냉각소화, 피복소화 등이 있다. 이산화탄소는 부촉매(화학적) 소화효과가 없다.

08 난이도 ●○○ 답 ③

이산화탄소는 공기보다 약 1.52배 무거워 피복소화효과가 있다.

09 난이도 ●○○ 답 ③

전기기기를 사용하는 전기실과 컴퓨터실은 소화적응성이 있으므로 설치 제외장소에 해당하지 않는다.

10 난이도 ●●○ 답 ①

<보기>는 이산화탄소의 냉각소화작용에 대한 내용이다.

확인학습 이산화탄소의 냉각소화작용

1. 고압용기에 액상으로 저장한 뒤 화재 시 방출하면 액상의 이산화탄소가 기체상의 이산화탄소로 기화하면서 화재 발생 장소의 주위로부터 많은 열을 흡수하므로 화재를 발화점 이하로 냉각시켜 소화시키는 기능을 한다.
2. 냉각효과는 유류탱크 화재처럼 불타는 물질에 직접 방출하는 경우에 가장 효과적으로 나타난다. 산소 농도 저하에 따른 질식 효과가 사라진 후에도 냉각된 액체는 연소에 필요한 가연성 기체를 증발시키지 못하기 때문에 재연소를 방지할 수 있다. 특히 방출되는 이산화탄소에 미세한 드라이아이스 입자가 존재하는 경우에는 냉각효과가 한층 더 커지게 된다.
3. 이산화탄소 소화약제를 제4류 위험물인 가솔린·등유 등의 저장탱크 화재 시 방출하는 경우 효율적인 냉각소화효과를 얻을 수 있다.
4. 이산화탄소의 기화열은 액화이산화탄소 1g에 대하여 56.31cal이며, 다른 소화약제에 비하여 냉각소화기능이 우수한 편이다.

11 난이도 ●●○ 답 ③

이산화탄소의 줄-톰슨 효과란 고압의 이산화탄소의 방사 시 저압인 대기(공기) 중의 수증기가 응결하여 안개를 발생시키는 현상을 말한다.

확인학습 이산화탄소의 줄-톰슨 효과

1. 액체상태의 이산화탄소가 기체상태로 변화할 때 주변의 열을 흡수하여 냉각되는 효과로 공기 중의 수증기가 응결하여 안개가 생기는 현상을 운무현상이라 한다.
2. 고압의 이산화탄소의 방사 시 저압인 대기(공기) 중의 수증기가 응결하여 안개를 발생시키는 현상을 말한다.
3. 대기 중으로 방출되면 -78℃로 급랭(줄-톰슨 효과)되어 배관에 소량의 수분이 있으면 결빙하여 고체 이산화탄소인 드라이아이스로 변하여 배관을 막는 현상을 말한다.

12 난이도 ●●● 답 ②

$$CO_2 = \frac{21 - O_2}{O_2} \times V = \frac{21 - 10}{10} \times 500m^3 = 550m^3$$

13 난이도 ●●● 답 ①

$$CO_2 = \frac{21 - O_2}{O_2} \times V = \frac{21 - 10}{10} \times 1{,}000m^3 = 1{,}100m^3$$

$$PV = \frac{W}{m}RT,\ w = \frac{PVm}{RT} = \frac{1 \times 1{,}100 \times 44}{0.082 \times (273 + 20)} \fallingdotseq 2{,}014.48kg$$

14 난이도 ●●○ 답 ①

농도 $C(\%) = \frac{21 - O_2}{21} \times 100$이고, 기화체적 $X(m^3) = \frac{21 - O_2}{O_2} \times V$이다.

POINT 42 할론 소화약제

정답 p.112

01	③	02	③	03	①	04	②	05	④

01 난이도 ●●○ 답 ③

- 할론 소화약제는 할로겐족 원소인 불소·염소·브로민을 탄화수소인 메탄·에탄의 (수소)원자와 치환시켜 제조된 물질로 할론 소화약제로 불리고 있다.
- 할론 소화약제 중 오존층 파괴지수가 가장 큰 것은 (할론 1301)이다.

확인학습 할론 소화약제의 정의

1. 할론 소화약제는 할로겐족 원소인 불소(F)·염소(Cl)·브로민(Br: 취소)을 탄화수소인 메탄(CH_4)·에탄(C_2H_6)의 수소원자와 치환시켜 제조된 물질이다.
2. 대부분 상온·상압에서 기체상으로 존재하며, 전기의 절연성이 우수하고 피연소물질에 물리·화학적 변화를 초래하지 않는다.
3. 할로겐족 원소인 브로민·염소 등이 가연물질 내에 함유되어 있는 활성유리기인 수소기(H)·수산기(OH)와 반응하여 가연물질의 연쇄반응 또는 화재의 진행을 차단·억제하는 부촉매소화효과가 우수하다.

02 난이도 ●●○ 답 ③

할론 2402의 기체비중 $= \frac{(12 \times 2) + (19 \times 4) + (2 \times 80)}{30}$이다.

따라서, 기체비중은 8.67이다.

확인학습 할론 소화약제의 명명법

첫 번째 번호는 할론 번호의 주체가 되는 탄소의 수를 나타내고, 그 다음 번호는 불소의 수, 세 번째는 염소의 수, 마지막은 부촉매소화(화학소화) 기능이 가장 양호한 브로민(취소)의 수이다.

할론	W	X	Y	Z
	↓	↓	↓	↓
	탄소	불소	염소	브로민

03 난이도 ●○○ 답 ①

오존파괴지수 기준물질 CFC-11(CCl_3F)이다. 오존파괴지수(ODP; Ozone Depletion Potential)는 기준물질로 CFC-11($CFCl_3$)의 오존파괴지수(ODP)를 1로 정하고 상대적으로 어떤 물질의 대기권에서의 수명, 물질의 단위질량당 염소나 브로민질량의 비, 활성염소와 브로민의 오존파괴능력 등을 고려하여 물질의 오존파괴지수(ODP)가 정해진다.

확인학습 오존파괴지수(ODP; Ozone Depletion Potential)

1. 어떤 화합물질의 오존파괴 정도를 숫자로 표현한 것으로서 숫자가 클수록 오존파괴 정도가 크다. 삼염화불화탄소($CFCl_3$)의 오존파괴능력을 1로 보았을 때 상대적인 파괴능력을 나타내는 지수로써 몬트리올 의정서에서 규정한 모든 오존층파괴물질에 대해 오존파괴지수가 산정되어 있다.
2. CFC-11은 CCl_3F($CFCl_3$: 삼염화불화탄소)을 말한다.

확인학습 오존파과지수와 지구온난화지수

1. ODP(오존파괴지수) = $\frac{\text{어떤 물질 1kg에 의해 파괴되는 오존량}}{\text{CFC-11 1kg에 의해 파괴되는 오존량}}$
2. GWP(지구온난화지수) = $\frac{\text{어떤 물질 1kg에 의한 지구온난화 정도}}{CO^2 \text{ 1kg에 의한 지구온난화 정도}}$

04 난이도 ●●○ 답 ②

할로겐화합물 및 불활성기체 소화약제에 대한 내용으로 옳은 것은 ㄱ, ㄹ, ㅁ이다. 할로겐화합물 및 불활성기체 소화약제는 질식소화, 냉각소화, 부촉매소화효과가 있고, 오존파괴지수와 지구온난화지수가 할론 소화약제와 이산화탄소 소화약제에 비해 무시할 정도로 낮다.

| 선지분석 |

ㄴ. [X] 전기적으로 비전도성이 있어 전기화재에서는 사용할 수 있다.
ㄷ. [X] 불활성기체 소화약제는 헬륨, 네온, 아르곤, 질소 중 하나 이상의 원소를 기본성분으로 하는 소화약제를 말한다.

05 난이도 ●●○ 답 ④

오존층 파괴지수는 할론 1301가 가장 크고, 다음은 2402, 1211 순이다.

확인학습 할론 소화약제의 특성

1. 전기음성도는 불소, 염소, 취소, 옥소 순이다.
2. 소화효과는 옥소, 취소, 염소, 불소 순이다.
3. 소화효과는 1301, 1211, 2402, 1011, 1040 순이다.
4. 오존층파괴지수는 1301, 2402, 1211 순이다.

POINT 43 할로겐화합물 및 불활성기체 소화약제

정답 p.113

01	③	02	①	03	③	04	④	05	③

01 난이도 ●●● 답 ③

- (할로겐화합물 소화약제)는 순도가 99% 이상이고 불소, 염소, 브로민, 아이오딘 중 하나 이상의 원소를 포함하고 있는 유기화합물을 기본성분으로 하는 소화약제이다.
- (불활성기체 소화약제)는 헬륨, 네온, 아르곤, 질소 중 하나 이상의 원소를 기본성분으로 하는 소화약제를 말한다.

| 선지분석 |

③ [X] 불활성기체 소화약제는 부촉매소화보다는 질식소화를 주된 소화작용으로 한다.

확인학습 할로겐화합물 및 불활성기체 소화약제

1. 전기절연성이 우수하다(전기불량도체).
2. 변질·부패·분해 등의 화학변화를 일으키지 않는다.
3. 부촉매에 의한 연소의 억제작용이 크며, 소화능력이 우수하다.
4. 피연소물질에 물리·화학적 변화를 초래하지 않는다.
5. 오존층을 파괴하지 않는다.
6. 지구온난화지수(GWP)가 낮다.
7. HCFC-124 물질과 HFC-125 물질은 인체에 유해하므로 사람이 있는 장소에서 사용해서는 안 된다.

02 난이도 ●●● 답 ①

HCFC-124 물질과 HFC-125 물질은 NOAEL이 1.0vol%으로 다른 할로겐화합물 및 불활성기체 소화약제보다 낮다. NOAEL과 LOAEL은 높을수록 독성이 작다. 따라서 HCFC-124 물질과 HFC-125 물질은 인체에 유해하므로 사람이 있는 장소에서 사용해서는 안 된다.

확인학습 NOAEL과 LOAEL

1. NOAEL(No Observed Adverse Effect Level)
   - 심장에 악영향이 나타나지 않는 최고 농도이다.
   - 거주공간에서의 사용을 제한하기 위한 소화약제의 농도로 인체에 부작용이 없고 아무런 악영향을 미치지 않는 최고의 농도를 의미한다.
2. LOAEL(Lowest Observed Adverse Effect Level)
   - 심장에 악영향이 나타나는 최저 농도이다.
   - 거주공간에서의 사용을 제한하기 위한 소화약제의 농도로 인체에 부작용이 있고 악영향을 미치는 최저의 농도를 의미한다.
3. NOAEL과 LOAEL은 높을수록 독성이 작다.

확인학습 HCFC - 124와 HFC - 125

1. **HCFC - 124(클로로테트라 플루오르에탄)**
   - HCFC - 124는 HCFC계 물질로 끓는점이 -11.0℃이며, 전역방출방식 및 휴대용 소화약제의 후보물질이다.
   - 독성은 LC50이 23 ~ 29vol%, NOAEL이 1.0vol%, LOAEL이 2.5vol%이다. 할론 1301과 비교할 때 무게비로 1.6배 부피비로 2.3배를 투입하여야 효과적으로 소화할 수 있다.
2. **HFC - 125(펜타플루오르에탄)**
   - HFC - 125는 할론 1301과 아주 유사한 물성을 지니고 있다. 다만, 밀도는 1.249g/ml로 할론 1301의 1.548g/ml보다 낮고 임계온도도 비교적 낮기 때문에 용기에 대한 소화약제의 저장비율이 약간 떨어진다.
   - NOAEL은 7.5%, LOAEL은 10.0%이고 LC50은 70% 이상으로 독성이 비교적 적다. NOAEL은 낮기 때문에 거실에서는 사용할 수 없다.

03 난이도 ●●○ 답 ③

불활성기체 소화약제 중 IG-541에 대한 내용으로 옳은 것은 ㄴ, ㄷ, ㄹ이다.

| 선지분석 |

ㄱ. [×] 할론 소화약제와 같은 화학적 작용에 의한 소화효과는 없다.

ㅁ. [×] 할로겐화합물 소화약제보다 NOAEL과 LOAEL이 높아 인체에 비교적 안전하다.

확인학습 불활성기체 소화약제

1. 대기 잔존지수와 GWP가 0이며 ODP도 0이다.
2. 할론이나 분말소화제와 같이 화학적 소화특성을 지니고 있는 것은 아니고 주로 밀폐된 공간에서 산소농도를 낮추는 것에 의해 소화한다.
3. 불활성기체 소화약제는 주로 질소, 아르곤, 이산화탄소로 되어 있으므로 화학소화보다는 질식소화가 주된 소화작용을 한다.

04 난이도 ●○○ 답 ④

- 불활성기체 소화약제 IG-541은 N_2, [아르곤(Ar)], CO_2가 각각 52%, 40%, 8%로 구성된다.
- 불활성기체 소화약제 IG-55은 N_2, [아르곤(Ar)]이 각각 50%, 50%로 구성된다.

확인학습 IG-01 · IG-55 · IG-100(불연성 · 불활성기체 혼합가스)

1. IG-01은 아르곤이 99.9vol% 이상이다.
2. IG-55는 질소가 50vol%, 아르곤이 50vol%인 성분으로 되어 있다.
3. IG-100은 질소가 99.9vol% 이상이다.

소화약제	화학식
IG-01	Ar
IG-100	N_2
IG-541	N_2(52%), Ar(40%), CO_2(8%)
IG-55	N_2(50%), Ar(50%)

05 난이도 ●●○ 답 ③

- (NOAEL)은 심장에 악영향이 나타나지 않는 최고 농도이다.
- (LOAEL)은 심장에 악영향이 나타나는 최저 농도이다.
- NOAEL은 거주공간에서의 사용을 제한하기 위한 소화약제의 농도로 인체에 부작용이 없고 아무런 악영향을 미치지 않는 최고의 농도를 의미한다.

| 선지분석 |

① [×] ㄱ은 NOAEL이다. NOAEL은 심장에 악영향이 나타나지 않는 최고 농도이다.

② [×] ㄴ은 NOAEL이다. LOAEL은 심장에 악영향이 나타나는 최저 농도이다.

④ [×] NOAEL과 LOAEL은 높을수록 독성이 작다.

확인학습 용어의 정의

1. ALT(Atmospheric Life Time)은 온실가스가 발사된 후 대기권에서 분해하지 않고 체류하는 잔류기간이다.
2. LC50(50% Lethal Concentation)은 반수 치사농도(ppm)이다.
3. ALC(Approximate Lethal Concentration)는 실험용 쥐의 2분의 1이 15분 이내에 사망하는 농도로 ALC 값이 클수록 물질의 독성이 낮다.

POINT 44 분말 소화약제

정답 p.114

01	④	02	③	03	①	04	④	05	②
06	①	07	③	08	③	09	④	10	②

01 난이도 ●●● 답 ④

제3종 분말 소화약제의 경우 열분해되어 나온 오쏘인산(H_3PO_4)이 일반가연물질인 내부에 함유되어 있는 셀룰로오스로부터 물을 빼앗아 화염의 연락물질인 라디칼의 생성을 방지함으로써 활성이 없는 탄소로 탄화시켜 소화시키는 탈수·탄화작용을 한다.

| 선지분석 |

① [×] 사용되는 분말의 입자는 보통 10 ~ 70㎛ 정도이며, 분말의 입도는 너무 크거나 미세해도 안 되며 20 ~ 25㎛ 정도가 최적의 소화효과를 얻을 수 있다.

② [×] 메타인산(HPO_3)은 일반가연물질인 나무·종이·섬유 등의 연소과정인 잔진상태의 숯불표면에 유리(Glass)상의 피막을 이루어 공기 중의 산소의 공급을 차단시켜 방진소화작용을 한다.

③ [×] 제1종 분말 소화약제의 경우 식용유화재에서 나트륨을 가하면 지방을 가수분해하는 비누화작용을 일으켜서 질식소화한다.

확인학습 분말 소화약제 소화작용

1. 분말 소화약제의 주성분이 열분해할 때 주위로부터 반응에 필요한 열을 흡수함으로써 가연물질의 연소온도를 착화점(발화점) 이하로 낮게 하여 냉각소화작용을 한다.
2. 열분해과정에서 발생되는 기체상태의 이산화탄소(CO_2)·수증기(H_2O)가 가연물질의 산소량의 부족으로 인하여 소화되게 하는 질식소화작용을 한다.
3. 화학적으로 활성을 가진 물질이 가연물질 연소의 연쇄반응을 더 이상 진행하지 않도록 억제·차단하여 소화시키는 역할을 하므로 부촉매소화작용을 한다.
4. 열분해 시 발생된 이산화탄소와 수증기가 화재로부터 발생되는 열의 전달을 차단시켜 화재의 전파를 방지하게 함으로써 열전달방지 소화작용을 한다.
5. 제1종 분말 소화약제의 경우 식용유화재에서 나트륨을 가하면 지방을 가수분해하는 비누화작용을 일으켜서 질식소화한다.
6. 제3종 분말 소화약제의 경우 제1인산암모늄으로부터 360℃ 이상의 온도에서 열분해하는 과정에서 생성되는 액체상태의 점성을 가진 메타인산(HPO_3)이 잔진상태의 숯불표면에 유리상의 피막을 이루어 공기 중의 산소의 공급을 차단시켜 방진소화작용을 한다.
7. 제3종 분말 소화약제의 경우 열분해되어 나온 오쏘인산(H_3PO_4)이 일반가연물질인 내부에 함유되어 있는 셀룰로오스로부터 물을 빼앗아 화염의 연락물질인 수소라디칼(H)·수산라디칼(OH)의 생성을 방지함으로써 활성이 없는 탄소로 탄화시켜 소화시키는 탈수·탄화작용을 한다.

확인학습 분말 소화약제의 정의

1. 화재 발생 시 온도나 습도가 높은 여름이나 온도가 낮은 겨울철 소화약제의 저장·취급 및 유지관리가 원활하지 못하여 이들의 단점을 보완하기 위해서 연구·개발된 소화약제가 분말 소화약제이다.
2. 분말 소화약제는 가연물질의 연소에서의 연쇄반응을 억제·차단하는 성분이 들어 있거나 화학반응을 일으키는 과정에서 발생되는 물질에 의한 질식작용 또는 화학반응 시 주위로부터 흡수하는 흡수열 등의 작용을 가지는 미세한 가루상태의 물질로 되어 있다.
3. 분말의 구비조건으로는 유동성, 무독성, 비고화성, 내부식성, 내습성, 작은 비중, 경제성, 경년기간, 미세도가 필요하다.
4. 사용되는 분말의 입자는 보통 10 ~ 70μm 정도이며, 분말의 입도는 너무 크거나 미세해도 안 되며 20 ~ 25μm 정도가 최적의 소화효과를 얻을 수 있다.

02 난이도 ●○○ 답 ③

제3종 분말 소화약제의 주성분은 제1인산암모늄($NH_4H_2PO_4$)이다.

확인학습 분말 소화약제의 분류

종별	주성분	색상	소화대상	특징
제1종	탄산수소나트륨	백색	B급, C급	비누화반응
제2종	탄산수소칼륨	담자색	B급, C급	-
제3종	제1인산암모늄	담홍색	A급, B급, C급	메타인산
제4종	중탄산칼륨 + 요소	회색	B급, C급	-

03 난이도 ●●○ 답 ①

공통물질은 ㄱ, ㄷ이다.

확인학습 분말 소화약제의 열분해 반응

1. 탄산수소나트륨의 열분해 반응
   - 270℃에서 $2NaHCO_3 \rightarrow Na_2CO_3 + H_2O + CO_2$
   - 850℃에서 $2NaHCO_3 \rightarrow Na_2O + H_2O + 2CO_2$
2. 탄산수소칼륨의 열분해반응
   - 190℃에서 $2KHCO_3 \rightarrow K_2CO_3 + H_2O + CO_2$
   - 260℃에서 $2KHCO_3 \rightarrow K_2O + H_2O + 2CO_2$

04 난이도 ●○○ 답 ④

제3종 분말 소화약제의 주성분은 제1인산암모늄이고 착색은 담홍색이다.

확인학습 제3종 분말 소화약제의 방진소화작용

1. 제1인산암모늄으로부터 360℃ 이상의 온도에서 열분해하는 과정에서 액체상태의 점성을 가진 메타인산(HPO_3)이 생성된다.
2. 메타인산(HPO_3)은 일반가연물질인 나무·종이·섬유 등의 연소과정인 잔진상태의 숯불표면에 유리(Glass)상의 피막을 이루어 공기 중의 산소의 공급을 차단시키며, 숯불모양으로 연소하는 작용을 방지한다.

확인학습 탄산수소나트륨과 탄산수소칼륨의 열분해 반응

1. 270℃에서 $2NaHCO_3 \rightarrow Na_2CO_3 + H_2O + CO_2$
2. 850℃에서 $2NaHCO_3 \rightarrow Na_2O + H_2O + 2CO_2$
3. 190℃에서 $2KHCO_3 \rightarrow K_2CO_3 + H_2O + CO_2$
4. 260℃에서 $2KHCO_3 \rightarrow K_2O + H_2O + 2CO_2$

05 난이도 ●●○ 답 ②

탄산수소나트륨과 같은 물질이 열분해할 때 주위로부터 반응에 필요한 열을 흡수함으로써 가연물질의 연소온도를 발화점 이하로 낮게 하여 냉각소화작용을 한다.

확인학습 제1종 분말 소화약제의 소화작용

1. **냉각소화작용**: 탄산수소나트륨과 같은 물질이 열분해할 때 주위로부터 반응에 필요한 열을 흡수함으로써 가연물질의 연소온도를 발화점 이하로 낮게 하여 냉각소화작용을 한다.
2. **질식소화작용**: 탄산수소나트륨의 열분해과정에서 발생되는 기체상태의 이산화탄소(CO_2)·수증기(H_2O)가 가연물질의 산소량의 부족으로 인하여 소화되게 하는 작용을 한다.
3. **부촉매소화작용**: 화학적으로 활성을 가진 물질이 가연물질 연소의 연쇄반응을 더 이상 진행하지 않도록 억제·차단하여 소화시키는 역할을 한다.
4. **그 밖의 소화작용**: 제1종 소화분말인 탄산수소나트륨으로부터 열분해 시 발생된 이산화탄소와 수증기가 화재로부터 발생되는 열의 전달을 차단시켜 화재의 전파를 방지하게 함으로써 열전달방지 소화작용을 하며, 특히 식용유화재에서 나트륨을 가하면 지방을 가수분해하는 비누화작용을 일으켜서 질식소화한다.

06 난이도 ●○○ 답 ①

제1종 분말 소화약제는 식용유화재에서 나트륨을 가하면 지방을 가수분해하는 비누화작용을 일으켜서 질식소화한다.

07 난이도 ●●○ 답 ③

제2종 분말 소화약제는 요리용 기름이나 지방질 기름과 비누화 반응을 일으키지 않기 때문에 제1종 분말 소화약제보다 소화력이 떨어진다.

확인학습 제2종 분말 소화약제

1. 제2종 소화분말의 주성분은 탄산수소칼륨으로 적응화재에 대해 가지는 소화 성능의 값이 제1종 분말 소화약제보다 우수하다.
2. 분말의 색상은 담회색이다.
3. **냉각소화작용**: 탄산수소칼륨은 탄산수소나트륨보다 낮은 온도에서 열분해를 하며, 금속칼륨이 금속나트륨에 비하여 반응성이 크므로 냉각소화작용이 우수하다.
4. **질식소화작용**: 요리용 기름이나 지방질 기름과 비누화 반응을 일으키지 않기 때문에 이 경우에는 제1종 분말 소화약제보다 소화력이 떨어진다.
5. **부촉매소화작용**: 제2종 분말 소화약제가 제1종 분말 소화약제보다 소화 능력이 우수한 이유는 칼륨이 나트륨보다 반응성이 더 크기 때문이다. 칼륨 이온(K^+)이 나트륨 이온(Na^+)보다 화학적 소화효과가 크다.

08 난이도 ●○○ 답 ③

제3종 분말 소화약제의 소화적응성이 있는 화재는 ㄱ. 일반화재, ㄷ. 유류화재, ㄹ. 전기화재이다.

09 난이도 ●●○ 답 ④

일반화재의 소화성능은 제3종 분말 소화약제가 가장 우수하다.

확인학습 분말 소화약제

종별	색상	소화대상	소화성능
제1종 분말 소화약제	백색	B급, C급	60
제2종 분말 소화약제	담자색	B급, C급	118
제3종 분말 소화약제	담홍색	A급, B급, C급	100
제4종 분말 소화약제	회색	B급, C급	150

10 난이도 ●○○ 답 ②

유체가 아니므로 배관 내의 흐름 시 고압이 필요한 것은 분말 소화약제의 단점에 해당한다.

확인학습 분말 소화약제의 장·단점

1. 장점
   - 유류화재나 전기화재 시에 소화성능이 우수하다.
   - 화재의 확대 및 급속한 인화성 액체의 소화에 적합하다.
   - 전기절연성이 높아 고전압의 전기화재에도 적합하다.
   - 소화약제의 수명이 반영구적이어서 경제적이지만, 분말소화기의 내용연수는 10년이다.
2. 단점
   - 피연소물질에 피해를 끼친다.
   - 소화약제 자체는 무해하나 열분해 시 유해성 가스를 발생하는 것도 있다.
   - 유체가 아니므로 배관 내의 흐름 시 고압을 필요로 한다.
   - 습기의 흡입에 주의하여야 한다.

PART 5 소방시설

CHAPTER 1 소방시설 개론

POINT 45 소방시설의 분류 1

정답 p.118

01	④	02	①	03	①	04	③	05	②
06	④	07	③	08	②	09	③	10	④

01 난이도 ●●○ 답 ④

소방시설이란 소화설비, 경보설비, 피난구조설비, 소화용수설비, 그 밖에 (소화활동설비)로서 대통령령으로 정하는 것을 말한다.
스프링클러설비는 소화설비에 해당한다.

확인학습 소화활동설비
1. 연결송수관설비
2. 연결살수설비
3. 연소방지설비
4. 무선통신보조설비
5. 비상콘센트설비
6. 제연설비

02 난이도 ●●● 답 ①

소방용품이란 소방시설등을 구성하거나 소방용으로 사용되는 제품 또는 기기로서 대통령령으로 정하는 것을 말한다.

| 선지분석 |

② [×] 특정소방대상물이란 건축물 등의 규모·용도 및 수용인원 등을 고려하여 소방시설을 설치하여야 하는 소방대상물로서 대통령령으로 정하는 것을 말한다.
③ [×] 소방시설등이란 소방시설과 비상구, 그 밖에 소방 관련 시설로서 대통령령으로 정하는 것을 말한다.
④ [×] 소방시설이란 소화설비, 경보설비, 피난구조설비, 소화용수설비, 그 밖에 소화활동설비로서 대통령령으로 정하는 것을 말한다.

03 난이도 ●●○ 답 ①

특정소방대상물이란 건축물 등의 규모·용도 및 수용인원 등을 고려하여 (소방시설)을 설치하여야 하는 (소방대상물)로서 대통령령으로 정하는 것을 말한다.

| 선지분석 |

① [×] 소방시설은 소화용수설비를 포함한다.

확인학습 용어의 정의
1. 소방시설은 소화설비, 경보설비, 피난구조설비, 소화용수설비, 그 밖에 소화활동설비로서 대통령령으로 정하는 것을 말한다.
2. 소방대상물은 건축물, 차량, 선박(항구에 매어둔 선박만 해당한다), 선박 건조 구조물, 산림, 그 밖의 인공 구조물 또는 물건을 말한다.

04 난이도 ●●○ 답 ③

- (소화설비)는 물, 그 밖의 소화약제를 사용하여 소화하는 기계·기구 또는 설비를 말한다.
- (소화활동설비)는 화재를 진압하거나 인명구조활동을 위하여 사용하는 설비를 말한다.
- 소화설비는 소공간용 소화용구를 포함한다. 소공간용 소화용구는 소화설비 중 소화기구에 해당한다.

| 선지분석 |

① [×] ㄱ은 소화설비이다. 소화설비는 연결살수설비를 포함하지 않는다. 연결살수설비는 소화활동설비이다.
② [×] 소화활동설비는 포 소화설비를 포함하지 않는다. 포 소화설비는 소화설비이다.
④ [×] ㄴ은 소화활동설비이다. 피난구조설비는 화재가 발생할 경우 피난하기 위하여 사용하는 기구 또는 설비를 말한다.

05 난이도 ●○○ 답 ②

고체에어로졸 소화설비는 물분무등소화설비에 해당한다.

확인학습 물분무등소화설비
1. 물분무 소화설비
2. 미분무 소화설비
3. 포 소화설비
4. 이산화탄소 소화설비
5. 할론 소화설비
6. 할로겐화합물 및 불활성기체 소화설비
7. 분말 소화설비
8. 강화액 소화설비
9. 고체에어로졸 소화설비

06 난이도 ●○○ 답 ④

에어로졸자동소화장치는 자동소화장치에 해당하지 않는다.

확인학습 자동소화장치
1. 주거용 주방자동소화장치
2. 상업용 주방자동소화장치
3. 캐비닛형 자동소화장치
4. 가스자동소화장치
5. 분말자동소화장치
6. 고체에어로졸자동소화장치

07 난이도 ●○○ 답 ③

자동소화장치에 해당하는 것은 ㄱ, ㄴ, ㄹ이다.

| 선지분석 |

ㄷ. [×] 영업용 주방자동소화장치는 해당하지 않는다.
ㅁ. [×] 고체에어로졸자동소화장치는 해당하지 않는다.

08 난이도 ●●○ 답 ②

포 소화설비는 소화설비에 해당하고, 연결살수설비, 연결송수관설비, 제연설비는 소화활동설비에 해당한다.

확인학습 소화설비

1. 소화기구
2. 자동소화장치
3. 옥내소화전설비
4. 옥외소화전설비
5. 스프링클러설비 · 간이스프링클러설비 및 화재조기진압용 스프링클러설비
6. 물분무등소화설비: 물분무 소화설비, 포 소화설비, 이산화탄소 소화설비, 할론 소화설비, 할로겐화합물 및 불활성기체 소화설비, 분말소화설비, 미분무 소화설비, 강화액 소화설비 및 고체에어로졸 소화설비

09 난이도 ●○○ 답 ③

미분무 소화설비는 해당하지 않는다.

확인학습 스프링클러설비등

1. 스프링클러설비
2. 간이스프링클러설비(캐비닛형 간이스프링클러설비 포함)
3. 화재조기진압용 스프링클러설비

10 난이도 ●○○ 답 ④

자동확산소화기, 캐비닛형 자동소화장치, 미분무 소화설비는 소화설비에 해당한다.

| 선지분석 |

① [×] 자동식사이렌설비, 통합감시시설, 가스누설경보기는 경보설비에 해당한다.
② [×] 소화용수설비에 급수탑은 해당하지 않는다.
③ [×] 시각경보기는 경보설비에 해당한다.

POINT 46 소방시설의 분류 2

정답 p.120

01	②	02	①	03	④	04	③	05	①
06	①	07	④	08	①	09	④	10	④

01 난이도 ●○○ 답 ②

통합감시시설은 경보설비에 해당한다.

확인학습 경보설비

1. 비상경보설비
2. 단독경보형감지기
3. 비상방송설비
4. 누전경보기
5. 자동화재탐지설비
6. 자동화재속보설비
7. 가스누설경보기
8. 통합감시시설
9. 시각경보기

02 난이도 ●●○ 답 ①

물분무등소화설비에 해당하는 것은 ㄱ. 포 소화설비, ㄴ. 강화액 소화설비, ㄹ. 고체에어로졸 소화설비이다.

확인학습 소화기구

1. 소화기
2. **간이소화용구**: 에어로졸식 소화용구, 투척용 소화용구, 소공간용 소화용구 및 소화약제 외의 것을 이용한 간이소화용구
3. 자동확산소화기

03 난이도 ●○○ 답 ④

화재 발생 사실을 통보하는 기계 · 기구 또는 설비는 경보설비이다. 인공소생기는 피난구조설비 중 인명구조기구에 해당한다.

확인학습 피난구조설비

1. **피난기구**: 피난사다리, 구조대, 완강기, 소방청장이 정하여 고시하는 화재안전기준으로 정하는 것
2. **인명구조기구**: 방열복, 방화복(안전헬멧, 보호장갑 및 안전화 포함), 공기호흡기, 인공소생기
3. **유도등**: 피난유도선, 피난구유도등, 통로유도등, 객석유도등, 유도표지
4. 비상조명등 및 휴대용비상조명등

04 난이도 ●○○ 답 ③

인명구조기구는 방열복, 방화복(안전모, 보호장갑 및 안전화 포함), 공기호흡기, 인공소생기이다. 구조대와 완강기는 피난기구에 해당한다.

05 난이도 ●○○ 답 ①

화재를 진압하는 데 필요한 물을 공급하거나 저장하는 설비는 소화용수설비이다. 소화용수설비에는 상수도소화용수설비와 소화수조·저수조 그 밖의 소화용수설비가 있다.

06 난이도 ●○○ 답 ①

화재를 진압하거나 인명구조활동을 위하여 사용하는 설비는 소방활동설비이다. 인명구조기구는 피난구조설비에 해당한다.

확인학습 소화활동설비

1. 연결송수관설비
2. 연결살수설비
3. 연소방지설비
4. 무선통신보조설비
5. 비상콘센트설비
6. 제연설비

07 난이도 ●○○ 답 ④

소방시설등이란 소방시설과 비상구, 그 밖에 소방 관련 시설로서 대통령령으로 정하는 것을 말한다. 대통령령으로 정하는 것은 방화문과 자동방화셔터이다.

08 난이도 ●○○ 답 ①

- 무창층이란 지상층 중 개구부 면적의 합계가 해당 층 바닥면적의 (30분의 1 이하)가 되는 층이다.
- 피난층은 곧바로 지상으로 갈 수 있는 (출입구)가 있는 층이다.

09 난이도 ●●○ 답 ④

무창층의 개구부에는 화재 시 건축물로부터 쉽게 피난할 수 있도록 창살이나 그 밖의 장애물을 설치하지 아니하도록 하여야 한다.

확인학습 무창층의 개구부의 요건

1. 크기는 지름 50cm 이상의 원이 통과할 수 있는 크기일 것
2. 해당 층의 바닥면으로부터 개구부 밑부분까지 높이가 1.2m 이내일 것
3. 도로 또는 차량이 진입할 수 있는 빈터를 향할 것
4. 화재 시 건축물로부터 쉽게 피난할 수 있도록 창살이나 그 밖의 장애물을 설치하지 아니할 것
5. 내부 또는 외부에서 쉽게 부수거나 열 수 있을 것

10 난이도 ●●○ 답 ④

자동소화장치는 소방용품 중 소화설비에 해당한다.

확인학습 소방용품

1. 소화설비를 구성하는 제품 또는 기기
   - 소화기구(소화약제 외의 것을 이용한 간이소화용구 제외)
   - 자동소화장치
   - 소화설비를 구성하는 소화전, 관창(菅槍), 소방호스, 스프링클러헤드, 기동용 수압개폐장치, 유수제어밸브 및 가스관선택밸브
2. 경보설비를 구성하는 제품 또는 기기
   - 누전경보기 및 가스누설경보기
   - 경보설비를 구성하는 발신기, 수신기, 중계기, 감지기 및 음향장치(경종만 해당)
3. 피난구조설비를 구성하는 제품 또는 기기
   - 피난사다리, 구조대, 완강기(간이완강기 및 지지대 포함)
   - 공기호흡기(충전기 포함)
   - 피난구유도등, 통로유도등, 객석유도등 및 예비 전원이 내장된 비상조명등

CHAPTER 2 소화설비

POINT 47 소화기구 및 자동소화장치

정답 p.122

01	②	02	②	03	③	04	①	05	③
06	①	07	②	08	②	09	②	10	④

01 난이도 ●○○ 답 ②

- (가압식)소화기란 소화약제의 방출원이 되는 가압가스를 소화기 본체용기와는 별도의 전용용기에 충전하여 장치하고 소화기가압용가스용기의 작동봉판을 파괴하는 등의 조작에 의하여 방출되는 가스의 압력으로 소화약제를 방사하는 방식의 소화기를 말한다.
- (축압식)소화기란 본체용기 중에 소화약제와 함께 소화약제의 방출원이 되는 압축가스(질소 등)를 봉입한 방식의 소화기를 말한다.

02 난이도 ●●● 답 ②

축압식소화기(이산화탄소 및 할론 1301 소화약제를 충전한 소화기와 한번 사용한 후에는 다시 사용할 수 없는 형의 소화기는 제외한다)는 지시압력계를 설치하여야 한다.

확인학습 소화기의 일반구조

1. 작동방식이 확실하고 취급·점검 및 정비가 용이하여야 한다.
2. 소화기는 한사람이 쉽게 사용할 수 있어야 하며, 조작 시 인체에 부상을 유발하지 아니하는 구조이어야 한다.
3. 소화기에 충전하는 소화약제는 소화약제의 중량을 100g 단위로 구분하여야 한다.
4. 축압식소화기(이산화탄소 및 할론 1301 소화약제를 충전한 소화기와 한번 사용한 후에는 다시 사용할 수 없는 형의 소화기는 제외한다)는 지시압력계를 설치하여야 한다.
5. 지시압력계는 충전압력값이 소화기의 축심과 일직선상에 위치하도록 부착하여야 한다.

6. 소화기 본체용기의 외부에 부착하는 소화기가압용 가스용기는 외부의 충격으로부터 보호될 수 있는 구조이어야 한다.
7. 소화기 본체용기 하단에 설치되는 밑받침은 용접 또는 체결 등의 방법으로 설치하여야 하며 별도의 조작 없이 빠지지 아니하는 구조이어야 한다.
8. 소화기의 주 기능에 영향을 미치는 부속장치를 설치하지 아니하여야 한다.
9. 수용액 등 액체 상태의 소화약제는 결정이 석출하지 아니하고 용액이 분리되거나 부유물 또는 침전물이 발생하는 등의 이상이 생기지 아니하여야 하며 과불화옥탄술폰산을 함유하지 않아야 한다.

03 난이도 ●●○ 답 ③

C급 화재용 소화기는 전기전도성시험에 적합하여야 하며, C급 화재에 대한 능력단위는 지정하지 아니한다.

확인학습 능력단위

1. A급 화재용 소화기 또는 B급 화재용 소화기는 능력단위의 수치가 1 이상이어야 한다.
2. 대형소화기의 능력단위의 수치는 A급 화재에 사용하는 소화기는 10단위 이상, B급 화재에 사용하는 소화기는 20단위 이상이어야 한다.
3. C급 화재용 소화기는 전기전도성시험에 적합하여야 하며, C급 화재에 대한 능력단위는 지정하지 아니한다.
4. K급 화재용 소화기는 K급 화재용 소화기의 소화성능시험에 적합하여야 하며, K급 화재에 대한 능력단위는 지정하지 아니한다.

04 난이도 ●○○ 답 ①

ㄱ. 화재를 감지하여 자동으로 소화약제를 방출·확산시켜 국소적으로 소화하는 소화기 - 자동확산소화기
ㄴ. 소화약제를 자동으로 방사하는 고정된 소화장치로서 형식승인이나 성능인증을 받은 유효설치 범위(설계방호체적, 최대설치높이, 방호면적 등을 말한다) 이내에 설치하여 소화하는 것 - 자동소화장치

05 난이도 ●○○ 답 ③

포소화기에 충전하는 소화약제의 양은 20L 이상이다.

확인학습 대형소화기에 충전하는 소화약제의 양

1. 물소화기: 80L 이상
2. 강화액소화기: 60L 이상
3. 할로겐화물소화기: 30kg 이상
4. 이산화탄소소화기: 50kg 이상
5. 분말소화기: 20kg 이상
6. 포소화기: 20L 이상

06 난이도 ●○○ 답 ①

소화기란 소화약제를 압력에 따라 방사하는 기구로서 사람이 수동으로 조작하여 소화하는 것을 말한다.

- 소형소화기: 능력단위가 (1단위) 이상이고 대형소화기의 능력단위 미만인 소화기를 말한다.
- 대형소화기: 화재 시 사람이 운반할 수 있도록 운반대와 바퀴가 설치되어 있고 능력단위가 A급 10단위 이상, B급 (20단위) 이상인 소화기를 말한다.

07 난이도 ●●● 답 ②

- 주성분이 중탄산나트륨인 소화약제는 중탄산나트륨($NaHCO_3$)이 (90) wt% 이상이어야 한다.
- 주성분이 중탄산칼륨인 소화약제는 중탄산칼륨($KHCO_3$)이 (92)wt% 이상이어야 한다.
- 주성분이 인산염류등인 소화약제는 제1인산암모늄($NH_4H_2PO_4$) 등 함량이 최소 75wt% 이상이어야 하며 설계값의 -5% ~ +15%이어야 한다.

08 난이도 ●○○ 답 ②

주방화재(K급 화재)란 주방에서 동·식물유류를 취급하는 조리기구에서 일어나는 화재를 말한다.

| 선지분석 |

① [X] 일반화재(A급 화재)란 나무, 섬유, 종이, 고무, 플라스틱류와 같은 일반 가연물이 타고 나서 재가 남는 화재를 말한다.
③ [X] 유류화재(B급 화재)란 인화성 액체, 가연성 액체, 석유 그리스, 타르, 오일, 유성도료, 솔벤트, 래커, 알코올 및 인화성 가스와 같은 유류가 타고 나서 재가 남지 않는 화재를 말한다.
④ [X] 전기화재(C급 화재)란 전류가 흐르고 있는 전기기기, 배선과 관련된 화재를 말한다.

09 난이도 ●●● 답 ②

이산화탄소 소화약제는 B급, C급 화재에 소화적응성이 있다.

확인학습 소화기구의 소화약제별 적응성

구분		일반화재	유류화재	전기화재	주방화재
가스,	이산화탄소	-	○	○	-
	할론	○	○	○	-
	할로겐화합물 및 불활성기체	○	○	○	-
분말	인산염류 소화약제	○	○	○	-
	중탄산염류 소화약제	-	○	○	*
액체	산알칼리 소화약제	○	○	*	-
	강화액 소화약제	○	○	*	*
	포 소화약제	○	○	*	*
	윤화제·물 소화약제	○	○	*	*
기타	고체에어로졸화합물	○	○	○	-
	마른모래	○	○	-	-
	팽창질석·팽창진주암	○	○	-	-
	그 밖의 것	-	-	-	*

'*'의 소화약제별 적응성은 「화재예방, 소방시설 설치·유지 및 안전관리에 관한 법률」 제36조에 의한 형식승인 및 제품검사의 기술기준에 따라 화재 종류별 적응성에 적합한 것으로 인정되는 경우에 한한다.

10 난이도 ●●○ 답 ④

• 각 층마다 설치하되, 특정소방대상물의 각 부분으로부터 1개의 소화기까지의 (보행거리)가 소형소화기의 경우에는 20m 이내, 대형소화기의 경우에는 30m 이내가 되도록 배치할 것
• 특정소방대상물의 각 층이 2 이상의 거실로 구획된 경우에는 위의 규정에 따라 각 층마다 설치하는 것 외에 바닥면적이 ($33m^2$) 이상으로 구획된 각 거실에도 배치할 것

✔ 확인학습 소화기의 설치기준

1. 각 층마다 설치하되, 특정소방대상물의 각 부분으로부터 1개의 소화기까지의 보행거리가 소형소화기의 경우에는 20m 이내, 대형소화기의 경우에는 30m 이내가 되도록 배치할 것. 다만, 가연성 물질이 없는 작업장의 경우에는 작업장의 실정에 맞게 보행거리를 완화하여 배치할 수 있다.
2. 특정소방대상물의 각 층이 2 이상의 거실로 구획된 경우에는 1.에 따라 각 층마다 설치하는 것 외에 바닥면적이 $33m^2$ 이상으로 구획된 각 거실(아파트의 경우에는 각 세대를 말한다)에도 배치할 것
3. 능력단위가 2단위 이상이 되도록 소화기를 설치하여야 할 특정소방대상물 또는 그 부분에 있어서는 간이소화용구의 능력단위가 전체 능력단위의 2분의 1을 초과하지 아니하게 할 것. 다만, 노유자시설의 경우에는 그렇지 않다.

POINT 48 옥내소화전설비 1

정답 p.124

01	④	02	③	03	③	04	①	05	①
06	③	07	②	08	①	09	②	10	④

01 난이도 ●●○ 답 ④

연성계란 대기압 이상의 압력과 대기압 이하의 압력을 측정할 수 있는 계측기를 말한다.

✔ 확인학습 용어의 정의

1. 고가수조: 구조물 또는 지형지물 등에 설치하여 자연낙차의 압력으로 급수하는 수조를 말한다.
2. 압력수조: 소화용수와 공기를 채우고 일정압력 이상으로 가압하여 그 압력으로 급수하는 수조를 말한다.
3. 충압펌프: 배관 내 압력손실에 따른 주펌프의 빈번한 기동을 방지하기 위하여 충압역할을 하는 펌프를 말한다.
4. **정격토출량**: 정격토출압력에서의 펌프의 토출량을 말한다.
5. **정격토출압력**: 정격토출량에서의 펌프의 토출측 압력을 말한다.
6. 진공계: 대기압 이하의 압력을 측정하는 계측기를 말한다.
7. 연성계: 대기압 이상의 압력과 대기압 이하의 압력을 측정할 수 있는 계측기를 말한다.
8. 체절운전: 펌프의 성능시험을 목적으로 펌프토출측의 개폐밸브를 닫은 상태에서 펌프를 운전하는 것을 말한다.
9. 기동용수압개폐장치: 소화설비의 배관 내 압력변동을 검지하여 자동적으로 펌프를 기동 및 정지시키는 것으로서 압력챔버 또는 기동용압력스위치 등을 말한다.
10. **급수배관**: 수원 및 옥외송수구로부터 옥내소화전방수구에 급수하는 배관을 말한다.
11. **개폐표시형밸브**: 밸브의 개폐여부를 외부에서 식별이 가능한 밸브를 말한다.
12. 가압수조: 가압원인 압축공기 또는 불연성 고압기체에 따라 소방용수를 가압시키는 수조를 말한다.

02 난이도 ●●○ 답 ③

ㄱ. 펌프의 성능시험을 목적으로 펌프 토출측의 개폐밸브를 닫은 상태에서 펌프를 운전하는 것 - 체절운전
ㄴ. 배관 내 압력손실에 따른 주펌프의 빈번한 기동을 방지하기 위하여 충압역할을 하는 펌프 - 충압펌프

03 난이도 ●○○ 답 ③

가압수조란 가압원인 압축공기 또는 불연성 고압기체에 따라 소방용수를 가압시키는 수조를 말한다.

✔ 확인학습 가압송수장치

1. 고가수조의 자연낙차에 의한 가압송수장치
2. 압력수조에 의한 가압송수장치
3. 가압수조에 의한 가압송수장치
4. 펌프에 의한 가압송수장치

04 난이도 ●○○ 답 ①

기동용수압개폐장치란 소화설비의 배관 내 압력변동을 검지하여 자동적으로 펌프를 기동 및 정지시키는 것으로서 압력챔버 또는 기동용압력스위치 등을 말한다.

✔ 확인학습 기동용수압개폐장치(압력챔버)

1. 압력챔버의 용적은 100L 이상의 것으로 한다.
2. 펌프를 이용하는 가압송수장치의 토출 측 배관에 연결되어 배관 내의 압력변동을 검지하여 펌프를 자동적으로 기동 또는 정지시키기 위해 설치한다.
3. 압력스위치는 Range(펌프의 작동 중단점)와 Diff(펌프의 작동점)가 있다.

05 난이도 ●●○ 답 ①

옥내소화전설비는 소방대가 도착하기 전에 건축물의 관계인이 초기 화재진압을 위해서 사용하는 수동식 소화설비이다.

✔ 확인학습 옥내소화전설비 개요

1. 옥내소화전설비는 소방대가 도착하기 전에 건축물의 관계인이 초기 화재진압을 위해서 사용하는 수동식 소화설비이다.
2. 옥내소화전설비는 화재 초기에 건축물 내의 화재를 진화하도록 소화전함에 비치되어 있는 호스 및 노즐을 이용하여 소화하는 설비이다.
3. 일반적으로 수원, 가압송수장치, 배관, 제어반, 비상전원, 호스 및 노즐 등으로 구성된다.

06 난이도 ●●● 답 ③

수원의 수위가 펌프보다 낮은 위치에 있는 가압송수장치에는 물올림장치를 설치하여야 한다.

| 선지분석 |

① [×] 가압송수장치에는 체절운전 시 수온의 상승을 방지하기 위한 순환배관을 설치할 것. 다만, 충압펌프의 경우에는 그러하지 아니하다.

② [×] 기동용수압개폐장치(압력챔버)를 사용할 경우 그 용적은 100L 이상의 것으로 하여야 한다.

④ [×] 펌프의 토출측에는 압력계를 체크밸브 이전에 펌프 토출측 플랜지에서 가까운 곳에 설치하고, 흡입측에는 연성계 또는 진공계를 설치하여야 한다.

07 난이도 ●●○ 답 ②

특정소방대상물의 어느 층에 있어서도 해당 층의 옥내소화전(2개 이상 설치된 경우에는 2개의 옥내소화전)을 동시에 사용할 경우 각 소화전의 노즐선단에서의 방수압력이 0.17MPa 이상이고, 방수량이 130L/min 이상이 되는 성능의 것으로 하여야 한다.

✔ 확인학습 전동기 또는 내연기관에 따른 펌프를 이용하는 가압송수장치

1. 쉽게 접근할 수 있고 점검하기에 충분한 공간이 있는 장소로서 화재 및 침수 등의 재해로 인한 피해를 받을 우려가 없는 곳에 설치할 것
2. 동결방지조치를 하거나 동결의 우려가 없는 장소에 설치할 것
3. 특정소방대상물의 어느 층에 있어서도 해당 층의 옥내소화전(5개 이상 설치된 경우에는 5개의 옥내소화전)을 동시에 사용할 경우 각 소화전의 노즐선단에서의 방수압력이 0.17MPa(호스릴옥내소화전설비를 포함) 이상이고, 방수량이 130L/min(호스릴옥내소화전설비를 포함) 이상이 되는 성능의 것으로 할 것. 다만, 하나의 옥내소화전을 사용하는 노즐선단에서의 방수압력이 0.7MPa을 초과할 경우에는 호스접결구의 인입측에 감압장치를 설치하여야 한다.
4. 펌프의 토출량은 옥내소화전이 가장 많이 설치된 층의 설치개수(옥내소화전이 2개 이상 설치된 경우에는 2개)에 130L/min를 곱한 양 이상이 되도록 할 것

08 난이도 ●●○ 답 ①

옥내소화전설비의 화재안전기준 제4조【수원】① 옥내소화전설비의 수원은 그 저수량이 옥내소화전의 설치개수가 가장 많은 층의 설치개수(2개 이상 설치된 경우에는 2개)에 ($2.6m^3$)(호스릴옥내소화전설비를 포함한다)를 곱한 양 이상이 되도록 하여야 한다.
② 옥내소화전설비의 수원은 제1항에 따라 산출된 유효수량 외에 유효수량의 (3분의 1) 이상을 옥상(옥내소화전설비가 설치된 건축물의 주된 옥상을 말한다)에 설치하여야 한다. <생략>

09 난이도 ●●○ 답 ②

- 기동용수압개폐장치(압력챔버)를 사용할 경우 그 용적은 (100L) 이상의 것으로 할 것
- 물올림장치를 설치기준(수원의 수위가 펌프보다 낮은 위치에 있는 가압송수장치)
  - 물올림장치에는 전용의 탱크를 설치할 것
  - 탱크의 유효수량은 (100L) 이상으로 하되, 구경 15mm 이상의 급수배관에 따라 해당 탱크에 물이 계속 보급되도록 할 것

10 난이도 ●●○ 답 ④

연결송수관설비의 배관과 겸용할 경우의 주배관은 구경 100mm 이상, 방수구로 연결되는 배관의 구경은 65mm 이상의 것으로 하여야 한다.

✔ 확인학습 배관

1. 펌프의 토출 측 주배관의 구경은 유속이 4m/s 이하가 될 수 있는 크기 이상으로 하여야 하고, 옥내소화전방수구와 연결되는 가지배관의 구경은 40mm(호스릴옥내소화전설비의 경우에는 25mm) 이상으로 하여야 하며, 주배관 중 수직배관의 구경은 50mm(호스릴옥내소화전설비의 경우에는 32mm) 이상으로 하여야 한다.
2. 연결송수관설비의 배관과 겸용할 경우의 주배관은 구경 100mm 이상, 방수구로 연결되는 배관의 구경은 65mm 이상의 것으로 하여야 한다.

POINT 49 옥내소화전설비 2

정답 p.126

01	①	02	①	03	①	04	①	05	③
06	②	07	④	08	②	09	④	10	②

01 난이도 ●●○ 답 ①

펌프의 성능은 체절운전 시 정격토출압력의 (140%)를 초과하지 아니하고, 정격토출량의 150%로 운전 시 정격토출압력의 (65% 이상)이 되어야 한다.

✔ 확인학습 펌프의 성능시험배관 설치기준

1. 성능시험배관은 펌프의 토출 측에 설치된 개폐밸브 이전에서 분기하여 설치하고, 유량측정장치를 기준으로 전단 직관부에 개폐밸브를 후단 직관부에는 유량조절밸브를 설치할 것
2. 유량측정장치는 성능시험배관의 직관부에 설치하되, 펌프의 정격토출량의 175% 이상 측정할 수 있는 성능이 있을 것

02 난이도 ●●○ 답 ①

송수구의 설치기준은 지면으로부터 높이가 0.5m 이상 1.0m 이하의 위치에 설치하여야 한다.

✔ 확인학습 옥내소화전설비에는 소방차로부터 그 설비에 송수할 수 있는 송수구 설치기준

1. 송수구는 소방차가 쉽게 접근할 수 있는 잘 보이는 장소에 설치하되 화재층으로부터 지면으로 떨어지는 유리창 등이 송수 및 그 밖의 소화작업에 지장을 주지 아니하는 장소에 설치할 것
2. 송수구로부터 주 배관에 이르는 연결배관에는 개폐밸브를 설치하지 아니할 것. 다만, 스프링클러설비·물분무 소화설비·포 소화설비 또는 연결송수관설비의 배관과 겸용하는 경우에는 그러하지 아니하다.
3. 지면으로부터 높이가 0.5m 이상 1m 이하의 위치에 설치할 것
4. 구경 65mm의 쌍구형 또는 단구형으로 할 것
5. 송수구의 가까운 부분에 자동배수밸브(또는 직경 5mm의 배수공) 및 체크밸브를 설치할 것. 이 경우 자동배수밸브는 배관 안의 물이 잘 빠질 수 있는 위치에 설치하되, 배수로 인하여 다른 물건 또는 장소에 피해를 주지 아니하여야 한다.
6. 송수구에는 이물질을 막기 위한 마개를 씌울 것

03 난이도 ●●○ 답 ①

특정소방대상물의 층마다 설치하되, 해당 특정소방대상물의 각 부분으로부터 하나의 옥내소화전 방수구까지의 수평거리가 25m(호스릴옥내소화전설비를 포함한다) 이하가 되도록 하여야 한다.

✔ 확인학습 방수구

1. 옥내소화전의 방수구는 소방대상물의 층마다 설치한다.
2. 당해 소방대상물의 각 부분으로부터 하나의 옥내소화전 방수구까지의 수평거리는 25m 이하이다.
3. 방수구의 설치위치는 바닥으로부터 1.5m 이하이다.
4. 호스의 구경은 40mm 이상(호스릴옥내소화전설비는 25mm 이상)이다.
5. 노즐의 구경은 13mm의 것으로 한다.

04 난이도 ●●○ 답 ①

소방용스트레이너란 소화설비의 배관에 설치하여 오물 등의 불순물을 여과시켜 원활하게 소화용수를 공급하는 장치(스트레이너)를 말한다.

| 선지분석 |

② [×] 체크밸브란 유수가 일방향으로 흐르게 하는 밸브를 말하며, 역류를 방지하기 위하여 설치한다.

③ [×] 푸트밸브란 수조의 흡수구에 설치되는 밸브로서 여과기능과 체크밸브기능을 한다.

④ [×] 플렉시블조인트란 갑작스런 펌프의 작동으로 인한 충격이 배관에 전달하지 않도록 펌프의 흡입 측과 토출 측에 플렉시블을 설치한다.

05 난이도 ●●● 답 ③

평상시 옥내소화전설비에서 발생되는 적은 양의 압력누수는 토출량이 적은 충압펌프를 사용하여 보충한다. 따라서 충압펌프는 주기능이 소화용이 아니므로 펌프성능시험배관도 설치하지 않는다.

✔ 확인학습 소방용펌프와 충압펌프

1. 소방용펌프는 원심펌프를 주로 사용하며 원심펌프에는 볼류트펌프와 터빈펌프의 2종류가 있다.
   - 소방용펌프는 일반공정용 펌프와 달리 펌프의 토출량이 항상 동일하지 않다.
   - 소화전의 사용 수량이 달라도 각각 규정압(0.17MPa)과 규정 방사량(130L/min)이 발생하여야 하는 특징이 있다.
   - 소화설비용펌프는 토출량의 큰 변화가 발생되며 이로 인하여 펌프의 방수량이 설계치 이상이 될 경우 펌프의 선정에 따라서는 과부하를 일으켜 펌프가 정지하는 현상이 발생할 수 있다.
2. 충압펌프
   - 평상시 옥내소화전설비에서 발생되는 적은 양의 압력누수는 토출량이 적은 충압펌프를 사용하여 보충한다.
   - 충압펌프는 주기능이 소화용이 아니므로 펌프성능시험배관을 설치하지 않는다.

06 난이도 ●●○ 답 ②

펌프 흡입 측의 배관의 구경을 달리할 경우에는 펌프 입구에서 공기고임을 방지하기 위하여 편심 레듀서를 설치한다.

✔ 확인학습 편심 레듀서

1. 펌프 흡입측의 배관의 구경을 달리할 경우에는 펌프 입구에서 공기고임을 방지하기 위하여 편심 레듀셔를 설치한다.
2. 수조와 펌프의 높이가 너무 크거나 배관의 마찰이 클 경우에는 유효흡입양정이 작아져 Cavitation 현상이 일어나기 쉽다.

✔ 확인학습 수격방지기(Water hammer cushion)

1. 수격방지기: 워터해머를 흡수 또는 방지할 목적으로 만들어진 기계적 장치로 그 종류는 크게 4가지[스프링식, 가스(에어)식, 다이어프램식, 피스톤식]로 분류할 수 있다.
2. 수격작용(Water hammer): 펌프 운전 중 정전 등으로 펌프가 급히 정지하는 경우 관 내의 운동에너지가 압력에너지로 변하여 소음과 진동을 수반하는 현상이 발생하는데 이를 수격작용이라 한다.

✔ 확인학습 공동현상(Cavitation)

1. 정의: 펌프의 흡입 양정이 높거나 유속의 급속한 변화 또는 와류의 발생 등에 의해 기포가 생성되는 현상을 공동현상(Cavitation)이라고 한다. 이때 펌프성능은 저하되고 진동소음이 발생하며, 심하면 양수불능이 된다.
2. 발생원인
   - 펌프의 흡입 측 수두가 큰 경우
   - 펌프의 마찰손실이 클 경우
   - 펌프의 흡입관경이 너무 작은 경우
   - 유체가 고온일 경우
   - 임펠러 속도가 지나치게 큰 경우
   - 펌프의 흡입압력이 유체의 증기압보다 낮은 경우

✔ 확인학습 물올림장치

1. 수조의 위치가 펌프보다 낮은 경우 펌프 흡입 측 배관에는 항상 물이 채워져 있어야 한다.
2. 물올림장치는 전용의 탱크를 설치하고 유효수량은 100L 이상으로 하되, 구경 15mm 이상의 급수배관을 설치하여 당해 펌프의 흡입배관에 상시 물이 채워지도록 하여야 한다.

3. 물올림탱크에는 항상 급수가 가능하도록 자동급수밸브를 설치하며, 넘침을 방지하기 위해 오버플로우관을 설치하고, 보수를 위한 배수밸브를 설치한다.

07 난이도 ●●● 답 ④

- 흡입수면에서 (펌프) 중심높이까지를 "흡입양정", (펌프) 중심높이에서 토출수면까지를 "토출양정", 흡입수면에서 토출수면까지의 실제양정을 "실양정"이라고 한다.
- 실양정에 배관 내 마찰손실수두, (호스마찰손실) 등을 가한 전체양정을 "전양정"이라고 한다.

08 난이도 ●○○ 답 ②

당해 소방대상물의 각 부분으로부터 하나의 옥내소화전 방수구까지의 수평거리는 25m 이하이다.

확인학습 옥내소화전함

1. **재질 및 기준**: 함의 재질은 두께 1.5mm 이상의 강판 또는 두께 4mm 이상의 합성수지재
2. **위치표시등**: 설치각도는 부착면과 15도 이상 각도로 10m의 거리에서 식별할 수 있는 적색등
3. **방수구**: 소방대상물의 각 부분으로부터 하나의 옥내소화전 방수구까지의 수평거리는 25m 이하
4. **호스의 구경**: 40mm 이상(호스릴 25mm 이상)
5. **노즐의 구경**: 13mm

09 난이도 ●●○ 답 ④

- 옥외소화전설비의 수원은 그 저수량이 옥외소화전의 설치개수(옥외소화전이 2개 이상 설치된 경우에는 2개)에 (7)m^3를 곱한 양 이상이 되도록 하여야 한다.
- 특정소방대상물에 설치된 옥외소화전(2개 이상 설치된 경우에는 2개의 옥외소화전)을 동시에 사용할 경우 각 옥외소화전의 노즐선단에서의 방수압력이 (0.25)MPa 이상이고, 방수량이 350L/min 이상이 되는 성능의 것으로 할 것

확인학습 옥외소화전설비

1. 개요
   - 옥외소화전설비는 건물의 아래층(1 ~ 2층)의 초기 화재뿐만 아니라 본격 화재에도 적합한 소화설비로서 외부에 설치 고정된 소화설비이다.
   - 자체소화뿐만 아니라 인접건물로의 연소방지를 목적으로도 사용된다.
2. 수원
   - **노즐 선단에서의 방수압력**: 0.25 ~ 0.7MPa
   - **노즐 선단에서의 방수량**: 350L/min 이상
   - **펌프의 토출량**: 350L/min × 옥외소화전 설치개수(최대 2개)
   - **수원의 용량(저수량)**: $7m^3$ × 옥외소화전 설치개수(최대 2개)

10 난이도 ●○○ 답 ②

- 옥외소화전이 10개 이하 설치된 때에는 옥외소화전마다 (5m) 이내의 장소에 1개 이상의 소화전함을 설치하여야 한다.
- 옥외소화전이 11개 이상 30개 이하 설치된 때에는 (11개) 이상의 소화전함을 각각 분산하여 설치하여야 한다.

확인학습 옥외소화전의 소화전함 설치기준

1. 옥외소화전이 10개 이하일 때는 5m 이내마다 소화전함을 1개 이상 설치한다.
2. 옥외소화전이 11 ~ 30개 이하일 때는 11개 이상의 소화전함을 각각 분산하여 설치한다.
3. 옥외소화전이 31개 이상일 때는 옥외소화전 3개마다 1개 이상의 소화전함을 설치한다.
4. 옥외소화전함의 호스와 노즐
   - 호스의 구경은 65mm로 한다.
   - 노즐의 구경은 19mm이다.

POINT 50 스프링클러설비 1

정답 p.128

01	③	02	④	03	③	04	①	05	①
06	①	07	③	08	①	09	③	10	①

01 난이도 ●●○ 답 ③

스프링클러설비는 초기소화에 절대적으로 우수한 특성을 지니고 있는 것은 맞으나, 모든 스프링클러설비에 감지기가 설치되어 있지는 않다.

확인학습 스프링클러설비

스프링클러설비는 화재가 발생하면 천장이나 반자에 설치된 헤드가 감열 작동하거나 자동적으로 화재를 발견함과 동시에 주변에 적상주수를 하여 효과적으로 화재를 진압할 수 있는 고정식 소화설비이다.

1. 스프링클러설비의 종류

구분	1차측	유수검지장치	2차측	헤드	감지기 유무
습식	가압수	알람밸브 Alam valve	가압수	폐쇄형	×
건식	가압수	드라이밸브 Dry valve	압축공기	폐쇄형	×
준비 작동식	가압수	프리액션밸브 Pre-action valve	대기압	폐쇄형	○
부압식	가압수	프리액션밸브 Pre-action valve	부압	폐쇄형	○
일제 살수식	가압수	일제살수식밸브 Deluge valve	대기압	개방형	○

2. 스프링클러설비의 장·단점
- 장점
  - 사람이 없는 야간에도 자동적으로 화재를 감지하여 소화 및 경보를 해준다.
  - 물을 사용하므로 소화약제의 가격이 저렴하다.
  - 초기소화에 절대적으로 우수하다.
  - 감지부에 의한 작동으로 수동과 자동 모두 가능하다.
- 단점
  - 다른 소화설비보다 구조가 비교적 복잡하다.
  - 물로 인한 수손피해가 발생할 수 있다.
  - 동절기에 동파가 될 수도 있다.
  - 건축물의 층고에 영향을 줄 수 있다.

02 난이도 ●●○ 답 ④

일제살수식 스프링클러설비란 가압송수장치에서 일제개방밸브 1차측까지 배관 내에 항상 물이 가압되어 있고 2차측에서 개방형 스프링클러헤드까지 대기압으로 있다가 화재 발생 시 자동감지장치 또는 수동식 기동장치의 작동으로 일제개방밸브가 개방되면 스프링클러헤드까지 소화용수가 송수되는 방식의 스프링클러설비를 말한다.

확인학습 스프링클러설비의 종류
1. 습식 스프링클러설비: 가압송수장치에서 폐쇄형 스프링클러헤드까지 배관 내에 항상 물이 가압되어 있다가 화재로 인한 열로 폐쇄형 스프링클러헤드가 개방되면 배관 내에 유수가 발생하여 습식유수검지장치가 작동하게 되는 스프링클러설비를 말한다.
2. 건식 스프링클러설비: 건식유수검지장치 2차측에 압축공기 또는 질소 등의 기체로 충전된 배관에 폐쇄형 스프링클러헤드가 부착된 스프링클러설비로서, 폐쇄형 스프링클러헤드가 개방되어 배관 내의 압축공기 등이 방출되면 건식유수검지장치 1차측의 수압에 의하여 건식유수검지장치가 작동하게 되는 스프링클러설비를 말한다.
3. 준비작동식 스프링클러설비: 가압송수장치에서 준비작동식 유수검지장치 1차측까지 배관 내에 항상 물이 가압되어 있고 2차측에서 폐쇄형 스프링클러헤드까지 대기압 또는 저압으로 있다가 화재발생 시 감지기의 작동으로 준비작동식 유수검지장치가 작동하여 폐쇄형 스프링클러헤드까지 소화용수가 송수되어 폐쇄형 스프링클러헤드가 열에 따라 개방되는 방식의 스프링클러설비를 말한다.
4. 부압식 스프링클러설비: 가압송수장치에서 준비작동식 유수검지장치의 1차측까지는 항상 정압의 물이 가압되고, 2차측 폐쇄형 스프링클러헤드까지는 소화수가 부압으로 되어 있다가 화재 시 감지기의 작동에 의해 정압으로 변하여 유수가 발생하면 작동하는 스프링클러설비를 말한다.
5. 일제살수식 스프링클러설비: 가압송수장치에서 일제개방밸브 1차측까지 배관 내에 항상 물이 가압되어 있고 2차측에서 개방형 스프링클러헤드까지 대기압으로 있다가 화재 발생 시 자동감지장치 또는 수동식 기동장치의 작동으로 일제개방밸브가 개방되면 스프링클러헤드까지 소화용수가 송수되는 방식의 스프링클러설비를 말한다.

03 난이도 ●●● 답 ③

준비작동식 유수검지장치란 1차측에 가압수 등을 채우고 2차측에 공기를 가득 채운 상태에서 화재감지설비의 감지기·화재감지용 헤드, 그 밖의 감지를 위한 기기(감지부)의 작동에 의하여 시트가 열리어 가압수 등이 2차측으로 유출하는 장치를 말한다.

확인학습 유수검지장치 등
1. 유수제어밸브: 수계 소화설비의 펌프 토출 측에 사용되는 유수검지장치와 일제개방밸브를 말한다.
2. 1차측: 본체의 유입구에서 시트까지의 부분을 말한다.
3. 2차측: 시트에서부터 본체의 유출구까지의 부분을 말한다.
4. 습식 유수검지장치: 1차측 및 2차측에 가압수 또는 가압 포수용액(가압수 등)을 가득 채운상태에서 폐쇄형 스프링클러헤드 또는 일제개방밸브, 그 밖의 밸브(폐쇄형 스프링클러헤드 등)가 열린 경우 2차측의 압력저하로 시트가 열리어 가압수 등이 2차측으로 유출되도록 하는 장치를 말한다.
5. 건식 유수검지장치: 1차측에 가압수 등을 채우고 2차측에 공기 혹은 저압의 공기를 가득 채운 상태에서 폐쇄형 스프링클러헤드 등이 열린 경우 2차측의 압력저하에 의하여 시트가 열리어 가압수 등이 2차측으로 유출하는 장치를 말한다.
6. 준비작동식 유수검지장치: 1차측에 가압수 등을 채우고 2차측에 공기를 가득 채운 상태에서 화재감지설비의 감지기·화재감지용 헤드, 그 밖의 감지를 위한 기기(감지부)의 작동에 의하여 시트가 열리어 가압수 등이 2차측으로 유출하는 장치를 말한다.

04 난이도 ●●○ 답 ①

폐쇄형 스프링클러헤드란 정상상태에서 방수구를 막고 있는 감열체가 일정온도에서 자동적으로 파괴·용해 또는 이탈됨으로써 방수구가 개방되는 스프링클러헤드를 말한다.

확인학습 스프링클러헤드의 종류
1. 개방형 스프링클러헤드: 감열체 없이 방수구가 항상 열려져 있는 스프링클러헤드를 말한다.
2. 폐쇄형 스프링클러헤드: 정상상태에서 방수구를 막고 있는 감열체가 일정온도에서 자동적으로 파괴·용해 또는 이탈됨으로써 방수구가 개방되는 스프링클러헤드를 말한다.
3. 조기반응형 헤드: 표준형 스프링클러헤드보다 기류온도 및 기류속도에 조기에 반응하는 것을 말한다.
4. 측벽형 스프링클러헤드: 가압된 물이 분사될 때 헤드의 축심을 중심으로 한 반원상에 균일하게 분산시키는 스프링클러헤드를 말한다.
5. 건식 스프링클러헤드: 물과 오리피스가 분리되어 동파를 방지할 수 있는 스프링클러헤드를 말한다.

05 난이도 ●●● 답 ①

- 가압송수장치의 정격토출압력은 하나의 헤드선단에 0.1MPa 이상 (1.2)MPa 이하의 방수압력이 될 수 있게 하는 크기일 것
- 가압송수장치의 송수량은 0.1MPa의 방수압력 기준으로 (80)L/min 이상의 방수성능을 가진 기준개수의 모든 헤드로부터의 방수량을 충족시킬 수 있는 양 이상의 것으로 할 것. 이 경우 속도수두는 계산에 포함하지 아니할 수 있다.

06 난이도 ●●○ 답 ①

엑셀러레이터는 건식밸브에 설치되어 건식밸브 2차측의 압축공기를 빠르게 배기시켜 건식밸브의 클래퍼가 보다 빨리 개방될 수 있도록 한 것이다.

확인학습 건식 스프링클러설비의 구성 요소

1. 공기압축기(자동에어콤프레셔)
   - 건식밸브 2차측에 연결되어 압축공기 상태를 유지시킨다.
   - 건식밸브 2차측에 압축공기를 채우기 위하여 콤프레셔를 설치하며, 배관에 압축공기가 누설되면 자동으로 콤프레셔가 작동하여 압축공기를 채울 수 있도록 되어 있다.
2. 엑셀러레이터(Accelerator, 가속기)
   - 습식은 헤드가 개방되면 바로 살수가 이루어지기 때문에 반응지수가 낮은 반면, 건식설비는 압축공기를 모두 배기하고 난 뒤 소화수가 살수되어 화재 이후 초기 대응시간이 다른 설비에 비해 길어진다는 단점이 있다.
   - 건식밸브의 빠른 작동과 배관의 압축공기를 빨리 배기시키기 위해 배기가속장치를 설치한다.
   - 엑셀러레이터는 건식밸브에 설치되어 건식밸브 2차측의 압축공기를 빠르게 배기시켜 건식밸브의 클래퍼가 보다 빨리 개방될 수 있도록 한 것이다.
3. 익져스터(Exhauster, 공기배출기)
   - 익져스터는 배관에 설치하여 배관의 압축공기를 빠르게 배기시키기 위해 설치한다.
   - 이 장치는 2차측 공기가 스프링클러헤드를 통하여 화재지역에 공급되는 것을 막는 역할도 한다.

07 난이도 ●●○ 답 ③

건식설비에는 배관 내에 물이 없기 때문에 하향형 헤드 설치 시 일단 작동되어 급수가 되면 하향형 헤드 내에 물이 들어가 배수를 시키더라도 물이 남아있게 되어 동파될 우려가 있다. 따라서 드라이펜던트형 헤드를 설치함으로써 동파를 방지할 수 있다.

확인학습 드라이펜던트형 헤드

1. 건식설비의 헤드는 습식설비의 폐쇄형 헤드를 그대로 사용할 수 있는데, 되도록 상향형 헤드를 사용하여야 한다.
2. 하향형 헤드를 사용해야 하는 경우에는 드라이펜던트형 헤드를 설치한다.
3. 건식설비에는 배관 내에 물이 없기 때문에 하향형 헤드 설치 시 일단 작동되어 급수가 되면 하향형 헤드 내에 물이 들어가 배수를 시키더라도 물이 남아있게 되어 동파될 우려가 있기 때문에 드라이펜던트형 헤드를 설치함으로써 동파를 방지할 수 있다.

08 난이도 ●●● 답 ①

폐쇄형 스프링클러헤드를 사용하면 화재 시 열에 의해 개방된 헤드에서만 살수가 이루어지는 국소방출방식인 반면, 일제살수식 스프링클러설비는 살수구역 내의 모든 헤드를 개방형으로 설치하기 때문에 살수구역의 모든 헤드에서 소화수가 살수되는 전역방출방식이다.

확인학습 일제살수식 스프링클러설비

1. 밸브 개방 시 즉시 살수되므로 초기 화재 시 신속하게 대처할 수 있다.
2. 층고가 높은 경우에도 적용할 수 있다.
3. 광범위하게 살수가 되므로 수손에 의한 피해가 크다.
4. 감지장치를 설치하여야 한다.
5. 대량의 급수체계가 요구된다.
6. 천장이 높아서 폐쇄형 헤드가 작동하기 곤란한 곳에 설치한다.
7. 무대부 또는 위험물저장소와 같은 화재가 발생하면 순간적으로 연소확대가 우려되어 초기에 대량의 주수가 필요한 장소에 설치한다.
8. 개방형 스프링클러헤드를 사용한다.

09 난이도 ●●○ 답 ③

스프링클러설비의 가지배관의 배열은 토너먼트방식이 아니어야 한다.

확인학습 스프링클러설비의 배관

1. 스프링클러설비의 배관
   - **배관 내 사용압력이 1.2MPa 미만일 경우**
     - 배관용 탄소강관
     - 이음매 없는 구리 및 구리합금관. 다만, 습식의 배관에 한한다.
     - 배관용 스테인리스강관 또는 일반배관용 스테인리스강관
     - 덕타일 주철관
   - **배관 내 사용압력이 1.2MPa 이상일 경우에는 다음의 어느 하나에 해당하는 것**
     - 압력배관용탄소강관
     - 배관용 아크용접 탄소강강관
2. 가지배관
   - 스프링클러헤드가 설치되어 있는 배관을 말한다.
   - 스프링클러 배관 중 가장 가느다란 배관이다.
   - **스프링클러 가지배관의 배열 기준**
     - 가지배관의 배열은 토너먼트 방식이 아니어야 한다.
     - 한쪽 가지배관에 설치하는 헤드의 개수는 8개 이하로 하여야 한다.
3. 교차배관
   - 직접 또는 수직배관을 통하여 가지배관에 급수하는 배관을 말한다.
   - 수평주행배관 중 가지배관에 소화용수를 공급하는 배관으로 가지배관의 하부 또는 측면에 설치되어 가지배관과 교차되는 배관을 말한다.
   - **교차배관의 설치기준**
     - 교차배관은 가지배관과 수평으로 설치하거나 또는 가지배관 밑에 설치하고 최소구경이 40mm 이상이 되도록 한다.
     - 청소구는 교차배관 끝에 개폐 밸브를 설치하고 호스 접결이 가능한 나사식 또는 고정배수 배관식으로 한다.
4. 스프링클러설비 배관의 기울기
   - 습식 스프링클러설비 또는 부압식 스프링클러설비의 배관을 수평으로 한다. 다만, 배관의 구조상 소화수가 남아있는 곳에는 배수밸브를 설치한다.
   - 습식 스프링클러설비와 부압식 스프링클러설비 외의 설비에는 헤드를 향하여 상향으로 수평주행배관의 기울기는 1/500 이상, 가지배관의 기울기는 1/250 이상으로 하여야 한다.

10 난이도 ●●● 답 ①

스프링클러헤드를 설치하지 아니할 수 있는 장소는 천장·반자 중 한쪽이 불연재료로 되어 있고 천장과 반자 사이의 거리가 1m 미만인 부분이다.

확인학습 헤드의 설치 제외 대상

1. 계단실·경사로·승강기의 승강로·비상용승강기의 승강장·파이프덕트 및 덕트피트·목욕실·수영장·화장실·직접 외기에 개방되어 있는 복도·기타 이와 유사한 장소
2. 통신기기실·전자기기실·기타 이와 유사한 장소

3. 발전실·변전실·변압기·기타 이와 유사한 전기설비가 설치되어 있는 장소
4. 병원의 수술실·응급처치실·기타 이와 유사한 장소
5. **천장과 반자 양쪽이 불연재료로 되어 있는 경우로서 그 사이의 거리 및 구조가 다음의 어느 하나에 해당하는 부분**
   - 천장과 반자 사이의 거리가 2m 미만인 부분
   - 천장과 반자 사이의 벽이 불연재료이고 천장과 반자 사이의 거리가 2m 이상으로서 그 사이에 가연물이 존재하지 아니하는 부분
6. 천장·반자 중 한쪽이 불연재료로 되어 있고 천장과 반자 사이의 거리가 1m 미만인 부분
7. 천장 및 반자가 불연재료 외의 것으로 되어 있고 천장과 반자 사이의 거리가 0.5m 미만인 부분
8. 펌프실·물탱크실 엘리베이터 권상기실 그 밖의 이와 비슷한 장소
9. 현관 또는 로비 등으로서 바닥으로부터 높이가 20m 이상인 장소
10. 영하의 냉장창고의 냉장실 또는 냉동창고의 냉동실
11. 고온의 노가 설치된 장소 또는 물과 격렬하게 반응하는 물품의 저장 또는 취급 장소
12. **불연재료로 된 특정소방대상물 또는 그 부분으로서 다음의 어느 하나에 해당하는 장소**
   - 정수장·오물처리장, 그 밖의 이와 비슷한 장소
   - 펄프공장의 작업장·음료수공장의 세정 또는 충전하는 작업장, 그 밖의 이와 비슷한 장소
   - 불연성의 금속·석재 등의 가공공장으로서 가연성 물질을 저장 또는 취급하지 아니하는 장소
   - 가연성 물질이 존재하지 않는 「건축물의 에너지절약설계기준」에 따른 방풍실
13. 실내에 설치된 테니스장·게이트볼장·정구장 또는 이와 비슷한 장소로서 실내 바닥·벽·천장이 불연재료 또는 준불연재료로 구성되어 있고 가연물이 존재하지 않는 장소로서 관람석이 없는 운동시설(지하층은 제외한다)
14. 「건축법 시행령」에 따른 공동주택 중 아파트의 대피공간

POINT 51 스프링클러설비 2

정답 p.130

01	②	02	④	03	①	04	①	05	④
06	③	07	④	08	④	09	④	10	②

01 난이도 ●●● 답 ②

ㄱ. 폐쇄형 스프링클러헤드에서 감열체가 작동하는 온도로서 미리 헤드에 표시한 온도 - 표시온도

ㄴ. 폐쇄형 스프링클러헤드에서 방수구를 막고 있는 감열체가 정상상태에서 이탈하지 못하게 하기 위하여 헤드를 조립할 때 헤드에 가하여지도록 미리 설계된 하중 - 설계하중

확인학습 용어의 정의

1. 표시온도: 폐쇄형 스프링클러헤드에서 감열체가 작동하는 온도로서 미리 헤드에 표시한 온도를 말한다.
2. 최고주위온도: 폐쇄형 스프링클러헤드의 설치장소에 관한 기준이 되는 온도로서 다음 식에 의하여 구하여진 온도를 말한다. 다만, 헤드의 표시온도가 75℃ 미만인 경우의 최고주위온도는 다음 등식에 불구하고 39℃로 한다.

$$TA = 0.9TM - 27.3$$

- TA: 최고주위온도
- TM: 헤드의 표시온도

3. 설계하중: 폐쇄형 스프링클러헤드에서 방수구를 막고 있는 감열체가 정상상태에서 이탈하지 못하게 하기 위하여 헤드를 조립할 때 헤드에 가하여지도록 미리 설계된 하중을 말한다.

02 난이도 ●●● 답 ④

감열체란 정상상태에서는 방수구를 막고 있으나 열에 의하여 일정한 온도에 도달하면 스스로 파괴·용해되어 헤드로부터 이탈됨으로써 방수구가 열려 스프링클러헤드가 작동되도록 하는 부분을 말한다.

확인학습 용어의 정의

1. 반사판(디프렉타): 스프링클러헤드의 방수구에서 유출되는 물을 세분시키는 작용을 하는 것을 말한다.
2. 프레임: 스프링클러헤드의 나사부분과 디프렉타를 연결하는 이음쇠 부분을 말한다.
3. 감열체: 정상상태에서는 방수구를 막고 있으나 열에 의하여 일정한 온도에 도달하면 스스로 파괴·용해되어 헤드로부터 이탈됨으로써 방수구가 열려 스프링클러헤드가 작동되도록 하는 부분을 말한다.
4. 퓨지블링크: 감열체 중 이융성 금속으로 융착되거나 이융성 물질에 의하여 조립된 것을 말한다.
5. 유리벌브: 감열체 중 유리구 안에 액체 등을 넣어 봉한 것을 말한다.

| 선지분석 |

① [×] 퓨지블링크에 대한 설명이다.
② [×] 반사판(디프렉타)에 대한 설명이다.
③ [×] 프레임에 대한 설명이다.

03 난이도 ●●● 답 ①

반응시간지수(RTI)란 기류의 온도·속도 및 작동시간에 대하여 스프링클러헤드의 반응을 예상한 지수이다.

$$RTI = r\sqrt{u}$$

- r: 감열체의 시간상수(초)
- u: 기류속도(m/s)

| 선지분석 |

② 필요진화밀도(RDD)란 단위면적당 스프링클러로부터 물 얼마를 방사해야 소화되는지를 결정하는 값이다. 화재를 소화하는데 필요한 최소 물의 양을 가연물 상단의 표면적으로 나눈 값(lpm/m^2)이다.

③ 실제진화밀도(ADD)란 스프링클러헤드로부터 방출된 물이 화면에 실제 도달한 양을 뜻한다. 이는 스프링클러의 성능을 볼 수 있는 중요한 요소이며, 스프링클러로부터 분사된 물 중에서 화염을 통과하여 연소 중인 가연물 상단에 도달한 양을 가연물 상단의 표면적으로 나눈 값(lpm/m^2)으로 침투된 물의 분포밀도를 나타낸다.

④ 라지드롭형 스프링클러헤드(ELO)란 동일조건의 수압력에서 큰 물방울을 방출하여 화염의 전파속도가 빠르고 발열량이 큰 저장창고 등에서 발생하는 대형화재를 진압할 수 있는 헤드를 말한다.

04 난이도 ●●○ 답 ①

조기반응의 RTI 값은 50 이하이어야 한다.

확인학습 감도시험

1. 표준반응의 RTI 값은 80 초과 ~ 350 이하이어야 한다.
2. 특수반응의 RTI 값은 51 초과 ~ 80 이하이어야 한다.
3. 조기반응의 RTI 값은 50 이하이어야 한다.

05 난이도 ●●○ 답 ④

상수도직결형 간이스프링클러설비에 대한 내용이다.

확인학습 간이스프링클러설비

1. 캐비닛형 간이스프링클러설비: 가압송수장치, 수조(「캐비넷형 간이스프링클러설비 성능인증 및 제품검사의 기술기준」에서 정하는 바에 따라 분리형으로 할 수 있다) 및 유수검지장치 등을 집적화하여 캐비닛 형태로 구성시킨 간이 형태의 스프링클러설비를 말한다.
2. 상수도직결형 간이스프링클러설비: 수조를 사용하지 아니하고 상수도에 직접 연결하여 항상 기준 압력 및 방수량 이상을 확보할 수 있는 설비를 말한다.

06 난이도 ●●● 답 ③

하나의 방호구역은 2개 층에 미치지 아니하도록 할 것. 다만, 1개 층에 설치되는 간이헤드의 수가 10개 이하인 경우에는 3개 층 이내로 할 수 있다.

확인학습 간이스프링클러설비의 방호구역 · 유수검지장치

1. 하나의 방호구역의 바닥면적은 1,000m^2를 초과하지 아니할 것
2. 하나의 방호구역에는 1개 이상의 유수검지장치를 설치하되, 화재발생 시 접근이 쉽고 점검하기 편리한 장소에 설치할 것
3. 하나의 방호구역은 2개 층에 미치지 아니하도록 할 것. 다만, 1개 층에 설치되는 간이헤드의 수가 10개 이하인 경우에는 3개 층 이내로 할 수 있다.
4. 유수검지장치는 실내에 설치하거나 보호용 철망 등으로 구획하여 바닥으로부터 0.8m 이상 1.5m 이하의 위치에 설치하되, 그 실 등에는 개구부가 가로 0.5m 이상 세로 1m 이상의 출입문을 설치하고 그 출입문 상단에 "유수검지장치실"이라고 표시한 표지를 설치할 것. 다만, 유수검지장치를 기계실(공조용기계실을 포함한다) 안에 설치하는 경우에는 별도의 실 또는 보호용 철망을 설치하지 아니하고 기계실 출입문 상단에 "유수검지장치실"이라고 표시한 표지를 설치할 수 있다.
5. 간이헤드에 공급되는 물은 유수검지장치를 지나도록 할 것. 다만, 송수구를 통하여 공급되는 물은 그러하지 아니하다.
6. 자연낙차에 따른 압력수가 흐르는 배관상에 설치된 유수검지장치는 화재 시 물의 흐름을 검지할 수 있는 최소한의 압력이 얻어질 수 있도록 수조의 하단으로부터 낙차를 두어 설치할 것
7. 간이스프링클러설비가 설치되는 특정소방대상물에 부설된 주차장부분에는 습식 외의 방식으로 하여야 한다. 다만, 동결의 우려가 없거나 동결을 방지할 수 있는 구조 또는 장치가 된 곳은 그러하지 아니하다.

07 난이도 ●●● 답 ④

창고 내의 선반의 형태는 하부로 물이 침투되는 구조로 하여야 한다.

확인학습 설치장소의 구조

1. 해당 층의 높이가 13.7m 이하일 것. 다만, 2층 이상일 경우에는 해당 층의 바닥을 내화구조로 하고 다른 부분과 방화구획할 것
2. 천장의 기울기가 1,000분의 168을 초과하지 않아야 하고, 이를 초과하는 경우에는 반자를 지면과 수평으로 설치할 것
3. 천장은 평평하여야 하며 철재나 목재트러스 구조인 경우, 철재나 목재의 돌출부분이 102mm를 초과하지 아니할 것
4. 보로 사용되는 목재·콘크리트 및 철재 사이의 간격이 0.9m 이상 2.3m 이하일 것. 다만, 보의 간격이 2.3m 이상인 경우에는 화재조기진압용 스프링클러헤드의 동작을 원활히 하기 위하여 보로 구획된 부분의 천장 및 반자의 넓이가 28m^2를 초과하지 아니할 것
5. 창고 내의 선반의 형태는 하부로 물이 침투되는 구조로 할 것

08 난이도 ●●● 답 ④

차고 또는 주차장은 그 바닥면적(최대 방수구역의 바닥면적을 기준으로 하며, 50m^2 이하인 경우에는 50m^2) 1m^2에 대하여 20L/min로 20분간 방수할 수 있는 양 이상으로 하여야 한다.

확인학습 물분무 소화설비 펌프의 1분당 토출량

1. 「소방기본법 시행령」 [별표 2]의 특수가연물을 저장 또는 취급하는 특정소방대상물 또는 그 부분에 있어서 그 바닥면적(최대 방수구역의 바닥면적을 기준으로 하며, 50m^2 이하인 경우에는 50m^2) 1m^2에 대하여 **10L/min로 20분간** 방수할 수 있는 양 이상으로 할 것
2. 차고 또는 주차장은 그 바닥면적(최대 방수구역의 바닥면적을 기준으로 하며, 50m^2 이하인 경우에는 50m^2) 1m^2에 대하여 **20L/min로 20분간** 방수할 수 있는 양 이상으로 할 것
3. 절연유 봉입 변압기는 바닥부분을 제외한 표면적을 합한 면적 1m^2에 대하여 **10L/min로 20분간** 방수할 수 있는 양 이상으로 할 것
4. 케이블트레이, 케이블덕트 등은 투영된 바닥면적 1m^2에 대하여 **12L/min로 20분간** 방수할 수 있는 양 이상으로 할 것
5. 콘베이어 벨트 등은 벨트부분의 바닥면적 1m^2에 대하여 **10L/min로 20분간** 방수할 수 있는 양 이상으로 할 것

09 난이도 ●●● 답 ④

미분무란 물만을 사용하여 소화하는 방식으로 최소설계압력에서 헤드로부터 방출되는 물입자 중 99%의 누적체적분포가 400μm 이하로 분무되고 A, B, C급 화재에 적응성을 갖는 것을 말한다.

✔ 확인학습 용어의 정의

1. 미분무 소화설비: 가압된 물이 헤드 통과 후 미세한 입자로 분무됨으로써 소화성능을 가지는 설비를 말하며, 소화력을 증가시키기 위해 강화액 등을 첨가할 수 있다.
2. 미분무: 물만을 사용하여 소화하는 방식으로 최소설계압력에서 헤드로부터 방출되는 물입자 중 99%의 누적체적분포가 400μm 이하로 분무되고 A, B, C급 화재에 적응성을 갖는 것을 말한다.
3. 미분무헤드: 하나 이상의 오리피스를 가지고 미분무 소화설비에 사용되는 헤드를 말한다.
4. **개방형 미분무헤드**: 감열체 없이 방수구가 항상 열려져 있는 헤드를 말한다.
5. **폐쇄형 미분무헤드**: 정상상태에서 방수구를 막고 있는 감열체가 일정온도에서 자동적으로 파괴·용융 또는 이탈됨으로써 방수구가 개방되는 헤드를 말한다.
6. **폐쇄형 미분무 소화설비**: 배관 내에 항상 물 또는 공기 등이 가압되어 있다가 화재로 인한 열로 폐쇄형 미분무헤드가 개방되면서 소화수를 방출하는 방식의 미분무 소화설비를 말한다.
7. **개방형 미분무 소화설비**: 화재감지기의 신호를 받아 가압송수장치를 동작시켜 미분무수를 방출하는 방식의 미분무 소화설비를 말한다.

✔ 확인학습 오리피스

1. 배관의 중간에 둥근 구멍이 뚫린 칸막이를 설치한 경우 이 칸막이를 말한다. 유체가 여기를 통과하는 오리피스 전후에서 압력의 차이가 발생한다.
2. 관의 흐름(유동 단면적)을 급속히 축소시켜 주기 위한 기구로 관 흐름의 유량제어 또는 차압(감압)시키는 데 사용된다.

10 난이도 ●●● 답 ②

중압 미분무 소화설비의 기준은 사용압력이 1.2MPa을 초과하고 3.5MPa 이하 것을 말한다.

✔ 확인학습 미분무 소화설비

1. 저압 미분무 소화설비: 최고사용압력이 1.2MPa 이하인 미분무 소화설비를 말한다.
2. 중압 미분무 소화설비: 사용압력이 1.2MPa을 초과하고 3.5MPa 이하인 미분무 소화설비를 말한다.
3. 고압 미분무 소화설비: 최저사용압력이 3.5MPa을 초과하는 미분무 소화설비를 말한다.

POINT 52 포 소화설비

정답 p.132

01	②	02	③	03	①	04	③	05	④
06	③	07	①	08	②	09	②	10	①

01 난이도 ●○○ 답 ②

포 소화설비는 포 소화약제에 물을 가한 수용액에 공기를 혼합하여 거품을 생성하는 소화설비이다. 포 소화약제는 주원료에 포안정제, 그 밖의 약제를 첨가한 액상의 것으로 물(바닷물을 포함한다)과 일정한 농도로 혼합하여 공기 또는 불활성기체를 기계적으로 혼입함으로써 거품을 발생시켜 소화에 사용하는 약제를 말하고, 포수용액은 포 소화약제에 물을 가한 수용액을 말한다.

02 난이도 ●●○ 답 ③

그림은 라인 프로포셔너 방식을 설명한 것이다.

| 선지분석 |

③ [×] 펌프의 토출관과 흡입관 사이의 배관 도중에 설치한 흡입기에 펌프에서 토출된 물의 일부를 보내고, 농도조절밸브에서 조정된 포 소화약제의 필요량을 포 소화약제 탱크에서 펌프 흡입 측으로 보내어 이를 혼합하는 방식은 펌프 프로포셔너 방식이다.

✔ 확인학습 포소화원액의 혼합장치

1. **펌프 프로포셔너**: 농도조절밸브
2. **라인 프로포셔너**: 벤츄리관의 벤츄리작용
3. **프레져 프로포셔너**: 벤츄리관의 벤츄리작용 + 펌프가압수의 포 소화약제 저장탱크에 대한 압력
4. **프레져 사이드 프로포셔너**: 펌프 2개 + 압입기
5. **압축공기포 믹싱챔버 방식**: 가압원(압축된 공기 또는 질소)

03 난이도 ●○○ 답 ①

포수용액에 가압원으로 압축된 공기 또는 질소를 일정비율로 혼합하는 방식은 압축공기포 혼합 방식이다.

✔ 확인학습 프레져 사이드 프로포셔너(Pressure side proportioner) 방식

1. 펌프의 토출관에 압입기를 설치하여 포 소화약제 압입용 펌프로 포 소화약제를 압입시켜 혼합하는 방식을 말한다.
2. 비행기 격납고, 대규모 유류저장소, 석유화학 Plant 시설 등과 같은 대단위 고정식 포 소화설비에 사용하며 압입혼합방식이라 한다.
3. 소화용수와 약제의 혼합 우려가 없어 장기간 보존하며 사용할 수 있다.
4. 시설이 거대해지며 설치비가 비싸다.
5. 원액펌프의 토출압력이 급수펌프의 토출압력보다 낮으면 원액이 혼합기에 유입하지 못한다.

04 난이도 ●●○ 답 ③

고층건축물이란 층수가 30층 이상이거나 높이가 120미터 이상인 건축물을 말한다.

05 난이도 ●●○ 답 ④

습식포란 공기포비가 10배 이하의 압축공기포이고, 건식포란 공기포비가 10배를 초과하는 압축공기포를 말한다.

확인학습 용어의 정의

1. 압축공기포: 포수용액에 압축공기 또는 질소가 혼합된 것을 말한다.
2. 공급공기량: 압축공기포혼합장치에 공급된 압축공기 또는 질소의 양을 대기압 상태에서 단위 시간당 공기 또는 질소의 체적으로 표시한 것을 말한다.
3. 공칭공기량: 공급공기량의 최대값을 열역학적 표준상태(25℃, 1기압)에서의 값으로 환산하여 표시한 것을 말한다.
4. 공기포비: 포수용액과 가압공기를 혼합한 경우의 비율(포수용액의 양에 대한 공급공기량을 배수로 표시한 것)을 말한다.
5. 습식포: 공기포비가 10배 이하의 압축공기포를 말한다.
6. 건식포: 공기포비가 10배를 초과하는 압축공기포를 말한다.

06 난이도 ●○○ 답 ③

프레져 프로포셔너 방식이란 펌프와 발포기의 중간에 설치된 벤추리관의 벤추리작용과 펌프 가압수의 포 소화약제 저장탱크에 대한 압력에 따라 포 소화약제를 흡입·혼합하는 방식을 말한다.

07 난이도 ●●● 답 ①

[그림 1]은 프레져 프로포셔너(Pressure proportioner) 방식이며, [그림 2]는 펌프 프로포셔너(Pump proportioner) 방식이다.

확인학습 펌프 프로포셔너(Pump proportioner) 방식

1. 펌프의 토출관과 흡입관 사이의 배관 도중에 설치한 흡입기에 펌프에서 토출된 물의 일부를 보내고, 농도조절밸브에서 조정된 포 소화약제의 필요량을 포 소화약제 탱크에서 펌프 흡입 측으로 보내어 이를 혼합하는 방식을 말한다.
2. 위험물제조소등의 포 소화설비에는 사용하지 않으며, 소방펌프차에 주로 사용되고 있다.
3. 원액을 사용하기 위한 손실이 적고 보수가 용이하다.
4. 펌프의 흡입 측 배관 압력이 거의 없어야 하며, 압력이 있을 경우 원액의 혼합비가 차이가 나거나 원액탱크 쪽으로 물이 역류할 수 있다.
5. 화학소방차 등에서 주로 사용하는 방식이다.

확인학습 프레져 프로포셔너 방식(Pressure proportioner)

1. 펌프와 발포기의 중간에 설치된 벤추리관의 벤추리작용과 펌프가압수의 포 소화약제 저장탱크에 대한 압력에 따라 포 소화약제를 흡입·혼합하는 방식을 말한다.
2. 포 소화설비에서 가장 일반적인 혼합방식으로 일명 가압혼합방식이라고 한다.

08 난이도 ●○○ 답 ②

팽창비에 대한 내용이다.

확인학습 용어의 정의

1. 팽창비: 최종 발생한 포 체적을 원래 포수용액 체적으로 나눈 값을 말한다.
2. 공기포비: 포수용액과 가압공기를 혼합한 경우의 비율(포수용액의 양에 대한 공급공기량을 배수로 표시한 것)을 말한다.
3. 포수용액: 포 소화약제에 물을 가한 수용액을 말한다.

09 난이도 ●○○ 답 ②

압축공기포 소화설비란 압축공기 또는 압축질소를 일정비율로 포수용액에 강제 주입·혼합하는 방식을 말한다.

확인학습 프로포셔너 방식

1. **펌프 프로포셔너 방식**: 펌프의 토출관과 흡입관 사이의 배관 도중에 설치한 흡입기에 펌프에서 토출된 물의 일부를 보내고, 농도조절밸브에서 조정된 포 소화약제의 필요량을 포 소화약제 탱크에서 펌프 흡입 측으로 보내어 이를 혼합하는 방식을 말한다.
2. **프레져 프로포셔너 방식**: 펌프와 발포기의 중간에 설치된 벤추리관의 벤추리작용과 펌프 가압수의 포 소화약제 저장탱크에 대한 압력에 따라 포 소화약제를 흡입·혼합하는 방식을 말한다.
3. **라인 프로포셔너 방식**: 펌프와 발포기의 중간에 설치된 벤추리관의 벤추리작용에 따라 포 소화약제를 흡입·혼합하는 방식을 말한다.
4. **프레져 사이드 프로포셔너 방식**: 펌프의 토출관에 압입기를 설치하여 포 소화약제 압입용펌프로 포 소화약제를 압입시켜 혼합하는 방식을 말한다.
5. 압축공기포 소화설비: 압축공기 또는 압축질소를 일정비율로 포수용액에 강제 주입·혼합하는 방식을 말한다.

10 난이도 ●●● 답 ①

「건축물의 화재안전기준」 제5조 【옥내소화전설비】 ① 수원은 그 저수량이 옥내소화전의 설치개수가 가장 많은 층의 설치개수(5개 이상 설치된 경우에는 5개)에 $5.2m^3$를 곱한 양 이상이 되도록 하여야 한다. 다만, 층수가 50층 이상인 건축물의 경우에는 ($7.8m^3$)를 곱한 양 이상이 되도록 하여야 한다.

제8조 【자동화재탐지설비】 ② 자동화재탐지설비의 음향장치는 다음 각 호의 기준에 따라 경보를 발할 수 있도록 하여야 한다.

1. 2층 이상의 층에서 발화한 때에는 발화층 및 그 직상 (4개 층)에 경보를 발할 것
2. 1층에서 발화한 때에는 발화층·그 직상 (4개 층) 및 지하층에 경보를 발할 것
3. 지하층에서 발화한 때에는 발화층·그 직상층 및 기타의 지하층에 경보를 발할 것

확인학습 고층건축물의 화재안전기준(옥내소화전설비)

1. 수원은 그 저수량이 옥내소화전의 설치개수가 가장 많은 층의 설치개수(5개 이상 설치된 경우에는 5개)에 $5.2m^3$(호스릴옥내소화전설비를 포함한다)를 곱한 양 이상이 되도록 하여야 한다. 다만, 층수가 50층 이상인 건축물의 경우에는 $7.8m^3$를 곱한 양 이상이 되도록 하여야 한다.
2. 수원은 유효수량 외에 유효수량의 3분의 1 이상을 옥상에 설치하여야 한다.
3. 전동기 또는 내연기관을 이용한 펌프방식의 가압송수장치는 옥내소화전설비 전용으로 설치하여야 하며, 옥내소화전설비 주펌프 이외에 동등 이상인 별도의 예비펌프를 설치하여야 한다.
4. 급수배관은 전용으로 하여야 한다. 다만, 옥내소화전설비의 성능에 지장이 없는 경우에는 연결송수관설비의 배관과 겸용할 수 있다.
5. 50층 이상인 건축물의 옥내소화전 주배관 중 수직배관은 2개 이상(주배관 성능을 갖는 동일호칭배관)으로 설치하여야 하며, 하나의 수직배관의 파손 등 작동 불능 시에도 다른 수직배관으로부터 소화용수가 공급되도록 구성하여야 한다.
6. 비상전원은 자가발전설비, 축전지설비 또는 전기저장장치서 옥내소화전설비를 40분 이상 작동할 수 있어야 한다. 다만, 50층 이상인 건축물의 경우에는 60분 이상 작동할 수 있어야 한다.

확인학습 고층건축물의 화재안전기준(스프링클러설비)

1. 1수원은 스프링클러설비 설치장소별 스프링클러헤드의 기준개수에 $3.2m^3$를 곱한 양 이상이 되도록 하여야 한다. 다만, 50층 이상인 건축물의 경우에는 $4.8m^3$를 곱한 양 이상이 되도록 하여야 한다.
2. 스프링클러설비의 수원은 위의 내용에 따라 산출된 유효수량 외에 유효수량의 3분의 1 이상을 옥상에 설치하여야 한다.
3. 전동기 또는 내연기관을 이용한 펌프방식의 가압송수장치는 스프링클러설비 전용으로 설치하여야 하며, 스프링클러설비 주펌프 이외에 동등 이상인 별도의 예비펌프를 설치하여야 한다.
4. 급수배관은 전용으로 설치하여야 한다.
5. 50층 이상인 건축물의 스프링클러설비 주배관 중 수직배관은 2개 이상으로 설치하고, 하나의 수직배관이 파손 등 작동 불능 시에도 다른 수직배관으로부터 소화용수가 공급되도록 구성하여야 하며, 각 각의 수직배관에 유수검지장치를 설치하여야 한다.
6. 50층 이상인 건축물의 스프링클러 헤드에는 2개 이상의 가지배관 양방향에서 소화용수가 공급되도록 하고, 수리계산에 의한 설계를 하여야 한다.
7. 스프링클러설비의 음향장치는 스프링클러설비의 화재안전기준(NFSC 103)에 따라 설치하되, 다음의 기준에 따라 경보를 발할 수 있도록 하여야 한다.
   - 2층 이상의 층에서 발화한 때에는 발화층 및 그 직상 4개 층에 경보를 발할 것
   - 1층에서 발화한 때에는 발화층·그 직상 4개층 및 지하층에 경보를 발할 것
   - 지하층에서 발화한 때에는 발화층·그 직상층 및 기타의 지하층에 경보를 발할 것
8. 비상전원을 설치할 경우 자가발전설비, 축전지설비 또는 전기저장장치로서 스프링클러설비를 40분 이상 작동할 수 있어야 한다. 다만, 50층 이상인 건축물의 경우에는 60분 이상 작동할 수 있어야 한다.

확인학습 고층건축물의 화재안전기준(비상방송설비)

1. 비상방송설비의 음향장치는 다음의 기준에 따라 경보를 발할 수 있도록 하여야 한다.
   - 2층 이상의 층에서 발화한 때에는 발화층 및 그 직상 4개 층에 경보를 발할 것
   - 1층에서 발화한 때에는 발화층·그 직상 4개 층 및 지하층에 경보를 발할 것
   - 지하층에서 발화한 때에는 발화층·그 직상층 및 기타의 지하층에 경보를 발할 것
2. 비상방송설비에는 그 설비에 대한 감시상태를 60분간 지속한 후 유효하게 30분 이상 경보할 수 있는 축전지설비(수신기에 내장하는 경우를 포함한다) 또는 전기저장장치(외부 전기에너지를 저장해 두었다가 필요한 때 전기를 공급하는 장치)를 설치하여야 한다.

확인학습 고층건축물의 화재안전기준(자동화재탐지설비)

1. 감지기는 아날로그방식의 감지기로서 감지기의 작동 및 설치지점을 수신기에서 확인할 수 있는 것으로 설치하여야 한다. 다만, 공동주택의 경우에는 감지기별로 작동 및 설치지점을 수신기에서 확인할 수 있는 아날로그방식 외의 감지기로 설치할 수 있다.
2. 자동화재탐지설비의 음향장치는 다음의 기준에 따라 경보를 발할 수 있도록 하여야 한다.
   - 2층 이상의 층에서 발화한 때에는 발화층 및 그 직상 4개 층에 경보를 발할 것
   - 1층에서 발화한 때에는 발화층·그 직상 4개 층 및 지하층에 경보를 발할 것
   - 지하층에서 발화한 때에는 발화층·그 직상층 및 기타의 지하층에 경보를 발할 것
3. 50층 이상인 건축물에 설치하는 통신·신호배선은 이중배선을 설치하도록 하고 단선(斷線) 시에도 고장표시가 되며 정상 작동할 수 있는 성능을 갖도록 설비를 하여야 한다.
   - 수신기와 수신기 사이의 통신배선
   - 수신기와 중계기 사이의 신호배선
   - 수신기와 감지기 사이의 신호배선
4. 자동화재탐지설비에는 그 설비에 대한 감시상태를 60분간 지속한 후 유효하게 30분 이상 경보할 수 있는 축전지설비 또는 전기저장장치를 설치하여야 한다. 다만, 상용전원이 축전지설비인 경우에는 그러하지 아니하나.

CHAPTER 3 경보설비 등

POINT 53 경보설비

정답 p.134

01	②	02	①	03	③	04	②	05	③
06	④	07	②	08	③	09	②		

01 난이도 ●●○ 답 ②

수신기란 감지기나 발신기에서 발하는 화재신호를 직접 수신하거나 중계기를 통하여 수신하여 화재의 발생을 표시 및 경보하여 주는 장치를 말한다.

| 선지분석 |

② [×] 단독경보형 감지기란 화재발생 상황을 단독으로 감지하여 자체에 내장된 음향장치로 경보하는 감지기를 말한다.

02 난이도 ●○○ 답 ①

비상벨설비란 화재 발생 상황을 경종으로 경보하는 설비를 말한다.

확인학습 비상경보설비

1. 비상벨설비: 화재 발생 상황을 경종으로 경보하는 설비를 말한다.
2. **자동식사이렌설비**: 화재 발생 상황을 사이렌으로 경보하는 설비를 말한다.
3. **단독경보형 감지기**: 화재 발생 상황을 단독으로 감지하여 자체에 내장된 음향장치로 경보하는 감지기를 말한다.
4. **발신기**: 화재 발생 신호를 수신기에 수동으로 발신하는 장치를 말한다.
5. **수신기**: 발신기에서 발하는 화재신호를 직접 수신하여 화재의 발생을 표시 및 경보하여 주는 장치를 말한다.

03 난이도 ●○○ 답 ③

감지기란 화재 시 발생하는 열, 연기, 불꽃 또는 연소생성물을 자동적으로 감지하여 수신기에 발신하는 장치를 말한다.

확인학습 자동화재탐지설비

1. 경계구역: 특정소방대상물 중 화재신호를 발신하고 그 신호를 수신 및 유효하게 제어할 수 있는 구역을 말한다.
2. 수신기: 감지기나 발신기에서 발하는 화재신호를 직접 수신하거나 중계기를 통하여 수신하여 화재의 발생을 표시 및 경보하여 주는 장치를 말한다.
3. 중계기: 감지기·발신기 또는 전기적 접점 등의 작동에 따른 신호를 받아 이를 수신기의 제어반에 전송하는 장치를 말한다.
4. 감지기: 화재 시 발생하는 열, 연기, 불꽃 또는 연소생성물을 자동적으로 감지하여 수신기에 발신하는 장치를 말한다.
5. 발신기: 화재 발생 신호를 수신기에 수동으로 발신하는 장치를 말한다.
6. 시각경보장치: 자동화재탐지설비에서 발하는 화재신호를 시각경보기에 전달하여 청각장애인에게 점멸형태의 시각경보를 하는 것을 말한다.

04 난이도 ●●○ 답 ②

해당 특정소방대상물의 주된 출입구에서 그 내부 전체가 보이는 것에 있어서는 한 변의 길이가 50m의 범위 내에서 1,000m^2 이하로 할 수 있다.

확인학습 자동화재탐지설비의 경계구역

1. 수평적 경계구역
   - 하나의 경계구역이 2개 이상의 건축물에 미치지 아니하도록 할 것
   - 하나의 경계구역이 2개 이상의 층에 미치지 아니하도록 할 것. 다만, 500m^2 이하의 범위 안에서는 2개의 층을 하나의 경계구역으로 할 수 있다.
   - 하나의 경계구역의 면적은 600m^2 이하로 하고 한변의 길이는 50m 이하로 할 것. 다만, 해당 특정소방대상물의 주된 출입구에서 그 내부 전체가 보이는 것에 있어서는 한 변의 길이가 50m의 범위 내에서 1,000m^2 이하로 할 수 있다.
2. 수직적 경계구역
   - 계단·경사로(에스컬레이터경사로 포함)·엘리베이터 승강로(권상기실이 있는 경우에는 권상기실)·린넨슈트·파이프 피트 및 덕트 기타 이와 유사한 부분에 대하여는 별도로 경계구역을 설정하되, 하나의 경계구역은 높이 45m 이하(계단 및 경사로에 한한다)로 한다.
   - 지하층의 계단 및 경사로(지하층의 층수가 1층일 경우는 제외한다)는 별도로 하나의 경계구역으로 하여야 한다.

05 난이도 ●●○ 답 ③

복합형 감지기에 대한 내용이다.

확인학습 감지기의 구분

1. 열감지기: 화재에 의해서 발생되는 열을 감지하여 화재신호를 발신하는 감지기를 말한다.
2. 연기감지기: 화재에 의해서 발생되는 연기를 감지하여 화재신호를 발신하는 감지기를 말한다.
3. 불꽃감지기: 화재에 의해서 발생되는 불꽃(적외선 및 자외선을 포함한다)을 감지하여 화재신호를 발신하는 감지기를 말한다.
4. 복합형 감지기: 화재 시 발생하는 열, 연기, 불꽃을 자동적으로 감지하는 기능 중 두 가지 이상의 성능(동일 생성물이나 다른 연소생성물의 감지 기능)을 가진 것으로서 두 가지 이상의 성능이 함께 작동할 때 화재신호를 발신하거나 또는 두 개 이상의 화재신호를 각각 발신하는 감지기를 말한다.

06 난이도 ●●○ 답 ④

차동식분포형이란 주위온도가 일정 상승율 이상이 되는 경우에 작동하는 것으로서 넓은 범위 내에서의 열 효과의 누적에 의하여 작동되는 것을 말한다.

| 선지분석 |

① [×] 보상식스포트형이란 차동식스포트형와 정온식스포트형 성능을 겸한 것으로서 두 개의 성능 중 어느 한 기능이 작동되면 작동신호를 발하는 것을 말한다.

② [×] 정온식스포트형이란 일국소의 주위온도가 일정한 온도 이상이 되는 경우에 작동하는 것으로서 외관이 전선으로 되어 있지 아니한 것을 말한다.

③ [×] 광전식분리형 감지기는 연기감지기이다.

확인학습 열감지기

1. 차동식스포트형: 주위온도가 일정 상승률 이상이 되는 경우에 작동하는 것으로서 일국소에서의 열 효과에 의하여 작동되는 것을 말한다.
2. 차동식분포형: 주위온도가 일정 상승률 이상이 되는 경우에 작동하는 것으로서 넓은 범위 내에서의 열 효과의 누적에 의하여 작동되는 것을 말한다.
3. 정온식감지선형: 일국소의 주위온도가 일정한 온도 이상이 되는 경우에 작동하는 것으로서 외관이 전선으로 되어 있는 것을 말한다.
4. **정온식스포트형**: 일국소의 주위온도가 일정한 온도 이상이 되는 경우에 작동하는 것으로서 외관이 전선으로 되어 있지 아니한 것을 말한다.
5. 보상식스포트형: 1.과 4.의 성능을 겸한 것으로서 1.의 성능 또는 4.의 성능 중 어느 한 기능이 작동되면 작동신호를 발하는 것을 말한다.

07 난이도 ●●○ 답 ②

광전식스포트형이란 주위의 공기가 일정한 농도의 연기를 포함하게 되는 경우에 작동하는 것으로서 일국소의 연기에 의하여 광전소자에 접하는 광량의 변화로 작동하는 것을 말한다.

확인학습 연기감지기

1. 이온화식스포트형: 주위의 공기가 일정한 농도의 연기를 포함하게 되는 경우에 작동하는 것으로서 일국소의 연기에 의하여 이온전류가 변화하여 작동하는 것을 말한다.
2. 광전식스포트형: 주위의 공기가 일정한 농도의 연기를 포함하게 되는 경우에 작동하는 것으로서 일국소의 연기에 의하여 광전소자에 접하는 광량의 변화로 작동하는 것을 말한다.
3. 광전식분리형: 발광부와 수광부로 구성된 구조로 발광부와 수광부 사이의 공간에 일정한 농도의 연기를 포함하게 되는 경우에 작동하는 것을 말한다.
4. 공기흡입형: 감지기 내부에 장착된 공기흡입장치로 감지하고자 하는 위치의 공기를 흡입하고 흡입된 공기에 일정한 농도의 연기가 포함된 경우 작동하는 것을 말한다.

08 난이도 ●●○ 답 ③

보상식감지기는 차동식스포트형와 정온식스포트형 성능을 겸한 것으로서 두 개의 성능 중 어느 한 기능이 작동되면 작동신호를 발하는 것을 말한다.

09 난이도 ●●○ 답 ②

감지기의 설치 제외 장소는 헛간 등 외부와 기류가 통하는 장소로서 감지기에 따라 화재 발생을 유효하게 감지할 수 없는 장소이다.

확인학습 감지기의 설치 제외 장소

1. 천장 또는 반자의 높이가 20m 이상인 장소
2. 헛간 등 외부와 기류가 통하는 장소로서 감지기에 따라 화재발생을 유효하게 감지할 수 없는 장소
3. 부식성 가스가 체류하고 있는 장소
4. 고온도 및 저온도로서 감지기의 기능이 정지되기 쉽거나 감지기의 유지관리가 어려운 장소
5. 목욕실·욕조나 샤워시설이 있는 화장실·기타 이와 유사한 장소
6. 파이프덕트 등 그 밖의 이와 비슷한 것으로서 2개 층마다 방화구획된 것이나 수평단면적이 $5m^2$ 이하인 것
7. 먼지·가루 또는 수증기가 다량으로 체류하는 장소 또는 주방 등 평시에 연기가 발생하는 장소(연기감지기에 한한다)
8. 프레스공장·주조공장 등 화재 발생의 위험이 적은 장소로서 감지기의 유지관리가 어려운 장소

POINT 54 피난구조설비

정답 p.136

01	①	02	①	03	④	04	③	05	①
06	④	07	④	08	①	09	①	10	②

01 난이도 ●●○ 답 ①

공기안전매트는 화재 발생 시 사람이 건축물 내에서 외부로 긴급히 뛰어 내릴 때 충격을 흡수하여 안전하게 지상에 도달할 수 있도록 포지에 공기 등을 주입하는 구조로 되어 있는 것을 말한다.

| 선지분석 |

① [×] 구조대는 포지 등을 사용하여 자루형태로 만든 것으로서 화재 시 사용자가 내려옴으로써 대피할 수 있는 것이어야 한다.

확인학습 피난기구

1. 피난사다리
   - 피난사다리는 화재 시 긴급대피를 위해 사용하는 사다리를 말한다.
   - 고정식 사다리와 올림식 사다리 및 내림식 사다리로 구분된다.
   - 사용자의 원활한 사용을 위해 10cm 이상 돌자가 설치되어 있다.
2. **구조대**: 포지 등을 사용하여 자루형태로 만든 것으로서 화재 시 사용자가 내려옴으로써 대피할 수 있는 것이어야 한다.
3. 완강기
   - 사용자의 몸무게에 따라 자동적으로 내려올 수 있는 기구 중 사용자가 교대하여 연속적으로 사용할 수 있는 것을 말한다.
   - 구성요소는 조속기, 후크, 벨트, 로프, 릴 등이다.
   - 안전하강속도 16 ~ 150cm/s를 조절하는 능력이 있어야 한다.
   - 평상시 청소를 하지 않아도 작동할 수 있어야 한다.
4. **간이완강기**: 사용자의 몸무게에 따라 자동적으로 내려올 수 있는 기구 중 사용자가 연속적으로 사용할 수 없는 것을 말한다.
5. **공기안전매트**: 화재 발생 시 사람이 건축물 내에서 외부로 긴급히 뛰어 내릴 때 충격을 흡수하여 안전하게 지상에 도달할 수 있도록 포지에 공기 등을 주입하는 구조로 되어 있는 것을 말한다.
6. **다수인피난장비**: 화재 시 2인 이상의 피난자가 동시에 해당층에서 지상 또는 피난층으로 하강하는 피난기구를 말한다.
7. 승강식 피난기: 사용자의 몸무게에 의하여 자동으로 하강하고 내려서면 스스로 상승하여 연속적으로 사용할 수 있는 무동력 승강식 피난기를 말한다.
8. **하향식 피난구용 내림식 사다리**: 하향식 피난구 해치에 격납하여 보관하고 사용 시에는 사다리 등이 소방대상물과 접촉하지 아니하는 내림식 사다리를 말한다.

02 난이도 ●●○ 답 ①

방열복은 고온의 복사열에 가까이 접근하여 소방활동을 수행할 수 있는 내열피복을 말한다.

확인학습 인명구조기구

1. **방열복**: 고온의 복사열에 가까이 접근하여 소방활동을 수행할 수 있는 내열피복을 말한다.
2. 공기호흡기: 소화 활동 시에 화재로 인하여 발생하는 각종 유독가스 중에서 일정시간 사용할 수 있도록 제조된 압축공기식 개인호흡장비(보조마스크를 포함)를 말한다.

3. 인공소생기: 호흡 부전 상태인 사람에게 인공호흡을 시켜 환자를 보호하거나 구급하는 기구를 말한다.
4. 방화복: 화재진압 등의 소방활동을 수행할 수 있는 피복을 말한다.

| 선지분석 |

② [×] 공기호흡기에 대한 설명이다.
③ [×] 인공소생기에 대한 설명이다.
④ [×] 일상업무가 아닌 화재진압 등의 소방활동을 할 때 입을 피복이다.

03 난이도 ●●● 답 ④

전면형면체란 안면렌즈를 갖춘 것으로서 안면 전체를 덮는 구조의 면체를 말한다.

확인학습 용어의 정의

1. 공급밸브: 디맨드밸브와 압력디맨드밸브의 총칭을 말한다.
2. 코덮개: 배기(숨을 밖으로 내쉬는 기운)가 면체공간 이외의 공간으로 확산되는 것을 방지하기 위하여 코 및 입 근처를 덮는 부품을 말한다.
3. 전면형면체: 안면렌즈를 갖춘 것으로서 안면 전체를 덮는 구조의 면체를 말한다.
4. 반면형면체: 안면에서 코 및 입 주위만을 덮는 구조의 면체를 말한다.
5. 면체공간: 면체를 착용했을 때 면체(코 덮개가 있는 것은 코덮개)와 안면과의 사이의 용적을 말한다.

04 난이도 ●●● 답 ③

공기호흡기를 설치하여야 하는 특정소방대상물에는 수용인원 100명 이상인 문화 및 집회시설 중 영화상영관이 해당한다.

확인학습 인명구조기구를 설치하여야 하는 특정소방대상물

1. **방열복 또는 방화복(안전모, 보호장갑 및 안전화를 포함), 인공소생기 및 공기호흡기를 설치하여야 하는 특정소방대상물**: 지하층을 포함하는 층수가 7층 이상인 관광호텔
2. **방열복 또는 방화복(안전모, 보호장갑 및 안전화를 포함) 및 공기호흡기를 설치하여야 하는 특정소방대상물**: 지하층을 포함하는 층수가 5층 이상인 병원
3. **공기호흡기를 설치하여야 하는 특정소방대상물**
   - 수용인원 100명 이상인 문화 및 집회시설 중 영화상영관
   - 판매시설 중 대규모점포
   - 운수시설 중 지하역사
   - 지하가 중 지하상가
   - 이산화탄소 소화설비(호스릴이산화탄소 소화설비는 제외)를 설치하여야 하는 특정소방대상물

05 난이도 ●●● 답 ①

공기호흡기의 최고충전압력은 30MPa 이상으로서 공기용기에 충전되는 공기의 양은 40L/min로 호흡하는 경우 사용시간이 30분 이상이어야 한다.

확인학습 공기호흡기의 규격

1. 공기호흡기의 최고충전압력은 30MPa 이상으로서 공기용기에 충전되는 공기의 양은 40L/min로 호흡하는 경우 사용시간이 30분 이상이어야 한다. 이 경우 사용시간은 15분 단위로 증가시켜 구분한다.
2. 공기호흡기의 총 질량은 사용시간을 기준하여 30분용은 7kg, 45분용은 9kg, 60분용은 11kg, 75분용 이상은 18kg 이하이어야 한다. 이 경우, 공기용기에 충전되는 공기와 보조마스크, 밧데리, 무선통신장치의 질량은 제외하고, 「화재예방, 소방시설 설치·유지 및 안전관리에 관한 법률 시행령」 [별표 5]에 따라 비치하는 공기호흡기에는 제2조 제12호부터 제15호까지의 장치 및 장비를 제외할 수 있다.

06 난이도 ●●○ 답 ④

객석유도등은 객석의 통로, 바닥 또는 벽에 설치하는 유도등을 말한다.

| 선지분석 |

④ [×] 복도통로유도등은 피난통로가 되는 복도에 설치하는 통로유도등으로서 피난구의 방향을 명시하는 것을 말한다.

확인학습 유도등의 종류

1. 피난구유도등: 피난구 또는 피난경로로 사용되는 출입구를 표시하여 피난을 유도하는 등을 말한다.
2. 통로유도등: 피난통로를 안내하기 위한 유도등으로 복도통로유도등, 거실통로유도등, 계단통로유도등을 말한다.
   - 거실통로유도등: 거주, 집무, 작업, 집회, 오락 그 밖에 이와 유사한 목적을 위하여 계속적으로 사용하는 거실, 주차장 등 개방된 통로에 설치하는 유도등으로 피난의 방향을 명시하는 것을 말한다.
   - 복도통로유도등: 피난통로가 되는 복도에 설치하는 통로유도등으로서 피난구의 방향을 명시하는 것을 말한다.
   - 계단통로유도등: 피난통로가 되는 계단이나 경사로에 설치하는 통로유도등으로 바닥면 및 디딤 바닥면을 비추는 것을 말한다.
3. 객석유도등: 객석의 통로, 바닥 또는 벽에 설치하는 유도등을 말한다.

07 난이도 ●●○ 답 ④

승강식 피난기란 사용자의 몸무게에 의하여 자동으로 하강하고 내려서면 스스로 상승하여 연속적으로 사용할 수 있는 무동력 승강식피난기를 말한다.

| 선지분석 |

① 간이완강기란 사용자의 몸무게에 따라 자동적으로 내려올 수 있는 기구 중 사용자가 연속적으로 사용할 수 없는 것을 말한다.
② 완강기란 사용자의 몸무게에 따라 자동적으로 내려올 수 있는 기구 중 사용자가 교대하여 연속적으로 사용할 수 있는 것을 말한다.
③ 다수인피난장비란 화재 시 2인 이상의 피난자가 동시에 해당층에서 지상 또는 피난층으로 하강하는 피난기구를 말한다.

08 난이도 ●●○ 답 ①

통로유도등이란 피난통로를 안내하기 위한 유도등으로 복도통로유도등, 거실통로유도등, 계단통로유도등을 말한다.

> **확인학습 유도표지**
> 1. **피난구유도표지**: 피난구 또는 피난경로로 사용되는 출입구를 표시하여 피난을 유도하는 표지를 말한다.
> 2. **통로유도표지**: 피난통로가 되는 복도, 계단 등에 설치하는 것으로서 피난구의 방향을 표시하는 유도표지를 말한다.
> 3. **피난유도선**: 햇빛이나 전등불에 따라 축광하거나 전류에 따라 빛을 발하는 유도체로서 어두운 상태에서 피난을 유도할 수 있도록 띠 형태로 설치되는 피난유도시설을 말한다.

09 난이도 ●●○ 답 ①

- 피난구유도등은 피난구의 바닥으로부터 높이 (1.5m 이상)로서 출입구에 인접하도록 설치하여야 한다.
- 계단통로유도등의 설치기준은 각 층의 경사로 참 또는 계단참마다(1개 층에 경사로 참 또는 계단참이 2 이상 있는 경우에는 2개의 계단참마다) 설치하고, 바닥으로부터 높이 (1m 이하)의 위치에 설치하여야 한다.

> **확인학습 유도등 및 유도표지의 설치 높이 정리**
> 1. 피난구유도등: 1.5m 이상
> 2. **거실통로유도등**: 1.5m 이상(단, 기둥 설치 시 1.5m 이하)
> 3. **복도통로유도등**: 1m 이하
> 4. 계단통로유도등: 1m 이하
> 5. **객석유도등**: 객석의 통로, 바닥 또는 벽
> 6. **피난구유도표지**: 출입구 상단
> 7. **통로유도표지**: 1m

> **확인학습 표시면의 색상 정리**
> 1. **피난구유도등**: 녹색바탕에 안쪽에 백색문자
> 2. **통로유도등**: 백색바탕에 안쪽에 녹색문자
> 3. **객석유도등**: 백색바탕에 안쪽에 녹색문자

10 난이도 ●●● 답 ②

<보기>의 내용은 광원점등방식 피난유도선의 설치기준이다.

> **확인학습 광원점등방식 피난유도선 설치기준**
> 1. 구획된 각 실로부터 주출입구 또는 비상구까지 설치할 것
> 2. 피난유도 표시부는 바닥으로부터 높이 1m 이하의 위치 또는 바닥면에 설치할 것
> 3. 피난유도 표시부는 50cm 이내의 간격으로 연속되도록 설치하되 실내장식물 등으로 설치가 곤란할 경우 1m 이내로 설치할 것
> 4. 수신기로부터의 화재신호 및 수동조작에 의하여 광원이 점등되도록 설치할 것
> 5. 비상전원이 상시 충전상태를 유지하도록 설치할 것
> 6. 바닥에 설치되는 피난유도선 표시부는 매립하는 방식을 사용할 것
> 7. 피난유도 제어부는 조작 및 관리가 용이하도록 바닥으로부터 0.8m 이상 1.5m 이하의 높이에 설치할 것

> **확인학습 축광방식 피난유도선 설치기준**
> 1. 구획된 각 실로부터 주출입구 또는 비상구까지 설치할 것
> 2. 바닥으로부터 높이 50cm 이하의 위치 또는 바닥면에 설치할 것
> 3. 피난유도 표시부는 50cm 이내의 간격으로 연속되도록 설치할 것
> 4. 부착대에 의하여 견고하게 설치할 것
> 5. 외광 또는 조명장치에 의하여 상시 조명이 제공되거나 비상조명등에 의한 조명이 제공되도록 설치할 것

POINT 55 소화활동설비 등

정답 p.138

01	②	02	②	03	④	04	②	05	③
06	①	07	③	08	③	09	③	10	④

01 난이도 ●●○ 답 ②

소화전은 특정소방대상물의 수평투영면의 각 부분으로부터 140m 이하가 되도록 설치하여야 한다.

> **확인학습 상수도소화용수설비의 설치**
> 상수도소화용수설비는 「수도법」에 따른 기준 외에 다음의 기준에 따라 설치하여야 한다.
> 1. 호칭지름 75mm 이상의 수도배관에 호칭지름 100mm 이상의 소화전을 접속할 것
> 2. 소화전은 소방자동차 등의 진입이 쉬운 도로변 또는 공지에 설치할 것
> 3. 소화전은 특정소방대상물의 수평투영면의 각 부분으로부터 140m 이하가 되도록 설치할 것

02 난이도 ●○○ 답 ②

제연경계의 폭이란 제연경계의 천장 또는 반자로부터 그 수직하단까지의 거리를 말한다.

> **확인학습 용어의 정의**
> 1. 제연구역이란 제연경계(제연설비의 일부인 천장을 포함한다)에 의해 구획된 건물 내의 공간을 말한다.
> 2. 예상제연구역이란 화재 발생 시 연기의 제어가 요구되는 제연구역을 말한다.
> 3. 제연경계의 폭이란 제연경계의 천장 또는 반자로부터 그 수직하단까지의 거리를 말한다.
> 4. 수직거리란 제연경계의 바닥으로부터 그 수직하단까지의 거리를 말한다.
> 5. 공동예상제연구역이란 2개 이상의 예상제연구역을 말한다.

03 난이도 ●●○ 답 ④

하나의 제연구역은 직경 60m 원내에 들어갈 수 있어야 한다.

확인학습 제연구역 구획 방법

1. 하나의 제연구역의 면적은 1,000m^2 이내로 할 것
2. 거실과 통로(복도를 포함한다. 이하 같다)는 상호 제연구획할 것
3. 통로상의 제연구역은 보행중심선의 길이가 60m를 초과하지 아니할 것
4. 하나의 제연구역은 직경 60m 원내에 들어갈 수 있을 것
5. 하나의 제연구역은 2개 이상 층에 미치지 아니하도록 할 것. 다만, 층의 구분이 불분명한 부분은 그 부분을 다른 부분과 별도로 제연구획하여야 한다.

04 난이도 ●●○ 답 ②

제연경계는 제연경계의 폭이 0.6m 이상으로 한다.

확인학습 제연구역의 구획 기준

제연구역의 구획은 보·제연경계벽(제연경계) 및 벽(화재 시 자동으로 구획되는 가동벽·셔터·방화문)을 포함하되, 다음의 기준에 적합하여야 한다.

1. 재질은 내화재료, 불연재료 또는 제연경계벽으로 성능을 인정받은 것으로서 화재 시 쉽게 변형·파괴하지 아니하고 연기가 누설되지 않는 기밀성 있는 재료로 할 것
2. 제연경계는 제연경계의 폭이 0.6m 이상이고, 수직거리는 2m 이내이어야 한다. 다만, 구조상 불가피한 경우는 2m를 초과할 수 있다.
3. 제연경계벽은 배연 시 기류에 따라 그 하단이 쉽게 흔들리지 아니하여야 하며, 또한 가동식의 경우에는 급속히 하강하여 인명에 위해를 주지 아니하는 구조일 것

05 난이도 ●●● 답 ③

유입풍도 안의 풍속은 20m/s 이하로 하여야 한다.

확인학습 유입풍도등

1. 유입풍도 안의 풍속은 20m/s 이하로 하고 풍도의 강판두께는 「제연설비의 화재안전기준」 제9조 제2항 제1호의 기준으로 설치하여야 한다.
2. 옥외에 면하는 배출구 및 공기유입구는 비 또는 눈 등이 들어가지 아니하도록 하고, 배출된 연기가 공기유입구로 순환유입하지 아니하도록 하여야 한다.

06 난이도 ●●○ 답 ①

배출기의 흡입 측 풍도 안의 풍속은 (15m/s) 이하로 하고 배출 측 풍속은 (20m/s) 이하로 할 것

07 난이도 ●●● 답 ③

연결송수관설비의 송수구를 옥내소화전설비·스프링클러설비·간이스프링클러설비·화재조기진압용 스프링클러설비·물분무 소화설비·포소화설비 또는 연결살수설비와 겸용으로 설치하는 경우에는 (스프링클러설비)의 송수구 설치기준에 따르되 각각의 소화설비의 기능에 지장이 없도록 하여야 한다.

08 난이도 ●●○ 답 ③

횡류환기방식에 대한 내용이다.

확인학습 용어의 정의

1. **도로터널**: 「도로법」에서 규정한 도로의 일부로서 자동차의 통행을 위해 지붕이 있는 지하 구조물을 말한다.
2. 설계화재강도: 터널 화재 시 소화설비 및 제연설비 등의 용량산정을 위해 적용하는 차종별 최대열방출률(MW)을 말한다.
3. 종류환기방식: 터널 안의 배기가스와 연기 등을 배출하는 환기설비로서 기류를 종방향(출입구 방향)으로 흐르게 하여 환기하는 방식을 말한다.
4. 횡류환기방식: 터널 안의 배기가스와 연기 등을 배출하는 환기설비로서 기류를 횡방향(바닥에서 천장)으로 흐르게 하여 환기하는 방식을 말한다.
5. 반횡류환기방식: 터널 안의 배기가스와 연기 등을 배출하는 환기설비로서 터널에 수직배기구를 설치해서 횡방향과 종방향으로 기류를 흐르게 하여 환기하는 방식을 말한다.

09 난이도 ●●● 답 ③

소화기는 주행차로의 우측 측벽에 50m 이내의 간격으로 2개 이상을 설치하며, 편도 2차선 이상의 양방향 터널과 4차로 이상의 일방향 터널의 경우에는 양쪽 측벽에 각각 50m 이내의 간격으로 엇갈리게 2개 이상을 설치해야 한다.

확인학습 소화기의 설치기준

1. 소화기의 능력단위는 A급 화재는 3단위 이상, B급 화재는 5단위 이상 및 C급 화재에 적응성이 있는 것으로 할 것
2. 소화기의 총중량은 사용 및 운반이 편리성을 고려하여 7kg 이하로 할 것
3. 소화기는 주행차로의 우측 측벽에 50m 이내의 간격으로 2개 이상을 설치하며, 편도 2차선 이상의 양방향 터널과 4차로 이상의 일방향 터널의 경우에는 양쪽 측벽에 각각 50m 이내의 간격으로 엇갈리게 2개 이상을 설치할 것
4. 바닥면(차로 또는 보행로를 말한다)으로부터 1.5m 이하의 높이에 설치할 것
5. 소화기구함의 상부에 "소화기"라고 조명식 또는 반사식의 표지판을 부착하여 사용자가 쉽게 인지할 수 있도록 할 것

10 난이도 ●●● 답 ④

하나의 경계구역의 길이는 100m 이하로 하여야 한다.

확인학습 자동화재탐지설비

1. 터널에 설치할 수 있는 감지기의 종류
   - 차동식분포형감지기
   - 정온식감지선형감지기(아날로그식에 한한다)
   - 중앙기술심의위원회의 심의를 거쳐 터널화재에 적응성이 있다고 인정된 감지기
2. 하나의 경계구역의 길이는 100m 이하로 하여야 한다.

PART 6 위험물

CHAPTER 1 위험물 개요

POINT 56 위험물의 분류 1

정답 p.142

01	①	02	③	03	①	04	②	05	①
06	③	07	②	08	②	09	②		

01 난이도 ●○○ 답 ①

산화성 고체라 함은 고체로서 (산화력의 잠재적인 위험성) 또는 (충격에 대한 민감성)을 판단하기 위하여 소방청장이 정하여 고시하는 시험에서 고시로 정하는 성질과 상태를 나타내는 것을 말한다.

✔ 확인학습 위험물의 유별 정의

구분	정의
제1류 위험물 (산화성 고체)	고체로서 산화력의 잠재적인 위험성 또는 충격에 대한 민감성을 판단하기 위하여 소방청장이 정하여 고시하는 시험에서 고시로 정하는 성질과 상태를 나타내는 것
제2류 위험물 (가연성 고체)	고체로서 화염에 의한 발화의 위험성 또는 인화의 위험성을 판단하기 위하여 고시로 정하는 시험에서 고시로 정하는 성질과 상태를 나타내는 것
제3류 위험물 (자연발화성 및 금수성 물질)	고체 또는 액체로서 공기 중에서 발화의 위험성이 있거나 물과 접촉하여 발화하거나 가연성 가스를 발생하는 위험성이 있는 것
제4류 위험물 (인화성 액체)	액체(제3석유류, 제4석유류 및 동·식물유류에 있어서는 1기압과 20℃에서 액상인 것에 한한다)로서 인화의 위험성이 있는 것
제5류 위험물 (자기반응성 물질)	고체 또는 액체로서 폭발의 위험성 또는 가열분해의 격렬함을 판단하기 위하여 고시로 정하는 시험에서 고시로 정하는 성질과 상태를 나타내는 것
제6류 위험물 (산화성 액체)	액체로서 산화력의 잠재적인 위험성을 판단하기 위하여 고시로 정하는 시험에서 고시로 정하는 성질과 상태를 나타내는 것

02 난이도 ●●● 답 ③

- 액체는 1기압 및 (20)℃에서 액상인 것 또는 20℃ 초과 40℃ 이하에서 액상인 것을 말한다.
- 액상이라 함은 수직으로 된 시험관에 시료를 55mm까지 채운 당해 시험관을 수평으로 하였을 때 시료액면의 선단이 30mm를 이동하는 데 걸리는 시간이 (90초 이내)에 있는 것을 말한다.

03 난이도 ●○○ 답 ①

- 자기반응성 물질이라 함은 고체 또는 액체로서 폭발의 위험성 또는 (가열분해의 격렬함)을 판단하기 위하여 고시로 정하는 시험에서 고시로 정하는 성질과 상태를 나타내는 것을 말한다.
- 산화성 액체라 함은 액체로서 (산화력의 잠재적인 위험성)을 판단하기 위하여 고시로 정하는 시험에서 고시로 정하는 성질과 상태를 나타내는 것을 말한다.

04 난이도 ●●○ 답 ②

- 가연성 고체라 함은 고체로서 화염에 의한 발화의 위험성 또는 (인화의 위험성)을 판단하기 위하여 고시로 정하는 시험에서 고시로 정하는 성질과 상태를 나타내는 것을 말한다.
- 자연발화성 물질 및 금수성 물질이라 함은 고체 또는 액체로서 공기 중에서 발화의 위험성이 있거나 물과 접촉하여 발화하거나 (가연성 가스)를 발생하는 위험성이 있는 것을 말한다.

05 난이도 ●●○ 답 ①

산화성 고체에 대한 내용으로 무기과산화물, 과망가니즈산염류이 해당한다.

| 선지분석 |

② [×] 철분, 금속분, 마그네슘은 제2류 위험물, 가연성 고체에 해당한다.

③ [×] 유기과산화물, 아조화합물은 제5류 위험물, 자기반응성 물질에 해당한다.

④ [×] 금속의 수소화물, 금속의 인화물은 제3류 위험물, 자연발화성 및 금수성 물질에 해당한다.

✔ 확인학습 위험물 및 지정수량

유별/성질	품명/지정수량			
일산고	아염과무	브질아	과다	-
	50	300	1천	-
이가고	황건 적 有(황)	철금 馬	인고	-
	100	500	1천	-
삼자수	칼나알알	황린	알유	금수인 칼슘알탄
	10	20	50	300
사인액	특	석 (1, 2, 3, 4)	알	동
	50L	2백, 1천, 2천, 6천L	400L	1만L
오자	유질	나소아다하	하하록	-
	10	200	100	-
육사액	과과질	-	-	-
	300	-	-	-

06 난이도 ●●○ 답 ③

제5류 위험물(자기반응성 물질)에 대한 내용으로 하이드록실아민, 하이드록실아민염류가 해당한다.

| 선지분석 |

① [×] 과염소산, 과산화수소는 제6류 위험물 산화성 고체에 해당한다.
② [×] 알킬알루미늄, 알킬리튬은 제3류 위험물 자연발화성 및 금수성 물질에 해당한다.
④ [×] 황화인, 적린은 제2류 위험물 가연성 고체에 해당한다.

07 난이도 ●○○ 답 ②

자연발화성 물질 및 금수성 물질이라 함은 (고체) 또는 액체로서 공기 중에서 발화의 위험성이 있거나 (물)과 접촉하여 발화하거나 가연성 가스를 발생하는 위험성이 있는 것을 말한다.

08 난이도 ●●○ 답 ②

제5류 위험물인 자기반응성 물질을 설명한 것으로 이에 해당하는 것은 ㄱ. 질산에스터류, ㄹ. 하이드록실아민염류, ㅁ. 유기과산화물이다.

| 선지분석 |

ㄴ. [×] 무기과산화물은 제1류 위험물이다.
ㄷ. [×] 질산염류는 제1류 위험물이다.
ㅂ. [×] 질산은 제6류 위험물이다.

09 난이도 ●●○ 답 ②

황의 지정수량은 100kg, 알루미늄의 탄화물은 300kg, 알칼리토금속은 50kg이다. 따라서, 지정수량의 합은 450kg이다.

POINT 57 위험물의 분류 2

정답 p.144

01	④	02	④	03	④	04	③	05	④
06	②	07	③	08	②	09	③	10	③

01 난이도 ●●○ 답 ④

- 특수인화물이라 함은 이황화탄소, 디에틸에테르 그 밖에 1기압에서 (발화점)이 100℃ 이하인 것 또는 인화점이 -20℃ 이하이고 비점이 40℃ 이하인 것을 말한다.
- 알코올류라 함은 1분자를 구성하는 (탄소)원자의 수가 1개부터 3개까지인 포화1가 알코올(변성알코올을 포함한다)을 말한다.

✔ 확인학습 인화성 액체 분류(「위험물안전관리법 시행령」 제3조)

인화성 액체	종류	그 밖의 것(1기압 상태에서)
특수인화물	이황화탄소, 디에틸에테르	• 발화점 100℃ 이하 • 인화점 -20℃ 이하이고 비점 40℃ 이하
알코올류	-	탄소원자 수 1~3개 포화1가 알코올(변성알코올 포함)
제1석유류	아세톤, 휘발유	인화점 21℃ 미만
제2석유류	등유, 경유	인화점 21℃ 이상~70℃ 미만
제3석유류	중유, 크레오소트유	인화점 70℃ 이상~200℃ 미만
제4석유류	기어유, 실린더유	인화점 200℃ 이상~250℃ 미만
동식물유류	동물의 지육·식물의 종자	인화점 250℃ 미만

02 난이도 ●○○ 답 ④

제1석유류라 함은 아세톤, 휘발유 그 밖에 1기압에서 인화점이 21℃ 미만인 것을 말한다. 크레오소트유는 제3석유류에 해당한다.

03 난이도 ●●○ 답 ④

제3석유류는 중유, 크레오소트유 그 밖에 1기압에서 인화점이 70℃ 이상 200℃ 미만인 것을 말한다. 다만, 도료류 그 밖의 물품은 가연성 액체량이 40wt.% 이하인 것은 제외한다.

✔ 확인학습 인화성 액체

1. **제2석유류**: 등유, 경유 그 밖에 1기압에서 인화점이 21℃ 이상 70℃ 미만인 것을 말한다. 다만, 도료류 그 밖의 물품에 있어서 가연성 액체량이 40wt.% 이하이면서 인화점이 40℃ 이상인 동시에 연소점이 60℃ 이상인 것은 제외한다.
2. **제3석유류**: 중유, 크레오소트유 그 밖에 1기압에서 인화점이 70℃ 이상 200℃ 미만인 것을 말한다. 다만, 도료류 그 밖의 물품은 가연성 액체량이 40wt.% 이하인 것은 제외한다.
3. **제4석유류**: 기어유, 실린더유 그 밖에 1기압에서 인화점이 200℃ 이상 250℃ 미만의 것을 말한다. 다만, 도료류 그 밖의 물품은 가연성 액체량이 40wt.% 이하인 것은 제외한다.

04 난이도 ●●○ 답 ③

제2석유류는 1기압에서 인화점이 21℃ 이상 70℃ 미만인 것을 말한다. 다만, 도료류 그 밖의 물품에 있어서 가연성 액체량이 40wt.% 이하이면서 인화점이 40℃ 이상인 동시에 연소점이 60℃ 이상인 것은 제외한다.

05 난이도 ●○○ 답 ④

제6류 위험물의 질산은 그 비중이 1.49 이상인 것에 한한다.

06 난이도 ●○○ 답 ②

제2류 위험물은 가연성 고체이므로 옳은 내용이다.

| 선지분석 |

① [×] 제1류 위험물은 산화성 고체이다.
③ [×] 제4류 위험물은 인화성 액체이다.
④ [×] 제6류 위험물은 산화성 액체이다.

07 난이도 ●○○ 답 ③

알코올류의 지정수량은 400ℓ이다.

| 선지분석 |

① 금속의 수소화물의 지정수량은 300kg이다.
② 질산염류의 지정수량은 300kg이다.
④ 질산의 지정수량은 300kg이다.

08 난이도 ●○○ 답 ②

제2류 위험물에 해당하는 것은 ㄴ. 철분, ㄹ. 금속분, ㅁ. 인화성 고체이다.

| 선지분석 |

ㄱ. [×] 황린은 제3류 위험물에 해당한다.
ㄷ. [×] 과염소산은 제6류 위험물에 해당한다.
ㅂ. [×] 과망가니즈산염류는 제1류 위험물에 해당한다.

09 난이도 ●●○ 답 ③

제1석유류 수용성 액체의 지정수량은 400L, 제2석유류는 2,000L, 제3석유류는 4,000L이다. 따라서 수용성 액체 지정수량의 합은 6,400L이다.

10 난이도 ●○○ 답 ③

특수인화물의 지정수량은 50L, 제4석유류는 6,000L, 동·식물유류는 10,000L이다. 따라서 지정수량의 합은 16,050L이다.

CHAPTER 2 위험물의 유별 성상

POINT 58 제1류 위험물

정답 p.146

01	④	02	①	03	②	04	②	05	④
06	②	07	②	08	③	09	③	10	④

01 난이도 ●●○ 답 ④

제1류 위험물은 불연성 물질이며, 가연성 물질의 연소를 돕는다(조연성, 지연성).

확인학습 제1류 위험물

1. 일반적으로 불연성이며 산소를 함유하고 있는 강산화제이다.
2. 대부분 무색 결정 또는 백색 분말이며 비중이 1보다 크고, 물에 잘 녹는다.
3. 물과 반응하여 열과 산소를 발생시키는 것도 있다.
4. KNO_3, $NaNO_3$, NH_4NO_3와 같은 질산염류는 조해성이 있다.
5. 조연성 물질로서 반응성이 풍부하여 열, 충격, 마찰 또는 분해를 촉진하는 약품과의 접촉으로 폭발의 위험성이 있다.
6. 대부분 산소를 포함하는 무기화합물이다(염소화이소시아누르산은 제외).
7. 단독으로 분해·폭발하는 경우는 적지만 가연물이 혼합되어 있을 때는 연소·폭발한다.

02 난이도 ●○○ 답 ①

과망가니즈산염류는 강산화제에 해당한다.

03 난이도 ●●○ 답 ②

(　　) 안에 들어갈 내용은 산소(O_2)이다. 산소는 조연성 가스이고, 공기 중의 부피는 약 21vol%이다. O_2의 분자량은 32g이다.

| 선지분석 |

① [×] 산소는 조연성 가스이고, 불연성이므로 연소범위가 존재하지 않는다.
③ [×] 산소는 공기 중 21vol%이다.
④ [×] O_2의 분자량은 32g이다.

확인학습 무기과산화물(Inorganic peroxide)

1. 과산화수소(H_2O_2)의 수소가 금속으로 치환된 화합물을 말한다.
2 알칼리금속의 과산화물(Na_2O_2)과 알칼리토금속의 과산화물(MgO_2)이 있다.
3. 분자 중에 있는 산소원자 간의 $-O-O-$ 결합력이 약하여 불안정하므로 안정된 상태로 되려는 성질이 있다.
4. 과산화나트륨(Sodium peroxide, Na_2O_2)
   - 산화제, 표백제, 살균제, 소독제 등에 사용된다.
   - 강한 산화제로서 가열하면 쉽게 산소를 방출한다.

$$2Na_2O_2 \rightarrow 2Na_2O + O_2\uparrow$$

   - 절대주수엄금, CO_2·할로겐소화 불가하며, 소화질석·마른 모래로 질식소화한다.

04 난이도 ●●○ 답 ②

CO_2, 포, 할론, 분말에 의한 질식소화는 효과가 적으므로 사용에 주의하여야 한다.

✔ 확인학습 제1류 위험물의 소화방법 및 화재진압대책

1. 산소의 분해 방지를 위하여 물과 급격히 반응하지 않는 것은 물로 주수하는 냉각소화가 효과적이다. 화재 주위의 가연물과는 격리하는 하거나 주위 가연물의 소화에 주력하는 것이 바람직하다.
2. 무기과산화물은 금수성이 있으므로 물을 사용하여서는 아니 된다. 주로 초기단계에서는 마른 모래, 소화질석을 사용한 질식소화가 효과적이다.
3. 가연물과 혼합하여 연소하고 있는 경우는 폭발의 위험이 있으므로 충분한 거리를 확보하는 등 안전사고에 주의하여야 한다.
4. 자신은 불연성이기 때문에 가연물의 종류에 따라 화재진압대책을 수립하여야 한다.

05 난이도 ●○○ 답 ④

질산염류의 지정수량은 300kg이다.

✔ 확인학습 질산염류(Nitrate)

1. 질산(HNO_3)의 수소가 금속 또는 양성원자단으로 치환된 화합물을 말한다.
2. 강한 산화제로 폭약의 원료로 사용된다.
3. 조해성이 강하다.
4. 질산나트륨($NaNO_3$)
   - 무색, 무취의 투명한 결정 또는 분말이며, 물, 글리세린에 잘 녹으며 수용액은 중성이다.
   - 산화제, 분석시약, 열처리제에 사용된다.
   - 황산(H_2SO_4)과 접촉하면 분해폭발하며 질산(HNO_3)을 분해시킨다.

06 난이도 ●●● 답 ②

옳은 것은 ㄱ, ㄷ, ㄹ이므로 3개이다.

| 선지분석 |

ㄴ. [×] 알칼리금속의 과산화물은 물과 급격히 발열 반응하므로 건조사에 의한 피복소화를 실시한다(주수소화 절대 엄금)

ㅁ. [×] 공기가 없는 곳에서 급격한 산화성 화약류 화재에는 할론 1211, 할론 1301 소화약제는 소화 효과가 없다.

07 난이도 ●●● 답 ②

옳은 것은 ㄴ, ㄷ이므로 2개이다.

| 선지분석 |

ㄱ. [×] 산화성 고체 자체는 연소하지 아니하는 불연성 물질에 해당한다.

ㄹ. [×] 발화점(착화온도)이 낮아진다.

✔ 확인학습 가연성 물질과 산화성 고체의 연소

1. 산화성 고체는 불연성 물질에 해당한다.
2. 연소 확대 위험이 커진다.
3. 최소점화에너지가 감소한다.
4. 발화점(착화온도)이 작아진다.

08 난이도 ●○○ 답 ③

각 위험물의 저장수량을 지정수량은 다음과 같다.

- 무기과산화물의 지정수량: 50kg
- 과망가니즈산염류의 지정수량: 1,000kg
- 브로민산염류의 지정수량: 300kg
- 다이크로뮴산염류의 지정수량: 1,000g

따라서, 각 위험물의 저장스량을 지정수량으로 나누어 합하면,

$$\frac{200}{50}+\frac{500}{1,000}+\frac{150}{300}+\frac{250}{1,000}$$

= 4 + 0.5 + 0.5 + 0.25

= 5.25(배)이다.

09 난이도 ●●● 답 ③

제1류 위험물에 해당하는 것은 ㄱ, ㄴ, ㄷ, ㅁ이므로 4개이다.

| 선지분석 |

ㄹ. [×] 과염소산은 제6류 위험물이다.

✔ 확인학습 제1류 위험물

1. $NaClO_3$(염소산염류 - 염소산나트륨)
2. MaO_2(무기과산화물: 알칼리 금속 이외의 무기과산화물 - 과산화마그네슘)
3. K_2O_2(무기과산화물: 알칼리 금속의 무기과산화물 - 과산화칼륨)
4. $NaClO_2$(아염소산염류 - 아염소산나트륨)

10 난이도 ●●○ 답 ④

브로민산나트륨의 지정수량은 300kg, 과산화나트륨의 지정수량은 50kg, 다이크로뮴산나트륨은 1,000kg이다.

풀이식은 $\frac{300}{300}+\frac{150}{50}+\frac{500}{1,000}=4.5$이다.

따라서, 배수의 총합은 4.5이다.

POINT 59 제2류 위험물

정답 p.148

01	③	02	①	03	②	04	③	05	①
06	①	07	①	08	②	09	④	10	①
11	③								

01 난이도 ●●○ 답 ③

강환원제로서 비중이 1보다 크다. 옳은 것은 ㄱ, ㄴ, ㄹ, ㅁ이므로 4개이다.

| 선지분석 |

ㄷ. [×] 제2류 위험물은 환원제이다.

02 난이도 ●●○ 답 ①

옳지 않은 것은 ㄷ이다.

| 선지분석 |

ㄷ. [×] 금속분(철분, 마그네슘 등)은 물이나 산과 접촉하면 확산 폭발하므로 물이나 산과 접촉을 피해야 한다.

03 난이도 ●●● 답 ②

삼황화인(P_4S_3)는 황색 결정 덩어리로 조해성이 있으며, 공기 중에서 약 100℃에서 발화한다.

확인학습 황화인(Phosphorus sulfide)

1. 삼황화인(P_4S_3)은 황색 결정 덩어리로 조해성이 있고, 공기 중에서 약 100℃에서 발화한다.
2. 오황화인(P_2S_5)은 조해성이 있는 담황색 결정성 덩어리이고, 알칼리와 반응하면 분해하여 가연성 가스(황화수소와 인산)를 발생시킨다.
3. 칠황화인(P_4S_7)은 담황색으로 조해성이 있고, 온수에 녹아 급격히 분해하여 황화수소(H_2S)를 발생시킨다.
4. 연소생성물
   - $P_4S_3 + 8O_2 \rightarrow 2P_2O_5 + 3SO_2$
   - $2P_2S_5 + 15O_2 \rightarrow 2P_2O_5 + 10SO_2$

04 난이도 ●●● 답 ③

옳은 것은 ㄱ, ㄷ, ㄹ, ㅁ이다. 따라서 4개이다.

| 선지분석 |

ㄴ. [×] 마그네슘이 연소하고 있을 때 주수하면 수소가스가 생성된다.

확인학습 마그네슘

1. 산과 반응하여 수소(H_2)를 발생한다($Mg + 2HCl \rightarrow MgCl_2 + H_2\uparrow$).
2. 마그네슘 폭발 매커니즘
   - 1차(연소): $2Mg + O_2 \rightarrow 2MgO + (2 \times 143.7)kcal$
   - 2차(주수): $Mg + 2H_2O \rightarrow Mg(OH)_2 + H_2\uparrow$
   - 3차(폭발): $2H_2 + O_2 \rightarrow 2H_2O$

05 난이도 ●○○ 답 ①

가연성 가스(일산화탄소 또는 탄소)가 생성되기 때문이다.

확인학습 마그네슘과 이산화탄소의 반응

1. $2Mg + CO_2 \rightarrow 2MgO + 2C$
2. $Mg + CO_2 \rightarrow MgO + CO\uparrow$

06 난이도 ●○○ 답 ①

모두 산소를 함유하고 있지 않은 강한 환원성 물질이다.

확인학습 제2류 위험물의 공통성질

1. 모두 산소를 함유하고 있지 않은 강한 환원성 물질(환원제)이다.
2. 비중이 1보다 큰 가연성 고체로서 비교적 낮은 온도에서 착화하기 쉽다.
3. 산화제와 접촉하면 급격하게 폭발할 수 있는 가연성 물질이며, 연소속도가 빠르고 연소열이 큰 고체이다.
4. 철분, 금속분, 마그네슘은 물과 산의 접촉으로 수소가스를 발생하고 발열한다. 금속분은 습기와 접촉할 때 자연발화의 위험성이 있다.
5. 산화제와 혼합한 것은 가열, 충격, 마찰에 의해 발화 또는 폭발위험이 있다.
6. 금속분, 황가루, 철분은 밀폐된 공간 내에서 점화원이 있으면 분진폭발을 일으킨다.
7. 화재 시 유독성 가스가 많이 발생하며, 대부분 물에 녹지 않는다.

07 난이도 ●○○ 답 ①

황린은 제3류 위험물인 자연발화성 물질에 해당한다.

08 난이도 ●●○ 답 ②

강산화성 물질과 혼합을 피하여 저장하여야 한다.

확인학습 제2류 위험물의 소화방법 및 화재진압대책

1. 철분, 금속분, 마그네슘은 마른 모래, 건조분말, 금속화재용 분말 소화약제를 사용하여 질식소화한다.
2. 황화인은 이산화탄소 소화약제, 마른 모래, 건조분말에 의한 질식소화한다.
3. 냉각소화가 적당하다(금속분, 철분, 마그네슘, 황화인 제외).
4. 분진폭발이 우려되는 경우 충분히 안전거리를 확보하여야 한다.
5. 제2류 위험물의 화재 시 다량의 열과 유독성의 연기를 발생하므로 반드시 방호복과 공기호흡기를 착용하여야 한다.

09 난이도 ●○○ 답 ④

황화인은 CO_2, 건조분말, 마른 모래로 질식소화한다.

확인학습 황화인(Phosphorus sulfide)

1. 인의 황화물을 통틀어 이르는 말이다.
2. 대표적인 황화인은 삼황화인(P_4S_3), 오황화인(P_2S_5), 칠황화인(P_4S_7)이다.
3. 산화제, 가연물, 강산류, 금속분과의 혼합을 방지한다.
4. CO_2, 건조분말, 마른 모래로 질식소화한다.

10 난이도 ●●○ 답 ①

2mm의 체를 통과하지 아니하는 덩어리 상태의 것과 직경 2mm 이상의 막대모양의 것은 위험물에서 제외한다.

확인학습 마그네슘(Magnesium, Mg)

1. 2mm의 체를 통과하지 아니하는 덩어리 상태의 것과 직경 2mm 이상의 막대모양의 것은 위험물에서 제외한다.
2. 공기 중 부식성은 적으나 산이나 염류에 의해 침식당한다.
3. 열전도율, 전기 전도율은 알루미늄보다 낮다.
4. 공기 중 미세한 분말이 부유하면 분진폭발의 위험이 있다.
5. 산이나 더운 물에 반응하여 수소를 발생하며, 많은 반응열에 의하여 발화한다.

$$Mg + 2HCl \rightarrow MgCl_2 + H_2\uparrow + Qkcal$$

6. 가열하면 연소하기 쉽고 백광 또는 푸른 불꽃을 내며, 양이 많은 경우 순간적으로 맹렬히 폭발한다.

$$2Mg + O_2 \rightarrow 2MgO + (2 \times 143.7)kcal$$

11 난이도 ●●○ 답 ③

오황화인과 칠황화인이 물과 반응했을 때 공통적으로 황화수소가 발생한다.

POINT 60 제3류 위험물

정답 p.150

01	④	02	②	03	③	04	①	05	③
06	③	07	②	08	④	09	④	10	②
11	①								

01 난이도 ●●○ 답 ④

- 탄화칼슘(CaC_2)은 물과 반응하여 (아세틸렌) 가스를 생성한다.
- 알칼리금속, 알칼리토금속은 물과 반응하여 (수소) 기체를 발생시킨다.

| 선지분석 |

① [O] 아세틸렌은 분해폭발을 할 수 있다.
② [O] 수소는 가연성 가스이다.
③ [O] 아세틸렌은 수소보다 연소 범위가 크다.
④ [×] 아세틸렌은 이황화탄소보다 위험도가 작다.

02 난이도 ●○○ 답 ②

제3류 위험물은 모두(황린 제외) 물과 반응할 때 가연성 가스를 발생하며 발화의 위험이 있다. 황린은 금수성 물질이 아니다.

확인학습 제3류 위험물의 일반적인 성질

1. 무기 화합물과 유기 화합물로 구성되어 있다.
2. 칼륨(K), 나트륨(Na), 알킬알루미늄(RAl), 알킬리튬(RLi)을 제외하고 물보다 무겁다.
3. 대부분이 고체이다(단, 알킬알루미늄, 알킬리튬은 고체 또는 액체이다).
4. 칼륨, 나트륨, 알칼리금속, 알칼리토금속은 보호액(석유) 속에 보관한다.
5. 알킬알루미늄, 알킬리튬은 물 또는 공기와 접촉하면 폭발한다. 저장방법으로는 헥산 속에 저장한다.
6. 황린은 공기와 접촉하면 자연발화한다. 따라서 물 속에 저장에 저장·보관한다.

03 난이도 ●○○ 답 ③

알칼리토금속의 지정수량은 50kg, 금속의 수소화물은 300kg, 황린은 20kg이다. 따라서 지정수량의 합은 370kg이다.

04 난이도 ●○○ 답 ①

제3류 위험물은 제1류 위험물, 제6류 위험물 등 산화성 물질과 강산류와의 접촉을 방지한다.

확인학습 제3류 위험물의 저장 및 취급방법

1. 제1류 위험물, 제6류 위험물 등 산화성 물질과 강산류와의 접촉을 방지한다.
2. 용기는 완전히 밀봉하고, 파손 및 부식을 막으며, 수분과의 접촉을 방지한다.
3. 알킬알루미늄, 알킬리튬, 유기금속화합물류는 화기를 엄금하고 용기 내압이 상승하지 않도록 한다.
4. 알킬알루미늄은 공기나 물을 만나면 격렬하게 반응하여 발화할 수 있다. 특히 저장 시 수분의 접촉을 차단하기 위하여 헥산 속에 저장한다.
5. 황린은 공기 중에서 산화를 피하기 위하여 물 속에 저장한다. 황린의 저장액인 물의 증발 또는 용기파손에 의한 물의 누출을 방지하여야 한다.

05 난이도 ●●● 답 ③

인화칼슘(인화석회, Ca_3P_2)은 물 또는 묽은 산과 반응하여 유독성 가스인 포스핀(인화수소, PH_3) 가스를 생성한다.

확인학습 금속의 인화물(Phosphide)

1. 인(P)과 양성원소의 화합물이다.
2. 인화칼슘(인화석회, Ca_3P_2)은 건조한 공기 중에서는 안정하나 300℃ 이상에서 산화한다.
3. 인화칼슘은 물, 산과 격렬하게 반응하여 포스핀(인화수소, PH_3)을 발생한다.

$$Ca_3P_2 + 6H_2O \rightarrow 3Ca(OH)_2 + 2PH_3\uparrow$$
$$Ca_3P_2 + 6HCl \rightarrow 3CaCl_2 + 2PH_3\uparrow$$

4. 인화칼륨은 물, 산과의 접촉으로 포스핀(PH_3)을 발생한다. 따라서 밀폐용기에 넣어 환기가 잘되는 찬 곳에 저장한다.

06 난이도 ●●● 답 ③

옳은 것은 ㄴ, ㄷ, ㄹ, ㅁ이므로 4개이다.

| 선지분석 |

ㄱ. [X] 탄화칼슘 질소와 고온에서 발열반응을 한다.

$$CaC_2 + N_2 \rightarrow CaCN_2 + C + 74.6kcal$$

07 난이도 ●●○ 답 ②

옳은 것은 ㄱ, ㄹ이므로 총 2개이다.

| 선지분석 |

ㄱ. [O] 인화칼슘을 취급할 때는 수분의 접촉을 주의해야 한다.

ㄴ. [X] 물과 반응하여 포스핀 가스를 발생한다.

$$Ca_3P_2 + 6H_2O \rightarrow 3Ca(OH)_2 + 2PH_3 + Qkcal$$

ㄷ. [X] 인화칼슘의 소화방법은 주수소화가 적당하지 않다.

ㄹ. [O] 인화칼슘은 모래, 건조 흙, 건조 소석회 등으로 질식 소화한다.

08 난이도 ●●● 답 ④

| 선지분석 |

① [O] 탄화칼슘(CaC_2)

$$CaC_2 + 2H_2O \rightarrow Ca(OH)_2 + C_2H_2 + Qkcal$$

② [O] 금속칼륨(K)

$$2K + 2H_2O \rightarrow 2KOH + H_2 + Qkcal$$

③ [O] 인화칼슘(Ca_3P_2)

$$Ca_3P_2 + 6H_2O \rightarrow 3Ca(OH)_2 + 2PH_3 + Qkcal$$

④ [X] 산화칼슘(CaO)은 물과 반응하여 수산화칼슘과 물을 생성한다.

$$CaO + 2H_2O \rightarrow Ca(OH)_2 + H_2O + Qkcal$$

09 난이도 ●●● 답 ④

탄화알루미늄(Al_4C_3)은 물과 반응하여 메탄을 발생한다.

확인학습 카바이드

1. 아세틸렌 가스를 발생시키는 카바이드: Li_2C_2, Na_2C_2, K_2C_2, MgC_2
2. 메탄가스를 발생시키는 카바이드: Al_4C_3, BeC_2
3. 메탄과 수소 가스를 발생시키는 카바이드: Mn_3C_3

10 난이도 ●●● 답 ②

수소화나트륨(NaH)은 물과 반응하여 수소가스를 발생시킨다.

$$NaH + H_2O \rightarrow NaOH + H_2\uparrow + Qkcal$$

11 난이도 ●●● 답 ①

탄화알루미늄(Al_4C_3)은 물과 반응하여 메탄(CH_4)가스를 발생한다.

확인학습 탄화알루미늄(Al_4C_3)

$$Al_4C_3 + 12H_2O \rightarrow 4Al(OH)_3 + 3CH_4$$

POINT 61 제4류 위험물

정답 p.152

01	①	02	①	03	④	04	④	05	②
06	③	07	②	08	④	09	①	10	①
11	④								

01 난이도 ●●○ 답 ①

옳은 것은 ㅁ으로 1개이다.

| 선지분석 |

ㄱ. [X] 위험물이 유출하였을 때 확대되지 않는 구조로 하고, 적당한 경사와 집유구를 설치·운영하여 방유제의 관리를 철저히 한다.

ㄴ. [X] 위험물을 해중 또는 수중에 유출시키거나 투하해서는 안 된다.

ㄷ. [X] 물보다 가벼운 것이 많으며, 수용성과 비수용성이 있다.

ㄹ. [X] 저장소의 바닥은 경사지고 낮은 곳에 저유 설비 및 배출 시설을 하여 낮은 곳에 체류한 증기를 높은 곳으로 배출한다.

ㅁ. [O] 화기가 없어도 정전기가 축적되어 있으면 방전하여 착화할 우려가 있으므로 축적되지 않도록 한다.

02 난이도 ●●● 답 ①

옳은 것은 ㄱ, ㄴ이다.

| 선지분석 |

ㄱ. [O] 수용성 위험물은 비수용성 위험물보다 소화가 쉽다.
ㄴ. [O] 증기 비중이 큰 것일수록 작은 것보다 인화의 위험성이 높다.
ㄷ. [X] 비휘발성 석유류가 휘발성 석유류보다 안전하다.
ㄹ. [X] 인화점이 높을수록 인화점이 낮은 것보다 안전하다.

03 난이도 ●●○ 답 ④

$$\text{지정 수량의 배수} = \frac{\text{저장 수량}}{\text{지정 수량}} = \frac{20 \times 20}{400} + \frac{200 \times 3}{200} + \frac{200 \times 5}{1{,}000} = 5(\text{배})$$

04 난이도 ●●○ 답 ④

아세트알데히드는 산과 접촉·중합하여 발열한다.

> **확인학습 아세트알데히드(CH_3CHO)**
> 1. 자극성의 과일 향을 지닌 무색투명한 인화성이 강한 휘발성 액체이다.
> 2. 환원성이 크다.
> 3. 화학적 활성이 크며, 물에 잘 녹고 유기 용제 및 고무를 잘 녹인다.
> 3. 증기비중 1.52, 인화점 -37.7℃, 발화점 185℃, 연소 범위는 4.1~57%이다.
> 4. 산화 시 초산, 환원 시 에탄올이 생성된다.
>   - $CH_3CHO + \frac{1}{2}O_2 \rightarrow CH_3COOH$
>   - $CH_3CHO + H_2 \rightarrow C_2H_5OH$

05 난이도 ●●● 답 ②

연소 범위가 넓고 물과 150℃ 이상으로 가열하면 분해되어 이산화탄소(CO_2)와 황화수소(H_2S) 가스를 발생한다.

$$CS_2 + 2H_2O \rightarrow CO_2 + 2H_2S$$

CS_2 1몰일 때 이산화탄소 1몰과 황화수소 2몰이 생성된다.

따라서, 이산화탄소 $1\text{몰} \times \frac{22.4L}{1\text{몰}} = 22.4L$

황화수소 $2\text{몰} \times \frac{22.4L}{1\text{몰}} = 44.8L$

> **확인학습 이황화탄소(CS_2)**
> 1. 휘발하기 쉽고 인화성이 강하며, 제4류 위험물 중 착화점이 가장 낮다.
> 2. 연소 시 유독한 아황산(SO_2) 가스를 발생한다.
>
> $$CS_2 + 3O_2 \rightarrow CO_2 + 2SO_2$$
>
> 3. 연소 범위가 넓고 물과 150℃ 이상으로 가열하면 분해되어 이산화탄소(CO_2)와 황화수소(H_2S) 가스를 발생한다.
>
> $$CS_2 + 2H_2O \rightarrow CO_2 + 2H_2S$$
>
> 4. 물보다 무겁고 물에 녹기 어렵기 때문에 물(수조) 속에 저장한다.
> 5. 액비중 1.26(증기비중 2.64), 인화점 -30℃, 발화점 100℃, 연소 범위 1.2~44%이다.
> 6. 독성을 지니고 있어 액체가 피부에 오래 닿아 있거나 증기 흡인 시 인체에 유해하다.

06 난이도 ●●○ 답 ③

석유류 화재 중 물을 방수하면 오히려 화재면적을 확대시키는 결과를 가져 온다.

> **확인학습 제4류 위험물의 공통성질**
> 1. 물보다 가볍고 물에 녹지 않는 것이 많으며, 대부분 유기 화합물이다.
> 2. 발생증기는 가연성이며 대부분의 증기비중은 공기보다 무겁다. 발생된 증기는 연소하한이 낮아 매우 인화하기 쉽다.
> 3. 전기의 불량도체로서 정전기의 축적이 용이하고 이것이 점화원이 되는 때가 많다.
> 4. 인화점, 발화점이 낮은 것은 위험성이 높다. 비교적 발화점이 낮고 폭발위험성이 공존한다.
> 5. 유동하는 액체화재는 연소확대의 위험이 있고 소화가 곤란하다.
> 6. 인화성 액체의 화재 시 물을 방수하면 오히려 화재면적을 확대시키는 결과를 가져온다.
> 7. 이황화탄소는 발화점(착화점)이 100℃로 매우 낮아 자연발화의 위험이 있다.

07 난이도 ●○○ 답 ②

제4류 위험물은 전기적으로 부도체이므로 정전기 축적이 용이하여 정전기가 점화원으로 작용할 수 있다.

08 난이도 ●●○ 답 ④

대규모 화재는 포 소화약제를 이용하여 질식소화한다. 스프링클러설비, 물분무 소화설비는 적절하지 않다.

> **확인학습 제4류 위험물의 소화방법 및 화재진압대책**
> 1. 소규모화재는 CO_2·포·물분무·분말·할론 소화약제를 이용하여 소화하고, 대규모화재는 포 소화약제를 이용하여 질식소화한다.
> 2. 수용성과 비수용성, 물보다 무거운 것과 물보다 가벼운 것으로 가연물을 구분하여 진압방안을 연계함으로써 화재를 진압하여야 한다.
> 3. 수용성 석유류의 화재는 알코올형포, 다량의 물로 희석소화한다.

09 난이도 ●●○ 답 ①

이황화탄소(CS_2)는 물에 녹지 않고 물보다 무거우므로 물 속에 저장한다.

✔ 확인학습 특수인화물

1. 이황화탄소, 디에틸에테르 등이 있다.
2. 1기압에서 발화점이 100℃ 이하인 액체이거나 인화점이 -20℃ 이하이고 비점이 40℃ 이하인 액체이다.
3. 발화점, 인화점, 끓는점이 매우 낮아서 휘발하기 쉽다.
4. 이황화탄소(CS_2)는 물에 녹지 않고 물보다 무거우므로 물 속에 저장한다.
5. 디에틸에테르는 무색투명한 액체로서 휘발성이 매우 높고 마취성을 가진다.
6. 산화프로필렌(C_3H_6O)은 의약중간제품, 용제, 화장품 등에 사용된다. 반응성이 풍부하여 Cu, Mg, Ag, Hg 및 $FeCl_2$와 접촉 시 폭발성 혼합물을 생성한다.

10 난이도 ●●● 답 ①

휘발유는 원유에서 끓는점에 의한 분별증류를 하여 얻어지는 유분 중에서 가장 낮은 온도에서 분출되는 것으로, 대략적으로 탄소수가 5개에서 9개까지의 포화 및 불포화 탄화수소의 혼합물이다. 한 종류의 휘발유에 포함되어 있는 탄화수소 수는 수십 종류에서 수백 종류나 된다(분자식은 대략 $C_5H_{12} \sim C_9H_2O$이다).

✔ 확인학습 제1석유류

1. 제1석유류에는 아세톤, 휘발유 등이 있다. 1기압에서 인화점이 21℃ 미만인 것이다.
2. 아세톤은 무색의 독특한 냄새(과일 냄새)를 내며 휘발성이 강한 액체이다. 증기는 매우 유독하다. 아세틸렌을 녹이므로 아세틸렌 저장에 이용된다.
3. 휘발유는 원유에서 끓는점에 의한 분별증류를 하여 얻어지는 유분 중에서 가장 낮은 온도에서 분출되는 것으로, 대략적으로 탄소수가 5개에서 9개까지의 포화 및 불포화 탄화수소의 혼합물이다. 한 종류의 휘발유에 포함되어 있는 탄화수소 수는 수십 종류에서 수백 종류나 된다(분자식 대략 $C_5H_{12} \sim C_9H_2O$).
4. 휘발유는 전기의 불량도체로서 정전기를 발생·축적할 위험이 있고, 점화원이 될 수 있다.
5. 벤젠(C_6H_6)은 무색투명한 액체로 독특한 냄새가 나는 휘발성 액체이다. 방향족 탄화수소 중 가장 간단한 구조를 가진다. 또한, 휘발하기 쉽고 인화점이 낮아서 정전기 스파크와 같은 아주 작은 점화원에 의해서도 인화한다.

11 난이도 ●●○ 답 ④

가연성 증기의 발생을 억제하기 위해서 이황화탄소 저장 시 물 속에 저장한다. 이황화탄소(CS_2)는 물에 녹지 않고 물보다 무거우므로 물 속에 저장한다.

POINT 62 제5류 위험물

정답 p.154

01	③	02	③	03	①	04	①	05	①
06	①	07	②						

01 난이도 ●●○ 답 ③

제5류 위험물은 불안정한 물질로서 공기 중에서 장기간 저장 시 분해반응을 일으키며, 분해열의 축적에 의해서 자연발화의 위험이 있다.

✔ 확인학습 제5류 위험물의 일반적인 성질

1. 대부분 유기 화합물이며 유기과산화물을 제외하고는 질소를 함유한 유기 질소화합물이다.
2. 하이드라진 유도체는 무기 화합물이다.
3. 자기 자신이 연소에 필요한 산소를 가지고 있기 때문에 외부로부터 산소의 공급이 없어도 점화원만 있으면 연소 또는 폭발을 일으킬 수 있는 자기연소성 물질이다.
4. 대부분이 물에 잘 녹지 않으며 물과 반응하지 않는다.
5. 불안정한 물질로서 공기 중 장기간 저장 시 분해하여 분해열이 축적되는 분위기에서는 자연발화의 위험이 있다.
6. 연소속도가 대단히 빨라서 폭발성이 있다. 화약, 폭약의 원료로 많이 쓰인다.

02 난이도 ●●○ 답 ③

제5류 위험물은 자기반응성 물질로서, 그 자체 산소를 함유하고 있어서 연소 시 산소 공급이 없더라고 연소가 가능한 자기 연소(내부 연소)를 일으켜 연소 속도가 대단히 빠르고 폭발적이다.

03 난이도 ●●○ 답 ①

제5류 위험물은 다른 산화제와 같이 저장하면 폭발 발생시 피해가 커진다. 따라서 환원제와 산화제를 모두 멀리한다.

✔ 확인학습 유기과산화물

1. 산화제 및 환원제를 멀리한다.
2. 열에 대하여 불안전한 물질이다.
3. 순도가 높아지면 위험성이 증대한다.
4. 완만하게 연소하나 맹독 가스를 발생시킨다.
5. 직사광선을 피하고 찬 곳에 저장한다.
6. 용기의 파손에 의하여 누출 위험이 있으므로 정기적으로 점검한다.

04 난이도 ●●○ 답 ①

질산에스터류란 질산($HONO_2$)의 수소 원자를 알킬기(R, C_nH_{2n+1})로 치환한 형태의 화합물이다. 질산메틸, 질산에틸, 나이트로글리세린, 나이트로셀룰로오스 등이 있다.

05 난이도 ●●○ 답 ①

나이트로셀룰로오스의 자연발화는 분해열에 의해 발생한다.

06 난이도 ●○○ 답 ①

제5류 위험물은 그 자체에 연소에 필요한 산소를 함유하고 있어 가연물의 착화점을 내리는 냉각소화(주수소화)가 효과적이다.

07 난이도 ●●○ 답 ②

온도가 낮고 습도가 낮은 곳에 저장하여 자연 발화를 방지한다.

POINT 63 제6류 위험물

정답 p.156

01	②	02	④	03	③	04	②	05	④

01 난이도 ●●○ 답 ②

옳은 것은 ㄴ, ㄷ, ㅁ으로 3개이다.

| 선지분석 |

ㄱ. [X] H_2O_2의 수용액의 농도가 36wt% 이상인 경우만 위험물로 취급한다.
ㄴ. [O] 농도가 클수록 위험성이 높아지므로 분해 방지 안정제를 넣어 분해를 억제시킨다.
ㄷ. [O] 물, 알코올, 에테르 등에는 녹으나 석유, 벤젠 등에는 녹지 않는다.
ㄹ. [X] 유리 용기는 알칼리성으로 H_2O_2를 분해·촉진하므로 유리 용기에 장기 보존하지 않아야 한다.
ㅁ. [O] 용기에 내압 상승을 방지하기 위하여 아주 작은 구멍을 낸다.

02 난이도 ●●○ 답 ④

제6류 위험물은 산화제이다.

✔ 확인학습 제6류 위험물의 일반적인 성질

1. 모두 불연성 물질이지만 다른 물질의 연소를 돕는 산화성·지연성 액체이다.
2. 물질의 액체 비중이 1보다 커서 물보다 무겁다.
3. 산소를 많이 함유하고 있으며(할로겐간화합물은 제외) 물보다 무겁고 물에 잘 녹는다.
4. 증기는 유독하며(과산화수소 제외) 피부와 접촉 시 점막을 부식시키는 유독성·부식성 물질이다.
5. 강산성 염류나 물과 접촉 시 발열하게 되며 이때 가연성 물질이 혼재되어 있으면 혼촉발화의 위험이 있다(단, 과산화수소는 물과 반응하지 않는다).

03 난이도 ●●○ 답 ③

산화력이 강한 물질이다.

04 난이도 ●○○ 답 ②

제6류 위험물 중 과염소산의 지정수량은 300kg이다.

05 난이도 ●●○ 답 ④

제6류 위험물은 가연물접촉주의 표시를 하여야 한다.

✔ 확인학습 운반용기 표시

1. 제1류 위험물 중 알칼리금속의 과산화물 또는 이를 함유한 것에 있어서는 "화기·충격주의", "물기엄금" 및 "가연물접촉주의", 그 밖의 것에 있어서는 "화기·충격주의" 및 "가연물접촉주의"
2. 제2류 위험물 중 철분·금속분·마그네슘 또는 이들 중 어느 하나 이상을 함유한 것에 있어서는 "화기주의" 및 "물기엄금", 인화성 고체에 있어서는 "화기엄금", 그 밖의 것에 있어서는 "화기주의"
3. 제3류 위험물 중 자연발화성 물질에 있어서는 "화기엄금" 및 "공기접촉엄금", 금수성 물질에 있어서는 "물기엄금"
4. 제4류 위험물에 있어서는 "화기엄금"
5. 제5류 위험물에 있어서는 "화기엄금" 및 "충격주의"
6. 제6류 위험물에 있어서는 "가연물접촉주의"

CHAPTER 3 위험시설의 안전관리

POINT 64 제조소등의 위치·구조·설비의 기준

정답 p.157

01	④	02	①	03	③	04	②	05	②
06	③								

01 난이도 ●○○ 답 ④

제6류 위험물은 가연물접촉주의 표시를 한다.

| 선지분석 |

① [X] 제3류 위험물 중 금수성 물질 - 물기엄금
② [X] 제4류 위험물 - 화기엄금
③ [X] 제5류 위험물 - 화기엄금, 충격주의

02 난이도 ●●○ 답 ①

주유취급소는 안전거리의 규제 대상에 해당하지 않는다.

확인학습 안전거리의 규제 대상

1. 위험물제조소(제6류 위험물을 취급하는 제조소 제외)
2. 일반취급소
3. 옥외저장소
4. 옥내저장소
5. 옥외탱크저장소

03 난이도 ●●○ 답 ③

분말 소화약제의 가압용 가스로 사용할 수 있는 것은 질소 또는 이산화탄소이다.

04 난이도 ●●○ 답 ②

옥외저장탱크의 지름은 15m 미만인 경우에 방유제는 탱크의 옆판으로부터 탱크 높이의 ($\frac{1}{3}$) 이상 이격하여야 한다.

확인학습 옥외탱크저장소의 방유제와 탱크 측면의 이격거리

탱크지름	이격 거리
15m 미만	탱크 높이의 $\frac{1}{3}$ 이상
15m 이상	탱크 높이의 $\frac{1}{2}$ 이상

05 난이도 ●●○ 답 ②

자연발화성 물질 중 알킬알루미늄 등은 운반 용기 내용적 (90)% 이하의 수납률로 수납하되 50℃의 온도에서 (5)% 이상의 공간 용적을 유지하도록 하여야 한다.

확인학습 운반 용기 수납률

위험물	수납률
알킬알루미늄 등	90% 이하(50℃에서 5% 이상의 공간 용적 유지)
고체 위험물	95% 이하
액체 위험물	98% 이상(50℃에서 누설되지 않을 것)

06 난이도 ●●○ 답 ③

보일러 등에 직접 접속하는 전용 탱크로서 10,000L 이하일 것

| 선지분석 |

① [×] 고정 주유 설비에 직접 접속하는 3기 이하의 간이 탱크
② [×] 폐유 등을 저장하는 탱크로서 2,000L 이하일 것
④ [×] 고정 급유설비에 직접 접속하는 전용 탱크로서 50,000L 이하일 것

확인학습 주유취급소 탱크 용량

1. 고정 주유 설비에 직접 접소하는 3기 이하의 간이 탱크
2. 폐유 등을 저장하는 탱크로서 2,000L 이하일 것
3. 보일러 등에 직접 접속하는 전용 탱크로서 10,000L 이하일 것
4. 고정 급유설비에 직접 접속하는 전용 탱크로서 50,000L 이하일 것
5. 자동차 등에 주유하기 위한 고정 주입 설비에 직접 접속하는 전용 탱크로서 50,000L 이하일 것

PART 7 소방역사 및 소방조직

CHAPTER 1 소방역사

POINT 65 소방의 역사

정답 p.160

01	②	02	③	03	②	04	①	05	④
06	①	07	②	08	③	09	③	10	②

01 난이도 ●●● 답 ②

<보기>의 내용은 1970년대부터 1980년대의 내용을 설명하고 있다. 이 시기는 국가소방과 자치소방의 이원화 시기였다.

- 1975년 내무부에 민방위본부 설치로 민방위제도를 실시하게 되면서 치안본부 소방과에서 민방위본부 소방국으로 이관되었고 소방이 경찰로부터 분리되었다.
- 1977년 「소방공무원법」이 제정되어 1978년 시행되었다.
- 1983년 12월 30일 「소방법」을 개정하여 소방본부장 또는 소방서장은 구급대를 편성·운영할 수 있다는 규정을 신설하여 구급업무를 소방의 업무 영역으로 명문화하였다.

| 선지분석 |

① [×] 전국적으로 광역자치소방행정 체계였던 시기는 1992년 이후이다.
③ [×] 전국의 소방이 국가소방체제였던 시기는 1948 ~ 1970년이다.
④ [×] 중앙소방위원회 집행기구로 소방청을 설치하였던 시기는 1946 ~ 1947년이다.

✔ 확인학습 제도의 변천과정

1. **조선시대:** 세종 8년 ~ 한말
2. **과도기[미군정시대(1945 ~ 1948년)]:** 자치소방체제
3. **초창기 정부수립 이후(1948 ~ 1970년):** 국가소방체제
4. **발전기(1970 ~ 1992년):** 국가·자치이원화
5. **정착기(1992 ~ 2020년):** 시·도(광역)자치소방

02 난이도 ●●○ 답 ③

미군정 시대인 1946년 중앙소방위원회가 설치되었다.

| 선지분석 |

① [×] 대한민국 정부 수립 이후인 1958년 「소방법」이 제정·공포되었다.
② [×] 조선 시대인 1426년(세종 8년) 병조 소속으로 금화도감이 설치되었다.
④ [×] 1977년 「소방공무원법」이 제정되었다. 「소방기본법」은 2003년 제정되었다.

✔ 확인학습 중앙소방위원회

1. 중앙소방위원회는 상무부 토목국(1946년 8월 7일)을 설치하였으며 위원회는 7인의 위원으로 구성하였다.
2. 1947년 남조선 과도정부로 개칭된 후에는 중앙소방위원회 집행기구로 소방청을 설치하였다. 소방청에는 청장 1인, 서기관 1인을 두고 군정고문 1인을 두었고 조직으로는 총무과·소방과·예방과를 두었다.

03 난이도 ●●○ 답 ②

소방의 발전과정에 대한 내용으로 옳은 것은 ㄷ, ㄹ이다.

| 선지분석 |

ㄱ. [×] 1992년 전국 시·도에 소방본부를 설치·운영하고 광역소방행정체제로 전환하였다.
ㄴ. [×] 1925년 최초의 경성소방서가 설치되었다.

04 난이도 ●●○ 답 ①

우리나라 소방역사에 대한 내용으로 옳은 것은 ㄱ, ㄴ이다.

| 선지분석 |

ㄷ. [×] 갑오개혁 이후 '소방'이라는 용어를 처음 사용하였다.
ㄹ. [×] 1970년부터 1992년은 국가소방과 자치소방의 이원화 시기였다.

✔ 확인학습 소방의 발전과정

1. 금화도감의 설치
   - **설치의 계기 및 의의:** 한성부의 대형화재를 계기로 병조에 금화도감을 설치하게 되었는데[세종 8년(1426년 2월)], 상비 소방제도로서의 관서는 아니지만 화재를 방비하는 독자적 기구로서 우리나라 최초의 소방기구라 볼 수 있다.
   - **구성:** 금화도감은 제조 7명, 사 5명, 부사 6명, 판관 6명으로 구성되었다.
2. 1910년 한일병합조약 이전부터 상비소방수가 있었고, 소방조 명문화는 1915년 6월 23일 소방조규칙을 제정하면서부터이다.
3. **소방이라는 용어의 사용:** 1895년 5월 3일 경무청처리계획 제정 시 총무국 분장 사무에 "수화소방은"이라 하여 처음으로 소방이라는 용어를 사용하였다.

05 난이도 ●○○ 답 ④

2004년 6월에 소방업무, 민방위 업무 등을 담당하는 소방방재청이 설립되었다.

06 난이도 ●●● 답 ①

<보기>는 1992년부터 1994년의 시기에 있던 내용이다.

ㄱ. 1992년 3월 28일 「행정 기구와 정원에 관한 규정」을 개정하여 도에 소방본부를 설치할 수 있는 근거를 마련하였다.

ㄴ. 1994년 성수대교 붕괴, 1995년 삼풍백화점 붕괴 등 대형재난이 발생하였다.

ㄷ. 1992년 3월 28일 「소방기관 설치 및 정원에 관한 규정」을 제정하였고, 그 해 「지방세법」 및 동 시행령을 개정하여 시·군세인 소방공동시설세를 도세로 전환하였다.

| 선지분석 |

① [×] 1981년 4월 20일 「국가공무원법」에 소방공무원을 별정직에서 특정직 공무원으로 분류하였으므로 <보기> 이전에 있었던 내용이다.

② [O] 1998년 2월 총무처와 내무부를 통합하여 행정자치부가 출범하면서 민방위국에 재난관리국이 다시 흡수되어 민방위재난관리국으로 개칭되었다.

③ [O] 2004년 6월 1일 종합적인 국가 재난관리 전담기구인 소방방재청을 개청하였다.

④ [O] 2014년 11월 7일 국회를 통과한 「정부조직법」 개정안이 11월 18일 국무회의에서 의결을 거쳐 19일 공포·시행됨으로써 국민안전처가 공식 출범하게 되었다.

✔ 확인학습 1992년 이후 소방조직 등

1. 시·도(광역)자치소방체제이다.
2. 1992년 소방본부가 일제히 설치되었다. 소방사무는 시·도지사의 책임으로 일원화되었다.
3. 대형 재난사고로 인하여 1994년 12월에 방재국을 신설하였다.
4. 1995년 5월에 소방국 내 구조구급과를 신설하였다.
5. 삼풍백화점 붕괴 이후인 1995년 7월 18일 「재난관리법」을 제정하였다. 「재난 및 안전관리 기본법」의 제정은 2004년이다.
6. 2004년 6월 1일 소방방재청이 신설되었으며, 조직은 예방기획국, 대응관리국, 복구지원국으로 편재하였으며 지원부서로서 기획관리관을 두었다.
7. 2014년 11월 19일 국민안전처가 신설되었으며, 그 산하에 중앙소방본부와 해양경비안전본부를 두어 재난안전 총괄부처의 기능을 수행하도록 하였다.
8. 2017년 7월 26일 소방청이 신설되었다.

07 난이도 ●●● 답 ②

2017년 개청된 소방청에 대한 내용으로 옳지 않은 것은 ㄷ, ㄹ이다.

ㄷ. [×] 해양주권 수호 역량을 강화하기 위하여 해양수산부장관 소속으로 해양경찰청을 신설하도록 하였다.

ㄹ. [×] 국민안전처와 행정자치부를 통합하여 행정안전부를 신설하고, 신설되는 행정안전부에 재난 및 안전관리를 전담할 재난안전관리본부를 설치하였다. 소방청은 육상재난 대응 총괄기관으로 행정안전부 소속으로 개청되었으며, 조직과 정원은 최종적으로 1관 2국 14과 189명으로 확정되었다.

✔ 확인학습 소방조직의 변천

1. **제1성장기(2004년 ~ 2014년 11월)**: 소방방재청 체제
2. **제2성장기(2014년 11월 ~ 2017년 7월)**: 국민안전처 체제
3. **제3성장기(2017년 7월 ~ 현재)**: 소방청 체제

08 난이도 ●●○ 답 ③

1975년 민방위제도를 실시하게 되면서 치안본부 소방과에서 민방위본부 소방국으로 이관되면서 소방이 경찰로부터 분리되었다.

| 선지분석 |

① [×] 1426년 세종 8년에 병조 소속으로 금화도감이 설치되었다.

② [×] 1972년 서울과 부산의 소방본부 신설로 이원적 소방행정체제가 시행되었다.

④ [×] 1925년 최초의 소방서인 경성소방서가 설치되었다.

✔ 확인학습 시대별 소방업무

1. **1950년대 이전**: 화재의 경계와 진압에 중점을 두었다.
2. **1958년**: 「소방법」이 제정되었다, 화재, 풍수해, 설해의 예방·경계·진압·방어까지 소방의 업무로 규정되었다.
3. **1967년**: 「풍수해대책법」의 제정으로 자연재해 업무가 이관되어 소방의 업무는 화재의 예방·경계·진압으로 축소되었다.
4. **1983년**: 1981년 일부 지역 소방관서에서 시범 실시된 야간통행금지 시간대 응급환자 이송업무가 국민의 호응을 얻기 시작해 1983년 12월 30일 개정된 「소방법」에 구급업무를 소방의 업무로 포함시키게 되었다.
5. **1989년**: 1988년 서울올림픽 당시 119특별구조대를 설치하여 인명구조활동을 수행하였고 1989년 12월 30일 「소방법」을 개정하여 구조업무를 소방의 업무로 법제화하였다.
6. **1999년**: 「소방법」 제1조에 화재의 예방·경계·진압과 재난·재해, 그 밖의 위급한 상황에서의 구조·구급활동을 명시하였다.

09 난이도 ●●○ 답 ③

우리나라 소방의 변천과정 순서는 ㅁ(1958년) → ㄱ(1977년) → ㄹ(1995년) → ㄴ(2003년) → ㄷ(2004년)이다.

✔ 확인학습 연도별 중요내용

1. **1958년**: 「소방법」 제정 - 풍수해·설해
2. **1983년**: 구급업무 명문화
3. **1989년**: 구조업무 명문화
4. **1999년**: 구조·구급업무 소방의 목적으로 명문화
5. **1994년 10월 21일**: 성수대교 붕괴
6. **1995년 5월**: 소방국 내 구조구급과 신설
7. **1995년 6월 29일**: 삼풍백화점 붕괴
8. **1995년 7월 18일**: 「재난관리법」 제정
9. **1995년 12월 27일**: 발대식 - 출범 중앙소방학교 소속
10. **1997년 5월 27일**: 내부무 직속기관
11. **2004년**: 소방방재청

10 난이도 ●●● 답 ②

소방행정과 소방조직에 대한 내용으로 옳은 것은 ㄱ, ㄷ이다.

| 선지분석 |

ㄴ. [X] 소방행정기관이 당사자의 허락을 받지 않고 일방적인 결정에 의하여 행정조치를 취할 수 있는 것은 우월성이다. 획일성은 소방대상물의 용도가 같으면 원칙적으로 소방법령의 적용에 있어서 획일적으로 적용되어야 한다는 원칙을 말한다.

ㄹ. [X] 오직 한 사람의 상관으로부터 명령을 받고 그에게 보고해야 한다는 것은 명령통일의 원리이다. 계선의 원리는 특정 사안에 대한 결정에 있어서 의사결정과정에서는 개인의 의견이 참여하지만 결정을 내리는 것은 개인이 아닌 소속 기관의 장이라는 것을 말한다.

확인학습 소방행정작용의 특성

1. **우월성**: 소방행정기관이 당사자의 허락을 받지 않고 일방적인 결정에 의하여 행정조치를 취하는 것으로, 화재의 예방조치와 강제처분 등이 해당한다.
2. **획일성**: 소방대상물의 용도가 같으면 원칙적으로 소방법령의 적용에 있어서 획일적으로 적용되어야 한다는 원칙을 말한다.
3. **기술성**: 소방행정은 공공의 위험을 배제하는 수단, 방법을 강구함에 있어서 재난·재해로부터 국민의 생명·재산의 보호를 우선한다는 특성을 갖는다.
4. **강제성**: 소방행정의 실효성을 확보하기 위해 행정객체가 소방행정법에 의해 부과된 의무를 위반한 경우에 그에 대해 제재를 가할 수 있고 직접 자력으로 행정내용을 강제하고 실현할 수 있는 있는 특성을 가진다.

확인학습 소방조직의 원리

1. **계층제의 원리**: 가톨릭의 교권제도에서 유래된 것으로 업무에 대한 권한과 책임의 정도에 따라 상하의 계층을 설정하는 것이다.
2. **통솔범위의 원리**: '한 명의 상관이 부하를 효과적으로 직접 통솔할 수 있는가'가 통솔범위이다.
3. **명령통일의 원리**: 오직 한 사람의 상관으로부터 명령을 받고 그에게 보고해야 한다는 것이다.
4. **분업의 원리**: 한 가지 주된 업무를 분담시키는 것이 분업의 원리이다. 기능의 원리 또는 전문화의 원리라고도 한다.
5. 조정의 원리: 각 부분이 공동목표를 달성하기 위해 행동을 통일하고 공동체의 노력으로 질서정연하게 배열하는 것을 말한다. 무니(J. Mooney)는 조직의 원리 중 조정의 원리가 제1원리라고 주장한다.
6. 계선의 원리: 특정 사안에 대한 결정에 있어서 의사결정과정에서는 개인의 의견이 참여하지만 결정을 내리는 것은 개인이 아닌 소속 기관의 장이다.

CHAPTER 2 소방조직

POINT 66 소방의 조직 1

정답 p.162

01	③	02	③	03	②	04	③	05	④
06	④	07	④	08	②	09	②	10	②

01 난이도 ●○○ 답 ③

제4류 위험물을 취급하는 제조소 또는 일반취급소(지정수량의 합이 3,000 이상)에는 자체소방대를 설치하여야 한다.

확인학습 소방공무원 계급 구분에 따른 주요 내용

계급	근속승진	계급정년	시보기간	승진소요 최저근무 연수	임용권자
소방총감	-	-	1년간	-	소방청장의 제청으로 국무총리를 거쳐 대통령이 임용한다.
소방정감	-	-		-	
소방감	-	4년		-	
소방준감	-	6년		-	
소방정	-	11년		4년	
소방령	-	14년		3년	
소방경	-	-		3년	소방청장
소방위	8년 이상	-		2년	
소방장	6년 6개월 이상	-	6개월간	2년	
소방교	5년 이상	-		1년	
소방사	4년 이상	-		1년	

02 난이도 ●○○ 답 ③

동종의 직무 내에서 하위의 직위에 임명하는 것은 강임에 대한 내용이다.

확인학습 「소방공무원법」상 용어의 정의

1. 임용: 신규채용·승진·전보·파견·강임·휴직·직위해제·정직·강등·복직·면직·해임 및 파면을 말한다.
2. **전보**: 소방공무원의 같은 계급·자격 내에서의 근무기관이나 부서를 달리하는 임용을 말한다.
3. **강임**: 동종의 직무 내에서 하위의 직위에 임명하는 것을 말한다.
4. **복직**: 휴직·직위해제 또는 정직 중에 있는 소방공무원을 직위에 복귀시키는 것을 말한다.

03 난이도 ●●○ 답 ②

• 소방령 이상의 소방공무원은 소방청장의 제청으로 (국무총리)를 거쳐 대통령이 임용한다. 다만, 소방총감은 대통령이 임명하고, 소방령 이상 소방준감 이하의 소방공무원에 대한 전보, 휴직, 직위해제, 강등, 정직 및 복직은 소방청장이 한다.
• 소방경 이하의 소방공무원은 (소방청장)이 임용한다.

확인학습 임용권자(「소방공무원법」 제6조)

1. 소방령 이상의 소방공무원은 소방청장의 제청으로 국무총리를 거쳐 대통령이 임용한다. 다만, 소방총감은 대통령이 임명하고, 소방령 이상 소방준감 이하의 소방공무원에 대한 전보, 휴직, 직위해제, 강등, 정직 및 복직은 소방청장이 한다.
2. 소방경 이하의 소방공무원은 소방청장이 임용한다.
3. 대통령은 임용권의 일부를 대통령령으로 정하는 바에 따라 소방청장 또는 시·도지사에게 위임할 수 있다.
4. 소방청장은 임용권의 일부를 대통령령으로 정하는 바에 따라 시·도지사 및 소방청 소속기관의 장에게 위임할 수 있다.
5. 시·도지사는 위임받은 임용권의 일부를 대통령령으로 정하는 바에 따라 그 소속기관의 장에게 다시 위임할 수 있다.

04 난이도 ●●○ 답 ③

가외성에 대한 내용이다.

확인학습 소방행정의 업무적 특성

1. **현장성**: 현장중심의 업무 특성을 말한다.
2. **대기성**: 상시적 대응 태세를 확보하여야 한다(↔ 임시성).
3. **신속·정확성**: 신속·정확한 대처를 통한 실효성을 확보하여야 한다.
4. **전문성**: 소방지식과 다양한 분야의 전문성이 요구되는 종합과학성을 지닌다.
5. **일체성**: 강력한 지휘·명령권과 기동성이 확립된 일사불란한 지휘체계를 가진다.
6. **가외성(잉여성)**: 현재 필요한 소방력보다 많은 여유자원을 확보하여야 한다.
7. **위험성**: 소방업무의 전 과정에는 위험성이 내재되어 있다.
8. **결과성**: 과정·절차를 중시하는 일반행정과 달리 상대적으로 결과가 중요하다.

05 난이도 ●●○ 답 ④

소방본부장 또는 소방서장은 소방업무를 보조하게 하기 위하여 필요한 때에는 의용소방대원을 소집할 수 있다.

확인학습 의용소방대

1. 의용소방대의 근무 등
   • 의용소방대원은 비상근으로 한다.
   • 소방본부장 또는 소방서장은 소방업무를 보조하게 하기 위하여 필요한 때에는 의용소방대원을 소집할 수 있다.
2. 의용소방대의 설치 등
   • 시·도지사 또는 소방서장은 재난현장에서 화재진압, 구조·구급 등의 활동과 화재예방활동에 관한 업무(소방업무)를 보조하기 위하여 의용소방대를 설치할 수 있다.
   • 의용소방대는 시·도, 시·읍 또는 면에 둔다.
3. 의용소방대의 임무
   • 화재의 경계와 진압업무의 보조
   • 구조·구급 업무의 보조
   • 화재예방업무의 보조
   • 화재 등 재난 발생 시 대피 및 구호업무의 보조

06 난이도 ●●○ 답 ④

의용소방대의 운영과 활동 등에 필요한 경비는 해당 시·도지사가 부담한다.

확인학습 의용소방대원의 경비 및 재해보상 등(「의용소방대 설치 및 운영에 관한 법률」)

1. 의용소방대의 운영과 활동 등에 필요한 경비는 해당 시·도지사가 부담한다.
2. 시·도지사는 의용소방대원이 「의용소방대 설치 및 운영에 관한 법률」 제7조에 따른 임무를 수행하는 때에는 예산의 범위에서 수당을 지급할 수 있다.
3. 시장·군수·구청장(자치구의 구청장)은 관할 구역에서 의용소방대원이 「의용소방대 설치 및 운영에 관한 법률」 제7조에 따른 임무를 수행하는 경우 그 임무 수행에 필요한 비용의 전부 또는 일부를 지원할 수 있다.
4. 시·도지사는 의용소방대원이 「의용소방대 설치 및 운영에 관한 법률」 제7조에 따른 임무의 수행 또는 같은 법 제13조에 따른 교육·훈련으로 인하여 질병에 걸리거나 부상을 입거나 사망한 때에는 행정안전부령으로 정하는 범위에서 시·도의 조례로 정하는 바에 따라 보상금을 지급하여야 한다.

확인학습 의용소방대의 정년 및 조직

1. **정년**: 의용소방대원의 정년은 65세로 한다.
2. **조직**
   • 의용소방대에는 대장·부대장·부장·반장 또는 대원을 둔다.
   • 대장 및 부대장은 의용소방대원 중 관할 소방서장의 추천에 따라 시·도지사가 임명한다.
   • 그 밖에 의용소방대의 조직 등에 필요한 사항은 행정안전부령으로 정한다.

07 난이도 ●○○ 답 ④

소방청장, 소방본부장 또는 소방서장은 의용소방대원에 대하여 교육(임무 수행과 관련한 보건안전교육을 포함한다)·훈련을 실시하여야 한다.

08 난이도 ●●○ 답 ②

화재예방상 필요하다고 인정되거나 화재위험경보 시 발령하는 신호는 경계신호이다.

확인학습 소방신호

1. 소방신호의 종류
   - **경계신호**: 화재예방상 필요하다고 인정되거나, 화재위험경보 시 발령한다.
   - **발화신호**: 화재가 발생한 때 발령한다.
   - **해제신호**: 소화활동이 필요 없다고 인정되는 때 발령한다.
   - 훈련상 필요하다고 인정되는 때 발령한다.
2. 소방신호의 방법

종별 \ 신호방법	타종신호	사이렌신호
경계신호	1타와 연2타를 반복	5초 간격 30초씩 3회
발화신호	난타	5초 간격 5초씩 3회
해제신호	상당한 간격, 1타씩 반복	1분간 1회
훈련신호	연3타 반복	10초 간격 1분씩 3회

09 난이도 ●●○ 답 ②

사회적 기능을 기준으로 한 분류는 T. Parsons이다.

확인학습 수혜자를 기준으로 한 분류(Scott & Blau)

1. 조직구성원이 서로 이익을 보는 호혜적 조직(정당)
2. 조직의 서비스를 이용하는 고객이 수익자가 되는 서비스 조직(병원)
3. 소유주가 기업조직의 주된 수혜자가 되는 기업조직(은행)
4. 일반 국민을 위해 서비스를 제공하는 공익조직(소방·경찰·군)

확인학습 사회적 기능을 기준으로 한 분류(T. Parsons)

1. 경제적 생산과 분배의 기능을 하는 경제조직(회사)
2. 사회의 목표와 가치를 창설하는 정치조직(행정기관)
3. 사회의 갈등을 조정하고 안정을 유지하는 통합조직(정당)
4. 사회체제의 유형을 유지하기 위한 형상유지조직(학교·교회)

10 난이도 ●●● 답 ②

소방청장은 중앙소방학교 소속 소방공무원 중 소방령에 대한 전보·휴직·직위해제·정직 및 복직에 관한 권한과 소방경 이하의 소방공무원에 대한 임용권을 중앙소방학교장에게 위임한다.

확인학습 임용권의 위임(소방청장 → 시·도지사)

1. 시·도 소속 소방령 이상 소방준감 이하의 소방공무원(소방본부장 및 지방소방학교장은 제외한다)에 대한 전보, 휴직, 직위해제, 강등, 정직 및 복직에 관한 권한
2. 소방정인 지방소방학교장에 대한 휴직, 직위해제, 정직 및 복직에 관한 권한
3. 시·도 소속 소방경 이하의 소방공무원에 대한 임용권

POINT 67 소방의 조직 2

정답 p.164

01	①	02	④	03	④	04	①	05	③
06	①	07	③	08	④	09	④	10	②

01 난이도 ●○○ 답 ①

소방령 이상의 소방공무원은 소방청장의 제청으로 국무총리를 거쳐 대통령이 임용한다. 다만, 소방총감은 대통령이 임명하고, 소방령 이상 소방준감 이하의 소방공무원에 대한 전보, 휴직, 직위해제, 강등, 정직 및 복직은 소방청장이 한다.

02 난이도 ●○○ 답 ④

자체소방대를 설치하여야 하는 대상사업소는 지정수량의 3,000배 이상의 제4류 위험물을 취급하는 제조소 또는 일반취급소이다.

확인학습 자체소방대에 두는 화학소방자동차 및 인원(「위험물안전관리법 시행령」 [별표 8])

사업소의 구분(지정수량)	화학소방 자동차	자체소방 대원의 수
제조소 또는 일반취급소에서 취급하는 제4류 위험물의 최대수량의 합이 12만배 미만	1대	5인
제조소 또는 일반취급소에서 취급하는 제4류 위험물의 최대수량의 합이 12만배 이상 ~ 24만배 미만	2대	10인
제조소 또는 일반취급소에서 취급하는 제4류 위험물의 최대수량의 합이 24만배 이상 ~ 48만배 미만	3대	15인
제조소 또는 일반취급소에서 취급하는 제4류 위험물의 최대수량의 합이 48만배 이상	4대	20인
옥외탱크저장소에 저장하는 제4류 위험물의 최대수량이 지정수량의 50만배 이상인 사업소	2대	10인

* 화학소방자동차에는 소화능력 및 설비를 갖춰야 하고, 소화활동에 필요한 소화약제 및 기구를 비치하여야 한다.

03 난이도 ●○○ 답 ④

소방인사행정은 인적자원에 대한 노동가치의 산출이 곤란하다. 이 특성은 정부의 행정서비스와 재화의 비시장성에 기인한다.

확인학습 소방인사행정의 특성

1. 정부의 인적자원관리는 법적 제약에 따른 인사의 경직성이 강하다.
2. 인적자원에 대한 노동가치의 산출이 곤란하다.
3. 정부는 일반기업에 비해 특이성이 강한 직무들로 구성되어 있다.
4. 정부의 인적자원관리에는 정치성과 공공성이 강하게 반영된다.

04 난이도 ●●○ 답 ①

소방공무원은 경력직 공무원 중 특정직 공무원에 해당한다.

✔ 확인학습 공무원의 구분

국가공무원(공무원)은 경력직 공무원과 특수경력직 공무원으로 구분한다.

1. 경력직 공무원
   - **일반직 공무원**: 기술·연구 또는 행정 일반에 대한 업무를 담당하는 공무원
   - 특정직 공무원: 법관, 검사, 외무공무원, 경찰공무원, 소방공무원, 교육공무원, 군인, 군무원
2. 특수경력직 공무원: 경력직 공무원 외의 공무원
   - 정무직 공무원
   - 별정직 공무원

05 난이도 ●●○ 답 ③

소방공무원으로 임용되기 전에 그 임용과 관련하여 소방공무원 교육훈련기관에서 교육훈련을 받은 기간은 시보임용 기간에 포함한다.

✔ 확인학습 시보임용

1. 소방공무원을 신규채용할 때에는 소방장 이하는 6개월간 시보로 임용하고, 소방위 이상은 1년간 시보로 임용하며, 그 기간이 만료된 다음 날에 정규 소방공무원으로 임용한다. 다만, 대통령령으로 정하는 경우에는 시보임용을 면제하거나 그 기간을 단축할 수 있다.
2. 휴직기간, 직위해제기간 및 징계에 의한 정직처분 또는 감봉처분을 받은 기간은 시보임용 기간에 포함하지 아니한다.
3. 소방공무원으로 임용되기 전에 그 임용과 관련하여 소방공무원 교육훈련기관에서 교육훈련을 받은 기간은 시보임용 기간에 포함한다.
4. 시보임용 기간 중에 있는 소방공무원이 근무성적 또는 교육훈련성적이 불량할 때에는 「국가공무원법」 제68조 또는 제70조에도 불구하고 면직시키거나 면직을 제청할 수 있다.

✔ 확인학습 소방공무원 계급 구분에 따른 주요 내용

계급	근속승진	계급정년	시보기간	승진소요 최저근무 연수	임용권자
소방총감	-	-	1년간	-	소방청장의 제청으로 국무총리를 거쳐 대통령이 임용한다.
소방정감	-	-		-	
소방감	-	4년		-	
소방준감	-	6년		-	
소방정	-	11년		4년	
소방령	-	14년		3년	
소방경	-	-		3년	소방청장
소방위	8년 이상	-		2년	
소방장	6년 6개월 이상	-	6개월간	2년	
소방교	5년 이상	-		1년	
소방사	4년 이상	-		1년	

06 난이도 ●○○ 답 ①

소방사를 소방교로 근속승진임용하려는 경우 해당 계급에서 4년 이상 근속자가 대상이 된다.

✔ 확인학습 근속승진

1. **소방사를 소방교로 근속승진임용**: 해당 계급에서 4년 이상 근속자
2. **소방교를 소방장으로 근속승진임용**: 해당 계급에서 5년 이상 근속자
3. **소방장을 소방위로 근속승진임용**: 해당 계급에서 6년 6개월 이상 근속자
4. **소방위를 소방경으로 근속승진임용**: 해당 계급에서 8년 이상 근속자

07 난이도 ●●○ 답 ③

기동장비에 해당하는 것은 ㄱ, ㄴ, ㄷ, ㄹ이다.

| 선지분석 |

ㅁ. [×] 이동식 송·배풍기는 화재진압장비 중 배연장비에 해당한다.
ㅂ. [×] 휴대용 윈치는 구조장비 중 중량물 작업장비에 해당한다.

✔ 확인학습 소방장비

1. **기동장비**: 자체에 동력원이 부착되어 자력으로 이동하거나 견인되어 이동할 수 있는 장비

소방자동차	소방펌프차, 소방물탱크차, 소방화학차, 소방고가차, 무인방수차, 구조차 등
행정지원차	행정 및 교육지원차 등
소방선박	**소방정, 구조정, 지휘정** 등
소방항공기	고정익항공기, 회전익항공기 등

2. **화재진압장비**: 화재진압활동에 사용되는 장비

소화용수장비	**소방호스류, 결합금속구, 소방관창류** 등
간이소화장비	소화기, 휴대용 소화장비 등
소화보조장비	소방용 사다리, 소화 보조기구, 소방용 펌프 등
배연장비	이동식 송·배풍기 등
소화약제	**분말 소화약제, 액체형 소화약제, 기체형 소화약제** 등
원격장비	소방용 원격장비 등

3. **구조장비**: 구조활동에 사용되는 장비

일반구조장비	개방장비, **조명기구**, 총포류 등
산악구조장비	등하강 및 확보장비, 산악용 안전벨트, 고리 등
수난구조장비	급류 구조장비 세트, 잠수장비 등
화생방·대테러 구조장비	경계구역 설정라인, 제독·소독장비, 누출물 수거장비 등
절단 구조장비	절단기, 톱, 드릴 등
중량물 작업장비	중량물 유압장비, **휴대용 윈치**(Winch: 밧줄이나 쇠사슬로 무거운 물건을 들어 올리거나 내리는 장비를 말한다), 다목적 구조 삼각대 등
탐색 구조장비	적외선 야간 투시경, 매몰자 탐지기, 영상송수신장비 세트 등
파괴장비	도끼, 방화문 파괴기, 해머 드릴 등

08 난이도 ●●○ 답 ④

금고 이상의 형을 선고받고 그 집행유예 기간이 끝난 날부터 2년이 지나지 아니한 자가 임용의 결격사유에 해당한다.

확인학습 임용의 결격사유

1. 피성년후견인 또는 피한정후견인
2. 파산선고를 받고 복권하지 아니한 자
3. 금고 이상의 실형을 선고받고 그 집행이 종료되거나 집행을 받지 아니하기로 확정된 후 5년이 지나지 아니한 자
4. 금고 이상의 형을 선고받고 그 집행유예 기간이 끝난 날부터 2년이 지나지 아니한 자
5. 금고 이상의 형의 선고유예를 받은 경우에 그 선고유예 기간 중에 있는 자
6. 법원의 판결 또는 다른 법률에 따라 자격이 상실되거나 정지된 자
7. 징계로 파면처분을 받은 때부터 5년이 지나지 아니한 자
8. 징계로 해임처분을 받은 때부터 3년이 지나지 아니한 자

09 난이도 ●○○ 답 ④

현장지휘훈련을 받아야 할 대상자는 소방위, 소방경, 소방령, 소방정이다. 따라서 소방감은 해당하지 않는다.

확인학습 교육·훈련의 종류 및 교육·훈련을 받아야 할 대상자

종류	대상자
화재진압훈련	• 화재진압 담당 소방공무원 • 의무소방원 • 의용소방대원
인명구조훈련	• 구조업무 담당 소방공무원 • 의무소방원 • 의용소방대원
응급처치훈련	• 구급업무 담당 소방공무원 • 의무소방원 • 의용소방대원
인명대피훈련	• 소방공무원 • 의무소방원 • 의용소방대원
현장지휘훈련	• 소방정 • 소방령 • 소방경 • 소방위

10 난이도 ●●○ 답 ②

강등은 1계급 아래로 직급을 내리고 공무원신분은 보유하나 3개월간 직무에 종사하지 못하며 그 기간 중 보수는 전액을 감한다.

확인학습 징계처분의 종류

1. **견책**: 잘못된 행동에 대해 훈계하고 회개하게 하는 처분으로, 가장 가벼운 징계에 해당하지만 공식적인 징계절차를 거쳐 처분하고 그 결과를 인사기록에 기재한다.
2. **감봉**: 1개월 이상 3개월 이하의 기간 동안 보수의 1/3을 삭감하여 지급하는 것이다.
3. **정직**: 1개월 이상 3개월 이하의 기간 동안 공무원의 신분은 보유하지만 직무에 종사할 수 없도록 하는 것이다. 정직기간 중 보수의 전액을 삭감한다.
4. 강등: 직급을 1단계 강등, 신분 보유, 3개월의 직무정지, 강등기간 중 보수의 전액을 삭감한다.
5. **해임**: 공무원 신분을 상실하게 하는 처분이며, 해임 후 3년 내에는 공무원으로 재임용될 수 없지만 연금법상의 불이익은 없다.
6. **파면**: 공무원 신분을 상실하게 하는 처분이며, 5년 내에는 공무원으로 재임용될 수 없고, 퇴직급여액의 1/2을 삭감하는 가장 무거운 벌이다.

PART 8 구조·구급론

CHAPTER 1 119구조·구급에 관한 법률

POINT 68 119구조·구급에 관한 법률 1

정답 p.168

01	①	02	①	03	①	04	②	05	④
06	③	07	①	08	④	09	④	10	④

01 난이도 ●○○ 답 ①

구조란 화재, 재난·재해 및 테러, 그 밖의 위급한 상황(위급상황)에서 외부의 도움을 필요로 하는 사람(요구조자)의 생명, 신체 및 재산을 보호하기 위하여 수행하는 모든 활동을 말한다. 구급이란 응급환자에 대하여 행하는 상담, 응급처치 및 이송 등의 활동을 말한다.

확인학습 용어의 정의

1. **구조**: 화재, 재난·재해 및 테러, 그 밖의 위급한 상황(위급상황)에서 외부의 도움을 필요로 하는 사람(요구조자)의 생명, 신체 및 재산을 보호하기 위하여 수행하는 모든 활동을 말한다.
2. **119구조대**: 탐색 및 구조활동에 필요한 장비를 갖추고 소방공무원으로 편성된 단위조직을 말한다.
3. 구급: 응급환자에 대하여 행하는 상담, 응급처치 및 이송 등의 활동을 말한다.
4. **119구급대**: 구급활동에 필요한 장비를 갖추고 소방공무원으로 편성된 단위조직을 말한다.
5. **응급환자**: 「응급의료에 관한 법률」 제2조 제1호의 응급환자를 말한다.
6. **응급처치**: 「응급의료에 관한 법률」 제2조 제3호의 응급처치를 말한다.
7. **119항공대**: 항공기, 구조·구급 장비 및 119항공대원으로 구성된 단위조직을 말한다.
8. **119항공대원**: 구조·구급을 위한 119항공대에 근무하는 조종사, 정비사, 항공교통관제사, 운항관리사, 119구조·구급대원을 말한다.

02 난이도 ●○○ 답 ①

구조·구급 기본계획 및 집행계획의 수립·시행권자는 소방청장이다.

03 난이도 ●●○ 답 ①

일반구조대에 대한 내용이다.

04 난이도 ●●○ 답 ②

ㄱ. 대형·특수 재난사고의 구조, 현장 지휘 및 테러현장 등의 지원 등을 위하여 소방청 또는 시·도 소방본부에 설치하되, 시·도 소방본부에 설치하는 경우에는 시·도의 규칙으로 정하는 바에 따른다. - 직할구조대

ㄴ. 테러 및 특수재난에 전문적으로 대응하기 위하여 소방청과 시·도 소방본부에 각각 설치하며, 시·도 소방본부에 설치하는 경우에는 시·도의 규칙으로 정하는 바에 따른다. - 테러대응구조대

05 난이도 ●○○ 답 ④

특수구조대에는 화학구조대, 수난구조대, 고속국도구조대, 산악구조대 및 지하철구조대가 있다. 테러대응구조대는 해당하지 않는다.

확인학습 특수구조대

1. 화학구조대: 화학공장이 밀집한 지역
2. 수난구조대: 「내수면어업법」 제2조 제1호에 따른 내수면지역
3. 산악구조대: 「자연공원법」 제2조 제1호에 따른 자연공원 등 산악지역
4. 고속국도구조대: 「도로법」 제10조 제1호에 따른 고속국도(고속국도)
5. 지하철구조대: 「도시철도법」 제2조 제3호 가목에 따른 도시철도의 역사(驛舍) 및 역 시설

06 난이도 ●○○ 답 ③

특수구조대에 해당하는 것은 ㄷ, ㄹ, ㅂ이다. 특수구조대에는 화학구조대, 수난구조대, 고속국도구조대, 산악구조대 및 지하철구조대가 있다.

07 난이도 ●●○ 답 ①

소방청장은 국외에서 대형재난 등이 발생한 경우 재외국민의 보호 또는 재난발생국의 국민에 대한 인도주의적 구조 활동을 위하여 국제구조대를 편성하여 운영할 수 있다.

확인학습 국제구조대의 편성과 운영

1. 소방청장은 국제구조대를 편성·운영하는 경우 인명 탐색 및 구조, 응급의료, 안전평가, 시설관리, 공보연락 등의 임무를 수행할 수 있도록 구성하여야 한다.
2. 소방청장은 구조대의 효율적 운영을 위하여 필요한 경우 국제구조대를 소방청에 설치하는 직할구조대에 설치할 수 있다.
3. 국제구조대의 파견 규모 및 기간은 재난유형과 파견지역의 피해 등을 종합적으로 고려하여 외교부장관과 협의하여 소방청장이 정한다.

08 난이도 ●●○ 답 ④

「응급의료에 관한 법률」에 따른 응급구조사 자격을 가진 사람으로서 소방청장이 실시하는 구조업무에 관한 교육을 받은 사람이 구조대원의 자격기준에 해당한다.

확인학습 자격기준

1. 구조대원의 자격기준
   - 소방청장이 실시하는 인명구조사 교육을 받았거나 인명구조사 시험에 합격한 사람
   - 국가·지방자치단체 및 공공기관의 구조 관련 분야에서 근무한 경력이 2년 이상인 사람
   - 응급구조사 자격을 가진 사람으로서 소방청장이 실시하는 구조업무에 관한 교육을 받은 사람
2. 구급대원의 자격기준
   - 「의료법」 제2조 제1항에 따른 의료인
   - 「응급의료에 관한 법률」 제36조 제2항에 따라 1급 응급구조사 자격을 취득한 사람
   - 「응급의료에 관한 법률」 제36조 제3항에 따라 2급 응급구조사 자격을 취득한 사람
   - 실시하는 구급업무에 관한 교육을 받은 사람

09 난이도 ●○○ 답 ④

국제구조대의 편성·운영권자는 소방청장이다.

10 난이도 ●●● 답 ④

소방청장은 국제구조대원의 교육훈련에 전문 교육훈련과 일반 교육훈련을 포함시켜야 한다.

확인학습 국제구조대원의 교육훈련

1. 전문 교육훈련: 붕괴건물 탐색 및 인명구조, 방사능 및 유해화학물질 사고 대응, 유엔재난평가조정요원 교육 등
2. 일반 교육훈련: 응급처치, 기초통신, 구조 관련 영어, 국제구조대 윤리 등

POINT 69 119구조·구급에 관한 법률 2

정답 p.170

01	③	02	③	03	①	04	②	05	②
06	③	07	③	08	②	09	④	10	④

01 난이도 ●○○ 답 ③

구급대원의 자격기준에 소방청장이 실시하는 인명구조사 시험에 합격한 사람은 해당하지 않는다.

확인학습 구급대원의 자격기준

1. 「의료법」 제2조 제1항에 따른 의료인
2. 「응급의료에 관한 법률」 제36조 제2항에 따라 1급 응급구조사 자격을 취득한 사람
3. 「응급의료에 관한 법률」 제36조 제3항에 따라 2급 응급구조사 자격을 취득한 사람
4. 소방청장이 실시하는 구급업무에 관한 교육을 받은 사람

02 난이도 ●●○ 답 ③

ㄱ. 질병, 분만, 각종 사고 및 재해로 인한 부상이나 그 밖의 위급한 상태로 인하여 즉시 필요한 응급처치를 받지 아니하면 생명을 보존할 수 없거나 심신에 중대한 위해(危害)가 발생할 가능성이 있는 환자 또는 이에 준하는 사람으로서 보건복지부령으로 정하는 사람 - 응급환자

ㄴ. 응급의료행위의 하나로서 응급환자의 기도를 확보하고 심장박동의 회복, 그 밖에 생명의 위험이나 증상의 현저한 악화를 방지하기 위하여 긴급히 필요로 하는 처치 - 응급처치

확인학습 용어의 정의

1. **응급환자**: 질병, 분만, 각종 사고 및 재해로 인한 부상이나 그 밖의 위급한 상태로 인하여 즉시 필요한 응급처치를 받지 아니하면 생명을 보존할 수 없거나 심신에 중대한 위해(危害)가 발생할 가능성이 있는 환자 또는 이에 준하는 사람으로서 보건복지부령으로 정하는 사람을 말한다.
2. **응급의료**: 응급환자가 발생한 때부터 생명의 위험에서 회복되거나 심신상의 중대한 위해가 제거되기까지의 과정에서 응급환자를 위하여 하는 상담·구조(救助)·이송·응급처치 및 진료 등의 조치를 말한다.
3. **응급처치**: 응급의료행위의 하나로서 응급환자의 기도를 확보하고 심장박동의 회복, 그 밖에 생명의 위험이나 증상의 현저한 악화를 방지하기 위하여 긴급히 필요로 하는 처치를 말한다.
4. **응급의료종사자**: 관계 법령에서 정하는 바에 따라 취득한 면허 또는 자격의 범위에서 응급환자에 대한 응급의료를 제공하는 의료인과 응급구조사를 말한다.
5. **응급의료기관**: 「의료법」 제3조에 따른 의료기관 중에서 「응급의료에 관한 법률」에 따라 지정된 중앙응급의료센터, 권역응급의료센터, 전문응급의료센터, 지역응급의료센터 및 지역응급의료기관을 말한다.

03 난이도 ●●● 답 ①

소방청장은 119구급대원 등에게 응급환자 이송에 관한 정보를 효율적으로 제공하기 위하여 소방청과 시·도 소방본부에 119구급상황관리센터(구급상황센터)를 설치·운영하여야 한다.

확인학습 119구급상황관리센터의 설치·운영 등

1. 소방청장은 119구급대원 등에게 응급환자 이송에 관한 정보를 효율적으로 제공하기 위하여 소방청과 시·도 소방본부에 119구급상황관리센터(구급상황센터)를 설치·운영하여야 한다.
2. 구급상황센터의 업무
   - 응급환자에 대한 안내·상담 및 지도
   - 응급환자를 이송 중인 사람에 대한 응급처치의 지도 및 이송병원 안내

- 관련된 정보의 활용 및 제공
- 119구급이송 관련 정보망의 설치 및 관리·운영
- 감염병환자 등의 이송 등 중요사항 보고 및 전파
- 재외국민, 영해·공해상 선원 및 항공기 승무원·승객 등에 대한 의료상담 등 응급의료서비스 제공

3. 보건복지부장관은 구급상황센터의 업무를 평가할 수 있다.

04 난이도 ●●○ 답 ②

(소방청장 또는 소방본부장)은 초고층 건축물 등에서 요구조자의 생명을 안전하게 구조하거나 도서·벽지에서 발생한 응급환자를 의료기관에 긴급히 이송하기 위하여 (119항공대)를 편성하여 운영한다.

05 난이도 ●○○ 답 ②

집중호우 경보를 무시하고 교량하부의 교각기초에서 캠핑을 하여 고립된 경우라도 출동하여 구조하여야 한다.

확인학습 구조대원이 구조출동 요청을 거절할 수 있는 경우

구조대원이 구조출동 요청을 거절할 수 있는 경우는 다음과 같다. 다만, 다른 수단으로 조치하는 것이 불가능한 경우에는 그러하지 아니하다.

1. 단순 문 개방의 요청을 받은 경우
2. 시설물에 대한 단순 안전조치 및 장애물 단순 제거의 요청을 받은 경우
3. 동물의 단순 처리·포획·구조 요청을 받은 경우
4. 그 밖에 주민생활 불편해소 차원의 단순 민원 등 구조활동의 필요성이 없다고 인정되는 경우

06 난이도 ●●○ 답 ③

구급요청을 거절한 구급대원은 구급 거절·거부 확인서를 작성하여 소속 소방관서장에게 보고하고, 소속 소방관서에 3년간 보관하여야 한다.

07 난이도 ●○○ 답 ③

38℃ 이상의 고열 또는 호흡곤란이 있는 환자는 구급출동 요청을 거절할 수 없다.

확인학습 이송거절사유

1. 단순 치통환자
2. 단순 감기환자. 다만, 38℃ 이상의 고열 또는 호흡곤란이 있는 경우는 제외한다.
3. 혈압 등 생체징후가 안정된 타박상 환자
4. 술에 취한 사람. 다만, 강한 자극에도 의식이 회복하지 아니하거나 외상이 있는 경우는 제외한다.
5. 만성질환자로서 검진 또는 입원 목적의 이송 요청자
6. 단순 열상 또는 찰과상으로 지속적인 출혈이 없는 외상환자
7. 병원 간 이송 또는 자택으로의 이송 요청자. 다만, 의사가 동승한 응급환자의 병원 간 이송은 제외한다.
8. 구급대원은 응급환자가 구급대원에 폭력을 행사하는 등 구급활동을 방해하는 경우

08 난이도 ●●○ 답 ②

소방청장 또는 시·도지사는 항공기 사고(「항공·철도 사고조사에 관한 법률」에 따른 항공사고는 제외한다)의 원인에 대한 조사 및 사고수습 등을 위하여 각각 119항공기사고조사단을 편성·운영할 수 있다.

09 난이도 ●○○ 답 ④

안전시설등은 소방시설, 비상구, 영업장 내부 피난통로, 그 밖의 안전시설로서 대통령령으로 정하는 것을 말한다. 실내장식물은 해당하지 않는다.

확인학습 용어의 정의

1. 다중이용업: 불특정 다수인이 이용하는 영업 중 화재 등 재난 발생 시 생명·신체·재산상의 피해가 발생할 우려가 높은 것으로서 대통령령으로 정하는 영업을 말한다.
2. 안전시설등: 소방시설, 비상구, 영업장 내부 피난통로, 그 밖의 안전시설로서 대통령령으로 정하는 것을 말한다.
3. 실내장식물: 건축물 내부의 천장 또는 벽에 설치하는 것으로서 대통령령으로 정하는 것을 말한다.
4. 화재위험평가: 다중이용업의 영업소(다중이용업소)가 밀집한 지역 또는 건축물에 대하여 화재 발생 가능성과 화재로 인한 불특정 다수인의 생명·신체·재산상의 피해 및 주변에 미치는 영향을 예측·분석하고 이에 대한 대책을 마련하는 것을 말한다.

10 난이도 ●●● 답 ④

다중이용업소의 안전관리에 대한 특별법 제15조【다중이용업소에 대한 화재위험평가 등】 소방청장, 소방본부장 또는 소방서장은 어느 하나에 해당하는 지역 또는 건축물에 대하여 화재를 예방하고 화재로 인한 생명·신체·재산상의 피해를 방지하기 위하여 필요하다고 인정하는 경우에는 화재위험평가를 할 수 있다.

1. 2,000m^2 지역 안에 다중이용업소가 (50개) 이상 밀집하여 있는 경우
2. 5층 이상인 건축물로서 다중이용업소가 (10개) 이상 있는 경우
3. 하나의 건축물에 다중이용업소로 사용하는 영업장 바닥면적의 합계가 1,000m^2 이상인 경우

CHAPTER 2 구조·구급 장비 등

POINT 70 로프기술 등

정답 p.172

01	②	02	④	03	②	04	①	05	③
06	③	07	③	08	③	09	④	10	②

01 난이도 ●●○ 답 ②

출동경로와 현장 진입로 결정은 구조활동 단계별 행동요령 중 출동 시 조치사항이다.

확인학습 사전대비단계

1. 과거의 사례 등을 검토하고 지역특성에 맞는 대응책을 강구한다.
2. 효과적인 훈련을 실시하고 어떤 상황에서도 방심하지 않도록 한다.
3. 관할 출동구역 내의 지리분석을 통한 도로상황, 지형, 구획의 구성 등을 사전에 조사·파악하여 재난·사고 발생이 예상되는 경우 미리 필요한 대책을 수립한다.
4. 구조에 사용할 장비는 항상 확실하게 점검·정비한다.
5. 체력, 기술을 연마하고 사기진작에 노력한다.

확인학습 출동 시 조치사항

1. 사고발생 장소, 사고의 종류 및 개요, 요구조자의 수와 상태 및 도로 상황·건물상황을 확인한다.
2. 사고정보를 통하여 구출방법을 검토하고 사용할 장비를 선정하고 필요한 장비가 있으면 추가로 적재한다.
3. 출동경로와 현장 진입로를 결정한다.
4. 추가정보에 의해 파악된 사고개요 및 규모 등이 초기에 판단하였던 구출방법 및 임무분담 등 결정에 부합되는지를 재확인한다.
5. 선착대의 행동내용 등을 파악하여 자기대의 임무와 활동요령을 검토한다.

02 난이도 ●●○ 답 ④

소방안전관리 특성으로 안전관리의 강제성·획일성은 해당하지 않는다.

확인학습 소방안전관리의 특성

1. 안전관리의 일체성·적극성
   - 화재현장에서 소방활동은 안전관리와 면밀하게 연결되어 있다.
   - 화재가 발생한 건물로부터 호스를 분리하여 연장하는 것은 낙하물 방지와 화재에 의한 복사열로부터 호스의 손상방지를 도모하기 위한 것과 동시에 효과적인 소방활동을 전개하여 대원 자신을 지키는 결과를 얻을 수 있다.
2. 안전관리의 특이성·양면성
   - 소방활동은 임무수행과 안전확보의 양립이 요구된다.
   - 위험성을 수반하는 임무수행 시에 안전관리 개념이 성립된다. 화재현장의 위험을 확인한 후에 임무수행과 안전확보를 양립시키는 특이성·양면성이 있다.
3. 안전관리의 계속성·반복성
   - 안전관리는 반복하여 실행해야 한다.
   - 소방활동의 안전관리는 출동에서부터 귀소하기까지 한 순간도 끊임없이 계속된다.
   - 평소의 교육·훈련, 기기점검 등도 안전관리상 중요한 요소이다.

03 난이도 ●○○ 답 ②

안전모·안전화·보안경 등 적절한 보호장비를 착용한다.

확인학습 소방장비 조작 시 주의사항

1. 안전모·안전화·보안경 등 적절한 보호장비를 착용한다.
2. 체인톱·헤머드릴 등 고속 회전부분이 있는 장비의 경우 실밥이 말려들어갈 수 있으므로 면장갑은 착용하지 않는다.
3. 고압전류를 사용하는 전동 장비나 고온이 발생하는 용접기 등의 경우에는 반드시 규정된 보호장갑을 착용해야 한다.
4. 톱날을 비롯하여 각종 절단 날은 항상 잘 연마되어야 한다.
5. 공기 중에 인화성 가스가 있거나 인화성 액체가 근처에 있을 때에는 동력장비의 사용을 피한다.
6. 장비를 이동시킬 때에는 작동을 중지시킨다. 엔진장비의 경우에는 시동을 끄고 전동장비는 플러그를 뽑는다.
7. 전동장비는 반드시 접지가 되는 3극 플러그를 이용한다. 접지단자를 제거하면 감전사고의 위험이 있다.
8. 엔진동력 장비의 경우 사용 전에는 기기를 흔들어 잘 혼합되도록 한 후 시동을 건다.

04 난이도 ●●● 답 ①

매듭의 강도는 8자매듭이 가장 크다.

확인학습 매듭과 꺾임에 의한 로프의 장력변화

매듭의 종류	매듭의 강도(%)
매듭하지 않은 상태	100
8자매듭	75 ~ 80
한겹고정매듭	70 ~ 75
이중 피셔맨매듭	65 ~ 70
피셔맨매듭	60 ~ 65
테이프매듭	60 ~ 70
말뚝매듭	60 ~ 65
엄지매듭	60 ~ 65

확인학습 천연섬유와 합성섬유 로프의 구분

1. 천연섬유

종자섬유	무명(면)
인피섬유	대마(삼베), 저마(모시), 황마, 아마, 라미
잎섬유	마닐라, 파초, 아바카, 사이실
과일섬유	야자섬유

2. 합성섬유

폴리아미드계	나일론, 아밀란, 펄론
폴리에스터계	데이크론, 데틸린, 테트론
폴리비닐알콜계	비닐론, 미쿨론

확인학습 로프 용도에 따른 구분

종류	신장률	유연성	용도
정적로프	3% 이하	딱딱함	산업용
동적로프	5% 이하	유연함	등반용

05 난이도 ●●● 답 ③

합성섬유의 경우 찬물과 연한 비누를 사용해서 세척하고 표백제나 강한 세척제는 사용하지 않는다.

확인학습 로프의 관리

1. 로프는 산성 물질(자동차 배터리액 등)과 접촉하지 않게 하고, 산성과 접촉이 의심되는 경우에는 즉시 폐기하도록 한다.
2. 2개의 로프를 직접 연결하면 마찰부위에서 발생하는 열로 인해 로프가 단선될 수 있으므로 카라비너를 함께 사용한다.

3. 로프는 매듭을 하는 끝 부분이 가장 크게 손상되며 매듭은 로프강도를 현저하게 감소시킨다.
4. 물에 젖은 로프는 예민해지고 늘어나며, 매듭의 강도를 감소시킨다.
5. 로프를 구입한 부서에서는 폐기할 때까지 지속적으로 관리하고 기록하여야 하며, 로프의 사용일자 및 검사·정비사항 등을 기록부에 기입하여야 한다.

확인학습 로프의 세척

1. 천연섬유는 물로 세척하지 않는다. 물로 세척하면 처음에는 천연섬유를 강하게 하지만 지속적으로 적셨다 건조하면 섬유를 약하게 하면서 손상된다.
2. 흙·모래알이나 이물질을 떨어 낼만큼 부드럽게 솔질을 해서 닦아낸다.
3. 합성섬유의 경우 찬물과 연한 비누를 사용해서 세척하고 표백제나 강한 세척제는 사용하지 않는다.

확인학습 로프의 보관

1. 로프는 로프가방에 보관한다.
2. 청결하고 건조한 작은 보관용 가방이나 환기가 잘되는 칸막이 방에 저장한다.
3. 배터리액, 탄화수소 연료 또는 자욱한 연기나 이러한 물질의 증기와 같은 화학적 오염에 노출되어서는 안 되며, 동력장비 또는 이러한 장비의 예비연료와는 따로 보관하여야 한다.
4. 로프가방은 손쉽게 운반할 수 있으며, 먼지나 때가 묻지 않아 로프의 좋은 상태를 유지할 수 있다.

06 난이도 ●○○ 답 ③

매듭의 크기가 작은 방법을 선택한다.

확인학습 매듭의 기본원칙

1. 매듭의 가장 중요한 조건은 묶기 쉽고, 자연적으로 풀리지 않고 간편하게 해체할 수 있는 매듭이다.
2. 매듭법을 많이 아는 것보다 자주 사용하는 매듭을 정확히 숙지하는 것이 중요하다.
3. 매듭의 끝부분은 빠지지 않도록 최소한 로프 직경의 10배 정도는 남아 있어야 한다.
4. 매듭의 크기가 작은 방법을 선택한다.
5. 타인에게도 능숙하고 안전하게 매듭을 할 수 있어야 한다.
6. 로프는 매듭 부분에서 강도가 저하된다.
7. 매듭은 정확한 형태로 단단하게 조여야 풀어지지 않고 하중을 지탱할 수 있다.
8. 매듭의 끝 부분이 빠지지 않도록 주매듭을 묶은 후 옭매듭 등으로 다시 마감해 준다.

07 난이도 ●●○ 답 ③

한겹매듭은 굵기가 서로 다른 로프를 연결할 때 사용하는 결합매듭에 해당한다.

확인학습 매듭의 종류

1. 마디짓기(결절): 로프의 끝이나 중간에 마디나 매듭·고리 만들기
   - 옭매듭
   - 8자매듭
   - 줄사다리매듭
   - 고정매듭
   - 두겹고정매듭
   - 나비매듭
2. 이어매기(연결): 한 로프를 다른 로프와 서로 연결하기
   - 바른매듭
   - 한겹매듭
   - 두겹매듭
   - 8자연결매듭
   - 피셔맨매듭
3. 움켜매기(결착): 로프를 지지물 또는 특정 물건에 묶기
   - 말뚝매기
   - 절반매기
   - 잡아매기
   - 감아매기
   - 클램하이스트 매듭

확인학습 결절매듭

1. **한겹8자매듭**: 로프를 조이거나 로프의 중간에 고리를 만들 때에 사용된다.
2. **고정매듭**: 로프의 굵기에 관계없이 안전벨트에 로프를 묶을 때 쓰는 매듭이다.
3. **두겹고정매듭**: 협소한 맨홀 등에서 구출 및 진입할 구조대원의 안전로프로 사용된다.
4. **세겹고정매듭**: 넓은 장소에서 요구조자를 끌어올릴 때 등에 사용된다.
5. **엄지매듭**: 다른 매듭을 한 다음 풀리지 않도록 끝 처리를 하는 매듭으로 많이 쓴다.
6. **나비매듭**: 로프의 중간에 고리를 만들 필요가 있을 경우 사용한다.
7. **8자매듭**: 폭넓게 이용되며 가장 강한 강도를 가지고 있고, 충격을 받아도 쉽게 풀 수 있다.

08 난이도 ●●○ 답 ③

고정매듭은 로프의 굵기에 관계없이 안전벨트에 로프를 묶을 때 쓰는 매듭이다.

확인학습 결합매듭

1. **바른매듭**: 로프의 굵기가 동일한 경우 서로 연결할 때 사용한다.
2. **한겹매듭**: 굵기가 서로 다른 로프를 연결할 때 사용하는 매듭이다.
3. **두겹매듭**: 로프의 굵기와 재질이 서로 다른 로프를 연결할 때 사용한다.
4. **아카데미매듭**: 굵기가 다른 로프나 젖은 로프를 연결할 때에 사용한다.
5. **피셔맨매듭**: 낚시줄을 연결할 때 쓰이며, 낚싯줄 매듭 또는 어부매듭이라고도 한다.

09 난이도 ●●○

답 ④

외상환자의 경우에는 경추가 손상될 수 있으므로 두부후굴을 시행하지 않고 하악거상법만 시행하는 것이 바람직하다.

10 난이도 ●●○

답 ②

응급환자의 치료순서는 2순위이고, 심볼은 거북이 그림이다.

확인학습 중증도 분류

분류	치료순서	색깔	심볼
Critical(긴급환자)	1	적색(Red)	토끼 그림
Urgent(응급환자)	2	황색(Yellow)	거북이 그림
Minor(비응급환자)	3	녹색(Green)	× 표시
Dead(지연환자)	4	흑색(Black)	십자가 표시

확인학습 중증도 분류에 따른 환자

1. **긴급환자**: 수분, 수시간 이내의 응급처치를 요하는 중증환자
2. **응급환자**: 수시간 이내의 응급처치를 요하는 중증환자
3. **비응급환자**: 수시간, 수일 후 치료해도 생명에 관계가 없는 환자
4. **지연환자**: 사망하였거나 생존의 가능성이 없는 환자

PART 9 재난관리론

CHAPTER 1 총칙

POINT 71 재난관리론

정답 p.176

01	②	02	④	03	③	04	②	05	②

01 난이도 ●○○ 답 ②

산사태는 자연재해로 분류된다.

✅ **확인학습 재해분류**

1. 존스(Jones)의 재해분류(자연재해)

대분류	세분류		재해의 종류
자연재해	지구물리학적 재해	지질학적	지진, 화산, 쓰나미 등
		지형학적	산사태, 염수토양 등
		기상학적	안개, 눈, 해일, 번개, 토네이도, 폭풍, 태풍, 가뭄, 이상기온 등
	생물학적 재해	-	세균, 질병, 유독식물, 유독동물 등
준자연재해	-		스모그, 온난화, 사막화, 염수화 현상, 눈사태, 산성화, 홍수, 토양침식 등
인위재해	-		공해, 폭동, 교통사고, 폭발사고, 전쟁 등

2. 아네스(Anesth)의 재해분류

대분류	세분류	재해의 종류
자연재해	기후성 재해	태풍
	지진성 재해	지진, 화산폭발, 해일
인위재해	사고성 재해	교통사고, 산업사고, 폭발사고, 생물학적 재해, 화학적 재해(유독물질), 방사능재해, 화재사고
	계획적 재해	테러, 폭동, 전쟁

02 난이도 ●●○ 답 ④

내과적 재난 또는 질환재난은 화학물질 누출, 방사능 누출, 유독물질 누출 등의 사고로 호흡기장애, 대사기능장애 등을 유발시키는 화학적 재난을 말한다.

✅ **확인학습 재난의 응급의학적 분류**

1. **내과적 재난(Medical disaster)**: 화학물질 누출, 방사능 누출, 유독물질 누출 등의 사고로 호흡기장애, 대사기능장애 등을 유발시키는 화학적 재난(질환재난)을 말한다.
2. **외상성 재난(Surgical disaster)**: 피해자들이 주로 외상을 당하는 재난으로서 물리적 재해로 인한 부상 형태가 외상으로 나타나는 재난을 말한다.

✅ **확인학습 원인에 의한 분류**

1. **인위적 재난**: 인위재해는 인간과 환경 간의 상호작용의 원인으로 재난적인 결과를 가져올 수 있는 상황이며, 전쟁, 시민폭동 등에 의해서 발생한 재난도 포함된다.
2. **기술적 재난**: 인간이 기술을 활용하는 과정 중 부주의나 기술상의 결함에 의해 발생하는 것으로 대형 산업사고, 심각한 환경오염, 원자력 사고, 대형 폭발 등이 있다.

03 난이도 ●●○ 답 ③

인적자원의 효과적 활용은 통합적 접근방법이 효율적이다.

✅ **확인학습 재난유형별 비교**

구분	분산적 접근방법(유형별)	통합적 접근방법
관련부처 및 기관	다수부처	병렬적 다수부처(소수부처)
책임범위와 부담	관리책임 및 부담 분산	관리책임 및 부담이 과도함
관련부처의 활동범위	특정재난	종합적 관리와 독립적 병행
정보전달체계	다양화	일원화
체계의 재난에 대한 인지능력	미약하고 단편적	강력하고 종합적
장점	• 업무수행의 전문성 • 업무의 과다 방지	• 동원과 신속한 대응성 확보 • 인적자원의 효과적 활용
단점	• 재난 대처의 한계 • 업무 중복 및 연계 미흡 • 재원 마련과 배분이 복잡	• 종합관리체계 구축의 어려움 • 업무와 책임의 과도와 집중성

04 난이도 ●○○ 답 ②

지구물리학적 재해에 해당하는 것은 ㄱ, ㄷ, ㅁ으로 총 3개이다.

| 선지분석 |

ㄱ. [O] 산사태: 지구물리학적 재해(지형학적)
ㄴ. [X] 눈사태: 준자연재해
ㄷ. [O] 쓰나미: 지구물리학적 재해(지질학적)
ㄹ. [X] 사막화: 준자연재해
ㅁ. [O] 해일: 지구물리학적 재해(기상학적)

05 난이도 ●○○ 답 ②

통합적 접근방식은 ㄷ, ㅁ이 해당한다.

| 선지분석 |

ㄱ. [X] 재난의 발생 유형에 따라 소관부처별로 업무가 나뉜다(분산적 접근방식).
ㄴ. [X] 재난 시 유관기관 간의 중복적 대응이 있을 수 있다(분산적 접근방식).
ㄷ. [O] 재난 정보전달체계는 일원화되는 특징이 있다(통합적 접근방식).
ㄹ. [X] 재난의 종류에 따라 대응방식의 차이와 대응계획 및 책임기관이 각각 다르게 배정된다(분산적 접근방식).
ㅁ. [O] 종합정보체계의 구축이 비교적 어렵다(통합적 접근방식).

POINT 72 총칙 1

정답 p.177

01	③	02	②	03	②	04	①	05	②
06	②	07	③	08	③				

01 난이도 ●○○ 답 ③

「재난 및 안전관리 기본법」은 각종 재난으로부터 (국토)를 보존하고 국민의 생명·신체 및 재산을 보호하기 위하여 국가와 지방자치단체의 재난 및 안전관리체제를 확립하고, 재난의 예방·대비·대응·복구와 (안전문화활동), 그 밖에 재난 및 안전관리에 필요한 사항을 규정함을 목적으로 한다.

02 난이도 ●○○ 답 ②

재난관리에 대한 내용이다. 재난관리란 재난의 예방·대비·대응 및 복구를 위하여 하는 모든 활동을 말한다.

03 난이도 ●○○ 답 ②

「재난 및 안전관리 기본법」의 기본이념이다.

| 선지분석 |

① 「재난 및 안전관리 기본법」의 목적이다.
③ 「자연재해대책법」의 목적이다.
④ 「산업재해보상보험법」의 목적이다.

04 난이도 ●○○ 답 ①

행정안전부장관은 국가 및 지방자치단체가 행하는 재난 및 안전관리 업무를 총괄·조정한다.

05 난이도 ●○○ 답 ②

자연재난에 해당하는 것은 ㄴ, ㄹ, ㅁ으로 총 3개이다.

| 선지분석 |

ㄱ. [X] 환경오염사고 등으로 인하여 발생하는 대통령령으로 정하는 규모 이상의 피해: 사회재난
ㄴ. [O] 자연우주물체의 추락·충돌로 인하여 발생하는 재해: 자연재난
ㄷ. [X] 「미세먼지 저감 및 관리에 관한 특별법」에 따른 미세먼지 등으로 인한 피해: 사회재난
ㄹ. [O] 조류(藻類) 대발생으로 인하여 발생하는 재해: 자연재난
ㅁ. [O] 가뭄, 폭염, 지진, 황사(黃砂)로 인하여 발생하는 재해: 자연재난

✔ 확인학습 자연재난

태풍, 홍수, 호우(豪雨), 강풍, 풍랑, 해일(海溢), 대설, 한파, 낙뢰, 가뭄, 폭염, 지진, 황사(黃砂), 조류(藻類) 대발생, 조수(潮水), 화산활동, 「우주개발 진흥법」에 따른 자연우주물체의 추락·충돌, 그 밖에 이에 준하는 자연현상으로 인하여 발생하는 재해

✔ 확인학습 사회재난

1. 화재·붕괴·폭발·교통사고(항공사고 및 해상사고를 포함한다)·화생방사고·환경오염사고·다중운집인파사고 등으로 인하여 발생하는 대통령령으로 정하는 규모 이상의 피해
2. 국가핵심기반의 마비
3. 「감염병의 예방 및 관리에 관한 법률」에 따른 감염병 또는 「가축전염병예방법」에 따른 가축전염병의 확산
4. 「미세먼지 저감 및 관리에 관한 특별법」에 따른 미세먼지
5. 「우주개발 진흥법」에 따른 인공우주물체의 추락·충돌 등으로 인한 피해

06 난이도 ●○○ 답 ②

안전관리란 재난이나 그 밖의 각종 사고로부터 사람의 생명·신체 및 재산의 안전을 확보하기 위하여 하는 모든 활동을 말한다.

07 난이도 ●●○ 답 ③

안전문화활동이란 안전교육, 안전훈련, 홍보 등을 통하여 안전에 관한 가치와 인식을 높이고 안전을 생활화하도록 하는 등 재난이나 그 밖의 각종 사고로부터 안전한 사회를 만들어가기 위한 활동을 말한다.

✔ 확인학습 안전관리 및 안전문화활동

1. 안전관리란 재난이나 그 밖의 각종 사고로부터 사람의 생명·신체 및 재산의 안전을 확보하기 위하여 하는 모든 활동을 말한다.
2. 안전문화활동이란 안전교육, 안전훈련, 홍보 등을 통하여 안전에 관한 가치와 인식을 높이고 안전을 생활화하도록 하는 등 재난이나 그 밖의 각종 사고로부터 안전한 사회를 만들어가기 위한 활동을 말한다.

08 난이도 ●○○ 답 ③

국가재난관리기준이란 모든 유형의 재난에 공통적으로 활용할 수 있도록 재난관리의 전 과정을 통일적으로 단순화·체계화한 것으로서 행정안전부장관이 고시한 것을 말한다.

POINT 73 총칙 2

정답 p.179

01	④	02	①	03	④	04	②	05	②
06	①	07	②	08	①				

01 난이도 ●○○ 답 ④

긴급구조기관이란 소방청·소방본부 및 소방서를 말한다. 다만, 해양에서 발생한 재난의 경우에는 해양경찰청·지방해양경찰청 및 해양경찰서를 말한다.

02 난이도 ●○○ 답 ①

국가핵심기반은 에너지, 정보통신, 교통수송, 보건의료 등 국가경제, 국민의 안전·건강 및 정부의 핵심기능에 중대한 영향을 미칠 수 있는 시설, 정보기술시스템 및 자산 등을 말한다.

| 선지분석 |

② [×] 재난안전통신망은 재난관리책임기관·긴급구조기관 및 긴급구조지원기관이 재난관리업무에 이용하거나 재난현장에서의 통합지휘에 활용하기 위하여 구축·운영하는 통신망을 말한다.
③ [×] 재난관리정보는 재난관리를 위하여 필요한 재난상황정보, 동원가능 자원정보, 시설물정보, 지리정보를 말한다.
④ [×] 긴급구조지원기관은 긴급구조에 필요한 인력·시설 및 장비, 운영체계 등 긴급구조능력을 보유한 기관이나 단체로서 대통령령으로 정하는 기관과 단체를 말한다.

03 난이도 ●○○ 답 ④

경찰청은 긴급구조기관에 해당하지 않는다. 긴급구조기관이란 소방청·소방본부 및 소방서를 말한다. 다만, 해양에서 발생한 재난의 경우에는 해양경찰청·지방해양경찰청 및 해양경찰서를 말한다.

04 난이도 ●●○ 답 ②

「지진·화산재해대책법」 제2조 제1호에 따른 지진재해의 재난관리주관기관은 행정안전부이다.

✔ 확인학습 자연재난 유형별 재난관리주관기관

재난관리 주관기관	자연재난 유형
과학기술정보통신부 및 우주항공청	• 「우주개발 진흥법」 제2조 제3호 나목에 따른 자연우주물체의 추락·충돌 등으로 인해 발생하는 재해 • 「전파법」 제51조에 따른 우주전파재난
행정안전부	• 「자연재해대책법」 제2조 제2호에 따른 자연재해로서 낙뢰, 가뭄, 폭염 및 한파로 인해 발생하는 재해 • 「자연재해대책법」 제2조 제3호에 따른 풍수해(조수로 인해 발생하는 재해는 제외한다) • 「지진·화산재해대책법」 제2조 제1호에 따른 지진재해 • 「지진·화산재해대책법」 제2조 제2호에 따른 화산재해
환경부	• 황사로 인해 발생하는 재해 • 하천·호소 등의 조류 대발생으로 인해 발생하는 재해
해양수산부	• 「농어업재해대책법」 제2조 제3호에 따른 어업재해 중 적조현상 및 해파리의 대량발생으로 인해 발생하는 수산양식물 및 어업용 시설의 피해 • 「자연재해대책법」 제2조 제3호에 따른 풍수해 중 조수로 인해 발생하는 재해
산림청	「산림보호법」 제2조 제10호에 따른 산사태로 인해 발생하는 재해

05 난이도 ●●○ 답 ②

해당하는 것은 ㄱ, ㄴ이다.

| 선지분석 |

ㄱ. [O] 하천·호소 등의 조류 대발생으로 인해 발생하는 재해: 환경부
ㄴ. [O] 황사로 인해 발생하는 재해: 환경부
ㄷ. [×] 「자연재해대책법」 제2조 제3호에 따른 풍수해 중 조수로 인해 발생하는 재해: 해양수산부
ㄹ. [×] 「지진·화산재해대책법」 제2조 제2호에 따른 화산재해: 행정안전부

06 난이도 ●●● 답 ①

「유통산업발전법」 제2조 제3호에 따른 대규모점포의 화재등으로 인해 발생하는 대규모 피해의 재난관리주관기관은 산업통상자원부이다.

✔ 확인학습 재난관리주관기관(산업통상자원부)

1. 「고압가스 안전관리법」 제26조 제1항, 「도시가스사업법」 제41조 제3항 및 「액화석유가스의 안전관리 및 사업법」 제56조 제1항에 따른 가스사고로 인해 발생하는 대규모 피해
2. 「석유 및 석유대체연료 사업법」 제2조 제1호에 따른 석유의 정제시설·비축시설 및 같은 법 시행령 제2조 제3호에 따른 주유소의 화재 등으로 인해 발생하는 대규모 피해
3. 「에너지법」 제2조 제1호에 따른 에너지의 중대한 수급 차질로 인해 발생하는 대규모 피해
4. 「유통산업발전법」 제2조 제3호에 따른 대규모점포의 화재등으로 인해 발생하는 대규모 피해
5. 「전기안전관리법 시행령」 제15조에 따른 전기사고로 인해 발생하는 대규모 피해
6. 「제품안전기본법」 제15조에 따른 제품사고(「어린이제품 안전 특별법」 제2조 제13호에 따른 안전관리대상어린이제품 및 「전기용품 및 생활용품 안전관리법」 제3조 제1항 제1호에 따른 안전관리대상제품으로 인한 사고로 한정한다)로 인해 발생하는 대규모 피해

07 난이도 ●●● 답 ②

해당하는 것은 ㄱ, ㄴ이다.

| 선지분석 |

ㄱ. [O] 「소방기본법」 제2조 제1호에 따른 소방대상물의 화재로 인해 발생하는 대규모 피해: 행정안전부 및 소방청
ㄴ. [O] 「위험물안전관리법」 제2조 제1항 제1호에 따른 위험물의 누출·화재·폭발 등으로 인해 발생하는 대규모 피해: 행정안전부 및 소방청

ㄷ. [×]「전통시장 및 상점가 육성을 위한 특별법」 제2조 제1호에 따른 전통시장의 화재등으로 인해 발생하는 대규모 피해: 중소벤처기업부

ㄹ. [×]「관광진흥법」 제33조의2 제1항에 따른 유기시설 또는 유기기구의 중대한 사고로 인해 발생하는 대규모 피해: 문화체육관광부

✔ 확인학습 재난관리주관기관(행정안전부 및 소방청)

1. 「소방기본법」 제2조 제1호에 따른 소방대상물의 화재로 인해 발생하는 대규모 피해
2. 「위험물안전관리법」 제2조 제1항 제1호에 따른 위험물의 누출·화재·폭발 등으로 인해 발생하는 대규모 피해

✔ 확인학습 재난관리주관기관(문화체육관광부)

1. 「관광진흥법」 제4조에 따라 야영장업의 등록을 한 자가 관리하는 야영장의 화재등으로 인해 발생하는 대규모 피해
2. 「관광진흥법」 제33조의2 제1항에 따른 유기시설 또는 유기기구의 중대한 사고로 인해 발생하는 대규모 피해
3. 「공연법」 제2조 제4호에 따른 공연장의 화재등으로 인해 발생하는 대규모 피해
4. 「체육시설의 설치·이용에 관한 법률」 제5조에 따른 전문체육시설 및 같은 법 제6조에 따른 생활체육시설의 화재등으로 인해 발생하는 대규모 피해

08 난이도 ●●● 답 ①

해당하는 것은 ㄱ이다.

| 선지분석 |

ㄱ. [○]「승강기 안전관리법」 제48조 제1항에 따른 승강기의 사고 또는 고장으로 인해 발생하는 대규모 피해: 행정안전부

ㄴ. [×]「건축물관리법」 제2조 제1호에 따른 건축물의 붕괴·전도 등으로 인해 발생하는 대규모 피해: 국토교통부

ㄷ. [×] 인접 국가의 방사능 누출로 인해 발생하는 대규모 피해: 원자력안전위원회

ㄹ. [×]「미세먼지 저감 및 관리에 관한 특별법」 제2조 제1호에 따른 미세먼지로 인한 피해: 환경부

✔ 확인학습 재난관리주관기관(행정안전부)

1. 「승강기 안전관리법」 제48조 제1항에 따른 승강기의 사고 또는 고장으로 인해 발생하는 대규모 피해
2. 「유선 및 도선 사업법」 제28조 및 제29조에 따른 사고로 인해 발생하는 대규모 피해
3. 「전자정부법」 제2조 제13호에 따른 정보시스템(행정안전부장관이 구축·운영하는 정보시스템으로 한정한다)의 장애로 인해 발생하는 대규모 피해
4. 「전자정부법」 제2조 제13호에 따른 정보시스템(행정안전부장관이 구축·운영하는 정보시스템은 제외한다)의 장애로 인해 발생하는 대규모 피해
5. 「정부청사관리규정」 제2조에 따른 청사(6.에 따른 청사는 제외한다)의 화재등으로 인해 발생하는 대규모 피해
6. 「정부청사관리규정」 제3조에 따라 행정안전부장관이 관리하지 않는 청사의 화재등으로 인해 발생하는 대규모 피해

* 4. 및 6.의 경우에는 각각 관계 법령에 따라 해당 정보시스템의 구축·운영에 관한 사무 및 해당 청사의 관리에 관한 사무를 관장하는 중앙행정기관을 말한다.

✔ 확인학습 재난관리주관기관(국토교통부)

1. 「건축물관리법」 제2조 제1호에 따른 건축물의 붕괴·전도 등으로 인해 발생하는 대규모 피해
2. 「공항시설법」 제2조 제3호에 따른 공항의 화재등으로 인해 발생하는 대규모 피해
3. 「국토의 계획 및 이용에 관한 법률」 제2조 제9호에 따른 공동구의 화재등으로 인해 발생하는 대규모 피해
4. 「도로법」 제2조 제1호에 따른 도로의 화재등으로 인해 발생하는 대규모 피해
5. 「물류시설의 개발 및 운영에 관한 법률」 제7조 및 제21조의2에 따라 국토교통부장관에게 등록한 복합물류터미널사업자 및 물류창고업자가 관리하는 물류시설(다른 중앙행정기관 소관의 시설은 제외한다)의 화재등으로 인해 발생하는 대규모 피해
6. 「철도안전법」 제2조 제11호에 따른 철도사고로 인해 발생하는 대규모 피해
7. 「항공안전법」 제2조 제6호부터 제8호까지의 규정에 따른 항공기사고, 경량항공기사고 및 초경량비행장치사고로 인해 발생하는 대규모 피해

* 3.의 경우에는 공동구에 공동 수용되는 공급설비 및 통신시설 등으로서 화재등의 원인이 되는 설비·시설 등의 관리에 관한 사무를 관장하는 중앙행정기관을 포함한다.

✔ 확인학습 재난관리주관기관(환경부)

1. 「댐건설·관리 및 주변지역지원 등에 관한 법률」 제2조 제1호에 따른 댐[산업통상자원부 소관의 발전(發電)용 댐은 제외한다]의 붕괴·파손 등으로 인해 발생하는 대규모 피해
2. 「미세먼지 저감 및 관리에 관한 특별법」 제2조 제1호에 따른 미세먼지로 인한 피해
3. 「수도법」 제3조 제5호에 따른 수도의 화재등으로 발생하는 대규모 피해
4. 「먹는물관리법」 제3조 제1호에 따른 먹는물의 수질오염으로 인해 발생하는 대규모 피해
5. 「생활화학제품 및 살생물제의 안전관리에 관한 법률」 제3조 제4호에 따른 안전확인대상생활화학제품 및 같은 조 제6호에 따른 살생물제 관련 사고(「제품안전기본법」 제15조에 따른 제품사고에 해당하는 경우로 한정한다)로 인해 발생하는 대규모 피해
6. 「화학물질관리법」 제2조 제13호에 따른 화학사고로 인해 발생하는 대규모 피해
7. 「환경오염시설의 통합관리에 관한 법률」 제2조 제1호에 따른 오염물질등으로 인한 환경오염(「먹는물관리법」 제3조 제1호에 따른 먹는물의 수질오염은 제외한다)으로 인해 발생하는 대규모 피해

CHAPTER 2 안전관리기구 및 기능

POINT 74 중앙위원회 등

정답 p.181

01	④	02	①	03	②	04	②	05	①
06	②	07	②	08	④	09	①	10	②

01 난이도 ●●○ 답 ④

국가핵심기반의 지정에 관한 사항은 조정위원회의 심의사항이다.

확인학습 중앙안전관리위원회 심의사항

1. 재난 및 안전관리에 관한 중요 정책에 관한 사항
2. 국가안전관리기본계획에 관한 사항
3. 재난 및 안전관리 사업 관련 중기사업계획서, 투자우선순위 의견 및 예산요구서에 관한 사항
4. 중앙행정기관의 장이 수립·시행하는 계획, 점검·검사, 교육·훈련, 평가 등 재난 및 안전관리업무의 조정에 관한 사항
5. 안전기준관리에 관한 사항
6. 재난사태의 선포에 관한 사항
7. 특별재난지역의 선포에 관한 사항
8. 재난이나 그 밖의 각종 사고가 발생하거나 발생할 우려가 있는 경우 이를 수습하기 위한 관계 기관 간 협력에 관한 중요 사항
9. 중앙행정기관의 장이 시행하는 대통령령으로 정하는 재난 및 사고의 예방사업 추진에 관한 사항

02 난이도 ●○○ 답 ①

중앙위원회의 위원장은 국무총리가 되고, 위원은 대통령령으로 정하는 중앙행정기관 또는 관계 기관·단체의 장이 된다.

03 난이도 ●○○ 답 ②

중앙위원회의 심의사항의 사무가 국가안전보장과 관련된 경우에는 국가안전보장회의와 협의하여야 한다.

04 난이도 ●●○ 답 ②

조정위원회의 위원장은 행정안전부장관이 되고, 위원은 대통령령으로 정하는 중앙행정기관의 차관 또는 차관급 공무원과 재난 및 안전관리에 관한 지식과 경험이 풍부한 사람 중에서 위원장이 임명하거나 위촉하는 사람이 된다.

05 난이도 ●○○ 답 ①

시·도안전관리위원회의 위원장은 (시·도지사)가 되고, 시·군·구안전관리위원회의 위원장은 (시장·군수·구청장)이 된다.

06 난이도 ●●● 답 ②

- 재난에 대한 예보·경보·통지나 응급조치 및 재난관리를 위한 재난방송이 원활히 수행될 수 있도록 중앙위원회에 (중앙재난방송협의회)를 둘 수 있다.
- 지역 차원에서 재난에 대한 예보·경보·통지나 응급조치 및 재난방송이 원활히 수행될 수 있도록 지역위원회에 (지역재난방송협의회)를 둘 수 있다.

중앙재난방송협의회는 위원장 1명과 부위원장 1명을 포함한 25명 이내의 위원으로 구성한다.

| 선지분석 |

① [×] ㄱ은 중앙재난방송협의회이다.
③ [×] 중앙재난방송협의회의 구성 및 운영에 필요한 사항은 대통령령으로 정하고, 지역재난방송협의회의 구성 및 운영에 필요한 사항은 해당 지방자치단체의 조례로 정한다.
④ [×] 중앙재난방송협의회의 위원장은 위원 중에서 과학기술정보통신부장관이 지명하는 사람이 되고, 부위원장은 중앙재난방송협의회의 위원 중에서 호선한다.

확인학습 중앙재난방송협의회

1. 재난에 관한 예보·경보·통지나 응급조치 및 재난관리를 위한 재난방송이 원활히 수행될 수 있도록 중앙위원회에 중앙재난방송협의회를 둘 수 있다.
2. 지역 차원에서 재난에 대한 예보·경보·통지나 응급조치 및 재난방송이 원활히 수행될 수 있도록 지역위원회에 시·도 또는 시·군·구 재난방송협의회(지역재난방송협의회)를 둘 수 있다.
3. 중앙재난방송협의회의 구성 및 운영에 필요한 사항은 대통령령으로 정하고, 지역재난방송협의회의 구성 및 운영에 필요한 사항은 해당 지방자치단체의 조례로 정한다.

07 난이도 ●●○ 답 ②

- 재난에 대한 예보·경보·통지나 응급조치 및 재난관리를 위한 재난방송이 원활히 수행될 수 있도록 (중앙위원회)에 중앙재난방송협의회를 둘 수 있다.
- (조정위원회)의 위원장은 재난 및 안전관리에 대한 민관 협력관계를 원활히 하기 위하여 중앙안전관리민관협력위원회를 구성·운영할 수 있다.

확인학습 안전관리민관협력위원회

1. 조정위원회의 위원장은 재난 및 안전관리에 관한 민관 협력관계를 원활히 하기 위하여 중앙안전관리민관협력위원회(중앙민관협력위원회)를 구성·운영할 수 있다.
2. 지역위원회의 위원장은 재난 및 안전관리에 관한 지역 차원의 민관 협력관계를 원활히 하기 위하여 시·도 또는 시·군·구 안전관리민관협력위원회(지역민관협력위원회)를 구성·운영할 수 있다.
3. 중앙민관협력위원회의 구성 및 운영에 필요한 사항은 대통령령으로 정하고, 지역민관협력위원회의 구성 및 운영에 필요한 사항은 해당 지방자치단체의 조례로 정한다.

08 난이도 ●●● 답 ④

중앙민관협력위원회는 공동위원장 2명을 포함하여 35명 이내의 위원으로 구성한다.

확인학습 중앙민관협력위원회의 구성·운영(「재난 및 안전관리 기본법 시행령」 제12조의3)

1. 공동위원장 2명을 포함하여 35명 이내의 위원으로 구성한다.
2. 중앙민관협력위원회의 공동위원장은 행정안전부의 재난안전관리사무를 담당하는 본부장과 위촉된 민간위원 중에서 중앙민관협력위원회의 의결을 거쳐 행정안전부장관이 지명하는 사람이 된다.

09 난이도 ●●● 답 ①

- 재난 발생 시 신속한 재난대응 활동 참여 등 (중앙민관협력위원회)의 기능을 지원하기 위하여 (중앙민관협력위원회)에 대통령령으로 정하는 바에 따라 재난긴급대응단을 둘 수 있다.
- 재난긴급대응단은 재난현장에서 임무의 수행에 관하여 통합지원본부의 장 또는 현장지휘를 하는 (긴급구조통제단장)의 지휘·통제를 따른다.

확인학습 재난긴급대응단

1. **재난긴급대응단의 임무**
   - 재난 발생 시 인명구조 및 피해복구 활동 참여
   - 평상시 재난예방을 위한 활동 참여
   - 그 밖에 신속한 재난대응을 위하여 필요한 활동
2. **재난긴급대응단의 지휘·통제:** 재난긴급대응단은 재난현장에서 임무의 수행에 관하여 통합지원본부의 장 또는 현장지휘를 하는 긴급구조통제단장의 지휘·통제를 따른다.

10 난이도 ●●○ 답 ②

조정위원회의 업무를 효율적으로 처리하기 위하여 조정위원회에 실무위원회를 둘 수 있다. 실무위원장은 행정안전부의 재난안전관리사무를 담당하는 본부장이다.

확인학습 실무위원회의 구성 등

1. **실무위원회의 구성:** 위원장 1명을 포함하여 50명 내외의 위원으로 구성
2. **실무위원회 심의사항**
   - 재난 및 안전관리를 위하여 관계 중앙행정기관의 장이 수립하는 대책에 관하여 협의·조정이 필요한 사항
   - 재난 발생 시 관계 중앙행정기관의 장이 수행하는 재난의 수습에 관하여 협의·조정이 필요한 사항
   - 실무위원장이 회의에 부치는 사항
3. **실무위원장:** 행정안전부의 재난안전관리사무를 담당하는 본부장
4. **실무위원회 실무회의**
   - **실무위원회 실무회의 소집:** 위원 5명 이상의 요청이 있거나 실무위원장이 필요하다고 인정하는 경우
   - 실무위원장과 실무위원장이 회의마다 지정하는 25명 내외의 위원으로 구성한다.
   - 구성원 과반수의 출석으로 개의(開議)하고, 출석위원 과반수의 찬성으로 의결한다.

POINT 75 중앙재난안전대책본부 등

정답 p.183

01	②	02	②	03	①	04	②

01 난이도 ●○○ 답 ②

대통령령으로 정하는 대규모 재난의 대응·복구(수습) 등에 관한 사항을 총괄·조정하고 필요한 조치를 하기 위하여 행정안전부에 중앙재난안전대책본부(중앙대책본부)를 둔다.

02 난이도 ●●○ 답 ②

중앙대책본부에 본부장과 차장을 둔다.

확인학습 중앙재난안전대책본부의 구성

1. 중앙대책본부에 본부장과 차장을 둔다.
2. **중앙대책본부장:** 행정안전부장관
3. **해외재난과 방사능재난의 경우**
   - **해외재난의 경우:** 외교부장관
   - **방사능재난의 경우:** 중앙방사능방재대책본부의 장

확인학습 중앙재난안전대책본부장

1. 중앙대책본부의 본부장(중앙대책본부장)은 행정안전부장관이 되며, 중앙대책본부장은 중앙대책본부의 업무를 총괄하고 필요하다고 인정하면 중앙재난안전대책본부회의를 소집할 수 있다.
2. 다만, 해외재난의 경우에는 외교부장관이, 「원자력시설 등의 방호 및 방사능 방재 대책법」 제2조 제1항 제8호에 따른 방사능재난의 경우에는 같은 법 제25조에 따른 중앙방사능방재대책본부의 장이 각각 중앙대책본부장의 권한을 행사한다.

03 난이도 ●●○ 답 ①

중앙재난안전대책본부장은 국내 또는 해외에서 발생하였거나 발생할 우려가 있는 대규모 재난의 수습을 지원하기 위하여 관계 중앙행정기관 및 관계 기관·단체의 재난관리에 관한 전문가 등으로 수습지원단을 구성하여 현지에 파견할 수 있다.

확인학습 수습지원단 파견 등

1. 중앙재난안전대책본부장은 국내 또는 해외에서 발생하였거나 발생할 우려가 있는 대규모 재난의 수습을 지원하기 위하여 관계 중앙행정기관 및 관계 기관·단체의 재난관리에 관한 전문가 등으로 수습지원단을 구성하여 현지에 파견할 수 있다.
2. 중앙대책본부장은 구조·구급·수색 등의 활동을 신속하게 지원하기 위하여 행정안전부·소방청 또는 해양경찰청 소속의 전문 인력으로 구성된 특수기동구조대를 편성하여 재난현장에 파견할 수 있다.
3. 수습지원단의 구성과 운영 및 특수기동구조대의 편성과 파견 등에 필요한 사항은 대통령령으로 정한다.

04 난이도 ●●● 답 ②

재난책임관리기관에서 파견된 직원은 대규모 재난의 수습에 필요한 소속 기관의 업무를 성실히 수행하여야 하며, 대규모 재난의 수습이 끝날 때까지 중앙대책본부에서 상근하여야 한다.

POINT 76 재난안전상황실

정답 p.184

01	②	02	④	03	①

01 난이도 ●○○ 답 ②

상시 중앙재난안전상황실의 설치·운영권자는 행정안전부장관이다.

확인학습 재난안전상황실

1. 행정안전부장관, 시·도지사 및 시장·군수·구청장은 재난정보의 수집·전파, 상황관리, 재난 발생 시 초동조치 및 지휘 등의 업무를 수행하기 위하여 다음의 구분에 따른 상시 재난안전상황실을 설치·운영하여야 한다.
   - **행정안전부장관**: 중앙재난안전상황실
   - **시·도지사 및 시장·군수·구청장**: 시·도별 및 시·군·구별 재난안전상황실
2. 중앙행정기관의 장은 소관 업무분야의 재난상황을 관리하기 위하여 재난안전상황실을 설치·운영하거나 재난상황을 관리할 수 있는 체계를 갖추어야 한다.
3. 재난관리책임기관의 장은 재난에 관한 상황관리를 위하여 재난안전상황실을 설치·운영할 수 있다.

02 난이도 ●○○ 답 ④

재난안전상황실은 중앙재난안전상황실 및 다른 기관의 재난안전상황실과 유기적인 협조체제를 유지하고, 재난관리정보를 공유하여야 한다.

03 난이도 ●●○ 답 ①

- 시장·군수·구청장, 소방서장, 해양경찰서장, 재난관리책임기관의 장 또는 국가핵심기반을 관리하는 기관·단체의 장은 그 관할구역, 소관 업무 또는 시설에서 재난이 발생하거나 발생할 우려가 있으면 대통령령으로 정하는 바에 따라 재난상황에 대해서는 즉시, 응급조치 및 수습현황에 대해서는 (지체 없이) 각각 행정안전부장관, 관계 재난관리주관기관의 장 및 시·도지사에게 보고하거나 통보하여야 한다.
- 이 경우 관계 재난관리주관기관의 장 및 시·도지사는 보고받은 사항을 확인·종합하여 (행정안전부장관)에게 통보하여야 한다.

POINT 77 국가안전관리기본계획 등

정답 p.185

01	②	02	④

01 난이도 ●○○ 답 ②

- (국무총리)는 대통령령으로 정하는 바에 따라 (5년마다) 국가의 재난 및 안전관리업무에 관한 기본계획(이하 "국가안전관리기본계획"이라 한다)의 수립지침을 작성하여 관계 중앙행정기관의 장에게 통보하여야 한다.
- 국무총리는 관계 중앙행정기관의 장이 제출한 기본계획을 종합하여 국가안전관리기본계획을 작성하여 (중앙위원회)의 심의를 거쳐 확정한 후 이를 관계 중앙행정기관의 장에게 통보하여야 한다.

「재난 및 안전관리 기본법」 제22조 【국가안전관리기본계획의 수립 등】

① 국무총리는 대통령령으로 정하는 바에 따라 5년마다 국가의 재난 및 안전관리업무에 관한 기본계획(이하 "국가안전관리기본계획"이라 한다)의 수립지침을 작성하여 관계 중앙행정기관의 장에게 통보하여야 한다.

② 제1항에 따른 수립지침에는 부처별로 중점적으로 추진할 안전관리기본계획의 수립에 관한 사항과 국가재난관리체계의 기본방향이 포함되어야 한다.

③ 관계 중앙행정기관의 장은 제1항에 따른 수립지침에 따라 5년마다 그 소관에 속하는 재난 및 안전관리업무에 관한 기본계획을 작성한 후 국무총리에게 제출하여야 한다.

④ 국무총리는 제3항에 따라 관계 중앙행정기관의 장이 제출한 기본계획을 종합하여 국가안전관리기본계획을 작성하여 중앙위원회의 심의를 거쳐 확정한 후 이를 관계 중앙행정기관의 장에게 통보하여야 한다.

⑤ 중앙행정기관의 장은 제4항에 따라 확정된 국가안전관리기본계획 중 그 소관 사항을 관계 재난관리책임기관(중앙행정기관과 지방자치단체는 제외한다)의 장에게 통보하여야 한다.

⑥ 국가안전관리기본계획을 변경하는 경우에는 제1항부터 제5항까지를 준용한다.

02 난이도 ●●● 답 ④

- 관계 중앙행정기관의 장은 통보받은 국가안전관리기본계획에 따라 그 소관 업무에 대한 집행계획을 작성하여 (조정위원회)의 심의를 거쳐 국무총리의 승인을 받아 확정한다.
- 관계 중앙행정기관의 장은 확정된 집행계획을 행정안전부장관, (시·도지사) 및 재난관리책임기관의 장에게 각각 통보하여야 한다.

확인학습 집행계획

1. 관계 중앙행정기관의 장은 통보받은 국가안전관리기본계획에 따라 그 소관 업무에 관한 집행계획을 작성하여 조정위원회의 심의를 거쳐 국무총리의 승인을 받아 확정한다.
2. 관계 중앙행정기관의 장은 확정된 집행계획을 행정안전부장관, 시·도지사 및 재난관리책임기관의 장에게 각각 통보하여야 한다.
3. 재난관리책임기관의 장은 통보받은 집행계획에 따라 세부집행계획을 작성하여 관할 시·도지사와 협의한 후 소속 중앙행정기관의 장의 승인을 받아 이를 확정하여야 한다. 이 경우 그 재난관리책임기관의 장이 공공기관이나 공공단체의 장인 경우에는 그 내용을 지부 등 지방조직에 통보하여야 한다.

CHAPTER 3 재난관리 단계별 활동

POINT 78 재난의 예방

정답 p.186

01	①	02	①	03	①	04	①	05	③
06	③	07	④	08	④	09	①	10	③

01 난이도 ●○○ 답 ①

- (재난관리책임기관의 장) 및 국회·법원·헌법재판소·중앙선거관리위원회의 행정사무를 처리하는 기관의 장은 재난상황에서 해당 기관의 핵심기능을 유지하는 데 필요한 계획(이하 "기능연속성계획"이라 한다)을 수립·시행하여야 한다.
- (행정안전부장관)이 재난상황에서 해당 기관·단체의 핵심 기능을 유지하는 것이 특별히 필요하다고 인정하여 고시하는 기관·단체(민간단체를 포함한다) 및 민간업체는 기능연속성계획을 수립·시행하여야 한다. 이 경우 민간단체 및 민간업체에 대해서는 해당 단체 및 업체와 협의를 거쳐야 한다.

> 「재난 및 안전관리 기본법」 제25조의4 【재난관리책임기관의 장의 재난예방조치 등】 ⑤ 재난관리책임기관의 장 및 국회·법원·헌법재판소·중앙선거관리위원회의 행정사무를 처리하는 기관의 장은 재난상황에서 해당 기관의 핵심기능을 유지하는 데 필요한 계획(이하 "기능연속성계획"이라 한다)을 수립·시행하여야 한다.
> ⑥ 행정안전부장관이 재난상황에서 해당 기관·단체의 핵심 기능을 유지하는 것이 특별히 필요하다고 인정하여 고시하는 기관·단체(민간단체를 포함한다) 및 민간업체는 기능연속성계획을 수립·시행하여야 한다. 이 경우 민간단체 및 민간업체에 대해서는 해당 단체 및 업체와 협의를 거쳐야 한다.
> ⑦ 행정안전부장관은 재난관리책임기관과 제6항에 따른 기관·단체 및 민간업체의 기능연속성계획 이행실태를 정기적으로 점검하고, 재난관리책임기관에 대해서는 그 결과를 제33조의2에 따른 재난관리체계 등에 대한 평가에 반영할 수 있다.
> ⑧ 기능연속성계획에 포함되어야 할 사항 및 계획수립의 절차 등은 국회규칙, 대법원규칙, 헌법재판소규칙, 중앙선거관리위원회규칙 및 대통령령으로 정한다.

02 난이도 ●●○ 답 ①

- (재난관리책임기관의 장)은 재난상황에서 해당 기관의 핵심기능을 유지하는 데 필요한 계획(기능연속성계획)을 수립·시행하여야 한다.
- (행정안전부장관)은 재난관리책임기관의 기능연속성계획 이행실태를 정기적으로 점검하고, 그 결과를 재난관리체계 등에 대한 평가에 반영할 수 있다.

> **확인학습 재난관리책임기관의 장의 재난예방조치 등을 위한 임무**
> 1. 재난예방조치를 효율적으로 시행하기 위하여 필요한 사업비의 확보
> 2. 다른 재난관리책임기관의 장에게 재난을 예방하기 위하여 필요한 협조의 요청
> 3. 재난관리의 실효성을 확보할 수 있도록 안전관리체계 및 안전관리규정의 정비·보완
> 4. 재난상황에서 해당 기관의 핵심기능을 유지하는 데 필요한 계획(기능연속성계획)의 수립·시행

03 난이도 ●●○ 답 ①

> 재난 및 안전관리 기본법 제26조 【국가핵심기반의 지정 등】 ① 관계 중앙행정기관의 장은 소관 분야의 국가핵심기반을 다음 각 호의 기준에 따라 (조정위원회)의 심의를 거쳐 지정할 수 있다.
> 1. 다른 국가핵심기반 등에 미치는 연쇄효과
> 2. 둘 이상의 중앙행정기관의 공동대응 필요성
> 3. 재난이 발생하는 경우 국가안전보장과 경제·사회에 미치는 피해 규모 및 범위
> 4. 재난의 발생 가능성 또는 그 복구의 용이성

04 난이도 ●●● 답 ①

중앙행정기관의 장 또는 지방자치단체의 장은 재난이 발생할 위험이 높거나 재난예방을 위하여 계속적으로 관리할 필요가 있다고 인정되는 지역을 대통령령으로 정하는 바에 따라 특정관리대상지역으로 지정할 수 있다.

05 난이도 ●●○ 답 ③

특정관리대상지역의 안전등급 C등급은 안전도가 보통인 경우에 해당한다.

> **확인학습 특정관리대상지역의 안전등급 및 안전점검 등**
> 재난관리책임기관의 장은 지정된 특정관리대상지역을 특정관리대상지역의 지정·관리 등에 관한 지침에서 정하는 안전등급의 평가기준에 따라 등급으로 구분하여 관리하여야 한다.
> 1. A등급: 안전도가 우수한 경우
> 2. B등급: 안전도가 양호한 경우
> 3. C등급: 안전도가 보통인 경우
> 4. D등급: 안전도가 미흡한 경우
> 5. E등급: 안전도가 불량한 경우

> **확인학습 재난관리책임기관의 장의 특정관리대상지역에 대한 안전점검**
> 1. 정기안전점검
>   - A등급, B등급 또는 C등급에 해당하는 특정관리대상지역: 반기별 1회 이상
>   - D등급에 해당하는 특정관리대상지역: 월 1회 이상
>   - E등급에 해당하는 특정관리대상지역: 월 2회 이상
> 2. 수시안전점검: 재난관리책임기관의 장이 필요하다고 인정하는 경우

06 난이도 ●●● 답 ③

- 재난관리책임기관에서 재난 및 안전관리업무를 담당하는 공무원이나 직원은 (행정안전부장관)이 실시하는 전문교육을 행정안전부령으로 정하는 바에 따라 정기적으로 또는 수시로 받아야 한다.
- 전문교육의 대상자는 해당 업무를 맡은 후 6개월 이내에 신규교육을 받아야 하며, 신규교육을 받은 후 매 (2년)마다 정기교육을 받아야 한다.

✅ 확인학습 재난안전분야 종사자 교육 종류 등

1. **관리자 전문교육**
   - 재난관리책임기관에서 재난 및 안전관리 업무를 담당하는 부서의 장
   - 시·군·구의 부단체장(부단체장이 2명 이상인 경우에는 재난 및 안전관리 업무를 관할하는 부단체장을 말한다)
   - 「재난 및 안전관리 기본법」 제75조의2에 따른 안전책임관
2. **실무자 전문교육**: 재난관리책임기관에서 재난 및 안전관리 업무를 담당하는 부서의 공무원 또는 직원으로서 관리자 전문교육대상자에 해당하지 아니하는 사람
3. 전문교육의 대상자는 해당 업무를 맡은 후 6개월 이내에 신규교육을 받아야 하며, 신규교육을 받은 후 매 2년마다 정기교육을 받아야 한다.
4. **전문교육의 이수시간**
   - **관리자 전문교육**: 7시간 이상
   - **실무자 전문교육**: 14시간 이상
5. 규정한 사항 외에 전문교육의 교육과정 운영 등에 관하여 필요한 사항은 행정안전부장관이 정한다.

07 난이도 ●●○ 답 ④

재난예방을 위한 안전조치에 위험시설 거주 금지 명령은 해당하지 않는다.

✅ 확인학습 재난예방을 위한 안전조치

행정안전부장관 또는 재난관리책임기관의 장은 긴급안전점검 결과 재난 발생의 위험이 높다고 인정되는 시설 또는 지역에 대하여는 대통령령으로 정하는 바에 따라 소유자·관리자 또는 점유자에게 안전조치를 할 것을 명할 수 있다.

1. 정밀안전진단(시설만 해당한다)
2. 보수 또는 보강 등 정비
3. 재난을 발생시킬 위험요인의 제거

08 난이도 ●○○ 답 ④

행정안전부장관은 재난관리책임기관의 재난 및 안전관리 실태를 점검하기 위하여 대통령령으로 정하는 바에 따라 정부합동안전점검단(정부합동점검단)을 편성하여 안전점검을 실시할 수 있다.

✅ 확인학습 정부합동 안전점검

1. 행정안전부장관은 재난관리책임기관의 재난 및 안전관리 실태를 점검하기 위하여 대통령령으로 정하는 바에 따라 정부합동안전점검단(정부합동점검단)을 편성하여 안전점검을 실시할 수 있다.
2. 행정안전부장관은 정부합동점검단을 편성하기 위하여 필요하면 관계 재난관리책임기관의 장에게 관련 공무원 또는 직원의 파견을 요청할 수 있다. 이 경우 요청을 받은 관계 재난관리책임기관의 장은 특별한 사유가 없으면 요청에 따라야 한다.

09 난이도 ●●○ 답 ①

시장·군수·구청장은 매년 1회 이상 관할 지역 주민에게 재난관리 실태를 공시하여야 한다. 위기대응 실무매뉴얼의 작성·운용 현황은 관련이 없다.

「재난 및 안전관리 기본법」 제33조의3 【재난관리 실태 공시 등】 ① 시장·군수·구청장(제3호의 경우에는 시·도지사를 포함한다)은 다음 각 호의 사항이 포함된 재난관리 실태를 매년 1회 이상 관할 지역 주민에게 공시하여야 한다.

1. 전년도 재난의 발생 및 수습 현황
2. 제25조의4 제1항에 따른 재난예방조치 실적
3. 제67조에 따른 재난관리기금의 적립 및 집행 현황
4. 제34조의5에 따른 현장조치 행동매뉴얼의 작성·운용 현황
5. 그 밖에 대통령령으로 정하는 재난관리에 관한 중요 사항

「재난 및 안전관리 기본법 시행령」 제42조의2 【재난관리실태 공시방법 및 시기 등】 ① 법 제33조의3 제1항 제5호에서 "대통령령으로 정하는 재난관리에 관한 중요 사항"이란 다음 각 호의 사항을 말한다.

1. 「자연재해대책법」 제75조의2에 따른 지역안전도 진단 결과
2. 그 밖에 재난관리를 위하여 시장·군수·구청장이 지역주민에게 알릴 필요가 있다고 인정하는 사항

10 난이도 ●●● 답 ③

현장조치 행동매뉴얼의 작성·운용 현황은 재난관리 실태 공시 사항에 해당한다. 위기대응 실무매뉴얼의 작성·운용 현황은 관련이 없다.

POINT 79 재난의 대비

정답 p.188

01	④	02	③	03	④	04	①	05	④
06	③	07	③	08	①	09	④	10	①

01 난이도 ●○○ 답 ④

- (재난관리책임기관의 장)은 재난관리를 위하여 필요한 물품, 재산 및 인력 등의 물적·인적자원(이하 "재난관리자원"이라 한다)을 비축하거나 지정하는 등 체계적이고 효율적으로 관리하여야 한다.
- 재난관리자원의 관리에 관하여는 따로 (법률)로 정한다.

02 난이도 ●●● 답 ③

행정안전부장관은 재난관리를 효율적으로 수행하기 위하여 국가재난관리기준을 제정하여 운용하여야 한다.

| 선지분석 |

① [O] 재난관리책임기관의 장은 재난의 수습활동에 필요한 대통령령으로 정하는 장비, 물자, 자재 및 시설(재난관리자원)을 비축·관리하는 것은 재난관리자원의 비축·관리(대비단계)에 해당한다.

② [O] 재난관리책임기관의 장은 재난의 발생으로 인하여 통신이 끊기는 상황에 대비하여 미리 유선이나 무선 또는 위성통신망을 활용할 수 있도록 긴급통신수단을 마련하는 것은 재난안전통신망 구축·운영(대비단계)에 해당한다.

④ [O] 재난관리책임기관의 장은 재난관리가 효율적으로 이루어질 수 있도록 대통령령으로 정하는 바에 따라 기능별 재난대응 활동계획(재난대응활동계획)을 작성하여 활용하는 것은 기능별 재난대응 활동계획 작성·활용(대비단계)에 해당한다.

03 난이도 ●○○ 답 ④

재난대비 실무매뉴얼은 재난분야 위기관리 매뉴얼에 해당하지 않는다.

확인학습 재난분야 위기관리 매뉴얼(「재난 및 안전관리 기본법」 제34조의5)

1. 위기관리 표준매뉴얼: 국가적 차원에서 관리가 필요한 재난에 대하여 재난관리 체계와 관계 기관의 임무와 역할을 규정한 문서로 위기대응 실무매뉴얼의 작성 기준이 되며, 재난관리주관기관의 장이 작성한다. 다만, 다수의 재난관리주관기관이 관련되는 재난에 대해서는 관계 재난관리주관기관의 장과 협의하여 행정안전부장관이 위기관리 표준매뉴얼을 작성할 수 있다.
2. 위기대응 실무매뉴얼: 위기관리 표준매뉴얼에서 규정하는 기능과 역할에 따라 실제 재난대응에 필요한 조치사항 및 절차를 규정한 문서로 재난관리주관기관의 장과 관계 기관의 장이 작성한다. 이 경우 재난관리주관기관의 장은 위기대응 실무매뉴얼과 위기관리 표준매뉴얼을 통합하여 작성할 수 있다.
3. 현장조치 행동매뉴얼: 재난현장에서 임무를 직접 수행하는 기관의 행동조치 절차를 구체적으로 수록한 문서로 위기대응 실무매뉴얼을 작성한 기관의 장이 지정한 기관의 장이 작성하되, 시장·군수·구청장은 재난유형별 현장조치 행동매뉴얼을 통합하여 작성할 수 있다.

04 난이도 ●○○ 답 ①

위기관리 표준매뉴얼에 대한 내용이다. 위기관리 표준매뉴얼은 국가적 차원에서 관리가 필요한 재난에 대하여 재난관리 체계와 관계 기관의 임무와 역할을 규정한 문서로 위기대응 실무매뉴얼의 작성 기준이 되며, 재난관리주관기관의 장이 작성한다. 다만, 다수의 재난관리주관기관이 관련되는 재난에 대해서는 관계 재난관리주관기관의 장과 협의하여 행정안전부장관이 위기관리 표준매뉴얼을 작성할 수 있다.

05 난이도 ●●○ 답 ④

다수의 재난관리주관기관이 관련되는 재난에 대해서는 관계 재난관리주관기관의 장과 협의하여 행정안전부장관이 위기관리 표준매뉴얼을 작성할 수 있다.

06 난이도 ●●○ 답 ③

위기대응 실무매뉴얼에 대한 내용이다. 위기대응 실무매뉴얼은 위기관리 표준매뉴얼에서 규정하는 기능과 역할에 따라 실제 재난대응에 필요한 조치사항 및 절차를 규정한 문서로 재난관리주관기관의 장과 관계 기관의 장이 작성한다. 이 경우 재난관리주관기관의 장은 위기대응 실무매뉴얼과 위기관리 표준매뉴얼을 통합하여 작성할 수 있다.

07 난이도 ●●● 답 ③

행정안전부장관, 관계 중앙행정기관의 장 또는 지방자치단체의 장은 위기상황 매뉴얼의 작성·관리 및 훈련실태를 점검하고 필요한 경우에는 개선명령을 할 수 있다.

확인학습 위기상황 매뉴얼

1. 다중이용시설 등의 소유자·관리자 또는 점유자는 위기상황 매뉴얼을 작성·관리하여야 한다.
2. 다중이용시설 등의 소유자·관리자 또는 점유자는 위기상황 매뉴얼에 따른 훈련을 주기적으로 실시하여야 한다.
3. 행정안전부장관, 관계 중앙행정기관의 장 또는 지방자치단체의 장은 위기상황 매뉴얼의 작성·관리 및 훈련실태를 점검하고 필요한 경우에는 개선명령을 할 수 있다.
4. 위기상황 매뉴얼을 작성·관리하는 관계인은 매년 1회 이상 위기상황 매뉴얼에 따른 훈련을 실시하여야 한다.

08 난이도 ●●○ 답 ①

- (행정안전부장관)은 체계적인 재난관리를 위하여 재난안전통신망을 구축·운영하여야 하며, 재난관리책임기관·긴급구조기관 및 긴급구조지원기관(재난관련기관)은 재난관리에 재난안전통신망을 사용하여야 한다.
- (행정안전부장관)은 매년 재난대비훈련 기본계획을 수립하고 재난관리책임기관의 장에게 통보하여야 한다.

확인학습 재난안전통신망

1. **구축·운영**: 행정안전부장관
2. **재난관련기관**: 재난관리책임기관·긴급구조기관 및 긴급구조지원기관
3. 재난관련기관은 재난관리에 재난안전통신망을 사용하여야 한다.

확인학습 재난대비훈련 기본계획

1. **수립권자**: 행정안전부장관(매년)
2. 재난관리책임기관의 장은 재난대비훈련 기본계획에 따라 소관분야별로 자체계획을 수립하여야 한다.
3. 행정안전부장관은 수립한 재난대비훈련 기본계획을 국회 소관상임위원회에 보고하여야 한다.

09 난이도 ●●● 답 ④

훈련주관기관의 장은 관계 기관과 합동으로 참여하는 재난대비훈련을 각각 소관 분야별로 주관하여 연 1회 이상 실시하여야 한다.

확인학습 재난대비훈련 실시

1. 훈련주관기관의 장은 매년 정기적으로 또는 수시로 훈련참여기관과 합동으로 재난대비훈련을 실시하여야 한다.
2. 훈련주관기관: 행정안전부장관, 중앙행정기관의 장, 시·도지사, 시장·군수·구청장 및 긴급구조기관
3. 훈련참여기관: 재난관리책임기관, 긴급구조지원기관 및 군부대 등 관계 기관

> ✔ **확인학습 재난대비훈련 등**
> 1. 훈련주관기관의 장은 관계 기관과 합동으로 참여하는 재난대비훈련을 각각 소관 분야별로 주관하여 연 1회 이상 실시하여야 한다.
> 2. 재난대비훈련에 참여하는 기관은 자체 훈련을 수시로 실시할 수 있다.
> 3. 훈련주관기관의 장은 재난대비훈련을 실시하는 경우에는 훈련일 15일 전까지 훈련일시, 훈련장소, 훈련내용, 훈련방법, 훈련참여 인력 및 장비, 그 밖에 훈련에 필요한 사항을 훈련참여기관의 장에게 통보하여야 한다.
> 4. 훈련주관기관의 장은 재난대비훈련 수행에 필요한 능력을 기르기 위하여 재난대비훈련 참석자에게 재난대비훈련을 실시하기 전에 사전 교육을 하여야 한다.
> 5. 훈련참여기관의 장은 재난대비훈련 실시 후 10일 이내에 그 결과를 훈련주관기관의 장에게 제출하여야 한다.

10 난이도 ●●● 답 ①

긴급구조지원기관은 해당하지 않는다.
훈련주관기관에는 행정안전부장관, 중앙행정기관의 장, 시·도지사, 시장·군수·구청장 및 긴급구조기관이 해당한다.

> ✔ **확인학습 재난대비훈련 실시**
> 1. 행정안전부장관, 중앙행정기관의 장, 시·도지사, 시장·군수·구청장 및 긴급구조기관(훈련주관기관)의 장은 대통령령으로 정하는 바에 따라 매년 정기적으로 또는 수시로 재난관리책임기관, 긴급구조지원기관 및 군부대 등 관계 기관(훈련참여기관)과 합동으로 재난대비훈련(위기관리 매뉴얼의 숙달훈련을 포함한다)을 실시하여야 한다.
> 2. 훈련주관기관의 장은 1.에 따른 재난대비훈련을 실시하려면 「재난 및 안전관리 기본법」 제34조의9 제2항에 따른 자체계획을 토대로 재난대비훈련 실시계획을 수립하여 훈련참여기관의 장에게 통보하여야 한다.
> 3. 훈련참여기관의 장은 1.에 따른 재난대비훈련을 실시하면 훈련상황을 점검하고, 그 결과를 대통령령으로 정하는 바에 따라 훈련주관기관의 장에게 제출하여야 한다.

POINT 80 재난의 대응

정답 p.190

01	④	02	④	03	③	04	②	05	④
06	③	07	③	08	③	09	④	10	④
11	③	12	②	13	②				

01 난이도 ●○○ 답 ④

- (행정안전부장관)은 대통령령으로 정하는 재난이 발생하거나 발생할 우려가 있는 경우 사람의 생명·신체 및 재산에 미치는 중대한 영향이나 피해를 줄이기 위하여 긴급한 조치가 필요하다고 인정하면 중앙위원회의 심의를 거쳐 재난사태를 선포할 수 있다.
- 위 규정에도 불구하고 시·도지사는 관할 구역에서 재난이 발생하거나 발생할 우려가 있는 등 대통령령으로 정하는 경우 사람의 생명·신체 및 재산에 미치는 중대한 영향이나 피해를 줄이기 위하여 긴급한 조치가 필요하다고 인정하면 (시·도위원회)의 심의를 거쳐 재난사태를 선포할 수 있다. 이 경우 시·도지사는 지체 없이 그 사실을 (행정안전부장관)에게 통보하여야 한다.

02 난이도 ●●○ 답 ④

- 중앙대책본부장은 대통령령으로 정하는 규모의 재난이 발생하여 국가의 안녕 및 사회질서의 유지에 중대한 영향을 미치거나 피해를 효과적으로 수습하기 위하여 특별한 조치가 필요하다고 인정하거나 (지역대책본부장)의 요청이 타당하다고 인정하는 경우에는 중앙위원회의 심의를 거쳐 해당 지역을 특별재난지역으로 선포할 것을 (대통령)에게 건의할 수 있다.
- 특별재난지역의 선포를 건의 받은 (대통령)은 해당 지역을 특별재난지역으로 선포할 수 있다.

03 난이도 ●●○ 답 ③

지역통제단장의 응급조치에 해당하는 것은 ㄷ, ㅁ, ㅅ이다.
지역통제단장과 시장·군수·구청장은 재난이 발생할 우려가 있거나 재난이 발생하였을 때에는 즉시 수방(水防)·진화·구조 및 구난, 그 밖에 재난 발생을 예방하거나 피해를 줄이기 위한 응급조치를 하여야 한다.

> ✔ **확인학습 지역통제단장의 응급조치**
> 1. 진화에 관한 응급조치
> 2. 긴급수송 및 구조 수단의 확보
> 3. 현장지휘통신체계의 확보

> ✔ **확인학습 시장·군수·구청장의 응급조치**
> 1. 경보의 발령 또는 전달이나 피난의 권고 또는 지시
> 2. 재난예방을 위한 안전조치
> 3. 진화·수방·지진방재, 그 밖의 응급조치와 구호
> 4. 피해시설의 응급복구 및 방역과 방범, 그 밖의 질서 유지
> 5. 긴급수송 및 구조 수단의 확보
> 6. 급수 수단의 확보, 긴급피난처 및 구호품의 확보
> 7. 현장지휘통신체계의 확보
> 8. 재난 발생을 예방하거나 줄이기 위하여 필요한 사항으로서 대통령령으로 정하는 사항

04 난이도 ●○○ 답 ②

중앙통제단은 소방청에 둔다.

> ✔ **확인학습 중앙긴급구조통제단(중앙통제단)**
> 1. 소속: 소방청
> 2. 중앙통제단 단장: 소방청장
> 3. 목적
>   - 긴급구조에 관한 사항의 총괄·조정
>   - 긴급구조기관 및 긴급구조지원기관이 하는 긴급구조활동의 역할 분담과 지휘·통제

확인학습 시·도긴급구조통제단과 시·군·구긴급구조통제단(지역통제단)

1. **시·도긴급구조통제단:** 시·도의 소방본부
2. **시·군·구긴급구조통제단:** 시·군·구의 소방서
3. **시·도긴급구조통제단장:** 소방본부장
4. **시·군·구긴급구조통제단장:** 소방서장

05 난이도 ●○○ 답 ④

- 중앙통제단의 단장은 (소방청장)이 된다.
- 시·도긴급구조통제단의 단장은 (소방본부장)이 되고, 시·군·구긴급구조통제단의 단장은 (소방서장)이 된다.

06 난이도 ●●○ 답 ③

중앙통제단의 기능에 재난사태 및 특별재난지역의 선포는 해당하지 않는다.

확인학습 중앙통제단의 기능

1. 국가 긴급구조대책의 총괄·조정
2. 긴급구조활동의 지휘·통제(긴급구조활동에 필요한 긴급구조기관의 인력과 장비 등의 동원을 포함한다)
3. 긴급구조지원기관간의 역할분담 등 긴급구조를 위한 현장활동계획의 수립
4. 긴급구조대응계획의 집행
5. 중앙통제단의 장이 필요하다고 인정하는 사항

07 난이도 ●●● 답 ③

중앙통제단의 부단장은 소방청 차장이 된다.

확인학습 중앙통제단의 구성 및 운영

1. **중앙통제단 부단장:** 소방청 차장
2. **중앙통제단 조직:** 대응계획부·현장지휘부·자원지원부

08 난이도 ●●● 답 ③

재난현장의 구조활동 등 초동 조치상황에 대한 언론발표 등은 각급통제단장이 지명하는 자가 한다.

확인학습 긴급구조 현장지휘

1. 시·군·구긴급구조통제단장이 긴급구조활동을 지휘한다.
2. 긴급구조 현장지휘 사항
   - 재난현장에서 인명의 탐색·구조
   - 긴급구조기관 및 긴급구조지원기관의 긴급구조요원·긴급구조자원 요원 및 재난관리자원의 배치와 운용
   - 추가 재난의 방지를 위한 응급조치
   - 긴급구조지원기관 및 자원봉사자 등에 대한 임무의 부여
   - 사상자의 응급처치 및 의료기관으로의 이송
   - 긴급구조에 필요한 재난관리자원의 관리
   - 현장접근 통제, 현장 주변의 교통정리
   - 그 밖에 긴급구조활동을 효율적으로 하기 위하여 필요한 사항
3. 시·도긴급구조통제단장은 필요하다고 인정하면 직접 현장지휘를 할 수 있다.
4. 중앙통제단장은 대통령령으로 정하는 대규모 재난이 발생하거나 그 밖에 필요하다고 인정하면 직접 현장지휘를 할 수 있다.
5. 재난현장의 구조활동 등 초동 조치상황에 대한 언론 발표는 각급통제단장이 지명하는 자가 한다.
6. **각급통제단장의 지휘·통제**
   - **각급통제단장:** 중앙통제단장, 시·도(시·군·구)긴급구조통제단장
   - **재난현장에서의 지휘·통제:** 긴급구조활동을 하는 긴급구조요원과 긴급구조지원기관의 인력·장비·물자에 대한 운용은 각급통제단장의 지휘·통제에 따라야 한다.

09 난이도 ●●○ 답 ④

방면현장지휘대는 2개 이상 4개 이하의 소방서별로 소방본부장이 1개를 설치·운영한다.

확인학습 긴급구조지휘대 요원

1. 현장지휘요원
2. 자원지원요원
3. 통신지원요원
4. 안전관리요원
5. 상황조사요원
6. 구급지휘요원

확인학습 긴급구조지휘대 설치기준

1. **소방서현장지휘대:** 소방서별로 설치·운영
2. **방면현장지휘대:** 2개 이상 4개 이하의 소방서별로 소방본부장이 1개를 설치·운영
3. **소방본부현장지휘대:** 소방본부별로 현장지휘대 설치·운영
4. **권역현장지휘대:** 2개 이상 4개 이하의 소방본부별로 소방청장이 1개를 설치·운영

10 난이도 ●○○ 답 ④

안전관리요원은 현장지휘부에 배치한다.

확인학습 긴급구조지휘대 요원 배치

1. **현장지휘요원:** 현장지휘부
2. **자원지원요원:** 자원지원부
3. **통신지원요원:** 현장지휘부
4. **안전관리요원:** 현장지휘부
5. **상황조사요원:** 대응계획부
6. **구급지휘요원:** 현장지휘부

11 난이도 ●●● 답 ③

긴급구조대응계획의 기본계획은 긴급구조대응계획의 목적 및 적용범위, 긴급구조대응계획의 기본방침과 절차 및 긴급구조대응계획의 운영책임에 관한 사항이 포함되어야 한다.

✔ 확인학습 기본계획

1. 긴급구조대응계획의 목적 및 적용범위
2. 긴급구조대응계획의 기본방침과 절차
3. 긴급구조대응계획의 운영책임에 관한 사항

✔ 확인학습 재난유형별 긴급구조대응계획

1. 재난 발생 단계별 주요 긴급구조 대응활동 사항
2. 주요 재난유형별 대응 매뉴얼에 관한 사항
3. 비상경고 방송메시지 작성 등에 관한 사항

✔ 확인학습 기능별 긴급구조대응계획

1. **지휘통제**: 긴급구조체제 및 중앙통제단과 지역통제단의 운영체계 등에 관한 사항
2. **비상경고**: 긴급대피, 상황 전파, 비상연락 등에 관한 사항
3. 대중정보: 주민보호를 위한 비상방송시스템 가동 등 긴급 공공정보 제공에 관한 사항 및 재난상황 등에 관한 정보 통제에 관한 사항
4. **피해상황분석**: 재난현장상황 및 피해정보의 수집·분석·보고에 관한 사항
5. **구조·진압**: 인명 수색 및 구조, 화재진압 등에 관한 사항
6. **응급의료**: 대량 사상자 발생 시 응급의료서비스 제공에 관한 사항
7. **긴급오염통제**: 오염 노출 통제, 긴급 감염병 방제 등 재난현장 공중 보건에 관한 사항
8. **현장통제**: 재난현장 접근 통제 및 치안 유지 등에 관한 사항
9. **긴급복구**: 긴급구조활동을 원활하게 하기 위한 긴급구조차량 접근 도로 복구 등에 관한 사항
10. **긴급구호**: 긴급구조요원 및 긴급대피 수용주민에 대한 위기 상담, 임시 의식주 제공 등에 관한 사항
11. **재난통신**: 긴급구조기관 및 긴급구조지원기관 간 정보통신체계 운영 등에 관한 사항

12 난이도 ●●○ 답 ②

해당 지역의 다중이용업소의 영업 정지 명령은 해당하지 않는다.

✔ 확인학습 재난사태가 선포된 지역의 조치 사항

1. 재난경보의 발령, 인력·장비 및 물자의 동원, 위험구역 설정, 대피명령, 응급지원 등 「재난 및 안전관리 기본법」에 따른 응급조치
2. 해당 지역에 소재하는 행정기관 소속 공무원의 비상소집
3. 해당 지역에 대한 여행 등 이동 자제 권고
4. 유치원, 초·중등학교, 대학의 휴업명령 및 휴원·휴교 처분의 요청
5. 재난예방에 필요한 조치

13 난이도 ●●○ 답 ②

소방청장은 항공기 조난사고가 발생한 경우 항공기 수색과 인명구조를 위하여 항공기 수색·구조계획을 수립·시행하여야 한다. 다만, 다른 법령에 항공기의 수색·구조에 관한 특별한 규정이 있는 경우에는 그 법령에 따른다.

✔ 확인학습 해상에서의 긴급구조

해상에서 발생한 선박이나 항공기 등의 조난사고의 긴급구조활동에 관하여는 「수상에서의 수색·구조 등에 관한 법률」 등 관계 법령에 따른다.

✔ 확인학습 항공기 등 조난사고 시의 긴급구조 등

1. 소방청장은 항공기 조난사고가 발생한 경우 항공기 수색과 인명구조를 위하여 항공기 수색·구조계획을 수립·시행하여야 한다. 다만, 다른 법령에 항공기의 수색·구조에 관한 특별한 규정이 있는 경우에는 그 법령에 따른다.
2. 항공기의 수색·구조에 필요한 사항은 대통령령으로 정한다.
3. 국방부장관은 항공기나 선박의 조난사고가 발생하면 관계 법령에 따라 긴급구조업무에 책임이 있는 기관의 긴급구조활동에 대한 군의 지원을 신속하게 할 수 있도록 다음의 조치를 취하여야 한다.
   1) 탐색구조본부의 설치·운영
   2) 탐색구조부대의 지정 및 출동대기태세의 유지
   3) 조난 항공기에 관한 정보 제공
4. 3. 1)에 따른 탐색구조본부의 구성과 운영에 필요한 사항은 국방부령으로 정한다.

「재난 및 안전관리 기본법」 제66조의4 【안전문화 진흥을 위한 시책의 추진】 ① 중앙행정기관의 장과 지방자치단체의 장은 소관 재난 및 안전관리업무와 관련하여 국민의 안전의식을 높이고 안전문화를 진흥시키기 위한 다음 각 호의 안전문화활동을 적극 추진하여야 한다.

1. 안전교육 및 안전훈련(응급상황시의 대처요령을 포함한다)
2. 안전의식을 높이기 위한 캠페인 및 홍보

2의2. 각종 사고를 예방하기 위한 안전신고 활동 장려·지원

3. 안전행동요령 및 기준·절차 등에 관한 지침의 개발·보급
4. 안전문화 우수사례의 발굴 및 확산
5. 안전 관련 통계 현황의 관리·활용 및 공개
6. 안전에 관한 각종 조사 및 분석

6의2. 안전취약계층의 안전관리 강화

7. 그 밖에 안전문화를 진흥하기 위한 활동

② 행정안전부장관은 제1항에 따른 안전문화활동의 추진에 관한 총괄·조정 업무를 관장한다.

③ 지방자치단체의 장은 지역 내 안전문화활동에 주민과 관련 기관·단체가 참여할 수 있는 제도를 마련하여 시행할 수 있다.

④ 국가와 지방자치단체는 국민이 안전문화를 실천하고 체험할 수 있는 안전체험시설을 설치·운영할 수 있다.

⑤ 국가와 지방자치단체는 지방자치단체 또는 그 밖의 기관·단체에서 추진하는 안전문화활동을 위하여 필요한 예산을 지원할 수 있다.

POINT 81 재난의 복구

정답 p.194

01	④	02	④	03	②	04	①	05	④
06	④	07	③	08	②	09	②		

01 난이도 ●●○ 답 ④

재난분야 위기관리 매뉴얼의 작성 및 운영은 대비단계에 해당한다.

확인학습 재난관리

예방단계	• 재난관리책임기관의 장의 재난예방조치 등 • 국가핵심기반의 지정 및 관리 • 특정관리대상지역의 지정 및 관리 • 재난방지시설의 관리 • 재난안전분야 종사자 교육 • 재난예방을 위한 긴급안전점검 등 • 재난예방을 위한 안전조치 • 정부합동 안전점검 • 집중 안전점검 기간 운영 등 • 재난관리 실태 공시 등
대비단계	• 재난관리자원의 비축·관리 • 재난현장 긴급통신수단의 마련 • 국가재난관리기준의 제정·운용 등 • 기능별 재난대응 활동계획의 작성·활용 • 재난분야 위기관리 매뉴얼의 작성·운용 • 다중이용시설 등의 위기상황 매뉴얼의 작성·관리 및 훈련 • 안전기준의 등록 및 심의 등 • 재난안전통신망의 구축·운영 • 재난대비훈련 기본계획의 수립 및 실시

02 난이도 ●●○ 답 ④

재난방지시설의 관리는 예방단계에 해당한다.

03 난이도 ●○○ 답 ②

특별재난지역의 선포는 복구단계에 해당한다.

확인학습 복구단계

1. 특별재난지역의 선포
2. 특별재난지역에 대한 지원

04 난이도 ●●● 답 ①

재난관리의 대응단계에 해당하는 것은 ㄱ, ㅂ이다.

| 선지분석 |

ㄴ. [×] 특별재난지역의 선포는 복구단계에 해당한다.
ㄷ. [×] 다중이용시설 등의 위기상황 매뉴얼의 작성·관리 및 훈련은 대비단계에 해당한다.
ㄹ. [×] 재난안전통신망의 구축·운영은 대비단계에 해당한다.
ㅁ. [×] 재난안전분야 종사자 교육은 예방단계에 해당한다.

확인학습 재난관리

대응단계 (응급조치 등)	• 재난사태의 선포 • 응급조치 • 위기경보의 발령 등 • 재난 예보·경보체계의 구축·운영 등 • 동원명령 등 • 대피명령 • 위험구역의 설정 • 강제대피조치 • 통행제한 등 • 응원
대응단계 (긴급구조)	• 긴급구조 현장지휘 • 긴급구조대응계획의 수립 • 재난대비능력 보강 • 항공기 등 조난사고 시의 긴급구조 등 • 긴급구조지원기관의 능력에 대한 평가

05 난이도 ●●○ 답 ④

중앙대책본부장은 재난피해의 조사를 위하여 필요한 경우에는 대통령령으로 정하는 바에 따라 관계 중앙행정기관 및 관계 재난관리책임기관의 장과 합동으로 중앙재난피해합동조사단을 편성하여 재난피해 상황을 조사할 수 있다.

06 난이도 ●○○ 답 ④

• (중앙대책본부장)은 대통령령으로 정하는 규모의 재난이 발생하여 국가의 안녕 및 사회질서의 유지에 중대한 영향을 미치거나 피해를 효과적으로 수습하기 위하여 특별한 조치가 필요하다고 인정하거나 지역대책본부장의 요청이 타당하다고 인정하는 경우에는 중앙위원회의 심의를 거쳐 해당 지역을 특별재난지역으로 선포할 것을 (대통령)에게 건의할 수 있다.
• 특별재난지역의 선포를 건의받은 (대통령)은 해당 지역을 특별재난지역으로 선포할 수 있다.

07 난이도 ●●● 답 ③

"대통령령으로 정하는 규모"에 해당하는 것은 ㄱ, ㄷ, ㄹ으로 총 3개이다.

| 선지분석 |

ㄴ. [×] 국고 지원 대상 피해 기준금액의 2.5배를 초과하는 피해가 발생하는 재난이다.

확인학습 대통령령으로 정하는 규모의 재난

1. 자연재난으로서 「자연재난 구호 및 복구 비용 부담기준 등에 관한 규정」 제5조 제1항에 따른 국고 지원 대상 피해 기준금액의 2.5배를 초과하는 피해가 발생한 재난
2. 자연재난으로서 「자연재난 구호 및 복구 비용 부담기준 등에 관한 규정」 제5조 제1항에 따른 국고 지원 대상에 해당하는 시·군·구의 관할 읍·면·동에 같은 항 각 호에 따른 국고 지원 대상 피해 기준금액의 4분의 1을 초과하는 피해가 발생한 재난

3. 사회재난의 재난 중 재난이 발생한 해당 지방자치단체의 행정능력이나 재정능력으로는 재난의 수습이 곤란하여 국가적 차원의 지원이 필요하다고 인정되는 재난
4. 그 밖에 재난 발생으로 인한 생활기반 상실 등 극심한 피해의 효과적인 수습 및 복구를 위하여 국가적 차원의 특별한 조치가 필요하다고 인정되는 재난

08 난이도 ●●○ 답 ②

행정안전부장관은 안전문화활동의 추진에 관한 총괄·조정 업무를 관장한다.

09 난이도 ●●○ 답 ②

- 시·도지사 및 시장·군수·구청장은 법 제67조 제2항에 따른 매년도 최저적립액의 (100분의 15) 이상의 금액(의무예치금액)을 금융회사 등에 예치하여 관리하여야 한다.
- 다만, 의무예치금액의 누적 금액이 해당 연도를 기준으로 <u>법 제67조 제2항에 따른 매년도 최저적립액의 10배를 초과한 경우</u>에는 해당 연도의 의무예치금액을 매년도 최저적립액의 (100분의 5)로 낮추어 예치할 수 있다.

목표 점수 단번에 달성,

지텔프도 역시 해커스!

해커스 지텔프 교재 시리즈

유형 + 문제

목표 점수에 맞는 교재를 선택하세요! ⟺ : 교재별 학습 가능 점수대

한 권으로 끝내는
해커스 지텔프 32-50+
(Level 2)

해커스 지텔프 문법
정답 찾는 공식 28
(Level 2)

2주 만에 끝내는
해커스 지텔프 문법
(Level 2)

2주 만에 끝내는
해커스 지텔프 독해
(Level 2)

보카

해커스 지텔프
기출 보카

기출 · 실전

지텔프 기출문제집
(Level 2)

지텔프 공식
기출문제집 7회분
(Level 2)

해커스 지텔프
최신기출유형
실전문제집 7회
(Level 2)

해커스 지텔프
실전모의고사
문법 10회
(Level 2)

해커스 지텔프
실전모의고사
독해 10회
(Level 2)

해커스 지텔프
실전모의고사
청취 5회
(Level 2)

한국사능력검정시험 **1위* 해커스!**

해커스 한국사능력검정시험 교재 시리즈

* 주간동아 선정 2022 올해의 교육 브랜드 파워 온·오프라인 한국사능력검정시험 부문 1위

빈출 개념과 **기출 분석**으로
기초부터 문제 해결력까지
꽉 잡는 기본서

해커스 한국사능력검정시험
심화 [1·2·3급]

스토리와 **마인드맵**으로 **개념잡고!**
기출문제로 **점수잡고!**

해커스 한국사능력검정시험
2주 합격 심화 [1·2·3급] 기본 [4·5·6급]

시대별/회차별 기출문제로
한 번에 합격 달성!

해커스 한국사능력검정시험
시대별/회차별 기출문제집 심화 [1·2·3급]

개념 정리부터 **실전**까지!
한권완성 기출문제집

해커스 한국사능력검정시험
한권완성 기출 500제 기본 [4·5·6급]

빈출 개념과 **기출 선택지**로
빠르게 합격 달성!

해커스 한국사능력검정시험
초단기 5일 합격 심화 [1·2·3급]
기선제압 막판 3일 합격 심화 [1·2·3급]